Die Reisen des Mr. Leary

Dinner im Heimweh-Restaurant

2-T

Anne Tyler

Die Reisen des Mr. Leary
Dinner im Heimweh-Restaurant

Zwei Romane in einem Band

Aus dem Amerikanischen von
Alexandra Baumrucker
und Ulrike von Puttkamer

Econ & List Taschenbuch Verlag

Veröffentlicht im Econ & List Taschenbuch Verlag 1999
Der Econ & List Taschenbuch Verlag ist ein
Unternehmen der Econ & List Verlagsgesellschaft, München
© 1987 für die deutsche Ausgabe von
Die Reisen des Mr. Leary
by Marion von Schröder Verlag GmbH, Düsseldorf
Originaltitel: The Accidental Tourist
© 1985 by Anne Tyler Modarressi
© 1985 für die deutsche Ausgabe von
Dinner im Heimweh-Restaurant
by Marion von Schröder Verlag GmbH, Düsseldorf
Originaltitel: Dinner at the Homesick Restaurant
© 1982 by Anne Tyler Modarressi
Umschlagkonzept: Büro Meyer & Schmidt, München – Jorge Schmidt
Umschlagrealisation: Init GmbH, Bielefeld
Titelabbildung: Bilderberg, Hamburg
Gesetzt aus der Sabon, Linotype
Satz: Josefine Urban – KompetenzCenter, Düsseldorf
Druck und Bindearbeiten: Ebner, Ulm
Printed in Germany
ISBN 3-612-27612-3

Die Reisen des Mr. Leary

Aus dem Amerikanischen von
Andrea Baumrucker

1

Eigentlich hatten sie vorgehabt, eine Woche am Strand zu bleiben, aber sie hielten es beide nicht aus und fuhren nun kurz entschlossen früher heim. Macon lenkte. Sarah saß neben ihm, den Kopf ans Seitenfenster gelehnt. Zwischen ihren zerzausten braunen Locken zeigten sich Sprenkel des wolkenverhangenen Himmels.

Macon trug einen korrekten Sommeranzug, seinen Reiseanzug – viel vernünftiger für Reisezwecke als Jeans, behauptete er immer; Jeans hätten lauter harte, steife Nähte und dann diese Nieten. Sarah trug ein trägerloses Strandkleid aus Frottee. Man hätte meinen können, die beiden kehrten von zwei grundverschiedenen Reisen zurück. Sarah war braungebrannt, Macon nicht. Er war ein hochgewachsener, blasser, grauäugiger Mann mit glattem, kurzgeschnittenem Blondhaar und jenem Typ von empfindlicher Haut, die leicht Sonnenbrand bekommt. Er hatte sich während der mittleren Tageszeit immer der Sonne ferngehalten.

Kaum waren sie auf der Schnellstraße, wurde der Himmel fast schwarz, und einige dicke Tropfen klatschten auf die Windschutzscheibe. Sarah richtete sich auf. »Hoffentlich regnet es nicht«, sagte sie.

»Mir macht ein bißchen Regen nichts aus«, sagte Macon.

Sarah lehnte sich wieder zurück, behielt jedoch die Straße im Auge.

Es war ein Donnerstagmorgen. Es gab kaum Verkehr. Sie überholten einen Lieferwagen, dann einen Kleinbus, der über und über mit Aufklebern von Attraktionen aus aller Welt bepflastert war. Die Tropfen auf der Windschutzscheibe wurden immer dichter. Macon schaltete die Scheibenwischer ein. *Wisch-wasch* machten sie – ein einlullendes Geräusch; und aufs Dach begann es sacht zu plätschern. Ab und zu fauchte ein Windstoß. Regen drückte das hohe, fahle Gras am Straßenrand flach, fiel in schrägen Schnüren über Bootsliegeplätze, Holzlager und Möbel-Discountmärkte, die bereits nachgedunkelt aussahen, als hätte es hier schon längere Zeit geregnet.

»Siehst du denn überhaupt etwas?« fragte Sarah.

»Klar«, sagte Macon. »Das ist doch gar nichts.«

Sie schlossen zu einem Lastzug auf, dessen Hinterräder sprühenden Gischt aufwirbelten. Macon scherte links aus und überholte ihn. Sekundenlang, bevor der Lastzug zurückblieb, war vor lauter Wasser die Sicht gleich Null. Sarah griff mit einer Hand nach dem Armaturenbrett und hielt sich fest.

»Ich versteh' nicht, wie du genug zum Fahren siehst«, sagte sie.

»Vielleicht solltest du deine Brille aufsetzen.«

»Wenn ich meine Brille aufsetze, siehst *du* besser?«

»Ich nicht; du«, gab Macon zurück. »Du konzentrierst dich auf die Windschutzscheibe statt auf die Fahrbahn.«

Sarah hielt sich noch immer am Armaturenbrett fest. Sie hatte ein breites, glattes Gesicht, das ruhig wirkte, doch bei näherem Hinsehen wäre einem die nervöse Spannung um ihre Augenwinkel nicht entgangen.

Der Wagen wurde ihnen ungemütlich eng. Ihr Atem trübte die Fenster. Zuvor war die Klimaanlage gelaufen, und schon bald wurde der verbliebene Rest künstlicher Kühle klamm und roch nach Moder. Sie zischten in eine Unterführung hinein. Der Regen hörte schlagartig auf. Sarah stieß erleichtert einen kleinen Seufzer aus, aber noch bevor er ganz heraus war, begann es wieder aufs Dach zu prasseln. Sie drehte sich um und schaute verlangend der Unterführung nach. Macon raste weiter, die Hände locker und ruhig auf dem Steuer.

»Hast du den Jungen mit dem Motorrad gesehen?« fragte Sarah. Sie mußte laut sprechen; der Wagen war in ein fortwährendes, penetrantes Brausen eingebettet.

»Welchen Jungen?«

»Der in der Unterführung geparkt hat.«

»Heller Wahnsinn, bei diesem Wetter Motorrad zu fahren«, fand Macon. »Heller Wahnsinn bei jedem Wetter. So ganz den Elementen ausgeliefert.«

»Das könnten wir doch auch«, meinte Sarah. »Anhalten und warten, bis es aufhört.«

»Sarah, wenn ich es irgendwie gefährlich fände weiterzufahren, dann wäre ich längst rechts rangefahren.«

»Da bin ich mir nicht so sicher«, sagte Sarah. Sie fuhren an einem Feld vorbei, wo der Regen wasserfallgleich herabströmte, Guß um Guß die Getreidehalme niedermähte und das rissige Erdreich überschwemmte. Gewaltige Sturzfluten schlugen gegen die Windschutzscheibe. Macon schaltete die Wischer auf die höchste Geschwindigkeit.

»Ich weiß nicht, ob es dir im Grunde nicht ziemlich egal ist«, sagte Sarah. »Oder?«

Macon wiederholte: »Egal?«

»Neulich habe ich doch zu dir gesagt: ›Macon, seit Ethan tot ist, frage ich mich manchmal, ob das Leben noch einen Sinn hat.‹ Weißt du noch, was du geantwortet hast?«

»Im Moment nicht.«

»Du hast gesagt: ›Schatz, ehrlich gestanden hatte ich nie den Eindruck, daß es überhaupt je viel Sinn gehabt hätte.‹ Wörtlich.«

»Hm . . .«

»Und du merkst nicht einmal, was da nicht stimmt.«

»Durchaus möglich«, erwiderte Macon.

Er fuhr an einer Schlange von Autos vorbei, die am Straßenrand parkten; ihre Fenster waren beschlagen, von den spiegelnden Außenflächen spritzte der Regen in flachen Fontänen auf. Einer der Wagen hatte leichte Schlagseite, als wäre er drauf und dran, in die schlammige Flut zu kippen, die im Straßengraben schäumend und brodelnd dahinschoß. Macon fuhr in gleichbleibendem Tempo weiter.

»Du bist mir kein Trost, Macon«, sagte Sarah.

»Schatz, ich tue mein möglichstes.«

»Du machst einfach genauso weiter wie gehabt. Deine kleinen Routinen und Rituale, diese deprimierenden Gewohnheiten. Tag für Tag. Überhaupt kein Trost.«

»Brauche ich etwa keinen Trost?« fragte Macon. »Du bist nicht die einzige, Sarah. Ich weiß nicht, wieso du dir einbildest, nur du hättest einen Verlust erlitten.«

»So kommt es mir aber vor, manchmal.«

Sie schwiegen eine Weile. Ein großer See, allem Anschein nach mitten auf der Straße, schwappte krachend gegen die Unterseite des Wagens und schleuderte ihn nach rechts. Macon trat ein paarmal kurz auf die Bremse und fuhr weiter.

»Dieser Regen zum Beispiel«, sagte Sarah. »Du weißt, er macht mich nervös. Was wäre schon dabei, wenn wir abwarten, bis er aufhört? Dann hätte ich das Gefühl, daß ich dir nicht egal bin. Daß wir beide in einem Boot sitzen.«

Macon spähte durch die Windschutzscheibe, an der das Wasser so herunterrann, daß sie marmoriert aussah. Er sagte: »Ich habe ein System, Sarah. Du weißt doch, daß ich nach einem System fahre.«

»Du mit deinen Systemen!«

»Außerdem«, fuhr er fort, »wenn das Leben für dich keinen Sinn hat, dann ist es mir schleierhaft, wieso ein Wolkenbruch dich so nervös macht.«

Sarah sank gegen die Lehne zurück.

»Sieh dir das an!« bemerkte er. »Da hat es ein Wohnmobil glatt über den ganzen Campingplatz gespült!«

»Macon, ich möchte mich scheiden lassen«, tat Sarah kund.

Macon bremste und warf ihr einen Seitenblick zu. »Was?« Der Wagen schlingerte. Macon mußte wieder geradeaus schauen. »Was habe ich denn gesagt?« fragte er. »Was soll das heißen?«

»Ich kann einfach nicht mehr mit dir zusammenleben.«

Macon starrte weiterhin auf die Straße, aber seine Nase wirkte spitzer und weißer, als hätte seine Gesichtshaut sich gestrafft. Er räusperte sich. Er sagte: »Liebes. Hör zu. Wir haben ein schweres Jahr hinter uns. Wenn Leute ein Kind verlieren, dann geht es ihnen oft so. Alle sagen das. Alle sagen, es ist eine schreckliche Zerreißprobe für die Ehe.«

»Ich möchte mir eine eigene Wohnung suchen, sobald wir zurück sind.«

»Eigene Wohnung«, wiederholte Macon; er sprach aber so leise, und der Regen hämmerte so laut aufs Dach, daß er nur die Lippen zu bewegen schien. »Nun ja«, sagte er. »Also gut. Wenn du unbedingt willst.«

»Du kannst das Haus behalten«, sagte Sarah. »Du bist noch nie gern umgezogen.«

Aus irgendeinem Grund war es gerade das, was ihr den Rest gab. Sie wandte sich jäh ab. Macon betätigte den rechten Blinker. Er bog in eine Texaco-Tankstelle ein, parkte unter dem Schutzdach und schaltete den Motor ab. Dann begann er, sich mit den Handflächen die Knie zu reiben. Sarah drückte sich in ihre Ecke. Außer dem Trommeln des Regens auf das Schutzdach hoch über ihnen war nichts zu hören.

2

Nachdem seine Frau ihn verlassen hatte, dachte Macon zunächst, das Haus würde ihm größer erscheinen. Statt dessen fühlte er sich beengter. Die Fenster schrumpften. Die Zimmerdecken senkten sich. Die Möbel hatten etwas Aufdringliches an sich, schienen ihn zu umzingeln.

Natürlich war Sarahs Privateigentum – kleine Dinge wie Kleider und Schmuck – nicht mehr da. Es stellte sich jedoch heraus, daß einige der großen Dinge privater waren, als er geahnt hatte. Da war der Schreibsekretär im Wohnzimmer, die Fächer vollgestopft mit ihrem Sammelsurium aufgerissener Kuverts und unbeantworteter Briefe. Da war das Radio in der Küche, auf den Sender »98 Rock« eingestellt. (Sie

11

wolle den Kontakt zu ihren Schülern aufrechterhalten, hatte sie früher immer gesagt, wenn sie summend und rhythmisch zuckend um den Frühstückstisch herumtänzelte.) Da war die Liege hinter dem Haus, wo sie sich gesonnt hatte, postiert an der einzigen Stelle, die überhaupt Sonne abbekam. Er betrachtete die geblümten Kissen und staunte, wie ein leerer Raum so von einer Person erfüllt sein konnte – ihr schwacher Duft nach Kokosnußöl, der immer den Wunsch nach einer *piña colada* in ihm weckte; ihr breites, glänzendes Gesicht, unergründlich hinter der Sonnenbrille; ihr fester Körper in dem Badeanzug mit Schürzcheneffekt, auf den sie sich nach ihrem vierzigsten Geburtstag unter Tränen kapriziert hatte. Ein paar Kräusel ihres prachtvollen Haares waren auf dem Grund des Waschbeckens zurückgeblieben. Ihr Bord im Badezimmerschränkchen war noch mit Tropfen einer flüssigen, eigentümlich pflaumenblaustichigen Schminke besprenkelt, die sein Gedächtnis augenblicklich auffrischte. Er hatte sich über ihre Nachlässigkeit immer geärgert, doch jetzt rührten ihn diese Spritzer. Sie wirkten wie buntes Spielzeug, verstreut auf dem Boden zurückgelassen, nachdem ein Kind zu Bett gegangen ist.

Das Haus selbst war mittelgroß, nicht ungewöhnlich anzusehen, und stand an einer von ähnlichen Häusern gesäumten Straße in einem älteren Teil von Baltimore. Mächtige Eichen überragten es, schützten es vor der glühenden Sommersonne, hielten aber auch kühlende Brisen ab. Die Räume im Innern waren quadratisch und dämmerig. In Sarahs Kleiderschrank hing nur noch ein braunes Seidentuch an einem Haken; die Schubladen ihrer Kommode enthielten nichts außer Fusseln und leeren Parfümflakons. Das ehemalige Zimmer ihres gemeinsamen Sohnes war sauber aufgeräumt und unpersönlich wie ein Motelzimmer. An manchen Stellen warfen die Wände schier ein Echo zurück. Dennoch ertappte Macon sich des öfteren dabei, wie er die Arme dicht am Körper hielt, sich seitwärts an den Möbeln vorbeischob, so als passe er kaum noch in dieses Haus. Er kam sich zu groß vor. Seine langen, tapsigen Füße schienen ihm ungewohnt entfernt zu sein. Ging er durch eine Tür, zog er jedesmal den Kopf ein.

Jetzt bot sich ihm die Gelegenheit, alles zu reorganisieren, redete er sich ein. Unvermuteter Ehrgeiz begann, sich in ihm zu regen. Auch Haushaltsführung erforderte schließlich irgendein System; Sarah hatte das nie begriffen. Sie gehörte zu den Frauen, die das Eßbesteck unsortiert aufbewahren. Bedenkenlos ließ sie die Geschirrspülmaschine auch dann laufen, wenn sie nur mit einer Handvoll Gabeln beschickt war. Macon tat so etwas weh. Er war überhaupt gegen Geschirrspülmaschinen; seiner Meinung nach waren sie Energieverschwender. Energieeinsparung war sein Hobby, gelinde gesagt.

Er gewöhnte sich an, im Spülbecken stets Wasser bereitzu-halten, das er zwecks Desinfektion mit Chlorbleiche versetz-te. Was immer er gerade benützt hatte, versenkte er einfach darin. Jeden zweiten Tag zog er den Stöpsel und sprühte alles mit kochendheißem Wasser ab. Dann stapelte er das so gereinigte Geschirr in der Geschirrspülmaschine auf, die seinem neuen System entsprechend als gewaltiges Depot diente.

Wenn er sich über das Spülbecken beugte und die Sprühvor-richtung laufen ließ, beschlich ihn öfter das Gefühl, Sarah beobachte ihn. Er brauchte wohl nur ein bißchen nach links zu schielen und würde sie dastehen sehen – die Arme über der Brust verschränkt, den Kopf zur Seite geneigt, die vollen, geschwungenen Lippen nachdenklich gespitzt. Auf den ersten Blick betrachtete sie sich nur die Prozedur; auf den zweiten Blick (wußte er) amüsierte sie sich über ihn. In ihren Augen nistete ein verstohlenes Funkeln, das er nur allzu gut kannte. »Aha«, hatte sie oft genug gesagt und zu seinen langatmigen Erklärungen genickt; dann, beim Aufblicken, hatte er das Funkeln und die verräterische Vertiefung eines ihrer Mundwinkel erhascht.

Wenn sie ihm erschien – falls man das so nennen kann in

Anbetracht der Tatsache, daß er niemals zu ihr hinüberschielte –, trug sie ein leuchtendblaues Kleid aus den Anfängen ihrer Ehe. Er hatte keine Ahnung, wann sie das Kleid ausrangiert hatte, aber es mußte viele Jahre her sein. Es kam ihm fast so vor, als sei Sarah ein Geist – als lebte sie nicht mehr. In gewisser Weise, dachte er, während er den Wasserhahn zudrehte, lebte sie wirklich nicht mehr, die junge, impulsive Sarah aus der ersten gemeinsamen, von Hochgefühl durchwehten Wohnung in der Cold Spring Lane. Sobald er versuchte, sich an diese Zeit zu erinnern, wurde jedes Bild von Sarah durch die Tatsache verzerrt, daß sie ihn verlassen hatte. Wenn er sich die erste Begegnung mit ihr vergegenwärtigte – sie waren noch halbe Kinder zu der Zeit –, dann schien ihm, daß sich schon damals die Trennung angebahnt hatte. Als sie an dem bewußten Abend zu ihm aufgeblickt und mit den Eiswürfeln in ihrem Pappbecher geklappert hatte, waren sie schon auf das letzte gemeinsame Jahr voller Reizbarkeit und Elend zugesteuert, auf die Monate, da jedes Wort, das einer von ihnen äußerte, falsch war, auf die Einsicht, daß sie aneinander vorbeilebten. Sie ähnelten Menschen, die mit ausgebreiteten Armen aufeinander zulaufen, sich aber verkalkulieren, einander verfehlen und weiterlaufen. Alles war umsonst gewesen, letzten Endes. Er starrte ins Spülbecken, und die vom Geschirr aufsteigende Wärme umfächelte sanft sein Gesicht.

Tja, man muß einfach durchhalten. Durchhalten. Er beschloß, sein Duschbad vom Morgen auf den Abend zu verlegen. Das zeugte von Anpassungsvermögen – fand er –, von einer gewissen Geistesfrische. Während er duschte, ließ er das Wasser in der Wanne nicht abfließen und schwenkte dann, kreisförmig planschend, seine tagsüber getragenen Sachen mit den Füßen durch. Später wrang er alles aus und hängte es zum Trocknen auf Kleiderbügel. Dann schlüpfte er in die Unterwäsche für den nächsten Tag, damit er keine Schlafanzüge waschen mußte. An eigentlicher Wäsche fiel einmal pro Woche nur ein Berg Handtücher und Bettlaken an – Handtücher bloß zwei, dafür um so mehr Laken. Er hatte nämlich ein System entwickelt, das ihm ermöglichte, allnächtlich in sauberen Laken zu schlafen, ohne das Bettzeug wechseln zu müssen. Dieses System hatte er Sarah jahrelang schmackhaft zu machen versucht, aber sie war ja so unflexibel. Er ging so vor, daß er von der Matratze jedwedes Linnen abzog und es durch eine riesige Hülle ersetzte, die aus einem der sieben Laken bestand, welche er gefaltet und mit der Nähmaschine zusammengesteppt hatte. Diese Erfindung nannte er im Geiste den Macon-Leary-Leibsack. Ein Leibsack erforderte kein Zurechtzupfen, verrutschte nicht, war leicht zu wechseln und vom Gewicht her ideal für Sommernächte. Im Winter würde er sich etwas Wärmeres zulegen müssen, aber noch konnte er nicht an den Winter denken. Schaffte er es zur Zeit doch kaum von einem Tag zum anderen.

Gelegentlich – während er auf der malträtierten Wäsche in der Badewanne umherschlitterte oder sich auf der nackten, rostfleckigen Matratze in seinen Leibsack hineinwurstelte – war ihm durchaus klar, daß er übertreiben mochte. Warum, das wußte er freilich selbst nicht. Er hatte zwar seit jeher eine Vorliebe für Methode bekundet, doch war sie nie in Manie ausgeartet. Wenn er an Sarahs Schlendrian dachte, fragte er sich, ob auch dieser jetzt überhandgenommen hatte. Vielleicht hatten sie all die Jahre nur durch gegenseitiges Dazutun einen passablen Mittelweg eingehalten. Getrennt, sozusagen entmagnetisiert, mußten sie vom Kurs abweichen. Er malte sich im Geiste Sarahs neue Wohnung, die er nie gesehen hatte, so chaotisch aus wie ein Tollhaus: Turnschuhe in der Backröhre, das Sofa mit Porzellan überhäuft. Allein schon der Gedanke regte ihn auf. Anerkennend betrachtete er seine eigene Umgebung.

Er verrichtete den Großteil seiner Arbeit zu Hause; sonst hätten ihn Haushaltsabläufe wohl kaum so sehr beschäftigt. Er hatte sich in der Kammer hinter der Küche ein kleines Arbeitszimmer eingerichtet. Auf einem Bürostuhl plaziert, hämmerte er auf eine Schreibmaschine ein, die ihm schon während seiner vier Collegejahre gute Dienste geleistet hatte: Er verfaßte Reiseführer – Ratgeber für Leute, die von Berufs wegen gezwungen waren, viel zu reisen. Absurd, im Grunde genommen – Macon konnte Reisen nicht ausstehen. Fremdes Terrain nahm er sozusagen mit dem Mut der Verzweiflung in Angriff – die Augen zusammengekniffen, den Atem angehalten, um Haaresbreite am Tod vorbei, wie er sich manchmal einbildete – und machte sich dann, wieder daheim, mit einem Seufzer der Erleichterung an die Produktion seiner kompakten Paperbacks im Reisepaßformat. *Tourist wider Willen in Frankreich. Tourist wider Willen in Deutschland. In Belgien.* Kein Verfassername, lediglich ein Signet: ein geflügelter Lehnsessel auf dem Einband.

In diesen Reiseführern gab es nur Auskünfte über große Städte, denn Geschäftsreisende erreichten und verließen große Städte auf dem Luftweg und bekamen von der Landschaft überhaupt nichts zu sehen. Von den Städten übrigens auch nicht. Sie wollten sich vor allem in dem Glauben wiegen, sie wären niemals von zu Hause weg gewesen. Welche Hotels in Madrid hatten amerikanische *Beautyrest*-Matratzen zu bieten? Welche Restaurants in Tokio servierten amerikanische kalorienarme *Sweet'n'Low*-Limonade? Gab es in Amsterdam ein *McDonald's?* Gab es in Mexico-Stadt *Taco-Bell*-Imbißstuben, wo man die amerikanische Version gefüllter Tortillas bekam? Waren in irgendeinem römischen Lokal Ravioli der amerikanischen Konservenfirma *Chef Boyardee* zu haben? Andere Reisende mochten sich erhoffen, typisch bodenständige Weine zu entdecken; Macons Leser aber forschten nach pasteurisierter und homogenisierter Milch.

Genauso, wie er das Reisen haßte, liebte er das Schreiben – das rechtschaffene Vergnügen, ein desorganisiertes Land zu organisieren, das Unwichtige und Zweitklassige wegzulassen und den Rest in übersichtliche, knappe Abschnitte zu gliedern. Er schrieb aus anderen Reiseführern ab, pickte aber nur wertvolle Körnchen heraus und verschmähte die Spreu. Er grübelte vergnügliche Stunden lang über Interpunktionsprobleme nach. Gerecht und unbarmherzig merzte er das Passivum aus. Die Anstrengung des Tippens zog ihm die Mundwinkel herab, so daß kein Mensch vermutet hätte, wie gut er sich dabei unterhielt. *Ich freue mich, mitteilen zu können,* tippte er, sein Gesicht blieb jedoch finster und bärbeißig. *Ich freue mich, mitteilen zu können, daß es in Stockholm neuerdings Kentucky Fried Chicken zu kaufen gibt. Desgleichen Pita-Brot,* fügte er hinzu, weil es ihm gerade einfiel. Er wußte nicht, wie es geschehen war, aber in letzter Zeit hatte dieser Fladen sich allem Anschein nach zu etwas so Amerikanischem entwickelt wie Hot Dogs.

»Natürlich kommst du zurecht«, sagte seine Schwester übers Telefon zu ihm. »Habe ich etwas anderes behauptet? Aber du hättest uns wenigstens verständigen können. Seit drei Wochen! Sarah ist seit drei Wochen weg, und ich erfahre es erst heute. Und auch noch rein zufällig. Hättest du uns jemals gesagt, daß sie dich verlassen hat, wenn ich nicht eben nach ihr gefragt hätte?«

»Sie hat mich nicht *verlassen*«, sagte Macon. »Das heißt, es war nicht so, wie du es hinstellst. Wir haben wie vernünftige Leute darüber gesprochen und beschlossen, uns zu trennen, das ist alles. Es hätte mir gerade noch gefehlt, daß meine Familie sich um mich schart und jammert: ›Ach, du armer Macon, wie konnte Sarah dir das nur antun –‹«

»Wie käme ich dazu?« fragte Rose. »Alle wissen, daß man mit den Leary-Männern kein leichtes Leben hat.«

»Oh.«

»Wo ist sie?«

»Sie hat eine Wohnung in der Stadt«, sagte Macon. »Und übrigens«, setzte er hinzu, »brauchst du dich jetzt nicht gleich zu überschlagen und sie zum Dinner einzuladen oder so. Sie hat ihre eigene Verwandtschaft. Du solltest für *mich* Partei ergreifen.«

»Du hast doch immer gewollt, daß wir unparteiisch bleiben.«

»Schon, schon. Ich meine nur, du sollst nicht für *sie* Partei ergreifen, das wollte ich damit sagen.«

»Wir haben doch auch die Frau von Charles noch nach der Scheidung zum Weihnachtsdinner eingeladen, genau wie immer. Weißt du noch?«

»Sicher weiß ich das«, antwortete Macon erschöpft. Charles war der älteste Bruder.

»Ich glaube, sie käme auch jetzt noch, wenn sie nicht einen Mann geheiratet hätte, der so weit weg wohnt.«

»Was? Wenn ihr Mann ein Einheimischer wäre, hättest du sie dann womöglich beide eingeladen?«

»Wenn sie und Porters Frau und Sarah in der Küche zusammensaßen – das war, bevor Porters Frau sich von ihm scheiden ließ –, da hat das Gerede über die Leary-Männer kein Ende genommen! In einem fort: die Leary-Männer dies, die Leary-Männer das, in allem so pingelig, immer müssen sie gründlich vorausplanen, ständig auf der Welt herumhacken, als glaubten sie wirklich, sie könnten sie zur Räson bringen. Die Leary-Männer! Ich höre es jetzt noch. Es war zum Lachen: Einmal, am Erntedanktag, wollten June und Porter gerade gehen – damals waren ihre Kinder noch klein –, und June, das Baby auf dem Arm, Danny im Schlepptau und beladen mit einem Haufen Spielsachen und Zeugs, strebt schon zur Tür, da ruft Porter ›Halt!‹ und beginnt von einem dieser Kassenzettelstreifen, auf die er immer seine Listen schreibt, abzulesen: ›Decken, Flaschen, Fläschchen aus dem Kühlschrank, Windelsack ...‹ June hat die beiden anderen nur angesehen und die Augen verdreht.«

»Gar keine so schlechte Idee«, fand Macon, »wenn man June kennt.«

»Eben, und alphabetisch angeordnet war es auch«, sagte Rose. »Ich finde allerdings auch, daß alphabetische Anordnung die Übersicht erleichtert.«

Roses Küche war so total durchalphabetisiert, daß das Allgewürz neben dem Ameisenvernichtungsmittel stand. Sie hatte es gerade nötig, über die Leary-Männer herzuziehen!

»Wie auch immer«, sagte sie. »Hat Sarah sich gemeldet, seit sie weg ist?«

»Sie hat ein paarmal vorbeigeschaut. Eigentlich nur einmal«, erwiderte Macon. »Um Sachen zu holen, die sie braucht.«

»Was für Sachen?«

»Also – einen Doppelkocher. Solche Sachen.«

»Dann war es ein Vorwand«, sagte Rose prompt. »Einen Doppelkocher bekommt sie in jedem Kaufhaus.«

»Sie hängt angeblich an dem unsrigen.«

»Sie wollte nur herauskriegen, wie du zurechtkommst. Sie mag dich noch immer. Habt ihr überhaupt miteinander geredet?«

»Nein«, sagte Macon. »Ich habe ihr bloß den Doppelkocher gegeben. Und das Ding, mit dem man Flaschendeckel aufschraubt.«

»Ach Macon. Du hättest sie hereinbitten sollen.«

»Ich wollte keine Abfuhr riskieren.«

Schweigen.

»Nun ja. Immerhin«, sagte Rose schließlich.

»Aber ich komme zurecht!«

»Ja, natürlich«, stimmte sie zu.

Dann erklärte sie, sie habe etwas in der Backröhre, und legte auf.

Macon ging und stellte sich vors Fenster seines Arbeitszimmers. Es war ein heißer Tag Anfang Juli mit einem Himmel so blau, daß ihm die Augen schmerzten. Er lehnte die Stirn an die Scheibe und starrte in den Garten hinaus, die Hände tief in den Gesäßtaschen seiner Khakihose vergraben. Hoch oben in einer der Eichen sang ein Vogel etwas Ähnliches wie die ersten drei Töne von *My little Gypsy Sweethart,* »mein kleines Zigeunerherz« – »Schlumm . . . re . . . sanft . . .«, sang der Vogel. Macon fragte sich, ob auch dieser Moment eines Tages zu seinen wehmütigen Erinnerungen gehören würde.

Er hielt es für unwahrscheinlich; soweit er sich entsann, hatte es in seinem ganzen Leben noch nie ein so düsteres Tief gegeben; es war ihm aber nicht entgangen, daß die Zeit es irgendwie fertigbrachte, allem Farbe zu verleihen. Dieser Vogel da zum Beispiel hatte eine so reine, süße, durchdringende Stimme...

Er wandte sich vom Fenster ab, deckte die Schreibmaschine zu und verließ das Zimmer.

Er aß nichts Ordentliches mehr. Wenn er Hunger hatte, trank er ein Glas Milch oder löffelte ein bißchen Eiscreme direkt aus der Packung. Nach dem kleinsten Imbiß fühlte er sich voll und schwer, aber morgens beim Ankleiden merkte er, daß er offenbar dünner wurde. Der Hemdkragen stand ihm vom Hals ab. Die vertikale Kerbe zwischen Nase und Oberlippe hatte sich so vertieft, daß er sie nur mühsam ausrasieren konnte. Sein Haar, früher immer von Sarah gestutzt, ragte über der Stirn vor wie ein Sims. Und seine unteren Augenlider waren unerklärlicherweise erschlafft. Früher hatte er schmale Schlitzaugen gehabt; jetzt waren sie wie vor Schreck geweitet. Sollte das auf Unterernährung hindeuten?

Frühstück: Frühstück war doch die wichtigste Mahlzeit. Er schloß die Kaffeemaschine und die elektrische Bratpfanne an den Radiowecker auf dem Fensterbrett seines Schlafzimmers an. Natürlich beschwor er eine Lebensmittelvergiftung herauf, wenn er zwei rohe, aufgeschlagene Eier bei Zimmertemperatur die ganze Nacht warten ließ, doch sobald er den Speisezettel geändert hatte, war das Problem gelöst. In diesen Dingen mußte man flexibel sein. Nun weckte ihn der Duft von frisch gebrühtem Kaffee und heißem Popcorn mit Butter, und er konnte sich an beidem gütlich tun, ohne das Bett verlassen zu müssen. Oh, er kam bestens zu Rande, bestens. Den Umständen entsprechend.

Aber seine Nächte waren fürchterlich.

Er litt nicht etwa an Einschlafschwierigkeiten. Die überwand er leicht. Er saß so lange vor dem Fernsehgerät, bis ihm die Augen brannten; dann ging er ins Obergeschoß. Er drehte die Dusche auf und breitete sein Anziehzeug in der Wanne aus. Gelegentlich erwog er, diesen Teil zu überspringen, aber dadurch wäre das System ins Wanken geraten. Deshalb hielt er sich streng an die Reihenfolge: Wäsche aufhängen, Frühstückssachen bereitstellen, die Zähne mit Zahnseide säubern. Über letzteres hatte Sarah sich aus unerfindlichem Grund immer aufgeregt. Wenn Macon zum Tode verurteilt wäre, hatte sie einmal gesagt, und im Morgengrauen vors Erschießungspeloton treten müßte, würde er abends zuvor noch unbedingt sein Zahnseidenritual absolvieren. Macon hatte das nach einigem Überlegen bestätigt. Ja, natürlich. Hatte er nicht auch während seiner Lungenentzündung daran festgehalten? Im Krankenhaus mit Gallensteinen? Nachts in einem Motel nach der Ermordung seines Sohnes? Prüfend betrachtete er seine Zähne im Spiegel. Sie waren nie ganz weiß, trotz all der Pflege. Und jetzt schien auch seine Haut eine gelbliche Färbung anzunehmen.

Er knipste die Lampe aus, schob die Katze beiseite, half dem Hund aufs Bett. Der Hund war ein Welsh Corgie, sehr kurzbeinig, aber er schlief gar zu gern im Bett, und so stellte er sich allabendlich auf die Hinterbeine, die Vorderpfoten auf die Matratze gestützt, und sah Macon erwartungsvoll an, bis Macon ihn von hinten hochschubste. Dann machten es sich alle drei bequem. Macon schlüpfte in seine Hülle, die Katze schmiegte sich in die warme Höhlung unter seinem Arm, der Hund plumpste zu seinen Füßen nieder. Dann schloß Macon die Augen und döste ein.

Nach einiger Zeit merkte er jedoch, daß er sich seiner Träume bewußt war, denen er sich keineswegs wohlig hingab, nein, die er, an Einzelheiten tüftelnd, langwierig konstruierte. Dämmerte ihm, daß er wach war, dann öffnete er die Augen und warf einen schnellen Blick auf den Radiowecker. Erst ein Uhr. Höchstens zwei. Noch so viele Stunden zu überdauern.

Kleine Sorgen huschten ihm durch den Kopf. Hatte er nicht vergessen, die Hintertür abzuschließen? Die Milch einzuräumen? Hatte er auf dem Scheck nicht sein Bankguthaben eingesetzt statt der Summe der Gasrechnung? Siedend heiß fiel ihm ein, daß er eine angebrochene Dose V-8-Saft in den Kühlschrank gestellt hatte. Oxydation der Metallfalze! Endergebnis Bleivergiftung!

Die Sorgen wechselten, wogen schwerer. Er fragte sich, woran seine Ehe gescheitert war. Sarah war seine erste und einzige Freundin gewesen; jetzt war er der Ansicht, er hätte sich vorher an einer anderen Frau erproben sollen. Während der zwanzig Ehejahre hatte es Momente gegeben – sogar Monate –, da er gar nicht den Eindruck hatte, daß er und Sarah wirklich eine Einheit bildeten, wie es Ehepaaren ansteht. Nein, sie waren zwei Einzelpersonen geblieben, zwischen denen mitunter nicht einmal Freundschaft herrschte. Manchmal hatten sie sich wie Rivalen gebärdet, hatten einander mit unlauteren Mitteln auszustechen versucht im Konkurrenzkampf um den Status der besseren Art Mensch. War es Sarah, impulsiv und sprunghaft? Oder aber Macon, methodisch und unerschütterlich?

Nach Ethans Geburt war die Verschiedenheit seiner Eltern noch krasser zutage getreten. Dinge, die jeder am anderen zu übersehen gelernt hatte, machten sich wieder bemerkbar. Sarah versorgte ihren Sohn nie nach irgendeinem Stundenplan, war nachlässig und unbekümmert. Und Macon (oh, er wußte es, er gab es ja zu) war so darauf erpicht, ihn auf jede Eventualität vorzubereiten, daß ihm gar keine Zeit blieb, sich an dem Jungen zu erfreuen. Ethan mit zwei, mit vier Jahren erschien vor seinem geistigen Auge so deutlich wie ein Farbfilm, auf die Schlafzimmerdecke projiziert. Ein fröhlich glucksendes, sonniges Bübchen, damals, von der vorgebeugten Silhouette eines händeringenden Macon überragt. Macon hatte dem Sechsjährigen unerbittlich beigebracht, wie man einen Baseballschläger schwingt; es hätte ihm in der Seele weh getan, wenn Ethan für das Schulteam erst als letzter in Frage gekommen wäre. »Wieso?« hatte Sarah gesagt. »Und wenn schon! So kommt er eben als letzter dran. Nun laß es schon gut sein!« Laß es gut sein! Im Leben gab es so vieles, an dem sich nichts ändern ließ, da mußte man doch so gut vorsorgen, wie man konnte. Sie hatte nur gelacht, als Macon einen ganzen Herbst hindurch *Wacky Packs* sammelte, Kaugummipäckchen mit witzigen Aufklebern, die Ethan gern an seine Schlafzimmertür pappte. Er sollte mehr davon haben als irgend jemand sonst in der dritten Klasse, hatte Macon sich gelobt. Auch als Ethan längst das Interesse daran verloren hatte, kam Macon verbissen damit zu Hause an. Er fand es selbst absurd, aber da war doch noch der eine letzte Aufkleber, dessen sie noch nicht habhaft geworden waren...

Ethan fuhr ins Ferienlager, als er zwölf war – vor fast genau einem Jahr. Die meisten Jungen durften das schon früher, aber Macon hatte es immer wieder hinausgezögert. Wozu schafft man sich überhaupt ein Kind an, hatte er Sarah gefragt, wenn man es bloß an irgendeinen gottverlassenen Ort in Virginia verfrachten will? Als er endlich nachgab, war Ethan schon in der obersten Altersklasse – ein lang aufgeschossener, blonder Bengel mit einem offenen, freundlichen Gesicht und der liebenswerten Angewohnheit, auf den Fußballen zu wippen, wenn er nervös war.

Nicht daran denken.

Am zweiten Abend seiner Ferien wurde er in einer *Burger-Bonanza*-Imbißstube ermordet. Es war ein sinnloser, unbegreiflicher Mord – einer jener Fälle, in denen der Bandit das Geld schon eingesteckt hat und ungehindert gehen konnte, sich statt dessen aber entschließt, zuerst jeden einzelnen Anwesenden durch einen Genickschuß zu töten.

Ethan hätte gar nicht dort sein dürfen. Er war heimlich aus dem Lager ausgerissen, gemeinsam mit einem Kumpel aus seiner Blockhütte, der vor dem Lokal aufpaßte.

Schuld war die Lagerverwaltung wegen mangelnder Aufsicht. Schuld war *Burger Bonanza* wegen unzureichender

Sicherheitsvorkehrungen. Schuld war der andere Junge, weil er nicht mit hineingegangen war und am Geschehen – womöglich – noch etwas geändert hatte. (Worauf hatte er denn aufgepaßt, um Himmels willen?) Schuld war Sarah, weil sie Ethan von zu Hause weggelassen hatte; schuld war Macon, weil er damit einverstanden gewesen war; schuld war (jawohl, auch) Ethan. Schuld war Ethan, weil er in dieses Lager gewollt hatte, weil er von dort ausgerissen war und weil er stur wie ein Bock das Lokal betreten hatte, während der Überfall stattfand. Schuld war er, weil er mit den anderen so folgsam in die Küche ging, die Hände flach an die Wand legte, wie ihm befohlen wurde, und zweifellos leicht auf den Fußballen wippte ...

Nicht daran denken.

Der Direktor des Ferienlagers, der sich scheute, die Eltern telefonisch zu benachrichtigen, war nach Baltimore gekommen, um es ihnen persönlich mitzuteilen. Dann hatte er sie in seinem Wagen nach Virginia mitgenommen. Macon entsann sich dieses Direktors noch oft. Jim hatte er geheißen, Jim Robinson oder vielleicht Robertson – ein stämmiger Mann mit weißem Schnurrbart und Bürstenhaarschnitt, der über seinem T-Shirt gleichsam anstandshalber ein Anzugjackett trug. Schweigen schien ihm Unbehagen zu bereiten, und er tat sein Bestes, es mit unzusammenhängenden Belanglosigkeiten aufzufüllen. Macon hatte nicht zugehört oder hatte es sich zumindest eingebildet, doch jetzt fiel ihm alles wieder ein. Daß Jims Mutter ebenfalls aus Baltimore stammte. Daß Jims Tomatenstauden sich höchst kurios benommen hatten, weil sie nur winzige grüne Kügelchen hervorgebracht hatten, die abfielen, bevor sie heranreifen konnten. Daß Jims Frau sich vor dem Fahren im Rückwärtsgang ängstigte und jede Situation vermied, die das erforderte. Macon dachte jetzt oft darüber nach, nachts im Bett. Konnte man wirklich einen Wagen fahren, ohne den Rückwärtsgang zu benutzen? Was tat man an einer Kreuzung, wenn ein Busfahrer den Kopf zu seinem Seitenfenster herausstreckte und einen aufforderte, ein Stück zurückzusetzen, damit er mit dem Bus vorbeikonnte? Hätte sie sich geweigert? Macon stellte sich die Frau vor, wie sie, bieder und trotzig, geradeaus starrte und unbeteiligt tat. Er hörte den Busfahrer in Geflucht ausbrechen, ein Hupkonzert, andere Fahrer schreien: »Na, Lady!« Eine nette Szene. Er prägte sie seinem Gedächtnis ein.

Schließlich setzte er sich dann auf und schälte sich aus seinem Laken. Der Hund rappelte sich seufzend hoch, hopste vom Bett und folgte ihm trappelnd treppab. Die Dielenbretter unter Macons Sohlen waren kühl, das Küchenlinoleum noch kühler; vom Eisschrank ging ein Leuchten aus, während er sich ein Glas Milch eingoß. Er ging ins Wohnzimmer und schaltete den Fernseher ein. Um diese Zeit lief für gewöhnlich ein Schwarzweißfilm – Männer in komplettem Anzug, Filzhut auf dem Kopf, Frauen mit wattierten Schultern. Er bemühte sich erst gar nicht, der Handlung zu folgen. Er trank die Milch in kleinen, gleichmäßigen Schlucken und spürte, wie das Kalzium sich auf seine Knochen verteilte. Hatte er nicht gelesen, daß Kalzium Schlaflosigkeit kurierte? Geistesabwesend streichelte er die Katze, die sich irgendwie auf seinem Schoß eingefunden hatte. Es war viel zu heiß dafür, eine Katze auf dem Schoß zu haben, besonders dieses Exemplar hier – eine phlegmatische, graugesprenkelte Katzendame, die aus einer ungewöhnlich dichten Substanz zu bestehen schien. Und der Hund lag meist quer über Macons Füßen. »Jetzt sind wir ganz unter uns, alte Kameraden«, sagte er dann wohl. Die Katze verursachte auf seinen nackten Schenkeln ein Komma aus Schweiß.

Endlich wand er sich dann unter den Tieren hervor und schaltete das Fernsehgerät aus. Das benützte Glas versenkte er in der Chlorlösung im Spülbecken. Er stieg die Treppe hinauf. Stellte sich ans Schlafzimmerfenster und betrachtete die Nachbarschaft – schwarze Äste, auf den violetten Nachthimmel gestrichelt, da und dort das Schimmern der weißen Bretterverschalung eines Hauses, gelegentlich ein Licht. Da konnte noch jemand nicht schlafen, nahm er an. Andere

Möglichkeiten zog er ungern in Betracht – etwa eine Party oder ein vertrauliches Gespräch unter Freunden. Er wollte lieber glauben, daß da noch jemand auf sich allein gestellt war, hellwach dasaß und sich seiner Gedanken zu erwehren suchte. Dadurch fühlte er sich gleich viel wohler. Er kehrte zu seinem Bett zurück. Er legte sich nieder. Er schloß die Augen und schlief, ganz ohne Nachhilfe, sofort ein.

3

Sarah rief Macon an und fragte, ob sie kommen und den marineblauen Teppich aus dem Eßzimmer holen könnte.

»Den marineblauen Teppich«, wiederholte Macon. (Er mußte Zeit gewinnen.)

»Ich hätte ja gar nicht davon angefangen, aber du hast ihn nie gemocht«, machte Sarah geltend. »Du hast gesagt, wo man ißt, soll kein Teppich liegen.«

Ja, das hatte er gesagt. Ein Krümelfänger, hatte er gesagt. Unhygienisch. Warum überfiel ihn dann dieses jähe, brennende Verlangen, den Teppich zu behalten?

»Macon, bist du noch da?«

»Ja, ich bin noch da.«

»Hast du also etwas dagegen, wenn ich ihn mir hole?«

»Nein, warum denn?«

»Gut! Die Böden in meiner Wohnung sind so kahl, und du kannst dir nicht vorstellen, wie – «

Wenn sie den Teppich holen kam, würde er sie hereinbitten. Ihr ein Glas Sherry anbieten. Saßen sie dann mit dem Sherry zu zweit auf der Couch, würde er sagen:

»Sarah, habe ich dir gefehlt?« Halt, nein, er würde sagen: »Du hast mit gefehlt, Sarah.«

Darauf würde sie sagen...

Sie sagte: »Ich könnte am Samstagvormittag bei dir vorbeischauen, wenn es dir paßt.«

Am Vormittag trinkt man aber keinen Sherry ...

Und außerdem: Er würde gar nicht da sein. »Ich fliege morgen nachmittag nach England«, sagte er.

»So, ist schon wieder einmal England fällig?«

»Vielleicht könntest du heute abend kommen.«

»Nein, mein Wagen ist in der Werkstatt.«

»Dein Wagen? Was fehlt ihm denn?«

»Also, ich fahre so dahin und ... Du kennst doch das rote Lämpchen links am Armaturenbrett?«

»Was, die Kontrollampe für den Öldruck?«

»Ja, und da dachte ich: Also, ich komme zu spät zum Zahnarzt, wenn ich anhalte und mich gleich darum kümmere, und überhaupt, der Wagen scheint ganz ordentlich zu laufen, und so – «

»Moment. Du sagst, die Lampe hat aufgeleuchtet? Und du bist weitergefahren?«

»Es hat ja nichts anders geklungen als sonst oder sich irgendwie anders *benommen,* und da dachte ich – «

»Mein Gott, Sarah.«

»Ist das ein Grund zur Aufregung?«

»Du hast wahrscheinlich den Motor ruiniert.«

»Nein, den Motor habe ich nicht ruiniert, damit du es genau weißt. Ich brauche weiter nichts als eine simple Reparatur, aber leider wird sie ein paar Tage dauern. Na ja, schon gut. Ich habe noch meinen Schlüssel, da kann ich am Samstag allein ins Haus.«

»Ich könnte dir den Teppich ja bringen.«

»Ich warte bis Samstag.«

»Auf diese Weise bekäme ich deine Wohnung zu sehen«, sagte Macon. »Ich war noch nie drin, nicht wahr?«

»Nein, sie ist noch nicht fertig eingerichtet.«

»Ist mir doch egal.«

»Sieht einfach katastrophal aus. Bis jetzt ist nichts getan worden.«

»Wie ist das möglich? Du lebst doch schon seit über einem Monat dort!«

»Tja, ich bin eben kein so einmaliges Organisationsgenie wie du, Macon.«

»Man braucht kein Genie zu sein, um – «

»An manchen Tagen«, sagte Sarah, »komme ich erst gar nicht aus dem Morgenrock heraus.«

Macon schwieg.

»Ich hätte diesen Ferienkurs doch übernehmen sollen«, sagte Sarah. »Damit die Dinge wenigstens wieder etwas Form annehmen. Ich mache morgens die Augen auf und denke: Wozu überhaupt aufstehen?«

»Ich auch«, sagte Macon.

»Wozu essen? Wozu atmen?«

»Ich auch, mein Schatz.«

»Macon, meinst du, dieser Kerl weiß überhaupt, was er angerichtet hat? Ich will zu ihm ins Gefängnis gehen. Ich will auf der anderen Seite von diesem Gitter sitzen oder diesem Drahtnetz oder was es da gibt, und dann sage ich zu ihm: ›Schau mich an. Schau her. Schau, was du getan hast. Du hast nicht nur die Leute umgebracht, die du erschossen hast. Du hast auch noch andere Leute umgebracht. Was du getan hast, wirkt ewig weiter fort. Du hast nicht nur meinen Sohn umgebracht, du hast mich umgebracht, du hast meinen Mann umgebracht. Ich bin ja nicht einmal fähig, meine Gardinen aufzuhängen. Begreifst du, was du getan hast?‹ Und wenn ich dann überzeugt bin, daß er begriffen hat, daß er es wirklich einsieht, daß er sich entsetzlich vorkommt, dann mache ich meine Handtasche auf, ziehe eine Pistole heraus und schieße ihm zwischen die Augen.«

»Also weißt du, Schatz – «

»Du hältst das bloß für irres Gerede, ich weiß schon. Aber ich schwöre dir, Macon, ich spüre direkt den kleinen Rückstoß auf der Handfläche beim Schießen. Ich habe noch nie im Leben mit einer Pistole geschossen – Gott, ich glaube, ich habe sogar noch nie eine *gesehen*. Komisch, nicht? Ethan *hat* eine gesehen. Ethan hatte ein Erlebnis, das du und ich nicht nachvollziehen können. Manchmal strecke ich aber doch die Hand aus, mit abgespreiztem Daumen, wie die Kinder beim Cowboyspielen, und dann krümme ich den Abzugsfinger und spüre, was für eine Befriedigung es wäre!«

»Sarah, sprich nicht so, das tut dir nicht gut.«

»So? Wie soll ich denn sprechen?«

»Ich meine, wenn du dich in Wut steigerst, dann ... dann reibst du dich völlig auf. Du machst dich kaputt. Das bringt nichts.«

»Ach so! Ja, dann dürfen wir bloß keine Zeit damit vergeuden, wenn es nichts bringt!«

Macon massierte sich die Stirn. Er sagte: »Sarah, ich bin einfach der Ansicht, daß wir uns solche Gedanken nicht leisten können.«

»Du hast leicht reden.«

»Nein, ich habe nicht leicht reden, verdammt noch mal – «

»Schlag einfach die Tür zu, Macon. Geh einfach weg. Tu einfach so, als wäre es nie passiert. Geh doch dein Werkzeug neu sortieren, ordne deine Schraubenschlüssel vom größten zum kleinsten anstatt vom kleinsten zum größten, so was macht immer Spaß.«

»Gottverdammt noch mal, Sarah – «

»Verschon mich mit deinen Flüchen, Macon Leary!«

Beide legten eine Pause ein.

Macon sagte: »Also.«

Sarah sagte: »Also, wie auch immer ...«

»Du kommst also, während ich weg bin.«

»Wenn's dir recht ist.«

»Ja, sicher«, sagte er.

Trotzdem fühlte er sich sonderbar unbehaglich, nachdem er aufgelegt hatte. So, als ob er eine Fremde ins Haus kommen ließe. Als ob sie mehr mitnehmen könnte als nur den Eßzimmerteppich.

Für seinen Abstecher nach England zog er seinen bequemsten Anzug an. *Ein Anzug genügt vollauf,* empfahl er in seinen Ratgebern, *wenn Sie eine Reisepackung Fleckentferner mitnehmen.* (Macon kannte sämtliche Artikel, die es in Reisepackungen gab, von Deo-Spray bis zu Schuhcreme.) *Der Anzug sollte mittelgrau sein. Grau ist nicht nur weniger schmutzempfindlich, sondern eignet sich darüber hinaus auch für unvorhergesehene Bestattungen oder andere offizielle Anlässe. Zugleich ist es nicht zu düster für den Alltag.*

Er packte ein Minimum an Kleidung und seinen Kulturbeutel ein. Ferner ein Exemplar seines neuesten England-Ratgebers. Und einen Roman als Flugzeuglektüre.

Nehmen Sie nur mit, was in einer Reisetasche Platz findet. Mitgepäck verursacht nur Ärger. Versorgen Sie sich auch mit mehreren Reisepackungen Waschpulver, damit Sie nicht ausländischen Wäschereien ausgeliefert sind.

Als er gepackt hatte, setzte er sich auf die Couch, um auszuruhen. Vielmehr, genauer gesagt, um sich zu sammeln – wie ein Mann, der mehrmals tief Atem holt, bevor er in den Fluß hechtet.

Die Möbel – lauter gerade Linien und wohltuende Kurven. Stäubchen schwebten in der Schräge eines einfallenden Sonnenstrahls. Was für ein friedliches Leben er hier führte! An jedem anderen Tag hätte er sich jetzt eine Tasse Pulverkaffee gemacht. Er hätte den Löffel ins Spülbecken geworfen und den Kaffee stehend aus seinem Henkelbecher geschlürft, während die Katze um seine Füße strich. Dann hätte er vielleicht die Post geöffnet. All dies erschien ihm nun lieb und teuer. Wie hatte er über Langeweile klagen können? Zu Hause hatte er alles um sich herum so angeordnet, daß er kaum zu denken brauchte. Auf Reisen erforderte selbst das kleinste Vorhaben Einsatz und Entschlußkraft.

Zwei Stunden vor dem Abflug erhob er sich. Der Flughafen war allerhöchstens dreißig Fahrminuten entfernt, aber er wollte sich um nichts in der Welt gedrängt fühlen. Er machte einen letzten Rundgang durchs Haus, wobei er im Erdgeschoß kurz das Bad aufsuchte – das letzte *echte* Bad (nach seinen Vorstellungen), das er auf sieben Tage hinaus zu sehen bekommen würde. Er pfiff den Hund herbei. Er nahm die Reisetasche und ging zur Haustür hinaus. Die Hitze schlug ihm entgegen wie eine geballte Masse.

Der Hund sollte ihn nicht weiter begleiten als bis zur Tierklinik. Hätte das Tier das gewußt, wäre es nie in den Wagen gehüpft. So aber saß der Hund begeistert hechelnd neben Macon, den fäßchenförmigen Körper erwartungsvoll gespannt. Macon sprach zu ihm in einem Ton, den er für vertrauenerweckend hielt. »Heiß heute, stimmt's, Edward? Möchtest du es kühler haben?« Er stellte den Regler der Klimaanlage ein. »Schon geschehen, besser so?« Er hörte einen salbungsvollen Unterton aus seiner Stimme heraus. Edward hörte ihn möglicherweise auch, denn er vergaß zu hecheln und warf Macon plötzlich einen argwöhnischen Blick zu. Macon beschloß, nichts mehr zu sagen.

Gemächlich fuhren sie durch das Viertel, durch die von Bäumen überdachten Straßen. Sie bogen in eine sonnigere Zone voller Läden und Tankstellen ein. Als sie sich der Murray Avenue näherten, begann Edward zu fiepen. Auf dem Parkplatz der Murray-Avenue-Veterinärklinik schrumpfte er irgendwie zu einem viel kleineren Tier zusammen.

Macon stieg aus, ging um den Wagen herum und öffnete die Tür auf der Beifahrerseite. Als er nach Edwards Halsband griff, grub Edward die Krallen ins Sitzpolster. Die ganze Strecke bis zum Gebäude ließ er sich schleifen und schurrte dabei über den heißen Beton.

Der Warteraum war leer. In einer Ecke blubberte ein Goldfischaquarium vor sich hin. Darüber hing ein buntes Plakat, das den Lebenszyklus des im Herzen von Hunden gedeihenden Fadenwurms veranschaulichte. Auf einem Hocker hinter dem Schalter saß ein leicht verwahrlost aussehendes Persönchen in einem Sonnentop.

»Ich möchte meinen Hund in Pflege geben«, sagte Macon. Er mußte laut sprechen, um Edwards Röcheln zu übertönen.

Unverdrossen Gummi kauend, reichte das Mädchen ihm einen Vordruck und einen Bleistift. »Schon mal hier gewesen?«

»Ja, öfter.«

»Wie ist der Zuname?«

»Leary.«

»Leary, Leary«, wiederholte sie, während sie in der Kartei blätterte. Macon begann, den Vordruck auszufüllen. Edward stand aufrecht, an Macons Knie geklammert wie ein Dreikäsehoch, der sich vor dem Kindergarten fürchtet.

»Oho!« sagte das Mädchen und betrachtete stirnrunzelnd die gezogene Karte. »Edward?« fragte sie. »Wohnhaft Rayford Road?«

»Stimmt.«

»Wir können ihn nicht aufnehmen.«

»Wie bitte?«

»Da steht, er hat einen Wärter gebissen. Da steht: ›Hat Barney in den Knöchel gebissen; nicht wieder aufnehmen.‹«

»Das hat man mir nie gesagt.«

»Hätte man aber tun sollen.«

»Kein Wort hat man mir gesagt! Ich habe ihn im Juni hiergelassen, als wir an den Strand gefahren sind. Ich bin zurückgekommen, und man hat ihn mir einfach wiedergegeben.«

Das Mädchen blinzelte ihn ausdruckslos an.

»Hören Sie«, sagte Macon, »ich muß zum Flughafen, und zwar sofort. Ich darf meine Maschine nicht verpassen.«

»Ich befolge nur Anweisungen.«

»Und was hat ihn überhaupt so gereizt?« fragte Macon. »Hat sich das irgend jemand überlegt? Vielleicht hatte Edward allen Grund dazu!«

Das Mädchen blinzelte abermals. Edward hatte sich inzwischen auf alle viere niedergelassen und schaute interessiert aufwärts, als lauschte er dem Gespräch.

»Ach was, hol's der Teufel«, sagte Macon. »Komm, Edward.«

Beim Weggehen brauchte er Edward nicht mehr am Halsband hinter sich herzuzerren. Edward galoppierte die ganze Strecke über den Parkplatz vor ihm her.

Trotz der kurzen Zeit hatte der Wagen sich in einen Backofen verwandelt. Macon kurbelte das Fenster auf seiner Seite herunter und saß bei laufendem Motor da. Was nun? Er zog seine Schwester in Betracht, aber die hätte Edward höchstwahrscheinlich auch nicht genommen. Offen gestanden, war es nicht das erstemal, daß es Klagen gegeben hatte. Vorige Woche zum Beispiel war Macons Bruder Charles vorbeigekommen, um sich ein Fräseisen zu leihen, und Edward war, wütend nach seinen Hosenaufschlägen schnappend, im Kreis um seine Füße herumgeflitzt. Charles, total verblüfft, hatte nur langsam den Kopf gedreht und hinuntergegafft. »Was ist denn in den gefahren?« hatte er gefragt. »So etwas hat er doch *früher* nie gemacht.« Dann, von Macon am Halsband zurückgehalten, hatte Edward geknurrt. Er hatte die Oberlippe hochgezogen und geknurrt! Konnte ein Hund einen Nervenzusammenbruch bekommen?

Macon verstand nicht besonders viel von Hunden. Er mochte lieber Katzen. Er schätzte ihre Undurchschaubarkeit. Mit Edward beschäftigte er sich überhaupt erst neuerdings. Seit er so viel allein war, hatte er sich angewöhnt, zu ihm zu sprechen, manchmal saß er auch nur da und beobachtete ihn. Er bewunderte Edwards intelligente braune Augen und sein fuchsähnliches kleines Gesicht. Ihm gefielen die honigfarbenen Wirbel, die so symmetrisch von seinem Nasenrücken ausgingen. Und sein Gang! Ethan hatte immer gesagt: Edward latscht, als hätte er Sand in der Badehose. Sein Hinterteil wackelte munter; seine Beinchen schienen von einem primitiveren Mechanismus angetrieben zu werden als die Beine größerer Hunde.

Macon fuhr jetzt wieder heimwärts, weil ihm nichts Besseres einfiel. Er überlegte, was geschehen würde, wenn er Edward – nicht anders als die Katze – einfach zu Hause ließ, reichlich mit Futter und Wasser versorgt. Nein. Oder konnte nicht

Sarah nach ihm sehen kommen, zwei-, dreimal am Tag? Davor schreckte Macon zurück; hätte es doch bedeutet, daß er sie darum bitten mußte. Es hätte bedeutet, die Telefonnummer zu wählen, die er noch nie gewählt hatte, und Sarah um einen Gefallen zu bitten.

Plötzlich entdeckte er auf der anderen Straßenseite das Schild einer Tierklinik. *Wie* hieß der Laden? *Miau-Wau?* Macon bremste, und Edward schlitterte nach vorn. »Entschuldige«, sagte Macon. Er bog nach links auf den Parkplatz ein.

Der Warteraum dieses Tierheims roch kräftig nach Desinfektionsmittel. Hinter der Theke stand eine magere junge Frau in einer rüschenbesetzten Folklorebluse. Sie hatte schauderhaft krauses, schwarzes Haar, das ihr bis auf die Schultern herabwallte wie eine arabische Kopfbedeckung.

»Halli-hallo«, grüßte sie.

Macon fragte: »Nehmen Sie Hunde in Pflege?«

»Sicher.«

»Ich möchte Edward hier unterbringen, den da.«

Sie beugte sich über die Theke, um Edward zu mustern. Edward hechelte fröhlich zu ihr empor. Er hatte offensichtlich noch nicht mitgekriegt, was für eine Art von Etablissement das hier war.

»Sind Sie vorgemerkt?« fragte die Frau.

»Vorgemerkt! Nein.«

»Die meisten Leute lassen sich vormerken.«

»Davon weiß ich nichts.«

»Besonders im Sommer.«

»Könnten Sie nicht eine Ausnahme machen?«

Sie ließ sich das durch den Kopf gehen, während sie stirnrunzelnd auf Edward hinunterblickte. Ihre Augen waren ganz klein wie Kümmelkörner, und ihr Gesicht war spitz und farblos.

»Bitte«, sagte Macon. »Ich muß zum Flughafen. Ich verreise für eine Woche, und ich habe keine Menschenseele, die sich um ihn kümmert. Ich bin am Verzweifeln, glauben Sie mir.«

Aus dem Blick, den sie ihm zuwarf, schloß er, daß diese Mitteilung sie irgendwie überraschte. »Können Sie ihn nicht zu Hause lassen, bei Ihrer Frau?« wollte sie wissen.

Er fragte sich, was in ihrem Kopf vorgehen mochte.

»Wenn ich das könnte«, sagte er, »stünde ich nicht hier, oder?«

»Oh«, sagte sie. »Sie sind nicht verheiratet?«

»Doch, aber sie – sie lebt woanders. Dort sind Haustiere unerwünscht.«

»Oh.«

Sie kam hinter der Theke hervor. Sie hatte ganz kurze rote Shorts an; ihre Beine waren wie Stecken. »Ich bin auch geschieden«, sagte sie. »Ich weiß, was Sie mitmachen.«

»Und dann«, sagte Macon, »in diesem Heim, wo ich ihn sonst unterbringe, behaupten sie plötzlich, er beißt. Behaupten, er hat einen Wärter gebissen, und sie können ihn deshalb nicht mehr aufnehmen.«

»Edward? Beißt du?« fragte die Frau.

Macon sah ein, daß es besser gewesen wäre, das zu verschweigen, aber sie schien sich nichts dabei zu denken. »Wie kannst du nur?« fragte sie Edward. Edward grinste zu ihr empor und legte die Ohren zurück, ein Tätscheln heischend. Sie bückte sich und strich ihm über den Kopf.

»Behalten Sie ihn also?« fragte Macon.

»Ach, na gut«, meinte sie und richtete sich auf. »Bevor Sie noch verzweifeln.« Mit Betonung auf dem »verzweifeln« – und Macon mit ihren kleinen braunen Augen fixierend –, wie um dem Wort mehr Gewicht zu verleihen, als Macon beabsichtigt hatte. »Füllen Sie das aus.« Sie reichte ihm eines der Formulare von dem Stapel auf der Theke. »Name und Adresse und wann Sie zurückkommen. Vergessen Sie nicht einzutragen, wann Sie zurückkommen.«

Macon nickte und schraubte seinen Füllhalter auf.

»Ich sehe Sie höchstwahrscheinlich wieder, wenn Sie ihn abholen«, sagte sie. »Ich meine, wenn Sie eintragen, um welche Uhrzeit man Sie erwarten kann. Ich heiße Muriel.«

»Ist hier abends geöffnet?«

»Jeden Abend außer Samstag. Bis acht.«

»Wie gut.«

»Muriel Pritchett«, sagte sie.

Macon füllte das Formular aus, während die Frau kniend Edwards Halsband aufschnallte. Edward leckte ihr den Bakkenknochen; er glaubte anscheinend, sie wollte nur nett zu ihm sein. Macon verabschiedete sich erst gar nicht, als er das Formular ausgefüllt hatte. Er hinterließ es auf der Theke und ging schnell hinaus, eine Hand in die Tasche gesteckt, um seine Schlüssel am Klingeln zu hindern.

Auf dem Flug nach New York saß er neben einem ausländisch wirkenden, schnurrbärtigen Mann, der einen Kopfhörer für einen dieser Minikassettenrecorder übergestülpt hatte. Ausgezeichnet: keine Gefahr einer Unterhaltung. Macon lehnte sich zufrieden in seinem Sitz zurück.

Flugzeuge behagten ihm. Bei ruhigem Wetter merkte man gar nicht, daß man sich fortbewegte. Man konnte sich geborgen zu Hause im Sessel wähnen. Die Aussicht aus dem Fenster blieb immer gleich – Luft und nochmals Luft –, und das Innere eines Flugzeugs war mit dem Inneren jedes beliebigen anderen praktisch austauschbar.

Er verschmähte das Angebot vom Getränkewagen, aber der Mann neben ihm nahm die Kopfhörer ab und bestellte eine Bloody Mary. Eine schrille, komplizierte, mittelöstliche Melodie drang zirpend aus den rosa Schaumstoff-Ohrpfropfen. Macon starrte auf das kleine Gerät hinunter und überlegte, ob er sich auch eines kaufen sollte. Nicht wegen der Musik, du lieber Himmel – auf der Welt gab es ohnehin schon viel zuviel Lärm –, sondern zur Abschottung. Er konnte das Ding anstellen, und niemand würde ihn behelligen. Er konnte ein leeres Band laufen lassen: volle dreißig Minuten Stille. Dann die Kassette gewendet und noch einmal dreißig Minuten.

Sie landeten auf dem Kennedy-Flughafen, und Macon bestieg den Zubringerbus zu seiner Anschlußmaschine, die erst am Abend starten sollte. Kaum in der Abflughalle installiert, begann er, ein Kreuzworträtsel zu lösen, das er sich eigens für diese Gelegenheit aus der New York Times vom letzten Sonntag aufgespart hatte. Er saß innerhalb einer Art von Barrikade – die Reisetasche auf einem Stuhl, das Anzugjackett auf einem zweiten. Ringsum wimmelte es von Menschen, aber er hielt den Blick auf das Zeitungsblatt geheftet und nahm sich gelassen das Silbenrätsel vor, sobald er mit dem Kreuzworträtsel fertig war. Als er beide Rätsel gelöst hatte, begaben sich die ersten Passagiere schon in die Maschine.

Seine Sitznachbarin war eine grauhaarige Frau mit Brille. Sie hatte sich eigens eine gestrickte Wolldecke mitgebracht. Kein gutes Zeichen, befürchtete Macon, jedoch kein unlösbares Problem. Zunächst tat er geschäftig, lockerte sich die Krawatte, zog die Schuhe aus und holte ein Buch aus der Reisetasche. Dann schlug er das Buch auf und begann, ostentativ zu lesen.

Der Titel dieses Buches lautete *Miss MacIntosh, My Darling,* und es war 1198 Seiten lang. *(Nehmen Sie immer ein Buch mit, zum Schutz gegen Fremde. Zeitschriften sind unergiebig. Zeitungen aus der Heimat wecken Heimweh, und Zeitungen von anderswo machen Ihnen deutlich, daß Sie am falschen Platz sind. Sie wissen doch, wie fremdartig das Schriftbild einer ungewohnten Zeitung wirkt.)* Er schleppte *Miss MacIntosh* schon seit Jahren mit sich herum. Das Buch bot den Vorteil, daß es keine fortlaufende Handlung hatte, soweit er feststellen konnte, aber unverändert interessant blieb, weshalb er jederzeit aufs Geratewohl weiterlesen konnte. Hob er zwischendurch einmal den Blick, so achtete er darauf, den betreffenden Absatz mit dem Finger zu markieren und gedankenverloren dreinzuschauen.

Aus dem Lautsprecher drangen die üblichen, sanft gemurmelten Hinweise auf Sitzgurte, Notausstiege, Sauerstoffmasken. Er hätte gern gewußt, warum Stewardessen die unmöglichsten Wörter betonten. »*Auf* unserem Flug heute abend *werden* wir Ihnen...« Die Frau auf dem Nebensitz bot ihm ein Eisbonbon an. Macon lehnte dankend ab und widmete sich wieder seinem Buch. Sie raschelte mit Einwikkelpapier, und kurz darauf wehte der Geruch von Minze zu ihm herüber.

Er verzichtete auf den Cocktail, er verzichtete auf den Abendimbiß, nahm jedoch die dazugehörige Milch. Er verzehrte einen Apfel und eine kleine Packung Rosinen aus der Reisetasche, trank die Milch und begab sich dann in den Waschraum, um sich das Gebiß mit Zahnseide und Zahnbürste zu putzen. Als er zurückkahm, herrschte im Flugzeug schon Dunkel, hie und da von Leselämpchen durchsetzt. Einige Passagiere schliefen bereits. Seine Sitznachbarin rollte ihr Haar zu kleinen Os ein, die sie mit Haarklammern gleichsam durchkreuzte. Macon konnte sich nicht genug wundern, wie ungeniert manche Leute sich im Flugzeug betrugen. Er hatte schon Männer im Schlafanzug gesehen; er hatte schon dick mit Nährcreme eingefettete Frauen gesehen. Als ob es gerade die nötig gehabt hätten, sich gehenzulassen.

Er rückte sein Buch schräg in den schmalen Lichtstrahl und schlug eine neue Seite auf. Die Triebwerke klangen brummig und zielstrebig. Der Zeitabschnitt war angebrochen, den er als die Durststrecke bezeichnete – die Kluft zwischen Abendbrot und Frühstück, wenn man über dem Ozean schwebte und auf das Hellerwerden des Himmels wartete, das als Tagesanbruch galt, obwohl es drüben in der Heimat längst noch nicht tagte. Nach Macons Meinung glich die Morgendämmerung in anderen Zeitzonen einem Bühneneffekt – einem Vorhang, bemalt mit der aufgehenden Sonne, der die eigentliche Dunkelheit verdeckte.

Er ließ den Kopf gegen die Sitzlehne fallen und schloß die Augen. Die Stimme einer Stewardeß irgendwo vorn in der Maschine verschaffte sich, in das Geräusch der Triebwerke verwoben, Gehör. »Wir hockten und hockten einfach da, es gab überhaupt nichts zu tun, und wir hatten nichts anderes als die Mittwochszeitung, und an einem Mittwoch ereignet sich bekanntlich nie etwas Neues...«

Macon hörte einen Mann gelassen in sein Ohr sprechen. »Macon.« Aber er bewegte nicht einmal den Kopf. Er kannte inzwischen all die akustischen Täuschungen in Nachtmaschinen. Er sah hinter geschlossenen Augenlidern den Seifennapf auf dem Spülbecken in der Küche daheim – wieder so eine Täuschung, dieses konkrete Sehen. Es handelte sich um einen ovalen Seifennapf aus Porzellan, mit gelben Rosen bemalt, der einen hauchdünnen Rest Seife und Sarahs Ringe enthielt – ihren Verlobungsring und ihren Ehering, genau so, wie sie beides zurückgelassen hatte, als sie gegangen war.

»Da sind die Eintrittskarten«, hörte er Ethan sagen. »Und die Türen werden in fünf Minuten aufgemacht.«

»Gut«, sagte Macon, »dann wollen wir unsere Strategie planen.«

»Strategie?«

»Wo wir sitzen wollen.«

»Zu so was brauchen wir 'ne Strategie?«

»*Du* wolltest doch diesen Film sehen, Ethan. Da hätte ich gedacht, es würde dich interessieren, wo du sitzt. Ich habe es so geplant: Du gehst hinüber zu der Schlange links und zählst die kleinen Kinder. Ich nehme die Schlange rechts.«

»Och, Dad – «

»Möchtest du neben irgendeinem Schreihals sitzen?«

»Nicht direkt.«

»Und was wäre dir lieber, ein Eckplatz?«

»Ist mir egal.«

»Eckplatz, Ethan? Oder Mitte der Reihe? Du wirst doch noch wissen, was dir lieber ist.«

»Eigentlich nicht.«

»Mitte der Reihe?«

»Kommt nicht darauf an.«

»Ethan. Es kommt sehr wohl darauf an. Eckplatz, und du kommst schneller hinaus. Wenn du dir etwas zum Knabbern kaufen oder auf die Toilette gehen möchtest, empfiehlt sich ein Eckplatz. Allerdings quetschen sich dann alle Leute an dir vorbei. Wenn du aber glaubst, daß du deinen Platz nicht verlassen wirst, dann schlage ich vor – «

»Wirklich, Dad, du meine Güte!« sagte Ethan.

»Na schön«, sagte Macon. »Wenn das deine Einstellung ist, dann sitzen wir eben dort, wohin es uns verschlägt.«

»Bestens«, sagte Ethan.

»Bestens«, sagte Macon.

Jetzt bewegte er doch den Kopf, wiegte ihn hin und her. Aber die Augen hielt er fest geschlossen, und nach einiger Zeit verstummten die Stimmen. Und er versank in jenen Dämmerzustand, der auf Reisen als Schlaf gilt.

Im Morgengrauen ließ er sich eine Tasse Kaffee geben und schluckte eine Vitaminpille aus der Reisetasche. Die anderen Passagiere sahen übernächtigt und blaß aus. Seine Sitznachbarin schleppte ein ganzes Köfferchen mit in den Waschraum und kam tadellos frisiert zurück, ihr Gesicht war aber gedunsen. Macon war überzeugt, daß Reisen die Flüssigkeitsausscheidung hemmt. Als er seine Schuhe anzog, waren sie ihm zu eng, und als er sich rasieren ging, entdeckte er ungewohnte Schwellungen unter seinen Augen. Er war freilich besser dran als die meisten der anderen Leute, weil er weder gesalzenes Essen noch alkoholische Getränke zu sich genommen hatte. Alkohol staute sich ganz bestimmt im Körper. Trinkt man im Flugzeug Alkohol, fühlt man sich hinterher tagelang benommen, davon war Macon überzeugt.

Die Stewardeß gab die Londoner Uhrzeit durch, woraufhin Bewegung entstand, als die Passagiere ihre Uhren neu einstellten. Macon stellte nur den Digitalwecker aus dem Kulturbeutel vor. Die Armbanduhr – keine Digitaluhr, sondern eine richtige, runde – ließ er so, wie sie war.

Sie landeten unversehens. Man setzte gleichsam auf dem Boden harter Tatsachen auf – all die Reibung plötzlich, die rauhe Landebahn, das Aufheulen und Bremsen. Der Laut-

40

sprecher knackste, gab schnurrend höfliche Hinweise von sich. Die Frau neben Macon faltete die Strickdecke zusammen. »Ich bin so aufgeregt«, sagte sie. »Ich bekomme zum erstenmal mein Enkelkind zu sehen.« Macon lächelte und wünschte ihr alles Gute zu diesem Ereignis. Jetzt, da er nicht mehr befürchten mußte, mit Beschlag belegt zu werden, fand er sie ganz nett. Außerdem sah sie so ungemein amerikanisch aus.

In Heathrow ging es auch diesmal zu wie kurz nach einer Katastrophe. Menschen rannten hektisch durcheinander, andere, von Koffern und Paketen umgeben, standen da wie Flüchtlinge, und uniformiertes Personal bemühte sich, dem Ansturm der Fragen gerecht zu werden. Da Macon auf keinerlei Gepäck warten mußte, war er bei der Erledigung der Formalitäten allen anderen weit voraus. Dann wechselte er seine Valuta und stieg in die U-Bahn. *Ich empfehle die U-Bahn allen außer jenen, die nicht schwindelfrei sind, aber auch diesen, wenn sie die folgenden Haltepunkte meiden, wo es außergewöhnlich steile Rolltreppen gibt...*

Während der Zug dahinratterte, verteilte er sein Geld auf verschiedene Kuverts, die er von daheim mitgebracht hatte – jedes schon mit einem anderen Nennwert gekennzeichnet. *(Kein langes Suchen nach ungewohnten Münzen, kein Prüfen irreführender Aufdrucke, wenn Sie ausländische Währung rechtzeitig klassifizieren und sortieren.)* Von gegenüber schaute ihm eine Reihe aufmerksamer Gesichter zu. Die Leute sahen hier anders aus, obwohl er nicht zu sagen vermocht hätte, wieso. Sie erschienen ihm sowohl feiner als auch ungesünder. Eine Frau mit greinendem Baby wiederholte fortwährend: »Still jetzt, Liebes. Still jetzt, Liebes«, mit dieser klaren, schwebenden, ungequetschten englischen Stimme. Es war heiß, die blasse Stirn der Frau glänzte. Wie Macons Stirn zweifellos auch. Er schob die Kuverts in die Brusttasche. Der Zug hielt, und noch mehr Menschen stiegen ein. Sie standen da und hielten sich nicht etwa an Schlaufen fest, sondern an einer Art Knollen, die an biegsamen Stäben befestigt waren; Macon hatte sie bei seinem ersten Londoner Aufenthalt für so etwas wie Mikrofone gehalten.

Wie üblich hatte er sein Standquartier in London. Von hier aus unternahm er kurze Streifzüge in andere Städte, wo er nie mehr als eine Handvoll Hotels, eine Handvoll Gaststätten innerhalb eines winzigen, leicht erreichbaren Gebiets registrierte, denn seine Reiseführer waren quasi das Gegenteil von ausführlich. (»Es gibt genug Bücher mit Anleitungen, wie man von einer Stadt soviel wie möglich zu sehen bekommt«, hatte sein Verleger ihm vorgehalten. »Du sollst Anleitungen geben, wie man von einer Stadt sowenig wie möglich zu sehen bekommt.«) Macons Hotel führte den Namen Jones Terrace. Ihm wäre eines der Häuser einer amerikanischen Hotelkette lieber gewesen, aber die waren zu teuer. Gegen das Jones Terrace – klein und gut geführt – gab es jedoch nichts einzuwenden. Er ging unverzüglich daran, sich in seinem Zimmer häuslich einzurichten, indem er die scheußliche Bettdecke abzog und in den Schrank stopfte, seine Habseligkeiten auspackte und die Reisetasche wegräumte. Er kleidete sich um, spülte die getragenen Sachen aus und hängte sie in der Duschkabine auf. Dann, nach einem sehnsüchtigen Blick aufs Bett, ging er auswärts frühstücken. Drüben in der Heimat war der Morgen zwar noch fern, aber Frühstück war die eine Mahlzeit, um die Geschäftsreisende sich meist selbst kümmern mußten. Macon erachtete es als Ehrensache, die Frühstücksmöglichkeiten überall besonders genau zu erkunden.

Er begab sich zu Fuß ins Yankee Delight, wo er Rühreier und Kaffee bestellte. Die Bedienung war exzellent. Der Kaffee kam sofort, und seine Tasse wurde unablässig nachgefüllt. Die Eier schmeckten nicht so wie die Eier daheim, aber so schmeckten sie ja nie. Woran mangelte es Gaststätteneiern bloß? Sie hatten keinen Charakter, kein Rückgrat. Dennoch schlug er seinen Reiseführer auf und hakte das Yankee Delight ab. Ende der Woche sollten diese Seiten kaum noch zu entziffern sein. Bis dahin hatte er einige Namen durchgestrichen, andere eingefügt und an die Ränder Anmerkungen gekritzelt. Er suchte immer wieder bereits registrierte Adressen auf – jedes Hotel und jedes Lokal. Das war ermüdend, aber sein Verleger bestand darauf. »Wie sieht denn das aus«, hatte Julian gesagt, »wenn ein Leser in ein Lokal kommt, das du empfohlen hast, und feststellt, daß sich dort jetzt Vegetarier verköstigen!«

Er bezahlte die Rechnung und ging dann die Straße hinunter ins New America, wo er abermals Eier und Kaffee bestellte. »Entkoffeinierten«, fügte er hinzu. (Seine Nerven vibrierten schon.) Der Kellner erwiderte, entkoffeinierten hätten sie nicht. »So, haben Sie nicht«, sagte Macon. Als der Kellner gegangen war, brachte Macon in seinem Reiseführer einen entsprechenden Vermerk an.

Als drittes besuchte er ein Lokal namens U.S. Open, wo die Bratwürste so trocken waren wie Sägespäne. Natürlich: Das U.S. Open hatte ein Leser empfohlen. Ach, was die Leser nicht alles empfahlen! Macon hatte einmal (bevor er klüger wurde) lediglich auf eine solche Empfehlung hin ein Hotelzimmer gebucht – irgendwo in Detroit oder auch Pittsburgh oder wie die Stadt geheißen haben mochte –, um es für *Tourist wider Willen in Amerika* zu begutachten. Nach einem Blick auf das Bett war er sofort ausgezogen und über die Straße ins Hilton geflohen, wo der Portier ihm entgegengeeilt war und sich seiner Reisetasche mit einem Ausruf des Mitleids bemächtigt hatte, als wäre Macon geradewegs aus der Wüste herangewankt. Nie wieder, hatte Macon sich geschworen. Er ließ die Bratwürste auf dem Teller und verlangte die Rechnung.

Am Nachmittag (hierzulande) nahm er sich die Hotels vor. Er sprach mit verschiedenen Geschäftsführern und inspizierte Musterzimmer, wo er die Betten ausprobierte, in der Toilette die Wasserspülung betätigte, den Brausekopf der Dusche sozusagen unter die Lupe nahm. Die meisten Hotels hatten ihr Niveau mehr oder weniger gewahrt, nur mit dem Royal Prince stimmte etwas nicht mehr. Es wirkte nämlich –

nun ja, exotisch. Dunkle, hübsche Männer in knappen Seidenanzügen tuschelten miteinander in der Halle, während kleine braune Kinder rund um die Spucknäpfe Haschen spielten. Macon kam es vor, als hätte er sich noch auswegloser verlaufen als sonst und sei nach Kairo geraten. Kegelförmige Damen in langen schwarzen Schleiern drängten sich an der Drehtür, schleusten sich schwungvoll von der Straße herein, die Einkaufstaschen prall gefüllt – womit? Er versuchte, sich vorzustellen, wie sie stone-washed Jeans-Shorts und durchbrochene schenkelhohe Stiefel kauften – die Ware, die er in den meisten Schaufenstern gesehen hatte. »Äh – «, sagte er zum Geschäftsführer. Wie drückte man sich da am besten aus? Er wollte auf keinen Fall engstirnig erscheinen, aber seine Leser schwärmten nun mal nicht fürs Exotische. »Hat das Hotel – äh – den Besitzer gewechselt?« fragte er. Der Geschäftsführer schien ein ungewöhnlich empfindlicher Mensch zu sein. Er reckte sich auf und erklärte, das Royal Prince gehöre einem Konsortium, schon immer und für alle Zeit demselben Konsortium. »Aha«, sagte Macon. Er entfernte sich verstört.

Zur Abendessenszeit wäre eigentlich ein »gehobenes« Lokal an der Reihe gewesen. Er mußte für jede Stadt mindestens ein Nobelrestaurant anführen – zwecks Kundenbewirtung. An diesem Abend war ihm jedoch nicht danach zumute. Er begab sich statt dessen in eine Gaststätte namens My American Cousin. Hier sprachen die Gäste mit amerikanischem Akzent, ein Teil des Personals ebenfalls, und die Empfangsdame gab an der Tür numerierte Zettel aus. Wurde eine Nummer über den Lautsprecher aufgerufen, konnte man ein Fernsehgerät gewinnen oder zumindest einen gerahmten Farbdruck, auf dem die Gaststätte abgebildet war.

Macon bestellte ein erquickliches Nachtmahl: schlicht in Wasser gekochtes Gemüse und zwei Lammkoteletts in weißen Papiermanschetten, dazu ein Glas Milch. Der Mann am Nebentisch war auch ohne Begleitung. Er verzehrte eine leckere Schweinefleischpastete, und als die Serviererin ihm etwas zum Nachtisch offerierte, sagte er: »Tja, also, vielleicht nehme ich doch noch etwas«, in dem gedehnten, selbstgefällig-herablassenden Tonfall eines Mannes, dessen Weiberleute ihm sein Leben lang zugeredet haben, ein bißchen Fleisch auf den Rippen anzusetzen. Macon bestellte sich Lebkuchen. Sie kamen mit Sahne, genau wie weiland im Haus seiner Großmutter.

Um acht – von seiner Armbanduhr angezeigt – lag er im Bett. Das war natürlich viel zu früh, aber länger konnte er den Tag nicht hinausdehnen; für die Engländer war es bereits Mitternacht. Morgen wollte er mit seinen Stippvisiten anderer Städte beginnen. Sich ein paar Pflichthotels ansehen, sich ein paar Pflichtfrühstücke einverleiben. Kaffee mit Koffein und Kaffee ohne Koffein. Frühstücksspeck nicht durchgebraten und zu scharf gebraten. Orangensaft frisch gepreßt, aus der Dose und tiefgekühlt. Wieder Brauseköpfe, wieder Matratzen. Haartrockner auf Wunsch verfügbar? 110-Volt-Anschlüsse für Elektrorasierer? Als er einschlief, war ihm, als drehten sich lauter fremde Räume wie auf einem Karussell an ihm vorbei. Ihm war, als glitten Kofferablagen aus Segeltuch, Deckensprinkler und laminierte Anweisungen für den Fall eines Brandes auf ihn zu und von ihm weg, immer wieder, bis ans Ende seiner Tage. Er sah Ethan auf einem Kamel aus Gips reiten, hörte ihn »Fang mich!« rufen, bevor er stürzte, aber Macon konnte ihn nicht rechtzeitig erreichen, und als er die Arme nach ihm ausstreckte, war Ethan verschwunden.

Zu Macons schlechten Gewohnheiten gehörte auch der Drang zu vorzeitiger Heimkehr. Egal, wie kurz der Aufenthalt bemessen war, irgendwann mittendrin fand er, daß er abreisen sollte, daß er viel zuviel Zeit eingeplant hatte, daß alles wirklich Wichtige erledigt war – oder fast alles fast erledigt. Die restliche Zeit vertat er mit Telefonanrufen bei Reisebüros und ergebnislosen Gängen zu Fluggesellschaften, mit vergeblichem Warten auf einen frei gewordenen

Platz in einer Maschine, so daß er sich gezwungen sah, in das Hotel zurückzukehren, aus dem er eben erst ausgezogen war. Er nahm sich jedesmal vor, dergleichen nie wieder vorkommen zu lassen, aber jedesmal passierte es dann doch. In England widerfuhr es ihm an seinem vierten Nachmittag. Was gab es hier noch zu tun? begann er zu überlegen. Hatte er denn nicht alles Wesentliche erfaßt?

Zugegeben, es war Samstag. Er hatte, als er das Datum in sein Spesenheft eintrug, zufällig bemerkt, daß es drüben in der Heimat Samstagvormittag war. Sarah wollte kommen, um den Teppich zu holen.

Sie würde die Haustür öffnen und den heimischen Geruch schnuppern. Sie würde durch die Räume gehen, in denen sie all die Jahre so glücklich gewesen war. (Oder etwa nicht?) Sie würde die Katze lang und faul auf der Couch ausgestreckt antreffen, würde sich neben sie aufs Kissen setzen und denken: *Wie konnte ich jemals weggehen?*

Bedauerlicherweise war es Sommer, und sämtliche Luftlinien waren ausgebucht. Er brachte zwei Tage damit zu, vagen Möglichkeiten nachzugehen, die sich in Nichts auflösten, sobald er der Sache näherkam. »Irgend etwas! Verschaffen Sie mir irgend etwas! Es muß nicht unbedingt New York sein. Ich nehme auch Dulles! Oder Montreal! Chicago! Meinetwegen auch Paris oder Berlin, vielleicht kriegt man dort einen Flug. Gibt's keine Schiffe? Wie lange braucht ein Schiff heutzutage? Und wenn es sich um einen Dringlichkeitsfall handelte? Zum Beispiel meine Mutter auf dem Sterbebett oder so? Wollen Sie behaupten, es gibt einfach keine Möglichkeit, von hier wegzukommen?«

Die Leute, mit denen er verhandelte, ließen es nie an Höflichkeit fehlen und strotzten vor guter Laune – ehrlich, wenn das Reisen nicht so strapaziös gewesen wäre, hätte er die Engländer richtig liebgewinnen können –, aber aus der Klemme helfen konnten sie ihm nicht. Letzten Endes mußte er bleiben. Er igelte sich für den Rest der Woche in seinem Zimmer ein, hockte vor dem Fernseher, kaute an den Fingernägeln und ernährte sich von haltbaren Essensvorräten und lauwarmer Limonade, denn er hatte Gaststätten einfach satt.

Am Tag des Abflugs stand er natürlich als erster am Flugsteig. Er konnte sich seinen Platz aussuchen: Fenster, Nichtraucher. Neben ihm saß ein junges Paar, ausschließlich mit sich selbst beschäftigt, daher brauchte er *Miss MacIntosh* nicht, saß einfach da und starrte den ganzen langen, langweiligen Nachmittag hindurch hinaus auf die Wolken.

Nachmittag war noch nie seine liebste Tageszeit gewesen; das war das Schlimmste an diesen Rückflügen. So ein Nachmittag dauerte Stunden und Stunden, zog sich hin durch Drinks und Essen und wieder Drinks, aber er winkte bei jedem Angebot ab. Es war Nachmittag, als der Film gezeigt wurde; die Passagiere mußten die Sonnenblenden herunterlassen. Orangefarbenes Licht, beklemmend und trüb, erfüllte das Flugzeug.

Einmal, als er eine ungewöhnlich beschwerliche Reise unternommen hatte – nach Japan, wo man sich nicht einmal die Straßenschilder merken konnte, um an eine bestimmte Stelle zurückzufinden –, hatte Sarah ihn in New York erwartet. Es war der fünfzehnte Hochzeitstag, und sie wollte ihn überraschen. Sie hatte Becky im Reisebüro angerufen und seine Flugnummer erfragt, hatte Ethan ihrer Mutter anvertraut und war ihm zum Kennedy-Flughafen entgegengeflogen. In einem Picknickkorb hatte sie Wein und verschiedenerlei Käse mitgebracht, und sie ließen es sich in der Flughalle gemeinsam schmecken, während sie auf die Maschine warteten, die sie heimbringen sollte. Jede Einzelheit dieses Picknicks war Macon im Gedächtnis haften geblieben: der Käse, auf einer Marmorplatte angerichtet, der Wein in langstieligen Kristallgläsern, die den Flug sogar heil überstanden hatten. Macon schmeckte immer noch den geschmeidigen Brie auf der Zunge. Er sah immer noch Sarahs kleine, wohlgeformte Hand resolut das Brot schneiden.

Diesmal erwartete sie ihn aber nicht in New York.

Sie erwartete ihn nicht einmal in Baltimore.

Er holte den Wagen vom Parkplatz und fuhr auf dem Weg in die Stadt durch ein bedrohliches Zwielicht, das allerhand zu verheißen schien – ein Gewitter oder Wetterleuchten oder sonst etwas Aufregendes. Wartete sie vielleicht zu Hause? In ihrem gestreiften Kaftan, der ihm so gut gefiel? Mit einem erfrischenden Sommerimbiß, auf dem Tisch im Patio bereitgestellt?

Vorsichtshalber – schließlich konnte er mit nichts rechnen – kaufte er unterwegs Milch ein, bevor er ins Tierheim fuhr, um Edward abzuholen. Er erreichte das Miau-Wau wenige Minuten vor Torschluß; irgendwie hatte er es fertiggebracht, sich zu verirren. Der Schalter war verwaist. Er mußte die Kundenklingel betätigen. Ein Mädchen mit Pferdeschwanzfrisur steckte den Kopf zu einer Tür heraus und gewährte dadurch einem Gewirr von Tierlauten Einlaß, die sämtliche Register durchliefen wie ein Orchester beim Stimmen seiner Instrumente. »Ja?« fragte das Mädchen.

»Ich möchte meinen Hund abholen.«

Das Mädchen kam heran und schlug einen Aktenhefter auf. »Ihr Familienname?«

»Leary.«

»Oh«, sagte das Mädchen. »Einen Augenblick.«

Macon fragte sich, was Edward diesmal angestellt haben mochte.

Das Mädchen verschwand, und kurz darauf erschien die andere, die Kraushaarige. An diesem Abend trug sie ein spitz ausgeschnittenes, schwarzes, mit großen rosa Blumen übersätes Kleid – die Schultern ausladend, das Röckchen zu knapp; dazu Sandaletten mit schwindelerregend hohen Absätzen.

»Ja, halli-hallo!« grüßte sie strahlend. »Wie war die Reise?«

»Ach, es war . . . Wo ist Edward? Fehlt ihm etwas?«

»Gar nichts fehlt ihm. Der war so brav und süß und lieb!«

»Wie schön«, sagte Macon.

»Wir sind einfach prima miteinander ausgekommen, mir scheint, er hat sich in mich verknallt, weiß selbst nicht, warum.«

»Wunderbar«, sagte Macon. Er räusperte sich. »Kann ich ihn also wiederhaben, bitte?«

»Caroline bringt ihn gleich.«

Eine Pause entstand. Die Frau wartete, ihm zugewandt, ein kesses Lächeln im Gesicht, die Finger auf der Theke verschränkt. Sie hatte sich die Nägel dunkelrot lackiert, bemerkte Macon, und mit einem schwärzlichen Lippenstift die ungewöhnlich komplizierte Form ihres Mundes betont – irgendwie kantig wie bei einer gewissen Sorte von Äpfeln.

»Hm«, äußerte Macon schließlich. »Vielleicht könnte ich inzwischen zahlen.«

»Ach ja.«

Sie hörte auf zu lächeln und schaute von oben herab in dem aufgeschlagenen Aktenhefter nach. »Macht zweiundvierzig Dollar.«

Macon reichte ihr seine Kreditkarte. Die Bedienung des Adressographen bereitete ihr Schwierigkeiten; alles mußte mit den Ballen der Finger gemacht werden zur Schonung der Nägel. Sie füllte den Vordruck mit krakeliger Schrift aus und schob ihm dann die Rechnung zu. »Unterschrift und Telefon, bitte.« Sie beugte sich über die Theke vor, um zu sehen, was er schrieb. »Ist das Ihre Privatnummer oder die von Ihrem Geschäft?«

»Beides. Warum? Kommt es darauf an?«

»Ich hab' nur gemeint.« Sie löste den Durchschlag ab, mit gespreizten Fingern natürlich, und legte das Original in die Schublade. »Ich weiß nicht, ob ich es schon mal erwähnt habe, aber ich kann zufällig auch Hunde abrichten.«

»Tatsächlich«, sagte Macon.

Er warf einen Blick auf die Tür, durch die das Mädchen vorhin verschwunden war. Er wurde immer nervös, wenn es zu lange dauerte, bevor Edward gebracht wurde. Was machten die dort drinnen – irgendwelche Beweismittel vernichten?

»Meine besondere Spezialität sind bissige Hunde«, sagte die Frau.

»Nur Spezialität.«

»Wie bitte?«

»Eine Spezialität ist schon besonders.«

Sie sah ihn verständnislos an.

»Das muß gefährlich sein«, sagte Macon aus reiner Höflichkeit.

»Oh, nicht für mich! Ich fürchte mich vor nichts auf dieser Welt.«

An der Tür hinter ihr gab es ein scharrendes Geräusch, dann wetzte Edward herein, gefolgt von dem Mädchen mit dem Pferdeschwanz. Edward jaulte in den höchsten Tönen und tobte so ausgelassen herum, daß Macon, der sich bückte, um ihn zu tätscheln, dabei fast ins Leere griff.

»Schluß jetzt«, sagte das Mädchen zu Edward und versuchte, ihm das Halsband umzuschnallen. Die Frau hinter der Theke sprach weiter: »Bissige Hunde, Kläffer, taube Hunde, ängstliche Hunde, in Tierhandlungen aufgewachsene Hunde, die keinem Menschen trauen – alle kein Problem für mich.«

»Ausgezeichnet«, sagte Macon.

»*Mich* beißt er freilich nicht«, behauptete die Frau. »Er hat sich glatt in mich verliebt, wie ich ja, glaube ich, schon gesagt habe.«

»Freut mich zu hören«, sagte Macon.

»Aber ich könnte ihm in Null Komma nichts abgewöhnen, andere Leute zu beißen. Überlegen Sie sich's, und dann rufen Sie mich an. Muriel, wissen Sie noch? Muriel Pritchett. Ich gebe Ihnen mal meine Karte.«

Sie reichte ihm eine lachsrosa Empfehlungskarte, die sie von irgendwo hervorgezaubert hatte. Er mußte sich an Edward vorbeilavieren, damit er die Karte in Empfang nehmen konnte.

»Ich hab' bei einem Mann gearbeitet, der früher Hetzhunde ausgebildet hat«, sagte sie. »Was Sie vor sich sehen, ist keine Amateurin.«

»Gut, ich werde es mir merken«, sagte Macon. »Vielen Dank.«

»Oder Sie rufen einfach so an! Zum Reden.«

»Zum Reden?«

»Klar! Über Edward, seine Probleme, über – sonstwas! Zum Hörer greifen und einfach reden! Haben Sie nie das Bedürfnis nach so was?«

»Eigentlich nicht«, sagte Macon.

Dann jaulte Edward besonders durchdringend auf, und Herr und Hund machten sich eilends auf den Heimweg.

Natürlich war sie nicht da. Er wußte es gleich, als er das Haus betrat, sobald er die schale, heiße Luft roch und die drückende Gedämpftheit wahrnahm, die entsteht, wenn alle Fenster geschlossen sind.

Eigentlich hatte er es von Anfang an gewußt. Er hatte sich Illusionen hingegeben. Er hatte sich etwas zusammenfabuliert.

Die Katze flitzte an ihm vorbei und floh unter vorwurfsvollem Miauen zur Tür hinaus. Der Hund sauste ins Eßzimmer, um sich auf dem Teppich zu wälzen und den Geruch des Tierheims loszuwerden. Aber da war kein Teppich – nur blanker, fusseliger Fußboden. Edward hielt verdutzt inne und machte ein dummes Gesicht. Macon wußte genau, was der Hund empfand.

Er räumte die Milch in den Kühlschrank und ging hinauf, um auszupacken. Er duschte, während er die getragenen Sachen mit Füßen trat, und machte sich für die Nacht bereit. Als er das Licht im Bad ausknipste, erinnerte ihn der Anblick seiner in die Wanne tropfenden Wäsche ans Reisen. Was war denn wirklich anders? *Tourist wider Willen zu Hause,* dachte er und schlüpfte erschöpft in seinen Leibsack.

4

Als das Telefon klingelte, träumte Macon, Ethan sei am Apparat. Er träumte, daß Ethan aus dem Ferienlager anrief und wissen wollte, warum sie ihn nie holen gekommen waren. »Wir dachten doch, du bist tot«, sagte Macon, und Ethan sagte – mit seiner hellen, in den oberen Lagen kieksenden Stimme –: »Wie könnt ihr *so was* denken?« Das Telefon klingelte abermals, und Macon wachte auf. Die Enttäuschung äußerte sich durch einen dumpfen Schlag irgendwo in seinem Brustkorb. Jetzt verstand er, warum es hieß, etwas drücke einem das Herz ab.

Er griff im Zeitlupentempo nach dem Hörer. »Ja.«

»Macon! Willkommen daheim!«

Es war Julian Edge, Macons Verleger, wie üblich laut und munter, selbst so früh am Morgen. »Oh«, sagte Macon.

»Wie war die Tour?«

»Passabel.«

»Erst seit gestern abend zurück?«

»Ja.«

»Irgendwas Neues, Supergutes aufgetan?«

»Na, ›super‹ wäre ein bißchen übertrieben.«

»Und jetzt fängst du also gleich mit dem Schreiben an.«

Macon schwieg.

»Wann kannst du schätzungsweise das Manuskript liefern?«

»Ich weiß nicht«, sagte Macon.

»Bald, meinst du?«

»Ich weiß nicht.«

Pause.

»Ich habe dich wohl aufgeweckt«, sagte Julian.

»Ja.«

»Macon Leary im Bett«, sagte Julian. Es klang wie ein Buchtitel. Julian war jünger als Macon und forscher, flotter, kein ernster Mensch. Er schien sich darin zu gefallen, Macon als komischen Kauz hinzustellen. »Also, kann ich bis Ende des Monats damit rechnen?«

»Nein«, sagte Macon.

»Warum nicht?«

»Ich bin noch nicht genügend organisiert.«

»Organisiert! Was gibt's da zu organisieren? Du brauchst doch nur deinen alten Text neu abzutippen, im Grunde genommen.«

»Damit ist es noch lange nicht getan«, sagte Macon.

»Paß auf, Kamerad. Heute haben wir –« Julians Stimme wurde schwächer. Er hatte sich vermutlich zurückgelehnt, um seine protzige goldene Armbanduhr mit Datumsanzeige zu konsultieren. »Heute haben wir den dritten August. Ich will das Ding spätestens Anfang Oktober an den Kiosken ausliegen haben. Das bedeutet, Ablieferungstermin des Manuskripts 31. August.«

»Nicht zu machen«, sagte Macon.

Er wunderte sich, daß er überhaupt die Kraft fand, das Gespräch fortzusetzen.

»31. August, Macon. Das sind noch volle vier Wochen.«

»Das reicht nicht«, sagte Macon.

»Reicht nicht«, echote Julian. »Tja. Na schön. Dann: Mitte September. Das bringt so ziemlich alles aus dem Lot, aber ich lasse dir Zeit bis Mitte September. Einverstanden?«

»Ich weiß nicht«, sagte Macon.

Die Mattigkeit seiner Stimme fesselte ihn. Er fühlte sich der eigenen Person seltsam entrückt. Julian mochte das gespürt haben, denn er sagte nach einer weiteren Pause: »He, Kumpel. Bist du okay?«

»Mir geht's gut«, versicherte Macon.

»Ich weiß, du hast allerhand durchgemacht, Kumpel.«

»Mir geht's gut! Bestens! Was soll schon los sein? Ich brauche eben nur ein bißchen Zeit, um alles zu organisieren. Du bekommst das Manuskript am 15. September. Möglicherweise früher. Ja, höchstwahrscheinlich früher. Vielleicht schon Ende August. In Ordnung?«

Dann legte er auf.

Aber sein Arbeitszimmer war so düster und stickig und roch nach den salzigen, tintigen Ausdünstungen geistiger Verrenkungen. Er trat ein und fühlte sich von seiner Aufgabe erdrückt, als hätte das Chaos schließlich doch gesiegt. Er machte kehrt und ging wieder hinaus.

Seinen Reiseführer vermochte er vielleicht nicht zu organisieren, aber die Organisation des Haushalts war etwas gänzlich anderes. Das hatte etwas Befriedigendes an sich, etwas Tröstliches – sogar mehr als das; es verlieh ihm das Gefühl, eine Gefahr abzuwenden. Während der nächsten Woche nahm er sich die Zimmer vor und entwickelte neue Systeme. Er arrangierte in sämtlichen Küchenschränken alles radikal um und warf das Zeug in den klebrigen, verstaubten Gläsern weg, die Sarah seit Jahren nicht geöffnet hatte. Er schloß den Staubsauger an ein dreißig Meter langes Verlängerungskabel an, das ursprünglich für den Rasenmäher vorgesehen war. Er begab sich ins Gärtchen und jätete, schnitt, stutzte, kappte – mistete aus, wie er sich einbildete. Bis jetzt hatte Sarah die Gartenarbeit verrichtet, und nun erlebte er dabei so manche Überraschung. Ein bestimmtes Unkraut entlud seine Samen mit Knalleffekt, sobald er sie berührte, ein bravouröser Gegenangriff in höchster Not, andere hingegen räumten das Feld ganz gefügig – viel zu gefügig: Sie brachen am oberen Sproßglied ab, und die Wurzeln blieben im Boden. Diese Zähigkeit! Diese Überlebenskunst! Warum konnten Menschen das nicht ebensogut?

Er spannte im Keller eine Wäscheleine auf, damit er den Trockner nicht in Betrieb nehmen mußte. Trockner waren entsetzliche Energieverschwender. Dann montierte er den dicken, flexiblen Abluftschlauch ab und lehrte die Katze, die Öffnung im Fenster, wo der Schlauch hinausgeführt hatte, als Ein- und Ausgang zu benützen. Somit entfiel die Katzentoilette. Mehrmals täglich sprang die Katze lautlos aufs Ausgußbecken, reckte sich lang und sehnig auf den Hinterbeinen empor und schnellte durchs Fenster.

Ein Jammer, daß Edward es ihr nicht gleichtun konnte.

Macon haßte es, ihn Gassi zu führen. Edward hatte nie gelernt, bei Fuß zu gehen, und wickelte seine Leine immer um Macons Beine. Ach, Hunde waren eine Plage. Hunde verschlangen auch gewaltige Mengen Futter; Edwards Futterflocken mußten aus dem Supermarkt heimgekarrt, aus dem Kofferraum gehievt und über die steile Eingangstreppe und durchs Haus in die Vorratskammer geschleppt werden. Für dieses Problem ersann Macon immerhin eine Lösung. Er stellte am Fuß der alten Kohlenschütte im Keller einen Plastikmülleimer auf, aus dessen Boden er ein Viereck ausgeschnitten hatte. Dann füllte er den Rest aus einem Sack Hundeflocken in den Mülleimer, der sich wunderbarerweise in einen Futterspender verwandelte, wie ihn auch die Katze hatte. Wenn er nächstens Hundefutter kaufte, brauchte er nur ums Haus zu fahren und es die Kohlenschütte hinunterrasseln zu lassen.

Der einzige Haken an der Sache war, daß Edward sich vor dem Keller fürchtete, wie sich erwies. Er begab sich allmorgendlich in die Vorratskammer, wo ihm früher das Frühstück vorgesetzt worden war, hockte sich auf sein kleines, dickes Hinterteil und winselte. Also mußte Macon ihn leibhaftig die Kellertreppe hinuntertragen, wobei er ins Schwanken geriet, weil Edward in seinen Armen zappelte. Da die ganze Sache eigentlich der Arbeitsersparnis dienen sollte, sah Macon seine Absichten durchkreuzt. Dennoch gab er nicht auf.

Seines Rückens eingedenk, band er den Wäschekorb auf Ethans altem Skateboard fest und ließ ein Einkaufsnetz am Ende eines Seils den Wäscheschacht hinab. Hinfort brauchte er die Wäsche also weder hinauf noch hinunter, ja nicht einmal durch den Keller zu schleppen. Manchmal freilich – wenn er mühsam den fahrbaren Wäschekorb von der Wäscheleine zum Wäscheschacht schob, saubere Laken ins Einkaufsnetz stopfte und dann hinaufrannte, um es an dem harten Seil hochzuziehen – genierte Macon sich denn doch ein bißchen. War das, was er da tat, nicht ziemlich albern? Aber im Grunde genommen war ja alles albern.

Die Nachbarschaft mußte inzwischen mitbekommen haben, daß Sarah ihn verlassen hatte. An ganz gewöhnlichen Wochentagen riefen jetzt Leute an und luden ihn zu einem Essen »auf gut Glück« ein. Macon dachte zuerst, es handle sich um eine dieser Angelegenheiten, zu denen jeder etwas zu essen mitbringt, und wenn man Glück hat, kommt sogar ein anständiges Mahl zustande. Er kam bei Bob und Sue Carney mit einer Schüssel Makkaroni und Käse an. Da sie Spaghetti servierte, schien es mit seinem Glück nicht weit her zu sein. Sie stellte seine Makkaroni ans Ende des Tisches, und niemand aß welche, außer Delilah, der Dreijährigen. Die ließ sich allerdings mehrmals den Teller füllen.

Macon hatte nicht erwartet, die Kinder bei Tisch anzutreffen. Er galt jetzt offenbar als ein anderer Mensch, als so etwas wie ein alleinstehender Onkel, der es anscheinend nötig hatte, von Zeit zu Zeit am Familienleben zu schnuppern. In Wirklichkeit aber hatte er anderer Leute Kinder noch nie besonders gern gemocht. Und Zusammenkünfte jedweder Art deprimierten ihn. Körperliche Berührung mit Menschen, die ihm nicht nahestanden – ein Arm um seine Schulter, eine Hand auf seinem Ärmel –, hatte zur Folge, daß er sich zurückzog wie eine Schnecke in ihr Haus. »Wissen Sie, Macon«, sagte Sue Carney und streckte sich über den Tisch, um sein Handgelenk zu tätscheln, »wann immer Sie das Bedürfnis verspüren, sind Sie bei uns jederzeit willkommen. Auch ohne Einladung.«

»Das ist nett von Ihnen, Sue.« Er hätte gern gewußt, woher es kam, daß die Haut fremder Menschen sich so unecht anfühlte – beinahe wächsern, als gäbe es zwischen ihm und den anderen eine unsichtbare, zusätzliche Schicht. Er zog die Hand bei der erstbesten Gelegenheit zurück.

»Wenn du so leben könntest, wie du wolltest«, hatte Sarah ihm einmal vorgehalten, »würdest du wahrscheinlich auf einer einsamen, menschenleeren Insel enden.«

»Aber! Das ist überhaupt nicht wahr!« hatte er entgegnet. »Ich hätte doch dich und Ethan, meine Schwester und meine Brüder ...«

»Aber keine Leute! Ich meine Leute, die zufällig da wären, Leute, die du nicht kennst!«

»Nun ja, wahrscheinlich nicht«, hatte er gesagt. »Du schon?«

Natürlich hätte sie auch andere Leute um sich gewollt – damals. Bevor Ethan starb. Sie war von Natur aus ein geselliger Mensch. Wenn es nichts anderes zu tun gab, schlenderte sie selig durch Einkaufszentren – Macons Vorstellung von der Hölle, wo all die Schultern fremder Menschen seine Schultern streiften. Sarah lebte im Gedränge auf. Sie schloß gern neue Bekanntschaften. Sie mochte Partys, sogar Cocktailpartys. Man mußte von Sinnen sein, um Cocktailpartys zu mögen, fand Macon – diese Schauspiele geistiger Verwirrung, zu denen sie ihn mitschleppte und wo er schon ein schlechte Gewissen haben mußte, wenn es ihm zufällig gelang, an einem halbwegs vernünftigen Gespräch teilzunehmen. »Zirkulieren. Zirkulieren«, zischte ihm Sarah bei solchen Gelegenheiten immer zu, wenn sie mit ihrem Drink hinter seinem Rücken vorbeistrich.

Das hatte sich im Laufe des letzten Jahres geändert. Sarah mochte kein Gedränge mehr. Sie mied Einkaufszentren, hatte ihn mit Cocktailpartys verschont. Sie nahmen nur noch an kleinen, ruhigen Essen teil, und Sarah selbst hatte seit Ethans Tod niemanden mehr zum Dinner geladen. Macon hatte einmal gefragt: »Sollten wir nicht die Smiths und die Millards kommen lassen? Wir waren schon so oft bei ihnen.«

Sarah hatte nur gemeint: »Ja. Du hast recht. Demnächst.« Und dabei war es geblieben.

Sie hatten einander auf einer Party kennengelernt. Sie waren damals beide siebzehn Jahre alt. Es handelte sich um eine Gemeinschaftsveranstaltung seiner und ihrer Schule. Macon fand schon in diesem Alter Partys gräßlich, brannte aber insgeheim darauf, sich zu verlieben, und hatte sich deshalb dazu durchgerungen, hinzugehen, stellte sich dann aber, unbeteiligt dreinschauend – wie er hoffte –, abseits in eine Ecke und nippte an seinem Ginger-ale. Das war 1958.

Alle Welt lief in Hemden mit Aufknöpfkragen herum, Macon hingegen trug einen schwarzen Rollkragenpullover, schwarze Hosen und Sandalen. (Er machte gerade seine Dichterphase durch.) Und Sarah, ein quecksilbriges Mädchen mit einer Mähne kupferbrauner Locken und einem runden Gesicht, großen blauen Augen und einer vollen Unterlippe – Sarah hatte etwas Rosafarbenes an, entsann er sich, das ihren Teint zum Strahlen brachte. Sie war von bewundernden Knaben umringt. Sie war klein und wohlgeformt, und sie hielt die braungebrannten Waden geradezu schneidig angespannt, als sei sie entschlossen, sich von dieser Horde baumlanger Baseball- und Rugbystars bloß nicht umwerfen zu lassen. Macon ließ jede Hoffnung fahren. Nein, nicht einmal das – er zog Sarah gar nicht erst in Betracht, keine Sekunde lang, sondern starrte an ihr vorbei auf andere, leichter zugängliche Mädchen. Also mußte Sarah die Initiative ergreifen. Sie kam zu ihm herüber und erkundigte sich, warum er eigentlich so arrogant tue.

»Arrogant!« sagte er. »Ich bin nicht arrogant.«

»Siehst aber ganz so aus.«

»Nein, ich bin bloß – angeödet«, eröffnete er ihr.

»Also, willst du jetzt tanzen oder nicht?«

Sie tanzten. Er war so unvorbereitet, daß alles vor seinem Blick verschwamm. Er genoß den Tanz erst später, zu Hause, wo er ruhigeren Gemüts nachdenken konnte. Und beim Nachdenken wurde ihm klar, daß er ihr nie aufgefallen wäre, wenn er nicht arrogant getan hätte. Er war der einzige Junge, der sie nicht unverhohlen hofiert hatte. Die Klugheit gebot ihm, sie auch weiterhin nicht zu hofieren, nicht allzu beflissen zu erscheinen, seine Gefühle nicht zu zeigen. Sarah gegenüber mußte man seine Würde wahren, das spürte er.

Aber die Würde zu wahren war weiß Gott nicht leicht. Macon lebte bei seinen Großeltern, und die vertraten die Ansicht, daß kein Mensch unter achtzehn einen Führerschein haben dürfte. (Obwohl der Staat Maryland anderer Meinung war.) Folglich fuhr Großvater Leary die beiden spazieren, wenn Macon und Sarah ein Rendezvous hatten. Sein Wagen war ein langer, schwarzer Buick mit einer samtigen, grauen Sitzbank hinten, auf der Macon ganz für sich allein saß, denn sein Großvater fand es unschicklich, dort beide nebeneinandersitzen zu lassen. »Ich bin nicht euer Mietchauffeur«, hieß es, »und außerdem sind mit dem Fondsitz bestimmte Vorstellungen verknüpft.« Marcon saß also allein hinten, und Sarah saß vorn neben Großvater Leary. Ihre Lockenpracht, vor dem grellen Licht entgegenkommender Scheinwerfer gesehen, erinnerte Macon an einen brennenden Busch. Einmal beugte er sich vor, räusperte sich und fragte: »Äh – bist du mit deiner Semesterarbeit fertig?«

Sarah fragte zurück: »Semesterarbeit?«

»Semesterarbeit«, sagte Großvater Leary zu ihr. »Der Junge will wissen, ob du damit fertig bist.«

»Ach so. Ja, ich bin fertig.«

»Sie ist fertig«, meldete Großvater Leary nach hinten.

»Ich bin nicht taub, Großvater.«

»Willst du aussteigen und zu Fuß gehen? Ich brauche mir nämlich keine Frechheiten gefallen zu lassen. Ich könnte gemütlich bei meinen Lieben zu Hause sitzen, statt hier im Finstern herumzufahren.«

«'tschuldigung, Großvater.«

Macons einzige Hoffnung gründete auf Schweigen. Er lehnte sich ruhig und gelassen zurück, da er wußte, daß Sarah, wenn sie nach ihm schaute, nur einen Schimmer blonden Haares und ein leeres Gesicht sehen würde – alles übrige Dunkelheit, sein schwarzer Rollkragenpulli mit den Schatten verschmolzen. Es funktionierte. »Woran *denkst* du die ganze Zeit?« fragte sie an seinem Ohr beim Pokaltanzen in der Turnhalle seiner Schule. Er verzog lediglich einen Mundwinkel, gleichsam erheitert, und gab keine Antwort.

Viel änderte sich nicht, als er den Führerschein gemacht hatte. Es änderte sich auch nicht viel, als er nach Princeton aufs College ging, außer daß er keine schwarzen Rollkragenpullis mehr trug und sich in einen Studenten verwandelte, der adrett und salopp in weißem Hemd und Khakihose daherkam. Von Sarah getrennt, empfand er eine beständige Leere, aber in seinen Briefen äußerte er sich nur über sein Studium. Sarah, daheim in Goucher, fragte in ihrem Antwortschreiben einmal: *Fehle ich Dir kein bißchen? Ich traue mich nirgends hinzugehen, wo wir zusammen gewesen sind, aus lauter Angst, Du könntest vom anderen Ende des Raumes geheimnisumwittert herüberstarren.* Sie beendete ihre Briefe mit *Ich liebe Dich,* er die seinen mit *Herzlichst.* Nachts träumte er, daß sie neben ihm lag und ihr Haar sich wispernd an seinem Kopfkissen rieb. Dabei hatten sie sich im wirklichen Leben bisher nur ausgiebig geküßt. Er war sich, ehrlich gesagt, auch gar nicht sicher, ob er mehr zustande gebracht hätte, ohne – wie hatte man das damals genannt? – aus den Pantinen zu kippen. Manchmal war er fast wütend auf Sarah. Er fühlte sich in eine falsche Position gedrängt. Er war gezwungen, diese Unnahbarkeit zu heucheln, wenn er von ihr geliebt werden wollte. Männern wurde wirklich allerhand zugemutet!

Sie schrieb, sie gehe mit niemand anderem aus. Macon ging auch mit keiner anderen aus, aber das verriet er natürlich nicht. Er kam im Sommer heim und arbeitete in der Fabrik seines Großvaters. Sarah arbeitete im Schwimmbad daran, braun zu werden. Als der Sommer halb herum war, machte sie die Bemerkung, es wundere sie, warum er eigentlich noch nie mit ihr schlafen gewollt habe. Macon dachte eine Weile nach und sagte dann gelassen, er gedenke, das jetzt zu tun. Sie gingen zu ihr nach Hause, ihre Eltern machten Urlaub in Rehoboth. Sie stiegen hinauf in ihr kleines Schlafzimmer mit all den weißen Rüschen und dem Geruch von frischer Farbe in der Sonnenglut. »Hast du ein Dingsbums mitgebracht?« fragte Sarah, und Macon, der nicht eingestehen wollte, daß er kaum wußte, wie so etwas aussah, entgegnete barsch: »*Nein,* ich habe kein Dingsbums mitgebracht. Wofür hältst du mich?« Eine sinnlose Frage, genaugenommen, aber Sarah faßte sie als Ausdruck des Abscheus vor ihrer Direktheit auf, und sie sagte: »Du entschuldigst schon, daß es mich überhaupt gibt!«, rannte die Treppe hinunter und zur Haustür hinaus. Es dauerte eine halbe Stunde, bis er sie fand, und noch wesentlich länger, bis er sie beruhigen konnte. Ehrlich, sagte er, nur an ihr Wohlergehen habe er gedacht: Seiner Erfahrung nach seien diese Dingsbumsdinger gar nicht so zuverlässig. Er bemühte sich um den Anschein, gut unterrichtet und gegen plötzliche Leidenschaftsausbrüche gefeit zu sein. Er empfahl ihr den Besuch eines Arztes, den er kannte – zufällig war es der Doktor, der das »Frauenleiden« seiner Großmutter behandelte. Sarah trocknete sich die Tränen, lieh sich Macons Füller und notierte sich die Adresse auf der Rückseite eines Kaugummi-Einwickelpapiers. Würde der Arzt sie denn nicht abweisen? fragte sie. Würde er nicht meinen, sie sollte wenigstens verlobt sein? Tja, na gut, sagte Macon, dann würden sie sich eben verloben. Sarah sagte, das wäre himmlisch.

Die Verlobungszeit dauerte drei Jahre, das ganze restliche Studium hindurch. Großvater Leary vertrat die Ansicht, die Hochzeit solle noch länger hinausgeschoben werden, bis Macon eine feste Anstellung gefunden hatte; doch da ihm diese Anstellung bei der Firma Leary Metals sicher war, die Kronenkorken für Limonadeflaschen erzeugte, sah Macon keine Notwendigkeit, sich auch nur vorübergehend mit dem Gedanken zu befassen. Außerdem begann das Gerenne in und aus Sarahs Schlafzimmer – immer dann, wenn Sarahs Mutter ihren Rotkreuztag hatte – an beider Nerven zu zehren.

Sie heirateten also in dem Frühling, als sie mit dem College fertig waren. Macon trat seinen Posten in der Fabrik an, Sarah nahm ihre Tätigkeit als Englischlehrerin an einer Privatschule auf. Das war sieben Jahre vor Ethans Geburt. Inzwischen nannte Sarah ihren Mann nicht mehr »geheimnisumwittert«. Wenn er sich jetzt ruhig gab, schien sie sich darüber zu ärgern. Macon spürte das, vermochte es jedoch

nicht zu ändern. Er war auf eine merkwürdige Weise eingesperrt in das arrogante Ich, das er bei seiner ersten Begegnung mit ihr angenommen hatte. Er war darin erstarrt. Egal,
wie sehr er sich auch bemühte, sein Benehmen zu ändern –
Sarah behandelte ihn weiterhin wie einen unnatürlich lei-
denschaftslosen Menschen, wie jemanden, der vom Temperament her ausgeglichener war als sie, aber vielleicht auch
nicht so tief empfand.

Einmal war ihm zufällig ein Fragebogen untergekommen,
den sie ausgefüllt hatte – eine dieser Umfragen zum Thema
»Wie glücklich ist Ihre Ehe?« –, und bei dem Satz *Ich glaube,
ich liebe meinen Mann/meine Frau mehr, als er/sie mich liebt,*
hatte Sarah die Antwort *Richtig* angekreuzt. Das Beunruhigende daran war allerdings, daß Macon, nachdem er automatisch sein verächtliches Schnauben ausgestoßen hatte, sich
fragen mußte, ob das nicht doch der Wahrheit entsprach.
Irgendwie hatte seine Rolle von ihm Besitz ergriffen. Selbst
innerlich war er inzwischen ein ziemlich kühler Mann geworden, und abgesehen von seinem Sohn (Kunststück: ein Kind
ist überhaupt kein Prüfstein) gab es in seinem Leben keinen
einzigen Menschen, um den er wirklich gebangt hätte.

Wenn er jetzt daran dachte, bereitete ihm die Einsicht, daß
Sarah ihm letzten Endes doch fehlte, einige Erleichterung.
Aber auch diese Erleichterung schien auf Gefühllosigkeit
hinauszulaufen, und er ächzte und schüttelte den Kopf und
raufte sich mit beiden Händen das Haar.

Eine Frau rief an und sagte: »Macon?« Er erkannte sofort,
daß es nicht Sarah war. Sarahs Stimme war hell und vibrie-
rend; diese hier klang fest, forsch, rauh. »Hier ist Muriel.«
»Muriel«, wiederholte er.
. »Muriel Pritchett.«
»Ach ja«, sagte er, hatte aber immer noch keine Ahnung,
wer sie war.
»Aus der Tierklinik«, erläuterte sie. »Die so gut mit Ihrem
Hund ausgekommen ist.«

»Oh, aus der Tierklinik!«

Er sah sie vor sich, wenngleich undeutlich. Er sah sie ihren eigenen Namen aussprechen, wobei das langgedehnte »u« und das »p« den dunkelroten Mund zusammenzog.

»Ich wollte wissen, wie es Edward geht.«

Macon warf einen Blick auf Edward. Sie waren gerade beide im Arbeitszimmer, wo Macon sich eine halbe Schreibmaschinenseite abgerungen hatte. Edward lag platt auf dem Bauch, die Hinterbeine gerade hinter sich ausgestreckt – kurze, dralle Beine wie die Keulen einer bratfertig dressierten Long-Island-Jungente. »Scheint ihm recht gutzugehen.«

»Ich meine, beißt er noch?«

»In letzter Zeit nicht mehr, aber ein neues Symptom hat er. Er wird wütend, wenn ich aus dem Haus gehe. Dann bellt er und fletscht die Zähne.«

»Ich finde ja immer noch, daß er Training braucht.«

»Ach wissen Sie, er ist viereinhalb Jahre alt, und ich nehme an – «

»Das ist nicht zu alt! Das schaffe ich mit links. Hören Sie, ich komme einfach zu Ihnen, und wir unterhalten uns darüber. Wir trinken vielleicht einen Schluck oder so und reden über seine Probleme.«

»Also, ich glaube wirklich nicht – «

»Oder Sie kommen zu mir. Ich mache Ihnen auch etwas zu essen.«

Macon fragte sich, was es Edward nützen würde, zum Essen bei fremden Leuten geschleppt zu werden.

»Macon? Wie finden Sie das?« fragte sie.

»Och, na ja, hm . . . Ich glaube, ich versuche zunächst selbst einmal, mit ihm fertig zu werden.«

»Das kann ich verstehen«, sagte sie. »Glauben Sie mir. Ich hab' diesen Zustand auch durchgemacht. Also dann warte ich eben, bis Sie sich bei mir melden. Sie haben doch meine Karte, oder?«

Macon bejahte, obwohl er keine Ahnung hatte, wo sie hingeraten war.

»Ich will mich nicht aufdrängen!« versicherte sie.

»Ach wo«, sagte Macon. Dann legte er auf und wandte sich wieder seinem Ratgeber zu.

Er arbeitete noch immer am Vorwort, und dabei war es schon Ende August. Wie sollte er jemals den Ablieferungstermin einhalten? Die Rückenlehne des Bürostuhls drückte an genau der falschen Stelle gegen seine Wirbelsäule. Die S-Taste klemmte. Die Schreibmaschine tippte vernehmbare Wörter. »Unvergleichlich«, sprach sie. Es klang genauso, wie Sarah »unvergleichlich« sagte. »Du auf deine unvergleichliche Art...« Er schüttelte den Kopf. *Im allgemeinen ist das Essen in England nicht so mißlich wie in anderen fremden Ländern. Leckeres gekochtes Gemüse, Sachen in weißer Sauce, Pudding zum Nachtisch... Ich weiß nicht, warum manche Reisende sich über das englische Essen beklagen.*

Im September beschloß er, sein Bekleidungssystem zu ändern. Wenn er zu Hause Trainingsanzüge tragen würde – die reißverschlußlose Sorte, nichts, was kratzte oder einschnürte –, brauchte er zwischen den Duschbädern nicht mehr die Kleidung zu wechseln. Der Trainingsanzug würde zugleich als Schlaf- und als Hausanzug dienen.

Er kaufte zwei davon, mittelgrau. Am ersten Abend, als er sich in dem einen schlafen legte, fühlte das Material sich höchst angenehm an, und er freute sich, daß er sich am nächsten Morgen nichts anderes anziehen mußte. Ja, er kam auf die Idee, denselben Trainingsanzug zwei Tage hintereinander zu tragen und nur jeden zweiten Tag zu duschen. Und die Energieeinsparung! Frühmorgens brauchte er sich nur noch zu rasieren. Er erwog sogar, sich einen Bart wachsen zu lassen.

Gegen Mittag des zweiten Tages beschlich ihn eine gewisse Niedergeschlagenheit. Er saß an der Schreibmaschine und wurde sich unversehens seiner Haltung bewußt – krumm und schlaff. Er schob es auf den Trainingsanzug. Er stand auf, ging in die Diele und stellte sich vor den großen Spiegel. Sein Abbild erinnerte an den Insassen einer Klinik für Geisteskranke. Schuld daran waren eventuell seine Schuhe – gewöhnliche schwarze Schnürschuhe, die zu einem normalen Anzug gehörten. Sollte er sich Turnschuhe kaufen? Er wollte aber auf gar keinen Fall mit einem Jogger verwechselt werden. Er sah, daß er ohne Gürtel um die Taille dazu tendierte, den Bauch hängen zu lassen. Er richtete sich gerader auf. Am Abend, als es Zeit war, den ersten Trainingsanzug zu waschen, verwendete er besonders heißes Wasser, um die Pludrigkeit durch Einlaufen etwas zu verringern.

Am nächsten Morgen fühlte er sich noch viel schlechter. Nachts war es warm gewesen, und er wachte klebrig und mißgestimmt auf. Der Gedanke an Popcorn zum Frühstück machte ihn schaudern. Er steckte einen Haufen Laken in die Waschmaschine, und später, mitten beim Aufhängen, bemerkte er plötzlich, wie er mit gesenktem Kopf erstarrt dastand, die Hände an den Gelenken von der Leine baumelnd, als wäre er selbst dort mit Klammern befestigt. »Reiß dich am Riemen«, sagte er laut. Seine Stimme klang krächzend und eingerostet.

Es war der Tag, an dem er immer seine Lebensmittel einkaufen ging – ein Dienstag, wenn sich im Supermarkt etwas weniger Menschen drängten als sonst. Aber er konnte sich einfach nicht dazu aufraffen. Ihm graute vor der Plackerei mit den drei Merkbüchern mit Registerleiste, nach denen er sich beim Einkauf richtete. (Das eine enthielt Angaben aus *Verbraucher-Report* – etwa über das höchstbewertete Brot, unter B eingetragen. Im zweiten notierte er sich die Preise, und im dritten ordnete er die Rabatt-Coupons ein.) Er mußte immer wieder stehenbleiben und nachschlagen, während er vor sich hin murmelnd Vergleiche zwischen den Preisen für Hausmarken und herabgesetzte Markenartikel zog. Ach, alles war so kompliziert. Wozu die Plage? Wozu denn überhaupt essen!

Indes, er brauchte Milch. Und Edwards Hundefutter ging

zur Neige, und Helens Katzenfutter war restlos aufgezehrt.

Er tat etwas, was er noch nie getan hatte. Er rief das »Einkaufskörbchen« an, ein kleines, teures Lebensmittelgeschäft, das ins Haus lieferte. Und er bestellte nicht nur Notrationen. Nein, er orderte den ganzen Wochenbedarf. »Sollen wir das an der Haustür oder an der Hintertür abliefern?« flötete die Angestellte.

»An der Hintertür«, sagte Macon. »Nein, halt. Bringen Sie das Leichtverderbliche nach hinten, aber das Hundefutter laden Sie vor der Kohlenschütte ab.«

»Kohlenschütte«, wiederholte die Angestellte, während sie offenbar mitschrieb.

»Die Kohlenschütte an der Seite des Hauses. Aber nicht das Katzenfutter. Das kommt nach hinten mit dem Leichtverderblichen.«

»Also Moment mal – «

»Und die Artikel für oben an die Haustür.«

»Was für Artikel für oben?«

»Zahnpasta, Toilettenseife, Hundekuchen – «

»Ich denke, Hundekuchen kommt zur Kohlenschütte.«

»Nicht Hundekuchen, das Hunde*futter*! Das Hundefutter kommt vor die Kohlenschütte, verdammt noch mal!«

»Also das ist doch – «, sagte die Angestellte. »Werden Sie bloß nicht grob.«

»Entschuldigung«, entgegnete Macon, »aber was ich will, ist doch stinkeinfach, will mir scheinen: einen mickrigen Karton Milkbone-Hundekuchen oben neben mein Bett. Wenn ich Edward von meinem Popcorn mit Butter abgebe, bringt es seinen Magen durcheinander. Sonst wäre es mir egal. Schließlich horte ich das Zeug ja nicht für mich selbst, aber er verträgt nun mal keine Fette, und außer mir ist niemand im Haus, folglich muß *ich* saubermachen, wenn er sich übergibt. An mir bleibt es hängen, ich steh' schließlich allein da, bin ganz auf mich gestellt. Anscheinend sind alle einfach... vor mir davongelaufen, was weiß ich, sie sind

weg, und ich stehe da und frage mich: Wohin sind sie entschwunden? Wo sind sie nur alle hin? Mein Gott, was habe
ich denn verbrochen?«

Er hatte einen Frosch in der Stimme. Er legte auf. Er stand
vor dem Telefon und rieb sich die Stirn. Hatte er seinen
Namen genannt oder nicht? Er konnte sich nicht erinnern.
Bitte, bitte, hoffentlich hatte er seinen Namen nicht genannt.

Er löste sich allmählich in seine Bestandteile auf, soviel stand
fest. Er mußte sich an die Kandare nehmen. Als erstes: Heraus aus dem Trainingsanzug. Er brachte ihm Unglück.
Macon klatschte energisch in die Hände und ging dann ins
Obergeschoß hinauf. Im Bad riß er sich den Trainingsanzug
vom Leib und warf ihn in die Wanne. Der von gestern hing
an der Duschvorhangstange, immer noch feucht. Ausgeschlossen, daß er bis zum Abend trocknen würde. Was für
ein Mißgriff! Er kam sich blöd vor. Es hätte nicht viel gefehlt,
kaum eine Haaresbreite, und er hätte sich in eine dieser Jam-
mergestalten verwandelt, die man gelegentlich herumstreu-
nen sieht – ungewaschen, unrasiert, aus dem Leim gegangen,
Selbstgespräche führend, in ihren Wohlfahrtsklamotten
dahinschlurfend.

Frisch angezogen, in weißem Hemd und Khakihose, nahm
er den feuchten Trainingsanzug ab und trug ihn in den Keller. Als Winterschlafanzug konnte man das Ding ja noch
gebrauchen. Er steckte es in den Trockner, klemmte den
Abluftschlauch wieder in die Fensteröffnung und stellte die
Wählscheibe ein. Besser, ein bißchen Energie zu verschwenden, als wegen eines triefenden Trainingsanzugs der Verzweiflung anheimzufallen.

Oben auf der Kellertreppe klagte Edward sein Leid. Er hatte
zwar Hunger, aber nicht den Mut, allein hinunterzulaufen.
Als er Macon erblickte, legte er sich flach, ließ die Schnauze
über die oberste Stufe hervorlugen und setzte eine hoff-
nungsvolle Miene auf. »Feigling«, tadelte Macon. Er nahm
Edward auf beide Arme und schickte sich an, wieder hinun-

terzupoltern. Edward begann, mit den Zähnen zu klappern – ticketi-tick, wie Reis in einer Tasse. Macon ertappte sich bei dem Gedanken, ob Edward vielleicht etwas wußte, was ihm, Macon, unbekannt war. Sollte es im Keller etwa spuken? Nach all den Wochen hatte Edward immer noch solche Angst, daß er manchmal, vor sein Futter gestellt, bloß beklommen dastand und eine Pfütze machte, ohne auch nur ein Bein zu heben. »Du benimmst dich ausgesprochen albern, Edward«, rügte Macon.

Da erscholl ein unheimliches Heulen von – ja, von wo? Anscheinend direkt aus der Luft. Es tönte gleichmäßig weiter; es schwoll an. Edward, der dies offenbar längst erwartet hatte, rammte die stämmigen, krallenbewehrten Hinterbeine augenblicklich in Macons Zwerchfell. Macon spürte, wie es ihm den Atem verschlug. Edward platschte gegen die Wand aus aufgehängten, feuchten Leibsäcken, prallte ab und landete mitten auf Macons Magen. Macon stellte blindlings einen Fuß in den Wäschekorb mit dem fahrbaren Untersatz, und die Beine rutschten unter ihm weg. Er trat mit voller Wucht ins Leere.

Rücklings lag er da – auf dem feuchtkalten Zementboden, das linke Bein unter dem Körper verklemmt. Der Ton, welcher das Ganze in Gang gebracht hatte, setzte einen Sekundenbruchteil lang aus, dann erscholl er wieder. Jetzt war deutlich zu hören, daß er aus dem Abluftschlauch des Trockners drang. »Mist«, sagte Macon zu Edward, der keuchend auf ihm drauf lag. »Glaubst du nicht, die blöde Katze hätte merken müssen, daß der Trockner läuft?«

Er reimte sich zusammen, wie es geschehen sein mußte. Bei dem Versuch, hereinzugelangen, hatte ihr ein Luftstrom entgegengepfiffen, aber sie hatte sich eisern in den Schlauch vorgearbeitet. Macon stellte sich das Bild vor, wie sie, die Augen zu Schlitzen verengt, die Ohren vom flusenerfüllten Wirbelwind flach an den Kopf gepreßt, jaulend und protestierend, dennoch ihren Weg fortgesetzt hatte. Diese Hartnäckigkeit!

Macon schüttelte Edward ab und rollte sich auf den Bauch. Selbst diese kleine Bewegung verursachte ihm Pein. Brechreiz würgte ihn, aber er machte noch eine Rolle, wobei er das linke Bein nachzog. Die Zähne zusammengebissen, griff er nach der Klappe des Trockners und öffnete sie. Der Trainingsanzug hörte allmählich auf zu rotieren. Die Katze hörte auf zu jaulen. Macon schaute zu, wie sich ihre taumelnde, struppige Figur rückwärts durch den Schlauch schob. Just als sie den Ausschlupf erreichte, fiel der Schlauch aus der Fensteröffnung und in den Ausguß, aber Helen fiel nicht mit. Er hoffte, daß ihr nichts passiert war. Er wartete, bis sie am anderen Fenster vorbeihuschte, offensichtlich nur ein bißchen ramponiert. Dann holte er tief Luft und machte sich auf den langen, beschwerlichen Weg treppauf, um Hilfe herbeizurufen.

5

»Oh, wie bin ich gestrauchelt, wie hab' ich gefehlt«, sang Macons Schwester in der Küche, »wie hab' ich gesündigt, 's war töricht, ich weiß . . .«
Sie hatte eine zittrige Sopranstimme wie eine alte Dame, obwohl sie jünger war als Macon. So eine Stimme hätte in eine Kirche gepaßt, in eine Kirche auf dem Land, wo die Frauen noch immer flache Strohhüte tragen. ». . . nun bin ich ein froher Pilger – auf dem Weg ins Paradeis.«
Macon lag auf dem Ruhebett in der Glasveranda seiner Großeltern. Sein linkes Bein, von der Oberschenkelmitte bis zum Spann eingegipst, tat nicht übermäßig weh, es war vielmehr gar nicht da. Um die beständige watteartige Fühllosigkeit loszuwerden, hätte er sich gern ins eigene Schienbein gekniffen. Das ging natürlich nicht. Er war sich selber unerreichbar. Der heftigste Schlag hörte sich an, als pochte jemand im Nebenzimmer an die Wand.
Dennoch war er einigermaßen zufrieden. Er lag da und hörte

zu, wie seine Schwester das Frühstück bereitete, kraulte gemächlich die Katze, die sich in der Decke eine Mulde gemacht hatte. »Ich hatte Kummer, ich hatte Sorgen«, trillerte Rose fröhlich, »ich kannte Leid und Tränen heiß...« Sobald sie den Kaffee aufgesetzt hatte, würde sie kommen und ihm helfen, durchs Wohnzimmer ins Erdgeschoßbad zu gelangen. Es kostete ihn immer noch Mühe, sich fortzubewegen, zumal auf gewachsten Böden. Neuerdings staunte er über all die Menschen auf Krücken, die er früher als gegeben hingenommen hatte. Jetzt erschienen sie ihm wie ein Schwarm würdig einherstolzierender Stelzvögel, die ihre munteren Hüpfer und gefälligen Schwünge so bewundernswert vollführten. Wie machten die das bloß?

Seine eigenen Krücken, so neu, daß die Gummikappen noch kein bißchen abgewetzt waren, lehnten an der Wand. Sein Bademantel hing über einer Stuhllehne. Unter dem Fenster stand ein zusammenklappbarer Spieltisch mit einer Platte aus holzfaserartig angestrichener Pappe und mit wackligen Beinen. Die Großeltern waren seit Jahren tot, aber der Tisch blieb wie in Erwartung eines ihrer endlosen Bridge-Spiele aufgestellt. Macon wußte, daß auf der Unterseite ein vergilbtes Etikett klebte, auf dem nicht nur die Herstellerfirma ATLAS MFG. Co angegeben, sondern auch ein Stahlstich zu sehen war, der sechs korpulente, humorlose Männer in Stehkragenanzügen auf einem Brett stehend zeigte, das quer über genau dem gleichen Tisch lag. MÖBEL VON TÄUSCHENDER ZERBRECHLICHKEIT, verkündete die Bildunterschrift. Macon bezog den Satz auch auf seine Großmutter: täuschende Zerbrechlichkeit. Als Junge hatte er, wenn er in der Glasveranda auf dem Boden lag, oft ihre zerbrechlichen Beine betrachtet, an denen die Knöchel vorsprangen wie Türknäufe. Ihre derben schwarzen Schuhe mit den Blockabsätzen standen fest postiert und einen halben Schritt auseinander da, ohne je auf den Boden zu klopfen oder zu scharren.

Er hörte seinen Bruder Porter im Obergeschoß zu Roses Gesang pfeifen. Er wußte, daß es Porter war, denn Charles pfiff nie. Die Dusche begann zu rauschen. Seine Schwester erschien an der Verandatür, Edward äugte hinter ihr hervor und hechelte Macon an, als wollte er lachen.

»Macon? Bist du wach?« fragte Rose.

»Seit *Stunden*«, betonte er, denn sie hatte so eine Art an sich, die ihre Brüder veranlaßte, sich belästigt und bedauernswert zu geben, sobald die Schwester sie nur ins Auge faßte. Sie war unauffällig hübsch und trug ihr beiges Haar schlicht im Nacken zusammengefaßt, weil das die wenigsten Umstände bereitete. Sie hatte eine Figur wie ein junges Mädchen, kaschierte sie jedoch mit ihrer altjüngferlichen Kleidung.

Sie wickelte Macon in den Bademantel ein und half ihm beim Aufstehen. Jetzt tat sein Bein höllisch weh. Der Schmerz hing offenbar mit der Schwerkraft zusammen, denn er zog sich pulsierend am ganzen Knochen entlang nach unten. Rechts auf Rose und links auf eine Krücke gestützt, humpelte er ins Wohnzimmer mit den abgenützten, verschnörkelten Möbeln. Der Hund geriet ihm immerzu zwischen die Füße.

»Vielleicht könnte ich hier ein bißchen rasten«, meinte Macon, als sie an der Couch vorbeikamen.

»Es ist nicht mehr weit.«

Sie betraten den Vorraum. Rose öffnete die Tür zum Bad und half ihm hinein. »Ruf mich, wenn du fertig bist«, sagte sie und schloß die Tür hinter ihm. Macon sank gegen das Waschbecken.

Beim Frühstück redete Porter munter drauflos, während die anderen schweigend aßen. Porter sah von allen Learys am besten aus – kompakter als Macon, das Haar eine Nuance blonder. Er strahlte eine Vitalität und eine Direktheit aus, die seinen Brüdern fehlte. »Gibt eine Menge zu tun heute«, sagte er zwischen einzelnen Bissen. »Die Konferenz mit Herrin, die Bewerber für Daves früheren Posten, dann kommt Cates aus Atlanta angeflogen...«

Charles schlürfte lediglich seinen Kaffee. Im Gegensatz zu Porter, der bereits ausgehfertig gekleidet war, hatte Charles noch den Schlafanzug an. Er war ein ruhiger Mensch mit sanftem Gesicht und schien sich nie zu bewegen. Wann immer man ihn ansah, betrachtete er einen mit seinen traurigen Augen, deren äußere Winkel tiefer lagen als die inneren.

Rose brachte die Kaffeekanne vom Herd. »Heut nacht hat Edward mich zweimal aufgeweckt, weil er hinauswollte«, sagte sie. »Meint ihr, mit seinen Nieren stimmt etwas nicht?«

»Das macht die Umstellung«, erklärte Macon. »Der Ortswechsel. Ich frage mich, wieso er weiß, daß er nicht mich wecken soll.«

Porter meinte: »Vielleicht könnten wir etwas organisieren. So eine kleine Katzenklappe oder so.«

»Edward ist ziemlich behäbig für eine Katzenklappe«, wandte Macon ein.

»Außerdem«, sagte Rose, »ist der Vorgarten nicht eingezäunt. Wir können ihn nicht allein hinauslassen, ohne Zaun.«

»Dann eine Katzentoilette.«

»Katzentoilette! Für einen Hund?«

»Warum nicht? Wenn sie groß genug ist.«

Macon schlug vor: »Nehmt eine Badewanne. Die im Keller. Dort kommt niemand mehr hin.«

»Und wer macht sie sauber?«

»Ah.«

Alle richteten den Blick auf Edward, der zu Roses Füßen lag. Edward schielte zu ihnen hinauf.

»Woher hast du ihn überhaupt?« fragte Porter.

»Er hat Ethan gehört.«

»Oh. Ach so.« Porter hüstelte. »Tiere!« krähte er. »Schon mal überlegt, was die von uns denken müssen? Ich meine, da kommen wir vom Kaufmann mit der tollsten Beute heim – Hähnchen, Schweinefleisch, ein halbes Rind. Wir gehen um neun weg und sind um zehn wieder da und haben offensichtlich eine ganze Herde Viehzeug erlegt. Die müssen uns für die größten Jäger der Welt halten!«

Macon lehnte sich zurück, die Kaffeetasse mit beiden Händen umschlossen. Die Sonne beschien den Frühstückstisch, die Küche duftete nach Toast. Fast wäre der Verdacht in ihm aufgestiegen, daß er auf irgendeine krumme, unbewußte Tour diesen Unfall womöglich gedeichselt, ihn schrittweise herbeigeführt hatte, nur um Ruhe und Geborgenheit bei den Menschen zu finden, mit denen er sein Leben begonnen hatte.

Charles und Porter fuhren in die Fabrik, und Rose ging nach oben staubsaugen. Macon, der eigentlich an seinem Reiseführer hätte arbeiten müssen, schleppte sich auf die Veranda und klappte zusammen. Seit seiner Rückkehr in den Schoß der Familie schlief er zuviel. Das Schlafbedürfnis rollte in seinem Schädel herum wie eine große schwarze Kanonenkugel und verursachte ihm einen schweren Kopf, der immer wieder vornübersank.

An der Schmalseite des Raums hing ein Porträt der vier Leary-Kinder: Charles, Porter, Macon und Rose, in einem Lehnsessel zusammengedrängt. Der Großvater hatte es malen lassen, einige Jahre, bevor er sie zu sich holte. Damals lebten sie noch in Kalifornien bei ihrer Mutter – einer leichtsinnigen jungen Kriegerwitwe. Sie schickte von Zeit zu Zeit Fotos, die Großvater Leary jedoch als unzureichend empfand. Es liege in der Natur der Sache, hatte er sie brieflich belehrt, daß Photographien lügen. Sie zeigten das Aussehen eines Menschen während eines Sekundenbruchteils, nicht während langer Minuten, die man daran wenden würde, um sich jemandem im richtigen Leben genau anzusehen. Unter diesen Umständen, hatte Alicia gemeint, müßte ein Gemälde doch auch lügen. Das halte statt Minuten eben Stunden fest. Das hatte sie nicht etwa Großvater Leary gegenüber geäußert, sondern zu dem Maler gesagt, einem älteren Kalifornier, dessen Namen Großvater Leary irgendwo aufgeschnappt hatte. Ob und was der Maler darauf erwidert hatte, wußte Macon nicht mehr.

73

Er erinnerte sich aber noch an die Sitzungen, und als er das Gemälde jetzt betrachtete, sah er klar und deutlich seine Mutter in einem rosa Kimono unmittelbar neben dem Goldrahmen stehen und zuschauen, wie das Bild Gestalt annahm, während sie ihr Haar trockenfrottierte. Sie hatte kurzes, flatterndes, sprödes Haar, dessen Farbe sie laut eigener Aussage »etwas nachhalf«. Ihr Gesicht gehörte zu einem Typ, den es gar nicht mehr zu sehen gab – er war nicht nur aus der Mode gekommen, sondern ganz einfach verschwunden. Wie gelang es den Frauen bloß, ihre Grundformen dem Zeitgeschmack anzupassen? Wohin waren diese in den vierziger Jahren so beliebten Gesichter – rundes Kinn, runde Stirn und dick aufgetragener Mund – verschwunden?

Der Maler fand sie, unverkennbar, äußerst attraktiv. Er unterbrach seine Arbeit immer wieder mit der Bemerkung, wie sehr er sich wünschte, Alicia säße ihm Modell. Alicia lachte trocken auf und wischte seine Worte mit einer Handbewegung weg. Später ging sie dann vermutlich ein paarmal mit ihm aus. Sie ließ sich immer wieder mit einem neuen Mann ein, und zwar immer wieder mit dem aufregendsten Mann der Welt, wenn man sie so reden hörte. War es ein Maler, nun, dann mußte sie eine Party veranstalten und alle ihre Freunde überreden, seine Bilder zu kaufen. Flog er an Wochenenden ein kleines Flugzeug, mußte sie sogleich Flugunterricht nehmen. Handelte es sich um einen Politiker, stand sie auch schon an der Straßenecke und drängte den Passanten Petitionen auf. Ihre Kinder waren zu klein, als daß die Männer selbst sie verstört hätten – falls hierzu überhaupt Anlaß bestand. Nein, es waren Alicias Begeisterungsanfälle, die sie beunruhigten. Ihr Enthusiasmus brach in Schüben aus, in einem ungezügelten Hin und Her zwischen Hobbys, Freundinnen, Freunden und Anlässen. Sie schien immer über die Stränge zu schlagen. Sie ging immer zu weit. Ihre Stimme klang schrill und so, als könnte sie sich jeden Moment überschlagen. Je rascher sie sprach und je mehr ihre Augen glänzten, desto unverwandter starrten ihre Kinder sie an, als wollten sie ihr hypnotisch aufzwingen, sich an ihrer, der Kinder, Festigkeit und Zuverlässigkeit ein Beispiel zu nehmen. »Was ist denn los mit euch?« fragte sie dann. »Warum seid ihr solche Klötze?« Und sie verlor die Geduld und rauschte davon, um sich mit ihrer Clique zu treffen. Rose, das Nesthäkchen, wartete dann oft in der Diele auf ihre Rückkehr, lutschte dabei am Daumen und streichelte eine alte Pelzstola, die Alicia längst nicht mehr trug.

Manchmal richtete sich Alicias Begeisterungstaumel auch auf ihre Kinder – ein zwiespältiges Erlebnis. Sie ging mit ihnen in den Zirkus, kaufte ihnen Zuckerwatte, die alle vier nicht mochten. (Sie waren auf Reinlichkeit bedacht.) Sie nahm die Kinder aus der Schule und steckte sie vorübergehend in eine experimentelle Lernkommune, wo Kleidung verpönt war. Dort hockten sie dann fröstelnd und kreuzunglücklich, die Hände flach zwischen die nackten Knie gepreßt, zu viert nebeneinander im Gemeinschaftsraum. Sie kostümierte sich als Hexe und zog mit ihnen an Halloween, dem Abend vor Allerheiligen, von Tür zu Tür, um nach altem Brauch Süßigkeiten zu erbitten und Geizhälsen Streiche zu spielen – für alle vier das schmachvollste Halloween ihres Lebens, denn Alicia geriet wie üblich außer Rand und Band, sie kreischte, krächzte, sie stürzte sich auf fremde Menschen und fuchtelte ihnen mit dem ausgefransten Besen vor dem Gesicht herum. Sie begann, für sich und Rose Mutter-und-Tochter-Kleider zu nähen, in Erdbeerrot mit Puffärmeln, gab es jedoch auf, als die Nähmaschinennadel sie in den Finger stach und ihr Tränen entlockte. (Sie verletzte sich immerzu. Vielleicht, weil sie so hektisch war.) Dann warf sie sich auf etwas anderes und wieder auf etwas anderes und noch etwas Neues. Sie glaubte mit religiöser Inbrunst an die Kraft der Veränderung. Melancholisch? Einen neuen Mann gesucht! Von Gläubigern verfolgt, mit der Miete im Rückstand, die Kinder fieberkrank? In eine neue Wohnung umgezogen! Sie zogen binnen eines Jahres so oft um, daß Macon jeden Tag nach der Schule erst eine

Weile dastand und überlegte, bevor er sich auf den Heimweg machen konnte.

Im Jahre 1950 entschloß sie sich zur Heirat mit einem Ingenieur, der als Brückenbauer um die Welt reiste. »Portugal. Panama. Brasilien«, schwärmte sie den Kindern vor. »Mit der Zeit werden wir unseren ganzen Planeten zu sehen bekommen.« Die Kinder starrten sie ausdruckslos an. Sie konnten sich nicht erinnern, dem Mann schon jemals begegnet zu sein. Alicia fragte: »Findet ihr das nicht aufregend?« Später – wohl nachdem er sie alle einmal zum Essen ausgeführt hatte – eröffnete sie ihnen, sie habe es sich anders überlegt, und sie, die Kinder, würden fortan bei den Großeltern leben. »Baltimore ist für Kinder viel besser geeignet, wirklich«, sagte sie. Hatten sie sich widersetzt? Macon konnte sich nicht erinnern. In der Rückschau erschien ihm seine Kindheit wie ein Glaskasten, an dem die Erwachsenen vorbeihasteten, ab und zu das Wort an ihn richteten, über ihn verfügten, während er selbst stumm blieb. Alicia setzte die Kinder also eines heißen Juniabends ins Flugzeug nach Baltimore. Sie wurden von ihren Großeltern abgeholt, zwei mageren, strengen, vornehmen Herrschaften in dunkler Kleidung. Die Kinder waren sofort von ihnen angetan.

Danach sahen sie ihre Mutter nur noch selten. Alicia kam dann mit einem Armvoll wertloser Mitbringsel aus tropischen Ländern in die Stadt hereingeschneit. Ihre Imprimékleider empfanden die Kinder als zu geschmacklos, ihr Make-up als zu grell. Sie fand ihre Kinder allem Anschein nach komisch – die marineblau-weiße Schuluniform, die tadellose Haltung. »Mein Gott! Was seid ihr bieder geworden!« rief sie aus, wobei sie offenbar vergaß, daß sie ihr seit jeher bieder vorgekommen waren. Sie behauptete, die Kinder gerieten ihrem Vater nach. Die Kinder spürten, daß dies nicht als Kompliment gemeint war. (Wenn sie fragten, wie ihr Vater denn gewesen sei, schielte Alicia auf ihr eigenes Kinn hinunter und sagte: »Ach Alicia, sei nicht so kindisch!«) Später, als ihre Söhne verheiratet waren, entdeckte sie wohl noch mehr Ähnlichkeiten, denn gelegentlich sprach sie ihren drei Schwiegertöchtern ihr Bedauern darüber aus, daß sie so viel durchmachen mußten. Wie eine böse, schadenfrohe Fee, dachte Macon, war sie durchs Leben aller vier gewirbelt, hatte eine Fährte unverantwortlicher Äußerungen hinterlassen und anscheinend nie bedacht, daß sie sich herumsprechen würden. »Ich begreife nicht, wie du mit diesem Mann zusammenleben kannst«, sagte sie einmal zu Sarah. Sie selbst hatte sich bereits den vierten Ehemann zugelegt, einen Steingartenarchitekten mit weißem Spitzbart.

Zugegeben, den Kindern auf dem Gemälde sah man die Verwandtschaft mit ihr kaum an. Ihnen fehlte Alicias blaugoldenes Kolorit; das Haar der Kinder hatte einen aschblonden Schimmer, und ihre Augen waren stahlgrau. Alle vier hatten die ausgeprägte Kerbe zwischen Nase und Oberlippe. Und außerdem hätte Alicia nie im Leben so voller Vorbehalt und Mißtrauen in die Welt geschaut.

Unbequem hingruppiert starrten sie den Betrachter an. Die älteren Jungen, der rundliche Charles und der hübsche Porter, beide in weißem Hemd mit Schillerkragen, hockten auf je einer Armlehne. Rose und Macon, in zusammenpassenden Spielanzügen, saßen auf der Sitzfläche. Rose schien auf Macons Schoß zu sitzen, obwohl sie in Wirklichkeit zwischen seinen Knien plaziert worden war, und Macon wirkte innerlich verkrampft wie jemand, der sich in eine physisch kühle, ihm völlig ungewohnte Lage versetzt sieht. Sein Haar, seidig wie das der anderen, fiel ihm schräg in die Stirn. Sein Mund war schmal, fast farblos und ein wenig verkniffen, als habe er einen unverrückbaren Entschluß gefaßt. Dieser Zug um den Mund rief jetzt etwas in Macons Erinnerung wach. Er schaute hin, schaute weg, schaute wieder hin. Es war Ethans Mund. Macon hatte zwölf Jahre lang in dem Glauben gelebt, Ethan sei so eine Art Austauschschüler, ein Gast aus einer anderen Welt, und nun stellte sich heraus, daß er seit jeher ein Leary gewesen war. Was für eine merkwürdige Feststellung, und zu diesem späten Zeitpunkt.

Er setzte sich jäh auf und griff nach seiner Hose, an der Rose das linke Bein in Oberschenkelhöhe gekürzt und mit winzigen, gleichmäßigen Stichen gesäumt hatte.

Niemand sonst auf der weiten Welt wußte, wo er sich aufhielt. Weder Julian noch Sarah, noch sonst jemand. Macon freute sich darüber. Er ließ es auch Rose wissen. »Schön, so aus dem Verkehr gezogen zu sein«, erklärte er. »Wenn es doch eine Weile so bleiben könnte!«
»Warum auch nicht?«
»Na ja, du weißt schon, jemand wird hier anrufen, Sarah oder sonstwer – «
»Wir brauchen ja nicht ans Telefon zu gehen.«
»Was, es einfach klingeln lassen?«
»Warum nicht?«
»Überhaupt nicht abheben?«
»Mich rufen meist nur Nachbarn an«, sagte Rose. »Die kommen schon selbst vorbei, wenn sich niemand meldet. Und du kennst unsere Jungen: Weder der eine noch der andere telefoniert gern.«
»Stimmt«, sagte Macon.
Julian würde demnächst bei ihm zu Hause anklopfen, um ihm wegen des verschleppten Termins die Leviten zu lesen. Sarah würde kommen, um einen Suppenschöpfer oder dergleichen zu holen, und, wenn er nicht an der Tür erschien, die Nachbarn fragen und erfahren, daß er sich schon längere Zeit unsichtbar gemacht hatte. Sie würde versuchen, mit seinen Angehörigen Verbindung aufzunehmen, und das Telefon würde klingeln und klingeln, und dann würde sie sich Sorgen machen. *Was ist denn los?* würde sie grübeln. *Wie konnte ich ihn bloß im Stich lassen?*
Macon war schon aufgefallen, daß er Sarah neuerdings geradezu als Feindin sah. Er hatte sich abgewöhnt, sie herbeizusehnen, und sich statt dessen angewöhnt, ihr Gewissensbisse anzudichten. Er war selbst überrascht, wie schnell er sich umgestellt hatte. War das die Summe von zwei Jahr-

zehnten Ehe? Er malte sich genüßlich ihre Selbstvorwürfe aus. Er feilte an der Formulierung ihrer Abbitte. Solche Gedanken hatten ihn zuletzt in seiner Kindheit beschäftigt, als er davon geträumt hatte, wie seine Mutter bei seinem Begräbnis weinen würde.

Tagsüber, wenn er am Eßzimmertisch arbeitete, geschah es mitunter, daß er das Telefon klingeln hörte und im Tippen innehielt, die Finger reglos auf den Tasten der Schreibmaschine. Es klingelte einmal, es klingelte zum zweitenmal, es klingelte zum drittenmal. Kam Rose dann eventuell mit einem Tiegel Silberputzmittel herein, so tat sie, als hörte sie nichts. »Und wenn zufällig etwas passiert ist?« fragte er. Darauf Rose: »Hmm? Wer sollte da ausgerechnet uns anrufen?« Sprachs's und holte das Silber aus der Anrichte und breitete es am anderen Ende des Tisches aus.

Es hatte immer irgendein Familienmitglied gegeben, das ihrer Pflege bedurfte. Großmutter war vor ihrem Tod jahrelang bettlägerig gewesen, dann war Großvater so senil geworden, schließlich war Charles' und dann auch Porters Ehe gescheitert, und beide waren nach Hause zurückgekehrt. Rose hatte folglich alle Hände voll zu tun. Daran war sie selbst allerdings nicht ganz schuldlos; denn es war gewiß nicht nötig, jede Woche jedes Stück Silber zu putzen. Macon, den ganzen Tag mit ihr im Haus eingeschlossen, entging nicht, wie gewissenhaft sie die Mahlzeiten plante; wie oft sie die Besteckschublade umräumte; daß sie sogar die Socken ihrer Brüder bügelte, nachdem sie die raffinierten Plastikklammern entfernt hatte, von denen die Socken in der Waschmaschine paarweise zusammengehalten wurden. Zum Lunch kochte sie für Macon ein ordentliches Essen und servierte es auf richtigen Platzdeckchen. Sie füllte Schälchen aus geschliffenem Glas mit Essiggürkchen und Oliven, die nachher wieder in ihre ursprünglichen Behälter zurückmußten. Sie häufte selbstgemachte Mayonnaise in ein winziges Schüsselchen.

Macon hätte gern gewußt, ob ihr je aufgefallen war, daß sie

ein sonderbares Leben führte – erwerbslos, unverheiratet, von ihren Brüdern finanziell unterstützt. Für welche Berufstätigkeit wäre sie überhaupt geeignet? fragte er sich. Dabei konnte er sich Rose durchaus als Stab und Stütze einer muffigen, antiquierten Anwalts- oder Finanzberatungsfirma vorstellen. Nominell eine Sekretärin, hätte sie in Wirklichkeit den ganzen Laden regiert, jeden Morgen auf dem Schreibtisch ihres Arbeitgebers alles peinlich korrekt bereitgelegt und keinem Menschen unter oder über sich die geringste Nachlässigkeit durchgehen lassen. So eine Sekretärin hätte Macon gebraucht. Beim Gedanken an die Gummi kauende Rothaarige in Julians chaotischem Büro seufzte er und bedauerte, daß es auf der Welt nur diese eine Rose gab.

Schwungvoll zog er das eingespannte Blatt aus der Schreibmaschine und legte es, beschriftete Seite nach unten, auf den Stoß der bereits getippten. Das Vorwort war fertig, ebenso das Kapitel mit der Überschrift »Wo man in England etwas zu essen bekommt«. Rose hatte beides gestern zum Briefkasten getragen. Das war seine neue Taktik: das Manuskript ratenweise von diesem geheimgehaltenen Ort zu versenden.

»Da fehlt der Absender«, hatte Rose festgestellt. »Mit vollster Absicht«, war Macons Antwort. Rose hatte ernst genickt. Sie war die einzige in der Familie, die seine Reiseführer für Literatur hielt. Sie hatte eine ganze Reihe davon auf dem Bücherregal in ihrem Schlafzimmer stehen, nach Ländern alphabetisch angeordnet.

Mitten am Nachmittag unterbrach Rose ihre Arbeit, um sich ihre Lieblingsfernsehserie anzusehen. Das war etwas, was Macon nicht begriff. Wie konnte sie ihre Zeit mit solchem Schund verschwenden? Angeblich wegen dem herrlich verruchten Weib, das darin vorkam.

»Es gibt doch schon genug verruchte Menschen im wirklichen Leben«, sagte Macon.

»Ja, aber nicht herrlich verruchte.«

»Das stimmt.«

»Diese da ist so durchsichtig. Man weiß genau, wem man nicht trauen darf.«

Beim Zuschauen sprach sie laut zu den Darstellern. Macon hörte es bis ins Eßzimmer. »Auf *dich* ist er gar nicht scharf, Goldkind«, sagte sie, und »Wirst schon sehen. Ha!« – ganz und gar nicht ihre normale Ausdrucksweise. Werbung wurde eingeblendet, Rose blieb jedoch gebannt sitzen. Macon arbeitete mittlerweile, verbissen und lustlos auf die Schreibmaschine einhämmernd, an »Wo man in England ein Nachtlager bekommt«.

Als es an der Haustür klingelte, reagierte Rose nicht. Edward begann verrückt zu spielen, er bellte, kratzte an der Tür, rannte zu Macon und raste wieder zur Tür zurück. »Rose?« rief Macon. Sie antwortete nicht. Schließlich erhob er sich, machte es sich auf den Krücken bequem und begab sich so leise wie möglich in die Diele.

Tja, Sarah war es nicht. Das verriet ihm schon ein einziger Blick durch die Spitzengardine. Er öffnete die Tür und spähte hinaus. »Ja?«

Es war Garner Bolt, ein Nachbar von daheim – ein dürrer, grauer Mann, der sein Glück mit Reinigungsgeräten gemacht hatte. Als er Macon erblickte, bewegte sich jede Runzel seines Spitzbubengesichts aufwärts. »Hier stecken Sie also!« Macon hörte ihn kaum, weil Edward wütend weiterbellte.

»Sieh da, Garner«, sagte Macon.

»Wir haben schon gedacht, Sie sind gestorben.«

»Tatsächlich?«

Macon wollte Edwards Halsband packen, griff aber daneben.

»Haufen Zeitungen auf Ihrem Rasen, immer mehr Post hinter der Fliegengittertür – kam uns komisch vor.«

»Ich wollte schon meine Schwester bitten, daß sie alles holt«, erklärte Macon. »Ich habe mir nämlich das Bein gebrochen.«

»Wie haben Sie denn das angestellt?«

»Das ist eine lange Geschichte.«

Macon machte widerwillig die Tür frei. »Kommen Sie doch herein.«

Garner nahm die Mütze ab, an der vorne das Firmenzeichen der Sherwin-Williams-Farbenfabrik prangte. Sein speckigbraunes, abgetragenes Jackett hatte vor langer Zeit einmal zu einem Anzug gehört, und sein Overall war an den Knien weiß ausgebleicht. Er trat ein, wich dem Hund aus und schloß die Tür hinter sich. Edwards Kläffen löste sich in winselnde Töne auf. »Mein Wagen ist voll mit Ihrer Post«, sagte Garner. »Brenda hat gesagt, ich soll alles zu Ihrer Schwester bringen und fragen, wo Sie abgeblieben sind. Ihrer Freundin hab ich's auch versprochen.«

»Welcher Freundin?«

»Dame in Torerohosen.«

»Ich kenne keine Dame in Torerohosen.« Macon wußte gar nicht, daß es so etwas wie Torerohosen überhaupt noch gab.

»Seh' sie auf Ihrer Vorderveranda stehen, wie sie so an Ihrer Tür rüttelt. Ruft: ›Macon? Hallo?‹ Mageres Dämchen mit 'ner Mähne. Mitte Zwanzig oder so.«

»Keine Ahnung, wer das gewesen sein kann.«

»Linst hinein und hält sich die Hand an die Augen.«

»Wer kann das gewesen sein?«

»Trippelt die Verandastufen runter auf solchen hohen, spitzigen Absätzen.«

»Die Hundedame«, sagte Macon. »Du liebe Zeit.«

»Reichlich jung, oder?«

»Aber ich kenne sie doch gar nicht!«

»Und da geht sie ums Haus herum und ruft: ›Macon! Macon!‹?«

»Ich habe sie kaum jemals gesehen!«

»Sie hat mir aber das von dem Fenster erzählt.«

»Von welchem Fenster?«

»Kellerfenster, total zerschmissen. Kaum ist es Herbst,

82

springt Ihre Heizung automatisch an. Schade um die viele Energie.«

»Oh. Ja, das kann passieren«, gab Macon zu.

»Wir haben schon an Einbrecher gedacht oder so.«

Macon ging voraus ins Eßzimmer. »Sehen Sie, es war so«, sagte er. »Ich habe mir das Bein gebrochen und wohne jetzt bei meinen Geschwistern, bis ich mich wieder selbst versorgen kann.«

»Wir haben aber keinen Krankenwagen gesehen und gar nichts.«

»Ich habe meine Schwester angerufen.«

»Ach, die ist Ärztin?«

»Damit sie mich holt und mich zur Unfallstation fährt.«

»Wie Brenda sich die Hüfte gebrochen hat, da, wo die Stufe fehlt«, sagte Garner, »hat sie den Krankenwagen gerufen.«

»Ich habe eben meine Schwester gerufen.«

»Brenda hat den Krankenwagen gerufen.«

Sie hatten sich offenbar festgefahren.

»Ich glaube, ich sollte bei der Post Bescheid geben«, sagte Macon schließlich. Er ließ sich vorsichtig auf seinem Stuhl nieder.

Garner zog sich einen anderen Stuhl heran und setzte sich, die Mütze in beiden Händen. Er meinte: »Ich könnte Ihre Post weiterhin bringen.«

»Nein, ich sage Rose, sie soll das Postamt verständigen. Himmel, die vielen Rechnungen, die fällig werden, und so weiter – «

»Macht mir bestimmt keine Umstände.«

»Trotzdem vielen Dank.«

»Kann ich doch leicht machen.«

»Offen gestanden«, sagte Macon, »ich weiß nicht so genau, ob ich dort überhaupt wieder einziehe.«

Das war ihm bisher noch gar nicht in den Sinn gekommen. Er legte die Krücken behutsam aneinander wie Eßstäbchen und deponierte sie neben seinem Stuhl auf dem Boden. »Vielleicht bleibe ich hier bei meinen Verwandten.«

»Und geben das nette kleine Haus auf?«

»Für einen einzelnen Menschen ist es ziemlich groß.«

Garner betrachtete stirnrunzelnd seine Mütze. Er setzte sie auf, besann sich anders und nahm sie wieder ab. »Passen Sie auf«, sagte er. »Früher, wie Brenda und ich ein junges Ehepaar waren, sind wir wie Hund und Katz gewesen. Wie Hund und Katz. Einer hat den anderen einfach nicht riechen können. Wird mir immer schleierhaft bleiben, wieso wir's miteinander ausgehalten haben.«

»Wir sind aber kein junges Ehepaar«, wandte Macon ein. »Wir sind seit zwanzig Jahren verheiratet.«

»Brenda und ich haben neunzehn-fünfunddreißig so gut wie das ganze Jahr überhaupt nicht miteinander geredet«, sagte Garner. »Von Januar bis August neunzehn-fünfunddreißig. Von Neujahr bis zu meinem Urlaub. Kein einziges gottverdammtes Wörtchen.«

Macon horchte auf. »Was?« fragte er. »Nicht einmal ›Reich mir das Salz‹ oder ›Mach das Fenster auf‹?«

»Nicht mal das.«

»Wie sind Sie dann im Alltag zurechtgekommen?«

»Meistens ist sie bei ihrer Schwester geblieben.«

»Ja, dann.«

»An meinem ersten freien Tag war mir schon in der Früh so miserabel, wirklich zum Sterben. Also sag' ich mir: ›Was soll das eigentlich?‹ Rufe in Ocean City an und reserviere ein Doppelzimmer. Damals waren Ferngespräche eine große Sache, können Sie mir glauben. Jede Menge Vermittlungen dazwischen, und hat eine Stange Geld gekostet. Dann packe ich also ein paar Klamotten für mich und ein paar Klamotten für Brenda und geh' damit zu ihrer Schwester ins Haus. Ihre Schwester sagt: ›Was willst denn *du* hier?‹ Die war so eine, die hat es gern, wenn's Streit gibt. Ich gehe schnurstracks an ihr vorbei. Finde Brenda im Wohnzimmer beim Strümpfestopfen. Mache den Koffer auf: ›Schau her. Dein ausgeschnittenes Kleid fürs Dinner im Fischrestaurant‹, sage ich. ›Zwei Paar Shorts. Zwei Blusen. Dein Badeanzug.‹ Sie sieht mich nicht

84

mal an. ›Dein Bademantel‹, sage ich. ›Dein Nachthemd, das du auf der Hochzeitsreise angehabt hast.‹ Tut, als ob ich Luft bin. ›Brenda‹, sage ich zu ihr, ›Brenda, ich bin neunzehn Jahre alt und werde nie wieder neunzehn sein. Werd' auch nie wieder *lebendig* sein. Ich meine, ich habe nur dieses eine Leben, Brenda, soviel ich weiß, und davon hab' ich jetzt so viel Zeit verplempert, mutterseelenallein in der leeren Wohnung, weil ich zu stolz war, einzulenken, und zuviel Schiß hatte, daß du nein sagst, aber auch wenn du wirklich nein sagst, kann's nicht schlimmer werden, wie's mir jetzt geht. Ich bin der einsamste Mensch von der Welt, Brenda, also komm bitte mit mir nach Ocean City!‹ Und Brenda, die läßt das Strümpfestopfen sein und sagt: ›Na ja, wenn du so bittest – aber mir scheint, du hast meine Badekappe vergessen.‹ Und weg waren wir.«

Er lehnte sich triumphierend zurück. »Also?«

»Also«, wiederholte Macon.

»Also klar, auf was es ankommt?«

»Auf was denn?«

»Sie müssen ihr zeigen, daß Sie sie brauchen.«

»Sehen Sie, Garner, wir sind längst hinaus über solche Kleinigkeiten wie daß ich ihr zeigen muß – «

»Nehmen Sie's mir nicht übel, Macon, aber ich sag's, wie es ist: Manchmal sind Sie schon ein bißchen schwierig. Ich rede nicht von mir. *Ich* versteh' das. Aber ein paar andere Leute aus der Nachbarschaft, die haben sich wohl schon gewundert. Zum Beispiel bei Ihrem tragischen Verlust. Bei solchen Gelegenheiten wollen die Leute doch irgendwie Beistand leisten – Blumen schicken und zur Besichtigungsstunde kommen und was zum Essen mitbringen für nach dem Trauergottesdienst. Aber Sie haben ja nicht mal einen gehabt. Eine Feuerbestattung, großer Gott, irgendwo im hintersten Virginia, ohne ein Wort zu irgendwem, und dann direkt nach Hause. Da sagt Peg Everett zu Ihnen, sie hat Sie in ihre Gebete eingeschlossen, und Sarah sagt: ›Gott segne dich, Peg‹, aber was sagen Sie? Sie fragen Peg, ob ihr Sohn nicht Lust hat, Ihnen Ethans Fahrrad abzunehmen.«

Macon ächzte. »Ja«, sagte er, »ich weiß nie, wie ich mich bei solchen Gelegenheiten benehmen soll.«

»Und dann mähen Sie Ihren Rasen, als ob nichts gewesen wäre.«

»Das Gras war eben weitergewachsen, Garner.«

»Wir alle hätten es liebend gern für Sie gemacht.«

»Vielen Dank«, sagte Macon, »aber die Arbeit hat mir gutgetan.«

»Merken Sie jetzt, was ich meine?«

Macon sagte: »Moment mal! Bloß um ein bißchen Logik in dieses Gespräch zu bringen –«

»Genau *das* meine ich!«

»Sie fangen an, über Sarah zu sprechen, dann bringen Sie die Rede auf die von mir enttäuschten Nachbarn –«

»Das kommt aufs selbe heraus. Sie wissen es vielleicht nicht, Macon, aber Sie kommen einem vor wie jemand, der irgendwie stur im Alleingang lospsrecht. Wenn man Sie nur gehen sieht! Wie Sie die Straße runterstiefeln, den Kopf ein Stück voraus. Wenn unsereins Sie anhalten möchte und – was weiß ich – sein Beileid ausdrücken, dann kann einem blühen, daß er glatt umgerannt wird. Ja, ich weiß, Sie sind nicht so, und Sie wissen es auch, aber wie sehen das die anderen Leute? Sagen Sie selbst! Kein Wunder, daß sie auf und davon ist!«

»Garner, es ist sehr nett von Ihnen, daß Sie sich solche Gedanken machen«, sagte Macon, »aber Sarah weiß sehr wohl, daß mir nicht alles egal ist. Ich bin nicht so mundfaul, wie Sie das hinstellen. Und es handelt sich auch nicht um einen klaren Fall von ›Ist diese Ehe noch zu retten?‹. Will sagen, Sie liegen einfach total falsch, Garner.«

»Na ja«, sagte Garner. Er blickte auf seine Mütze hinunter, stülpte sie sich dann jäh über. »Dann hole ich jetzt Ihre Post herein.«

»Gut. Danke.«

Garner stand auf und schlurfte hinaus. Edward spitzte die Ohren und begann wieder zu bellen. Während der Wartezeit betrachtete Macon sein Gipsbein und hörte sich die Serie aus dem Wohnzimmer an. Edward vertrieb sich die Zeit, indem er an der Tür winselte oder mit klappernden Krallen hin und her lief. Dann kam Garner zurück. »Hauptsächlich Kataloge«, meldete er und kippte seine Last auf den Tisch. Er brachte den Geruch von frischer Luft und dürrem Laub mit herein. »Brenda meint, die Zeitungen sind den Aufwand nicht wert, einfach weg damit.«

»Ja, natürlich«, stimmte Macon zu.

Er stand auf, und sie tauschten einen Händedruck. Garners Finger waren rauh und verformt wie zerknülltes Papier.

»Danke für den Besuch«, sagte Macon.

»Gern geschehen«, sagte Garner abgewandten Blicks. »Ich wollte wirklich nicht . . . Ich hoffe, ich habe nicht zu gereizt geklungen.«

»Ach wo.« Garner hob einen Arm und ließ ihn wieder sinken. »Was soll's. Denken Sie sich nichts dabei.« Dann wandte er sich zum Gehen.

Im selben Moment fiel Macon noch tausenderlei ein, was erwähnenswert gewesen wäre. Er sei nicht an allem allein schuld, hätte er sagen wollen. Auch Sarah habe ihr Teil dazu beigetragen. Was Sarah brauche, sei ein Felsen, hätte er sagen wollen, jemand, der sich nicht unterkriegen läßt. Warum hätte sie sich sonst ausgerechnet ihn als Ehemann ausgesucht? Er beschränkte sich jedoch darauf, Garner nachzublicken, als der hinausging. Irgend etwas an den beiden Strängen, die an Garners Nacken scharf hervortraten und eine kleine Furche rissiger brauner Haut begrenzten, weckte Macons Mitleid.

Als seine Brüder von der Arbeit heimkamen, verbreitete sich im Haus eine gelöste, gelockerte Stimmung. Rose zog die Wohnzimmervorhänge zu und knipste ein paar Lampen an, die gedämpft leuchteten. Charles und Porter kleideten sich um und erschienen in Pullovern. Macon begann, seine Spezialsalatsauce zu mixen. Seiner Überzeugung nach kam es vor allem darauf an, Kräuter und Gewürze zuerst im Mörser zu zerstoßen. Die anderen waren sich sogar einig, daß niemand eine so gute Salatsauce machen konnte wie Macon. »Solange du weg warst«, sagte Charles zu ihm, »mußten wir im Laden das fertige Zeug kaufen.« Das hörte sich an, als wäre Macon nur ein paar Wochen weggeblieben – als wäre seine ganze Ehe nur ein kurzer Ausflug gewesen.

Zum Abendessen gab es Roses geschmortes Rindfleisch, den Salat mit Macons Sauce und gebackene Kartoffeln.

Gebackene Kartoffeln waren seit jeher die Lieblingsspeise aller vier Geschwister. Sie hatten schon als Kinder gelernt, wie man sie zubereitet, und selbst als sie groß genug waren, ausgewogene Mahlzeiten auf den Tisch zu bringen, ernährten sie sich ausschließlich von gebackenen Kartoffeln, wann immer sie von Alicia sich selbst überlassen wurden. Eine Idaho-Kartoffel in der Backröhre verströmte einen so urgemütlichen Duft, roch so – nun, *konservativ,* fand Macon. Er entsann sich unzähliger Winterabende: draußen vor dem Küchenfenster Schwärze, in den Winkeln dunkelnde, flaumige Schatten, am verschrammten, lackierten Küchentisch sie, die vier Kinder, damit beschäftigt, in ausgehöhlte Kartoffelschalen gewissenhaft Butter einzufüllen. Man ließ die Butter in der Schale zergehen, während man das mehlige Innere zerstampfte und würzte; die Schalen kamen zuletzt dran. Es war beinahe ein Ritual. Er wußte noch, daß einmal, während einer längeren Abwesenheit Alicias, deren Freundin Eliza ihnen etwas vorgesetzt hatte, was sie Kartoffelschiffchen nannte – schon gefüllt und mit echten gebackenen Kartoffeln überhaupt nicht zu vergleichen. Die Kinder hatten mit verkniffener, mäkeliger Miene die Füllung herausgekratzt und die Schalen wie üblich behandelt, als hätten sie Elizas Fehler nicht bemerkt. Die Schalen mußten kroß sein. Sie durften nicht gesalzen werden. Der Pfeffer mußte frisch gemahlen sein. Paprika war zulässig, aber nur amerikanischer. Ungarischer Paprika hatte einen zu ausgeprägten Eigengeschmack. Macon persönlich konnte überhaupt auf Paprika verzichten.

Während des Essens überlegte Porter, was er mit seinen Kindern unternehmen könnte. Am nächsten Tag war sein wöchentlicher Besuchsabend fällig, an dem er immer nach Washington fuhr, wo seine Kinder mit ihrer Mutter lebten. »Die Sache ist die«, sagte er, »Restaurantessen hat immer so was Künstliches. Mit richtigem Essen hat das kaum etwas zu tun. Und außerdem hat jedes von den dreien einen anderen Geschmack. Sie streiten immer, wo wir hingehen sollen. Eines der Kinder macht gerade eine Abmagerungskur, eines ist Vegetarier geworden, eines mag nichts Knuspriges. Bis ich zum Schluß schreie: ›Himmeldonnerwetter noch mal, wir gehen dort und dort hin und damit basta!‹ Wir gehen also hin, und alle motzen, solange das Essen dauert.«

»Vielleicht solltest du sie erst gar nicht besuchen«, sagte Charles sachlich. (Er selbst hatte keine Kinder.)

»Aber natürlich besuche ich sie. Wenn wir bloß ein anderes Programm hätten! Wißt ihr, was ideal wäre? Wenn wir uns alle gemeinsam mit Werkzeug beschäftigen könnten. Ich meine, so wie früher vor der Scheidung, als Danny mir beim Entleeren des Heißwassergeräts geholfen hat oder Susan auf einem Brett gesessen ist, an dem ich gesägt habe. Wenn ich bei ihnen einfach mal vorbeischauen könnte, dann könnten doch June und ihr Mann ins Kino gehen oder so, und die Kinder könnten mit mir die Dachrinnen reinigen, die Fenster mit Klebestreifen abdichten, die Warmwasserrohre umwikkeln… Junes Ehegespons hat nämlich zwei linke Hände, verlaßt euch drauf, der läßt seine Warmwasserrohre splitternackt. Ich würde sogar mein eigenes Werkzeug mitbringen. Wir könnten es richtig schön haben! Susan könnte uns Kakao machen. Ist der Abend dann um, packe ich meine Sachen und hinterlasse das Haus tipptopp hergerichtet. June sollte die Gelegenheit eigentlich beim Schopf packen.«

»Schlag es ihr doch mal vor«, sagte Macon.

»Nö. Darauf geht die nie ein. Sie ist so unpraktisch. Vorige Woche zum Beispiel, da hab' ich zu ihr gesagt: ›Du weißt doch, daß die eine Verandastufe locker ist? Springt jedesmal aus den Nägeln, wenn man drauf tritt.‹ Da sagt sie: ›Ach Gott, ja, so ist das eben‹, als ob die Vorsehung es so bestimmt hätte. Als ob man nichts dagegen tun könnte. Die haben in der Dachrinne ja noch Laub vom letzten Winter, aber Laub ist schließlich etwas Natürliches, warum also widernatürlich handeln. So was von unpraktisch!«

Porter selbst war der praktischste Mann, den Macon je gekannt hatte. Er war der einzige Leary, der mit Geld umzugehen verstand. Diesem Talent für Finanzen hatte das Familienunternehmen es zu verdanken, daß es solvent blieb – obschon gerade noch. Das Geschäft war nicht besonders einträglich. Großvater Leary hatte es Anfang des Jahrhunderts als Blechwarenfabrik gegründet und mit der Produktion von Kronenkorken erst 1915 begonnen. »Kronenkorkenkönig« hatte er sich genannt, war auch in seinem Nachruf so genannt worden, obwohl die meisten Kronenkorken von der Firma »Crown Cork« hergestellt wurden, und zwar seit jeher. Großvater Leary rangierte mit weitem Abstand erst auf Platz zwei oder drei. Sein einziger Sohn, der Kronenkorkenprinz, hatte seinen Posten in der Fabrik kaum angetreten, als er auch schon wieder austrat, um als Freiwilliger in den Zweiten Weltkrieg zu ziehen – ein Anfall von Enthusiasmus, der sich als weitaus fataler erwies als jeder, den Alicia je an den Tag gelegt hatte. Nachdem er gefallen war, schleppte das Geschäft sich hin, niemals recht florierend und niemals ganz fallierend, bis Porter, direkt vom College gekommen, einsprang und die finanzielle Seite übernahm. Geld war für Porter etwas beinahe Chemisches, eine flüchtige Substanz, die, wenn mit anderen Substanzen kombiniert, auf unterschiedliche, interessante Weise reagierte. Er war nicht ausgesprochen gewinnsüchtig; er wollte Geld nicht um des Geldes willen, sondern wegen der Möglichkeiten, die es erschloß: Ja, als seine Frau von ihm geschieden wurde, überließ er ihr den größten Teil seines Besitzes ohne ein einziges Wort der Klage.

Porter war es, der die Firma leitete, Geld und Ideen investierte. Charles, eher technisch veranlagt, kümmerte sich um die Produktion. Macon hatte sich seinerzeit auf beiden Gebieten ein wenig betätigt und sich dabei tödlich gelangweilt, denn für einen dritten hatte es wirklich nicht genug zu tun gegeben. Porter drängte ihn nur der Ausgewogenheit halber, wieder einzutreten. »Hör mal zu, Macon«, sagte er jetzt, »wie wär's: Wir nehmen dich morgen mit, und du siehst dich wieder mal auf deinem alten Tummelplatz um?«

»Besten Dank«, lehnte Macon ab.

»Hinten im Wagen ist reichlich Platz für deine Krücken.«

»Vielleicht ein andermal.«

Sie wichen nicht von Roses Seite, während sie das Geschirr spülte. Sie mochte sich nicht von ihnen helfen lassen, weil sie ihre eigene Methode hatte, wie sie behauptete. Sie schusselte lautlos in der altmodischen Küche umher und räumte das Geschirr in die hohen hölzernen Schränke ein. Charles führte den Hund aus; Macon kam auf dem schwammigen Boden des Hintergärtchens mit den Krücken nicht gut zurecht. Und Porter ließ die Küchenrollos herab, wobei er Rose dahin gehend belehrte, daß die weißen Flächen die Wärme in den Raum abstrahlten, jetzt, da die Nächte kühler wurden. Rose sagte: »Ja, Porter, das weiß ich selbst«, hielt die Salatschüssel gegen das Licht und betrachtete sie prüfend, bevor sie sie wegstellte.

Sie sahen sich pflichtschuldigst die Fernsehnachrichten an, dann begaben sie sich in die Glasveranda und setzten sich an den Spieltisch ihrer Großeltern. Sie spielten etwas, was »Schutzimpfung« hieß, ein Kartenspiel, das sie als Kinder erfunden hatten und das im Laufe der Jahre derart ausgewuchert war, daß kein Außenstehender die Geduld aufbrachte, es zu erlernen. Mehr noch: So mancher Außenstehende hatte sie gar beschuldigt, die Regeln zu ändern, wenn es ihnen gerade in den Kram paßte. »Moment mal«, hatte Sarah gesagt, früher einmal, als sie noch gehofft hatte, dahinterzukommen. »Ihr habt doch gesagt, As ist Trumpf.«

»Ist es auch.«

91

»Das heißt also – «

»Aber nicht, wenn es vom Stock gezogen wird.«

»Aha! Warum gilt dann das eine, das Rose gezogen hat, als Trumpf?«

»Weil sie es eben nach einer Zwei gezogen hat, Sarah.«

»Jedes As, das nach einer Zwei gezogen wird, gilt als Trumpf?«

»Nein, nur ein As nach einer Zahl, die unmittelbar vorher zweimal hintereinander gezogen wurde.«

Sarah hatte ihren Kartenfächer zusammengeschoben und mit der Bildseite nach unten auf den Tisch gelegt – die letzte der Ehefrauen hatte kapituliert.

Macon befand sich in Quarantäne und mußte Rose sämtliche Karten ausliefern. Rose rückte ihren Stuhl neben den seinen und spielte seine Karten aus, während er zurückgelehnt dasaß und die Katze hinter den Ohren kraulte. Ihm gegenüber, in den winzigen, dunklen Fensterscheiben, sah er sich und die anderen gespiegelt – hohläugig und mit scharf hervortretenden Backenknochen, interessantere Ausprägungen ihrer selbst.

Das Telefon im Wohnzimmer gab ein ersticktes Quieken von sich, dann erst ein richtiges Klingeln. Niemand schien es wahrzunehmen. Rose legte einen König auf Porters Dame, und Porter sagte: »Gemein!« Das Telefon klingelte wieder und wieder. Beim viertenmal brach der Ton plötzlich ab. »Spitze«, sagte Rose zu Porter und übertraf den König noch mit einem As.

»Du bist richtig gemein, Rose.«

Aus dem Gemälde an der Schmalseite des Raumes blickten die Leary-Kinder mit ihren verschleierten Augen heraus. Macon stellte fest, daß sie heute abend ganz ähnlich gruppiert dasaßen: Charles und Porter rechts und links von ihm, Rose im Vordergrund. Hatte sich wirklich viel verändert? Ein Gefühl nahezu panischer Angst durchfuhr ihn. Da war er! Immer noch derselbe! *Was habe ich bloß angestellt?* fragte er sich. Er schluckte schwer und schaute hinunter auf seine leeren Hände.

6

»Hilfe! Hilfe! Ruft den Hund zurück!«

Macon hörte auf zu tippen und hob den Kopf. Die Stimme kam von irgendwo draußen und überschrie eine Salve scharfen, aufgeregten Gekläffs. Aber Edward ging doch mit Porter spazieren! Es mußte sich also um einen anderen Hund handeln.

»Ruft ihn zurück, verdammt noch mal!«

Macon erhob sich mit Hilfe seiner Krücken und humpelte zum Fenster. Und ob es Edward war. Er verbellte offenbar jemanden auf dem gewaltigen Magnolienbaum rechts neben dem Pfad. Er bellte so angestrengt, daß es ihn immer wieder vom Boden in die Höhe riß, mit allen vier Beinen zugleich, genau wie ein Spielzeug von der Art, das senkrecht in die Luft steigt, wenn man einen Gummiballon drückt.

»Edward! Hör auf!« brüllte Macon.

Edward hörte nicht auf. Er hörte nicht einmal hin. Macon stapfte in die Diele, öffnete die Haustür und sagte: »Du kommst sofort hierher!«

Edward ließ sich nicht stören.

Es war ein Samstagmorgen Anfang Oktober, blaßgrau und kühl. Macon spürte die Kühle in sein abgeschnittenes Hosenbein kriechen, während er sich über die Vorderveranda bewegte. Als er eine Krücke fallen ließ, um sich beim Hinabsteigen der Stufen am eisernen Handlauf festzuhalten, entdeckte er, daß sich auf dem Metall Feuchtigkeit niedergeschlagen hatte.

Er humpelte hinüber zu der Magnolie, bückte sich wackelig, packte die Leine, die Edward hinter sich herschleifte, und holte sie ohne Mühe ein; Edwards Interesse begann bereits zu schwinden. Macon spähte hinauf in die dunkle Krone der Magnolie. »Wer ist denn da?« fragte er.

»Dein Arbeitgeber, Macon.«

»Julian?«

Julian ließ sich von einem der schwankenden, ausgreifenden

Äste herunter. Vorn an seiner Hose zeichnete sich quer ein Schmutzstreifen ab. Sein weißblondes Haar, stets so tadellos frisiert, daß es ihm das Aussehen eines Hemdenreklamemannes verlieh, sträubte sich in alle Richtungen. »Macon«, sagte er, »ein Mann mit einem widerwärtigen Hund ist mir zutiefst verhaßt. Ich hasse nicht nur den Hund. Ich hasse auch den Mann, dem der Hund gehört.«

»Du entschuldigst schon. Ich dachte, er ist spazierengegangen.«

»Du läßt ihn alleine spazierengehen?«

»Nein, nein ...«

»Ein Hund, der einsame Spaziergänge unternimmt!« sagte Julian. »So einen kann nur Macon Leary haben.« Er staubte die Ärmel seines Wildlederblazers ab. Dann fragte er: »Was ist mit deinem Bein?«

»Gebrochen.«

»Das sehe ich, aber wie?«

»Es ist ziemlich schwer zu erklären«, sagte Macon.

Sie gingen aufs Haus zu, Edward zockelte brav nebenher. Julian half Macon die Stufen hinauf. Julian war ein sportlich aussehender Mann, der sich ungezwungen und locker gab – ein Segler. Das sah man ihm buchstäblich an der Nase an, deren Spitze, selbst noch so spät im Jahr, wund war. Kein Mensch mit so bestürzend blondem Haar und so lebhaft gerötetem Gesicht sollte sich jemals in die pralle Sonne wagen, predigte Macon ihm immer wieder. Aber Julian war nun mal so: ein Draufgänger. Ein verwegener Segler, ein schneidiger Autofahrer, häufiger Gast in Single-Bars – ganz der Mann, der Einkäufe tätigte, ohne den *Verbraucher-Report* zu Rate zu ziehen. Er schien nie an sich selbst zu zweifeln und betrat jetzt das Haus so unbekümmert, als wäre er hereingebeten worden, nahm zuerst Macons vorhin fallengelassene Krücke vom Boden, hielt Macon dann die Tür auf und winkte ihn herein.

»Wie hast du mich überhaupt gefunden?« fragte Macon.

»Aber – bist du denn untergetaucht?«

»Nein, natürlich nicht.«

Julian sah sich in der Diele um, die Macon plötzlich schäbig vorkam. Der Satinschirm der Tischlampe hatte Dutzende von langen senkrechten Rissen; er sah aus, als würde er demnächst in Fetzen fallen.

»Dein Nachbar hat mir verraten, wo du bist«, sagte Julian schließlich.

»Oh. Garner.«

»Ich bin mal bei dir zu Hause vorbeigekommen, als du telefonisch nicht zu erreichen warst. Weißt du, wie lange du mit deinem Reiseführer in Verzug bist?«

»Du siehst doch, ich habe einen Unfall gehabt«, gab Macon zurück.

»Keiner kann weitermachen, nur weil dein Manuskript nicht kommt. Ich sage ihnen dauernd, ich erwarte es momentan, aber – «

»Jeden Moment«, sagte Macon.

»Häh?«

»Du erwartest es jeden Moment.«

»Ja, und alles, was ich bis jetzt gesehen habe, sind zwei Kapitel, ohne Erklärung mit der Post zugeschickt.«

Julian ging voraus ins Wohnzimmer, während er sprach. Er wählte den bequemsten Sessel und setzte sich. »Wo ist Sarah?« erkundigte er sich.

»Wer?«

»Deine Frau, Macon.«

»Äh, hm, sie und ich, wir haben uns . . .«

Macon hätte sich darin üben sollen, es freiheraus zu sagen; das Wort »getrennt« klang so kraß; so etwas stieß nur anderen Leuten zu. Er ging zur Couch und machte ein großes Getue, bevor er sich niedergelassen und die Krücken neben sich angeordnet hatte. Dann sagte er: »Sie hat eine Wohnung in der Stadt.«

»Ihr seid *auseinander*?«

Macon nickte.

»Ach herrje.«

Edward stupste mit der Schnauze gebieterisch Macons Handfläche an; er wollte getätschelt werden. Macon war froh, daß er etwas zu tun bekam.

»Aber Macon, du meine Güte, was ist denn schiefgegangen?«

»Nichts!« gab Macon Bescheid. Seine Stimme klang ein wenig zu laut. Er dämpfte sie. »Ich meine, darauf kann ich keine Antwort geben.«

»Oh. Entschuldige.«

»Nein, ich meine – es gibt keine Antwort. Letztlich passiert so etwas aus keinem besonderen Grund.«

»Na ja, ihr wart mit den Nerven herunter, ihr beide«, sagte Julian. »Kein Wunder nach allem, was geschehen ist, und überhaupt... Sie kommt zurück, sobald sie drüber weg ist... Vielmehr nicht drüber *weg,* du weißt schon...«

»Kann sein«, sagte Macon. Er genierte sich für Julian, der immerzu mit einem seiner schicki-micki Docksider-Segelschuhe schlenkerte. »Was hältst du von den beiden ersten Kapiteln?«

Julian öffnete den Mund, um zu antworten, wurde aber vom Hund daran gehindert. Edward war in die Diele hinausgewetzt und bellte wütend. Ein metallisches »Schrumm« ertönte, welches Macon sofort als das Geräusch identifizierte, das entstand, wenn die Haustür beim Aufschwingen gegen den Heizkörper schlug. »Still jetzt«, hörte er Rose zu Edward sagen. Sie kam quer durch die Diele und schaute ins Wohnzimmer herein.

Julian erhob sich. Macon sagte: »Julian Edge, das ist meine Schwester Rose. Und das«, fügte er hinzu, als Charles hinter ihr auftauchte, »ist mein Bruder Charles.«

Weder Rose noch Charles konnten Julian die Hand reichen; beide waren mit Lebensmitteln beladen. Sie standen mitten im Zimmer, die Arme um große braune Einkaufstüten geschlungen, während Julian das zum besten gab, was Macon insgeheim seine Macon-Leary-Nummer nannte. »Macon Leary hat eine Schwester! Und einen Bruder! Wer hätte das gedacht? Daß Macon Leary Verwandte hat, wäre mir einfach nie in den Sinn gekommen, irgendwie.«

Rose schenkte ihm ein höfliches, befremdetes Lächeln. Sie trug einen langen schwarzen Mantel, der ihrem Gesicht alle Farbe entzog. Und Charles, zerknautscht und atemlos, machte eine seiner Tüten zu schaffen. Er versuchte unablässig, sie besser in den Griff zu bekommen. »Lassen Sie sich doch von mir helfen«, erbot Julian sich. Er nahm die Tüte und lugte hinein. Macon befürchtete, Julian würde sich sogleich über Macon Learys Lebensmittel auslassen, doch Julian unterließ es. Er sprach Rose an: »Ja, die Familienähnlichkeit ist unverkennbar.«

»Sie sind Macons Verleger«, sagte Rose zu ihm. »Das weiß ich vom Adressenaufkleber.«

»Vom Adressenaufkleber?«

»Ich bin diejenige, die Ihnen Macons zwei Kapitel geschickt hat.«

»Ach so.«

»Ich soll Ihnen noch mehr schicken, aber zuerst muß ich Versandtaschen in der richtigen Größe besorgen. Wir haben nur noch großformatige da. Ich finde es schrecklich, wenn das Format nicht genau stimmt. Alles verrutscht dann.«

»Ah«, äußerte Julian. Er sah sie einen Moment lang an.

Macon sagte: »Laß dich nicht aufhalten, Rose.«

»Oh! Nein.« Sie lächelte Julian zu, schubste ihre Lebensmitteltüte höher und ging hinaus. Charles holte sich seine Tüte von Julian zurück und stapfte ihr nach.

»Die große Macon-Leary-Versandtaschenkrise«, sagte Julian und setzte sich wieder.

Macon sagte: »Julian, laß das, bitte.«

»Entschuldigung«, sagte Julian verwundert. Nach einer Pause meinte er: »Wirklich, ich hatte keine Ahnung, Macon. Ich meine, wenn du mir anvertraut hättest, was in deinem Leben vorgeht ...«

Er schlenkerte schon wieder mit seinem Docksider. Anscheinend fühlte er sich nie ganz wohl in seiner Haut, wenn er auf die Macon-Leary-Nummer verzichten mußte. Nach Ethans Tod war er Macon wochenlang ausgewichen; er hatte einen baumgroßen Blumenstrauß ins Haus geschickt, Ethans Namen jedoch nie wieder erwähnt.

»Hör mal«, sagte er jetzt. »Wenn du noch einen – was weiß ich – Monat brauchst – «

»Ach Quatsch, was bedeuten schon ein paar abgängige Ehefrauen, oder? Ha, ha! Ich hole jetzt alles, was ich schon getippt habe, und du kannst es dir ansehen.«

»Wenn du meinst.«

»Danach kommt nur noch der Schluß.« Macon sprach über die Schulter zurück, während er ins Eßzimmer humpelte, wo das letzte Kapitel gestapelt auf der Anrichte lag. »Der Schluß ist leicht, ein Kinderspiel. Ich werde den alten abschreiben, größtenteils.«

Er kam mit dem Manuskript zurück und händigte es Julian aus. Dann setzte er sich wieder auf die Couch, und Julian begann zu lesen. Macon hörte Porter zur Hintertür hereinkommen, wo ihn Edwards explosives Gekläff begrüßte. »Scheusal«, sagte Porter. »Weißt du, wie lange ich dich gesucht habe?« Das Telefon klingelte ein übers andere Mal, aber niemand hob ab. Julian sah Macon an und zog die Brauen hoch, enthielt sich jedoch eines Kommentars.

Macon und Julian hatten einander vor zwölf oder dreizehn Jahren kennengelernt, als Macon noch in der Kronenkorkenfabrik arbeitete. Macon hatte sich zu der Zeit nach einem anderen Betätigungsfeld umgesehen. Er hatte schon begonnen, mit einem Posten bei einer Zeitung zu liebäugeln. Da er hierfür aber nicht ausgebildet war, ja nicht einmal einen Journalisten-Lehrgang absolviert hatte, versuchte er es auf die einzige Art, die ihm einfiel: Er sandte einem Bezirkswochenblatt einen unverlangten Artikel ein. Das Thema war eine Handwerksmesse drüben in Washington. *Hinzulangen ist schwierig*, schrieb er, *denn die Autostraße ist so öde, daß man sich ganz verloren vorkommt und melancholisch wird. Und ist man erst angelangt, wird es noch schlimmer. Die Straßen sind ganz anders als bei uns und verlaufen nicht einmal rechtwinklig zueinander.*

Des weiteren setzte er sich kritisch mit einem Imbiß auseinander, den es dort an einem Kiosk gab und der eine ihm ungewohnte Würze enthielt, *etwas gewissermaßen Kaltes und Gelbes, das ich fast als Fremdkörper bezeichnen möchte,* worauf er sich für einen Hot Dog von einer Bude entschieden hatte, die auf der anderen Straßenseite stand und gar nicht zur Messe gehörte. *Diesen Hot Dog kann ich empfehlen,* schrieb er, *obgleich er mich ein bißchen wehmütig stimmte, denn meine Frau Sarah verwendet die gleiche Chilisauce, und schon bei dem Geruch mußte ich an zu Hause denken.* Er empfahl auch die Patchwork-Quilts – eine dieser Bettdecken hatte genauso ein Sternenmuster wie der Quilt im Zimmer seiner Großmutter. Er schlug seinen Lesern vor, die Messe nicht später als um halb vier zu verlassen, *da Sie auf der Rückfahrt nach Baltimore direkt am Lexington Market vorbeikommen werden und vor Ladenschluß sicherlich noch Ihre Krebse mitnehmen möchten.*

Sein Artikel erschien unter der Überschrift HANDWERKS-MESSE ERFREUT, BELEHRT! Darunter stand ein Untertitel. Er lautete: *Oder: Mir ist so bang, ich will heim.* Erst als er den Untertitel sah, wurde Macon bewußt, in was für einem Ton er seinen Artikel verfaßt hatte. Dann genierte er sich.

Julian Edge hingegen fand den Artikel perfekt. Julian rief Macon an. »Sind *Sie* das, der die Sache mit dem Hot Dog im *Watchbird* geschrieben hat?«

»Äh – ja.«

»Ha!«

»So lustig finde ich das gar nicht«, sagte Macon eingeschnappt.

»Wer redet von lustig? Es ist perfekt! Ich möchte Ihnen einen Vorschlag machen.«

Sie trafen sich im Restaurant Old Bay, wohin Macons Großeltern die vier Kinder an Geburtstagen auszuführen pflegten. »Für die Krebssuppe kann ich mich persönlich verbürgen«, sagte Macon. »An der hat sich seit meinem neunten Lebensjahr nichts geändert.« Julian machte wieder »Ha!« und schaukelte mit seinem Stuhl. Er trug ein Polohemd und eine weiße Segeltuchhose, und seine Nase strahlte in leuchtendem Rosa. Es war Sommer oder vielleicht auch Frühling. Sein Boot lag jedenfalls im Wasser.

»Also, mein Plan sieht so aus«, hub er während der Suppe an. »Ich habe da einen kleinen Verlag, das Druck- und Verlagshaus ›Der Handelsmann‹. Nun ja, klein, was heißt klein. Wir sind nämlich vom Atlantik bis zum Pazifik im Geschäft. Nichts Spektakuläres, sondern Nützliches, ja? Terminzettelblöcke, Kostenrechnungsbroschüren, Staffelzinstabellen, Währungsumrechnungsscheiben... Und jetzt möchte ich einen Ratgeber für Geschäftsreisende herausgeben. Für den Anfang nur auf die USA bezogen; später vielleicht auch auf andere Länder. Unter einem zugkräftigen Sammeltitel, etwa *Tourist wider Willen*... Und Sie sind der gegebene Verfasser.«

»Ich?«

»Beim Lesen Ihrer Hot-Dog-Geschichte war mir das sofort klar.«

»Aber ich gehe äußerst ungern auf Reisen.«

»Das habe ich mir gedacht«, sagte Julian. »Auch Geschäftsleute tun das nicht gern. Ich meine, diese Leute sausen nicht in der Gegend herum, weil es ihnen Spaß macht. Die möchten lieber zu Hause im Wohnzimmer bleiben. Sie, Macon, werden ihnen also zu der Illusion verhelfen, daß sie sich genau dort befinden.«

Dann zog er ein Blatt Papier aus der Brusttasche und fragte: »Was halten Sie davon?«

Es war ein Stahlstich und zeigte einen Polstersessel. Über die Rückenlehne des Sessels ragten riesige gefiederte Flügel, wie man sie an den Seraphim in alten Bibeln sieht. Macon blinzelte.

»Ihr Signet«, erläuterte Julian. »Alles klar?«

»Hm...«

»Lehnsesselreisende träumen von Ortsveränderung«, sagte Julian. »Reisende Lehnsessel hingegen träumen vom Stubenhocken. Ich denke, wir bringen das auf dem Deckel.«

»Ah!« sagte Macon dümmlich. Und dann: »Müßte ich denn wirklich selbst auf Reisen gehen?«

»Das schon.«

»Oh!«

»Aber nur kurz. Ich bin nicht auf etwas Allumfassendes aus, sondern auf das Gegenteil. Und denken Sie an das Honorar.«

»Es bringt etwas ein?«

»Eine Stange.«

Es brachte nicht direkt eine Stange sein. Aber man konnte bequem davon leben. An Zeitungsständen in Flughäfen, Bahnhöfen und in Bürobedarfsgeschäften fand das Büchlein flotten Absatz. Macons Ratgeber für Frankreich verkaufte sich sogar noch besser. Und zwar aufgrund der großangelegten Werbekampagne einer internationalen Mietwagenfirma – gekoppelt mit einer Sammlung von Redewendungen, die in den drei wichtigsten Fremdsprachen Floskeln wie »Wir erwarten einen Aufschwung in grenzüberschreitenden Kapitalanlagen« wiedergab. Diese Sammlung von Redewendungen hatte Macon allerdings nicht verfaßt. Seine einzige Fremdsprache war Latein.

Jetzt ordnete Julian die gelesenen Seiten wieder zu einem Stapel. »Gut«, sagte er. »Ich glaube, das können wir so weitergeben, wie es ist. Was fehlt noch am Schluß?«

»Nicht viel.«

»Als nächstes möchte ich mir wieder die USA vornehmen.«

»So bald?«

»Es ist drei Jahre her, Macon.«

»Schon, aber...« Macon deutete auf sein Bein. »Du siehst, daß ich beim Reisen Schwierigkeiten hätte.«

»Wann kommt der Gips herunter?«

»Frühestens am 1. November.«

»Na und? Die paar Wochen!«

»Aber mir kommt es wirklich so vor, als hätte ich die USA eben erst hinter mich gebracht.« So etwas wie Überdruß befiel ihn. Diese endlos wiederholten Touren – Boston, Atlanta, Chicago... Er ließ den Kopf gegen die Couchlehne sinken.

Julian sagte: »Alles ändert sich von einer Minute zur anderen. Veränderung! Die sorgt dafür, daß wir in den schwarzen Zahlen bleiben. Wo kämen wir denn hin, wenn wir veraltete Reiseführer an den Mann bringen wollten?«

Macon entsann sich der mürben alten *Ratschläge für den Continent* im Bücherschrank seines Großvaters. Da wurde Reisenden geraten, ein Weinglas umgekehrt aufs Hotelbett zu stellen und dergestalt das Bettzeug auf Feuchtigkeit zu prüfen. Damen sollten vor dem Packen die Stöpsel ihrer Parfümfläschchen mit geschmolzenem Kerzenwachs versiegeln. Dieses Buch ließ durchblicken, daß Touristen alle im selben Boot saßen, alle gleich beklommen und wehrlos. Macon hätte eine Reise zur damaligen Zeit fast Spaß gemacht.

Julian schickte sich jetzt zum Gehen an. Er stand auf, Macon erhob sich mit einiger Mühe ebenfalls. Dann kam Edward, einen Abschied witternd, ins Wohnzimmer hereingerannt und begann zu bellen. »Tut mir leid!« Macon mußte schreien bei dem Lärm. »Edward, sei still! – Das ist wahrscheinlich sein Schafhütetrieb«, erklärte er Julian. »Er duldet nicht, daß jemand sich von der Herde absondert.«

Auf dem Weg zur Diele wateten sie durch ein Gewirbel von Hundegehüpfe und Hundegebell. Als sie die Tür erreichten, versperrte Edward ihnen den Weg. Zum Glück zog er noch immer die Leine nach. Macon reichte Julian also eine seiner Krücken und bückte sich, um nach der Leine zu greifen. Kaum hatte Edward den Ruck verspürt, da fuhr er auch schon herum und knurrte Macon mit gefletschtem Gebiß an. »Holla!« sagte Julian, denn ein zähnefletschender Edward bot wirklich keinen schönen Anblick. Seine Fangzähne schienen sich zu verlängern. Er schnappte mit einem hörbaren Klicken nach der Leine. Dann schnappte er nach Macons Hand. Macon spürte Edwards heißen Atem und die sonderbar innige Feuchtigkeit seiner Zähne. Macons Hand bekam weniger einen Biß ab als vielmehr einen Schlag – ähnlich wie bei der Berührung mit einem Elektrozaun. Macon wich zurück und ließ die Leine fallen. Die andere Krücke polterte zu Boden. Die Diele schien plötzlich voller Krücken zu sein, die Luft war wie mit Splittern und Stacheln geladen.

»He, holla!« sagte Julian in die jäh eingetretene Stille hinein. Der Hund setzte sich, keuchend und mit schuldbewußter Miene. »Macon? Hat er dich erwischt?« fragte Julian.

Macon blickte hinunter auf seine Hand. Im fleischigen Teil zeichneten sich vier rote punktförmige Vertiefungen ab – zwei vorn, zwei hinten –, die jedoch nicht bluteten und kaum schmerzten. »Halb so schlimm«, sagte er.

Julian reichte ihm die Krücken, behielt Edward aber im Auge. »Ich möchte keinen solchen Hund haben«, sagte er. »Ich würde ihn erschießen.«

»Er wollte mich nur schützen«, meinte Macon.

»Ich würde den Tierschutzverein anrufen.«

»Julian, bitte geh jetzt, solange er ruhig ist.«

»Oder den – wie heißt er – Hundefänger. Sag, man soll ihn einschläfern.«

»Geh endlich, Julian.«

Julian sagte: »Gut, na schön.« Er öffnete die Tür und schlüpfte seitwärts hinaus, nicht ohne dabei nach Edward zu schielen. »Mit dem Hund stimmt was nicht«, sagte er noch, bevor er verschwand.

Macon humpelte zurück in den hinteren Teil des Hauses, gefolgt von Edward, der ein wenig schniefte und sich klein machte. In der Küche stand Rose auf einem Tritthocker vor einem Ungetüm von Schrank mit Glastüren und nahm die Lebensmittel entgegen, die Charles und Porter ihr hinaufreichten. »Jetzt brauche ich alles, was mit N anfängt, egal, was«, sagte sie.

»Was ist mit diesen Nudeln?« fragte Porter. »N gleich Nudel? P gleich Pasta?«

»F gleich Fadennudeln. Die hättest du mir schon früher heraufreichen können, Porter.«

»Rose?« sagte Macon. »Mir scheint, Edward hat mich da ein bißchen angeknabbert.«

Sie drehte sich um, Charles und Porter unterbrachen die Arbeit, um die Hand zu untersuchen, die er ihnen hinhielt. Jetzt schmerzte sie schon, stark und stechend. »Aber Macon!« rief Rose aus. Sie stieg vom Tritthocker. »Wie ist das geschehen?«

»Rein zufällig. Trotzdem habe ich ein Antiseptikum nötig, glaube ich.«

»Eine Tetanusspritze hast du nötig«, fand Charles.

»Den Hund abschaffen, das hast du nötig«, sagte Porter.

Alle sahen Edward an. Er grinste nervös zu ihnen hinauf.

»Er hat es nicht bös gemeint«, sagte Macon.

»Beißt dir den Arm am Ellenbogen ab und meint es nicht bös? Du solltest ihn loswerden, hörst du.«

»Das kann ich aber nicht«, sagte Macon.

»Warum nicht?«

»Weil – «

Sie warteten.

»Weißt du, gegen die Katze habe ich ja nichts«, erklärte Rose. »Aber Edward ist solch ein Störenfried. Er wird von Tag zu Tag aufsässiger.«

»Du könntest ihn jemandem schenken, der einen Wachhund braucht«, meinte Charles.

»Einer Tankstelle«, schlug Rose vor. Sie nahm eine Rolle Verbandmull aus einer Schublade.

»Niemals«, sagte Macon. Er setzte sich auf den Küchenstuhl, den Rose ihm mit dem Zeigefinger anwies. Er stellte die Krücken in die Ecke. »Edward allein in irgendeiner Exxon? Er wäre todunglücklich.«

Rose betupfte seine Hand mit Mercurochrom. Jede einzelne der Bißstellen war jetzt geschwollen und blau verfärbt.

»Er ist gewöhnt, bei mir zu schlafen«, sagte Macon zu ihr.
»Er ist sein Leben lang noch nie allein gewesen.«

Außerdem war Edward in seinem innersten Wesen kein
böser Hund – nur ein bißchen widerspenstig. Er war
anhänglich, er mochte Macon und trottete ihm auf Schritt
und Tritt nach. Er hatte ein runzeliges W auf der Stirn, das
ihm einen Ausdruck von Kummer verlieh. Seine großen spitzen, samtigen Ohren wirkten ausdrucksvoller als die Ohren
anderer Hunde; wenn er glücklich war, standen sie zu beiden
Seiten seines Kopfes ab wie die Tragflächen eines Flugzeugs.
Er hatte auch einen überraschend angenehmen Geruch – den
süßlichen Geruch, den ein Lieblingspulli annimmt, wenn er
ungewaschen längere Zeit zusammengefaltet in einer Schublade gelegen hat.

Und er hatte Ethan gehört.

Einst hatte Ethan ihn gebürstet, ihn gebadet, hatte auf dem
Boden mit ihm herumgebalgt; und wenn Edward sich zwischendurch mit der Pfote ans Ohr fuhr, hatte Ethan ausgesucht höflich gefragt: »Darf ich es für dich kratzen?« Täglich hatten die beiden am Fenster auf die Nachmittagszei-
tung gewartet, und sobald sie da war, schickte Ethan seinen
Edward los, sie zu holen – da wetzte er dahin, daß Vorder-
beine und Hinterbeine einander berührten und die Fersen
übermütig ausschlugen. Dann, Zeitung in der Schnauze,
blieb Edward stehen und blickte in die Runde, sich gleichsam Beachtung erhoffend, und stolzierte anschließend aufgeplustert und wichtigtuerisch zurück; vor dem Spiegel in
der Diele blieb er noch einmal stehen, um zu bewundern,
was für eine gute Figur er machte. »Eitler Hund«, sagte
Ethan bei solcher Gelegenheit liebevoll. Ethan holte zum
Wurf mit einem Tennisball aus, und Edward geriet so in Aufregung, daß sein ganzes Hinterteil zu wackeln begann.
Ethan ging mit Edward und einem Fußball zum Spielen hinaus, und wenn Edward völlig aus dem Häuschen geriet,
wenn er herumtollte, den Ball mit der Schulter ins Gebüsch
abdrängte und grimmig knurrte, erscholl Ethans Lachen so

hell und klar – ein Klang reiner Lebensfreude, verschwebend in der Milde eines Sommerabends.

»Ich kann einfach nicht«, sagte Macon.

Schweigen.

Rose wickelte Mull um seine Hand, so behutsam, daß er es kaum spürte. Sie schob das Ende der Binde unter den Verband und griff nach einer Rolle Heftpflaster. Dann sagte sie: »Wir könnten ihn doch zum Gehorsamstraining schicken.«

»Das ist etwas für kleine Probleme – Bei-Fuß-Gehen und dergleichen«, belehrte Porter sie. »Hier geht es um mehr.«

»Stimmt doch nicht!« widersprach Macon. »Im Grunde ist es gar nichts. Die Frau im Miau-Wau ist bestens mit ihm ausgekommen.«

»Miau-Wau?«

»Wo ich ihn in Pflege hatte, als ich nach England mußte. Sie war ganz verschossen in ihn. Sie wollte ihn für mich abrichten.«

»Dann ruf sie doch an.«

»Vielleicht tu' ich's«, sagte Macon.

Er würde es selbstverständlich nicht tun. Die Frau war ihm ziemlich exzentrisch vorgekommen. Es hatte aber keinen Sinn, jetzt darauf einzugehen.

Am Sonntagmorgen demolierte Edward die Fliegengittertür, als er versuchte, an einen älteren Nachbarn heranzukommen, der sich einen Schraubenschlüssel leihen wollte. Am Sonntagnachmittag sprang er Porter an, um ihn am Weggehen zu hindern. Porter mußte sich zur Hintertür hinausschleichen, als Edward gerade nicht aufpaßte. »Das ist würdelos«, beschwerte Porter sich bei Macon. »Wann rufst du endlich in diesem Kittekat an oder wie das heißt.«

Macon erwiderte, das Miau-Wau sei am Sonntag bestimmt geschlossen.

Am Montagmorgen, als Edward mit Rose spazierenging, stürzte er sich auf einen des Wegs kommenden Jogger und brachte Rose zu Fall. Sie kam mit einem aufgeschürften Knie nach Hause. Sie erkundigte sich: »Hast du schon im Miau-Wau angerufen?«

»Nicht direkt«, antwortete Macon.

»Macon.« Roses Stimme klang ganz ruhig. »Ich muß dich etwas fragen.«

»Und zwar?«

»Kannst du mir erklären, warum du solche Zustände einreißen läßt?«

Nein, er konnte es nicht, er konnte es wahrhaftig nicht. Er verstand sich allmählich selbst nicht mehr. Edwards Missetaten machten ihn zwar rasend, aber irgendwie empfand er sie auch als Schicksalsfügung. Dagegen war er machtlos. Als Edward später mit einem zerfetzten Gürtel Porters in der Schnauze aufkreuzte, seufzte Macon nur: »Ach Edward...«

Macon saß zu diesem Zeitpunkt auf der Couch, wo er wegen einer besonders hanebüchenen Szene in Roses Fernsehserie hängengeblieben war. Rose warf ihm einen Blick zu. Sie schaute eigenartig drein. Nicht mißbilligend – eher... Er suchte nach dem richtigen Ausdruck. Resigniert. Das war es. Sie sah ihn an, wie sie etwa einen hoffnungslos heruntergekommenen, seiner Sinne nicht mehr mächtigen Stadtstreicher angesehen hätte. Letztlich, schien sie zu denken, war so einem Menschen wohl kaum noch zu helfen.

»Tierklinik Miau-Wau.«

»Ist – äh – Muriel da, bitte?«

»Moment mal.«

Er wartete, gegen eine Vitrine gelehnt. (Er benutzte das Telefon im Vorraum.) Er hörte zwei Frauen über Wuschel Cohens Tollwutspritze sprechen. Dann hob Muriel den Hörer ans Ohr. »Hallo?«

»Ja, hier Macon Leary. Ich weiß nicht, ob Sie sich noch an mich erinnern oder – «

»Oh, Macon! Halli-hallo! Was macht Edward?«

»Tja, es wird immer schlimmer mit ihm.«

Sie schnalzte mit der Zunge.

»Er attackiert alles und jeden. Knurrt wütend, beißt, zernagt Sachen – «

»Hat Ihr Nachbar Ihnen erzählt, daß ich bei Ihnen vorbei-schauen wollte?«

»Was? Ja, ja.«

»Ich war gerade in Ihrer Straße, auf einem Botengang. Ich verdiene mir ein bißchen was nebenbei mit Botengängen. ›George‹ nennt sich das. Ist das nicht süß?«

»Wie bitte?«

»›George.‹ So heißt meine Firma. Ich habe einen Werbezettel unter Ihrer Tür durchgeschoben. *George macht alles,* steht drauf, und dann sind alle Preise angegeben: Abholen vom Flugzeug, Chauffieren, Kurierdienst, Einkaufen... Ge-schenke besorgen kostet am meisten, weil ich mich dabei nach meinem eigenen Geschmack richten muß. Haben Sie meinen Werbezettel nicht bekommen? Ich wollte Sie aber wirklich nur besuchen. Ihr Nachbar hat freilich gesagt, Sie sind schon länger nicht dagewesen.«

»Ja, ich habe mir das Bein gebrochen.«

»Das ist aber blöd.«

»Und da ich nicht allein zurechtkommen konnte, bin ich – «

»Sie hätten George anrufen sollen.«

»Welchen George?«

»Meine Firma George! Die, von der ich Ihnen gerade erzählt habe.«

»Ach so.«

»Dann hätten Sie nicht aus dem hübschen Haus weggemußt. Ihr Haus gefällt mir. Haben Sie dort auch gewohnt, als Sie verheiratet waren?«

»Ja.«

»Wundert mich, daß sie bereit war, es so ohne weiteres schie-ßen zu lassen.«

»Die Sache ist die«, sagte Macon. »Ich bin wirklich am Ende

108

meiner Weisheit mit Edward, und da dachte ich mir, vielleicht können Sie mir helfen.«

»Und ob ich kann!«

»Das wäre schön«, sagte Macon.

»Ich kann alles«, versicherte sie. »Suchen, bewachen, apportieren, retten, Bomben, Rauschgift aufspüren – «

»Rauschgift?«

»Auf den Mann dressieren, angreifen, Zwingerkoller – «

»Halt, ich weiß ja nicht mal, was das alles sein soll«, warf Macon ein.

»Ich kann sogar gespaltene Persönlichkeiten abrichten.«

»Gespaltene Persönlichkeiten?«

»Wenn Ihr Hund zu Ihnen nett ist, aber alle anderen am liebsten fressen möchte.«

»Wissen Sie, ich glaube, das ist mir etwas zu hoch«, sagte Macon.

»Nein, nein, sagen Sie *das* nicht!«

»Aber hier handelt es sich um das einfachste aller Probleme! Sein einziger Fehler ist, daß er mich beschützen will.«

»Man kann den Schutz auch übertreiben«, meinte sie.

Macon versuche sich an einem kleinen Scherz. »›Da draußen, das ist ein Dschungel!‹ sagt er. Möchte er sagen. ›Ich kenne mich besser aus als du, Macon.‹«

»Ach? Sie lassen sich von ihm duzen?«

»Also – «

»Er muß Respekt beigebracht bekommen«, sagte sie. »Ich komme fünf- bis sechsmal die Woche zu Ihnen, solange es eben nötig ist. Ich fange mit den Grundbegriffen an: Setzen, bei Fuß gehen ... Ich verlange fünf Dollar pro Lektion. Sie kriegen es billiger. Meistens verlange ich zehn.«

Macon schloß die Hand fester um den Hörer. »Warum nicht auch zehn von mir?«

»O nein. Sie sind ein Freund.«

Er fühlte sich beschämt. Er nannte ihr seine Adresse und einigte sich mit ihr auf einen Termin, mit dem unguten Gefühl, daß die Situation seiner Kontrolle zu entgleiten drohte. »Aber hören Sie«, sagte er, »wegen des Honorars, da – «

»Bis morgen also«, sagte sie. Und legte auf.

Als er den anderen beim Abendessen davon erzählte, glaubte er so etwas wie ein Stutzen wahrzunehmen. Porter fragte: »Du hast wirklich angerufen?« Macon antwortete: »Ja, warum nicht?« – betont lässig –, die anderen dachten sich folglich ihr Teil und ließen das Thema augenblicklich fallen.

7

»Als ich noch klein war«, sagte Muriel, »konnte ich Hunde überhaupt nicht leiden und andere Tiere auch nicht. Ich habe mir immer eingebildet, die können meine Gedanken lesen. Zum Geburtstag bekam ich einmal einen kleinen Hund geschenkt, der hat den Kopf so schräg gehalten, Sie wissen schon. Hält den Kopf schräg und schaut mich mit seinen glänzenden Kulleraugen an, und ich plärre: ›Hu! Nehmt ihn weg! Ihr wißt doch, ich kann's nicht ausstehen, wenn mich einer so anstarrt!‹«

Sie hatte eine Stimme, die sich in jeder Richtung zu weit vorwagte; sie kletterte kreischend in die höchsten Regionen, dann senkte sie sich zu einem heiseren Brummen. »Sie haben ihn zurücknehmen müssen. Haben ihn einem Jungen aus der Nachbarschaft gegeben und mir ein ganz anderes Geschenk kaufen müssen, einen Gutschein für eine Dauerwelle im Frisiersalon. Das war seit jeher mein Wunschtraum.«

Sie stand mit Macon in der Diele. Sie hatte noch den Mantel an – eine breitschultrige, dreiviertellange, genoppte schwarze Chose, wie man sie zuletzt in den vierziger Jahren gesehen hatte. Edward saß vor ihr, wie ihm befohlen worden war. Er hatte sie mit seiner üblichen Paradenummer – Hochspringen und wütendes Knurren – an der Tür empfangen, aber sie war

110

mehr oder weniger über ihn hinweggegangen, hatte auf sein Hinterteil gezeigt und ihm angeordnet, sich zu setzen. Er hatte sie verdutzt angeglotzt. Sie hatte die Hand ausgestreckt und sein Sitzfleisch mit dem langen, spitzen Zeigefinger hinuntergedrückt.

»Jetzt schnalzen Sie mal so mit der Zunge«, hatte sie zu Macon gesagt und es vorgemacht. »Mit der Zeit lernt er, daß ein Schnalzen Lob bedeutet. Und wenn ich die Hand so abwehrend ausstrecke – sehen Sie? Das bedeutet, er muß sitzen bleiben.«

Edward war sitzen geblieben, doch alle paar Sekunden entrang sich ihm ein ersticktes Aufjaulen, das Macon an das regelmäßige Gluckern einer Kaffeemaschine erinnerte. Muriel schien es nicht gehört zu haben. Sie hatte begonnen, ihren Unterrichtsplan zu erläutern, und war dann ohne ersichtlichen Grund zu ihrer Autobiographie übergewechselt. Aber sollte man Edward denn nicht erlauben, endlich wieder aufzustehen? Wie lange wollte sie ihn denn noch sitzen lassen?

»Sie wundern sich wahrscheinlich, warum ich mir eine Dauerwelle gewünscht habe, wo mein Haar eh so kraus ist«, sagte sie. »Blöder Mop! Aber ich gesteh's ehrlich, es ist nicht von Natur aus so. Mein Haar ist von Natur aus echt glatt und schlaff. Hat mich manchmal zur Verzweiflung getrieben. Ich war blond, als ich klein war, halten Sie das für möglich? Blond wie eine Märchenprinzessin. Alle Leute haben zu meiner Mutter gesagt, ich müßte wie Shirley Temple aussehen, wenn sie mir Locken dreht, und das hat sie auch gemacht, hat mein Haar auf Orangensaft-Dosen aufgewickelt. Auch blaue Augen hab' ich gehabt, und zwar lange, lange Zeit, viel länger als die meisten Babys. Alle Leute haben gedacht, ich werde immer so aussehen, und haben gemeint, ich soll zum Film. Im Ernst! Meine Mutter hat mich in eine Steptanzschule geschickt, kaum daß ich laufen konnte. Kein Mensch hat sich je träumen lassen, daß mein Haar mir so einen Streich spielt.«

Edward stöhnte. Muriel betrachtete sich, an Macon vorbei, in der Glasscheibe eines Bildes, das hinter ihm hing. Sie hielt die hohle Hand unter die Enden ihres Haares, wie um dessen Gewicht zu prüfen. »Können Sie sich vorstellen, wie einem zumute ist«, sagte sie, »wenn man eines Morgens aufwacht und feststellt, daß man dunkel geworden ist? Meine Mutter hat fast der Schlag getroffen, kann ich Ihnen sagen. Eine ganz gewöhnliche Muriel, schmutzigbraune Augen und Haare so schwarz wie Ruß.«

Macon hatte das Gefühl, daß ein Kommentar von ihm erwartet wurde, aber er sorgte sich zu sehr um Edward. »Nun ja...«, sagte er. Und dann: »Sollten wir ihn jetzt nicht aufstehen lassen?«

»Aufstehen? Ach so, den Hund. Gleich«, sagte sie. »Das war's dann. Und daß es so kraus ist, kommt daher, daß ich mir eine sogenannte Stützwelle habe machen lassen. Schon mal davon gehört? Eine Stützwelle soll dem Haar bloß Fülle geben, aber irgend etwas ist schiefgegangen. Sie halten *das* für schlimm? Wenn ich mit der Bürste drangehen wollte, würde mein Haar buchstäblich zu Berge stehen. Und zwar kerzengerade. Wie bei einer Juxperücke, oder wie man das nennt. Ich kann es also nicht mal bürsten. Ich stehe am Morgen auf und bin ausgehfertig. Gott, mich graust, wenn ich an dieses Gestrüpp nur denke!«

»Kämmen Sie es doch einfach«, schlug Macon vor.

»Schwierig, da einen Kamm durchzuziehen. Die kleinen Zinken würden alle abbrechen.«

»Vielleicht einen dieser breitzinkigen Kämme, wie sie von Schwarzen benutzt werden.«

»Ich weiß, was Sie meinen, aber ich käme mir blöd vor, so einen zu kaufen.«

»Wieso?« fragte Macon. »Die hängen doch in jedem Supermarkt einfach so da. Es muß ja keine Affäre daraus gemacht werden. Sie kaufen Milch und Brot oder was immer und eben einen Afro-Kamm, und kein Mensch denkt sich etwas dabei.«

»Da könnten Sie recht haben«, sagte sie, aber jetzt, da sie ihm ihr Problem aufgedrängt hatte, schien sie selbst das Interesse daran zu verlieren. Sie schnippte mit den Fingern oberhalb von Edwards Kopf. »Okay!« Edward sprang auf und bellte. »Das war sehr gut«, lobte sie.

Es war in der Tat so gut, daß Macon sich ein bißchen ärgerte. So einfach kann das doch nicht sein, hätte er am liebsten gesagt. Edward hatte sich zu rasch gebessert, so wie Zahnschmerzen sich bessern, kaum daß man das Wartezimmer des Zahnarztes betritt.

Muriel nahm die Schultertasche ab und stelle sie auf den Dielentisch. Zum Vorschein kam eine lange, blaue Leine, befestigt an einem Würgehalsband. »Das muß er die ganze Zeit umhaben«, sagte Muriel. »Jede einzelne Minute, bis er abgerichtet ist. Damit können Sie ihn immer zurückreißen, wenn er etwas falsch macht. Die Leine macht genau sechs Dollar, das Halsband zweifünfundneunzig. Mit Mehrwertsteuer macht das, Moment mal, neunvierzig. Sie können zahlen, wenn die Stunde aus ist.«

Sie streifte Edward das Würgehalsband über den Kopf. Dann untersuchte sie einen ihrer Fingernägel. »Wenn ich mir *noch* einen Nagel abbreche, dann schreie ich.« Sie trat einen Schritt zurück und deutete auf Edwards Hinterteil. Er zögerte kurz, dann setzte er sich. Im Sitzen sah er richtig vornehm aus, fand Macon – Brust heraus und würdevoll, ganz anders als sonst. Doch sowie Muriel mit dem Finger schnippte, sprang er auf, so quirlig wie immer.

»Jetzt versuchen Sie es«, forderte Sie Macon auf.

Macon nahm die Leine und zeigte auf Edwards Hinterteil. Edward rührte sich nicht. Macon runzelte die Stirn und zeigte strenger hin. Er kam sich albern vor. Im Gegensatz zu Muriel wußte Edward ganz genau, über wie wenig Autorität Macon verfügte.

»Stupsen Sie ihn hinunter«, empfahl Muriel.

Leichter gesagt als getan. Macon lehnte eine Krücke an den Heizkörper und bückte sich steif, um Edward mit dem Zeigefinger zu stupsen. Edward setzte sich. Macon schnalzte mit der Zunge. Dann richtete er sich auf, trat zurück und streckte abwehrend die Hand aus, doch statt sitzen zu bleiben, stand Edward auf und folgte ihm. Muriel machte mit zusammengebissenen Zähnen: »Tssss.« Edward sank wieder zurück. »Er nimmt Sie nicht ernst«, sagte Muriel.

»Das weiß ich selbst!« brauste Macon auf.

Sein gebrochenes Bein begann zu schmerzen.

»Ich hab' doch tatsächlich nicht einmal ein Kätzchen gehabt als Kind«, sagte Muriel. Wollte sie Edward ewig dasitzen lassen? »Dann habe ich vor ein paar Jahren eine Annonce in der Zeitung gesehen: *Verdienen Sie sich in Ihrer Freizeit etwas hinzu! Arbeiten Sie so wenig oder so viel, wie Sie möchten.* Das war eine Firma, die Hunde abgerichtet hat, und zwar bei den Leuten im Haus. ›Der brave Hund‹ hat sie geheißen. Finden Sie den Namen nicht gräßlich? Erinnert einen an ›blöder Hund‹. Jedenfalls habe ich mich auf die Annonce gemeldet. ›Ehrlich gestanden mag ich keine Tiere‹, habe ich gesagt, aber Mr. Quarles, der Chef, der hat gemeint, das geht in Ordnung. Er hat gemeint, es sind die Leute, die sich gefühlsduselig anstellen, die nachher die meisten Probleme mit Tieren haben.«

»Das leuchtet mir ein«, sagte Macon mit einem Seitenblick auf Edward. Er hatte gehört, daß Hunde Rückenschmerzen bekamen, wenn sie zu langem Sitzen gezwungen wurden.

»Ich war so ungefähr seine beste Schülerin, wie sich herausgestellt hat. Scheint so, als ob ich mit Tieren umgehen kann. Und dann habe ich den Job im Miau-Wau bekommen. Vorher war ich bei Fix-Kopie beschäftigt, einer Fotokopieranstalt, aber von dort wollte ich schleunigst weg. Wer ist die Dame?«

»Welche Dame?«

»Die gerade durchs Eßzimmer gegangen ist.«

»Das ist Rose.«

»Ihre Verflossene? Oder wer?«

»Meine Schwester.«

»So, Ihre Schwester.«

»Dieses Haus gehört ihr«, sagte Macon.

»Ich lebe auch mit niemandem zusammen«, eröffnete sie ihm.

Macon blinzelte. Hatte er nicht soeben erklärt, daß er mit seiner Schwester zusammenlebte?

»Manchmal, in der Nacht, wenn ich dringend jemand zum Reden brauche, rufe ich die Zeitansage an«, sagte Muriel. »›Beim nächsten Ton ist es dreiundzwanzig Uhr – achtundvierzig Minuten. Und fünfzig Sekunden.‹« Ihre Stimme nahm eine satte Klangfülle an.

»›Beim nächsten Ton ist es dreiundzwanig Uhr – neunundvierzig Minuten. Und null Sekunden.‹ Sie können ihn jetzt laufen lassen.«

»Wie bitte?«

»Ihren Hund.«

Macon schnippte mit den Fingern, und Edward sprang kläffend auf.

»Und was machen Sie?« fragte Muriel. »Womit verdienen Sie Ihre Brötchen?«

Macon sagte: »Ich verfasse Reiseführer.«

»Reiseführer! Sie Glückspilz!«

»Wieso?«

»Na, Sie müssen doch jede Menge Reisen machen!«

»Ach so, Reisen«, sagte Macon.

»Das möchte ich auch gern.«

»Es sind nur Formalitäten, größtenteils.«

»Ich bin noch gar nie mit einem Flugzeug geflogen, können Sie sich das vorstellen?«

»Formalitäten in Bewegung. Warteschlangen vor dem Tikketschalter, Warteschlangen bei der Zollabfertigung … Ist es eigentlich richtig, daß Edward so bellt?«

Muriel sah Edward mit zusammengekniffenen Augen an, und Edward verstummte.

»Wenn ich mir aussuchen könnte, wohin ich fahre, dann möchte ich nach Paris«, sagte sie.

»Paris ist schrecklich. Alle Leute sind unhöflich.«

»Ich möchte am Ufer der Seine spazierengehen, wie es in dem Lied heißt. ›You will find your love in Paris‹«, sang sie krächzend, »›if you walk along the –.‹ Ich finde, es klingt halt so romantisch.«

»Ist es aber nicht«, sagte Macon.

»Sie wissen eben nicht, wo es was zu sehen gibt, das ist es. Nehmen Sie mich nächstes Mal mit. Ich zeige Ihnen die guten Seiten.«

Macon räusperte sich. »Ich habe leider nur ein sehr begrenztes Spesenkonto«, sagte er. »Ich habe nicht einmal meine Frau mitgenommen oder, äh, meinen – meine Frau.«

»Ich habe nur Spaß gemacht«, sagte sie.

»Ach so.«

»Haben Sie gedacht, ich meine es im Ernst?«

»Ach nein.«

Plötzlich hatte sie es eilig. »Das macht dann vierzehnvierzig, die Leine und das Würgehalsband inbegriffen.« Dann, während Macon in seiner Brieftasche herumfummelte, fuhr sie fort: »Sie müssen mit ihm üben, was er gelernt hat, und außer Ihnen darf das sonst niemand. Morgen komme ich wieder, zur zweiten Stunde. Ist acht Uhr zu früh? Ich muß um neun im Miau-Wau sein.«

»Acht Uhr geht in Ordnung.« Macon gab ihr vierzehn Dollar und alles Kleingeld, das er lose in der Tasche hatte – sechsunddreißig Cent.

»Die restlichen vier Cent können Sie mir morgen geben«, sagte sie.

Dann mußte Edward sich auf ihr Geheiß setzen, und sie reichte Macon die Leine. »Lassen Sie ihn frei, wenn ich weg bin.«

Macon streckte abwehrend die Hand aus, starrte fest in Edwards Augen und flehte ihn stumm an, sitzen zu bleiben. Edward blieb tatsächlich sitzen, stieß aber einen Klagelaut aus, als er Muriel weggehen sah. Als Macon mit den Fingern schnippte, sprang Edward auf und warf sich gegen die Haustür.

Macon und Edward übten den ganzen Nachmittag und Abend hindurch. Edward lernte, sein Hinterteil beim leisesten Fingerzeig niederplumpsen zu lassen. Und verharrte so, wehklagend und augenrollend, während Macon anerkennend mit der Zunge schnalzte. Zur Abendessenszeit war dieses Zungenschnalzen bereits in die Familiensprache eingegangen. Charles schnalzte beim Verzehr von Roses Schweinskoteletts. Porter schnalzte, als Macon ihm später beim Austeilen gute Spielkarten gab.

»Stellt euch eine Flamencotänzerin mit galoppierender Schwindsucht vor«, sagte Rose zu Charles und Porter. »Das ist Edwards Trainerin. Sie redet wie ein Wasserfall, ich weiß gar nicht, wann sie überhaupt Luft holt. Als sie über ihren Stundenplan gesprochen hat, da hat sie immer ›das einzigst Richtige‹ statt ›das einzig Richtige‹ gesagt.«

»Ich dachte, du wolltest dich nicht blicken lassen«, warf Macon ihr vor.

»Und? Hast du mich erblickt?«

»Muriel hat dich erblickt.«

»Das will ich meinen! So wie sie dauernd hinter deinem Rücken herumgespäht hat!«

Im Wohnzimmer rumpelte es unaufhörlich, denn Edwards neue Leine verfing sich immer wieder am Schaukelstuhl und zog ihn hinter Edward her. Im Laufe des Abends zernagte er einen Bleistift, stibitzte einen Schweinskotelettknochen aus dem Mülleimer und erbrach sich auf dem Teppich in der Glasveranda; doch nun, da er auf Kommando sitzen gelernt hatte, fühlten sich alle zu neuen Hoffnungen berechtigt.

»Als ich in der High-School war, da habe ich lauter Einser bekommen«, sagte Muriel. »Da staunen Sie, nicht wahr. Sie halten mich für keinen, na, Intellekt. Ich weiß, was Sie denken, Sie wundern sich.«

»Aber nein«, sagte Macon, obwohl er sich wirklich wunderte.

»Ich habe Einser bekommen, weil ich den Dreh heraushatte.

Sie meinen, da gibt's keinen Dreh? Bei allem gibt's einen
Dreh, nur so kommt man durchs Leben.«
Sie standen vor dem Haus, beide im Regenmantel, denn es
war ein feuchter, nieseliger Morgen. Muriel hatte knöchel-
hohe schwarze Wildlederstiefeletten mit spitzen Kappen
und Stilettabsätzen an. Ihre Beine ragten daraus hervor wie
Zahnstocher. Sie hielt die Leine locker zwischen den Fingern. Eigentlich sollte sie ja Edward im richtigen Gehen
unterweisen. Statt dessen redete sie weiter über ihre Schulzeit.
»Ein paar von meinen Lehrern haben gemeint, ich gehöre
aufs College. Eine Lehrerin ganz besonders, also, sie war
keine Lehrerin, sondern die Bibliothekarin, ich bin ihr in der
Bibliothek zur Hand gegangen, Bücher aufs Regal zurück-
stellen und so. Die hat gesagt: ›Muriel, du solltest aufs Towson State gehen.‹ Aber ich weiß nicht ... Und jetzt rede ich
auf meine Schwester ein: ›Hast du dir das mit dem College
überlegt? Laß es nicht sausen wie ich damals.‹ Ich habe doch
diese kleine Schwester. Claire. *Ihr* Haar ist niemals nachgedunkelt. Sie ist blond wie ein Englein. Aber ist das nicht
komisch: Ihr ist das piepegal. Bindet sich das Haar irgendwie zurück, damit es ihr nicht in die Augen hängt. Läuft in
abgewetzten Jeans herum und denkt nicht daran, sich die
Beine zu rasieren. Ist das nicht typisch? Meine Leute zu Hause finden sie großartig. Sie ist die Brave, ich bin die Schlim-
me. Dabei kann sie gar nichts dafür; ich trage es ihr nicht
nach. Die Leute verbeißen sich eben in bestimmte Mei-
nungssysteme von anderen Leuten, finden Sie nicht auch?
Claire hat im Weihnachtsspiel immer die Maria dargestellt.
Die Jungen in ihrer Grundschule haben ihr laufend Heirats-
anträge gemacht, da war ich schon in der High-School, aber
mir hat keiner einen Heiratsantrag gemacht. High-School-
Jungen sind richtig zum Abgewöhnen. Ich meine, da gehen
sie mit mir aus und so, wollen ins Autokino fahren und
benehmen sich so nervös und heimlichtuerisch, tasten mit
der Hand um meine Schulter herum und denken, ich merke

nichts, und dann lassen sie die Hand herunterhängen, Sie wissen schon, wie, tiefer und tiefer, und dabei starren sie die ganze Zeit geradeaus auf den Film, als hätten sie noch nie im Leben etwas so Faszinierendes gesehen. Die konnten einem echt leid tun. Aber am Montagmorgen, da sind sie angekommen, wie wenn nichts gewesen wäre, ganz aufgekratzt, albern mit ihren Freunden herum und stoßen sich an, wenn ich vorbeigehe, sagen aber nicht mal ›Hallo‹ zu mir. Glauben Sie, das hat mich nicht gekränkt? Kein einziger von den Jungen hat mich in all der Zeit wie eine feste Freundin behandelt. Sind am Samstagabend mit mir ausgegangen und haben erwartet, daß ich nett zu ihnen bin, aber meinen Sie, einer von denen hätte sich beim Lunch in der Cafeteria zu mir gesetzt oder mich von einem Klassenzimmer zum nächsten begleitet?«

Sie blickte hinunter auf Edward. Plötzlich klatschte sie sich auf die Hüfte; ihr schwarzer Vinylregenmantel gab ein Knattern von sich. »Das ist das Kommando ›Bei Fuß‹«, sagte sie zu Macon. Sie setzte sich in Bewegung. Edward folgte ihr unsicher. Macon blieb zurück. Es hatte ihn schon genug Mühe gekostet, die Stufen der Vorderveranda herunterzukommen.

»Er soll sein Tempo jeder Gangart angleichen«, rief sie zurück. »Langsam, schnell oder was ich sonst mache.« Sie beschleunigte den Schritt. Geriet Edward ihr vor die Füße, lief sie direkt in ihn hinein. Zauderte er, so riß sie an der Leine. Sie stöckelte flott in östlicher Richtung dahin, ihr Mantel ein steifes, schwankendes Dreieck unter dem kleineren Dreieck ihres hinter ihr drein wehenden Haares. Macon wartete knöcheltief im nassen Laub.

Auf dem Rückweg hielt Edward sich dicht an Muriels linker Seite. »Ich glaube, er hat's kapiert!« rief sie. Vor Macon angelangt, reichte sie ihm die Leine. »Jetzt Sie.«

Er versuchte, sich auf die Hüfte zu klatschen – ein schwieriges Unterfangen auf Krücken. Dann machte er sich auf den Weg. Er bewegte sich quälend langsam, und Edward preschte immer wieder vor. »An der Leine reißen!« sagte Muriel, die hinterdreintrippelte. »Er weiß, was er zu tun hat. Bockiger Kerl.«

Endlich hielt Edward Schritt, obwohl er gelangweilt und hochmütig in die Gegend schaute. »Das Schnalzen nicht vergessen«, ermahnte Muriel. »Sie müssen ihn immer wieder loben.« Ihre Absätze verursachten ein schabendes Geräusch hinter ihm. »Einmal habe ich mit einer Hündin gearbeitet, die war noch nicht stubenrein. Zwei Jahre alt und kein bißchen stubenrein, die Besitzer waren schon am Durchdrehen. Erst bin ich nicht schlau daraus geworden, dann ist mir ein Licht aufgegangen. Diese Hündin hat geglaubt, sie darf *nirgends* pinkeln, weder drinnen noch draußen. Nämlich, weil niemand sie gelobt hat, wenn sie's richtig gemacht hat. Haben Sie so was schon gehört? Ich hab' sie erst einmal erwischen müssen, wie sie draußen ein Pfützchen gemacht hat, leicht war es nicht, das können Sie mir glauben, weil, sie hat sich die ganze Zeit geschämt deswegen und wollte es verbergen, und dann hab' ich sie bis über den grünen Klee gelobt, und da hat sie's allmählich begriffen.«

Sie erreichten die Straßenecke. »Also, wenn Sie stehenbleiben, muß er sich setzen«, sagte sie.

»Aber wie soll ich denn üben?« fragte Macon.

»Ich verstehe nicht.«

»Mit diesen Krücken?«

»Na und? Das ist ein gutes Training für Ihr Bein«, befand sie. Fragte aber nicht, wie es zu dem Beinbruch gekommen war. Sie schien sich überhaupt nicht leicht beeindrucken zu lassen, trotz all ihrer Neugier bezüglich seines Privatlebens. Sie sagte: »Üben Sie fleißig, zehn Minuten hintereinander.«

»Zehn Minuten!«

»Und jetzt machen wir uns auf den Rückweg.«

Sie übernahm die Führung, ging voraus mit ihrem steifbeinig stolzierenden, bei jedem Aufsetzen der hohen Hacken von einem Ruck interpunktierten Gang. Macon und Edward folgten. Als sie das Haus erreichten, fragte Muriel, wie spät es sei. »Acht Uhr fünfzig«, sagte Macon streng. Er mißtraute Frauen, die keine Uhr bei sich hatten.

»Ich muß weg. Das macht fünf Dollar, bitte, und die vier Cent, die Sie mir gestern schuldig geblieben sind.«

Er gab ihr das Geld, und sie stopfte es in die Tasche ihres Regenmantels. »Nächstens bleibe ich länger, damit wir reden können«, sagte sie. »Das verspreche ich Ihnen.« Sie machte mit den Fingern winke-winke, dann strebte sie mit klappernden Absätzen zu einem Wagen, der ein Stück weiter am Randstein parkte – ein vorsintflutlicher grauer Straßenkreuzer, blitzblank poliert. Als sie eingestiegen war und die Tür hinter sich zuknallte, erscholl ein Scheppern wie von fallenden Bierdosen. Der Motor spuckte und rasselte, bis er schließlich ansprang. Macon schüttelte den Kopf und ging mit Edward ins Haus.

Von Mittwoch bis Donnerstag brachte Macon schier eine Ewigkeit damit zu, sich neben Edward die Dempsey Road hinauf und hinunter zu schleppen. In seinen Achselhöhlen entwickelte sich ein Dauerschmerz. Im Oberschenkel peinigte ihn ein senkrecht verlaufendes Ziehen. Unbegreiflicherweise; man hätte es eher am Schienbein erwartet. Er überlegte, ob irgend etwas schiefgegangen war – ob etwa die Fraktur schlecht eingerichtet worden war, so daß der Oberschenkel einer ungewöhnlichen Belastung ausgesetzt wurde. Womöglich mußte er wieder ins Krankenhaus, um das Bein noch einmal brechen zu lassen, voraussichtlich unter Vollnarkose mit all den scheußlichen Begleiterscheinungen; und hinterher monatelang im Streckverband verbringen und eventuell bis ans Lebensende lahmen. Er malte sich aus, wie er, grotesk einen Fuß nachziehend, über eine Straßenkreuzung schwankte: Sarah fährt gerade vorbei und hält mit kreischenden Bremsen an. »Macon?« Sie kurbelt das Fenster herunter. »Macon? Was ist denn passiert?«

Er hebt einen Arm, läßt ihn sinken und torkelt davon.

Oder er sagt zu ihr: »Mich wundert, daß dir das nicht egal ist.«

Nein, einfach davontorkeln.

Aller Wahrscheinlichkeit nach waren diese kleinen Anfälle von Selbstmitleid (eine Regung, die er normalerweise verabscheute) auf rein physische Erschöpfung zurückzuführen. Worauf hatte er sich da bloß eingelassen? Sich auf die Hüfte zu schlagen war das eine Problem; das andere bestand darin, das Gleichgewicht zu bewahren, damit er energisch an der Leine ziehen konnte, wenn Edward nicht Schritt hielt, sowie pausenlos nach Eichhörnchen und Fußgängern Ausschau zu halten. Er machte immer wieder »Tsss!« und »Schnalzschnalz« und abermals »Tsss!« Die Passanten mußten ihn ja für verrückt halten. Edward trottete neben ihm her, gähnte mitunter und sah sich überall nach Radfahrern um. Radfahrer hatten es ihm besonders angetan. Sobald er einen sah, sträubte sich ihm das Fell zwischen den Schultern, und er machte einen Satz nach vorn. Macon kam sich vor wie auf einem Hochseil, das plötzlich zu schwingen beginnt.

Bei diesem ungleichmäßigen Humpeltempo sah er viel mehr als sonst. Jeder Busch und jedes struppige Blumenbeet blieben länger in seinem Blickfeld. Er prägte sich Frostaufbrüche im Straßenbelag ein, die sich quasi als Stolpersteine erweisen mochten. Es war eine Alte-Leute-Straße und nicht in bestem Zustand. Die Nachbarn riefen einander den lieben langen Tag an, um sich zu vergewissern, daß keiner einen Schlaganfall auf der Treppe erlitten hatte oder eine Herzattacke im Bad, daß niemand sich die Hüfte gebrochen hatte, keiner von Atemnot befallen oder vor dem Gasherd mit voll aufgedrehten Brennern von Schwindel erfaßt worden war. Manche brachen zu einem Spaziergang auf und wurden Stunden später gewahr, daß sie mitten auf der Straße standen und nicht mehr wußten, wohin sie eigentlich wollten. Manche begannen gegen Mittag, sich einen Imbiß zu bereiten, ein weiches Ei oder eine Tasse Tee, und werkelten bei Sonnenuntergang noch immer in der Küche, suchten das

Salz und hatten vergessen, wie der Toaster funktioniert. Macon hatte das alles von seiner Schwester erfahren, bei der hilfsbedürftige Nachbarn sich Rat holten. »Rose! Liebe Rose!« ließ sich so manchesmal eine zittrige Stimme vernehmen, und dann schlurfte der eine oder die andere ins Vorgärtchen, eine überfällige Rechnung, einen besorgniserregenden Brief oder ein Pillenfläschchen mit Sicherheitskappe schwenkend.

Abends, wenn Macon mit Edward ein letztes Mal spazierenging, warf er gelegentlich einen Blick in fremde Fenster und sah Menschen in geblümten Ohrensesseln kauern, von ihren Fernsehgeräten bläulich und flackernd angestrahlt. Die *Orioles* gewannen gerade das zweite Spiel der Baseball-Weltmeisterschaft, aber diese Menschen schienen nur ihren eigenen Gedanken nachzuhängen. Macon konnte sich des Eindrucks nicht erwehren, daß sie ihn irgendwie niederzogen, ihn dazu brachten, sich schwerfällig fortzubewegen, einen Buckel zu machen, nach Atem zu ringen. Sogar der Hund wirkte schlapp und bedrückt.

Und wenn er ins Haus zurückkam, wurden seine Geschwister wieder einmal von Unentschlossenheit gebeutelt. War es besser, den Thermostat nachts niedriger einzustellen, oder nicht? Würde der Heizofen bei niedriger Einstellung nicht mehr verbrauchen? Hatte Porter das nicht irgendwo gelesen? Sie debattierten hin und her, einigten sich und fingen wieder von vorn an. Himmel! dachte Macon. Sie unterschieden sich nicht sehr von ihren Nachbarn. Auch sie wurden alt. Macon hatte seinen Senf dazugegeben (unbedingt niedriger einstellen), er wurde aber immer einsilbiger, und dann sagte er gar nichts mehr.

In dieser Nacht sah er sich im Traum am Lake Roland in seines Großvaters geparktem Buick, Baujahr 57, sitzen. Und zwar im Dunkeln, ein Mädchen neben sich. Er kannte sie nicht, aber der herbe Geruch ihres Parfüms war ihm vertraut, auch das Rascheln ihres Rocks, als sie näher rückte. Er drehte sich um und sah sie an. Es war Muriel. Er holte Luft, um sie zu fragen, was sie hier wolle, aber sie verschloß ihm die Lippen mit dem Zeigefinger. Sie rückte noch näher. Sie nahm ihm die Schlüssel ab und legte sie aufs Armaturenbrett. Sie sah ihm unverwandt ins Gesicht, löste die Schnalle seines Gürtels und ließ eine kühle, geübte Hand in seine Hose hineingleiten. Er erwachte verblüfft und peinlich berührt und setzte sich steil im Bett auf.

»Alle fragen immer: ›Wie ist denn *Ihr* Hund?‹« sagte Muriel. »›Bestimmt ein Musterexemplar an gutem Benehmen‹, meinen sie. Aber wissen Sie, was das Komische daran ist? Ich habe gar keinen Hund. Und als ich mal einen hatte, ist er weggelaufen. Das war Spook, der Hund von Norman. Der von meinem Exehemann. Gleich in unserer Hochzeitsnacht ist Spook zu Normans Mama abgehaun. Ich glaube, er hat mich gehaßt.«

»Aber nicht doch«, sagte Macon.

»Er hat mich gehaßt. Ich hab's gemerkt.«

Sie waren wieder an der frischen Luft, um Edwards Ausbildung fortzusetzen. Macon hatte sich inzwischen an den Rhythmus dieser Trainingsstunden gewöhnt. Er wartete, Edwards Leine fest im Griff. Muriel erzählte weiter: »Es war genau wie in einem Film von Walt Disney. Sie wissen schon: Wo ein Hund ganz weit wegläuft, bis zum Yukon oder so. Spook ist freilich nur nach Timonium gelaufen. Ist bei mir und Norman in unserer Stadtwohnung, büxt von dort aus und pilgert die ganzen, wer weiß wie vielen Meilen heim zu Normans Mama. Sie ruft an: ›Wann habt ihr Spook hier abgesetzt?‹ – ›Wovon redest du?‹ fragt Norman.«

Sie paßte ihre Stimme der jeweiligen Person an. Macon hörte das quengelige Näseln der Mutter Normans, das verlegene Gestammel des Jungen. Der Traum der vergangenen Nacht fiel ihm ein, und er fühlte sich abermals peinlich berührt. Er betrachtete Muriel genau, in der Hoffnung, Mängel zu entdecken – die allerdings reichlich vorhanden waren: lange

schmale Nase, blasser Teint und sommersprossige, knubbe-
lige Schlüsselbeine, die einen dürftigen Körper verhießen.

»Also, seine Mama steht in der Frühe auf«, erzählte Muriel
weiter, »und da sitzt Spook auf der Schwelle. Aber da haben
wir erst mitgekriegt, daß er weg war. Norman legt los: ›Ich
weiß nicht, was in den gefahren ist. Er ist noch nie weggelaufen.‹ Und sieht mich so argwöhnisch an. Ich hab' ihm angemerkt, daß er überlegt, ob ich nicht schuld daran bin. Vielleicht hat er das für ein Omen gehalten oder so. Wir waren
schrecklich jung für die Ehe. Jetzt sehe ich das ein. Ich war
siebzehn, er achtzehn – ein Einzelkind. Mamas Liebling.
Verwitwete Mutter. Er hatte so ein frisches rosa Gesicht wie
ein Mädchen und das kürzeste Haar von allen Jungen in der
Schule, und er hat sich das Hemd immer bis zum Hals zugeknöpft. Ist am Ende des vorletzten Schuljahres von Parkville
zugezogen. Hat mich in meinem trägerlosen Sonnentop
erblickt und mich in jeder Schulstunde angeglotzt. Die anderen Jungen haben ihn aufgezogen, aber das war ihm
schnurz. Er war einfach so – unschuldig, verstehen Sie? Er
hat mir so ein Gefühl gegeben, wie wenn ich Macht hätte.
Da läuft er mir durch die Gänge nach, mit Büchern beladen,
und ich sage: ›Norman? Willst du mit mir zum Lunch
gehen?‹ Er wird rot und sagt: ›Oh, meinst du das im Ernst?‹
Er konnte noch nicht mal Auto fahren, aber ich hab' zu ihm
gesagt, wenn er den Führerschein macht, geh' ich mit ihm
aus. ›Wir fahren irgendwohin an ein stilles Plätzchen, wo wir
reden und allein sein können‹, sage ich, ›du weißt, was ich
meine?‹ Ich war wirklich ein Früchtchen. Ich weiß nicht, was
mit mir nicht gestimmt hat damals. Er hat schleunigst den
Führerschein gemacht und hat mich im Chevy von seiner
Mutter abgeholt, den hat sie zufällig bei meinem Vater
gekauft, der ist Verkäufer bei Ruggles Chevrolet. Das hat
sich bei der Hochzeit herausgestellt. Wir haben im Herbst
geheiratet, er war ganz versessen darauf, mich zu heiraten,
da konnte ich ja nicht anders, oder? Und bei der Trauung
geht mein Daddy zu Normans Mama: ›Habe ich Ihnen nicht

kürzlich einen Wagen verkauft?‹, aber die hat vor lauter Flennen gar nicht richtig hingehört. Dieses Weib hat sich aufgeführt, wie wenn Heiraten schlimmer wäre als der Tod. Dann, als Spook zu ihr nach Hause getürmt ist, sagt sie zu uns: ›Am besten, ich behalte ihn, es ist doch sonnenklar, daß es ihm bei euch nicht gefällt.‹ Bei mir, hat sie natürlich gemeint. Sie konnte es mir nicht verzeihen, daß ich ihr den Sohn weggenommen habe. Hat behauptet, ich beraube ihn seiner Chancen; sie hat gewollt, daß er sein Abschlußexamen macht. Dabei habe ich ihn nie daran gehindert. Er war derjenige, der gesagt hat, er geht ab, wozu auch in der Schule bleiben, wenn er von Fußböden gut leben kann.«

»Von *was*?« fragte Macon.

»Fußböden. Fußböden abschleifen. Sein Onkel war die Firma Pritchett Refinishing. Norman ist gleich nach der Hochzeit bei ihm eingetreten, und seine Mama hat immerzu gejammert, er wirft sich weg. Angeblich hätte er Buchhalter werden können oder so, aber ich weiß nicht, wie sie auf *die* Idee gekommen ist. Zu *mir* hat er nie etwas von Buchhaltung gesagt.«

Sie pflückte ein Hundehaar von ihrem Mantelärmel, betrachtete es prüfend und schnipste es weg. »Jetzt sehen wir ihn uns mal an.«

»Wie bitte?«

»Wir sehen uns an, wie er bei Fuß geht.«

Macon schlug sich auf die Hüfte und setzte sich in Bewegung. Edward folgte nicht ganz dicht auf. Als Macon anhielt, hielt auch Edward an und setzte sich. Macon war angenehm überrascht, Muriel stellte jedoch fest: »Er sitzt nicht.«

»Was? Wie nennen Sie das denn sonst?«

»Er hält den Hintern ein Stück über dem Boden. Versucht, sich herauszuschwindeln.«

»Ach Edward«, sagte Macon traurig.

Er machte kehrt und kam zurück.

»Also, daran müssen Sie noch arbeiten«, sagte Muriel.

»Einstweilen nehmen wir uns Liegenbleiben vor. Probieren wir's im Haus.«

Macon befürchtete ein Zusammentreffen mit Rose, doch die war nirgends zu sehen. In der Diele roch es nach Heizkörperstaub. Die Uhr im Wohnzimmer schlug eben die halbe Stunde.

»Damit packen wir nämlich Edwards eigentliches Problem an«, sagte Muriel. »Ihn so weit bringen, daß er sich niederlegt und liegen bleibt, damit er nicht dauernd gegen die Tür springt.«

Sie führte Macon das Kommando vor: Zweimaliges Klopfen mit dem Fuß. Ihre Stiefelette verursachte dabei ein trockenes Geräusch. Als Edward nicht reagierte, bückte sie sich und zog ihm die Vorderpfoten unter dem Leib weg nach vorn. Dann hieß sie ihn aufstehen und wiederholte das Ganze mehrmals hintereinander. Edward erzielte keinerlei Fortschritt. Wenn sie mit dem Fuß klopfte, hechelte er und schaute woanders hin. »Dickschädel«, sagte Muriel zu ihm, »dickschädlig bis zum Gehtnichtmehr.« Und zu Macon: »Viele Hunde benehmen sich so. Sie sperren sich gegen das Niederlegen; ich weiß nicht, warum. Jetzt Sie.«

Macon klopfte mit dem Fuß. Edward schien irgend etwas links von ihm ungeheuer faszinierend zu finden.

»Packen Sie seine Pfoten«, sagte Muriel.

»Auf Krücken?«

»Sicher.«

Macon seufzte und stellte die Krücken in eine Ecke. Das Gipsbein vorgestreckt, hockte er sich auf den Boden, ergriff Edwards Vorderpfoten und zwang ihn, sich niederzulegen. Edward murrte drohend, aber schließlich fügte er sich. Um wieder auf die Beine zu kommen, mußte Macon sich am Lampentisch hochziehen. »Das ist wirklich sehr schwierig«, beschwerte er sich, aber Muriel sagte: »Hören Sie, ich hab's schon einem Mann mit überhaupt keinen Beinen beigebracht.«

»Tatsächlich?« Macon stellte sich einen beinlosen Mann

vor, der sich mit irgendeinem Biest von Hund den Gehsteig entlang plagte, während Muriel teilnahmslos abwartete und ihre Maniküre überprüfte. »*Sie* haben sich wohl noch nie ein Bein gebrochen«, sagte Macon vorwurfsvoll. »Sich so zu bewegen ist schwerer, als es aussieht.«

»Ich hab' mir mal den Arm gebrochen«, sagte Muriel.

»Ein Arm ist kein Vergleich.«

»Ist sogar beim Hundetraining passiert. Ein Dobermann-pinscher hat mich von der Veranda gestoßen.«

»Ein Dobermann!«

»Als ich zu mir komme, steht er über mir und bleckt alle seine Zähne. Da hab' ich mich erinnert, was beim ›Braven Hund‹ gesagt worden ist: Nur einer von euch beiden kann der Boß sein. Also sage ich zu ihm: ›Ausgeschlossen!‹ Das war das erste, was mir eingefallen ist – was meine Mutter immer gesagt hat, wenn sie mir etwas nicht durchgehen lassen wollte. ›Ausgeschlossen‹, sage ich zu ihm, und weil mein rechter Arm gebrochen ist, strecke ich den linken aus, zeige ihm die aufgestellte Handfläche und starre ihm in die Augen – das können Hunde nicht aushalten – und stehe ganz langsam auf. Und ob Sie's glauben oder nicht, setzt sich der Hund doch prompt auf den Hintern.«

»Guter Gott«, sagte Macon.

»Einmal ist mir ein Cockerspaniel direkt an die Kehle gesprungen. Ein ganz gemeines Aas. Ein Deutscher Schäfer-hund hat einmal meinen Fußknöchel zwischen die Zähne genommen, dann aber wieder losgelassen.«

Sie hob einen Fuß und bewegte ihn kreisförmig. Ihre Fesseln waren ungefähr so dick wie ein Bleistift.

»Haben Sie auch einmal einen Mißerfolg erlebt?« fragte Macon. »Einen Hund, mit dem nichts auszurichten war?«

»Keinen einzigen«, sagte sie. »Und Edward wird nicht der erste sein.«

Doch Edward schien darüber ganz anders zu denken. Muriel arbeitete noch eine halbe Stunde mit ihm, und obwohl er liegenblieb, wenn er erst einmal lag, weigerte er sich glatt, es aus eigenem Antrieb zu tun. Er mußte jedesmal dazu gezwungen werden.

»Macht nichts«, meinte Muriel. »So ist das meistens. Morgen ist er bestimmt wieder so bockig, da lasse ich lieber einen Tag aus. Sie üben weiter mit ihm, und ich komme erst am Samstag um die gleiche Zeit.«

Dann befahl sie Edward, sich nicht von der Stelle zu rühren, kassierte ihr Honorar und schlüpfte zur Tür hinaus. Als Macon sich Edwards standhafte, ablehnende Haltung betrachtete, fühlte er sich überfordert. Wozu verpflichtete man eigentlich eine Trainerin, wenn das Training einem selbst aufgebürdet wurde?

»Ach, ich weiß nicht, ich weiß nicht«, sagte er. Edward seufzte und trollte sich, obwohl er keine Erlaubnis dazu erhalten hatte.

Den ganzen Nachmittag bis in den Abend hinein war Edward nicht zu bewegen, sich niederzulegen. Macon versuchte es mit Schmeicheln, Drohen, Bitten; Edward murrte ominös und blieb fest. Rose und die Brüder machten um beide einen Bogen, die Augen wohlerzogen abgewandt, wie unfreiwillige Zeugen einer privaten Auseinandersetzung.

Am nächsten Morgen attackierte Edward den Briefträger. Macon gelang es zwar, rechtzeitig die Leine zu erwischen, aber der Vorfall stimmte ihn nachdenklich. Was hatte all dieses Sitzen und Bei-Fuß-Gehen mit Edwards wirklichem Problem zu tun? »Ich sollte dich einfach im Tierasyl abgeben«, sagte er zu Edward. Er klopfte zweimal mit dem Fuß. Edward legte sich nicht nieder.

Am Nachmittag rief Macon im Miau-Wau an. »Bitte, könnte ich Muriel sprechen?« Ihr Familienname fiel ihm partout nicht ein.

»Muriel arbeitet heute nicht«, gab ein Mädchen Auskunft.

»Ach so.«

»Ihr kleiner Junge ist krank.«

Daß sie einen kleinen Jungen hatte, war ihm neu. Er spürte innerlich das Klicken einer Art Umschaltvorrichtung; sie war nicht ganz die Person, für die er sie gehalten hatte. »Tja«, sagte er. »Hier ist Macon Leary. Dann spreche ich eben morgen mit ihr.«

»Oh, Mr. Leary. Möchten Sie bei ihr zu Hause anrufen?«

»Nein, nicht nötig.«

»Ich kann Ihnen ihre Nummer geben, falls Sie doch bei ihr zu Hause anrufen möchten.«

»Es genügt, wenn ich morgen mit ihr spreche. Vielen Dank.«

Rose hatte ohnehin etwas in der Stadt zu erledigen und erklärte sich bereit, ihn beim »Handelsmann«-Verlag abzusetzen. Er wollte den Rest des Reiseführers abliefern. Mit seinen Krücken auf der hinteren Sitzbank ausgestreckt, betrachtete er die vorbeiziehende Szenerie: uralte Bürogebäude, geschmackvolle Restaurants, Reformhäuser und Blumenläden, allesamt scharfkantig und farbklar im Licht des strahlenden Oktobernachmittags. Rose hockte hinter dem Lenkrad und fuhr ein gleichmäßiges, gemächliches Tempo, das fast einschläfernd wirkte. Sie trug ein rundes, schüsselförmiges Hütchen, von dem hinten Bänder herabflatterten. Sie sah damit prüde und nach Bibelstunde aus.

Zu den Eigenschaften, die alle vier Leary-Kinder gemeinsam hatten, gehörte die totale Unfähigkeit, sich unterwegs zurechtzufinden. Es mußte sich um eine Art Legasthenie handeln, wie Macon glaubte – eine sozusagen geographische Legasthenie. Keiner der vier wagte sich jemals hinaus, ohne zwanghaft sämtliche vorhandenen Wahrzeichen zu beachten und sich getreulich, aber vergeblich nach einem im Gedächtnis fest verankerten Plan der näheren Umgebung zu richten. Daheim verwahrte Macon einen Stoß Karteikarten, auf denen detailliert verzeichnet stand, wie man zu den Häusern seiner Freunde gelangte, einschließlich derer, die er seit Jahrzehnten kannte. Und jedesmal, wenn Ethan einen neuen

Jungen kennenlernte, hatte Macons erste besorgte Frage gelautet: »Weißt du seine genaue Adresse?« Ethan hatte dazu geneigt, unvorteilhafte Freundschaften zu schließen. Er konnte sich nicht einfach mit dem Jungen von nebenan herumtreiben; o nein, es mußte einer sein, der ganz weit draußen jenseits des Beltway wohnte. Ethan war es egal. *Ihm* fiel es nicht schwer, sich zu orientieren. Weil er sein Leben lang immer nur in ein und demselben Haus gewohnt hatte, lautete Macons Theorie; ein Mensch hingegen, der häufigen Ortswechseln unterworfen war, erwarb nie einen festen Bezugspunkt, sondern irrte ewig im Nebel umher – trieb, Wind und Wellen preisgegeben, auf dem Planeten dahin und betete, es möge ihm vergönnt sein, durch schieres Glück mit der Nase auf sein Ziel zu stoßen.

Kurz und gut: Rose und Macon verirrten sich. Rose wußte, wohin sie wollte – zu einem Geschäft, wo es ein spezielles Möbelöl zu kaufen gab –, und Macon hatte Julians Büro schon unzählige Male aufgesucht; trotzdem fuhren sie so lange im Kreis herum, bis Macon einen vertrauten Kirchturm sichtete. »Stopp! Links abbiegen!« sagte er. Rose tat, wie ihr geheißen, und hielt an einer von ihm bezeichneten Stelle. Macon zwängte sich mühsam hinaus. »Meinst du, du kommst zurecht?« fragte er. »Glaubst du, du findest hierher zurück, um mich abzuholen?«

»Ich will es hoffen.«

»Vergiß nicht, nach dem Kirchturm auszuschauen.«

Sie nickte und fuhr los.

Macon erklomm die drei Granitstufen vor dem Eingang des stattlichen Backsteinhauses, das den Verlag »Der Handelsmann« beherbergte. Die Tür bestand aus poliertem, goldgelbem Holz. Der Boden dahinter war mit winzigen weißen und schwarzen Sechsecken gefliest, dessen kleine Unebenheiten ausreichten, Macons Krücken Widerstand entgegenzusetzen.

Dies war kein gewöhnliches Büro. Die Sekretärin tippte in einem Hinterzimmer, während Julian, der das Alleinsein nicht ertrug, im Vorzimmer saß. Er sprach gerade in ein rotes Telefon, hinter einem Schreibtisch lümmelnd, auf dem sich ein Durcheinander von Werbeanzeigen, Broschüren, unerledigter Post, leeren Mitnahmebehältern vom Chinarestaurant und Perrierflaschen türmte. Die Wände waren mit Segelkarten bedeckt. Auf den Bücherregalen standen wenige Bücher, dafür um so mehr altertümliche Navigationsinstrumente aus Messing, die vermutlich gar nicht mehr funktionierten. Jeder, der Augen hatte, konnte erkennen, daß Julians Herz nicht im Druck- und Verlagshaus »Der Handelsmann« weilte, sondern irgendwo draußen auf der Chesapeake Bay. Das wirkte sich zweifellos zu Macons Vorteil aus. Es hätte sich garantiert sonst niemand gefunden, der seine Reihe herausbrachte, die ungeheure Kosten verursachte und immer wieder auf den neuesten Stand gebracht werden mußte.

»Rita bringt Croissants mit«, sagte Julian ins Telefon. »Joe macht seine Quiche.« Dann fiel sein Blick auf Macon. »Macon!« sagte er. »Stefanie, ich rufe dich später zurück.« Er legte auf. »Was macht das Bein? Komm, setz dich.«

Er wuchtete einen Stapel Segelzeitschriften von einem Stuhl. Macon setzte sich und händigte seinen Aktenhefter aus. »Hier ist das restliche Material über England.«

»Na endlich!«

»Wie ich das sehe, wird diese Ausgabe zehn bis zwölf Seiten länger als die vorige«, sagte Macon. »Weil wir die Geschäftsfrauen hereingenommen haben – und anführen, welche Hotels Fahrstuhlbegleiter für ängstliche Damen stellen, in welchen im Foyer Drinks serviert werden ... Ich finde, ich sollte mehr Geld bekommen.«

»Ich werde es Marvin unterbreiten«, sagte Julian, im Manuskript blätternd.

Macon seufzte. Julian gab das Geld mit vollen Händen aus, Marvin hingegen ging vorsichtiger damit um.

»Als nächstes kommen also die USA an die Reihe«, sagte Julian.

132

»Wenn du meinst.«

»Hoffentlich brauchst du nicht allzu lange.«

»Ich kann nur so schnell machen, wie es geht«, sagte Macon.

»Die USA haben mehr Großstädte.«

»Ja, darüber bin ich mir im klaren. Es empfiehlt sich vielleicht, die Neuausgabe in einzelnen Teilen zu drucken: Nordosten, mittelatlantische Staaten und so weiter; mal sehen . . .« Doch dann wechselte er das Thema. (Er hatte ein ziemlich sprunghaftes Gemüt.) »Habe ich dir schon von meiner neuen Idee erzählt? Ein Arzt, Freund von mir, untersucht sie auf Tauglichkeit. *Tourist wider Willen im Krankheitsfall.* Ein Verzeichnis aller in Amerika ausgebildeten Ärzte und Zahnärzte in der Hauptstadt jedes Landes und zusätzlich vielleicht ein paar Vorschläge für eine pharmazeutische Grundausrüstung: Aspirin, das *Merck Manual* –«

»Bloß nicht!« sagte Macon. »Wenn man das in der Fremde liest, wird aus jedem Niednagel gleich Krebs.«

»So? Das notiere ich mir«, sagte Julian (ohne auch nur den Bleistift zu heben). »Willst du mich nicht um ein Autogramm auf deinen Gips bitten? Er ist so weiß.«

»Ich mag ihn weiß. Ich pflege ihn mit Schuhbalsam.«

»Das kann man?«

»Ich verwende die flüssige Sorte. Die Marke mit dem Krankenschwestergesicht auf dem Etikett – damit du im Bedarfsfall Bescheid weißt.«

»*Tourist wider Willen auf Krücken*«, sagte Julian und schaukelte vergnügt mit seinem Stuhl.

Macon merkte, daß Julian sich anschickte, seine Macon-Leary-Nummer zum besten zu geben. Er stand hastig auf und sagte:

»Also, dann gehe ich wieder.«

»Schon? Wie wär's mit einem Drink?«

»Nein, danke, ich kann nicht. Meine Schwester holt mich ab, sobald sie ihre Besorgung erledigt hat.«

»Ah«, äußerte Julian. »Was für eine Besorgung?«

Macon beäugte ihn mißtrauisch.

»Na? Chemische Reinigung? Schuhreparatur?«

»Eine ganz gewöhnliche Besorgung. Nichts Besonderes.«

»Eisenwarenhandlung? Apotheke?«

»Nein.«

»Was denn?«

»Äh – sie will ›Möbelspeise‹ kaufen.«

Julian kippte seinen Stuhl so weit nach hinten, daß Macon schon dachte, er würde umkippen. Er wünschte es sich sogar.

»Macon, tu mir einen Gefallen. Könntest du mich nicht einmal zu einem Familiendinner einladen?«

»Wir sind nicht besonders für geselliges Beisammensein«, entgegnete Macon.

»Es müßte ja nichts Ausgefallenes sein. Eben was ihr normalerweise so eßt. Was eßt ihr denn überhaupt normalerweise? Oder ich bringe das Essen selbst mit. Du sperrst den Hund ein ... Wie heißt er doch gleich?«

»Edward.«

»Edward. Ha! Und ich verbringe den Abend bei euch.«

»Nun ja«, sagte Macon unbestimmt. Er drapierte sich auf seine Krücken.

»Ich begleite dich hinaus und warte mit dir.«

»Es wäre mir lieber, du tätest es nicht«, sagte Macon. Ihn schauderte bei dem Gedanken, Julian könnte Roses Schüsselhütchen zu Gesicht bekommen.

Er stelzte hinaus auf den Gehsteig, stand da und schaute in die Richtung, aus der Rose kommen sollte. Wahrscheinlich hatte sie sich wieder verfahren. Die Kälte kroch bereits durch den ausgeweiteten Socken, den er über den Gipsverband gezogen hatte.

Es war Julians Pech, fand Macon, daß ihm nie etwas zugestoßen war. Auf seinem geröteten, fröhlichen Gesicht hatte nichts anderes als Sonnenbrand Spuren hinterlassen, sein einziges Interesse galt einer lächerlich unzulänglichen Form der Fortbewegung. Seine kurze Ehe war in beiderseitigem Einvernehmen aufgelöst worden. Er hatte keine Kinder.

Macon wollte nicht als voreingenommen gelten, aber er konnte sich des Eindrucks nicht erwehren, daß Leute, die keine Kinder hatten, nicht richtig erwachsen waren. Sie waren nicht ganz – echt, fand er.

Unvermittelt stellte er sich Muriel vor, nachdem der Dobermann sie von der Veranda gestoßen hatte: Ihr Arm hing leblos herab; er wußte, wie bleiern ein gebrochenes Glied aussehen konnte. Doch Muriel achtete nicht darauf. Beschmutzt, zerzaust und angeschlagen, wie sie war, streckte sie abwehrend die andere Hand aus und sagte: »Ausgeschlossen.«

Sie erschien am nächsten Morgen, ein duftiges, geblähtes Tuch über dem Haar gebauscht, die Hände tief in den Manteltaschen vergraben. Edward tanzte um sie herum. Sie deutete auf sein Hinterteil. Gleich saß er, und sie bückte sich, um die Leine aufzuheben.

»Wie geht es Ihrem kleinen Jungen?« fragte Macon.

Sie sah ihn an. »Was?«

»War er nicht krank?«

»Wer hat Ihnen das erzählt?«

»Jemand in der Tierklinik, als ich angerufen habe.«

Sie sah ihn unverwandt an.

»Was hat ihn denn erwischt? Influenza?«

»Ja, schon möglich«, antwortete sie nach einer Weile. »Irgendeine Magengeschichte.«

»Ist ja auch typisch für diese Jahreszeit.«

»Wieso haben Sie angerufen?« fragte sie.

»Ich wollte wissen, warum Edward sich nicht niederlegen will.«

Sie richtete den Blick auf Edward. Sie wickelte sich die Leine um die Hand und betrachtete ihn nachdenklich.

»Ich klopfe mit dem Fuß, aber er gehorcht nie«, sagte Macon. »Da stimmt etwas nicht.«

»Ich habe ja gleich gesagt, er wird bockig sein.«

»Schon, aber ich habe jetzt zwei Tage lang mit ihm geübt, und er zeigt keinerlei – «

»Was erwarten Sie denn? Glauben Sie, ich kann zaubern oder so? Warum machen Sie mich dafür verantwortlich?«

»Aber das tue ich doch gar – «

»Und ob Sie's tun! Sie werfen mir vor, daß etwas nicht stimmt, Sie rufen mich an – «

»Ich wollte ja nur – «

»Es kommt Ihnen merkwürdig vor, daß ich nichts von Alexander gesagt habe, oder?«

»Alexander?«

»Sie halten mich für eine Rabenmutter.«

»Was? Also Moment mal – «

»Für Sie bin ich erledigt, oder, jetzt, wo Sie wissen, daß ich ein Kind habe. Sie denken sich: Ach was, Finger weg, bringt nichts, sich mit *so was* einzulassen. Und dann wundern Sie sich, daß ich nicht gleich damit herausgerückt bin. Ist doch verständlich, oder? Sie sehen doch, was passiert, wenn es heraus ist.«

Macon konnte dieser Logik nicht ganz folgen, vielleicht weil er durch Edward abgelenkt war. Je schriller Muriels Stimme wurde, desto steiler sträubten sich Edwards Nackenhaare. Ein schlechtes Zeichen. Ein sehr schlechtes Zeichen. Edwards Oberlippe kräuselte sich. Allmählich, zunächst fast unhörbar, begann er, drohend zu knurren.

Muriel sah ihn an und verstummte. Beunruhigt schien sie nicht zu sei. Sie klopfte lediglich zweimal mit dem Fuß. Doch statt sich hinzulegen, erhob Edward sich aus der sitzenden Haltung. Jetzt hatte er einen deutlichen, schwellenden Bukkel zwischen den Schultern. Es war, als hätte er eine andere Gestalt angenommen. Seine Ohren lagen flach am Schädel an.

»Leg dich«, sagte Muriel gelassen.

Edward bellte wütend auf und sprang ihr direkt ins Gesicht. Jeder Zahn war entblößt und funkelte. Seine Lefzen verzerrten sich zu einer schreckenerregenden Grimasse, und Flokken weißen Schaums troffen ihm aus dem Maul. Muriel riß mit beiden Fäusten sofort die Leine hoch, bis Edward den

Boden unter den Beinen verlor. Er hörte auf zu bellen und begann, gurgelnde Laute von sich zu geben.

»Er erstickt«, sagte Macon.

Aus Edwards Kehle drang ein sonderbares Knacken.

»Aufhören! Genug! Sie erwürgen ihn ja!«

Trotzdem ließ sie Edward hängen. Er verdrehte die Augen. Macon griff nach Muriels Schulter, bekam aber nur eine Handvoll Mantel zu fassen, nachgiebig und beweglich wie etwas Lebendiges. Dennoch rüttelte er daran. Muriel senkte die Leine, Edward landete auf dem Boden wie ein nasses Sandsäckchen, die Beine knickten unter ihm ein, der Kopf sank schlaff zur Seite. Macon kauerte sich neben ihn.

»Edward? Edward? Mein Gott, er ist tot!«

Edward hob den Kopf und leckte sich kraftlos die Lefzen.

»Sehen Sie das? Wenn ein Hund sich die Lippen leckt, ist das ein Zeichen, daß er klein beigibt«, sagte Muriel munter. »Das habe ich beim ›Braven Hund‹ gelernt.«

Macon stand auf. Er zitterte.

»Wenn ein Hund sich die Lippen leckt, ist es gut, aber wenn er einem die Pfote auf den Fuß stellt, ist es schlecht«, sagte Muriel. »Klingt wie eine Geheimsprache, ungefähr, nicht?«

»Tun Sie das nie, nie wieder«, sagte Macon.

»Häh?«

»Sie brauchen überhaupt nicht mehr zu kommen.«

Sie schwieg erschrocken.

»Na schön«, sagte sie dann und band sich das Kopftuch fester um. »Wenn das Ihre Einstellung ist – mir soll's recht sein.« Sie stieg behend über Edward hinweg und öffnete die Haustür. »Sie wollen einen Hund, mit dem Sie nicht fertig werden? Von mir aus.«

»Lieber einen Hund, der bellt, als einen kaputten, der Angst hat«, entgegnete Macon.

»Sie wollen einen Hund, der alle Ihre Freunde beißt? Die Nachbarskinder lebenslänglich verunstaltet? Der Ihnen Gerichtsprozesse einbrockt? Sie wollen einen Hund, der die ganze Welt haßt? Einen bösen, ekligen, *wütenden* Hund? Der die ganze Welt verrückt macht?«

Sie schlüpfte zur Fliegengittertür hinaus und schloß sie hinter sich. Dann starrte sie durch das Fliegengitter, Macon direkt in die Augen. »Ja, ich glaube schon, daß Sie so einen wollen.«

Vom Dielenboden sandte Edward ein Röcheln empor und schaute ihr nach, als sie wegging.

8

Jetzt waren die Tage schon kürzer und kühler, und die Bäume überschütteten den Rasen mit ganzen Blättermeeren, blieben jedoch unerklärlicherweise so belaubt wie zuvor; folglich erblickte man, kaum mit dem Harken fertig, beim Hinaufschauen große Wogen von Orange und Gelb, die nur darauf warteten, das Gras erneut zuzudecken, sobald man ihnen den Rücken kehrte. Charles und Porter fuhren zu Macons Haus und harkten auch dort Laub, zündeten die Zündflamme des Heizofens an und reparierten das Kellerfenster. Zurückgekommen meldeten sie, alles sehe zufriedenstellend aus. Macon vernahm es recht teilnahmslos. Nächste Woche sollte der Gipsverband abgenommen werden, aber niemand fragte, wann er wieder zu Hause einzuziehen gedachte.

Jeden Morgen übte er mit Edward Bei-Fuß-Gehen. Sie wanderten den ganzen Block entlang, wobei Edward sich Macons Gangart so vollkommen anpaßte, daß er selbst gehbehindert wirkte. Begegneten sie Fußgängern, dann murrte Edward nur leise, griff aber keinen an. »Na bitte!« hätte Macon gern zu irgend jemandem gesagt. Mit Radfahrern verhielt es sich freilich anders; Macon mangelte es jedoch nicht an Zuversicht, daß sie auch dieses Problem lösen würden – eines Tages.

Er bewog Edward, sich zu setzen, und wich dann zurück, eine Hand abwehrend ausgestreckt. Edward wartete. Er war ja gar kein so schlimmer Hund! Macon wünschte sich, er könnte die Kommandogesten ändern – die abwehrende Handhaltung, den kreisenden Finger, die ganze Zeichengebung dieser herzlosen Abrichterin –, aber dazu war es jetzt wohl zu spät. Er klopfte mit dem Fuß. Edward knurrte. »Mein Lieber«, sagte Macon und hockte sich schwerfällig neben ihn, »hättest du die Güte, dich niederzulegen?« Edward wandte sich ab. Macon streichelte die weiche breite Stelle zwischen Edwards Ohren. »Nun ja, morgen vielleicht«, sagte er.

Seine Angehörigen waren nicht so optimistisch. »Was ist, wenn du wieder verreisen mußt?« fragte Rose. »Bei mir läßt du ihn nicht. Ich kann nicht mit ihm umgehen.«

Macon antwortete, das werde sich finden, wenn es soweit sei. Er konnte sich kaum mehr vorstellen, je wieder auf Reisen zu gehen. Manchmal wünschte er sich, den Gipsverband ewig behalten zu können. Mehr noch: Er wünschte sich, von Kopf bis Fuß darin zu stecken. Man würde dumpf an seine Brust pochen, durch seine Sehlöcher spähen. »Macon? Bist du da drin?« Vielleicht ja, vielleicht nein. Niemand würde es je ergründen.

Eines Abends, gleich nach dem Essen, kam Julian mit einem Papierstapel an. Macon mußte Edward in die Kammer schubsen, bevor er die Tür öffnete. »Da bist du ja!« sagte Julian und schlenderte an ihm vorbei. Er trug Cord und wirkte sportgestählt und gesund. »Seit drei Tagen versuche ich, dich telefonisch zu erreichen. Der Hund klingt aber schrecklich nah, findest du nicht?«

»Er ist in der Kammer.«

»Also, hier bringe ich dir einige Unterlagen – hauptsächlich über New York. Wir haben eine Menge Vorschläge für New York bekommen.«

Macon stöhnte. Julian deponierte die Papiere auf der Couch und sah sich um. »Wo sind die anderen?«

»Ach, da und dort«, antwortete Macon ausweichend, doch

im selben Moment erschien Rose, dicht gefolgt von Charles.

»Hoffentlich störe ich nicht beim Abendessen«, sagte Julian zu ihnen.

»Nein, nein«, versicherte Rose.

»Wir haben schon gegessen«, trumpfte Macon auf.

Julian machte ein langes Gesicht. »Wirklich? Um welche Zeit eßt ihr denn?«

Darauf gab Macon keine Antwort. (Sie aßen um halb sechs. Julian hätte gelacht.)

Rose sagte: »Aber unseren Kaffee haben wir noch nicht getrunken. Möchten Sie welchen?«

»Mit dem größten Vergnügen.«

»Kommt mir ein bißchen blöd vor«, warf Macon ein, »wenn du noch nichts gegessen hast.«

»Nun ja«, meinte Julian. »Jemandem wie dir, Macon, mag es so vorkommen. Aber für mich ist ein hausgemachter Kaffee ein echter Genuß. Alle Leute in meinem Apartmenthaus essen auswärts, und keiner hat was anderes in der Küche als ein paar Dosen Erdnüsse und ein bißchen magenfreundlichen Sprudel.«

»Was ist denn das für ein Haus?« wollte Rose wissen.

»Es heißt ›Calvert Arms‹ – ein Wohnhaus für Alleinstehende. Jeder einzelne ist ein Single.«

»Oh! Wie interessant!«

»Nun ja, wie man's nimmt«, sagte Julian düster. »Zunächst schon. Anfangs hat es mir gefallen, aber jetzt finde ich es deprimierend. Manchmal sehne ich mich nach den guten, altmodischen Zuständen mit Kindern und Familien und alten Leuten wie in gewöhnlichen Wohnhäusern.«

»Das glaube ich gern«, sagte Rose. »Und jetzt bekommen Sie einen schönen heißen Kaffee.«

Sie ging, die anderen setzten sich. »So. Beschränkt sich die Familie auf euch drei?« fragte Julian.

Macon ersparte sich die Antwort, aber Charles sagte: »O nein. Porter ist auch noch da.«

»Porter? Wo ist Porter?«

»Äh – das wissen wir nicht so genau.«

»*Verschollen?*«

»Er wollte in eine Eisenwarenhandlung, aber wir glauben, er ist verlorengegangen.«

»Himmel, wann ist das passiert?«

»Kurz vor dem Abendessen.«

»Abendessen. Sie meinen heute?«

»Er macht nur eine Besorgung«, sagte Macon. »Er ist nicht für immer verlorengegangen.«

»Wo ist der Laden?«

»Irgendwo in der Howard Street«, sagte Charles.

»Er ist in der Howard Street verlorengegangen?«

Macon stand auf. »Ich gehe Rose helfen.«

Rose stellte gerade die durchsichtigen, gläsernen Kaffeebecher ihrer Großmutter auf ein Silbertablett. »Hoffentlich nimmt er keinen Zucker«, sagte sie. »Die Zuckerdose ist leer, und Edward ist in der Kammer, wo die Tüte steht.«

»Zerbrich dir nicht den Kopf darüber.«

»Du könntest doch hingehen und den Zucker holen.«

»Ach, gib ihm den Kaffee schwarz, und sag ihm, so oder gar nicht.«

»Aber Macon! Er ist dein Arbeitgeber!«

»Er ist ja nur gekommen, weil er hofft, daß wir uns exzentrisch aufführen«, sagte Macon. »Er macht sich einseitige Vorstellungen von uns. Ich flehe bloß zu Gott, daß keiner von uns etwas Unkonventionelles äußert. Hörst du überhaupt zu?«

»Was sollten wir schon äußern?« fragte Rose. »Wir sind die konventionellsten Menschen, die ich kenne.«

Das entsprach zwar durchaus der Wahrheit, paradoxerweise aber auch wieder nicht. Macon wußte keine Erklärung dafür. Er seufzte und folgte ihr aus der Küche.

Im Wohnzimmer erwog Charles unentwegt, ob man den Hörer abheben sollte, falls das Telefon klingelte, falls es Porter war, falls er wollte, daß sie etwas im Stadtplan nachschauten. »Wahrscheinlich macht er sich gar nicht die Mühe, hier anzurufen«, schloß er, »weil er weiß, daß wir sowieso nicht abheben. Oder es zumindest annimmt. Vielleicht glaubt er aber auch, daß wir doch abheben, weil wir uns Sorgen machen.«

»Geben Ihnen Telefonate immer so viel zu denken?« fragte Julian.

Macon warf ein: »Trink einen Schluck Kaffee, Julian. Versuch ihn schwarz.«

»Aber gern!« Julian nahm seinen Becher und studierte die auf der Wandung umlaufende Inschrift. »JAHRHUNDERT DES FORTSCHRITTS 1933«, las er ab. Er grinste und prostete ihnen zu. »Auf den Fortschritt!«

»Fortschritt«, echoten Rose und Charles. Macon machte ein finsteres Gesicht.

Julian fragte: »Womit verdienen Sie ihr Geld, Charles?«

»Ich fabriziere Kronenkorken.«

»Kronenkorken! Tatsächlich!«

»Keine große Sache«, sagte Charles. »Ich meine, es ist halb so aufregend, wie es klingt, wirklich.«

»Und Rose? Arbeiten Sie?«

»Ja, ich arbeite«, antwortete Rose tapfer und treuherzig wie bei einem Interview. »Ich arbeite zu Hause. Ich führe meinen Brüdern den Haushalt. Außerdem kümmer' ich mich um eine Menge Leute in der Nachbarschaft. Die meisten sind alt und brauchen mich zum Vorlesen ihrer Rezepte und zum Reparieren ihrer Installationen.«

»Sie reparieren Installationen?«

Das Telefon klingelte. Die Learys erstarrten.

»Was meinst du?« wandte Rose sich an Macon.

»Hm...«

»Er weiß doch, daß wir nicht abheben«, sagte Charles.

»Ja, er würde bestimmt eher bei einem Nachbarn anrufen.«

»Andererseits...«, sagte Charles.

»Andererseits...«, sagte Macon.

Julians Gesicht gab schließlich den Ausschlag – Julians unverschämte, amüsierte Miene. Macon streckte die Hand zum Beistelltischchen aus und hob den Hörer ab. »Leary.«

»Macon?«

Es war Sarah.

Macon streifte die anderen mit einem Blick und wandte ihnen den Rücken zu. »Ja.«

»Na endlich.« Ihre Stimme klang sonderbar sachlich und fest. Plötzlich sah er sie deutlich vor sich: Sie hatte eines seiner abgelegten Hemden an und saß da, einen Arm um die nackten Knie geschlungen. »Ich habe versucht, dich zu Hause zu erreichen«, sagte sie. »Dann ist mir eingefallen, du bist vielleicht bei deinen Leuten zum Essen eingeladen.«

»Ist etwas passiert?«

Er raunte beinahe. Daraus schloß Rose wohl, wer am Apparat war, denn sie begann, plötzlich lebhaft auf die anderen einzureden. Sarah fragte: »Was? Ich höre dich kaum.«

»Ist alles in Ordnung?«

»Wer spricht denn da?«

»Julian ist hier.«

»So, Julian. Grüß ihn recht herzlich von mir. Was macht Sukie?«

»Sukie?«

»Sein Boot, Macon.«

»Dem geht es gut.« Oder hätte er ›der‹ sagen sollen? Von ihm aus mochte *Sukie* auf dem Grund der Chesapeake Bay liegen.

»Ich rufe an, weil ich finde, daß wir miteinander reden müssen«, sagte Sarah. »Ich dachte, wir könnten einmal zusammen essen gehen.«

»Oh. Hm. Ja, das könnten wir«, sagte Macon.

»Wäre dir morgen recht?«

»Aber sicher.«

»Welches Restaurant?«

»Vielleicht das Old Bay.«

»Das Old Bay. Natürlich«, sagte Sarah. Er vermochte nicht zu unterscheiden, ob sie seufzte oder lachte.

»Das erreichst du nämlich zu Fuß«, erklärte er. »Deshalb schlage ich es vor.«

»Ja, also, laß mich mal überlegen. Du ißt gern früh; sagen wir – sechs Uhr?«

»Sechs Uhr paßt ausgezeichnet.«

Nachdem er aufgelegt hatte, stellte er fest, daß Rose inzwischen eine Diskussion über Sprachgewohnheiten in Gang gebracht hatte. Sie tat, als bemerkte sie nicht, daß er sich ihnen wieder zuwandte. Einfach empörend, sagte sie, wie die Umgangssprache verschlampt sei. Wie alle Welt sich darauf versteife, »*die* hoi polloi« zu sagen, ein klarer Fall von »weißem Schimmel«, angesichts der Tatsache, daß »hoi« schon der Artikel sei. Wie »Chauvinist« zur Abkürzung für »männlicher Chauvinist« geworden und die ursprüngliche Bedeutung kaum noch bekannt sei. Unglaublich, mischte Charles sich ein, daß ein weiblicher Filmstar »incognito« reise, da doch jeder Dummkopf wissen sollte, daß es »incognita« heißen müsse. Julian schien die allgemeine Entrüstung zu teilen. Noch unglaublicher sei es, sagte er, wie alle mit dem Wort »unglaublich« um sich würfen, da es auf der Welt ohnehin nur weniges gebe, was jeder Glaublichkeit spotte. »Glaubwürdigkeit«, korrigierte Macon, doch Rose redete eilends darüber hinweg: »Oh, ich weiß genau, was Sie meinen. Die Wörter werden entwertet, nicht wahr?« Sie zog sich mit einer kindlichen Bewegung den grauen Schlauchrock über die Knie herunter. Man hätte meinen können, sie sei nie gewarnt worden, sich vor fremden Männern in acht zu nehmen.

Um ins Restaurant Old Bay zu gelangen, mußte Macon ein paar Stufen überwinden. Bevor er sich das Bein gebrochen hatte, war ihm gar nicht zu Bewußtsein gekommen, daß diese Stufen überhaupt existierten – geschweige denn, daß sie aus glattem, makellosem Marmor bestanden, so daß seine Krücken unter ihm wegzurutschen drohten. Dann mußte er gegen die schwere Eingangstür ankämpfen, ein wenig in Eile, weil Rose, die ihn hergefahren hatte, falsch abgebogen war und die Uhr bereits fünf nach sechs anzeigte.

Im Vorraum war es stockdunkel. Im Speisesaal dahinter war es nicht viel heller, denn für Beleuchtung sorgten nur die Kerzen auf den Tischen. Macon spähte in die Düsternis. »Ich bin hier verabredet«, sagte er zur Empfangsdame. »Ist sie schon da?«

»Nicht, daß ich wüßte, mein Lieber.«

Sie führte ihn vorbei an einem Wasserbehälter voller träger Hummer, vorbei an zwei alten, blaßrosa Drinks schlürfenden Damen in Betschwesterhüten, vorbei an einem ganzen Feld unbesetzter Tische. Zu so früher Stunde wollte kaum jemand speisen; die übrigen Gäste hielten sich noch in der Bar auf. Die Tische standen dicht nebeneinander, die Tischtücher reichten bis zum Boden, und Macon sah sich schon mit der Krücke an einem Zipfel hängenbleiben und alles herunterreißen, die Kerze eingeschlossen, sah schon den kastanienbraunen, geblümten Teppich in Flammen aufgehen. Das Stammlokal seines Großvaters – auch seines Urgroßvaters vermutlich –, zusammengeschmolzen zu einem Haufen geschwärzter, metallener Krebskörbe! »Miss! Nicht so schnell!« rief er, aber die Empfangsdame schritt weiter, muskulös und sportlich in ihrem schulterfreien Square-dance-Kleid und den weißen Kreppsohlentretern.

Sie plazierte ihn in eine Ecke, und das war gut so, denn damit bot sich ihm die Gelegenheit, die Krücken anzulehnen. Doch just, als er sich anschickte, sie gepaart wegzustellen, sagte sie: »Ich nehme Sie Ihnen ab, Schätzchen.«

»Oh, hier sind sie gut aufgehoben.«

»Ich muß sie in der Garderobe abgeben, Herzchen. Das ist Vorschrift.«

»Es gibt Vorschriften für Krücken?«

»Andere Gäste könnten doch darüber stolpern, Liebster.«

Obwohl das höchst unwahrscheinlich war, da die beiden anderen Gäste am entgegengesetzten Ende des Raumes saßen, händigte Macon ihr die Krücken aus. Wenn er es recht bedachte, mochte er ohne sie besser dran sein. Dann würde Sarah nicht den Eindruck gewinnen (wenigstens nicht auf den ersten Blick), er sei mittlerweile unter die Räder gekommen.

Kaum allein geblieben, zupfte er an den Manschetten seines Hemdes, bis ein fingerbreiter weißer Streifen hervorlugte. Er trug seine graue Tweedjacke und eine graue Flanellhose – ein altes Stück und daher nicht zu schade, um ein Bein kürzer gemacht zu werden. Charles hatte ihm die Hose von zu Hause geholt, Rose hatte sie gesäumt und außerdem Macons Haar geschnitten. Porter hatte ihm seine beste gestreifte Krawatte geliehen. Alle hatten ihm so diskret Hilfe geleistet, daß er ganz traurig geworden war.

Die Empfangsdame erschien wieder am Eingang, gefolgt von Sarah. Macon durchzuckte jähes Wiedererkennen; es war so ähnlich, als hätte er sich selbst zufällig in einem Spiegel erblickt. Der Glorienschein ihrer Locken, der weiche Faltenwurf ihres Mantels, ihr sicheres, elastisches Schreiten in den eleganten Pumps mit geschwungenen Absätzen – wie hatte er all das vergessen können?

Er stand halb auf. Würde sie ihm einen Kuß geben oder bloß – Gott bewahre! – kühl die Hand reichen? Aber nein, sie tat weder das eine noch das andere; sie tat etwas viel Schlimmeres. Sie kam um den Tisch herum und drückte ihre Wange kurz an die seine, als wären sie lediglich Bekannte, die einander auf einer Cocktailparty begegnen.

»Hallo, Macon.«

Sprachlos verwies er sie auf den Stuhl ihm gegenüber. Er setzte sich, nicht ohne Mühe.

»Was ist mit deinem Bein los?« fragte Sarah.

»Ich bin – äh – gestürzt.«

»Ist es gebrochen?«

Er nickte.

»Und was hast du mit deiner Hand gemacht?«

Er hob die Hand und musterte sie. »Das ist gewissermaßen ein Hundebiß. Ist aber fast schon verheilt.«

»Ich meine die andere Hand.«

Die andere Hand war in Knöchelhöhe verpflastert. »Ach das«, sagte er. »Das ist bloß ein Kratzer. Ich habe Rose beim Bau einer Katzenklappe geholfen.«

Sie betrachtete ihn prüfend.

»Aber mir geht es gut!« versicherte er. »Ich fühle mich in dem Gipsverband fast wohl. Fast heimisch. Als hätte ich mir schon einmal in einem früheren Leben das Bein gebrochen.«

Die Servierin fragte: »Darf ich Ihnen etwas aus der Bar bringen?«

Sie stand vor ihnen aufgepflanzt, Stift und Block gezückt. Sarah begann, hastig in der Speisekarte zu blättern, aber Macon sagte: »Einen trockenen Sherry, bitte.« Dann wandte er sich gleichzeitig mit der Serviererin wieder Sarah zu. »Ach je«, seufzte sie. »Also. Wie wär's mit einem Rob Roy. Ja, ein Rob Roy wäre nicht übel, mit besonders viel Kirschen.«

Das war auch etwas, was er vergessen hatte – wie gern sie in Restaurants komplizierte Drinks bestellte. Seine Mundwinkel zuckten aufwärts.

»So«, sagte Sarah, nachdem die Serviererin sich entfernt hatte. »Wozu braucht Rose eine Katzenklappe? Ich denke, bei ihnen gibt es keine Haustiere.«

»Stimmt, aber das ist für unsere Katze gedacht. Für Helen. Sie wohnt jetzt mit mir dort.«

»Wie das?«

»Wegen meines Beins.«

Sarah schwieg.

»Ich meine, kannst du dir vorstellen, wie ich daheim über die Treppe kommen soll?« fragte Macon. »Siehst du mich mit Edward spazierengehen? Die Mülltonnen herausschleppen?«

Doch sie war damit beschäftigt, den Mantel abzulegen,

unter dem ein drapiertes Wollkleid von unbestimmbarer Farbe zum Vorschein kam. (Im Kerzenlicht verwandelte sich alles in Sepiatöne, wie auf einer alten Photographie.) Macon konnte sich in Muße überlegen, ob er sie etwa auf falsche Gedanken gebracht hatte. Ob es nicht wie eine Klage geklungen hatte, wie ein Vorwurf, daß sie ihn sich selbst überlassen hatte.

»Aber sonst«, sagte er, »bin ich wirklich wunderbar zurechtgekommen.«

»Gut«, sagte Sarah, schenkte ihm ein Lächeln und widmete sich wieder der Speisekarte.

Die Drinks wurden auf kleinen, runden Pappscheiben mit aufgeprägten Meeresfrüchten vor sie hingestellt. Die Serviererin erkundigte sich: »Möchtet ihr jetzt bestellen, ihr Guten?«

»Also«, sagte Sarah, »ich glaube, ich nehme das warme Antipasto und und das Bœuf Pierre.«

Die Serviererin schielte entgeistert über Sarahs Schulter auf die Speisekarte. (Sarah hatte anscheinend nie begriffen, was es mit dem Old Bay auf sich hatte.) »Hier«, sagte Sarah, auf die betreffenden Stellen deutend, »und hier.«

»Wenn Sie meinen«, sagte die Serviererin und schrieb sich die Namen auf.

»Ich nehme die – Sie wissen schon«, sagte Macon. »Krebssuppe, die Krabbensalatplatte...« Er reichte die Speisekarte zurück. »Sarah, möchtest du Wein?«

»Nein, danke.«

Als sie wieder allein waren, fragte sie: »Wie lange wohnst du schon bei deiner Familie?«

»Seit September.«

»September! Dein Bein ist seit damals gebrochen?«

Er nickte und nippte an seinem Drink. »Morgen kommt der Gips herunter.«

»Und Edward ist auch dort?«

Er nickte abermals.

»Hat Edward dich in die Hand gebissen?«

»Nun ja.«

Er war gespannt, ob sie wie die anderen reagieren, ob sie ihn drängen würde, den Tierschutzverein anzurufen; statt dessen pflückte sie nachdenklich eine Kirsche von dem Plastikspieß in ihrem Drink. »Er war wohl durcheinander«, meinte sie.

»Ja, das stimmt«, sagte Macon. »Er hat sich sehr verändert.«

»Armer Edward.«

»Er ist kaum noch zu bändigen, offen gestanden.«

»Er hat schon immer jede Veränderung schlecht vertragen.«

Macon gab sich einen Ruck. »Ehrlich gesagt, attackiert er links und rechts drauflos. Ich mußte eigens eine Trainerin engagieren. Aber die war zu grob. Sie war sogar brutal. Sie hat ihn fast erwürgt, als er sie beißen wollte.«

»Lächerlich«, fand Sarah. »Er hatte bloß Angst. Wenn Edward Angst hat, greift er an. So ist er eben.«

Macon spürte Liebe in sich aufwallen.

Ach, er hatte mit ihr gehadert, er hatte sie gehaßt, er hatte sie mitunter vergessen. Gelegentlich hatte er sich sogar eingebildet, daß er sie im Grunde nie gemocht hatte; daß er ihr nur nachgestiegen war, weil alle anderen ihr nachgestiegen waren. Aber, und daran gab es nichts zu rütteln, sie war seine älteste Freundin. Sie hatten zusammen so manches durchgemacht, wovon sonst kein Mensch auf der Welt eine Ahnung hatte. Sie war in seinem Leben verwurzelt. Es war viel zu spät, sie daraus zu tilgen.

»Was er braucht«, sprach Sarah weiter, »ist das Gefühl, daß alles seinen gewohnten Gang nimmt. Er braucht vor allem Zuspruch.«

»Sarah«, sagte er, »es ist schrecklich, so getrennt zu leben.«

Sie sah ihn an. Es lag wohl an der Beleuchtung, daß das Blau ihrer Augen so dunkel wirkte, fast schwarz.

»Oder nicht?« fragte er.

Sie senkte ihr Glas. Sie sagte: »Ich habe dich aus einem bestimmten Grund hierhergebeten.«

Er ahnte, daß es sich um etwas handelte, was er nicht hören wollte.

Sie sagte: »Wir müssen die Einzelheiten unserer Trennung festlegen.«

»Wir haben uns getrennt; was gibt es da festzulegen?«

»Ich meine, juristisch.«

»Juristisch, ach so.«

»Also, der Staat Maryland schreibt vor – «

»Ich glaube, du solltest heimkommen.«

Die Vorspeise wurde gebracht und – zumindest sah Macon es so – wie von Geisterhand serviert. Würzfläschchen wurden unnötigerweise herumgerückt; ein Metallbehälter voll Zuckertütchen wurde um zwei Fingerbreit verschoben. »Sonst noch etwas?« fragte die Serviererin.

»Nein!« sagte Macon. »Danke.«

Sie ging.

Er sagte: »Sarah?«

»Das geht nicht«, antwortete sie.

Sie schob die einzelne Perle an ihrem Halskettchen auf und ab. Diese Perle hatte er ihr während der Verlobungszeit geschenkt. Ob eine Absicht dahintersteckte, daß sie sich ausgerechnet heute damit schmückte? Oder machte sie sich schon so wenig aus ihm, daß es ihr gar nicht eingefallen war, auf den Schmuck zu verzichten? Ja, das war es wohl.

»Hör zu«, begann er. »Sag nicht nein, bevor ich ausgeredet habe. Hast du je bedacht, daß wir noch ein Kind bekommen könnten?«

Er hatte sie erschreckt, er sah es; sie zog scharf den Atem ein. (Er hatte sich selbst erschreckt.)

»Warum nicht?« fragte er. »Wir sind noch nicht zu alt.«

»Ach Macon.«

»Diesmal wäre es leicht«, redete er ihr zu. »Diesmal würde es nicht mehr sieben Jahre dauern, du wirst garantiert sofort schwanger!« Er beugte sich näher zu ihr, krampfhaft be-

strebt, ihr das Bild auszumalen: Sarah, voll erblüht, in dem
schmeichelnden rosa Umstandskleid, das sie weiland getragen hatte. Doch was ihm statt dessen durch den Kopf schoß,
war die Erinnerung an eben jene sieben Jahre – an die Enttäuschung, die sie beide allmonatlich erlebt hatten. Damals
hatte Macon sich des Gefühls nicht erwehren können (das
natürlich auf purer Einbildung beruhte), daß die Ursache
des Mißerfolgs tiefer lag, in einer wesensbestimmten Unver-
einbarkeit. Es hatte buchstäblich, im wahrsten Sinne des
Wortes, keine Verschmelzung stattgefunden. Als Sarah endlich schwanger geworden war, hatte er sich nicht nur erleichtert, sondern auch schuldig gefühlt wie nach einem gelunge-
nen Streich.

Er drängte diese Gedanken zurück in die Tiefe. »Mir ist
klar«, sagte er, »daß es nicht Ethan wäre. Mir ist klar, daß
wir ihn nicht ersetzen können. Aber – «

»Nein«, sagte Sarah.

Sie sah ihn fest an. Er kannte diesen Blick. Sie würde nie
nachgeben.

Macon begann, seine Suppe zu löffeln. Es war die beste
Krebssuppe in Baltimore, doch leider brachten die Gewürze
seine Nase immer zum Triefen. Hoffentlich legte Sarah sich
das nicht als Weinen aus!

»Entschuldige«, sagte Sarah etwas sanfter. »Aber damit
wäre nichts gewonnen.«

Er sagte: »Na schön, vergiß es. Verrückt, nicht? Verrückte
Idee. Wenn das Kind erst zwanzig wäre, dann wären wir ...
Willst du nichts essen?«

Sie warf einen Blick auf ihren Teller. Dann nahm sie die
Gabel in die Hand.

»Angenommen, ich tue folgendes«, sagte Macon. »Angenommen, ich packe deine Kleider in einen Koffer, klopfe an
deine Tür und sage: Komm, wir fahren nach Ocean City.
Wir haben schon viel zuviel Zeit verloren.«

Sie machte große Augen, ein Artischockenherz blieb kurz
vor ihrem Mund in der Schwebe.

»Ocean City?« fragte sie. »Du kannst Ocean City nicht aus-stehen.«

»Schon, aber ich meine – «

»Du hast immer behauptet, es ist überlaufen.«

»Schon, aber – «

»Und von welchen Kleidern redest du? Die sind doch alle in meiner Wohnung.«

»Das war nur bildlich gemeint.«

»Wirklich, Macon. Selbst wenn du dich mal zur Kommunika-tion bequemst, kommt keine Kommunikation zustande.«

»Ach, Kommunikation.« (Nicht gerade sein Lieblingswort.)

»Ich will doch nur sagen, ich meine, wir sollten noch einmal von vorn anfangen.«

»Ich bin gerade dabei.« Sie legte das Artischockenherz auf den Teller zurück. »Ich bemühe mich nach Kräften, noch einmal von vorn anzufangen«, sagte sie. »Das heißt aber nicht, daß ich dasselbe Leben ein zweites Mal leben möchte. Ich versuche, neue Dinge auszuprobieren. Ich habe einige Kurse belegt. Ich geh' sogar gelegentlich aus.«

»Du gehst aus?«

»Da ist ein Mediziner, mit dem ich mich seit einiger Zeit tref-fe.«

Es blieb eine Weile still.

Macon sagte: »Warum sagst du nicht gleich: ein Doktor.«

Sarah schloß kurz die Augen.

»Schau«, sagte sie. »Ich weiß, das ist nicht leicht für dich. Es ist für uns beide nicht leicht. Aber zwischen uns hat es wirk-lich nicht mehr gestimmt, gib's zu. Überleg mal, an wen du dich gewandt hast nach deinem Beinbruch: an deine Schwe-ster Rose! Du hast es mich nicht einmal wissen lassen, obwohl du meine Telefonnummer kennst!«

»Wenn ich mich an dich gewandt hätte«, sagte er, »wärst du dann gekommen?«

»Also... Du hättest mich doch wenigstens fragen können. Aber nein, du hast dich an deine Geschwister gewandt. Denen bist du schon immer nähergestanden als mir.«

»Das stimmt nicht«, widersprach Macon. »Vielmehr, es stimmt schon, aber darauf kommt es nicht an. Ich meine, in gewisser Weise stehen wir einander natürlich näher, schließlich sind wir blutsverwandt!«

»Immer dieses alberne Kartenspiel, das sonst kein Mensch durchschaut«, sagte Sarah. »Immer dieses Herumgetüftel an eurem lächerlichen Haushaltskram. Rose mit ihrem Rollgabelschlüssel und ihrem Lötkolben. Klappert Eisenwarenhandlungen ab, nicht anders wie andere Leute Boutiquen.«

»*Als* andere Leute«, sagte Macon. Und bedauerte es sofort.

»Immer dieses Herumgekrittel an anderer Leute Ausdrucksweise«, fuhr Sarah fort. »Immer das Wörterbuch angeschleppt, bei jeder Gelegenheit. Immer dieses Gerede über *Methode*. Die Sorte Familie, die immer den Sicherheitsgurt anlegt.«

»Um Gottes willen, Sarah, was gibt es denn *daran* auszusetzen?«

»Gehen immer nur in ein und dasselbe Restaurant, das schon ihre Großeltern frequentiert haben, und selbst dort müssen sie das Silber umarrangieren und alles anders anordnen, damit sie genauso am Tisch sitzen können wie zu Hause. Überlegen und erwägen, können nicht mal einen Vorhang zuziehen ohne diese Gruppendiskussion – hin und her, von vorn bis hinten, sämtliche Fürs und Widers. ›Tja, wenn wir ihn nicht zuziehen, wird es so heiß, aber wenn wir ihn zuziehen, wird es so dumpfig.‹ Müssen unbedingt ihre sechs Glas Wasser täglich trinken. Jeden Abend ihre blöden gebackenen Kartoffeln essen. Halten nichts von Kugelschreibern oder elektrischen Schreibmaschinen oder vom automatischen Getriebe. Halten nichts von ›Grüß dich‹ und ›Tschüs‹.«

»Grüß dich? Tschüs?«

»Beobachtet euch doch einmal! Jemand kommt herein, und ihr, ach, ihr nehmt es nur mit den Augen zur Kenntnis. Jemand geht, und ihr schaut nur schnell woandershin. Für euch gibt es kein Kommen und Gehen. Und selbst wenn das beste Haus der Welt auf den Markt käme, könntet ihr es nicht kaufen, weil ihr gerade Aufkleber mit der alten Adresse bestellt habt, eintausendfünfhundert gummierte Adressenaufkleber, die aufgebraucht werden müssen, bevor ihr umzieht.«

»Das war nicht ich, das war Charles«, sagte Macon.

»Ja, aber ebensogut hättest du es sein können. Und seine Frau hat sich deswegen von ihm scheiden lassen, und ich kann es ihr nachfühlen.«

»Und du bist drauf und dran, jetzt genau den gleichen verdammten Blödsinn zu machen«, sagte Macon. »Zwanzig Jahre Ehe zu ruinieren, nur wegen: ob ich den Sicherheitsgurt anlege!«

»Glaub mir, sie waren längst ruiniert.«

Macon legte den Löffel aus der Hand. Er zwang sich, tief durchzuatmen.

»Sarah«, sagte er. »Wir schweifen vom Thema ab.«

Sie schwieg, gab dann zu: »Ja, scheint so.«

»Die Sache mit Ethan hat uns ruiniert«, sagte Macon.

Sie stützte einen Ellbogen auf und bedeckte sich die Augen mit der Hand.

»Das könnte sich aber ändern«, sagte er. »Manche Leute – also, die bringt so etwas näher zusammen. Wieso lassen wir uns dadurch entzweien?«

Die Serviererin erkundigte sich: »Ist alles in Ordnung?«

Sarah setzte sich gerader auf und begann, in der Handtasche zu kramen.

»Ja, sicher«, sagte Macon.

Die Serviererin balancierte ein Tablett mit dem Hauptgericht. Sie warf einen unsicheren Blick auf Sarahs Antipasto.

»Ißt sie das nicht mehr, oder was?« fragte sie Macon.

»Nein, ich glaube – äh – wahrscheinlich nicht.«

»Hat es ihr nicht geschmeckt?«

»Es hat ihr großartig geschmeckt. Nehmen Sie es weg.«

Die Serviererin machte sich beleidigt schweigend am Tisch

zu schaffen. Sarah legte die Handtasche weg. Sie betrachtete ihr Essen, das aus etwas Braunem und Klebrigem bestand.

»Ich gebe dir gern die Hälfte meines Krabbensalats ab«, sagte Macon.

Sarah schüttelte den Kopf. Ihre Augen waren dunkel vor Tränen, flossen jedoch nicht über.

»Macon«, sagte sie, »seit Ethan tot ist, habe ich eingesehen, daß die Menschen von Grund auf schlecht sind. Böse, Macon. So böse, daß sie imstande sind, einen zwölfjährigen Jungen ins Genick zu schießen. Wenn ich die Zeitung lese, packt mich die Verzweiflung. Ich sehe mir keine Fernsehnachrichten mehr an. Es gibt so viel Schlechtigkeit, Kinder zünden andere Kinder an, erwachsene Männer werfen Säuglinge aus dem ersten Stock, nichts als Vergewaltigung, Folter und Terrorismus, alte Menschen werden zusammengeschlagen und beraubt, in unserer eigenen Regierung gibt es Leute, die bereit sind, die ganze Welt in die Luft zu sprengen, Gleichgültigkeit und Raffgier und Wutausbrüche an jeder Straßenecke. Ich sehe mir meine Schüler an, und sie sehen so normal aus, aber sie sind genauso wie der Junge, der Ethan erschossen hat. Wenn unter seinem Foto nicht angegeben gewesen wäre, weshalb man ihn verhaftet hat – hättest du ihn nicht für einen x-beliebigen Jungen gehalten? Für einen, der ins Basketballteam aufgenommen wurde oder ein Collegestipendium erhalten hat? Man kann keiner Menschenseele trauen. Im letzten Frühling, Macon – das habe ich dir noch nicht erzählt –, beim Schneiden der Hecke, da habe ich gesehen, daß jemand das Vogelhäuschen aus unserem Indischen Fliederbaum gestohlen hat. Es findet sich also jemand, der sogar kleinen Vögeln das Futter stiehlt! Und ich habe einfach die Nerven verloren, ich bin über den Fliederbaum hergefallen, ich habe mit der Gartenschere auf ihn eingehackt, hab' Zweige abgefetzt ...«

Jetzt rannen ihr die Tränen übers Gesicht. Sie beugte sich über den Tisch vor und sagte: »Manchmal habe ich schon mit dem Gedanken gespielt ... Macon, ich will nicht melodramatisch klingen, aber... Macon, ich habe mir überlegt, ob ich auf dieser Welt weiterleben kann.«

Macon wußte, daß er jetzt ungemein vorsichtig sein, jedes Wort mit Bedacht wählen mußte. Er räusperte sich. »Ja, ich verstehe schon, aber...« Er räusperte sich abermals. »Was du über die Menschen sagst, ist wahr. Ich will nicht widersprechen. Aber ich frag' dich: Ist das für dich ein Grund, mich zu verlassen?«

Sie knüllte ihre Serviette zusammen und betupfte sich die Nase. »Weil ich *gewußt* habe, daß du nicht widersprichst. Du hast die Menschen seit jeher für böse gehalten.«

»Tja, dann – «

»Das ganze letzte Jahr lang habe ich gemerkt, wie ich mich absondere. Mich zurückziehe. Wie ich mich verschließe. Ich habe mich in kein Gewühl gestürzt, ich habe keine Partys besucht, ich habe keine Freunde eingeladen. Als wir beide im Sommer am Strand waren, ich auf meiner Decke und ringsherum die vielen Leute mit ihren plärrenden Radios, mit ihren Klatschgeschichten und Streitigkeiten, da habe ich mir gedacht: Uff, sind die deprimierend. So unsympathisch. Direkt abstoßend. Ich bin vor ihnen zurückgeschreckt. Nicht anders wie du, Macon – pardon, *als* du. Genauso. Ich habe gespürt, wie ich mich in eine Leary verwandle.«

Macon sagte, um einen leichten Ton bemüht: »Es dürfte Schlimmeres geben.«

Sie lächelte nicht. Sie sagte: »Ich kann es mir nicht leisten.«

»Leisten?«

»Ich bin zweiundvierzig Jahre alt. Ich kann keine Zeit mehr damit vergeuden, mich in mein Schneckenhaus zu verkriechen. Deshalb mußte etwas geschehen. Ich bin ausgestiegen. Ich lebe in einer Wohnung, die dir ein Greuel wäre, unordentlich, wie sie ist. Ich habe eine Menge neuer Freunde, die dir wahrscheinlich auch nicht besonders genehm wären. Ich lerne Bildhauern. Ich wollte schon immer eine Künstlerin sein, bloß – Unterrichten erschien mir vernünftiger. Ganz in deinem Sinne: vernünftiger. Du bist so durch und durch vernünftig, Macon, daß dich so gut wie alles andere kalt läßt.«

»Was läßt mich kalt?«

Sie faltete die Serviette anders und wischte sich die Augen, unter denen ein reizender Hauch verschmierter Wimperntusche zurückblieb. Sie sagte: »Erinnerst du dich noch an Betty Grand?«

»Nein.«

»Betty Grand, eine Mitschülerin von mir. Du hast für sie geschwärmt, bevor du mich kennengelernt hast.«

»Ich habe für niemanden auf Erden geschwärmt, bevor ich dich kennengelernt habe.«

»Du hast für Betty Grand geschwärmt, Macon. Das hast du mir selber gesagt, gleich am Anfang. Du hast mich gefragt, ob ich sie kenne. Du hast gesagt, du hättest sie hübsch gefunden und deshalb zu einem Baseballspiel eingeladen, aber sie hätte dich abblitzen lassen. Du hast behauptet, daß du inzwischen deine Meinung geändert hast und sie jetzt nicht mehr so hübsch findest. Man sieht ihr Zahnfleisch, wenn sie lächelt, hast du gesagt.«

Macon erinnert sich zwar noch immer nicht, aber er fragte: »Na und? Also?«

»Alles, was dich irgendwie berühren oder erschüttern oder aus der Ruhe bringen könnte, hast du schon immer von dir weggeschoben, ohne mit der Wimper zu zucken. Du sagst einfach, du hättest es sowieso nie gewollt.«

»Ich hätte also besser daran getan, mich mein Leben lang nach Betty Grand zu verzehren.«

»Du hättest zumindest so etwas wie Gefühl gezeigt.«

»Ich zeig' doch meine Gefühle, Sarah. Sitze ich etwa nicht hier mit dir zusammen? Du siehst doch, *dich* weise ich nicht zurück.«

Sie reagierte nicht darauf. »Und nach Ethans Tod«, sagte sie, »hast du jeden einzelnen der Wacky-Pack-Aufkleber von seiner Schlafzimmertür abgeschält. Du hast seinen Schrank und seine Kommode ausgeleert, als könntest du ihn nicht schnell genug loswerden. Du hast allen möglichen Leuten seinen Kellerkram angeboten, Stelzen und Rodelschlitten und Skateboards, und hast überhaupt nicht begriffen, warum keiner etwas nehmen wollte. ›Ich kann das Zeug nicht unnütz herumstehen sehen‹, hast du gesagt. Macon, ich weiß, du hast ihn geliebt, aber ich kann mir nicht helfen, ich glaube, du hast ihn nicht so sehr geliebt wie ich, dir hat sein Tod nicht so sehr ins Herz geschnitten. Ich weiß, du hast um ihn getrauert, aber du erlebst alles so – wie soll ich sagen – so abgestumpft, sei es Liebe oder Kummer oder was auch immer. Als ob du dich durchs Leben mogeln wolltest, ohne dich zu ändern. Verstehst du denn nicht, warum ich wegmußte?«

»Sarah, ich bin nicht abgestumpft. Ich halte allerhand aus. Ich bemühe mich, allerhand auszuhalten, ich bin standfest, ich lasse mich nicht gehen.«

»Wenn du das wirklich glaubst«, sagte Sarah, »dann machst du dir selber etwas vor. Du bist nicht standfest. Du bist verknöchert. Du bist eingekapselt. Du bist wie ein verschrumpelter Obstkern, der sich nicht aufknacken läßt. Ach Macon, es ist kein Zufall, daß du diese dummen Bücher schreibst und den Leuten erzählst, wie sie reisen können, ohne je aus ihrer Ruhe aufzuschrecken. Der reisende Lehnstuhl ist nicht dein Signet; der reisende Lehnstuhl bist du.«

»Nein, das stimmt nicht!« sagte Macon. »Überhaupt nicht!«

Sarah zog sich den Mantel an, ziemlich nachlässig. Eine Ecke des Kragens war nach innen eingeschlagen. »Wie auch immer«, sagte sie. »Was ich dir eigentlich mitteilen wollte: Du bekommst von John Albright in meinem Auftrag einen Brief.«

»Wer ist John Albright?«

»Ein Jurist.«

»Oh.«

Es dauerte mindestens eine Minute, bevor ihm einfiel, zu sagen: »Du meinst wohl – ein Scheidungsanwalt.«

Sarah nahm die Handtasche, stand auf und verließ das Lokal.

Macon aß gewissenhaft seine Krabben auf. Er verzehrte den Kohlsalat des Vitamins C wegen. Dann vertilgte er die Kartoffelchips bis zum letzten Brösel, obwohl er wußte, daß seine Zunge sich am nächsten Morgen wie ein Reibeisen anfühlen würde.

Einmal, als Ethan noch klein gewesen war, nicht älter als zwei oder drei, war er einem Ball auf die Straße nachgelaufen. Macon, zu weit entfernt, war außerstande gewesen, ihn zurückzuhalten. Er hatte sich darauf beschränken müssen, »Nein!« zu schreien, und hatte dann schreckensstarr gesehen, wie ein Pritschenwagen um die Kurve gebraust kam. Im selben Augenblick hatte Macon seinen Besitzanspruch aufgegeben. Hatte im Bruchteil einer Sekunde auf eine Zukunft ohne Ethan umgeschaltet, auf ein Leben, unermeßlich leerer, zum Ausgleich jedoch einfacher und unkomplizierter, frei von Problemen, die ein kleines Kind mit sich bringt: endlose Anforderungen und Unordnung, das Wetteifern um die Gunst der Mutter. Dann hatte der Pritschenwagen jäh angehalten, Ethan hatte den Ball aufgehoben, und Macon waren vor Erleichterung die Knie weich geworden. Aber er sollte bis an sein Lebensende nicht vergessen, wie rasch er umgeschaltet hatte. Er fragte sich manchmal, ob dieses erste Umschalten ihn nicht so nachhaltig geprägt hatte, daß ihm das, was Ethan später zugestoßen war, einen schwächeren Schlag versetzt hatte als erwartet. Aber wie sollte man denn durchhalten, wenn man nicht umzuschalten verstand?

Er verlangte die Rechnung und zahlte. »War etwas nicht in Ordnung?« fragte die Serviererin. »Hat Ihrer Freundin das Essen nicht geschmeckt? Sie hätte es ohne weiteres zurückgehen lassen können. Das ist bei uns immer drin.«

»Das weiß ich«, sagte Macon.

»Vielleicht war es ihr zu pikant.«

»Es war köstlich«, sagte er. »Dürfte ich um meine Krücken bitten?«

Sie machte sich kopfschüttelnd auf den Weg, die Krücken zu holen.

Er würde sich nach einem Taxi umsehen müssen. Er hatte mit Rose nichts wegen der Heimfahrt ausgemacht. Insgeheim hatte er gehofft, mit Sarah heimzukehren. Jetzt erschien ihm diese Hoffnung erbarmungswürdig. Er blickte sich im Lokal um und sah, daß die meisten Tische besetzt waren und daß jeder Mensch hier in Gesellschaft eines anderen speiste. Nur er saß allein da. Er hielt sich sehr gerade und gab sich würdevoll, aber innerlich zerbröckelte er, das war ihm bewußt. Und als die Serviererin die Krücken gebracht hatte und er aufgestanden war, um zu gehen, war es nur recht und billig, daß er sich fast gekrümmt vorwärts bewegen mußte, das Kinn tief auf die Brust gesenkt, die Ellbogen linkisch abgespreizt wie die Stummelflügel eines Jungvogels. Die Leute starrten ihn an. Einige lachten unterdrückt. War seine Idiotie so offenkundig? Er kam an den beiden alten Betschwestern vorbei, und eine von ihnen zupfte ihn am Ärmel. »Sir? Sir?«

Er blieb stehen.

»Ich hege den Verdacht, man hat Ihnen meine Krücken gegeben«, sagte sie.

Er sah die Krücken an. Das waren freilich nicht die seinen. Sie waren winzig – kaum größer als für ein Kind. Normalerweise hätte er die Situation sofort erfaßt, aber diesmal entglitt sie ihm irgendwie. Normalerweise hätte er sofort etwas unternommen – den Geschäftsführer verlangt, sich über mangelnde Rücksichtnahme des Personals gegenüber Behinderten beschwert. Diesmal stand er nur mit hängendem Kopf da und wartete auf Hilfe.

9

Vor Jahren, als Großvater Learys Verstand sich zu trüben begann, begriff zunächst niemand, was da vor sich ging. Er war ein so ehrenwerter, strenger alter Herr. So geradlinig.

Festgelegt. »Hör zu«, sagte er zu Macon. »Bis zum zwölften Juni brauche ich meinen Reisepaß aus dem Bankschließfach. Ich fahre nach Lassaque.«

»Nach Lassaque, Großvater?«

»Wenn es mir gefällt, bleibe ich vielleicht dort.«

»Aber wo ist denn Lassaque?«

»Das ist eine Insel vor der Küste von Bolivien.«

»Ah«, sagte Macon. Und dann: »Moment mal – «

»Sie interessiert mich, weil die Lassaquaner keine geschriebene Sprache haben. Ja, wenn man was zum Lesen mitbringt, konfiszieren sie es sogar. Sie halten dergleichen für schwarze Magie.«

»Ich denke, Bolivien hat gar keine Küste«, sagte Macon.

»Sie dulden zum Beispiel nicht einmal ein Scheckheft mit deinem Namen darauf. Bevor man an Land geht, muß man sogar vom mitgebrachten Körperspray das Etikett ablösen. Das Geld muß man in lauter kleine bunte Plättchen umtauschen.«

»Großvater, soll das ein Witz sein?«

»Ein Witz! Schlag es nach, wenn du mir nicht glaubst.«

Großvater Leary konsultierte seine stählerne Taschenuhr und zog sie dann mit einer selbstsicheren Vor-und-zurück-Bewegung auf. »Eine interessante Auswirkung ihres Analphabetentums«, sagte er, »ist ihre Ehrfurcht vor dem Alter. Denn die Lassaquaner beziehen ihr Wissen nämlich nicht aus Büchern, sondern aus dem Leben. Deshalb hängen sie an jedem Wort derer, die am längsten gelebt haben.«

»Ich verstehe«, sagte Macon, denn jetzt glaubte er wirklich zu verstehen. »Auch *wir* hängen an *deinen* Worten.«

»Das mag sein«, räumte Großvater ein, »aber trotzdem beabsichtige ich, Lassaque zu besuchen, bevor es korrumpiert wird.«

Macon schwieg eine Weile. Dann ging er zum Bücherschrank und nahm einen der ausgebleichten braunen Bände von Großvaters Lexikon heraus. »Gib es her«, sagte sein Großvater, beide Hände ausgestreckt. Er riß das Buch förmlich an sich und begann darin zu blättern. Modergeruch stieg auf. »Laski«, murmelte er, »Lassalle, Lassaw...« Er ließ das Buch sinken und runzelte die Stirn. »Ich weiß nicht...« Er vertiefte sich wieder in das Buch. »Lassalle, Lassaw...«

Er sah verwirrt, beinahe verängstigt aus. Sein Gesicht verfiel mit einemmal – ein Phänomen, das Macon in letzter Zeit öfter beunruhigt hatte. »Ich begreife das nicht«, flüsterte er Macon zu. »Ich begreife das nicht.«

»Na«, meinte Macon, »vielleicht war es ein Traum. Vielleicht war es einer jener Träume, die man für Wirklichkeit hält.«

»Macon, das war kein Traum. Ich *kenne* den Ort. Ich habe die Passage schon gebucht. Ich fahre am zwölften Juni.«

Macon lief es kalt den Rücken hinunter.

Dann wurde sein Großvater zum Erfinder – sprach von mannigfaltigen Projekten, an denen er angeblich im Keller tüftelte. Von seinem rotledernen Lehnsessel aus, tadellos in Anzug mit weißem Hemd gekleidet, die schwarzen Schuhe auf Hochglanz poliert, die gepflegten Hände im Schoß gefaltet, gab er etwa bekannt, er habe soeben ein Motorrad zusammengeschweißt, das einen Pflug ziehen könne. Er verbreitete sich ernsthaft über Kurbelwellen und Vorsteckstifte, während Macon – obwohl zutiefst bedrückt – sich bezähmen mußte, um nicht laut herauszulachen beim Gedanken an einen in Leder verpackten Hell's Angel, der ein Weizenfeld beackert. »Wenn es mir bloß gelänge, die letzte Hürde zu nehmen«, sagte sein Großvater, »dann hätte ich mein Glück gemacht. Dann wären wir alle reich.« Denn er glaubte anscheinend, daß er wieder arm war und sich recht und schlecht durchschlagen mußte. Sein motorisiertes Radio, das einem von Zimmer zu Zimmer nachlief, sein schwebendes Telefon, sein Wagen, der auf Zuruf herangefahren kam – fände sich für dergleichen etwa keine Verwendung? Würden Interessenten nicht Unsummen dafür zahlen?

Nachdem er einen ganzen Junivormittag auf der Veranda

verbracht hatte, eifrig an seinen Bügelfalten kneifend, tat er kund, er habe eine neue Art von Hybriden herangezüchtet: Blumen, die sich schlossen, sobald jemand weinte. »Die Floristen werden in hellen Scharen herbeiströmen«, sagte er. »Stellt euch den dramatischen Effekt bei Beerdigungen vor!« Ein andermal arbeitete er an einer Kreuzung zwischen Basilikum und Tomate. Er sagte, die Spaghettisaucefabrikanten würden ihn zum reichen Mann machen.

Da zu dieser Zeit seine drei Enkelsöhne das großelterliche Haus bereits verlassen hatten und seine Frau nicht mehr lebte, oblag es Rose, ihn zu betreuen. Ihre Brüder begannen, sich ihretwegen zu sorgen. Sie gewöhnten sich an, immer öfter nach ihr zu sehen. Bis Rose sagte: »Das ist aber wirklich nicht nötig.«

Sie sagten: »Was? Was ist nicht nötig! Wovon redest du?« Und dergleichen mehr.

»Falls ihr wegen Großvater kommt – das muß nicht sein. Ich werde mit allem gut fertig, er auch. Er ist sehr glücklich.«

»Glücklich!«

»Ich bin ehrlich überzeugt«, sagte Rose, »daß er noch nie ein so erfülltes und – ja, wirklich, abwechslungsreiches Leben geführt hat. Bestimmt hat er nicht einmal in seiner Jugend so viel Spaß gehabt.«

Sie verstanden, was Rose damit meinte. Macon wurde fast neidisch, als er erst einmal richtig darüber nachdachte. Und später, als diese Phase vorbei war, bedauerte er, daß sie nur so kurz gewährt hatte. Denn Großvater ging bald zu sinnlosem Gestammel über und dann zu großäugigem Schweigen, bis er schließlich starb.

Am Mittwoch in den frühen Morgenstunden träumte Macon, daß Großvater Leary ihn weckte und sich erkundigte, wo der Zentrumsbohrer sei. »Wovon redest du?« fragte Macon. »Ich habe deinen Zentrumsbohrer nicht genommen.«

»Ach Macon«, erwiderte sein Großvater traurig, »merkst du denn nicht, daß ich etwas anderes sage, als ich meine?«

»Was meinst du also?«

»Du hast das Zentrum deines *Lebens* verloren, Macon.«

»Ja, das weiß ich«, sagte Macon, und ihm schien, als stünde Ethan, den blonden Kopf fast auf gleicher Höhe mit demjenigen des alten Mannes, nur um ein weniges weiter links.

Sein Großvater sagte jedoch: »Nein, nein«, winkte ungehalten ab und ging hinüber zur Kommode. (In diesem Traum hielt Macon sich nicht in der Glasveranda auf, sondern oben in seinem früheren Kinderzimmer, mit der Kommode, deren Knäufe aus geschliffenem Glas Rose vor langer Zeit stibitzt hatte, um sie als Puppengeschirr zu benutzen.) »*Sarah* meine ich«, sagte sein Großvater und griff nach einer Haarbürste.

»Wo ist Sarah?«

»Sie hat mich verlassen, Großvater.«

»Sarah ist doch die Beste von uns allen!« sagte sein Großvater.

»Willst du in diesem alten Haus hocken bleiben und verfaulen, Junge? Wir müssen endlich abhauen! Wie lange sollen wir hier denn noch festkleben?«

Macon schlug die Augen auf. Der Tag war noch fern. Die Konturen der Glasveranda wirkten zerflossen wie auf Löschpapier.

Noch war seines Großvaters Anwesenheit zu spüren. Macon hatte diese kleine, abwinkende Handbewegung völlig vergessen gehabt; nun war sie ganz von selbst wieder da. Aber gesprochen hätte Großvater Leary in Wirklichkeit nie so wie in dem Traum. Er hatte Sarah recht gern gemocht, Ehefrauen im allgemeinen jedoch für so etwas wie ein notwendiges Übel gehalten, und die Hochzeit eines jeden seiner Enkel hatte er mit resignierter, nachsichtiger Miene über sich ergehen lassen. Er hätte überhaupt keine Frau für ein »Zentrum« gehalten. Außer vielleicht, fiel Macon plötzlich ein, seine eigene, Großmutter Leary. Erst nach ihrem Tod – ja, natürlich, unmittelbar danach – hatte sein Verstand sich zu verwirren begonnen.

Macon lag bis zum Tagesanbruch wach. Er war froh, als er

es im Obergeschoß endlich rumoren hörte. Er stand auf, rasierte sich, kleidete sich an und ließ Edward die Zeitung hereinholen. Als Rose herunterkam, hatte er schon den Kaffee aufgesetzt. Das schien ihr nicht recht zu sein. »Hast du die Morgenbohnen genommen oder die Abendbohnen?« fragte sie.

»Die Morgenbohnen«, versicherte er. »Ganz wie es sich gehört.«

Sie machte sich in der Küche zu schaffen, zog die Jalousien hoch, deckte den Tisch, nahm Eier aus dem Karton. »Heute wirst du also den Gipsverband los«, sagte sie.

»Sieht so aus.«

»Und am Nachmittag fährst du nach New York.«

»Nun ja ...«, sagte er unbestimmt und fragte dann, ob sie an dem Rabatt-Coupon für Frühstücksspeck interessiert sei, den er in der Zeitung entdeckt hatte.

Sie ließ nicht locker: »Fährst du denn nicht heute nachmittag?«

»Doch, doch.«

Der eigentliche Sachverhalt war, daß er zwar nach New York mußte, sich aber nicht um Edwards Unterbringung gekümmert hatte. Die alte Pension wollte ihn nicht aufnehmen, in der neuen gab es diese Muriel ... Und Macons Meinung nach war Edward ohnehin am besten daheim bei der Familie aufgehoben. Rose war da zweifellos anderer Ansicht. Er hielt den Atem an, aber Rose begann bloß, »Clementine« zu summen und Eier in die Pfanne zu schlagen.

Um neun Uhr, in einer Praxis unten an der St. Paul Street, schnitt der Doktor Macons Gips mit einer winzigen, surrenden Elekrosäge auf. Macons Bein kam zum Vorschein – käsebleich, runzelig und häßlich. Als er aufstand, wackelte sein Knöchel. Er hinkte nach wie vor. Außerdem hatte er vergessen, eine andere Hose mitzubringen, und sah sich daher gezwungen, beim Weggehen in seiner einbeinigen Sommerkhakihose an den anderen Patienten vorbeizuparadieren und sein scheußlich aussehendes Schienbein zur Schau zu stellen. Ob er jemals wieder zu seinem alten, ungebrochenen Ich zurückfinden würde?

Auf der Heimfahrt kam Rose endlich auf den Gedanken, ihn zu fragen, wo er Edward unterzubringen gedenke. »Aber – ich lasse ihn doch bei dir«, antwortete Macon und tat ganz erstaunt.

»Bei mir? Ach Macon, du weißt doch, wie unfolgsam er sein kann.«

»Was soll in der kurzen Zeit schon geschehen? Morgen abend bin ich wieder zu Hause. Schlimmstenfalls sperrst du ihn in die Kammer. Wirf ihm ab und zu etwas zum Knabbern vor, bis ich wieder da bin.«

»Das gefällt mir gar nicht«, sagte Rose.

»Nur Besucher regen ihn auf. Und erwartest du etwa Besuch?«

»Nein, nein«, sagte sie und ließ dann das Thema fallen, Gott sei Dank. Er hatte einen größeren Kampf befürchtet.

Er duschte, er zog seinen Reiseanzug an. Dann nahm er ein zweites Frühstück zu sich. Gegen Mittag fuhr Rose ihn zum Bahnhof, da er seinem Kupplungsfuß noch nicht traute. Als er aus dem Wagen stieg, drohte sein Bein einzuknicken. »Warte!« sagte er zu Rose, die ihm die Reisetasche hinausreichte. »Glaubst du, ich kann es wagen?«

»Unbedingt«, sagte sie, ohne lang zu überlegen. Sie zog die Tür an der Beifahrerseite zu, winkte und fuhr davon.

Seit Macons letzter Bahnfahrt hatte der Bahnhof sich wundersam verändert. Droben wölbte sich sanft ein Dachfenster in abschattiertem Wasserblau. Kugellampen aus Mattglas hingen an Messinghaken. Die hölzernen Trennwände, die den Wartesaal so lange unterteilt hatten, waren verschwunden, und nun boten sich polierte Holzbänke dem Blick dar. Macon stand verwirrt vor dem funkelnagelneuen Fahrkartenschalter. Vielleicht, dachte er, ist Reisen doch nicht so übel. Vielleicht hatte er sich grundlegend geirrt. Er spürte ein Reislein Hoffnung in sich aufkeimen.

Doch unmittelbar darauf, während er zur Sperre hinkte,

überfiel ihn das Gefühl des Verlassenseins, das ihn auf solchen Reisen immer quälte. Er kam sich vor wie eine einsame Eins inmitten von lauter Zweien und Dreien. Man brauchte sich nur die Gruppe am Informationsschalter anzusehen, diese selbstsicheren jungen Leute mit ihren Tornistern und Schlafsäcken. Oder die Familie, die eine ganze Bank mit Beschlag belegt hatte; die vier kleinen Töchter so herausgeputzt mit neuen karierten Mänteln und bebänderten Hüten, da wußte man doch sofort, daß die Großeltern sie am Ziel erwarteten. Selbst die Personen, die allein saßen – die alte Frau mit der Ansteckblume, die Bondine mit dem teuren Ledergepäck –, erweckten den Eindruck, daß sie zu jemandem gehörten.

Er setzte sich auf eine Bank. Ein nach Süden fahrender Zug wurde angekündigt, und die Hälfte der Wartenden ging hinaus auf den Bahnsteig, gefolgt von der unvermeidlichen, atemlosen, aufgelösten Nachzüglerin mit viel zu vielen Koffern und Taschen. Schon kamen vereinzelt Reisende, die soeben angekommen waren, die Treppe herauf. Eine Frau wurde von einem Mann begrüßt, der ein Baby auf dem Arm trug; er gab ihr einen Kuß und drängte ihr das Baby sofort auf wie ein Paket, das ihm zu schwer geworden war. Ein junges Mädchen in Jeans, soeben auf der obersten Treppenstufe angelangt, erblickte ein weiteres Mädchen in Jeans, schloß es in die Arme und brach in Tränen aus. Macon beobachtete die Szene verstohlen und dachte sich Erklärungen aus. (War sie zum Begräbnis ihrer Mutter heimgekommen? Hatte der Junge, mit dem sie durchgebrannt war, sie sitzenlassen?)

Jetzt wurde sein Zug angekündigt. Er nahm also seine Reisetasche und hinkte der Familie mit den vielen Töchtern hinterher. Am Fuß der Treppe wehte ihm ein Schwall kalter, frischer Luft ins Gesicht. Auf diesen Bahnsteigen pfiff der Wind wohl immer, egal, was für ein Wetter herrschte. Der kleinsten der Töchter mußte der Mantel zugeknöpft werden. Der Zug kam in Sicht, nahm hinter einem Pünktchen gelben Lichts langsam Gestalt an.

Es stellte sich heraus, daß die meisten Waggons voll besetzt waren. Macon fand nach einigem Suchen einen Sitzplatz neben einem rundlichen jungen Mann mit Aktentasche. Er packte aber, um sich für alle Fälle abzusichern, *Miss MacIntosh* aus.

Der Zug ruckte an, legte eine Verschnaufpause ein, ruckte abermals an und fuhr los. Macon bildete sich ein, die kleinen Rostkrusten auf den Schienen förmlich zu spüren; die Fahrt verlief nicht reibungslos. Er sah Heimatliches auf sich zueilen und entschwinden, ein Wirrwarr von Reihenhäusern, verödete unbebaute Grundstücke, zum Trocknen aufgehängte, vor Kälte steife Wäsche.

»Kaugummi?« fragte sein Sitznachbar.

Macon sagte: »Danke, nein«, und schlug hurtig sein Buch auf.

Nach ungefähr einer Stunde spürte er, wie seine Lider schwer wurden. Er lehnte den Kopf zurück. Er wollte seinen Augen nur ein bißchen Erholung gönnen, mußte aber eingeschlafen sein. Er merkte es erst, als der Schaffner Philadelphia ausrief. Macon zuckte zusammen, setzte sich auf und konnte gerade noch verhindern, daß *Miss MacIntosh* ihm vom Schoß rutschte.

Sein Sitznachbar beschäftigte sich mit irgendwelchen Schreibarbeiten, wobei er die Aktentasche als Pult benutzte. Offenbar ein Geschäftsmann – einer von den Leuten, für die Macon seine Ratgeber verfaßte. Komisch, Macon hatte sich noch nie ein Bild von seinen Lesern gemacht. Was taten Geschäftsleute, genau betrachtet? Dieser hier trug etwas in Karteikarten ein und schlug zwischendurch in einer Broschüre voller Diagramme nach. Eines davon zeigte quer über die Seite krabbelnde kleine Lastwagen – vier Lastwagen, sieben Lastwagen, dreieinhalb Lastwagen. Macon fand den halbierten Laster in seiner Mißgestalt ausgesprochen mitleiderregend.

Kurz vor der Ankunft suchte er die Toilette am Ende des Wagens auf – nicht ideal, aber gemütlicher als jede andere, die er in New York vorfinden würde. Dann kehrte er auf seinen Platz zurück und packte *Miss MacIntosh* ein. »Wird kalt sein hier«, bemerkte sein Sitznachbar.

»Leicht möglich«, sagte Macon.

»Wetterbericht meldet kalt und windig.«

Macon gab keine Antwort.

Er nahm auf Reisen grundsätzlich keinen Mantel mit – doch nur wieder etwas zum Schleppen –, trug jedoch ein Thermounterhemd und lange Unterhosen. Kälte war die geringste seiner Sorgen.

In New York zerstreuten sich die Fahrgäste wie auf Kommando. Macon fühlte sich an eine berstende Samenkapsel erinnert. Er ließ sich nicht zur Eile verleiten und bahnte sich systematisch einen Weg durchs Gedränge, eine hallende, dunkle Treppe hinauf und wieder durch ein Gedränge, das noch dichter zu sein schien als das, welches er unten hinter sich gelassen hatte. Himmel, wo nahmen diese Frauen ihre Kleider her? Eine trug eine Art Indianerzelt aus buschigem Pelz und Stiefel aus Leopardenfell. Eine andere hatte einen Overall in Schmutzigoliv an, der sich von einer Automechanikerkluft nur insofern unterschied, als er aus Leder bestand. Macon schloß die Hand fester um den Griff der Reisetasche und zwängte sich hinaus auf die Straße, wo Autohupen aufdringlich röhrten und die Luft grau und beißend roch wie das Innere eines kalten Rauchfangs. New York mutete ihn immer fremdartig an. Er staunte jedesmal über die allgegenwärtige Atmosphäre der Zielbewußtheit – über die Umsichtigkeit der Autofahrer, über die Energie der Fußgänger, die kompromißlos jedes Hindernis überrannten, ohne nach rechts und links zu blicken.

Er hielt ein Taxi an, rutschte auf den abgewetzten, glatten Sitz und nannte die Adresse seines Hotels. Der Fahrer begann sofort, über seine Tochter zu sprechen. »Dabei ist sie erst dreizehn«, sagte er, während er sich in den Verkehr einfädelte, »und hat drei Paar Löcher in den Ohren und in jedem Loch einen Ohrring, und jetzt will sie sich noch ein

Paar weiter oben ausstanzen lassen. Dreizehn Jahre!« Es war fraglich, ob er die Adresse gehört hatte oder nicht. Er fuhr immerhin weiter. »Mir war schon das erste Paar Löcher nicht recht«, sagte er. »Ich hab' zu ihr gesagt: ›Was? Hast du Ann Landers nicht gelesen?‹ War das Ann Landers? Ich glaube schon. ›Da kannst du ja gleich einen Nasenring tragen wie die Afrikaner, oder?‹ hab' ich zu meiner Tochter gesagt. Sie sagt: ›Na und? Was gibt's an einem Nasenring auszusetzen? Vielleicht leg' ich mir den als nächstes zu.‹ Dazu ist die glatt imstande. Jetzt geht aber dieses vierte Paar durch den Knorpel, und das wollen die meisten von den Ohrenstechern nicht machen. Da können Sie sehen, was für eine verrückte Idee das ist. Knorpel, das ist ein ganz anderes Paar Stiefel. Knorpel ist nicht wie's Ohrläppchen, so wabbelig und schwammig.«

Macon kam sich nachgerade unsichtbar vor. Er hörte einem Mann zu, der ein Selbstgespräch führte, der vielleicht schon geredet hatte, bevor Macon eingestiegen war, und vermutlich weiterreden würde, nachdem er ausgestiegen war. War er selbst denn überhaupt in diesem Taxi? Solche Gedanken befielen ihn oft auf Reisen. Aus lauter Verzweiflung äußerte er: »Hm...«

Der Fahrer verstummte überraschenderweise. Sein Genick straffte sich und verriet, daß er aufhorchte. Macon mußte weitersprechen. Er sagte: »Machen Sie ihr doch angst.«

»Wie denn?«

»Wie... Sie können ihr doch sagen, daß Sie ein Mädchen kennen, dem die Ohren abgefallen sind.«

»Darauf fällt die nie herein.«

»Es muß wissenschaftlich klingen. Sagen Sie ihr, wenn man Knorpel durchlöchert, dann verschrumpelt er sofort.«

»Hmm«, machte der Fahrer. Er hupte einen Gemüsewagen an.

»›Stell dir vor‹, sagen Sie zu ihr, ›du müßtest dein Leben lang immer dieselbe Frisur tragen. Um deine verschrumpelten Ohren zu verdecken!‹«

»Glauben Sie, das nimmt die mir ab?«

»Warum nicht?« meinte Macon. Und dann, nach einer Pause:

»Es könnte sogar stimmen. Halten Sie es für möglich, daß ich das irgendwo gelesen habe?«

»Kann schon sein«, sagte der Fahrer. »Mir kommt das auch irgendwie bekannt vor.«

»Vielleicht habe ich sogar ein Foto gesehen«, ergänzte Macon. »Ein Paar Ohren, ganz verhutzelt. Total eingeschrumpft.«

»So zerknautscht«, bestätigte der Fahrer.

»Wie zwei gedörrte Aprikosen.«

»Himmel! Das erzähle ich ihr!«

Das Taxi hielt vor Macons Hotel. Macon zahlte und sagte beim Aussteigen: »Hoffentlich klappt es.«

»Wird schon«, sagte der Fahrer, »bis zum nächstenmal. Bis sie einen Nasenring will oder sonst was.«

»Nasen bestehen auch aus Knorpel, denken Sie daran! Nasen können auch schrumpfen!«

Der Fahrer winkte ihm zu und reihte sich wieder in den Verkehr ein.

Macon hielt sich nur kurz in seinem Zimmer auf und fuhr dann mit der U-Bahn zum Hotel Buford. Der Vertreter einer Elektronikfirma hatte es in einer Zuschrift empfohlen. Das Buford vermietete kleine Appartements tage- oder wochenweise an Geschäftsleute. Der Direktor, ein Mr. Aggers, erwies sich als gedrungener, kugelrunder Mann, der genauso hinkte wie Macon. Sie mußten, dachte Macon, einen höchst seltsamen Anblick bieten, als sie so durch die Halle zu den Aufzügen gingen. »Die meisten unserer Appartements gehören Konzernen«, erläuterte Mr. Aggers. Er drückte den »Auf«-Knopf. »Für Firmen, die ihre Leute regelmäßig nach New York schicken, erweist es sich oft als billiger, sich etwas Eigenes zu kaufen. Und während der Wochen, in denen die Appartements leerstehen, bleibt es mir überlassen, andere Mieter zu finden, damit die Kosten einigermaßen gedeckt werden.«

Macon notierte sich das am Rande seines Reiseführers. Mit winziger Schrift notierte er ferner den Dekor der Halle, die ihn an einen altmodischen Herrenklub denken ließ. Auf dem massiven Tisch mit Klauenfüßen zwischen den beiden Aufzügen stand, auf Messingwolken postiert, eine meterhohe nackte, dekorative Messingfalten hinter sich herschleppende Messingdame, die eine staubige Glühbirne hochhielt, von der ein zerfranstes Kabel herabbaumelte. Der Aufzug, endlich da, war mit einem verschwommen geblümten Teppich und Holztäfelung ausgestattet.

»Darf ich fragen«, sagte Mrs. Aggers, »ob Sie persönlich die Reihe ›Tourist wider Willen‹ schreiben?«

»Ja, allerdings.«

»Nun!« sagte Mr. Aggers. »Dann ist es mir wirklich eine Ehre. Ihre Bücher stehen unseren Gästen in der Halle zur Verfügung. Aber ich weiß nicht, irgendwie habe ich mir Sie ein bißchen anders vorgestellt.«

»Wie denn?«

»Nun, vielleicht nicht ganz so groß. Vielleicht ein bißchen, nun, schwerer. Mehr – gepolstert.«

»Ach so.«

Der Aufzug hatte inzwischen angehalten, brauchte aber einige Zeit, bevor er sich öffnete. Dann führte Mr. Aggers Macon einen Gang entlang. Eine Frau mit Wäschewagen trat zur Seite, um sie vorbeizulassen. »Hier sind wir«, sagte Mr. Aggers. Er schloß eine Tür auf und knipste das Licht an.

Macon betrat ein Appartement, das direkt aus den fünfziger Jahren zu stammen schien. Da gab es ein eckiges Sofa mit eingewebten Metallfäden im Überzug, eine chromverzierte Eßnischengarnitur und im Schlafzimmer ein Doppelbett mit gestepptem Kopfteil aus cremefarbenem Vinyl. Macon probierte die Matratze aus. Er streifte die Schuhe ab, streckte sich aus und überlegte eine Weile. Mr. Aggers, die Hände verschränkt, stand stumm daneben. »Hmm«, sagte Macon, setzte sich auf und zog sich die Schuhe an. Dann ging er ins

Bad, wo auf einem weißen Papierband quer über der Toilettenschüssel DESINFIZIERT zu lesen stand. »Ich habe noch nie den Sinn dieser Dinger begriffen«, sagte er. »Wie kann ich dessen gewiß sein, nur weil man einen Papierstreifen über meinen Klosettsitz geklebt hat?« Mr. Aggers hob ratlos beide Hände. Macon schob den mit rosa und blauen Fischen bedruckten Duschvorhang zurück und inspizierte die Wanne. Sie sah recht sauber aus trotz des Rostflecks, der sich vom Wasserhahn abwärts zog.

In der Kochnische entdeckte er einen einzigen Kochtopf, je zwei ausgebleichte Teller und Tassen aus Kunststoff sowie ein Bord voller Cocktailgläser. »Unsere Gäste kochen selten selbst«, erklärte Mr. Aggers, »laden aber gelegentlich Geschäftsfreunde zu einem Drink ein.« Macon nickte. Er sah sich hier einem vertrauten Problem gegenüber: der dünnen Trennlinie zwischen »gemütlich« und »schäbig«. Bei Licht besehen, lief gemütlich und schäbig auf dasselbe hinaus. Er öffnete den Kühlschrank, eine kleine Einbaubox. Die Eiswürfelschalen im Gefrierfach – angeschmuddeltes, blaugrünes, arg verkratztes Plastik – unterschieden sich in nichts von denen, die Rose daheim in Baltimore hatte.

»Sie müssen zugeben, daß für alles gesorgt ist«, sagte Mr. Aggers. »Hier, in der Küchenschublade, eine Schürze. Eine Idee meiner Frau. Schützt den Anzug.«

»Ja, sehr nett«, sagte Macon.

»Es ist wie zu Hause außer Hause; so denke ich mir das am liebsten.«

»Also, zu Hause«, sagte Macon. »Nichts ist wie zu Hause.«

»Wieso? Was fehlt?« fragte Mr. Aggers. Er hatte eine blasse, feinporige Haut, die zu glänzen begann, wenn er nervös wurde. »Was vermissen Sie noch?«

»Offen gestanden«, entgegnete Macon, »war ich immer der Meinung, ein Hotel sollte auf Wunsch kleine Tiere zur Verfügung stellen.«

»Tiere?«

173

»Etwa eine Katze, die nachts mit im Bett schläft, oder einen Hund, der sich freut, wenn man heimkommt. Ist Ihnen noch nie aufgefallen, wie ausgestorben ein Hotelzimmer wirkt?«

»Ja, aber ... Also, ich weiß nicht, wie ich ... Da wäre doch das Gesundheitsamt ... Komplikationen, Papierkrieg, die Fütterung all dieser verschiedenen ... Und Allergien, natürlich, viele Gäste haben – «

»Ich verstehe schon, ich verstehe schon«, sagte Macon. Er notierte sich am Rand seines Reiseführers die Anzahl der Papierkörbe: vier. Sehr gut. »Nein«, sagte er, »eigentlich werde ich auch nie darauf angesprochen.«

»Werden Sie uns also empfehlen?«

»Sicherlich«, sagte Macon, klappte den Reiseführer zu und verlangte die Preisliste.

Den Rest des Nachmittags verbrachte er in Hotels, die er schon früher erkundet hatte. Er suchte die Geschäftsführer in ihren Büros auf, besichtigte unter hauseigener Führung kurz das Angebot, um nachzusehen, ob alles noch intakt war, und hörte sich Ausführungen über steigende Kosten, Umbaupläne und neue, bessere Konferenzräume an. Dann kehrte er in sein Zimmer zurück und schaltete die Abendnachrichten ein. Auf der Welt ging es miserabel zu; aber wie er so vor diesem fremden Fernsehgerät saß, das schmerzende Bein hochgelegt, in einen Sessel geklemmt, der für einen ganz anders beschaffenen Körper entworfen zu sein schien, kamen ihm all diese Kriege und Hungersnöte, die er da sah, unecht vor. Sie wirkten – nun ja – wie gestellt. Er schaltete das Gerät aus, verließ das Hotel und stieg in ein Taxi.

Auf Julians Vorschlag hin gedachte er im allerobersten Stockwerk eines unwahrscheinlich hohen Gebäudes zu dinieren. (Julian hatte eine Schwäche für ausgefallene Restaurants, wie Macon festgestellt hatte. Er gab sich erst zufrieden, wenn ein Lokal sich drehte, wenn es schwebte oder nur über einen schwankenden Steg zu erreichen war.) »Stell dir vor«, hatte er gesagt, »was für einen Eindruck so etwas auf einen auswärtigen Kunden macht. Ja, er muß von auswärts sein, ein einheimischer New Yorker dürfte kaum...« Macon hatte nur kurz geschnaubt. Auch der Taxifahrer schnaubte jetzt. »Tasse Kaffee kostet Sie dort fünf Dollar«, gab er Macon zu bedenken.

»Stimmt.«

»In einem von diesen kleinen französischen Lokalen sind Sie besser bedient.«

»Die kommen morgen dran. Für *in*wärtige Kunden.«

Das Taxi strich durch die Straßen, die immer dunkler und stiller wurden, von belebten Gegenden wegführten. Macon sah eine einsame Gestalt, in einen langen Mantel gewickelt, in einem Hauseingang kauern. Von Kanaldeckeln stiegen Dampfwölkchen auf. Sämtliche Läden waren hinter Eisengittern eingesperrt.

Am Ende der allerfinstersten Straße hielt das Taxi an. Der Fahrer schnaubte noch einmal, Macon zahlte und stieg aus. Er hatte nicht mit dem Wind gerechnet, der ihm jetzt wie ein großes Laken entgegenklatschte. Eilends überquerte er den Gehsteig, vom Wind vorangetrieben, die Beine von der Hose umflattert. Unmittelbar bevor er das Gebäude betrat, fiel ihm ein hinaufzuschauen. Er schaute hinauf und hinauf und hinauf, bis er schließlich eine schemenhafte Turmspitze ausmachte, die sich in der gespenstischen Ferne des tiefschwarzen, sternenlosen Himmels verlor. Er entsann sich einer weit zurückliegenden Zeit, als Ethan, damals ein Dreikäsehoch, bei einem Zoobesuch vor einem Elefanten stehengeblieben, das Gesicht verblüfft emporgewandt hatte und hintenübergekippt war.

Drinnen allenthalben geäderter rosa Marmor und Spannteppich, soweit das Auge reichte. Ein Fahrstuhl von der Größe eines Zimmers stand offen, zur Hälfte mit bereits Wartenden besetzt; Macon trat ein und stellte sich zwischen zwei Frauen in Seide und Brillanten. Ihr Parfüm war fast sichtbar, Macon sah es förmlich in der Luft wogen.

Halten Sie Kaugummi bereit, kritzelte er in seinen Reiseführer, während die Kabine aufwärtsschoß. In seinen Ohren knackte es. In der drückenden, schwingungslosen Atmosphäre klangen die Stimmen der Frauen blechern und dünn. Er steckte den Reiseführer in die Tasche und beobachtete die Zahlen, die über der Tür aufleuchteten. Es ging in Zehnereinheiten hinauf: vierzig, fünfzig, sechzig... Einer der Männer sagte, sie müßten gelegentlich Harold hierherlotsen – wißt ihr noch, wie Harold im Skilift vor Angst geschlottert hat? –, und alle lachten.

Der Fahrstuhl kam gleichsam federnd zum Stillstand, die Tür glitt lautlos auf. Ein Mädchen in weißem Hosenanzug wies ihnen den Weg, einen Korridor entlang und in eine geräumige, von Kerzenflammen durchflackerte Dunkelheit. Große schwarze Fenster umgaben den Raum vom Boden bis zur Decke, Macon wurde jedoch zu einem Tisch ohne Aussicht geführt. Ein Soloesser stellte hier offenbar ein Problem dar. Vielleicht war er der erste, der sich je eingefunden hatte. Das Aufgebot an Silberbesteck für ihn allein hätte ebensogut für eine vierköpfige Familie gereicht.

Der Kellner, viel besser gekleidet als Macon, präsentierte ihm die Speisekarte und erkundigte sich, was er zu trinken wünsche. »Einen trockenen Sherry, bitte«, sagte Macon. Kaum hatte der Kellner sich entfernt, faltete Macon die Speisekarte zusammen und setzte sich darauf. Dann sah er sich seine Nachbarn an. Alle Welt schien etwas zu feiern. Ein Mann und eine schwangere Frau saßen Hand in Hand da und strahlten einander durch den Lichthof ihrer Kerze an. Eine lärmende Gruppe links von ihm ließ einen Mann ein übers andere Mal hochleben.

Der Kellner kam mit dem Sherry zurück, den er gekonnt auf einem Tablett balancierte. »Sehr gut«, sagte Macon. »Und jetzt vielleicht die Speisekarte.«

»Die Speisekarte? Habe ich Ihnen noch keine gegeben?«

»Es könnte sich um ein Versehen handeln«, sagte Macon, ohne direkt zu lügen.

Eine zweite Speisekarte wurde gebracht und schwungvoll

vor ihm aufgeschlagen. Macon nippte an seinem Sherry und faßte die Preise ins Auge. Astronomisch. Er beschloß, wie üblich das zu essen, was seine Leser vermutlich auch essen würden – weder die Fischklößchen noch das Kalbsbries, sondern ein Steak, medium rare. Nachdem er bestellt hatte, stand er auf, schob seinen Stuhl unter den Tisch, nahm den Sherry, ging und stellte sich vor eines der Fenster.

Urplötzlich kam er sich vor wie gestorben.

Er sah die Stadt tief unten ausgebreitet wie ein glitzerndes goldenes Meer, die Straßen winzige Lichtbänder, der Planet, an den Rändern nach außen gekrümmt, der Himmel eine violette Höhle, die sich ins Unendliche weitete. Es war nicht die Höhe; es war die Entfernung. Die grenzenlose, ungeheure Entfernung zwischen ihm und den Menschen, die ihm etwas bedeuteten. Ethan mit dem wippenden Gang – wie sollte er jemals erfahren, daß sein Vater in diesem himmelhoch ragenden Turm gefangen war? Wie sollte Sarah, faul in der Sonne liegend, es herausfinden? Denn er war fest überzeugt, daß dort, wo auch immer Sarah sich in diesem Moment aufhielt, ganz bestimmt die Sonne schien: Sarah war so unerreichbar fern. Er dachte an seine Schwester und an seine Brüder, die ihren eigenen Angelegenheiten nachgingen, ihrem allabendlichen Kartenspiel frönten und nicht ahnten, wie weit er sie zurückgelassen hatte. Er war schon so weit weg, daß es kein Zurück mehr gab. Er war irgendwie an einem von der gesamten Menschheit isolierten Punkt im Universum angelangt, und alles war unwirklich außer seiner eigenen, knochigen Hand, die das Sherryglas umklammerte.

Er ließ das Glas fallen, was ein nichtssagendes kleines Stimmengewirr auslöste, dann drehte er sich auf dem Absatz um und lief, eine schiefe Gestalt, quer durch den Raum und zur Tür hinaus. Da war aber dieser endlose Korridor – eine Strecke, die er nicht bewältigen konnte. Er wandte sich statt dessen nach rechts, kam an einer Telefonnische vorbei und stolperte in eine Toilette – ja, eine Herrentoilette, glücklicherweise. Noch mehr Marmor, Spiegel, weißes Email. Er glaubte sich übergeben zu müssen, doch als er eine der Kabinen betrat, wich die Übelkeit aus seinem Magen und stieg ihm zu Kopf. Die Hände gegen die Schläfen gepreßt, beugte er sich über die Schüssel. Dennoch konnte er nicht umhin, sich zu fragen, wie viele Meter Rohrleitung eine Toilette in dieser Höhe wohl erfordern mochte.

Er hörte jemanden hereinkommen und husten. Eine Kabinentür schlug zu. Er öffnete seine Tür einen Spaltbreit und spähte hinaus. Die kalte Pracht der Räumlichkeit erinnerte ihn an Science-fiction-Filme.

Nun, derlei Zustände stellten sich hier oben vermutlich öfter ein, oder nicht? Oder vielleicht nicht gerade diese Zustände, aber ähnliche – Leute, die nicht schwindelfrei waren, in Panik gerieten und sich hilfesuchend an – ja, an *wen* wandten? An den Kellner? An das Mädchen, das am Fahrstuhl die Gäste empfing? Zaghaft wagte er sich zuerst aus der Kabine, dann sogar auf den Gang hinaus und wäre in der Telefonnische beinahe mit einer Frau zusammengestoßen. Sie war von Schwaden zartfarbiger Chiffons umhüllt und legte gerade den Hörer auf. Sie raffte den Rock und entschwebte grazil in Richtung Speisesaal. *Entschuldigen Sie, Gnädigste, könnten Sie so freundlich sein und, hm...* Doch die einzige Bitte, die ihm in den Sinn kam, tauchte aus den Tiefen seiner frühesten Kindheit auf: *Trag mich!*

Das letzte, was er von der Frau sah, war das Glitzertäschchen in ihrer weißen Hand, das sie hinter sich her schwenkte, bevor sie in der Dunkelheit des Restaurants verschwand.

Er trat in die Nische und hob den Hörer ab, der sich kühl anfühlte; sie hatte nicht lange gesprochen. Er suchte seine Taschen ab, fand Münzen und warf sie ein. Indes – an wen sollte er sich denn wenden? Er kannte in New York keine einzige Menschenseele. Folglich rief er, da er wie durch ein Wunder die Nummer seiner Kreditkarte zusammenbrachte, zu Hause an. Er befürchtete schon, seine Geschwister würden das Telefon klingeln lassen – was inzwischen zur Gewohnheit geworden war –, aber Charles meldete sich: »Leary.«

»Charles!«

»Macon!« sagte Charles ungewöhnlich lebhaft.

»Charles, ich bin hier im obersten Stock dieses Wolkenkratzers, und mir ist da etwas – ziemlich Dummes passiert. Hör zu: Du mußt mich hier herausholen.«

»*Dich* herausholen! Was redest du da? Du mußt *mich* herausholen!«

»Wie bitte?«

»Ich bin in der Kammer eingeschlossen. Dein Hund hat es auf mich abgesehen.«

»Oh. Das tut mir schrecklich leid, aber . . . Charles, es ist wie eine Krankheit. Ich glaube nicht, daß ich es mit dem Fahrstuhl schaffe, und ich bezweifle, daß ich es über die Treppe schaffe, und – «

»Macon, hörst du das Gekläffe? Das ist Edward. Edward macht mir die Hölle heiß, verstehst du, und du mußt sofort nach Hause kommen!«

»Aber ich bin doch in New York! Ich bin im obersten Stock dieses Wolkenkratzers und kann nicht hinunter!«

»Jedesmal, wenn ich die Tür aufmache, kommt er tobend angerannt, ich schlage die Tür zu, und er stürmt gegen sie an, er muß sich jetzt schon halb durchgekratzt haben.«

Macon zwang sich, tief durchzuatmen. Er sagte: »Charles, kann ich mit Rose sprechen?«

»Sie ist nicht da.«

»Oh.«

»Was glaubst du denn, wie ich da hereingeraten bin?« fragte Charles. »Julian ist gekommen, um sie zum Dinner auszuführen.« »Julian?«

»Heißt er nicht so?«

»Julian, mein *Chef*?«

»Jawohl, und Edward ist wieder einmal übergeschnappt. Da hat Rose gesagt: ›Schnell, sperr ihn in die Kammer.‹ Ich pak-

179

ke also seine Leine, und er fährt auf mich los, gerade daß er mir nicht die Hand abbeißt. Ich habe mich also lieber selbst in die Kammer eingeschlossen, und Rose muß inzwischen gegangen sein, und dann – «

»Ist Porter nicht da?«

»Er hat heute Besuchsabend.«

Macon stellte sich vor, wie geborgen man sich in der Kammer fühlen mußte, umgeben von Roses in alphabetischer Reihenfolge angeordneten Marmeladen, das uralte, schwarze Wählscheibentelefon griffbereit. Was hätte er nicht darum gegeben, dort sein zu dürfen!

Jetzt hatte sich ein neues Sympton eingestellt. In seiner Brust machte sich ein Flattern bemerkbar, das mit normalem Herzschlag keine Ähnlichkeit mehr hatte.

»Wenn du mich hier nicht herausholst, rufe ich die Polizei, damit sie ihn erschießt!« drohte Charles.

»Nein! Das tust du nicht!«

»Ich kann hier nicht bloß herumsitzen und warten, bis er durchbricht!«

»Er wird nicht durchbrechen. Du könntest die Tür aufmachen und einfach an ihm vorbeigehen. Glaub mir, Charles. Bitte: Ich bin hier im obersten Stock dieses Wolkenkratzers und – «

»Du weißt vielleicht nicht, daß ich an Klaustrophobie leide«, sagte Charles.

Eine Möglichkeit wäre, erwog Macon, sich den Restaurantleuten gegenüber auf einen Herzanfall herauszureden. Ein Herzanfall war etwas durchaus Ehrenhaftes. Sie würden einen Krankenwagen rufen, und man würde ihn, jawohl, tragen – genau das, was er brauchte. Aber vielleicht mußte er gar nicht getragen werden, vielleicht genügte eine Berührung – die Hand eines anderen Menschen auf seinem Arm, auf seiner Schulter –, die ihn wieder mit dem Rest der Welt verband. So lange schon hatte ihn kein Mensch mehr berührt.

»Ich geb' einfach Bescheid, daß der Schlüssel im Briefkasten ist, dann brauchen sie nicht die Tür einzuschlagen«, sagte Charles.

»Was? Wer denn?«

»Die Polizei. Und ich werde ihnen sagen, sie sollen – Macon, es tut mir leid, aber du hast gewußt, daß dieser Hund früher oder später weg muß.«

»Tu's nicht!« brüllte Macon.

Ein Mann, der aus der Toilette kam, warf einen Blick in Macons Richtung.

Macon senkte die Stimme und sagte: »Er hat Ethan gehört.«

»Heißt das, er darf mir die Kehle zerfleischen?«

»Paß auf. Wir wollen nichts übereilen. Wir wollen das erst überdenken. Ich rufe jetzt... Ich rufe Sarah an. Ich werde sie bitten, Edward zu holen. Hörst du mir zu, Charles?«

»Und wenn er sich auf sie stürzt?«

»Wird er nicht, glaub mir. Du tust jetzt gar nichts, bevor sie kommt, verstanden? Tu nichts Unüberlegtes.«

»Also...«, sagte Charles zweifelnd.

Macon legte auf und zog die Brieftasche heraus. Er suchte etwas zwischen den teils schon vergilbten Geschäftskarten und Zetteln, die er im Geheimfach aufbewahrte. Als er Sarahs Nummer gefunden hatte, tippte er sie mit zitterndem Finger ein und hielt den Atem an. *Sarah,* gedachte er zu sagen, *ich bin hier im obersten Stock dieses Wolkenkratzers und –*

Sie meldete sich nicht.

Mit dieser Möglichkeit hatte er nicht gerechnet. Er lauschte dem Klingeln ihres Telefons. Was nun? Was, um alles in der Welt, nun? Schließlich legte er auf. Verzweifelt sichtete er die anderen Rufnummern in der Brieftasche – Zahnarzt, Apotheke, Hundedressur...

Hundedressur?

Zunächst dachte er an eine Zirkusnummer – an einen stämmigen Mann im glänzenden Trikot. Dann las er den Namen: Muriel Pritchett. Die Karte war handgeschrieben, sogar handgeschnitten, aus einem größeren Stück Papier herausgeschnippelt.

Er rief sie an. Sie meldete sich sofort: »*Hal*-lo«, mit belegter Stimme wie eine müde Bardame.

»Muriel? Hier ist Macon Leary.«

»Oh! Wie geht's?«

»Gut. Das heißt... Ich habe da ein Problem. Edward belagert meinen Bruder in der Kammer, er ist völlig hysterisch, Charles, meine ich, er wird immer gleich hysterisch, und ich bin hier in New York im obersten Stock dieses Wolkenkratzers und fühle mich ziemlich, hm, angeschlagen, ja. Ich habe auf die Stadt hinuntergesehen, und sie war meilenweit entfernt, meilenweit, ich kann Ihnen gar nicht schildern, wie – «

»Damit wir uns recht verstehen«, sagte Muriel. »Edward ist in Ihrer Kammer – «

Macon riß sich zusammen. »Edward ist *vor* der Kammer und bellt. Mein *Bruder* ist in der Kammer. Er will die Polizei rufen und Edward erschießen lassen.«

»So eine blöde Idee!«

»Eben!« sagte Macon. »Und da dachte ich mir, ob Sie nicht hingehen und den Schlüssel aus dem Briefkasten nehmen könnten, er liegt unten im Briefkasten – «

»Bin schon unterwegs.«

»Wunderbar!«

»Also dann, bis bald, Macon.«

»Ja, aber, außerdem – «

Sie wartete.

»Ich bin doch hier im obersten Stock dieses Wolkenkratzers«, sagte er, »und ich weiß nicht, wieso, aber irgend etwas hat mir eine Heidenangst eingejagt.«

»Guter Gott, ich hätte auch Angst, nachdem ich ›Flammendes Inferno‹ gesehen habe.«

»Nein, nein, nichts dergleichen, kein Feuer oder die Höhe – «

»Haben Sie ›Flammendes Inferno‹ gesehen? Junge, Junge, hinterher hätte man mich in keinem Haus weiter hinaufgebracht als bis in Absprunghöhe. Ich finde Leute, die sich in Wolkenkratzern hochtrauen, ausgesprochen mutig. Ich meine, wenn man sich's richtig überlegt, Macon, dann sind Sie auch ganz schön mutig, wenn Sie dort stehen, wo Sie gerade sind.«

»Nun ja, so mutig auch wieder nicht«, sagte Macon.

»Nein, im Ernst.«

»Sie übertreiben. Es ist nicht so schlimm, wirklich.«

»Das sagen Sie nur, weil Sie sich nicht eingestehen, was Sie durchgemacht haben, bevor Sie in den Aufzug gestiegen sind. Im Unterbewußtsein haben Sie sich nämlich gesagt: ›Okay. Ich vertraue dem Ding.‹ Tut doch jeder. Bestimmt auch im Flugzeug. ›Das ist zwar gefährlich bis dorthinaus, aber hol's der oder jener‹, sagt man sich, ›wir schmeißen uns in die dünne Luft und vertrauen ihr.‹ Eigentlich sollten Sie in dem Bau ganz erstaunt über sich selbst herumwandern und stolz auf sich sein.«

Macon gab ein kurzes, trockenes Lachen von sich und schloß die Hand fester um den Hörer.

»Also, ich mache jetzt folgendes«, sagte sie. »Ich hole Edward und schaffe ihn ins Miau-Wau. Kommt mir nicht so vor, als könnte Ihr Bruder viel mit ihm ausrichten. Wenn Sie wieder da sind, müssen wir uns über seine Ausbildung unterhalten. So kann es ja nicht weitergehen, Macon.«

»Stimmt. Sie haben recht. So kann es nicht weitergehen.«

»Das wäre doch gelacht.«

»Sie haben völlig recht.«

»Also dann, auf Wiedersehen.«

»Warten Sie!« sagte er.

Aber sie war weg.

Als er aufgelegt hatte und sich umdrehte, sah er neue Gäste vom Fahrstuhl her auf sich zukommen. Vorneweg drei Männer, dahinter drei Frauen in bodenlangen Roben. Den Schluß bildete ein blutjunges Paar. Die Handgelenke des Jungen ragten ein Stück aus den Ärmeln des Anzugjacketts heraus. Das Kleid des Mädchens saß rührend schlecht, und ihr kleines Kinn verschwand fast hinter einer riesigen Orchidee.

Auf halber Strecke blieben Junge und Mädchen im Korridor stehen und musterten die Umgebung. Sie sahen den Plafond an, sie sahen den Fußboden an, dann sahen sie einander an. Der Junge sagte: »Hu!« und ergriff beide Hände des Mädchens. Dann blieben sie eine Weile so stehen und lachten, bevor sie den Weg ins Restaurant fortsetzten.

Macon folgte ihnen. Er fühlte sich beruhigt und müde und entsetzlich ausgehungert. Wie gut, daß der Kellner gerade das Essen servierte, als er sich wieder auf seinen Stuhl sinken ließ.

10

»Der Wahrheit die Ehre«, sagte Muriel. »Mein Baby war nicht direkt eingeplant. Wir waren ja auch noch nicht direkt verheiratet, wenn Sie's wissen wollen. Wenn Sie's genau wissen wollen, haben wir überhaupt erst wegen dem Baby geheiratet, aber ich habe zu Norman gesagt, er muß nicht, wenn er nicht will. Ich habe ihn jedenfalls nicht dazu gedrängt oder so.«

Sie blickte an Macon vorbei auf Edward, der flach auf dem kleinen Dielenteppich lag. Man hatte ihn dazu zwingen müssen, aber er rührte sich wenigstens nicht vom Fleck.

»Beachten Sie, daß ich ihm ein wenig Bewegung erlaube, solange er pariert«, sagte sie. »Jetzt drehe ich ihm den Rücken zu, und Sie passen auf, was er macht.«

Sie schlenderte ins Wohnzimmer, nahm eine Vase vom Tisch und besah sich die Unterseite. »Jedenfalls«, sprach sie weiter, »haben wir also geheiratet, und jeder hat sich aufgeführt, als wär's die größte Tragödie von der Welt. Meine Leute zu Hause sind bis heute nicht drüber weg. Meine Mom hat gesagt: ›Ich hab' ja immer gewußt, daß so etwas passieren wird. Schon damals, wie du mit diesem Dana Scully und so weiter herumgezogen bist und immer einer von diesen nichtsnutzigen Bengeln draußen nach dir gehupt hat, hab' ich dir nicht schon damals gesagt, daß so etwas eines Tages passiert?‹ Wir haben uns ohne viel Klimbim in der Kirche, wo meine Familie immer hingeht, trauen lassen, wir haben nicht mal eine Hochzeitsreise gemacht, wir sind gleich in unsere Wohnung, und am nächsten Tag hat Norman mit der Arbeit bei seinem Onkel angefangen. Er hat sich gleich ans Eheleben gewöhnt, ist mit mir Lebensmittel einkaufen und Vorhänge aussuchen gegangen und so. Manchmal, wissen Sie, muß ich mich schon wundern, was für Kinder wir noch waren. Das war ja fast wie Theater spielen! Es war nur Getue! Die Kerzen, die ich zum Abendbrot angezündet habe, die Blumen auf dem Tisch, Norman, der mich ›Schatz‹ nennt und mir seinen Teller zum Abspülen ans Becken bringt. Und dann auf einmal war es ernst. Jetzt habe ich diesen kleinen Jungen, diesen großen siebenjährigen Jungen mit den klobigen Lederschuhen, und so war es eben doch kein Theaterspiel. Alles war echt, die ganze Zeit, und wir haben es bloß nicht gewußt.«

Sie saß auf der Couch und hob einen Fuß, den sie bewundernd hin und her drehte. Ihr Strumpf warf am Knöchel Falten.

»Was macht Edward?« fragte sie.

Macon sagte: »Er liegt immer noch da.«

»Bald wird er das drei Stunden lang durchhalten.«

»Drei *Stunden?*«

»Leicht.«

»Ist das nicht Tierquälerei?«

»Ich denke, Sie haben versprochen, nie mehr so zu reden«, sagte sie.

»Stimmt. Verzeihung.«

»Vielleicht legt er sich morgen schon von sich selbst hin.«

»Meinen Sie?«

»Wenn Sie üben. Wenn Sie nicht nachgeben. Wenn Sie nicht weichherzig werden.«

Dann stand sie auf und kam zu Macon herüber. Sie tätschelte seinen Arm. »Na wenn schon«, sagte sie. »*Ich* finde weichherzige Männer süß.«

Macon wich zurück. Es hätte nicht viel gefehlt, und er wäre auf Edward getreten.

Der Erntedanktag rückte immer näher, und die Learys debattierten wie gewöhnlich über das Festessen. Es verhielt sich so, daß keiner von ihnen Truthahn besonders schätzte. Trotzdem, sagte Rose, schicke es sich nicht, etwas anderes auf den Tisch zu bringen. Das wäre nicht richtig. Ihre Brüder gaben ihr zu bedenken, sie müsse dann um fünf Uhr früh aufstehen, um den Puter ins Rohr zu schieben. Aber das sei schließlich ihre Aufgabe, sagte Rose; sie, die Brüder, würden davon in keiner Weise belästigt werden.

Es stellte sich bald heraus, daß sie Hintergedanken hegte, denn kaum hatte man sich auf Truthahn geeinigt, gab sie kund und zu wissen, sie werde unter Umständen Julian Edge einladen. Der arme Julian, sagte sie, habe doch keine nahen Verwandten in der Stadt, er verbringe Feiertage meist im freudlosen Kreis seiner Nachbarinnen und Nachbarn, von denen jeder oder jede ein Spezialgericht beisteuere. Voriges Jahr habe das Erntedankdinner aus einem vegetarischen Nudelauflauf, Ziegenkäse mit Weinblättern und Kiwitörtchen bestanden. Da könne sie ihm doch wenigstens normale Hausmannskost vorsetzen.

»Was!« sagte Macon gespielt überrascht und mißbilligend, obwohl es leider gar nicht so überraschend kam. Oh, Julian führte bestimmt etwas im Schilde. Aber was? Jedesmal, wenn Rose in ihrem Ausgehkleid und mit zwei Rougetupfern auf den Wangen die Treppe herunterkam und von Macon verlangte, er möge Edward in die Kammer einschließen, weil Julian sie abholen werde, um mit ihr in dieses oder jenes Lokal zu gehen –, dann, ja dann fühlte Macon sich ganz stark versucht, Edward zufällig entwischen zu lassen. Er paßte Julian gezielt an der Tür ab und beäugte ihn stumm eine ganze Weile lang, bevor er Rose rief. Aber Julian hielt sich wacker, verriet sich durch kein Fünkchen Ironie. Rose gegenüber benahm er sich respektvoll, fast schüchtern, und stellte sich linkisch an, wenn er ihr die Tür aufhielt. Oder war etwa das die Ironie? Seine Rose-Leary-Nummer? Macon gefiel das überhaupt nicht.

Dann erfuhren sie, daß auch Porters Kinder zum Erntedankfest kommen würden. Normalerweise kamen sie zu Weihnachten, wollten dieses Jahr die Feiertage jedoch tauschen, um irgendwelche Komplikationen mit ihren Großeltern stiefväterlicherseits zu vermeiden. Also, sagte Rose, sei es dann nicht wirklich gut, daß es Truthahn geben werde? Kinder hingen ja so am Althergebrachten. Sie machte sich daran, Kürbistörtchen zu backen. »Wir treten zum Beten«, sang sie, »vor Gott den Gerechten...« Macon blickte von dem Stoß geklauter Speisekarten hoch, die er auf dem Küchentisch auszubreiten sich anschickte. In Roses Stimme schwang eine Fröhlichkeit mit, die ihn beunruhigte. Hoffentlich machte sie sich von Julian keine falschen Vorstellungen – hoffentlich versprach sie sich nicht so etwas wie ein Liebesverhältnis. Doch Rose wirkte so schlicht und vernünftig mit ihrer langen weißen Schürze. Bestimmt lag kein Grund zur Besorgnis vor.

»Mein Sohn heißt Alexander«, sagte Muriel. »Habe ich Ihnen das schon erzählt? Ich habe ihn Alexander genannt, weil das so vornehm klingt. Er war immer ein Sorgenkind. Zuerst einmal ist etwas schiefgegangen, als ich in der Hoffnung war, und man hat ihn durch Kaiserschnitt vorzeitig holen müssen, und ich habe so viele Komplikationen bekommen, daß ich keine Kinder mehr kriegen kann. Und Alexander war so ein Winzling, er hat gar nicht wie ein Mensch ausgesehen, eher wie ein neugeborenes Kätzchen, und dann mußte er eine ganze Ewigkeit im Brutkasten bleiben und wäre fast gestorben. Norman hat gefragt: ›Wann wird es so aussehen wie andere Babys?‹ Er hat Alexander immer ›es‹ genannt.

Ich habe mich schneller daran gewöhnt; ich meine, ich habe mir bald eingebildet, daß ein Baby so und nicht anders aussehen *soll*, und habe mich dauernd in der Säuglingsstation aufgehalten, aber Norman ist nie in seine Nähe gekommen, angeblich hätte es ihn zu nervös gemacht.«

Edward winselte. Er lag nur noch mit letzter Kraft – das Gesäß angespannt, die Krallen in den Teppich gebohrt. Muriel gab sich jedoch den Anschein, als merke sie nichts.

»Vielleicht sollten Sie irgendwann einmal mit Alexander zusammenkommen«, sagte sie zu Macon.

»Oh, ich, äh . . .«

»Er hat nicht genug Männer um sich.«

»Ja, aber – «

»Er sollte viel mit Männern zusammensein, damit er lernt, wie man sich benimmt. Vielleicht könnten wir alle drei mal ins Kino gehen. Gehen Sie viel ins Kino?«

»Nein«, antwortete Macon wahrheitsgemäß. »Ich habe seit Monaten keinen Film mehr gesehen. Ich mache mir nichts aus Filmen. Sie bringen alles so nah heran.«

»Oder bloß zu McDonald's, vielleicht.«

»Wohl kaum«, sagte Macon.

Porters Kinder wollten am Abend vor dem Erntedanktag eintreffen, und zwar mit dem Wagen, denn Danny, der älteste, hatte eben seinen Führerschein erhalten. Das bereitete Porter erhebliche Sorgen. Seit dem Zeitpunkt, da man sie frühestens erwarten konnte, ging er nervös auf und ab. »Ich weiß nicht, wo June ihren Verstand gelassen hat«, sagte er. »Läßt einen sechzehnjährigen Bengel von Washington bis hierher fahren, in der ersten Woche nach der Fahrprüfung. Mit seinen beiden kleinen Schwestern im Wagen! Ich weiß nicht, wie ihr Gehirn funktioniert.«

Zu allem Überfluß verspäteten die Kinder sich um fast eine Stunde. Als Porter endlich die Scheinwerfer sichtete, rannte er, allen anderen weit voraus, zur Tür hinaus und die Treppe hinunter. »Wo bleibt ihr denn?« schrie er.

Danny schraubte sich mit übertriebener Nonchalance aus dem Wagen, gähnte und streckte sich, dann, das Augenmerk auf die Pneus gerichtet, schüttelte er Porter wie zerstreut die Hand. Er war jetzt genauso groß wie Porter, aber spindeldürr, und hatte das dunkle Kolorit seiner Mutter. Nach ihm stieg die vierzehnjährige Susan aus – nur ein paar Monate älter als Ethan inzwischen gewesen wäre. Ein Glück, daß sie sich mit ihrem schwarzen Wuschelkopf und den rosigen Wangen so sehr von Ethan unterschied. An diesem Abend hatte sie Jeans, Wanderschuhe und eine dieser dicken Daunenjacken an, in denen junge Leute so voluminös und vierschrötig aussehen. Als letzte kam Liberty. Was für ein Name, dachte Macon immer. Den hatte sich ihre Mutter ausgedacht – eine flatterhafte Person, die vor achteinhalb Jahren mit einem Stereo-Vertreter, überdies einem Hippie, durchgebrannt war und unmittelbar danach entdeckt hatte, daß sie von Porter im zweiten Monat schwanger war. Und ausgerechnet Liberty sah ihrem Vater am ähnlichsten. Sie hatte helles, glattes Haar und ein feinmodelliertes Gesicht. Gekleidet war sie in einen streng geschnittenen Mantel. »Danny hat sich verfahren«, sagte sie patzig. »So eine Flasche.« Sie gab Porter, ihrer Tante und ihren Onkeln der Reihe nach einen Kuß. Susan hingegen stolzierte so an ihnen vorbei, daß niemandem entgehen konnte, wie erhaben sie über derlei war.

»Ach, ist das nicht schön?« sagte Rose. »Wird das nicht ein wunderbares Erntedankfest?« Sie stand auf dem Gehsteig, die Hände in die Schürze gewickelt – vielleicht um nicht unwillkürlich die Arme nach Danny auszustrecken, als er aufs Haus zu schlurfte. Es begann zu dunkeln, und Macon, der zufällig den Blick schweifen ließ, sah die Erwachsenen nur noch als fahlgraue Schemen – vier unverheiratete Verwandte mittleren Alters, die sich nach den jungen Leuten sehnten ...

Zum Abendessen gab es den Kindern zuliebe Pizza von auswärts, aber Macon roch immerzu Truthahn. Zuerst hielt er das für Einbildung. Dann sah er Danny schnuppern. »Truthahn? Jetzt schon?« fragte Danny seine Tante.

»Ich probiere eine neue Methode aus«, antwortete sie. »Eine angeblich energiesparende. Man stellt die Hitze möglichst schwach ein und gart das Fleisch die ganze Nacht!«

»Komisch.«

Nach dem Essen sahen sie fern – die Kinder hatten sich noch nie fürs Kartenspiel erwärmt – und gingen dann zu Bett. Doch mitten in der Nacht schreckte Macon aus dem Schlaf und dachte ernstlich über diesen Truthahn nach. Sie wollte ihn bis morgen garen? Bei möglichst schwacher Hitze? Wie schwach war diese Hitze, genau?

Er schlief in seinem alten Zimmer, seit sein Bein wieder gebrauchsfähig war. Schließlich schubste er die Katze von seiner Brust und stand auf. Er tastete sich im Dunkeln hinunter und knipste das Lämpchen über dem Herd an. 60° C, las er vom Temperaturregler ab. »Absolut tödlich«, sagte er zu Edward, der ihm nachgetrottet war. Dann erschien Charles in einem zu großen, schlotternden Schlafanzug. Er besah sich den Regler mit zusammengekniffenen Augen und seufzte. »Nicht nur das«, sagte er. »Dieser Truthahn ist auch noch *gefüllt*.«

»Wunderbar.«

»Zwei Pfund Füllung, habe ich sie sagen hören.«

»Zwei Pfund wimmelnder Bakterien!«

»Es sei denn, an dieser Methode ist mehr dran, als wir verstehen.«

»Wir fragen sie morgen früh«, entschied Macon, und beide gingen wieder ins Bett.

Am Morgen, als Macon herunterkam, setzte Rose den Kindern gerade Pfannkuchen vor. Er sagte: »Rose, was stellst du mit diesem Truthahn eigentlich an?«

»Wie gesagt: schwache Hitze. Konfitüre, Danny, oder Sirup?«

»Ist das alles?«

»Paß auf, es tropft«, sagte Rose zu Liberty. »Wie bitte,

Macon? Weißt du, ich habe einen Artikel über langsam gegartes Rindfleisch gelesen, und da dachte ich, wenn es mit Rindfleisch geht, dann müßte es auch mit Truthahn gehen, und da – «

»Es mag mit Rindfleisch gehen, aber mit Truthahn wird es uns ermorden!«

»Aber zum Schluß wird die Temperatur erhöht!«

»So hoch kannst du sie gar nicht einstellen. Da müßtest du das Ding schon autoklavieren.«

»Oder einem Atomblitz aussetzen«, sagte Danny übermütig.

Rose sagte: »Da seid ihr beide auf dem Holzweg. Und überhaupt, wer kocht hier? Ich behaupte, der Truthahn wird köstlich.«

Das mochte vielleicht stimmen, obwohl er nicht danach aussah. Zur Essenszeit war die Brust eingesunken, die Haut trocken und glanzlos. Als Rose das Eßzimmer betrat, hielt sie den Truthahn gleichsam triumphierend hoch, aber die einzigen, die sich beeindruckt zeigten, waren die beiden, die von der Vorgeschichte nichts wußten – Julian und Mrs. Barrett, eine von Roses alten Damen. Julian machte »Ah!«, und Mrs. Barrett strahlte. »Das sollten meine Nachbarn sehen!« sagte Julian. Er hatte einen marineblauen Blazer mit Messingknöpfen angezogen, und sein Gesicht sah aus wie poliert.

»Wir könnten es da mit einem Problem zu tun bekommen«, sagte Macon.

Rose setzte den Truthahn ab und funkelte Macon an.

»Das restliche Essen ist natürlich hervorragend«, sagte er.

»Wir können uns allein am Gemüse satt essen! Ich jedenfalls gedenke das zu tun. Aber der Truthahn – «

»Ist reinstes Gift«, ergänzte Danny.

Julian sagte: »*Wie* war das?« Mrs. Barrett hingegen lächelte nur noch angestrengter.

»Wir glauben, er ist möglicherweise bei ziemlich unzureichender Hitze gegart worden«, erläuterte Macon.

»Ist er nicht!« widersprach Rose. »Er ist tadellos.«

»Halten Sie sich lieber doch an die Beilagen«, sagte Macon zu Mrs. Barrett. Wenn Sie bloß nicht taub war!

Sie mußte es jedoch gehört haben, denn sie erwiderte: »Ja, das tue ich vielleicht«, ohne das Lächeln zu verlieren. »Ich habe sowieso keinen großen Appetit.«

»Und ich esse nur vegetarisch«, sagte Susan.

»Ich auch«, platzte Danny heraus.

»Ach Macon, wie kannst du nur!« sagte Rose. »Mein schöner Truthahn! Die viele Arbeit!«

»Ich finde, er sieht lecker aus«, sagte Julian.

»Das schon«, bestätigte Porter, »aber Sie wissen ja nicht, was bei anderen Gelegenheiten passiert ist.«

»Bei anderen Gelegenheiten?«

»Das war reines Pech«, sagte Rose.

»Aber natürlich!« sagte Porter. »Oder Sparsamkeit. Du wirfst ungern etwas weg. Schweinefleisch, das zu lange gelegen hat, oder über Nacht draußen stehengelassener Hühnersalat...«

Rose setzte sich. Tränen verschleierten ihre Augen. »Oh«, sagte sie, »ihr seid alle so gemein! Aber mir könnt ihr nichts vormachen; ich weiß, warum ihr das tut. Ihr wollt mich vor Julian in ein schlechtes Licht setzen.«

»Vor Julian?«

Julian wirkte bestürzt. Er zog ein Taschentuch aus der Brusttasche, behielt es dann aber in der Hand.

»Ihr wollt ihn vergraulen! Ihr drei habt eure Chance verpaßt, und nun wollt ihr, daß ich die meine verpasse, aber ich weigere mich. Ich weiß Bescheid! Hört euch nur die Songs im Radio an! Seht euch nur die Fernsehserien an! Auf *Liebe* kommt es an! Im Fernsehen dreht sich alles um Liebe. Ein neuer Darsteller tritt auf, und gleich fragt man sich, welche wird er wohl lieben? Oder welche ihn? Welche wird vor Eifersucht den Verstand verlieren? Welche wird sich das Leben ruinieren? Und ihr wollt mir das alles vorenthalten?«

»Du lieber Himmel«, sagte Macon, der versuchte, sich in dem Wust auszukennen.

»Ihr wißt genau, daß dieser Truthahn einwandfrei ist. Ihr wollt bloß verhindern, daß ich nicht mehr für euch koche und das Haus sauberhalte, ihr wollt verhindern, daß Julian sich in mich verliebt!«

»Sich in dich – was?«

Aber sie schob mit den Kniekehlen ihren Stuhl zurück und lief hinaus. Julian saß offenen Mundes da.

»Wag ja nicht zu lachen«, sagte Macon zu ihm.

Julian bekam den Mund nicht zu.

»Erwäg es erst gar nicht.«

Julian schluckte. Er fragte: »Meinst du, ich soll ihr nachgehen?«

»Nein«, sagte Macon.

»Aber sie scheint so – «

»Ihr fehlt nichts! Überhaupt nichts!«

»Oh.«

»Also, wer möchte eine gebackene Kartoffel?«

Rund um den Tisch entstand so etwas wie Gemurmel; alle sahen bedrückt aus. »Das arme, liebe Mädchen«, sagte Mrs. Barrett. »Ich komme mir ganz schlecht vor.«

»Ich mir auch«, sagte Susan.

»Julian?« fragte Macon und klopfte klirrend mit seinem Löffel. »Kartoffel?«

»Ich nehme vom Truthahn«, sagte Julian fest.

In diesem Moment fand Macon ihn fast sympathisch.

»Unsere Ehe ist daran kaputtgegangen, daß wir das Baby hatten«, sagte Muriel. »Komisch, wenn man's bedenkt. Zuerst haben wir wegen dem Baby geheiratet, dann haben wir uns wegen dem Baby scheiden lassen, und dazwischen haben wir wegen dem Baby gestritten. Norman hat nicht verstanden, warum ich jeden Tag zu Alexander in die Klinik gegangen bin. ›Es weiß ja nicht, daß du da bist, wozu gehst du also hin?‹ hat er gesagt. Ich bin immer schon früh am

Morgen hingegangen, die Schwestern hatten überhaupt nichts dagegen, und bin bis abends geblieben. Norman hat gefragt: ›Muriel, werden wir nie wieder normal leben?‹ Na ja, er hat nicht so unrecht gehabt, oder? Es war, wie wenn ich im Kopf für nichts anderes Platz gehabt hätte als für Alexander. Und der war monatelang im Krankenhaus, wirklich monatelang. Er hat alle Krankheiten bekommen, die man nur bekommen kann. Sie hätten unsere Arztrechnungen sehen sollen. Wir waren nur teilversichert, und da waren diese Rechnungen über Tausende von Dollar. Schließlich habe ich im Krankenhaus einen Job angenommen. Ich hab' gefragt, ob ich in der Säuglingsstation arbeiten kann, aber sie haben nein gesagt, da habe ich mich dann so als Mädchen für alles betätigt, Patientenzimmer saubermachen und so weiter. Abfalleimer ausleeren, den Boden feucht aufwischen ...«

Sie und Macon gingen mit Edward die Dempsey Road entlang, in der Hoffnung, einem Radfahrer zu begegnen. Muriel hielt die Leine. Wenn ein Radfahrer auftauche, sagte sie, und Edward losrase oder auch nur ›piep‹ mache, werde sie ihn so scharf zurückreißen, daß ihm Hören und Sehen vergehen werde. Darauf mache sie Macon schon im voraus aufmerksam. Sie sagte, er könne sich Einwände sparen, denn es geschehe nur zu Edwards Bestem. Macon hoffte, sich dessen erinnern zu können, wenn es soweit war.

Es war am Freitag nach dem Erntedankfest, und früher am Tage hatte es ein wenig geschneit, aber die Luft hatte noch keinen richtigen Biß, und die Gehsteige waren lediglich feucht. Der Himmel schien schon knapp über ihren Köpfen zu beginnen.

»Die eine Patientin, Mrs. Brimm, die hat mich gern gemocht«, sagte Muriel. »Angeblich war ich der einzige Mensch, der sich je bereit gefunden hat, mit ihr zu reden. Wenn ich zu ihr ins Zimmer gekommen bin, habe ich ihr von Alexander erzählt. Ich habe ihr erzählt, was die Ärzte gesagt haben, daß für ihn wenig Hoffnung bestand, und daß manche sich sogar gefragt haben, ob wir uns Hoffnungen machen *wollen,* weil nicht abzusehen war, wie er sich entwickelt. Ich habe ihr von mir und Norman erzählt und wie er sich benimmt, und sie hat gesagt, das hört sich genauso an wie eine Illustriertengeschichte. Als man sie entlassen hat, wollte sie mich zu sich nehmen, so zur Betreuung, aber das konnte ich nicht, wegen Alexander.«

Am Ende der Straße tauchte eine Radfahrerin auf, ein Mädchen in einer Schuluniform. Edward spitzte die Ohren. »Sie bleiben jetzt ganz gelassen«, sagte Muriel zu Macon. »Einfach weitergehen, immer weitergehen, und keinen einzigen Blick in Edwards Richtung.«

Das Mädchen kam herangeradelt – ein schmächtiges Persönchen mit einem winzigen, ernsten Gesicht. Als sie vorbeifuhr, entströmte ihr das unverkennbare Aroma von Schokoladeneis. Edward zog schnüffelnd die Luft ein, marschierte aber weiter.

»Edward, das war großartig!« lobte Macon.

Muriel schnalzte lediglich mit der Zunge. Sie schien sein manierliches Benehmen als selbstverständlich zu betrachten.

»Also«, sagte sie, »endlich haben sie Alexander nach Hause entlassen. Aber er war noch immer nur eine halbe Portion. Ganz runzelig wie ein alter Zwerg. Hat beim Weinen so gemaunzt wie ein Kätzchen. Und beim Atmen kaum Luft bekommen. Norman war mir keine Stütze. Ich glaube, er war eifersüchtig. Er hat immer so störrisch dreingeschaut, wenn ich etwas machen mußte wie Fläschchen wärmen oder so. Da hat es dann geheißen: ›Wo rennst du hin? Willst du das Ende der Sendung nicht sehen?‹ Oder ich stehe am Kinderbett und schaue zu, wie Alexander nach Luft japst, und Norman ruft: ›Muriel? Die Werbung ist gleich vorbei!‹ Und dann steht eines schönen Tages auch noch seine Mutter auf der Schwelle und behauptet, das Kind ist nicht von ihm.«

»Was? Das ist doch die Höhe!« sagte Macon.

»Ist das zu fassen? Steht auf der Schwelle, ganz aufgeplustert vor Schadenfreude. ›Nicht von ihm!‹ sage ich. ›Von wem sonst?‹ Sie sagt: ›Was weiß denn ich. Und ich möchte bezweifeln, daß du es weißt. Aber eines kann ich dir verraten: Wenn du dich von meinem Sohn nicht scheiden läßt und nicht auf alle Unterhaltsansprüche verzichtest, dann werde ich persönlich dafür sorgen, daß Dana Scully und seine Freunde vor Gericht beschwören, daß du ein bekanntes Flittchen bist und daß jeder von ihnen der Vater sein könnte. Ganz klar, daß es nicht von Norman ist, Norman war ein *entzückendes* Baby.‹ Also, ich warte, bis Norman von der Arbeit heimkommt, und sage zu ihm: ›Weißt du, was deine Mutter mir erzählt hat?‹ Ich habe ihm gleich angemerkt, daß er es wußte. Ich habe gemerkt, daß sie Gott weiß wie lange hinter meinem Rücken auf ihn eingeredet haben mußte, um ihm diesen Floh ins Ohr zu setzen. Ich sage: ›Norman?‹ Er stottert bloß herum. Ich sage: ›Norman, sie lügt, es ist nicht wahr, ich bin nicht mit diesen Jungen gegangen, als ich dich kennengelernt habe! Das war längst vorbei!‹ Er sagt: ›Ich weiß nicht, was ich denken soll.‹ Ich sage: ›Bitte!‹ Er sagt: ›Ich weiß nicht.‹ Er geht in die Küche und fängt an, das Fliegengitter zu reparieren, wegen dem ich ihm Vorhaltungen gemacht habe, weil es schon halb aus dem Rahmen hing, und dabei steht das Abendbrot schon auf dem Tisch. Etwas besonders Gutes. Ich gehe ihm nach. Ich sage: ›Norman, das mit Dana und den anderen war viel, viel früher. Das Baby kann nicht von ihnen sein.‹ Er rüttelt auf einer Seite am Rahmen, aber der gibt nicht nach, dann rüttelt er auf der anderen und schneidet sich in die Hand, und plötzlich fängt er an zu heulen, reißt das ganze Ding heraus und schmeißt es so weit aus dem Fenster, wie er nur kann. Und am nächsten Tag ist seine Mutter gekommen, hat ihm geholfen, seine Sachen zu packen, und dann hat er mich sitzenlassen.«

»Guter Gott«, sagte Macon. Er war so empört, als hätte er Norman persönlich gekannt.

»Da habe ich mir überlegt, was ich machen soll. Zu meinen Leuten zurück konnte ich nicht, das war mir klar. Zu guter

Letzt habe ich Mrs. Brimm angerufen und gefragt, ob sie mich noch zur Betreuung brauchen kann, und sie hat ja gesagt, die Frau, die sie hatte, taugte nichts. Ich habe mich erboten, es für Kost und Logis zu machen, wenn ich das Baby mitbringen darf, und sie war einverstanden. Sie hatte ein kleines Reihenhaus, und da war ein separates Zimmer, wo ich mit Alexander schlafen konnte. Und so habe ich uns über die Runden gebracht.«

Sie hatten sich inzwischen mehrere Blocks von zu Hause entfernt, aber Muriel dachte nicht ans Umkehren. Sie ließ die Leine durchhängen, und Edward trabte, ihrem Tempo angeglichen, neben ihr einher. »Das war ein Glück für mich, nicht?« sagte sie. »Wenn Mrs. Brimm nicht gewesen wäre, ich weiß nicht, was ich getan hätte. Und es war auch nicht übermäßig viel Arbeit. Nur das Haus sauberhalten, ihr einen Happen zu essen machen, sie beim Herumgehen stützen. Sie war ganz krumm vor Gicht, aber nicht unterzukriegen. Es war nicht so, daß ich sie wie eine Kranke pflegen mußte.«

Sie verlangsamte den Schritt und blieb dann stehen. Edward seufzte schicksalsergeben und setzte sich neben ihre linke Ferse.

»Es ist schon komisch, wenn man es sich so überlegt«, sagte sie. »Die ganze Zeit, die Alexander im Krankenhaus war, ist mir so schrecklich vorgekommen, so endlos, aber jetzt, wenn ich daran zurückdenke, sehne ich mich fast danach zurück. Ich meine, irgendwie war's direkt gemütlich, in der Erinnerung. Ich denke an die Schwestern beim Plausch im Stationszimmer und an die Reihen von schlafenden Säuglingen. Es war Winter, und manchmal habe ich mich ans Fenster gestellt und hinausgeschaut und war froh, daß ich drinnen in der Wärme bin. Ich habe gesehen, wie unten vor der Notaufnahme die Krankenwagen ankommen. Haben Sie sich nie gefragt, was ein Marsmensch sich denken würde, wenn er zufällig vor der Notaufnahme landet? Er würde sehen, wie ein Krankenwagen heranzischt und Leute aus dem Haus geflitzt kommen, die Türen aufreißen, eine Trage

anpacken und damit hineintraben. ›Oh‹, würde er sagen,
›was für ein hilfsbereiter Planet, was für freundliche, hilfsbereite Wesen!‹ Er käme nie auf die Idee, daß wir nicht immer
so sind; daß wir – äh – unsere wahre Natur erst unterdrük-
ken müssen, um so zu sein. ›Was für eine hilfsbereite Rasse
von Lebewesen‹, würde ein Marsmensch sagen. Meinen Sie
nicht auch?«

Jetzt blickte sie zu Macon auf. Macon verspürte plötzlich ein
Ziehen in der Brust. Er fühlte sich bewogen, etwas zu tun,
irgendeinen Kontakt herzustellen, und als sie das Gesicht
hob, beugte er sich vor und küßte sie auf die rauhen, rissigen
Lippen, obwohl das nicht die Art von Kontakt war, die er
beabsichtigt hatte. Muriels Faust, in der sie die Leine hielt,
war zwischen ihnen eingekeilt wie ein Stein. Von Muriel ging
etwas Verlangendes, Drängendes aus. Macon trat zurück.
»Nun . . .«, sagte er.
Sie sah ihn weiterhin an.
»Entschuldigung«, sagte er.
Daraufhin machten sie kehrt und führten Edward nach
Hause.

Danny übte die ganzen Feiertage lang das Rückwärtseinpar-
ken, indem er den Wagen seiner Mutter vor dem Haus uner-
müdlich vor- und zurücksetzte. Und Liberty buk Plätzchen
mit Rose. Aber Susan habe nichts zu tun, sagte Rose, und da
Macon einen Abstecher nach Philadelphia plane, könnte er
sie doch eventuell mitnehmen. »Es stehen nur Hotels und
Restaurants auf der Liste«, sagte Macon. »Und ich will alles
in einem Tag erledigen, ich werde in aller Herrgottsfrühe
aufbrechen und erst spät am Abend wieder da sein . . .«
»Sie kann dir Gesellschaft leisten«, meinte Rose.
Susan jedoch schlief ein, kaum hatte der Zug Baltimore verlassen, und sie schlief während der ganzen Fahrt, in ihre Jak-
ke vergraben, nicht unähnlich einem kleinen Vogel, der auf
einem Ast ein Schläfchen macht. Macon saß neben ihr mit
einer Rockmusikzeitschrift, die er in einer ihrer Jackenta-

schen zusammengerollt entdeckt hatte. Er erfuhr, daß die ›Police‹ eine Persönlichkeitskrise durchmachten, daß David Bowie sich wegen Geisteskrankheit sorgte, daß man Billy Idol das schwarze Hemd halb vom Leibe gerissen hatte. Diese Leute führten offenbar ein sehr schwieriges Leben; Macon hatte keine Ahnung, wer sie waren. Er rollte die Zeitschrift wieder zusammen und steckte sie zurück in Susans Jackentasche.

Wenn Ethan noch lebte, säße er dann jetzt dort, wo Susan saß? Er hatte Macon in der Regel nicht begleitet. Die Auslandsreisen waren zu teuer, die Inlandsreisen zu langweilig. Einmal war er mit Macon nach New York gefahren, hatte jedoch Bauchschmerzen bekommen, die eine Blinddarmentzündung befürchten ließen. Macon erinnerte sich noch an die hektische Suche nach einem Arzt, an die Magenkrämpfe, die er selbst aus lauter Solidarität bekommen hatte, und an die Erleichterung, als man ihnen sagte, es handle sich um nichts weiter als um eine Folge von zu vielen Frühstücken. Danach hatte er Ethan nirgendwohin mehr mitgenommen. Nur noch jeden Sommer nach Bethany Beach, und das war eigentlich keine Reise, sondern vielmehr eine Verlegung der Operationsbasis: Sarah lag in der Sonne, Ethan spielte mit anderen, ebenfalls aus Baltimore hierher verlegten Jungen, und Macon schraubte begeistert sämtliche Türklinken im gemieteten Ferienhaus fest, entklemmte die Fenster oder löste – wie eines Jahres vom Glück begünstigt geschehen – ein kniffliges Problem, vor das ihn die Wasserspülung gestellt hatte.

In Philadelphia erwachte Susan mürrisch und torkelte als erste aus dem Zug. Sie maulte über den Bahnhof. »Der ist echt zu groß«, sagte sie. »Die Lautsprecher haben so ein Echo, daß man gar nicht versteht, was gesagt wird. Der Bahnhof von Baltimore ist besser.«

»Ja, da hast du völlig recht«, sagte Macon.

Sie gingen in ein ihm wohlbekanntes Café frühstücken, dem die Zeit offenbar arg mitgespielt hatte. Dauernd rieselten von der Decke Splitter des Verputzes in seinen Kaffee. Er strich den Namen in seinem Ratgeber durch. Als nächstes besuchten sie ein Lokal, das ein Leser empfohlen hatte, und Susan genehmigte sich Walnußwaffeln, die sie ausgezeichnet fand. »Wirst du meinen Namen in deinem Buch erwähnen und sagen, daß ich die Waffeln empfohlen habe?« fragte sie.

»Das ist kein solches Buch«, beschied er sie.

»Nenn mich deine Begleiterin. Wie das die Restaurantkritiker tun. ›Meine Begleiterin, Susan Leary, stufte die Waffeln als bemerkenswert ein.‹«

Macon lachte und verlangte die Rechnung.

Nach dem vierten Frühstück kamen die Hotels dran. Susan fand das weniger unterhaltsam, obwohl Macon jedesmal versuchte, sie einzubeziehen. Zu einem der Geschäftsführer sagte er: »Meine Begleiterin hier ist Badezimmersachverständige.« Doch Susan öffnete bloß ein Medizinschränkchen, gähnte und sagte: »Die haben ja nur Camay!«

»Was gibt es daran auszusetzen?«

»Mama hat von der Hochzeitsreise parfümierte Luxusseife aus dem Hotel mitgebracht. Ein Stück für mich und ein Stück für Danny, in so kleinen Plastikschachteln mit Ablaufrillen.«

»*Ich* halte Camay für gut«, versicherte Macon dem Geschäftsführer, der ein beunruhigtes Gesicht machte.

Später während des Tages verspürte Susan allmählich wieder Appetit; sie verzehrten also noch zwei Frühstücke. Dann begaben sie sich in die Independence Hall. (Macon hielt das aus erzieherischen Gründen für angebracht.) »Davon kannst du deiner Bürgerkundelehrerin erzählen«, meinte er. Sie verdrehte die Augen und korrigierte: »Sozialkunde.«

»Von mir aus.«

Bei dem kalten Wetter war es im Innern des Gebäudes frostig und trüb. Als Macon sah, daß Susan den Führer, der seinen Vortrag nicht sonderlich spannend gestaltete, stumpf anglotzte, beugte er sich zu ihr vor und flüsterte: »Denk nur, auf ebendiesem Stuhl hat George Washington gesessen.«

»Auf den bin ich nicht besonders versessen, Onkel Macon.«

»Auf wen – George Washington oder den Stuhl?«

»Hm?«

»Laß nur.«

Sie folgten dem Besucherstrom die Treppe hinauf und durch andere Räume, aber Susan hatte ihren Vorrat an guter Laune sichtlich aufgebraucht. »Wenn in diesem Gebäude nicht so Grundlegendes beschlossen worden wäre«, dozierte Macon, »könnte es durchaus sein, daß wir beide unter einer Diktatur lebten.«

»Leben wir sowieso.«

»Wie bitte?«

»Wir haben Meinungsfreiheit, und damit hat sich's. Wir können sagen, was wir wollen, und dann geht die Regierung hin und macht, was sie will. Das nennst du Demokratie? Es ist so, wie wenn wir auf einem Schiff wären, das in eine fürchterliche Gegend fährt, irgendwer steuert es, und die Passagiere können nicht abspringen.«

»Komm, gehen wir etwas essen«, schlug Macon vor. Er fühlte sich ein bißchen deprimiert.

Er ging mit ihr in einen altmodischen Gasthof ein paar Straßen weiter. Es war noch nicht richtig dunkel, und sie waren die ersten Gäste. Eine Frau, die ein Kleid im Kolonialstil trug, teilte ihnen mit, sie müßten noch eine Weile warten, und führte sie in einen kleinen, behaglichen Raum mit offenem Kamin. Eine Serviererin bot ihnen zur Auswahl Rumpunsch oder Glühwein an. »Ich nehme den Rumpunsch«, sagte Susan, während sie sich aus der Jacke schälte.

Macon sagte: »Aber Susan.«

Sie funkelte ihn an.

»Na gut, dann zweimal«, sagte er zur Serviererin. Ein bißchen von dem süßen Zeug konnte doch wohl keinen großen Schaden anrichten.

Aber das süße Zeug mußte ausnehmend stark gewesen sein – oder Susan vertrug ausnehmend wenig Alkohol. Jedenfalls beugte sie sich schon nach zwei kleinen Schlucken schwankend zu ihm vor. »Das macht echt Spaß«, sagte sie. »Weißt du, Onkel Macon, ich mag dich mehr, als ich gedacht hätte.«

»Danke schön.«

»Früher habe ich dich für etepetete gehalten. Ethan hat uns oft zum Lachen gebracht, wenn er auf deinen Artischockenteller gezeigt hat.«

»Auf meinen Artischockenteller?«

Sie hielt sich den Mund mit den Fingerspitzen zu. »Entschuldigung«, sagte sie.

»Weshalb?«

»Ich wollte nicht über ihn sprechen.«

»Du kannst über ihn sprechen.«

»Ich will aber nicht«, sagte sie.

Sie starrte quer durch den Raum. Macon folgte ihrer Blickrichtung und entdeckte nur ein Spinett. Als er ihr die Augen wieder zuwandte, sah er, daß ihr Kinn zitterte.

Es wäre ihm nie in den Sinn gekommen, daß Ethan auch seinen Kusinen und seinem Vetter fehlte.

Nach einer Weile hob Susan ihren Becher und trank in großen Schlucken. Dann wischte sie sich die Nase mit dem Handrücken. »Heiß«, erklärte sie. Allem Anschein nach hatte sie sich wieder gefaßt.

Macon fragte: »Was war denn so lustig an meinem Artischockenteller?«

»Ach nichts.«

»Ich bin auch bestimmt nicht beleidigt. Was war so lustig?«

»Na ja, es war wie in der Geometriestunde. Jedes einzelne Blatt in einem tadellosen Kreis angeordnet, wenn du mit dem Essen fertig warst.«

»Aha.«

»Er hat *mit* dir gelacht, nicht über dich«, sagte Susan und sah ihn beklommen an.

»Nun, da ich selbst nicht gelacht habe, scheint mir diese

Behauptung unrichtig zu sein. Aber wenn du damit meinst, daß er nicht unfreundlich gelacht hat, dann glaube ich dir.«

Sie seufzte und trank noch einen Schluck Rumpunsch.

»Niemand spricht über ihn«, sagte Macon. »Keiner von euch erwähnt je seinen Namen.«

»Tun wir, wenn du nicht dabei bist.«

»So?«

»Wir reden darüber, was er denken würde, weißt du. Zum Beispiel, als Danny den Führerschein gemacht hat oder als ich zum Halloweenball eingeladen war. Weißt du, wir haben uns immer zusammen über die Erwachsenen unheimlich lustig gemacht. Und Ethan war der lustigste; er hat uns immer zum Lachen gebracht. Und jetzt stehen wir da und werden selbst erwachsen. Wir möchten gerne wissen, was Ethan von uns denken würde, wenn er zurückkommen und uns sehen könnte. Ob er über *uns* lachen würde. Oder ob er sich – ausgeschlossen vorkäme. Als wären wir weitergegangen und hätten ihn zurückgelassen.«

Die Frau, die das Kleid im Kolonialstil anhatte, kam, um ihnen einen Tisch anzuweisen. Macon nahm seinen Rum mit, Susan hatte den ihrigen bereits ausgetrunken. Sie war ein bißchen unsicher auf den Beinen. Als die Serviererin sich erkundigte, ob sie die Weinkarte wünschten, schaute Susan ihren Onkel mit leuchtenden Augen an, aber Macon sagte klipp und klar: »Nein. Wir fangen gleich mit der Suppe an.« Er versprach sich von der Suppe einige Ernüchterung.

Doch Susan redete unbekümmert und unentwegt während der Suppe, während des Hauptgerichts, während der beiden Nachspeisen, zwischen denen sie sich nicht hatte entscheiden können, und während des starken schwarzen Kaffees, den Macon ihr anschließend verordnete. Sie redete über einen Jungen, den sie mochte, der sie entweder gleichfalls mochte oder ihr eine gewisse Sissy Pace vorzog. Sie redete über den Halloweenball, wo dieser echt kindische Achtkläß-ler die ganze Stereoanlage vollgereihert hatte. Sie kündigte an, sobald Danny achtzehn sein werde, gedächten sie zu dritt in eine eigene Wohnung zu ziehen, denn jetzt, da ihre Mutter in anderen Umständen sei (wovon Macon keine Ahnung gehabt hatte), würde sie gar nicht merken, daß die Kinder weg waren. »Das ist nicht wahr«, widersprach Macon. »Eure Mutter würde sich schrecklich grämen, wenn ihr euch selbständig macht.« Susan stützte eine Wange flapsig mit der Faust ab und sagte, sie sei nicht von gestern. Ihr Haar war im Laufe des Abends strubbeliger geworden, und sie sah aus wie elektrisch geladen. Macon gelang es nur mit Mühe, sie in ihre Jacke hineinzubugsieren, und er mußte sie, hinten am Kragen gepackt, mehr oder weniger im Gleichgewicht halten, während sie auf ein Taxi warteten.

In der Bahnhofshalle bekam sie einen schielenden Blick, und kaum saßen sie im Zug, schlief sie, den Kopf an die Fensterscheibe gelehnt, auch schon ein. Als er sie in Baltimore weckte, sagte sie: »Du glaubst doch nicht, daß er sauer auf uns ist, Onkel Macon, oder?«

»Wer denn?«

»Glaubst du, er ist sauer auf uns, weil wir ihn langsam vergessen?«

»Aber nein, Kind. Ganz bestimmt nicht.«

Im Wagen schlief sie auf der ganzen Fahrt vom Bahnhof, und er fuhr ganz vorsichtig, um sie nicht zu wecken. Als sie zu Hause ankamen, sagte Rose, ihr scheine, er habe das arme Kind total überfordert.

»Sie müssen Ihren Hund so weit bringen, daß er in jeder Situation spurt«, sagte Muriel. »Auch draußen in der Öffentlichkeit. Sie müssen ihn vor einem öffentlichen Ort lassen können, und wenn Sie wiederkommen, sitzt er da und wartet. Das nehmen wir heute durch. Wir fangen damit an, daß er vor Ihrer eigenen Tür auf Sie wartet. In der nächsten Trainingsstunde versuchen wir es vor Läden und so.«

Sie nahm die Leine in die Hand, und alle drei traten vor die Tür. Es regnete, aber das Verandadach schützte sie vor der

Nässe. Macon sagte: »Einen Moment noch, ich möchte Ihnen etwas zeigen.«

»Und zwar?«

Er klopfte zweimal mit dem Fuß. Edward machte ein betretenes Gesicht; er starrte auf die Straße und gab so etwas wie ein Hüsteln von sich. Dann knickte er langsam, ganz langsam die eine Vorderpfote ein. Dann die andere. Er ließ sich nach und nach nieder, bis er schließlich lag.

»Na also! Gut gemacht!« sagte Muriel und schnalzte mit der Zunge.

Edward legte die Ohren zurück, um sich tätscheln zu lassen.

»Ich habe ihn mir gestern vorgenommen«, sagte Macon. »Da Sonntag war, hatte ich nichts anderes zu tun. Als die Kinder meines Bruders dann zur Heimfahrt aufbrachen, hat Edward wie üblich geknurrt; ich habe also mit dem Fuß geklopft, und da lag er.«

»Ich bin stolz auf euch beide.«

Mit ausgestreckter Hand gebot sie Edward: »Bleib!« und trat rückwärts ins Haus zurück. »So, Macon, Sie kommen auch herein.«

Sie schlossen die Haustür. Muriel lüpfte die Spitzengardine und spähte hinaus. »Bis jetzt ist er liegengeblieben«, meldete sie.

Muriel kehrte der Tür den Rücken zu, musterte ihre Fingernägel und machte: »Tsk!« Winzige Regenperlen liefen an ihrem Regenmantel herunter, und das Haar stand ihr infolge der Feuchtigkeit in Korkenzieherform vom Kopf ab. »Eines Tages leiste ich mir eine professionelle Maniküre«, sagte sie.

Macon versuchte, an ihr vorbei hinauszusehen; er war nicht ganz überzeugt, daß Edward stillhalten würde.

»Haben Sie sich schon mal die Nägel maniküren lassen?«

»Ich? Gott bewahre, nein.«

»Manche Männer tun das aber.«

»Ich nicht.«

»Wenigstens einmal möchte ich alles professionell gemacht

bekommen. Nägel, Haare ... Meine Freundin geht in einen Salon, wo sie einem die Haut mit dem Staubsauger absaugen. Alle Poren werden einfach abgesaugt, sagt sie. Dort möchte ich auch mal hin. Und ich möchte meine Farben bestimmen lassen. Welche Farbe mir zu Gesicht steht, welche nicht. Welche mich im besten Licht erscheinen läßt.«

Sie blickte zu ihm auf. Marcon hatte urplötzlich das Gefühl, daß sie gar nicht von Farben, sondern von etwas anderem gesprochen hatte. Anscheinend verwendete sie Wörter als eine Art von Hintergrundmusik. Er trat einen Schritt von ihr zurück. Sie sagte: »Sie hätten sich nicht zu entschuldigen brauchen neulich.«

»Entschuldigen?«

Dabei wußte er genau, worauf sie anspielte.

Sie schien es zu erraten und verzichtete auf Erklärungen.

»Äh – ich kann mich nicht erinnern, ob ich das jemals klargestellt habe«, sagte Macon, »aber ich bin noch nicht rechtskräftig geschieden.«

»Und?«

»Ich bin nur – wie nennt man das? Getrennt.«

»Ja? Und?«

Er wollte sagen: *Muriel, sei mir nicht böse, aber seit dem Tod meines Sohnes ist mir Sex vergällt. Hat seine Konsistenz verändert.* (Wie Milch, so dachte er es sich; wie Milch ihre Konsistenz verändert, wenn sie gerinnt und sauer wird.) *Sex kommt mir gar nicht mehr in den Sinn. Wirklich. Ich verstehe nicht mehr, warum man so viel Aufhebens davon gemacht hat. Jetzt finde ich das alles einfach zum Weinen.*

Statt dessen sagte er: »Ich fürchte, der Briefträger kommt bald.«

Sie sah ihn eine Weile an, und dann öffnete sie die Tür, um Edward hereinzulassen.

Rose strickte für Julian als Weihnachtsgeschenk einen Pullover. »Jetzt schon?« fragte Macon. »Erntedank ist doch eben erst vorbei.«

»Ja, aber das Muster ist ausgesprochen schwierig, und ich will es ordentlich machen.«

Macon beobachtete die flink arbeitenden Stricknadeln. »Ist dir noch nie aufgefallen«, sagte er, »daß Julian eigentlich Cardigans trägt?«

»Ja, das dürfte stimmen.«

Aber sie ließ sich nicht vom Stricken ihres Pullovers abhalten. Die Wolle war grau meliert. Sowohl Macon als auch seine Brüder besaßen Pullover in dieser Farbe. Julian hingegen trug meist Pastelltöne oder Marineblau. Julian kleidete sich wie ein Golfspieler. »Er bevorzugt die Sorte mit V-Ausschnitt«, gab er Rose zu bedenken.

»Was nicht heißt, daß er einen hochgeschlossenen nicht anzieht, wenn er ihn bekommt.«

»Schau«, sagte Macon. »Worauf ich hinauswill, ist . . .«
Roses Stricknadeln klapperten ruhig weiter.

»Er ist eigentlich ein rechter Playboy«, sagte er. »Ich weiß nicht, ob dir das klar ist. Und außerdem ist er jünger.«

»Zwei Jahre«, sagte sie.

»Aber er hat einen – wie soll ich es ausdrücken – jüngeren Lebensstil. Junggesellenwohnung und so weiter.«

»Das hat er angeblich alles satt.«

»O Gott.«

»Er sehnt sich angeblich nach Häuslichkeit. Er lobt mein Essen. Er kann es nicht fassen, daß ich ihm einen Pullover stricke.«

»So sieht er aus«, sagte Macon grimmig.

»Laß dir ja nicht einfallen, mir das zu verderben, Macon.«

»Liebes, ich will dich nur vor Enttäuschung bewahren. Was du am Erntedanktag gesagt hast, stimmt nämlich nicht. Es kommt *nicht* nur auf Liebe an. Man muß auch anderes in Betracht ziehen, alle möglichen anderen Sachverhalte.«

»Er hat meinen Truthahn gegessen, und ihm ist nicht schlecht geworden. Zwei große Portionen«, sagte Rose.
Macon ächzte und raufte sich das Haar.

»Zuerst versuchen wir es mit ihm auf einer richtig stillen Straße«, sagte Muriel. »Öffentlich zugänglich, aber nicht zu belebt. Irgendein versteckter, kleiner Laden.«

Sie fuhr ihren langen, grauen Straßenkreuzer. Macon saß vorn neben ihr, und Edward, die Ohren vor Wonne horizontal ausgestreckt, saß hinten. Edward freute sich immer, zu einer Autofahrt eingeladen zu werden, obgleich er bald reizbar wurde. (»Wie lange denn *noch*?« hörte man ihn fast jaulen.) Zum Glück fuhren sie nicht weit.

»Ich habe mir diesen Wagen wegen dem toll riesigen Kofferraum angeschafft«, sagte Muriel. Sie fegte schneidig um eine Biegung. »Den brauche ich für meine Botendienste. Raten Sie mal, was er gekostet hat.«

»Hm...«

»Bloß zweihundert Dollar. Weil er nämlich ein paar Reparaturen gebraucht hat, aber ich habe ihn zu einem Jungen gebracht, der in meiner Straße wohnt. Ich hab' zu ihm gesagt: ›Ich mache dir einen Vorschlag. Du bringst meinen Wagen in Ordnung, und dafür darfst du an drei Abenden in der Woche und den ganzen Sonntag damit fahren.‹ War das nicht eine gute Idee?«

»Sehr einfallsreich«, sagte Macon.

»Ich *mußte* mir etwas einfallen lassen. Seit Norman mich sitzengelassen hat, ging's immer nur von der Hand in den Mund, zum Leben zuwenig, zum Sterben zuviel.« Sie war in eine Parklücke vor einem kleinen Einkaufszentrum hineingefahren, traf aber keine Anstalten, auszusteigen. »Ich bin so manche Nacht wach gelegen und habe mir den Kopf zerbrochen, wie ich Geld verdienen könnte. Es war schon schlimm genug bei freier Unterkunft und Verpflegung, aber nach dem Tod von Mrs. Brimm ist es noch schlimmer geworden. Ihr Sohn hat das Haus geerbt, und ich mußte ihm Miete zahlen. Ihr Sohn ist ein alter Geizkragen. Hat immerzu mehr Geld verlangt. Also sage ich zu ihm: ›Passen Sie auf. Sie lassen die Miete so, wie sie ist, und ich verschone Sie mit der Instandhaltung. Die werde ich selbst übernehmen. Damit sparen Sie sich viel Ärger.‹ Er war einverstanden, aber jetzt sollten Sie mal sehen, was ich mir da eingebrockt habe. Wenn etwas kaputtgeht, was *ich* nicht reparieren kann, dann müssen wir damit leben. Undichtes Dach, verstopfter Ausguß, der Warmwasserhahn tropft, also übersteigt meine Gasrechnung alles Dagewesene, aber es hat wenigstens keine Mieterhöhung gegeben. Und ich habe ungefähr fünfzig Jobs, wenn man sie alle zusammenzählt. In der Beziehung kann ich von Glück reden, könnte man meinen. Ich habe einen Riecher für günstige Gelegenheiten. Wie die Ausbildung beim ›Braven Hund‹ oder ein andermal einen Massagekurs im Christlichen Verein junger Mädchen. Das mit der Massage war ein Reinfall, dafür braucht man angeblich eine Konzession und solchen Kram, aber das mit dem ›Braven Hund‹ hat sich rentiert. Und außerdem möchte ich so einen Materialsichtungs- und Nachschlag-Dienst aufziehen, weil ich ja allerhand mitgekriegt habe, wie ich der Schulbibliothekarin zur Hand gegangen bin. Hab' so rosa Kärtchen beschriftet und im Towson State College herumgereicht: ›Wir sichten – Sie dichten‹, steht drauf. Hab' die Dinger fotokopiert und per Post an jede Maryland-Adresse im Schriftstellerverzeichnis geschickt. ›*Damen und Herren Literaturschaffende*‹, habe ich geschrieben. *Benötigen Sie eine lange, schleichende Krankheit, die eine Romangestalt zuverlässig und ohne häßliche Verunstaltung ins Jenseits befördert?* Bis jetzt hat noch niemand geantwortet, aber ich geb' die Hoffnung nicht auf. Zweimal schon habe ich einen kompletten Urlaub in Ocean City finanziert, indem wir einfach am Strand hin und her gegangen sind und den Leuten die Lunchpakete angeboten haben, die Alexander und ich jeden Morgen in unserem Hotelzimmer hergerichtet haben. Wir haben sie in Alexanders rotem Karren transportiert, und ich hab' gerufen: ›Kalte Getränke! Sandwiches! Treten Sie näher!‹ Und dabei sind die Dauerjobs nicht mitgezählt, das Miau-Wau beispielsweise oder vorher bei Fix-Kopie. Langweiliges, blödes Fix-Kopie; sie haben mir zwar erlaubt, daß ich

Alexander mitbringen darf, aber da waren nur lauter Dokumente und so fades Zeug zu kopieren, eingelöste Schecks und Rechnungen und solcher Kleinkram. Ich war schon total demobilisiert.«

Macon regte sich und sagte: »Meinen Sie nicht etwa demoralisiert?«

»Genau. Wären Sie's nicht? Kopien von Briefen, Kopien von Zeugnissen, Kopien von Artikeln mit Anleitungen, wie man sich günstig eine Hypothek verschafft. Strickanleitungen, Häkelanleitungen, alles kriecht langsam und angeberisch aus der Maschine, wie wenn es weiß Gott was wäre. Dann hab' ich endlich Schluß gemacht. Als das mit der Ausbildung beim ›Braven Hund‹ geklappt hat, habe ich gesagt: ›Ich mache Schluß. Ich hab' die Nase voll!‹ Versuchen wir's doch mal vor dem Gemüseladen.«

Macon war einen Moment lang verwirrt. Dann sagte er: »Oh. Also gut.«

»Sie gehen in den Laden und befehlen Edward, er soll draußen sitzen bleiben. Ich warte hier im Wagen und werde aufpassen, ob er gehorcht.«

»Also gut.«

Er stieg aus und öffnete die hintere Tür, um Edward herauszulassen. Er führte ihn vor die Ladentür. Er klopfte zweimal mit dem Fuß. Edward schaute zwar geplagt drein, legte sich aber nieder. War das menschlich vertretbar angesichts des immer noch nassen Gehsteigs? Macon begab sich widerwillig in den Laden, wo es altmodisch nach braunen Papiertüten roch. Als er hinausschaute, gewahrte er Edwards herzzerreißende Miene; Edward hatte so etwas wie ein verdutztes, banges Lächeln aufgesetzt und ließ die Tür nicht aus den Augen.

Macon wanderte zwischen gestapeltem Obst und Gemüse herum, nahm einen Apfel in die Hand, begutachtete ihn und legte ihn zurück. Dann ging er wieder hinaus. Edward befand sich noch an Ort und Stelle! Muriel war inzwischen aus dem Wagen gestiegen, lehnte nun am Kotflügel und

schnitt Grimassen in eine braune Plastikpuderdose. »Loben
Sie ihn tüchtig!« rief sie und klappte die Puderdose zu.
Macon schnalzte mit der Zunge und tätschelte Edward den
Kopf.

Sie gingen zum Drugstore gleich nebenan. »Diesmal gehen
wir beide hinein«, sagte Muriel.

»Kann man das wagen?«

»Früher oder später müssen wir es versuchen.«

Sie schlenderten an den Regalen mit Haarpflegemitteln vorbei, dann zurück zu den Kosmetika, wo Muriel haltmachte,
um einen Lippenstift auszuprobieren. Macon sah im Geiste
Edward gähnen, aufstehen und weglaufen. Muriel sagte:
»Viel zu rosa.« Sie zog ein Papiertuch aus der Handtasche
und rieb sich das Rosa ab. Ihr eigener Lippenstift blieb haften, als stammte nicht nur die Farbe aus den vierziger Jahren, sondern das ganze Patent – diese glanzlose, teigige Substanz, die an Kopfkissenbezügen, Servietten und den Rändern von Kaffeetassen immer Spuren hinterließ. Sie erkundigte sich: »Was haben Sie morgen zum Dinner vor?«

»Zum –?«

»Kommen Sie und essen Sie bei mir.«

Er blinzelte.

»Kommen Sie doch. Das wird lustig.«

»Äh – «

»Nur zum Essen. Sie, ich und Alexander. Sagen wir, um
sechs. Singleton Street, Nummer sechzehn. Wissen Sie, wo
das ist?«

»Ich glaube kaum, daß ich mich freimachen kann.«

»Überlegen Sie es sich.«

Sie gingen hinaus. Edward war noch da, allerdings auf den
Beinen, und witterte gesträubten Fells in Richtung eines
Chesapeake-Bay-Retrievers, der einen ganzen Häuserblock
entfernt war. »Mist«, sagte Muriel. »Ausgerechnet jetzt, wo
ich gedacht habe, daß es vorwärtsgeht.« Edward mußte sich
auf ihr Geheiß noch einmal legen. Dann durfte er aufstehen,
und sie setzten den Weg zu dritt fort. Macon fragte sich, wie

bald er es anständigerweise wagen konnte, ihr zu sagen, er habe es sich inzwischen überlegt und sich erinnert, daß er anderweitig fest verabredet war. Sie bogen um eine Ecke. »Oh, da, ein Ramschladen!« sagte Muriel. »Meine größte Schwäche.« Sie klopfte mit dem Fuß, Edward legte sich nieder. »Diesmal gehe *ich* hinein«, sagte sie. »Ich will sehen, was die haben. Sie verkrümeln sich irgendwohin und passen auf, daß er nicht aufsteht wie vorhin.«

Sie ging in den Laden, während Macon sich zu den Parkuhren verdrückte. Edward wußte jedoch, wo Macon steckte. Er drehte immer wieder den Kopf nach ihm um und sah ihn flehend an.

Macon konnte sehen, wie Muriel vorn im Laden vergoldete Täßchen ohne Untertasse, angeschlagene grüne Glasvasen und scheußliche, aschenbechergroße Blechbroschen in die Hand nahm und zurücklegte. Dann gewahrte er sie undeutlich hinten im Laden, wo die Kleidungsstücke hingen. Sie tauchte auf und machte sich wieder unsichtbar wie ein Fisch in dunklem Wasser. Plötzlich erschien sie am Eingang und hielt einen Hut hoch. »Macon? Was meinen Sie dazu?« rief sie. Es handelte sich um einen verstaubten beigen Turban, an dessen Stirnseite ein Schmuckstein festgesteckt war, ein falscher Topas, groß wie ein Auge.

»Sehr interessant«, sagte Macon. Er begann allmählich zu frieren.

Muriel verschwand im Laden; Edward seufzte nur und bettete die Schnauze auf die Pfoten.

Ein halbwüchsiges Mädchen ging vorbei – ein Mädchen im Zigeunerlook mit mehreren Schichten von Volantröcken und einem lila Satinranzen, der über und über mit Grateful-Dead-Emblemen beklebt war. Edward spannte die Muskeln an. Er beobachtete jeden ihrer Schritte; er veränderte seine Positur, damit er ihr noch nachschauen konnte. Er gab jedoch keinen Laut von sich, und Macon – selbst gespannt – fühlte sich erleichtert, aber auch ein bißchen enttäuscht. Er war auf blitzschnelles Eingreifen gefaßt gewesen. Urplötzlich wurde es ungewöhnlich still; niemand kam des Weges. Er erlebte eine jener akustischen Täuschungen, denen er manchmal im Flugzeug oder in der Eisenbahn erlag. Er hörte Muriels Stimme, rauh und dünn, drauflosplappern. »Beim nächsten Ton ist es...« Und dann sang sie: »You will find your love in...« Und dann rief sie: »Kalte Getränke! Sandwiches! Treten Sie näher!« Es war, als hätte sie seinen Sinn mit ihren Geschichten durchwoben, ihn mit den feinen, stählernen Fäden ihres Lebenslaufs umsponnen – da war ihre Shirley-Temple-Kindheit; ihre anrüchige Mädchenzeit; Norman, der das Fliegengitter zum Fenster hinauswarf; Alexander, der wie ein Kätzchen maunzte; Muriel, wie sie sich dem Dobermannpinscher entgegenstellte und ihre lachsrosa Empfehlungskarten verteilte und einen Strand entlanghetzte, ganz schlackernde Glieder und flatterndes Haar, und ein rotes Wägelchen voller Lunchpakete hinter sich herzog.

Dann trat sie aus dem Ramschladen. »War viel zu teuer«, sagte sie zu Macon. »Braver Hund.« Sie schnipste mit den Fingern, für Edward das Signal zum Aufstehen. »Jetzt noch einen Test.« Sie ging voraus zum Wagen. »Wir probieren aus, wie es ist, wenn wir beide hineingehen. Und zwar unten beim Doktor.«

»Bei welchem Doktor?«

»Bei Doktor Snell. Ich muß Alexander abholen; ich möchte ihn in die Schule zurückbringen, nachdem ich Sie abgesetzt habe.«

»Wird es lange dauern?«

»Ach wo.«

Sie fuhren in südlicher Richtung; der Motor klopfte jetzt anders, als Macon es vorhin gehört hatte. Muriel parkte vor einem Haus in der Cold Spring Lane und stieg aus. Macon und Edward folgten ihr. »Also, ich weiß nicht, ob er fertig ist oder nicht«, sagte sie. »Wenn nicht, um so besser; dann hat Edward Gelegenheit zum Üben.«

»Haben Sie nicht gesagt, es wird nicht lange dauern?«

Das schien sie nicht gehört zu haben.

Sie ließen Edward auf dem Platz zwischen den Eingangsstufen und der Tür sitzen und begaben sich ins Wartezimmer. Die Sprechstundenhilfe war eine grauhaarige Frau mit flitterbesetzter Brille, die an einer Kette aus imitierten Skarabäen baumelte. Muriel erkundigte sich: »Ist Alexander schon dran?«

»Muß jeden Moment kommen.«

Muriel angelte sich eine Zeitschrift und nahm Platz, Macon blieb stehen. Er hob eine Lamelle der Jalousie an, um nach Edward zu sehen. Ein Mann, der unweit auf einem Stuhl saß, warf ihm einen mißtrauischen Blick zu. Macon kam sich vor wie einem Gangsterfilm entstiegen – wie eine jener zwielichtigen Gestalten, die eine Gardine lüpft, um sich zu überzeugen, ob die Luft rein ist. Er ließ die Lamelle los. Muriel las einen Artikel unter der Überschrift: ›Legen Sie die neuen, sinnlich umschatteten Augen auf!‹ Illustriert mit Bildern von verschiedenen, mißgünstig blickenden Fotomodellen.

»Wie alt ist Alexander, sagen Sie?« fragte Macon.

Sie schaute auf. Ihre Augen, bar jeder kosmetischen Verschönerung, wirkten im Vergleich zu den in der Zeitschrift abgebildeten besorgniserregend nackt.

»Sieben«, antwortete sie.

Sieben.

Mit sieben hatte Ethan radfahren gelernt.

Macon wurde von einer jener Erinnerungen heimgesucht, die einem in die Haut schneiden und die Muskeln überanstrengen. Er spürte, wie ihm der Sitz von Ethans Fahrrad gegen die Hand drückte – der eingebogene hintere Rand, den man festhält, wenn man ein Fahrrad im Gleichgewicht halten will. Er spürte, wie ihm während des Laufens der Gehsteig klatschend an die Sohlen schlug. Er spürte, wie er losließ, den Schritt verlangsamte, stehenblieb, die Arme in die Hüften stützte und rief: »Jetzt hast du's geschafft! Du hast es geschafft!« Und Ethan radelte von ihm fort, stark

214

und stolz und mit geradem Rücken, und sein Haar glänzte im Licht, bis er unter einer Eiche dahinfuhr.

Macon setzte sich neben Muriel. Sie sah ihn schräg an und fragte: »Haben Sie es sich überlegt?«

»Hmm?«

»Haben Sie sich überlegt, ob Sie zum Abendessen kommen wollen?«

»Oh.« Dann sagte er: »Also, ich könnte kommen. Wenn es beim Abendessen bleibt.«

»Was denn sonst?« Sie lächelte ihm zu und warf das Haar zurück.

Die Sprechstundenhilfe sagte: »Hier ist er.«

Gemeint war ein kleiner, weißer, schwächlicher Junge, dessen Schädel wie rasiert aussah. Seine Haut war so straff gespannt, daß man den Eindruck gewann, sie hätte für sein Gesicht sonst nicht ausgereicht; sein Mund war unschön in die Breite gezogen, jeder Knochen und jeder Knorpel trat deutlich hervor. Seine leicht hervorquellenden, rotgeränderten Augen waren hellblau und wimpernlos und wurden von spiegelnden Brillengläsern vergrößert, deren durchsichtige Fassung leider selbst ins Rötliche spielte. Er trug eine Hemd-und-Hose-Kombination in sorgfältig aufeinander abgestimmten Farben, wie sie nur eine Mutter ausgesucht haben konnte.

»Wie war's?« fragte Muriel.

»Okay.«

»Schätzchen, das ist Macon. Sagst du ›Tag‹ zu ihm? Ich trainiere seinen Hund.«

Macon stand auf und streckte die Hand aus. Alexander reagierte mit Verzögerung. Seine Finger fühlten sich an wie welke grüne Bohnen. Er zog die Hand zurück und sagte zu seiner Mutter: »Du mußt einen neuen Termin ausmachen.«

»Versteht sich.«

Sie ließ Macon mit Alexander allein und ging zur Sprechstundenhilfe hinüber. Macon konnte sich nicht vorstellen, daß es auf der Welt etwas gab, worüber er mit diesem Kind

hätte sprechen können. Er strich sich ein Blatt vom Ärmel.
Er zupfte an seinen Manschetten. Er sagte: »Du bist noch so
klein und traust dich ohne deine Mutter zum Doktor?«
Alexander gab keine Antwort, aber Muriel, die wartete,
während die Sprechstundenhilfe im Terminkalender blätterte, drehte sich um und antwortete an seiner Stelle: »Er ist
daran gewöhnt, weil es so oft sein muß. Er hat diese Allergi-
en.«
»Ach so«, sagte Macon.
Ja, er war genau der Typ, der an Allergien litt.
»Er ist allergisch gegen Schellfisch, Milch, Obst von jeder
Sorte, Weizen, Eier und das meiste Gemüse«, sagte Muriel.
Sie nahm von der Sprechstundenhilfe ein Kärtchen entgegen
und steckte es in die Handtasche. Beim Hinausgehen sagte
sie: »Er ist allergisch gegen Staub und Blütenstaub und Farbe, und es besteht einiger Verdacht, daß er auch gegen Luft
allergisch ist. Jedesmal, wenn er längere Zeit draußen ist,
bekommt er an allen unbedeckten Körperstellen solche Beu-
len.«
Sie bedachte Edward mit einem Zungenschnalzen und
schnippte mit den Fingern. Edward sprang auf. »Nicht strei-
cheln«, warnte sie Alexander. »Du weißt nicht, was du von
Hundehaar bekommst.«
Sie stiegen in den Wagen. Macon saß hinten, damit Alexander den Vordersitz einnehmen konnte, von Edward so weit
entfernt wie möglich. Während der Fahrt mußten alle Fenster offenbleiben, damit Alexander nicht in Atemnot geriet.
Muriel rief durch das Windgebrause: »Er ist anfällig für
Asthma, Ekzeme und Nasenbluten. Er braucht ewig Spritzen. Wenn er jemals von einer Biene gestochen wird und sei-
ne Spritzen nicht bekommen hat, kann er in einer halben
Stunde tot sein.«
Alexander drehte langsam den Kopf nach hinten und starrte
Macon an. Er machte ein affektiertes, kritisches Gesicht.
Als sie vor dem Haus hielten, sagte Muriel: »Also, wie haben
wir's? Morgen bin ich ganztags im Miau-Wau...« Sie fuhr

216

sich mit der Hand durchs Haar, das wirr und zerrauft war. »Dann sehe ich Sie wahrscheinlich erst zum Abendessen.«
Macon zermarterte sich den Kopf, wie er ihr beibringen sollte, daß er sich nie zu diesem Abendessen durchringen würde. Er liebte seine Frau. Er vermißte seinen Sohn. Nur diese beiden waren wirkliche Menschen für ihn. Es war zwecklos, sich nach Ersatz umzusehen.

11

Muriel Pritchett, so stand es im Teilnehmerverzeichnis. Kühn und keck: Muriel kam ohne verschämte Initiale aus. Macon machte mit dem Stift einen Kreis um die Nummer. Jetzt war der Anruf fällig. Es war neun Uhr abends. Alexander lag wohl schon im Bett. Macon hob den Hörer ab.
Aber was wollte er bloß sagen?
Am besten freilich, man redete geradeheraus, das war nicht so kränkend; hatte Großmutter Leary ihnen das nicht immer gepredigt? *Muriel, voriges Jahr ist mein Sohn gestorben, und mir scheint, ich bin nicht... Muriel, das hat nichts mit dir persönlich zu tun, aber ich habe wirklich keine... Muriel, ich kann nicht. Ich kann einfach nicht.*
Seine Stimme war anscheinend eingerostet. Er hielt den Hörer ans Ohr, aber in seiner Kehle staken große, scharfkantige Klumpen Rost.
Er hatte eigentlich nie laut ausgesprochen, daß Ethan tot war. Wozu auch; es stand ja in der Zeitung (Seite drei, Seite fünf), Freunde hatten es anderen Freunden erzählt, Sarah hatte herumtelefoniert... Es hatte sich also erübrigt, die Sache beim Namen zu nennen. Wie sollte er es jetzt in Worte kleiden? Vielleicht gelang es ihm, Muriel so weit zu bringen. *Bitte, beenden Sie den Satz: Ich hatte einen Sohn, aber er ist –* »Was ist er?« würde sie fragen. »Ist er zu Ihrer Frau gezogen? Ist er weggelaufen? Ist er gestorben?« Macon würde nicken. »*Wie*

ist er denn gestorben? War es Krebs? War es ein Autounfall? War es ein Neunzehnjähriger mit einer Pistole in einem Burger Bonanza Restaurant?«

Er legte auf.

Er ging und erbat sich von Rose Briefpapier, und sie gab ihm welches aus ihrem Schreibtisch. Er nahm es mit zum Eßzimmertisch, setzte sich und schraubte den Füller auf. *Liebe Muriel*, schrieb er. Und starrte dann das Blatt an.

Komischer Name.

Wer kam schon auf die Idee, ein winziges Neugeborenes Muriel zu nennen?

Er betrachtete den Füller. Es war ein Parker aus Lackarbeit in einem wirbeligen Schildpattmuster und mit einer komplizierten goldenen Schreibfeder, deren Form ihm gefiel. Er betrachtete Roses Briefpapier. Cremefarben. Mit Büttenrand. Bütten! Was für ein ausgefallenes Wort!

Also.

Liebe Muriel,
leider sehe ich mich außerstande, schrieb er, *bei Ihnen zum Dinner zu erscheinen. Es ist etwas dazwischengekommen.* Er unterzeichnete *Mit dem Ausdruck des Bedauerns, Macon.*

Großmutter Leary hätte das nicht gutgeheißen.

Er klebte den Umschlag zu und steckte ihn in die Hemdtasche. Dann ging er in die Küche, wo Rose einen großen Stadtplan mit Reißzwecken an der Wand befestigt hatte.

Während der Fahrt durch das Labyrinth der verschmutzten, holperigen dunklen Straßen im Süden der Stadt fragte Macon sich, wie Muriel sich in dieser Wohngegend sicher fühlen konnte. Es gab zu viele finstere Gäßchen und Treppenschächte voll Unrat und Torwege, die mit zerfledderten Plakaten tapeziert waren. Die vergitterten Läden mit den linkisch beschrifteten Schildern boten Dienstleistungen an, die dubios klangen: SCHECKINKASSO AUF VERTRAUENSBASIS; TINY BUBBA'S EINKOMMENSTEUER, NEUER AUTOLACK INNERHALB EINES TAGES. Selbst noch so spät an diesem kalten Novemberabend lungerten Menschen in den Schatten herum – junge Männer, die aus Flaschen in braunen Papiertüten tranken, ältliche Frauen, die vor einem Kino unter dem Schirmdach stritten, auf dem GESCHLOSSEN zu lesen stand.

Er bog in die Singleton Street ein und entdeckte einen Komplex von Reihenhäusern, an denen man gespart zu haben schien. Die Dächer waren flach, die Fenster ohne Vertiefung in die Wand eingesetzt. Es gab nichts Überflüssiges, keine Materialvergeudung durch Vorsprünge oder Stuckverzierungen, es gab keinerlei Großzügigkeit. Die meisten waren mit Platten verkleidet, aber die Ziegel von Nummer 16 hatte man mit einer gummiartigen kastanienbraunen Farbe gestrichen. Eine orangefarbene insektensichere Birne glomm über dem Vortreppchen.

Er stieg aus dem Wagen und ging die Stufen hinauf. Er öffnete die Außentür aus schartigem Aluminium. Sie rasselte ordinär und kreischte in den Angeln. Er zuckte zusammen. Er zog den Brief aus der Tasche und bückte sich.

»Ich hab' hier drin eine doppelläufige Flinte«, sagte Muriel im Innern des Hauses, »und ich ziele direkt dorthin, wo dein Kopf ist.«

Er richtete sich jäh auf. Sein Herz begann zu hämmern. (Ihre Stimme klang so ruhig, wie sie wohl auch die Flinte hielt.) Er sagte: »Hier ist Macon.«

»Macon?«

Das Schnappschloß klickte, und die Innentür schwang einen Spalt breit auf; ein schmaler Streifen Muriel in einem dunklen Morgenrock wurde sichtbar. Sie sagte: »Macon! Was machen Sie denn hier?«

Er reichte ihr den Brief.

Sie nahm ihn und öffnete ihn, und zwar mit beiden Händen. (Von Flinte keine Spur.) Sie las und blickte Macon an.

Er merkte, daß er es ganz falsch gemacht hatte.

»Voriges Jahr«, sagte er, »ist mein – habe ich – einen Verlust erlitten ... Ja, ich habe meinen ...«

Sie schaute ihm unverwandt ins Gesicht.

»Ich habe meinen Sohn verloren«, sagte Macon. »Man hat ihn ... Er war in einem Hamburger-Lokal, und dann – dann ist jemand gekommen, ein Räuber, und hat ihn erschossen. Ich kann nicht zu anderen Leuten zum Essen gehen! Ich kann mich nicht mit ihren kleinen Jungen unterhalten. Muriel, Sie dürfen mich nicht mehr einladen. Ich möchte Sie nicht kränken, aber das übersteigt meine Kräfte, hören Sie mich?«

Sie faßte ihn behutsam am Handgelenk und zog ihn ins Haus, durch die noch halb geschlossene Tür, so daß er das Gefühl hatte, irgendwo hindurchzuschlüpfen, irgend etwas knapp zu umgehen. Sie schloß die Tür hinter ihm zu. Sie legte die Arme um ihn und drückte ihn an sich.

»Jeden Tag sage ich mir, es ist Zeit, daß ich es endlich verwinde«, sprach er über ihren Kopf hinweg. »Ich weiß, daß alle Leute das von mir erwarten. Früher haben sie ihr Mitgefühl bekundet, aber das ist vorbei; sie erwähnen nicht einmal mehr seinen Namen. Sie meinen, mein Leben sollte endlich weitergehen. Statt dessen wird es immer schlimmer mit mir. Das erste Jahr war wie ein böser Traum – ich stand schon dicht vor seiner Schlafzimmertür, um ihn zu wecken, bevor mir einfiel, daß er nicht da war. Aber dieses zweite Jahr ist Wirklichkeit. Ich gehe nicht mehr an seine Tür. Manchmal lasse ich einen ganzen Tag verstreichen, ohne an ihn zu denken. Dieses Nicht-da-sein ist schrecklicher als das vorherige, irgendwie. Und man sollte meinen, ich suche Zuflucht bei Sarah, aber nein, wir fügen einander bloß Leid zu. Ich bin überzeugt, daß Sarah glaubt, ich hätte irgendwie verhindern können, was geschehen ist – sie ist so daran gewöhnt, daß ich ihr Leben organisiere. Wer weiß, ob all das nicht die Wahrheit über uns ans Tageslicht gebracht hat – wie fremd wir einander sind. Ich fürchte, wir haben geheiratet, *weil* wir einander so fremd sind. Und jetzt bin ich *allen* fremd. Ich habe keine Freunde mehr, und jeder Mensch kommt mir trivial und albern und beziehungslos vor.«

Sie zog ihn durchs Wohnzimmer, wo über einer einsamen, mit Perlen verzierten Leuchte Schatten herrschte und eine aufgeschlagene Illustrierte mit den Titelseiten nach oben auf der Couch lag. Sie führte ihn die Treppe hinauf und durch den Flur in ein Schlafzimmer mit einem Eisenbett und einer orangefarben lackierten Kommode.

»Nein «, sagte er. »Warten Sie. Das will ich nicht.«

»Sie sollen nur schlafen«, sagte sie. »Sich hinlegen und schlafen.«

Sie zog ihm den Dufflecoat aus und hängte den Mantel an einen Haken in dem Wandschrank hinter einem Vorhang aus geblümtem Kattun. Sie kniete nieder und löste ihm die Schnürsenkel. Er streifte die Schuhe folgsam ab. Sie erhob sich, um ihm das Hemd aufzuknöpfen, und er ließ es mit baumelnden Armen über sich ergehen. Sie hängte seine Hose über eine Stuhllehne. Er sank in der Unterwäsche aufs Bett, und sie deckte ihn mit einer dünnen, lappigen Steppdecke zu, die nach Schweineschmalz roch.

Dann hörte er sie im Haus umhergehen, Lampen ausknipsen, Wasser laufen lassen, in einem anderen Zimmer murmeln. Sie kam zurück und stellte sich vor die Kommode. Ohrringe wurden leise klingelnd in eine Schale gelegt. Ihr Morgenrock war alt und aus brüchiger Seide im Farbton tiefdunklen Sherrys. Eine Kordel hielt ihn in der Taille zusammen, die Ärmel waren an den Ellbogen ungeschickt gestopft. Sie drehte die Lampe aus. Dann kam sie herüber zum Bett, hob die Steppdecke an und glitt darunter. Er war nicht überrascht, als sie sich an ihn drängte. »Ich will nur schlafen«, sagte er. Aber da war diese faltige Seide. Er fühlte, wie kühl und fließend die Seide war. Er legte die Hand auf ihre Hüfte und fühlte ihre zwei Schichten, Kühle über Wärme. Er sagte: »Willst du das nicht ausziehen?«

Sie schüttelte den Kopf. »Ich geniere mich«, flüsterte sie, doch gleich darauf, als wollte sie es in Abrede stellen, drückte sie den Mund an seinen Mund und schlang die Arme um ihn.

221

In der Nacht hörte er ein Kind husten und tauchte widerstrebend durch Traumschichten empor, um nachzusehen. Er war jedoch in einem Raum mit einem einzigen hohen, blauen Fenster, und das Kind war nicht Ethan. Er drehte sich auf die andere Seite und entdeckte Muriel. Sie seufzte im Schlaf, nahm seine Hand und legte sie sich auf den Bauch. Der Morgenrock war auseinandergeklafft; er fühlte glatte Haut und dann einen welligen Wulst, der quer über ihren Unterleib verlief. Der Kaiserschnitt, dachte er. Und als er wieder in seine Träume zurücksank, war ihm, als hätte sie so gut wie laut gesprochen. *Was deinen Sohn betrifft,* schien sie zu sagen: *Leg einfach die Hand her. Auch ich habe eine Narbe. Wir alle haben Narben. Du bist nicht der einzige.*

12

»Ich versteh' dich nicht«, sagte Rose zu Macon. »Erst sagst du, ja, du bleibst den ganzen Nachmittag hier, und dann sagst du wieder nein. Wie soll ich planen, wenn du so sprunghaft bist?«
Sie faltete gerade Leinenservietten, die sie auf dem Tisch stapelte, in Vorbereitung ihres alljährlichen Tees für die alten Leute. Macon entgegnete: »Tut mir leid, Rose, daß es dir so viel ausmacht.«
»Gestern abend hast du etwas zu essen verlangt, und dann bist du nicht hiergewesen. An drei verschiedenen Tagen in den letzten zwei Wochen wollte ich dich zum Frühstück herunterholen und mußte feststellen, daß du gar nicht in deinem Bett geschlafen hast. Meinst du, ich mache mir keine Sorgen? Es hätte ja wer weiß was geschehen sein können.«
»Ich habe doch gesagt, es tut mir leid.«
Rose glättete den Serviettenstapel.
»Man merkt gar nicht, wie die Zeit vergeht«, sagte er. »Du

weißt, wie das ist. Ich meine, zuerst habe ich gar nicht die Absicht, wegzugehen, aber dann denke ich mir: ›Ach, vielleicht nur ganz kurz‹, und eh ich's mich versehe, wird es so spät, viel zu spät zum Autofahren, und ich denke mir ›Ach was...‹«

Rose wandte sich rasch ab und ging zur Anrichte. Sie begann, Löffel zu zählen. »Ich frage nicht nach deinem Privatleben«, sagte sie.

»Mir ist aber ganz so.«

»Ich muß lediglich wissen, wieviel Essen ich kochen soll, das ist alles.«

»Ich könnte es dir nicht verdenken, wenn du neugierig wärst«, sagte Macon.

»Ich muß lediglich wissen, wie viele Frühstücksportionen ich anrichten soll.«

»Glaubst du, ihr drei könnt mir etwas vormachen? Wann immer sie wegen Edward hier ist, kommen alle zum Vorschein. Schleichen durchs Wohnzimmer – ›Suche nur die Kneifzange, laßt euch nicht stören!‹ Fegen die ganze Veranda, sobald wir Edward spazieren führen.«

»Kann ich etwas dafür, daß die Veranda schmutzig war?«

»Ich will dir eines verraten«, sagte er. »Morgen abend bin ich bestimmt zum Essen da. Das verspreche ich dir. Du kannst dich darauf verlassen.«

»Ich verlange nicht von dir, daß du bleibst, wenn du nicht willst.«

»Natürlich will ich! Nur heute abend gehe ich weg«, sagte er. »Aber nicht für lange, das weiß ich schon jetzt. Wetten, daß ich vor zehn zu Hause bin?«

Doch er hörte selbst, wie unwahr und seicht das klang, und er sah, wie Rose den Blick senkte.

Er kaufte eine große Pizza »mit allem« und nahm sie im Wagen mit in die Stadt. Der Duft machte ihn so hungrig, daß er bei jedem Rotlicht ein Stückchen vom Belag naschte – ein Zipfelchen Pepperoni, ein Sichelchen Champignon. Seine

Finger wurden ganz klebrig, aber er fand sein Taschentuch nicht. So wurde auch das Lenkrad gewissermaßen im Handumdrehen klebrig. Vor sich hin summend, fuhr er vorbei an Autoreifenhandlungen, Spirituosenhandlungen, Schuh-Discount-Handlungen, an der Firma »Neueste Modeartikel«. Er kürzte sich den Weg durch ein Gäßchen ab und holperte zwischen zwei Reihen von Hinterhöfen dahin – winzige Gevierte, angefüllt mit Schaukeln und verrosteten Autoteilen und verkümmerten, gefrorenen Sträuchern. Er bog in die Singleton Street ein und hielt hinter einem Pritschenwagen voller verschimmelter Teppichrollen.

Die Zwillingstöchter des Nachbarn hockten auf dem Vortreppchen ihres Hauses – auffällige Sechzehnjährige in Jeans, die so stramm saßen wie Wursthäute. Zum Draußensitzen war es eigentlich zu kalt, aber das war kein Hinderungsgrund für sie. »Hallo, Macon«, leierten sie herunter.

»Hallo, ihr beiden.«

»Sie gehen Muriel besuchen?«

»Das hab' ich vor.«

Die Pizza waagerecht haltend, stieg er Muriels Stufen hinauf und klopfte an die Tür. Debbie und Dorrie ließen ihn nicht aus den Augen. Er zeigte ihnen breitlächelnd die Zähne. Die beiden paßten gelegentlich auf Alexander auf; er mußte nett zu ihnen sein. Alexander wurde anscheinend von der halben Nachbarschaft gehütet. Macon hatte Muriels weitverzweigte Dispositionen noch immer nicht durchschaut.

Alexander war's, der die Tür öffnete. »Der Pizza-Mann ist da!« meldete Macon.

»Mama telefoniert«, sagte Alexander lapidar. Er drehte sich um und trapste, sich die Brille zurechtrückend, zur Couch. Er hatte offenbar ferngesehen.

»Extra groß mit allem außer Anchovis.«

»Ich bin allergisch gegen Pizza.«

»Gegen welchen Teil?«

»Eh?«

»Gegen welchen Teil bist du allergisch? Gegen die Peppero-

ni? Die Salami? Die Champignons? Die können wir wegneh-
men.«

»Gegen alles«, sagte Alexander.

»Du kannst nicht gegen alles allergisch sein.«

»Bin ich aber.«

Macon ging in die Küche. Muriel stand mit dem Rücken zu
ihm am Telefon und sprach mit ihrer Mutter. Das erkannte
er an ihrem hohen, traurigen, vorwurfsvollen Stimmklang.
»Du fragst gar nicht, wie es Alexander geht? Willst du denn
nichts über seinen Hautausschlag erfahren? Ich erkundige
mich immer, wie es um *deine* Gesundheit steht, warum
erkundigst du dich also nie nach der unseren?«

Er trat geräuschlos hinter sie. »Du hast nicht mal gefragt,
wie es bei seinem Augenarzt ausgegangen ist«, sagte sie,
»und ich hab' mir deswegen solche Sorgen gemacht. Manchmal könnte ich schwören, daß du ihn überhaupt nicht für
deinen Enkel hältst! Wie ich mir damals den Knöchel verrenkt hab', als ich aus dem Schuh gekippt bin und dich angerufen habe, ob du auf ihn aufpassen kannst, was hast du da
gesagt? Hast gesagt: ›Damit wir uns richtig verstehen. Du
verlangst also, ich soll das ganze Stück Wegs bis zu dir ins
Haus kommen.‹ Man könnte meinen, Alexander geht dich
überhaupt nichts an!«

Macon stellte sich vor sie und präsentierte ihr die Pizza.
»Tada!« flüsterte er. Sie blickte auf und schenkte ihm ihr
typisches, kesses Lächeln – ein dekoratives viktorianisches
V.

»Ma«, sagte sie, »ich muß jetzt aufhören – Macon ist da!«

Es war lange, lange her, daß jemand ihm so einen Empfang
bereitet hatte.

Am Montagnachmittag fuhr er zu Julian ins Büro und lieferte den fertiggestellten Teil des USA-Ratgebers ab. »Damit ist
der Nordwesten erledigt«, sagte er. »Als nächstes gedenke
ich mir den Süden vorzunehmen.«

»Gut«, stimmte Julian zu. Er bückte sich hinter den Schreibtisch und kramte in einer Schublade. »Ausgezeichnet. Ich

möchte dir etwas zeigen, Macon. Also wo zum Teufel – ah.«

Er richtete sich geröteten Gesichts auf und reichte Macon eine winzige blausamtene Schatulle. »Das Weihnachtsgeschenk für deine Schwester.«

Macon klappte den Deckel zurück. Drinnen lag, auf weißen Satin gebettet, ein Brillantring. Macon sah Julian an.

»Was ist das?« fragte er.

»Was ist *was*?«

»Ich meine, ist das ein ... Wie würdest du es nennen – Dinnerring? Oder soll das vielmehr ...«

»Das ist ein Verlobungsring, Macon.«

»Ein Verlobungsring?«

»Ich will sie heiraten.«

»Du willst Rose heiraten?«

»Was ist daran so verwunderlich?«

»Tja, ich –«, sagte Macon.

»Falls sie einverstanden ist, heißt das.«

»Was, du hast sie noch nicht gefragt?«

»Ich frage sie zu Weihnachten, wenn ich ihr den Ring überreiche. Ich will das machen, wie es sich gehört. Altmodisch. Glaubst du, sie nimmt mich?«

»Also, das weiß ich wirklich nicht.« Macon war leider überzeugt, daß sie ihn sehr wohl nehmen würde, aber eher sollte ihn der Teufel holen, bevor er ihm das eingestand.

»Sie muß«, sagte Julian. »Ich bin sechsunddreißig Jahre alt, Macon, aber ich sage dir, ich bin in diese Frau verknallt wie ein Schuljunge. Sie hat alles, was diese Mädchen in meinem Appartementhaus nicht haben. Sie ist so – echt. Soll ich dir was verraten? Ich habe noch nicht mal mit ihr geschlafen.«

»Davon will ich lieber nichts hören«, sagte Macon hastig.

»Ich möchte, daß wir eine richtige Hochzeitsnacht haben«, fuhr Julian fort. »Ich möchte alles richtig machen. Ich möchte in eine richtige Familie einheiraten. Gott, Macon, ist es nicht erstaunlich, wie zwei einzelne Leben sich verknüpfen

226

können? Ich meine, zwei *Verschiedenartigkeiten?* Was hältst
du von dem Ring?«
Macon antwortete: »Ist schon okay.« Er sah den Ring an.
Dann sagte er: »Er ist sehr hübsch, Julian«, schloß das
Schächtelchen behutsam und gab es zurück.

»Also, das ist kein reguläres Flugzeug«, belehrte Macon
Muriel. »Damit du dir keine falschen Vorstellungen machst.
Das hier ist ein sogenanntes Pendelflugzeug. Das ist eine
Maschine, mit der ein Geschäftsmann schnell mal in die
nächste größere Stadt einen Tagesausflug macht, dort ein
paar Geschäfte erledigt und wieder zurückfliegt.«
Das Flugzeug, von dem er sprach – ein kleines fünfzehnsitzi-
ges, einem Moskito nicht unähnlich –, stand gleich vor der
Tür des Warteraums. Ein Mädchen in einem Parka verstaute
gerade Gepäckstücke darin. Ein Junge überprüfte etwas an
den Tragflächen. Diese Fluglinie wurde offenbar von Min-
derjährigen betrieben. Sogar der Pilot wirkte auf Macon wie
ein Teenager. Er kam in den Warteraum, eine Klemmtafel im
Arm. Er verlas eine Namensliste. »Marshall? Noble?
Albright?« Die Passagiere traten einer nach dem anderen
vor – insgesamt acht bis zehn. Der Pilot sagte zu jedem einzelnen: »Na, wie geht's, wie steht's?« Am längsten ließ er den
Blick auf Muriel ruhen. Entweder fand er sie ausnehmend
attraktiv, oder er war von ihrer Aufmachung geblendet. Sie
trug ihre Schuhe mit den höchsten Absätzen, dazu schwarze,
gemusterte Strümpfe mit durchbrochenen Rosen und einen
frechen, fuchsiaroten Fummel unter einer flauschigen Jacke,
die sie als ihren »Fun Fur« bezeichnete. Sie hatte das Haar
ganz nach einer Seite zu einem großen Tuff von Gestruwwel
frisiert, und ihre Augenlider waren silbrig bestäubt. Macon
wußte sehr wohl, daß sie des Guten zuviel getan hatte, doch
zugleich freute es ihn, daß ihr der Anlaß den Aufwand wert
war.
Der Pilot öffnete und arretierte die Tür, und sie folgten ihm
hinaus, über einen schmalen Streifen Beton und zwei wacke-

lige Stufen hinauf ins Flugzeug. Macon mußte sich tief bük-
ken, als er durch den Mittelgang ging. Sie schoben sich zwischen zwei Reihen von Einzelsitzen vorwärts, die in ihrer
Dürftigkeit Klappstühlen glichen. Sie fanden zwei freie,
allerdings durch den Gang getrennte Plätze nebeneinander
und setzten sich. Andere Passagiere drängten sich schnaufend und überall aneckend an ihnen vorbei. Als letzter kam
der Copilot, der runde, weiche Babywangen hatte und eine
Dose Diät-Pepsi in der Hand hielt. Er schlug die Tür hinter
sich zu und begab sich nach vorn zu den Instrumenten. Das
Cockpit war nicht einmal durch einen Vorhang abgetrennt.
Macon brauchte sich nur in den Gang hinauszubeugen und
sah das Armaturenbrett mit all den Schaltern und Meßin-
strumenten vor sich, den Piloten, der seine Kopfhörer
zurechtrückte, und den Copiloten, der einen letzten Schluck
trank und die leere Dose auf den Boden stellte.
»Also, in einem größeren Flugzeug«, rief Macon zu Muriel
hinüber, während die Motoren aufbrüllten, »merkt man
kaum, daß es abhebt. Aber hier halt dich lieber fest!«
Muriel, die Augen weit aufgerissen, nickte und klammerte
sich an den Sitz vor ihr. »Was ist das für ein Licht, das vor
dem Piloten blinkt?« fragte sie.
»Ich weiß nicht.«
»Was ist das für eine Nadel, die dort immerzu rundum
läuft?«
»Ich weiß nicht.«
Er merkte, daß er sie enttäuscht hatte. »Ich bin Jets gewöhnt,
nicht solches Spielzeug«, erklärte er. Sie nickte abermals,
gab sich damit zufrieden. Macon mußte sich eingestehen,
daß er wirklich ein welterfahrener und weitgereister Mann
war.
Das Flugzeug setzte sich in Bewegung. Jeder Kieselstein auf
der Rollbahn brachte es zum Rütteln; bei jeder Erschütterung lief ein Knistern durchs Rumpfwerk. Die Maschine
kam in Fahrt. Die Besatzung, plötzlich ganz professionelle
Würde, nahm an den Instrumenten komplizierte Manipula-

tionen vor. Die Räder hoben vom Boden ab. »Oh!« rief Muriel und wandte sich, übers ganze Gesicht strahlend, Macon zu.

»Wir sind gestartet«, sagte er.

»Ich fliege!«

Die Maschine stieg – mit einiger Mühe, wie es Macon schien – und flog aufwärts über die Felder, die an den Flugplatz grenzten, über ein Wäldchen und ein Häusernetz. Aufstellbare Planschbecken tüpfelten die Hinterhöfe hie und da wie hellblaue Heftzwecken. Muriel drückte sich so eng an ihr Fenster, daß sich ihr Atem als runder Hauch an der Scheibe niederschlug. »Sieh nur!« sagte sie zu Macon, und dann sagte sie noch etwas, was er nicht hörte. Die Motoren dieses Flugzeugs waren laut und mißtönend, und die Pepsi-Dose rollte scheppernd herum, und zudem schrie der Pilot dem Copiloten etwas über seinen Kühlschrank zu. »Ich wache also mitten in der Nacht auf«, brüllte er, »und das verfluchte Ding poltert und ballert – «

Muriel sagte: »Das wäre ein Spaß für Alexander!«

Macon hatte zwar noch nie erlebt, daß Alexander an irgend etwas Spaß gehabt hätte, aber er sagte pflichtschuldig: »Wir müssen ihn gelegentlich mitnehmen.«

»Wir müssen überhaupt ganz oft verreisen! Frankreich und Spanien und die Schweiz...«

»Tja«, sagte Macon, »das kostet aber eine ganze Kleinigkeit.«

»Also dann bloß Amerika. Kalifornien, Florida...«

Kalifornien und Florida kosteten auch allerhand, hätte Macon einwenden sollen (und Florida war in seinen Reiseführern gar nicht vorgesehen), doch im Moment ließ er sich von ihren Zukunftsvisionen mitreißen. »Schau!« rief sie und deutete auf etwas. Macon beugte sich über den Gang vor, um zu sehen, was sie meinte. Diese Maschine flog so niedrig, als orientierte sie sich an Wegweisern; er sah zum Greifen nahe Ackerland, Waldungen, Hausdächer. Unvermittelt kam ihm zum Bewußtsein, daß sich unter jedem dieser kleinen Dächer gegenwärtig Leben verbarg. Natürlich hatte er das seit jeher gewußt, doch mit einemmal verschlug es ihm den Atem. Er begriff, wie wirklich dieses Leben für die Menschen war, die es lebten – wie randvoll und individuell und auslastend. Er blickte offenen Mundes an Muriel vorbei. Das, worauf sie ihn hatte hinweisen wollen, war inzwischen wohl längst zurückgeblieben, aber er starrte nach wie vor aus ihrem Fenster.

Porter und die anderen redeten über Geld. Vielmehr – Porter redete über Geld, und die anderen hörten mit halbem Ohr zu. Porter plante schon für die nächste Einkommensteuer voraus. Er interessierte sich für etwas, was mit Hühnern zu tun hatte und im Börsenjargon »Stellagegeschäft« hieß. »Das funktioniert so«, sagte er. »Man investiert jetzt gleich, vor Jahresende, in Küken. Setzt die Kosten für Futter und dergleichen ab. Dann verkauft man die ausgewachsenen Hühner und streicht den Profit ein.«
Rose runzelte die Stirn. »Küken sind aber so anfällig für Erkältungen. Oder nennt man das Staupe? Und im Dezember und Januar ist es hier nicht besonders warm.«
»Die Hühner wären nicht hier in Baltimore, Rose. Gott weiß, wo sie wären. Ich meine, diese Hühner bekommt man gar nicht zu sehen. Sie sind nur ein Mittel, Steuern zu sparen.«
»Also, ich weiß nicht recht«, sagte Charles. »Ich lasse mich nicht gern in Sachen ein, die von anderen Leuten geregelt werden. Man muß sich auf anderer Leute Wort verlassen, daß diese Hühner überhaupt existieren.«
»Ihr habt keine Phantasie, Leute«, stellte Porter fest.
Alle drei standen um den Spieltisch in der Glasveranda herum, mit der Fertigstellung von Roses Weihnachtsgeschenk für Liberty beschäftigt. Rose hatte einen Anbau für Libertys Puppenhaus gebastelt – eine Garage und ein Gästezimmer darüber. Die Garage sah überzeugend unordentlich aus. Winzige Holzspäne bedeckten den Boden vor einem Stapel

zündholzgroßer Holzscheite, und ein Röllchen grünen Drahts täuschte perfekt einen Gartenschlauch vor. Jetzt arbeiteten sie am Obergeschoß. Rose stopfte ein Sofakissen von der Größe einer Aspirintablette aus. Charles schnitt ein Stück Tapete aus einem Musterbuch. Porter bohrte Löcher für die Vorhangstangen. Sie hatten kaum noch Bewegungsfreiheit; deshalb hielt Macon, der eben erst mit Edward hereingekommen war, sich abseits und beschränkte sich aufs Zuschauen.

»Außerdem«, sagte Charles, »sind Hühner, scheint mir, wirklich keine Klassetiere. Es wäre mir höchst unangenehm, mich als Hühnerbaron ausgeben zu müssen.«

»Du brauchst ja nicht zu erwähnen, daß du einer bist«, sagte Porter.

»*Rinder*baron hingegen – das ließe ich mir eingehen. Rinder klingt ungleich besser.«

»Eine Rinderstellage wird leider nicht offeriert, Charles.«

Macon nahm einige Farbfotos in die Hand, die neben dem Tapetenbuch lagen. Das oberste Foto zeigte ein Fenster in einem Raum, den er nicht kannte – ein Fenster mit weißem Rahmen und Läden, mit jalousieartig angeordneten Schlitzen in der unteren Hälfte. Das zweite war eine Gruppenaufnahme. Vier Personen – unscharf, verwischt – standen aufgereiht vor einer Couch. Die Frau hatte eine Schürze umgebunden, die Männer steckten in schwarzen Anzügen. Ihre Haltung hatte etwas Gekünsteltes. Sie standen allzu ausgerichtet da, jeder für sich, ohne einander zu berühren. »Wer *sind* diese Leute?« fragte Macon.

Rose warf einen Blick herüber. »Das ist die Familie aus Libertys Puppenhaus«, sagte sie.

»Oh.«

»Ihre Mutter hat mir die Bilder geschickt.«

»Eine Familie, die nur aus Erwachsenen besteht?«

»Der eine ist ein Junge; man erkennt es bloß nicht; und einer ist der Opa oder der Butler. June sagt, Liberty verwendet ihn mal so und mal so.«

Macon legte die Fotos aus der Hand, ohne die restlichen angesehen zu haben. Er kniete nieder und streichelte Edward. »Ein Rinderstellagegeschäft«, sagte Charles versonnen. Macon bekam plötzlich Sehnsucht nach Muriels Haus. Er schlang die Arme um Edward und bildete sich ein, tief in Edwards Fell ihren herben Duft zu riechen.

Oh, er war vor allem und in erster Linie ein ordnungsliebender Mensch. Am glücklichsten fühlte er sich, wenn alles seinen geregelten Gang nahm. Er neigte dazu, immer wieder das gleiche zu essen und dasselbe anzuziehen, an dem einen festgelegten Tag seine Sachen in die Reinigung zu bringen und an dem anderen sämtliche Rechnungen zu bezahlen. Der Schalterdame, die ihn bei seinem ersten Bankbesuch beraten hatte, hielt er allzeit die Treue, selbst wenn sie sich als unzulänglich erwies, selbst wenn die Schlange vor dem benachbarten Schalter kürzer war. In seinem Leben gab es keinen Platz für eine so unberechenbare Person wie Muriel. Oder eine so überspannte. Oder eine so – nun ja, unausstehliche, manchmal.

Daß sie so jung war, zog ihn nicht an, sondern beunruhigte ihn. Sie erinnerte sich kaum mehr an Vietnam und verband auch keine Erinnerungen mit der Zeit, als Kennedy erschossen wurde. Ihretwegen machte er sich Gedanken über sein eigenes Alter, das ihm zuvor nichts ausgemacht hatte. Er merkte, wie steif er sich nach längerem Sitzen in unveränderter Haltung bewegte; wie er seinen Rücken schonte, immer auf einen Hexenschuß gefaßt; daß »einmal« durchaus genug war, wenn er mit ihr schlief.

Und sie redete so viel – fast pausenlos; dabei gehörte Macon zu den Menschen, die Stille mehr genossen als Musik. (»Horch! Sie spielen mein Lied«, hatte seine ständige Redensart gelautet, wenn Sarah das Radio ausschaltete.) Sie redete über Rouge, Entkräuselungspräparate, Cellulite, Rocklängen und Winterteint. Sie interessierte sich für Äußerlichkeiten, einzig und allein für Äußerlichkeiten: für

Lippenstiftfarben und Nagelvlies und Gesichtsmasken und gespaltene Haarspitzen. Einmal, an einem ihrer sympathischeren Tage, machte er ihr ein Kompliment über ihr Aussehen, und sie geriet so in Verwirrung, daß sie über den Randstein stolperte. Sie fragte, ob es daran liege, daß sie sich das Haar zurückgebunden hatte, und ob es am Haar selbst liege oder an dem Band oder eher an der Farbe des Bandes, die, wie sie schon befürchtet habe, vielleicht ein bißchen zu grell sei und schlecht zu ihrem Teint passe. Und ob er ihr Haar nicht auch zum Verzweifeln finde, wo es bei jedem bißchen Feuchtigkeit gleich so aufquelle? Bis er es bereute, überhaupt etwas gesagt zu haben. Er hatte das alles so satt.

Und doch brachte sie es manchmal fertig, ihn mitten ins Herz zu treffen. Gewisse Eindrücke, die er von ihr bei gewissen Gelegenheiten gewann, unbedeutende Momente, huschten an seinem geistigen Auge vorbei: Muriel am Küchentisch, die Füße in den Sprossen des Stuhls eingehängt, beim Ausfüllen eines Teilnahmescheins für ein Preisausschreiben, bei dem es eine Besichtigungstour (alles gratis) durch Hollywood zu gewinnen gab. Muriel, während sie zu ihrem Spiegel »Ich seh' einfach verboten aus« sagte – nachgerade ein Abschiedsritual. Muriel beim Geschirrspülen, die Hände in großen rosa Gummihandschuhen mit scharlachroten Fingernägeln, wie sie einen schaumbedeckten Teller herausfischte, leichtfertig zum Nachspülbecken hinüberschwenkte und dazu eines ihrer Lieblingslieder schmetterte – »War Is Hell on the Home Front Too« oder »I Wonder If God Likes Country Music«. (*Sie* liebte jedenfalls diese Art von Musik – lange Klagegesänge über den steinigen Pfad des Lebens, über kalte, graue Gefängnismauern, über das leichte, seichte Herz eines scheinheiligen Mannes.) Und Muriel am Fenster des Krankenhauses, wie er sie in Wirklichkeit nie gesehen hatte, einen Mop in der Hand und den Blick auf die unten ankommenden Verletzten gerichtet.

Dann wußte er, daß ihre Lebensgewohnheiten das Ausschlaggebende waren; daß er, obwohl er sie nicht liebte, das Überraschende an ihr liebte und auch das Überraschende an sich selbst, wenn er mit ihr zusammen war. In dem fremden Land namens Singleton Street war er ein völlig anderer Mensch. Diesen Menschen hatte man noch nie der Borniertheit verdächtigt, niemals der Gefühlskälte bezichtigt; diesen Menschen verspottete man höchstens wegen seiner Weichherzigkeit. Und dieser Mensch war alles andere als ordnungsliebend.

»Komm doch mit zum Weihnachtsdinner bei meinen Eltern, magst du nicht?« fragte sie ihn.

Macon kauerte gerade in der Küche unter dem Spülbecken und schloß das Ventil. Zunächst gab er keine Antwort; dann kam er hervor und sagte: »Bei deinen Eltern?«

»Zum Weihnachtsdinner.«

»Ach, ich weiß nicht.«

»Komm, Macon, bitte sag ja! Ich möchte, daß du sie kennenlernst. Ma glaubt, ich habe dich erfunden. ›Du hast ihn erfunden‹, behauptet sie. Du weißt, wie sie ist.«

Ja, Macon wußte es, wenigstens aus zweiter Hand, und er konnte sich lebhaft vorstellen, wie es bei diesem Dinner zugehen würde. In die Falle gegangen. Lauter versteckte Sticheleien und Kränkungen. Im Grunde wollte er bloß nichts damit zu tun haben.

Anstatt zu antworten, wandte er seine Aufmerksamkeit Alexander zu. Er versuchte, Alexander beizubringen, wie man einen Wasserhahn repariert. »Also«, sagte er, »du hast gesehen, daß ich das Ventil geschlossen habe. Warum habe ich das getan?«

Die einzige Reaktion war ein glasiger, starrer Blick. Das hatte Macon sich ausgedacht, nicht Alexander. Alexander war wie ein Sack voller Steine vom Fernseher weggeholt, auf einen Küchenstuhl verfrachtet und instruiert worden, genau aufzupassen. »Oh«, sagte Muriel, »ich weiß nicht, ob das etwas bringt. Er ist nicht besonders kräftig.«

»Man braucht kein Tarzan zu sein, um einen Wasserhahn reparieren zu können, Muriel.«

»Das nicht, aber trotzdem ...«

Macon fragte sich bisweilen, ob Alexanders Wehwehchen nicht nur in Muriels Einbildung existierten.

»Warum habe ich das Ventil geschlossen, Alexander?« Er ließ nicht locker.

Alexander sagte: »Warum.«

»Das erklärst du mir jetzt.«

»Das erklärst *du* mir jetzt.«

»Nein, du«, sagte Macon fest.

Eine peinliche Weile lang sah es so aus, als wollte Alexander den glasigen Blick bis in alle Ewigkeit durchhalten. Er saß c-förmig auf dem Stuhl, Kinn auf die Hand gestützt, Augen ausdruckslos. Die Schienbeine, die aus seiner Hose hervorschauten, waren dünn wie Spargel, und seine braunen Schuhe, die er vor allem zur Schule trug, wirkten sehr groß und schwer. Schließlich sagte er: »Damit das Wasser nicht überall hinplatscht.«

»Richtig.«

Macon hütete sich, von seinem Sieg allzu viel herzumachen.

»Also, hier tropft es nicht aus dem Schnabel, sondern da, wo der Griff sitzt«, sagte er. »Folglich muß man den Griff herunternehmen und die Dichtung erneuern. Zuerst schraubt man die oberste Schraube heraus. Komm, mach das.«

»Ich?«

Macon nickte und hielt ihm den Schraubenzieher hin.

»Ich will nicht«, sagte Alexander.

»Laß ihn bloß zuschauen«, schlug Muriel vor.

»Wenn er bloß zuschaut, dann weiß er nachher auch nicht, wie er den Hahn im Bad richten soll, und ich wollte ihn gleich beauftragen, das ohne meine Hilfe zu bewerkstelligen.«

Alexander nahm den Schraubenzieher mit einer seiner kleinen, sparsamen Bewegungen, die ein Minimum an Raum beanspruchten. Er rutschte schubweise vom Stuhl und kam zum Ausguß herüber. Macon zog einen anderen Stuhl dicht heran, und Alexander kletterte hinauf. Dann ergab sich das Problem, den Schraubenzieher in die Rille der Schraube einzupassen. Es dauerte endlos. Er hatte winzige Finger, die in rötlichen Pölsterchen über bis zum Fleisch abgekauten Nägeln ausliefen. Er konzentrierte sich, die Brille rutschte ihm auf die Nase. Er, der immer durch den Mund atmete, biß sich jetzt auf die Zunge und keuchte ein wenig.

»Wunderbar«, sagte Macon, als der Schraubenzieher endlich Halt fand.

Er glitt bei der geringsten Drehung aber immer wieder ab und mußte erneut angesetzt werden. Macons Magenmuskeln zogen sich zusammen. Muriel schwieg ausnahmsweise, aber es war ein erzwungenes und ängstliches Schweigen. Dann machte Macon »Ah!«. Die Schraube hatte sich so weit gelockert, daß Alexander sie mit der Hand herausdrehen konnte. Er schaffte das verhältnismäßig leicht. Er entfernte sogar unaufgefordert den Griff. »Sehr gut«, lobte Macon. »Ich glaube fast, du bist ein Naturtalent.«

Muriel entspannte sich. An die Arbeitsplatte gelehnt, sagte sie: »Bei meinen Eltern gibt's das Weihnachtsdinner am Tag. Ich meine, nicht zu Mittag, aber auch nicht am Abend, eher so mitten am Nachmittag oder wie dieses Jahr eigentlich am späten Nachmittag, weil ich im Miau-Wau Frühschicht habe und – «

»Sieh dir das an«, sagte Macon zu Alexander. »Siehst du dieses Zeug? Das ist die alte, verrottete Dichtung. Hol sie heraus. Richtig. Und hier haben wir die neue Dichtschnur. Die wickelst du da herum, und zwar noch ein bißchen mehr, als nötig ist. Zeig, was du kannst!«

Alexander wickelte, wie ihm geheißen. Seine Finger wurden weiß vor Anstrengung. Muriel fuhr fort: »Meistens haben wir eine Gans. Die besorgt mein Daddy. Oder magst du keine Gans? Möchtest du lieber einfach Truthahn? Oder Ente? Was ißt du denn immer, Macon?«

Macon sagte: »Also...«, und wurde von Alexander gerettet. Alexander, der den Wasserhahn ganz allein zusammengesetzt hatte, drehte sich nämlich um und fragte: »Was jetzt?«

»Jetzt vergewisserst du dich, ob die Schraube auch fest sitzt.«

Alexander nahm den Kampf mit dem Schraubenzieher wieder auf. Muriel sagte: »Vielleicht möchtest du lieber ein schönes Stück vom Rind. Ich weiß, manche Männer sind so. Sie finden Geflügel ziemlich tuntig. Findest du das auch? Du kannst es ruhig sagen! Meine Leute nehmen es bestimmt nicht krumm!«

»Also, Muriel, hm . . .«

»Was jetzt!« drängte Alexander.

»Jetzt drehen wir das Wasser wieder auf, damit wir sehen, was du geleistet hast.«

Macon duckte sich unter das Spülbecken und zeigte ihm, wo das Ventil saß. Alexander langte an Macon vorbei und drehte ächzend daran. Sonderbar, dachte Macon, daß kleine Jungen den gleichen schwach grünen Duft ausströmen wie ein Zedernholzschrank. Er erhob sich und drehte den Wasserhahn auf. Keine undichte Stelle. »Sieh dir das an!« sagte er zu Alexander. »Du hast den Schaden behoben.« Alexander unterdrückte mühsam ein Grinsen.

»Weißt du jetzt, wie man das macht?«

Alexander nickte.

»Jetzt kannst du, wenn du erwachsen bist, deiner Frau sämtliche Hähne reparieren.«

Alexander verzog belustigt das Gesicht.

»›Laß mich mal ran, Schatz‹, kannst du sagen. ›Laß *mich* das machen!‹«

Alexander äußerte: »Tschsch!« – mit einem Gesicht so faltig wie ein Tabaksbeutel.

»›Laß das einen richtigen *Mann* erledigen‹, kannst du ihr erklären.«

»Tschsch! Tschsch!«

»Macon? Kommst du nun mit zu meinen Leuten, ja oder nein?« fragte Muriel.

Er hielt es für widersinnig, nein zu sagen. Irgendwie steckte er ja schon viel zu tief in der Sache drin.

13

Muriels Eltern lebten draußen in Timonium, in einer Siedlung namens Foxhunt Acres. Muriel mußte Macon den Weg weisen. Es war der kälteste Weihnachtstag, den beide je erlebt hatten, aber sie fuhren mit spaltbreit geöffneten Fenstern, damit Alexander, der hinten saß, vom Hundehaar unbehelligt blieb. Das Radio war auf Muriels Lieblingssender eingestellt. Connie Francis sang gerade »Baby's First Christmas«.

»Hast du's warm genug?« fragte Muriel ihren Sohn. »Alles okay?«

Alexander mußte genickt haben.

»Bleibt dir nicht die Puste weg?«

»Nö.«

»Nein, Ma'am«, korrigierte sie ihn.

Genau wie Sarah seinerzeit, entsann Macon sich, die ihrem Sohn jedesmal, wenn es ihre Mutter zu besuchen galt, einen Schnellkursus in guten Manieren erteilt hatte.

Muriel erzählte: »Einmal habe ich Alexander auf einer Botenfahrt für George mitgenommen. Meine Firma. Und direkt am Tag davor hatte ich zwei Katzen im Wagen. Und ich hab' mir nichts dabei gedacht, hab' glatt vergessen, mit dem Staubsauger drüberzugehen wie sonst, und auf einmal drehe ich mich um, und da liegt Alexander ausgestreckt auf dem Sitz, glatt weggetreten.«

»Ich war nicht *weggetreten*«, sagte Alexander.

»Aber so gut wie.«

»Ich hab' mich nur hingelegt, damit ich nicht soviel Luft brauche.«

»Siehst du?« sagte Muriel zu Macon.

Sie fuhren jetzt die York Road hinauf, vorbei an Karosserie-
werkstätten und Schnellimbiß-Lokalen, allesamt geschlossen und trist. Macon überholte einen Lastwagen und dann
ein Taxi, sonst nichts. Büschel von Weihnachtsgrün hingen
steif über einer Gebrauchtwagenhandlung.

»Er kann natürlich Spritzen bekommen«, sagte Muriel.

»Spritzen?«

»Er kann Spritzen bekommen, damit ihm nicht die Puste
wegbleibt.«

»Warum bekommt er dann keine?«

»Also, wenn Edward einziehen sollte, müßte er schon welche bekommen.«

»Edward?«

»Ich meine ja nur, *wenn*, weißt du. Wenn du auf Dauer bei
uns einziehst und Edward mitkommt.«

»Oh.«

Brenda Lee sang eben »I'm Gonna Lasso Santa Claus«.
Muriel summte mit und wiegte im Rhythmus den Kopf
dazu.

»Wärst du jemals dafür zu haben?« fragte sie schließlich.

»Wofür?« Als ob er es nicht gewußt hätte.

»Wärst du jemals dafür zu haben, daß du bei uns einziehst?«

»Oh, äh...«

»Oder wir ziehen bei dir ein«, sagte sie. »Was dir lieber
ist.«

»Bei mir? Aber meine Schwester und meine – «

»Ich rede von *deinem* Haus.«

»Oh. Von meinem Haus.«

Sein Haus tauchte vor seinem inneren Auge auf – klein und
umdüstert und verlassen, unter den Eichen hingeduckt wie
ein Holzfällerhäuschen im Märchen. Muriel warf einen
Blick auf sein Gesicht und sagte dann rasch: »Ich könnte es
verstehen, wenn du nicht mehr dorthin zurückwillst.«

»Daran liegt es nicht.« Er räusperte sich. Er sagte: »Ich habe
einfach nicht darüber nachgedacht.«

»Ich verstehe schon!«

»Jedenfalls *noch* nicht.«

»Du brauchst nichts zu erklären!«

Sie zeigte ihm, wo er abbiegen mußte, und nun ging es über eine kurvenreiche Straße. Die Eßlokale wurden immer spärlicher und schäbiger. Dann kamen krakelige kleine Bäume, frostüberzogene Felder, eine ganze Gemeinde von unterschiedlich großen Briefkästen, am Ende eines Zufahrtswegs angesiedelt.

Bei jedem Holpern des Wagens klapperte etwas auf der hinteren Sitzbank. Das war Macons Weihnachtsgeschenk für Alexander – ein Kasten voller Werkzeug in Spielzeuggröße, aber voll gebrauchsfähig, mit stabilen Holzgriffen. Macon hatte diese Werkzeuge Stück für Stück zusammengetragen. Er hatte sie in den Fächern immer wieder umgeordnet, mindestens ein dutzendmal, wie ein Geizhals, der sein Geld zählt.

Sie fuhren an einem Rest Scherengitterzaun vorbei, der in die Erde hineinfaulte. Muriel fragte: »Was macht denn *deine* Familie heute?«

»Ach, nichts Besonderes.«

»Veranstalten sie ein großes Weihnachtsessen?«

»Nein, Rose ist bei Julian. Charles und Porter sind, ich weiß nicht – ich glaube, sie haben etwas von einer Badewanne im ersten Stock gesagt, die sie abdichten wollen.«

»Ach, die Ärmsten! Sie hätten zu meinen Leuten mitkommen sollen.«

Macon lächelte, als er sich das vorstellte.

Er bog in die von ihr angegebene Richtung ein, eine Wiese mit hingetupften Häusern, alle nach demselben Schema gebaut – unten Backstein, darüber ein Mansardendach mit Aluminiumverkleidung. Die Straßen hießen nach Bäumen, die hier nicht wuchsen – Birke und Ulme und Apfelbaum. Muriel hieß ihn nach rechts in einen »Apfelblütenweg« einbiegen. Er hielt hinter einem Kombiwagen. Ein Mädchen kam aus dem Haus gerannt – ein pummeliger hübscher

Teenager in Jeans und mit langem gelbem Pferdeschwanz.
»Claire!« schrie Alexander und hüpfte auf seinem Sitz herum.
»Das ist meine Schwester«, sagte Muriel zu Macon.
»Ah.«
»Sieht sie nicht gut aus?«
»Ja, sie sieht sehr gut aus.«
Claire hatte schon die Wagentür aufgerissen und zog Alexander in die Arme. »Wie geht's meinem Kerlchen?« erkundigte sie sich. »Was hat dir der Weihnachtsmann gebracht?«
Sie sah Muriel so unähnlich, daß niemand die beiden für Schwestern gehalten hätte. Ihr Gesicht war fast rechteckig und ihr Teint golden, und nach heutigen Maßstäben hatte sie wahrscheinlich zehn Pfund Übergewicht. Nachdem sie Alexander auf den Boden gestellt hatte, steckte sie die Hände verlegen in die Gesäßtaschen ihrer Jeans. »Also dann«, sagte sie zu Macon und Muriel, »fröhliche Weihnachten und so weiter...«
»Schau«, sagte Muriel und ließ eine Armbanduhr aufblitzen. »Schau mal, was Macon mir geschenkt hat.«
»Was hast du ihm geschenkt?«
»Einen Schlüsselanhänger vom Flohmarkt. Echt antik.«
»Oh.«
Mit ihrem Hausschlüssel dran, hatte Muriel zu erwähnen versäumt.
Macon lud allerlei aus dem Kofferraum – Muriels Geschenke für ihre Familie und sein Mitbringsel für die Hausfrau –, und Alexander holte seinen Werkzeugkasten von der hinteren Sitzbank. Sie folgten Claire über den Vorplatz. Muriel betastete sich unterwegs besorgt das Haar. »Du solltest sehen, was Daddy unserer Ma geschenkt hat«, sagte Claire zu ihr. »Einen Mikrowellenherd. Ma sagt, sie hat eine Todesangst davor. ›Bestimmt bekomme ich davon die Strahlenkrankheit‹, sagt sie. Wir befürchten schon, sie wird ihn nicht benützen.«
Die Tür wurde ihnen von einer kleinen, mageren, grauen

Frau in einem türkisblauen Hosenanzug aufgehalten. »Ma, das ist Macon«, stellte Muriel vor. »Macon, das ist meine Mutter.«

Mrs. Dugan spitzte die Lippen und musterte ihn. Von ihren Mundwinkeln strahlten feine Runzeln aus wie die Schnurrhaare einer Katze. »Freut mich, Sie kennenzulernen«, sagte sie schließlich.

»Fröhliche Weihnachten, Mrs. Dugan«, wünschte Macon. Er überreichte ihr sein Geschenk – eine Flasche Preiselbeerlikör mit einem Band drumherum. Mrs. Dugan musterte auch sie.

»Alles andere legst du einfach unter den Baum«, sagte Muriel zu Macon »Ma, willst du deinen Enkel nicht begrüßen?«

Mrs. Dugan streifte Alexander mit einem flüchtigen Blick. Er hatte wohl auch nicht mehr erwartet; er marschierte bereits zum Weihnachtsbaum, unter dem diverse Gegenstände harrten – ein Rauchdetektor, ein Elektrobohrer, ein von Glühbirnen eingefaßter Frisierspiegel. Macon legte Muriels Pakete dazu, entledigte sich dann des Mantels und drapierte ihn über die Armstütze einer weißen Satincouch. Ein ganzes Drittel der Couch wurde von dem Mikrowellenherd beansprucht, den immer noch keck eine große rote Schleife zierte. »Seht euch meinen neuen Mikroherd an«, sagte Mrs. Dugan. »Wenn das nicht das Ausgefallenste ist, was mir je unter die Augen gekommen ist.« Sie entfernte zusammengeknülltes Geschenkpapier von einem Lehnsessel und bot ihn Macon an.

»Hier riecht es aber gut«, sagte er.

»Gansbraten«, erklärte sie. »Boyd ist losgezogen und hat mir eine Gans geschossen.«

Sie setzte sich neben den Herd. Claire saß mit Alexander auf dem Boden und half ihm beim Öffnen eines Päckchens. Muriel, immer noch im Mantel, überflog mit einem prüfenden Blick die Bücherrücken auf einem Regal. »Ma...«, sagte sie. »Nein, schon gut, ich hab's gefunden.« Sie brachte

Macon ein Fotoalbum, eines von der modernen Sorte mit Klarsichtseiten. »Sieh mal«, sagte sie und setzte sich auf die Armlehne seines Sessels. »Bilder von mir, als ich klein war.«

»Zieh doch den Mantel aus, du gehst doch nicht gleich wieder«, forderte Mrs. Dugan sie auf.

»Ich mit sechs Monaten. Ich in meinem Kinderwagen. Ich und meine erste Geburtstagstorte.«

Es waren hochglänzende Farbfotos, deren Rottöne ein bißchen zu blaustichig waren. (Macons Babybilder waren schwarzweiß, etwas anderes hatte es seinerzeit nicht gegeben.) Jedes Foto zeigte sie als ein molliges, kicherndes Kind mit blondem Haar, durchgehend auf kokette Weise frisiert – oben auf dem Kopf zu einem Schopf gebunden oder links und rechts zu Pferdeschwänzen zusammengefaßt, die so hoch saßen, daß sie wie Welpenohren wirkten. Zunächst zogen die Stationen ihres Lebens langsam vorbei – sie brauchte drei ganze Seiten, bis sie laufen gelernt hatte –, doch dann ging es rascher. »Ich mit zwei. Ich mit fünf. Ich mit siebeneinhalb.« Das mollige Blondinchen wurde dünn und dunkel und ernst, dann verschwand es ganz, und Claire erschien auf der Bildfläche. Muriel sagte: »Na ja«, und klappte das Album nach der Hälfte zu. »Warte«, verlangte Macon. Er wollte sie von ihrer schlechtesten Seite sehen, von ihrer barbarischsten, so, wie sie mit der Motorradclique herumgezogen war. Doch nachdem er ihr das Album weggenommen hatte und die letzten Seiten aufschlug, stellte er fest, daß sie leer waren.

Mr. Dugan spazierte herein – ein hellhaariger, sommersprossiger Mann in kariertem Hemd –, reichte Macon die schwielige Hand und spazierte wieder hinaus, wobei er etwas über den Keller vor sich hin murmelte. »Die Leitungsrohre lassen ihm keine Ruhe«, erklärte Mrs. Dugan. »Letzte Nacht haben wir fast zwanzig Grad unter Null gehabt, wissen Sie das? Er hat Angst, daß die Rohre einfrieren.«

»Oh, kann ich helfen?« fragte Macon lebhaft.

»Sie bleiben ruhig sitzen, wo Sie sind, Mr. Leary.«

»Macon«, verbesserte er.

»Macon. Und Sie können mich Mutter Dugan nennen.«

»Äh – «

»Muriel hat mir erzählt, Sie leben getrennt.«

»Ja, so ist es.«

»Glauben Sie, das führt zu etwas?«

»Wie bitte?«

»Ich meine, Sie führen das Kind doch nicht an der Nase herum, oder?«

»Ma, hör auf damit«, sagte Muriel.

»Ich hätte nicht zu fragen brauchen, Muriel, wenn du nur einmal selbst ein bißchen Verstand gehabt hättest. Ich meine, gib's zu, du bist oft genug auf der Strecke geblieben.«

»Sie macht sich bloß Sorgen um mich«, sagte Muriel zu Macon.

»Aber natürlich«, sagte Macon.

»Dieses Mädchen ist noch keine dreizehn Jahre alt gewesen«, fuhr Mrs. Dugan fort, »und schon sind alle möglichen nichtsnutzigen Lümmel aus ihren Löchern angekrochen gekommen. Seither kann ich nicht mehr ruhig schlafen.«

»Mir schleierhaft, warum nicht?« sagte Muriel. »Das ist doch eine Ewigkeit her.«

»Kaum haben wir ihr den Rücken zugedreht, war sie schon auf und davon in irgendeinem Discoschuppen.«

»Ma, möchtest du bitte dein und Daddys Weihnachtsgeschenk auspacken?«

»Ach, du hast uns ein Geschenk mitgebracht?«

Muriel stand auf und holte es unter dem Weihnachtsbaum hervor, wo Claire bei Alexander saß. Sie half ihm beim Aufstellen einiger Pappfigürchen. »Das hier gehört auf das Grüne. Und dieses auf das Blaue«, erläuterte sie. Alexander zappelte neben ihr, begierig, sich selbst zu betätigen.

»Dieses Spiel hat Claire für ihn ausgesucht«, sagte Mrs. Dugan, während sie das Päckchen nahm, das Muriel ihr reichte. »Ich selbst finde es zu fortgeschritten.«

»Ist es gar nicht«, warf Muriel ein, die es noch keines Blickes gewürdigt hatte. Sie kam zu Macon zurück. »Alexander hat Grips für zwei. Das hat er gleich heraus.«

»Niemand behauptet, daß er keinen Grips hat. Du brauchst doch nicht gleich einzuschnappen, sobald man nur den Mund aufmacht.«

»Packst du jetzt endlich dein Geschenk aus?«

Doch Mrs. Dugan bestimmte selbst ihr Tempo. Sie nahm das Band ab und legte es in eine Schachtel auf dem Couchtisch. »Dein Daddy hat für dich ein bißchen Geld zu Weihnachten«, eröffnete sie Muriel. »Erinner ihn daran, bevor du gehst.« Sie betrachtete das Einwickelpapier. »Hat man so was schon gesehen! Lauter richtige kleine Rentiere! Die Nasen aus echter Alufolie! Ich weiß nicht, warum du nicht gewöhnliches Seidenpapier verwendest wie ich.«

»Es sollte etwas Besonderes sein«, sagte Muriel.

Mrs. Dugan nahm das Papier ab, faltete es und legte es beiseite. Ihr Geschenk war etwas in einem vergoldeten Rahmen.

»Ist das aber nett«, äußerte sie schließlich. Es handelte sich um eine Aufnahme von Muriel und Alexander – ein Studioporträt in verwischten Pastelltönen, so gleichmäßig ausgeleuchtet, daß der Lichteinfall gar nicht wahrzunehmen war. Muriel saß, Alexander stand neben ihr, eine Hand leicht auf ihre Schulter gelegt. Sie lächelten beide nicht. Sie sahen sehr wachsam und unsicher aus – und sehr einsam.

Macon sagte: »Es ist schön.«

Mrs. Dugan brummte nur, beugte sich vor und legte das Foto neben die Schachtel mit den Bändern.

Beim Dinner ging es hoch her, alle langten tüchtig zu – es gab Gansbraten, Preiselbeerkompott, zwei Sorten Kartoffeln, drei Sorten Gemüse. Mr. Dugan verhielt sich geisterhaft still, obwohl Macon ihn bezüglich der Leitungsrohre mehrmals ins Gespräch ziehen wollte. Muriel widmete sich ausschließlich Alexander. »Da ist Brot in der Füllung, Alexander. Leg das sofort zurück. Willst du gleich wieder eine Allergie kriegen? Und diesen Preiselbeeren würde ich auch nicht trauen.«

»Um Gottes willen, laß ihn doch in Ruhe«, sagte Mrs. Dugan.

»Du würdest nicht so reden, wenn du es wärst, die er wegen seinem juckenden Ausschlag nicht schlafen läßt.«

»Ich hab' mir schon öfter gedacht, ob du diesen Ausschlag nicht selber herbeiredest«, sagte Mrs. Dugan.

»Daran merkt man, wieviel du davon verstehst!«

Macon fühlte sich plötzlich in eine andere Welt versetzt. Was würde Sarah sagen, wenn sie ihn hier sehen könnte? Er sah im Geiste ihre amüsierte, ironische Miene. Rose und seine Brüder wären einfach nur perplex. Und Julian würde sagen: »Ha! *Tourist wider Willen in Timonium*!«

Mrs. Dugan brachte drei verschiedene Torten auf den Tisch, und Claire tanzte mit der Kaffeekanne herum. Sie hatte über die Jeans jetzt einen bestickten Dirndlrock angezogen – ihr Geschenk von Muriel, vergangene Woche in einem Billigmarkt erworben. »Was ist mit dem Likör?« fragte sie ihre Mutter. »Soll ich Macons Likör auch anbieten?«

»Vielleicht wäre es ihm lieber, du nennst ihn Mr. Leary, Schatz.«

»Nein, bitte, Macon ist schon recht«, sagte er.

Er vermutete, daß es über sein Alter viel Gerede gegeben hatte. Und es stimmte ja auch; er war zu alt, er war zu groß, er war zu gut gekleidet in seinem Anzug mit Krawatte.

Mrs. Dugan verkündete, der Likör sei ungefähr der beste Tropfen, den sie je getrunken habe. Macon hingegen fand, daß er ähnlich wie die Fluoridtinktur schmeckte, mit der sein Zahnarzt ihm das Gebiß behandelte; er hatte sich etwas anderes vorgestellt. Mr. Dugan sagte: »Diese süßen, schöngefärbten Sachen mögen ja etwas für die Damen sein, aber mir persönlich ist ein Schluck Whisky lieber, Ihnen nicht, Macon?« Und er stand auf und holte eine Flasche Jack Daniels und zwei Gläser. Allein schon das Gewicht der Flasche in seiner Hand schien ihm die Zunge zu lösen. »So!« sagte er, als er sich setzte. »Was fahren Sie zur Zeit, Macon?«

»Fahren? Oh – äh, einen Toyota.«

Mr. Dugan runzelte die Stirn. Claire kicherte. »Daddy haßt und verachtet ausländische Autos«, verriet sie Macon.

»Ja, was denn, Sie halten nichts von amerikanischen Produkten?« fragte Mr. Dugan.

»Also, die Sache ist die – «

Die Sache ist die, daß meine Frau einen Ford fährt, hatte er sagen wollen, sich dann aber anders besonnen. Er nahm das Glas, das Mr. Dugan ihm hinhielt. »Aber einmal habe ich einen Rambler gefahren«, sagte er.

»Sie sollten es mal mit einem Chevy versuchen, Macon. Kommen Sie doch mal zu mir in den Ausstellungsraum, und lassen Sie sich einen Chevy zeigen. Wie haben Sie's denn gern? Familienkutsche? Kompaktwagen?«

»Eher Kompaktwagen, aber – «

»Das eine sage ich Ihnen: Mich bringen keine zehn Pferde dazu, Ihnen einen Kleinwagen zu verkaufen. Und wenn Sie noch so sehr betteln und wenn Sie vor mir in die Knie gehen, ich verkaufe Ihnen keine von diesen Todesfallen, auf die heutzutage alle Leute so scharf sind. Ich sage zu meinen Kunden, ja, ich sage: ›Glaubt ihr, ich hab' keine Grundsätze? Was ihr hier vor euch seht, ist ein Mann mit Grundsätzen‹, sage ich, und ich sage: ›Wenn ihr einen Kleinwagen wollt, dann wendet euch lieber dort an Ed Mackenzie. Der dreht euch einen an, ohne sich was dabei zu denken. Dem ist es egal. Aber ich bin ein Mann mit Grundsätzen.‹ Muriel wäre ja fast selbst in einem von diesen Dingern umgekommen.«

»Das stimmt doch gar nicht, Daddy«, widersprach Muriel.

»Bist aber näher drangewesen, als ich's je sein möchte!«

»Ich hab' nicht mal einen Kratzer abbekommen.«

»Wagen hat ausgesehen wie eine verbeulte Sardinenbüchse.«

»Das Schlimmste, was ich abgekriegt habe, war eine Laufmasche im Strumpf.«

»Muriel hat sich von Doktor Kane vom Miau-Wau mitnehmen lassen«, berichtete Mr. Dugan. »Einmal, wie ihr Wagen defekt war, und irgend so eine dämliche Frau am Steuer hat ihm direkt den Weg abgeschnitten. Weil, sie hat nach links geblinkt, und da – «

»Laß mich das erzählen«, sagte Mrs. Dugan. Sie beugte sich, das Glas Likör fest in der Hand, zu Macon vor. »Also, ich komme gerade vom Einkaufen heim mit ein paar Kleinigkeiten, die ich für Claires Pausenbrot brauche. Dieses Kind verputzt mehr als so manche erwachsene Männer, die ich kenne. Das Telefon klingelt. Ich lasse alles fallen und gehe ran. Ein Mann sagt: ›Mrs. Dugan?‹ Ich sage: ›Ja.‹ Der Mann sagt: ›Mrs. Dugan, hier ist die Stadtpolizei, und ich rufe wegen Ihrer Tochter Muriel an.‹ Ich denke: ›O mein Gott.‹ Ich kriege es sofort mit dem Herzen und schaue mich nach einer Sitzgelegenheit um. Hatte immer noch den Mantel an, den Regenschutz um den Kopf gebunden, ich konnte also nicht besonders gut hören, aber es ist mir nicht eingefallen, ihn herunterzunehmen, so aufgeregt bin ich gewesen. Es war so ein Tag, wo es so gießt, wie wenn jemand absichtlich kübelweise Wasser auf einen runterschüttet. Ich denke: ›O mein Gott, was hat Muriel bloß – ‹«

»Lillian, jetzt kommst du aber von der Sache ab«, sagte Mr. Dugan.

»Wie kannst du das behaupten? Ich erzähle ihm von Muriels Unfall.«

»Er will nicht jedes einzelne ›O mein Gott‹ hören, er will wissen, warum er keinen Kleinwagen von mir kriegt. Die Dame blinkt also nach links, direkt vor dem kleinen Wagen von Doktor Kane«, sagte Mr. Dugan zu Macon, »und dem bleibt nichts anderes übrig, als sie zu rammen. Er hat Vorfahrt. Wollen Sie wissen, was passiert ist? Am Kleinwagen Totalschaden. Am großen, guten alten Chrysler von der Dame ist kaum der Kotflügel verbeult. Und jetzt sagen Sie mir bloß, Sie wollen einen Kleinwagen.«

»Aber ich will ja gar – «

»Und dazu kommt noch, daß Doktor Kane ihr nie wieder angeboten hat, sie nach Hause zu fahren, nicht einmal wie er schon einen neuen Wagen hatte«, ergänzte Mrs. Dugan.

»Ich wohne ja nicht gerade in seiner Nähe, Ma.«

»Er ist Junggeselle«, vertraute Mrs. Dugan Macon an. »Kennen Sie ihn? Sieht phantastisch aus, sagt Muriel. Am ersten Arbeitstag hat sie mir erzählt: ›Stell dir vor, Ma.‹ Am Telefon. ›Stell dir vor, Ma, mein Chef ist ledig und sieht phantastisch aus, Akademiker, und die anderen Mädchen sagen, er ist nicht einmal verlobt.‹ Dann bietet er ihr die Heimfahrt an, und sie gehen hin und bauen einen Unfall, und seither kein Angebot mehr. Selbst wenn sie ihn wissen läßt, daß sie an manchen Tagen den Wagen nicht hat – kein Angebot mehr.«

»Er wohnt ganz weit draußen in Towson«, sagte Muriel.

»Ich glaube, er denkt, du bringst ihm Unglück.«

»Er wohnt draußen in Towson, ich wohne unten in der Singleton Street! Was kannst du da schon erwarten?«

»Als nächstes hat er sich einen Mercedes-Sportwagen gekauft«, warf Claire ein.

»Also, Sportwagen«, sagte Mr. Dugan. »Von denen reden wir erst gar nicht.«

Alexander fragte: »Darf ich jetzt hinaus?«

»Ich habe mir wirklich große Hoffnungen auf Doktor Kane gemacht«, sagte Mrs. Dugan traurig.

»Ach, hör auf, Ma.«

»Du dir auch! Hast du selbst gesagt!«

»Sei doch endlich still, und trink deinen Likör.«

Mrs. Dugan schüttelte den Kopf, nahm aber doch noch einen Schluck.

Sie brachen am frühen Abend auf, als das letzte Licht verloschen und die Luft vor Kälte wie kristallisiert war. Claire stand auf der Schwelle und rief im Singsang: »Kommt bald wieder! Danke für den Rock! Fröhliche Weihnachten!« Neben ihr fröstelte Mrs. Dugan, eine Strickjacke um die

Schultern gehängt. Mr. Dugan hob lediglich den Arm und verschwand – vermutlich, um im Keller wieder einmal nach dem Rechten zu sehen.

Der Verkehr war jetzt dichter. Scheinwerfer wischten wie leuchtende Flecken vorüber. Im Radio – bis zum nächsten Jahr von Weihnachten verabschiedet – spielte ein Lied, in dem jemand verkündete: »Ich habe mir die Finger an den Scherben deines gebrochenen Herzens zerschnitten«, und der Werkzeugkasten auf der hinteren Sitzbank klapperte begleitend dazu.

»Macon? Bist du böse?« fragte Muriel.

»Böse?«

»Bist du böse auf mich?«

»Aber nein.«

Sie warf einen Blick nach hinten auf Alexander und sagte nichts mehr.

Es war Nacht, als sie die Singleton Street erreichten. Die Butler-Zwillinge, in gleiche lavendelblaue Jacken verpackt, standen am Randstein und unterhielten sich mit zwei Jungen. Macon parkte ein und öffnete die Hintertür für Alexander, der, Kinn auf der Brust, eingeschlafen war. Macon nahm ihn auf die Arme und trug ihn ins Haus. Im Wohnzimmer setzte Muriel ihre eigenen Lasten ab – den Werkzeugkasten, Alexanders neues Spiel sowie eine Torte, die Mrs. Dugan ihnen aufgedrängt hatte – und folgte Macon die Treppe hinauf. Macon bewegte sich seitwärts, damit Alexanders Füße nicht an die Wand stießen. Im kleineren der beiden Schlafzimmer legte er Alexander aufs Bett. »Ich weiß, was du denken mußt«, sagte Muriel. Sie zog Alexander die Schuhe aus. »Du denkst: ›Ach so, diese Muriel hat nach allem Ausschau gehalten, was Hosen anhat.‹ Gib's zu.«

Macon schwieg. (Aus Sorge, andernfalls Alexander zu wekken.)

»Ich weiß, was du denkst!«

Sie deckte Alexander zu. Knipste die Lampe aus. Dann gingen sie wieder hinunter. »Aber so ist es nicht gewesen, das schwöre ich«, sagte sie. »Natürlich hab' ich mit dem Gedanken gespielt, wo er doch ledig war. Wem könnte ich denn schon das Gegenteil weismachen? Ich bin ganz allein und muß ein Kind ernähren. Mich wegen Geld abrackern. Natürlich hab' ich mit dem Gedanken gespielt.«

»Natürlich«, sagte Macon sanft.

»Aber es ist nicht so gewesen, wie sie es hingestellt hat«, versicherte Muriel.

Sie stöckelte ihm durchs Wohnzimmer nach. Als er auf der Couch saß, setzte sie sich, noch immer im Mantel, neben ihn. »Bleibst du da?« fragte sie.

»Wenn du nicht zu schläfrig bist.«

Anstatt zu antworten, ließ sie den Kopf gegen die Couchlehne sinken. »Ich meine, ob du genug von mir hast. Ich meine, ob du jetzt nichts mehr mit mir zu tun haben willst.«

»Aus welchem Grund denn?«

»Wo sie mich so schlechtgemacht hat.«

»So schlecht auch wieder nicht.«

»Oh – nicht?«

Wenn sie müde war, schien ihre Haut über den Knochen zu spannen. Sie preßte sich die Fingerspitzen gegen die Augenlider.

»Voriges Jahr«, sagte Macon, »haben wir Weihnachten zum erstenmal ohne Ethan erlebt. Es war sehr schwer durchzustehen.«

Er sprach recht oft mit ihr über Ethan. Es tat ihm gut, seinen Namen laut auszusprechen.

»Wir wußten nicht mehr, wie man ohne Kind Weihnachten feiert«, erzählte er. »Ich dachte mir: ›Wir haben es doch auch geschafft, bevor wir ihn hatten, oder etwa nicht?‹ Aber ich konnte mich gar nicht mehr erinnern, wie. Mir war, als hätten wir ihn *immer* gehabt; es ist einfach unfaßbar, wenn man einmal Kinder hat, daß sie früher nicht dagewesen sind. Mir ist aufgefallen: Wenn ich an die Zeit zurückdenke, als ich ein kleiner Junge war, dann scheint mir, daß Ethan irgendwie schon damals da war; aber eben noch nicht sichtbar. Nun ja.

Ich bin zu dem Schluß gekommen, daß es am besten wäre, Sarah mit Geschenken zu überschütten, und habe am Tag vor Weihnachten bei Hutzler's eine Menge Zeugs gekauft – Vorrichtungen, die im Schrank mehr Ordnung ermöglichen, und solche Sachen. Und Sarah – die ist ins andere Extrem verfallen. Sie hat gar nichts gekauft. Da hatten wir dann die Bescherung. Wir hatten beide das Gefühl, daß wir alles falsch gemacht, uns danebenbenommen haben, aber auch, daß der andere es falsch gemacht hat; was weiß ich. Es war ein schreckliches Weihnachten.«

Er strich Muriel das Haar aus der Stirn. »Diesmal war es besser.«

Sie schlug die Augen auf und sah ihn eine Weile forschend an. Dann steckte sie die Hand in die Manteltasche, zog etwas heraus und reichte es ihm – in der Hand verborgen wie ein Geheimnis.

»Für dich«, sagte sie.

»Für mich?«

»Du sollst es haben.«

Es war ein Schnappschuß, aus dem Familienalbum entwendet: Muriel als kleiner Matz beim Herausklettern aus einem Planschbecken.

Sie beabsichtigte wohl, nahm er an, ihm das Beste an ihr zu schenken. Und das war ihr gelungen. Das Beste an ihr war aber nicht die Shirley-Temple-Frisur des abgebildeten Kindes. Es war das Ungestüm – ihr kratzbürstiges, unbändiges Ungestüm, mit dem sie sich, das Kinn schief vorgeschoben, die Augen zwei funkelnde Schlitze voll wilder Entschlossenheit, der Kamera entgegenkämpfte. Er bedankte sich. Er versprach, es für immer zu behalten.

14

Man konnte es nicht anders nennen: Er lebte jetzt mit ihr zusammen. Er gewöhnte sich an, seine gesamte Zeit in ihrem Haus zu verbringen, sich an der Miete und den Lebenshaltungskosten zu beteiligen. Er bewahrte sein Rasierzeug in ihrem Bad auf und quetschte seine Anzüge zwischen die Kleider in ihrem Schrank. Aber er hatte den Ortswechsel an keinem bestimmten Tag vollzogen. Nein, das ging allmählich vor sich, nach und nach. Zuerst gab es die langen Weihnachtsferien, als Alexander allein zu Hause war. Warum sollte Macon ihm also nicht Gesellschaft leisten, nachdem er nun schon mal dort übernachtet hatte? Und warum sollte er nicht seine Schreibmaschine holen und am Küchentisch arbeiten? Und warum sollte er dann nicht zum Abendbrot und anschließend zum Schlafen bleiben?

Wollte man den Umzug unbedingt datieren, dann könnte man sagen, er habe erst eigentlich an dem Nachmittag stattgefunden, an dem Macon Edward mitbrachte. Macon war gerade von einer Reise zurückgekehrt – einer anstrengenden Blitztour durch fünf Städte im Süden, wo es überall kein bißchen wärmer war als in Baltimore – und hielt sich kurz bei Rose auf, um nach den Tieren zu sehen. Der Katze gehe es gut, sagte Rose. (Sie mußte Edwards jaulendes Gekläffe übertönen; er war außer sich vor Freude und Erleichterung.) Die Katze habe seine Abwesenheit vermutlich gar nicht wahrgenommen. Edward hingegen, tja ...

»Er sitzt die meiste Zeit über in der Diele«, sagte sie, »und starrt die Tür an. Er hält den Kopf schräg und wartet auf dich.«

Damit war es entschieden. Als er in die Singleton Street zurückfuhr, nahm er Edward mit.

»Was meinst du?« fragte er Muriel. »Können wir ihn ein paar Tage hierbehalten? Feststellen, ob Alexander es aushält, ohne Spritzen?«

»Ich halte es bestimmt aus!« sagte Alexander. »Katzen vertrage ich keine; aber Hunde schon.«

Muriel machte ein zweifelndes Gesicht, äußerte aber, man könne es ja versuchen.

Inzwischen rannte Edward wie verrückt durchs ganze Haus und stöberte schnüffelnd in jeder Ecke und unter den Möbeln herum. Dann setzte er sich vor Muriel und grinste zu ihr hinauf. Er erinnerte Macon an einen Schuljungen, der für seine Lehrerin entbrannt ist: Alle seine Wunschträume hatten sich erfüllt; er war endlich am Ziel.

Während der ersten paar Stunden versuchten sie, ihn in einen anderen Teil des Hauses zu verbannen, was freilich mißlang. Er folgte Macon auf Schritt und Tritt und bekundete außerdem ein spontanes Interesse an Alexander. In Ermangelung eines Balls ließ er immer wieder kleine Gegenstände vor Alexanders Füße fallen, trat dann zurück und schaute ihn erwartungsvoll an. »Er will apportieren spielen«, sagte Macon und erklärte, was damit gemeint war. Alexander nahm ein Zündholzheftchen und warf es, den Arm tolpatschig nach hinten gebogen, von sich. Während Edward dem Heftchen nachjagte, nahm Macon sich vor, gleich am nächsten Morgen einen Ball zu kaufen und Alexander im Werfen zu unterweisen.

Alexander sah fern, und Edward schnurchelte zusammengerollt neben ihm auf der Couch, vergleichbar einer kleinen blonden Cashewnuß mit beseligt verknautschtem Gesicht. Alexander drückte ihn an sich und vergrub das Gesicht in Edwards Halskrause. »Vorsicht«, sagte Macon. Er hatte keine Ahnung, was er tun sollte, falls Alexander in Atemnot geriet. Aber Alexander geriet nicht in Atemnot. Zur Schlafenszeit hatte er lediglich eine Schniefnase, doch die hatte er meist sowieso.

Macon redete sich gern ein, Alexander habe keine Ahnung, daß er und Muriel miteinander schliefen. »Das ist doch einfach lächerlich«, sagte Muriel. »Was soll er sich denn denken, wo du übernachtest – auf der Wohnzimmercouch?«
»Vielleicht«, sagte er. »Irgendeine Erklärung wird er schon

haben. Oder auch nicht. Ich meine ja nur, wir sollten ihn nicht mit der Nase darauf stoßen. Soll er denken, was er will.«

Macon war also schon jeden Morgen fertig angezogen, bevor Alexander erwachte. Er richtete das Frühstück her und ging ihn dann wecken. »Sieben Uhr! Zeit zum Aufstehen! Geh und ruf deine Mutter, ja?« Früher war Muriel, wie Macon erfahren hatte, oft im Bett geblieben, während Alexander, von selbst aufgewacht, sich für die Schule fertigmachte. Manchmal war er auch schon aus dem Haus gegangen, während sie noch schlief. Macon fand das empörend. Jetzt bereitete er ein komplettes Frühstück zu und bestand darauf, daß Muriel mit am Tisch saß. Muriel behauptete, vom Frühstücken werde ihr nur schlecht. Alexander behauptete, auch ihm werde schlecht, aber Macon sagte, das sei doch zu dumm. »Achtundneunzig Prozent aller Klassenbesten essen Eier zum Frühstück«, schwindelte er drauflos. »Neunundneunzig Prozent trinken Milch.« Er nahm die Schürze ab und setzte sich. »Hörst du zu, Alexander?«

»Ich muß mich übergeben, wenn ich Milch trinke.«

»Das bildest du dir nur ein.«

»Sag's ihm, Mama!«

»Er übergibt sich«, sagte Muriel dumpf. Sie saß zusammengekauert, das Kinn auf die Hand gestützt, in ihrem langen seidenen Morgenrock am Tisch. »Das hat etwas mit Enzymen zu tun.« Sie gähnte. Ihr Haar, das endlich die Dauerkrause zu verlieren begann, hing ihr, so gleichmäßig eingedellt wie die Zahnung von Haarnadeln, über den Rücken.

Alexander machte sich dann mit Buddy und Sissy Ebfetts, zwei robusten Kindern von der anderen Straßenseite, auf den Weg zur Schule. Muriel legte sich entweder wieder ins Bett oder zog sich an und ging einem ihrer Jobs nach, der an dem entsprechenden Tag gerade an der Reihe war. Dann spülte Macon das Frühstücksgeschirr und führte Edward Gassi. Sie gingen nicht weit; es war viel zu kalt. Die wenigen Leute, denen sie begegneten, eilten mit strampelnden Schritten dahin wie Stummfilmgestalten. Sie kannten Macon inzwischen vom Sehen und gestatteten sich im Vorübergehen einen flüchtigen Blick auf sein Gesicht – eine Art Gruß wie ein Nicken –, blieben aber stumm. Edward ignorierte sie. Gelegentlich kamen andere Hunde heran und beschnüffelten ihn, doch er fiel nicht einmal aus der Gangart. Mr. Marcusi, der vor seinem Lebensmittelgeschäft Kisten ablud, hielt so manchesmal inne, um zu sagen: »Na, du da, du Walze. Na, du Speckschwarte.« Edward strafte ihn mit Verachtung und stolzierte hochnäsig weiter. »So einen komischen Köter hab' ich mein Lebtag noch nicht gesehen«, rief Mr. Marcusi Macon nach. »Sieht aus wie eine Karikatur.« Macon lachte jedesmal.

Er begann, sich hier unbefangener zu fühlen. Er fand die Singleton Street in ihrer Armut und Häßlichkeit zwar nach wie vor bedrückend, aber sie wirkte nicht mehr so gefährlich. Er sah, daß die Rowdys vor dem Schnellrestaurant bejammernswert jung und zerlumpt waren – gesprungene Lippen, den spärlichen Bart schlecht abrasiert, einen verunsicherten, unfertigen Zug um die Augen. Er sah, daß die Frauen, sobald die Männer zur Arbeit gegangen waren, voll guter Vorsätze herauskamen und den Gehsteig vor ihrem Haus fegten, die Bierdosen und Kartoffelchipstüten einsammelten, sogar die Mantelärmel aufkrempelten und am kältesten Tag des Jahres ihre Vortreppen schrubbten. Kinder stoben vorbei wie Papierschnitzel im Wind – mit zwei unterschiedlichen Fäustlingen und laufender Nase –, und es konnte geschehen, daß eine der Frauen sich auf den Besen stürzte und schrie: »Du dort! Ich seh' dich! Glaub ja nicht, daß ich nicht weiß, daß du die Schule schwänzt!« Denn diese Straße geriet ständig auf die schiefe Bahn, sah Macon, war ständig am Absacken, wurde aber immer gerade rechtzeitig von einer Frau mit weithin schallender Stimme und energischem Kinn zur Ordnung gerufen.

In Muriels Haus zurückgekehrt, wärmte er sich mit einer Tasse Kaffee auf. Dann stellte er die Schreibmaschine auf den Küchentisch und ließ sich mit seinen Notizen und Broschüren davor nieder. Das Fenster neben dem Tisch hatte große, trübe Scheiben, die jedesmal klapperten, wenn der Wind blies. Etwas an diesem Klappern erinnerte ihn an Eisenbahnfahrten. *Die Gänge des Flughafens in Atlanta müssen eine Gesamtlänge von zehn Meilen haben,* tippte er, und dann rüttelte eine Bö an den Scheiben, und er hatte das unheimliche Gefühl, daß Bewegung entstand; es war, als glitte der rissige Linoleumboden unter ihm weg.

Er telefonierte mit Hotels, Motels, Handelskammern und mit seinem Reisebüro in Vorbereitung künftiger Touren. Die Dispositionen notierte er sich in einem Terminkalender, den er – wie alljährlich – von Julian zu Weihnachten bekommen hatte – ein Erzeugnis des Druck- und Verlagshauses »Der Handelsmann« mit Spiralrücken. Die letzten Seiten enthielten diverse praktische Hinweise, in denen er gern schmökerte. Als Glücksstein für den Monat Januar galt der Granat; für den Februar der Amethyst. Eine Quadratmeile = 2,59 qkm. Das geeignete Geschenk anläßlich eines einjährigen Jubiläums war Papier. Macon sann über diese Angaben verträumt nach. Er gewann den Eindruck, daß es auf der Welt vor Gleichungen wimmelte; daß es auf alles eine Antwort geben mußte, wenn man nur die richtigen Fragen zu stellen verstand.

Dann wurde es Mittag, er schob die Arbeit beiseite und machte sich ein Sandwich oder wärmte eine Dosensuppe auf, ließ Edward auf einen Sprung in den winzigen Hinterhof hinaus. Danach werkelte er gern im Haus herum. So vieles war reparaturbedürftig. Und da er für alles eigentlich nicht zuständig war, konnte er unbeschwert an die Arbeit gehen. Er pfiff vor sich hin, während er die Tiefe einer Ritze sondierte, er summte, als er den Keller besichtigte und über die Unordnung den Kopf schüttelte. Im Obergeschoß entdeckte er eine dreibeinige Kommode, mit einer Dose Tomaten abgestützt, und er sagte zu Edward im Tone tiefster Befriedigung: »Skandalös.«

Unwillkürlich – beim Ölen eines Scharniers, beim Nachziehen einer Klinkenschraube – geriet er ins Sinnen, wie erstaunlich wenig das Haus über Muriel aussagte. Obwohl sie seit sechs oder sieben Jahren hier wohnen mußte, sah alles noch nach Provisorium aus. Ihre Habseligkeiten wirkten wie hastig hingestellt, behelfsmäßig untergebracht, als hätte sie im Grunde keine Beziehung zu ihnen. Das war eine Enttäuschung, denn Macon war sich, während er arbeitete, seiner brennenden Neugier auf ihre inneren Vorgänge bewußt. Als er eine Schublade schmirgelte, riskierte er einen Blick auf den Inhalt, erspähte aber nur fransenbesetzte Schals und vergilbte Netzhandschuhe aus den vierziger Jahren – Schlüssel zum Leben anderer Leute, nicht zu ihrem eigenen.

Was wollte er denn überhaupt wissen? Sie war ein aufgeschlagenes Buch, erzählte ihm alles – mehr, als ihm angenehm war. Sie versuchte auch nicht, ihre wahre Natur zu verbergen, die eindeutig alles andere als vollkommen war. Es hatte sich herausgestellt, daß sie ein aufbrausendes Temperament, eine boshafte Zunge und einen Hang zu Depressionen hatte, aus denen man sie oft stundenlang nicht herausreißen konnte. Alexander gegenüber verhielt sie sich widersprüchlich bis dorthinaus – erst übertrieben besorgt, dann wieder gleichgültig und lässig. Sie war zweifellos intelligent, glich das aber mit dem exorbitantesten Aberglauben aus, der Macon je untergekommen war. Kaum ein Tag verging, an dem sie ihm nicht bis ins kleinste Detail einen Traum erzählte, den sie dann auf irgendwelche Omen abklopfte. (Ein Traum von weißen Schiffen auf purpurner See habe sich am nächsten Tag bewahrheitet, behauptete sie, als ein Hausierer in einem purpurnen, mit kleinen weißen Booten gemusterten Sweater an der Tür erschien. »Genau das gleiche Purpurrot! Das gleiche Schiff!« Macon hatte sich bloß gefragt, was für ein Hausierer Kleidung dieser Art tragen mochte.) Sie glaubte an Horoskope und Tarockkarten und Alphabettafeln. Ihre Glückszahl war die Siebzehn. In einem früheren

Leben war sie angeblich Modeschöpferin gewesen, und sie schwor, sie könne sich an mindestens einen ihrer Tode erinnern. (»Uns scheint, sie ist entschlafen«, sprachen sie zum Arzt, als er eintrat, und der Arzt nahm seinen Gesichtsschutz ab.) Sie war auf verschwommene, konfessionslose Weise religiös und hegte nicht den geringsten Zweifel, daß Gott höchstpersönlich ein Auge auf sie hatte – unfaßlich, fand Macon, angesichts der Tatsache, wie sehr sie sich um jeder benötigten Kleinigkeit willen hatte abrackern müssen.

Das alles wußte er, und trotzdem: Als er auf der Arbeitsplatte in der Küche einen gefalteten Zettel fand, öffnete er ihn und verschlang ihr fahriges Gekritzel, als wäre sie eine Fremde. *Brezeln. Strumpfhosen. Zahnarzt,* las er. *Mrs. Arnolds Wäsche holen.*

Nein, so nicht. So nicht.

Dann war es drei Uhr, Alexander kam aus der Schule und schloß die Tür mit einem Schlüssel auf, den er an einem Schnürsenkel um den Hals trug. »Macon?« rief er zaghaft. »Bist du das dort drin?« Er fürchtete sich vor Einbrechern. Macon sagte: »Ja, ich bin's.« Edward sprang auf und rannte los, um den Ball zu holen. »Wie ist es dir ergangen?«

»Ach, okay.«

Macon hatte jedoch das Gefühl, daß Alexander mit der Schule seinen Kummer hatte. Er kam mit noch verhärmterem Gesicht als sonst nach Hause, die Brille voller Fingerabdrücke. Er gemahnte Macon an eine Hausaufgabe, an der zuviel herumradiert und umgeschrieben worden war. Seine Kleidung war hingegen noch genauso adrett wie am Morgen beim Verlassen des Hauses. Himmel, diese Kleidung! Strahlend sauberes Polohemd mit dezenten braunen Nadelstreifen, farblich dazu passende Hose, um die Taille von einem schweren Ledergürtel bauschig zusammengehalten. Blankgeputzte braune Schuhe. Blendendweiße Socken. Spielte er denn nie? Gab es keine Pausen mehr für die Kinder?

Macon setzte ihm einen Imbiß vor: Milch und Plätzchen. (Nachmittags trank Alexander seine Milch anstandslos.)

Dann half er ihm bei den Hausaufgaben, die von einfachster Art waren – Rechnen und Lesen. »Wozu brauchte Joe das Zehncentstück? Wo war Joes Vater?«

»Hmm...«, sagte Alexander. Blaue Adern pulsierten an seinen Schläfen.

Er war kein dummes Kind, aber er war gehemmt, wie Macon meinte. Gehemmt. Sogar sein Gang war verkrampft. Sogar sein Lächeln wagte sich nie über zwei unsichtbare Begrenzungen in der Mitte seines Gesichts hinaus. Nicht, daß er jetzt gelächelt hätte. Er runzelte die Stirn und schlug die Augen angstvoll zu Macon auf.

»Laß dir Zeit«, redete Macon ihm zu. »Es eilt nicht.«

»Ich kann es aber nicht! Ich weiß es nicht! Ich weiß es nicht!«

»Du erinnerst dich doch an Joe«, sagte Macon geduldig.

»Ich weiß nicht!«

Manchmal blieb Macon bei der Sache, manchmal ließ er sie fallen. Schließlich war Alexander bis jetzt auch ohne ihn zurechtgekommen, oder nicht? Macon trieb hier einen sonderbaren Aufwand: Alexander war nicht sein eigenes Kind. Macon fühlte sich mit ihm auf alle möglichen komplizierten Weisen verbunden, aber nicht so untrennbar, unumgänglich wie seinerzeit mit Ethan. Er konnte sich immer noch von Alexander zurückziehen; er konnte ihn immer noch sich selbst überlassen. »Na schön«, konnte er sagen, »besprich das morgen mit deiner Lehrerin.« Und dann konnte er wieder an etwas anderes denken.

Der Unterschied lag darin, gestand er sich ein, daß er hier keine Verantwortung zu tragen hatte. Und dieses Wissen erleichterte ihn beträchtlich.

Als Muriel heimkam, kehrten frische Luft und Geschäftigkeit und Aufregung mit ihr ein. »Ist das *kalt*! Ist das *windig*! Das Radio sagt für heute nacht schreckliche Minustemperaturen voraus. Edward, nieder, sofort! Wer möchte Zitronentorte zum Nachtisch? Stellt euch vor, was passiert ist: Ich mußte für Mrs. Quick einkaufen gehen. Zuerst sollte ich

Haushaltswäsche für ihre Tochter besorgen, die heiratet nämlich, dann mußte ich alles zurückbringen, weil die Farbe
falsch war, ihre Tochter will nichts Pastellenes, sondern alles
in Weiß, das hat sie ihrer Mutter angeblich ausdrücklich
gesagt... Und dann mußte ich Kuchen für die Bewirtung von
den Brautjungfern holen, und wie Mrs. Quick die Zitronentorte sieht, sagt sie: ›Oh, bloß keine Zitrone! Nicht diese pappige Zitrone, die immer so nach Limonade schmeckt!‹ Darauf
ich: ›Mrs. Quick, wie kommen Sie dazu, das als pappig zu
bezeichnen? Das ist eine frisch gebackene Zitronenbaisertor-
te ohne eine Spur von künstlichem...‹ Also, langer Rede kurzer Sinn, sie hat gesagt, ich soll sie für meinen kleinen Jungen
mit nach Hause nehmen. ›Damit Sie's nur wissen, ich bin
überzeugt, er verträgt die Torte nicht‹, sage ich. ›Wahrscheinlich ist er allergisch!‹ Aber genommen habe ich sie doch!«
Sie begann, in der Küche herumzufuhrwerken, um schnell
etwas auf den Tisch zu bringen – ein Fertigmenü wie meist,
dazu Gemüse aus der Dose. Manchmal fand sie das Gesuchte nicht dort, wo sie es erwartete (durch Macons Schuld – er
konnte das Reorganisieren nicht lassen), aber sie gewöhnte
sich gutmütig daran. Während der Speck in der Pfanne brut-
zelte, rief sie für gewöhnlich ihre Mutter an und wiederholte
alles, was sie eben Macon und Alexander erzählt hatte.
»Aber die Tochter wollte Weiß und... Oh, bloß nicht diese
pappige Zitronentorte‹, sagt sie...«
Wenn Mrs. Dugan nicht ans Telefon kommen konnte (was
öfter der Fall war), unterhielt Muriel sich statt dessen mit
Claire, die zu Hause offenbar Schwierigkeiten hatte. »Sag's
ihnen!« riet Muriel ihrer Schwester. »Sag's ihnen einfach!
Sag, das läßt du dir nicht gefallen!« Den Hörer an die Schulter gedrückt, zog sie eine Schublade auf und nahm Messer
und Gabeln heraus. »Wozu brauchen sie jeden Schmarren zu
wissen, den du tust? Es ist *egal*, ob du etwas vorhast oder
nicht. Sag ihnen: ›Ich bin siebzehn, und es geht euch überhaupt nichts an, ob ich etwas vorhabe oder nicht. Schließlich
bin ich fast erwachsen‹, sagst du ihnen.«

Doch später, wenn Mrs. Dugan endlich an den Apparat kam, klang Muriel selbst wie ein Kind. »Ma? Wo steckst du? Du kannst mit deiner Tochter nicht mal ein paar Worte reden, bloß weil im Radio deine Lieblingsmelodie gespielt wird? ›Laras Lied‹ ist dir wichtiger als dein eigen Fleisch und Blut?«

Selbst nachdem Muriel aufgelegt hatte, konnte sie sich nur selten auf das Abendessen konzentrieren. Gelegentlich stellte sich ihre Freundin ein und sah ihnen beim Essen zu – eine dicke junge Frau namens Bernice, die im Gas- und Elektrizitätswerk arbeitete. Oder jemand aus der Nachbarschaft klopfte an die Tür und trat unaufgefordert ein. »Muriel, hast du nicht zufällig einen Rabattcoupon für Stützstrümpfe? Jung und schlank, wie *du* bist, brauchst du ihn bestimmt nicht.« – »Muriel, Samstag früh muß ich in die Zahnklinik, wär's möglich, daß du mich im Wagen mitnimmst?« Muriel war in dieser Straße ein Unikum – eine Frau mit eigenem Auto –, und alle wußten Bescheid über die Abmachung mit dem Jungen, der die Reparaturen besorgte. Sonntags, wenn Dominick den ganzen Tag über den Wagen verfügte, wurde sie von niemandem belästigt; doch sobald der Montag anbrach, standen sie Schlange mit ihren Anliegen. »Der Doktor will, ich soll kommen und ihm zeigen...« – »Ich hab' meinen Kindern versprochen, ich geh' mit ihnen in den...«

Falls Muriel verhindert war, fiel es ihnen nie ein, sich statt dessen an Macon zu wenden. Macon war noch immer nicht einer von ihnen; sie warfen ihm Seitenblicke zu, taten aber, als merkten sie nicht, daß er zuhörte. Sogar Bernice genierte sich vor ihm und vermied es, ihn beim Namen zu nennen.

Wenn die Gewinnzahl der Lotterie im Fernsehen durchgegeben wurde, waren alle schon gegangen. Hier richtete man sich in erster Linie nach dem Fernsehprogramm, wie Macon festgestellt hatte. Die Nachrichten konnte man versäumen, nicht jedoch die Ziehung der Lotterie; ebensowenig das »Abendmagazin« oder einen der nachfolgenden Spielfilme.

Diese Sendungen sah Alexander sich an, Muriel aber nicht, obwohl sie das Gegenteil behauptete. Sie saß auf der Couch vor dem Gerät und redete, oder sie lackierte sich die Nägel, oder sie las den einen oder anderen Artikel. »Da! ›So können Sie Ihre Oberweite vergrößern.‹«

»Du brauchst deine Oberweite nicht zu vergrößern«, sagte Macon.

»›Dichtere, längere Wimpern in nur sechzig Tagen.‹«

»Du brauchst keine dichteren Wimpern.«

Er war mit allem zufrieden, wie es war. Er kam sich vor wie losgelöst, wie in einem Schwebezustand.

Und später dann, auf dem letzten Spaziergang mit Edward, behagte ihm die Atmosphäre des Viertels bei Nacht. In diesem Teil der Stadt zeigten sich keine Sterne, der Himmel war zu blaß in seinem perlmuttfarbenen Dunst. Die Gebäude waren vermummte, dunkle Schemen, aus denen gedämpfte Geräusche drangen – Musik, Gewehrschüsse, Pferdegewieher. Macon blickte hinauf zu Alexanders Fenster und sah, wie Muriel eine Decke auseinanderfaltete – so zart und scharf umrissen wie ein Scherenschnitt.

Eines Mittwochs tobte ein schwerer Schneesturm, der am Morgen einsetzte und den ganzen Tag anhielt. Der Schnee fiel in Klumpen gleich weißen wollenen Fäustlingen, verdeckte die schmutzigen Reste früherer Schneefälle, verbrämte die scharfen Konturen der Straße und versteckte die Mülltonnen unter daunigen Hauben. Selbst die Frauen, die ihre Vortreppen stündlich säuberten, kamen mit dem Fegen nicht nach, gaben gegen Abend auf und blieben im Haus. Die ganze Nacht hindurch leuchtete die Stadt fliederfarben. Es herrschte vollkommene Stille.

Am nächsten Morgen wachte Macon spät auf. Muriels Seite des Bettes war leer, aber ihr Radio spielte noch. Ein Ansager mit müde klingender Stimme gab Ausfälle durch. Schulen waren geschlossen, Fabriken waren geschlossen, »Essen auf Rädern« hatte die Lieferung eingestellt. Macon staunte über die zahlreichen Aktivitäten, die allein für diesen Tag geplant worden waren – Arbeitsessen und Vorträge und Protestversammlungen. Diese Energie, dieser Elan! Er war geradezu von Stolz erfüllt, obwohl er nicht beabsichtigt hatte, an einer dieser Veranstaltungen teilzunehmen.

Dann hörte er unten Stimmen. Alexander mußte schon wach sein, und da saß er nun in Muriels Schlafzimmer in der Falle.

Er kleidete sich geräuschlos an und vergewisserte sich, daß die Luft rein war, ehe er über den Flur ins Bad ging. Er bemühte sich, die Treppe hinunterzugelangen, ohne daß die Bretter knarrten. Im Wohnzimmer war es vom Widerschein des Schnees ungewohnt hell. Die Couch war aufgeschlagen – eine Anhäufung von Laken und Decken. Claire hatte hier die letzten paar Nächte geschlafen. Macon ging den Stimmen in die Küche nach. Dort aß Alexander gerade Pfannkuchen, Claire buk auf dem Herd noch weitere heraus, Muriel hockte in ihrem üblichen Morgentief vor ihrer Kaffeetasse. An der Hintertür stand schneetriefend Bernice, in mehrere riesige Plaids eingehüllt. »Also jedenfalls«, sagte Claire zu Bernice, »Ma sagt: ›Claire, wer ist der Junge, der dich hergefahren hat?‹ Ich sage: ›Das ist kein Junge, das ist Josie Tapp mit ihrer neuen Punkfrisur.‹ Und Ma sagt: ›Ich lass' mir von dir doch keinen Bären aufbinden!‹ Darauf sage ich: ›Mir reicht's jetzt! Verhöre! Sperrstunden! Verdächtigungen!‹ Und ich bin gegangen und in den nächsten Bus gestiegen, der hierherfährt.«

»Sie haben bloß Angst, daß du so wirst wie Muriel«, meinte Bernice.

»Aber Josie Tapp! Ich meine – allmächtiger Gott!«

Die allgemeine Aufmerksamkeit wandte sich Macon zu. Claire sagte: »Hallo, Macon. Möchtest du Pfannkuchen?«

»Nur ein Glas Milch, danke.«

»Sie sind noch schön heiß.«

»Macon glaubt, Zucker auf leeren Magen verursacht

Geschwüre«, sagte Muriel. Sie umfaßte die Kaffeetasse mit beiden Händen.

Bernice erklärte: »Ich jedenfalls sage nicht nein.« Und sie kam zum Tisch und zog sich einen Stuhl heran. Ihre Stiefel hinterließen bei jedem Schritt Schneehäufchen auf dem Boden. Edward zockelte hinterdrein und leckte sie auf. »Wir beide sollten einen Schneemann bauen«, sagte Bernice zu Alexander. »Der Schnee muß einem ja bis zur Brust reichen.«

»Sind die Straßen geräumt?« fragte Macon.

»Soll das ein Witz sein?«

»Die sind nicht mal mit der Zeitung durchgekommen«, gab Alexander Bescheid. »Edward ist schon ganz plemplem, weil er sich wundert, daß er sie nicht finden kann.«

»Und überall in der Stadt stehen gestrandete Autos rum. Das Radio meldet, daß sich kein Mensch aus dem Haus traut.«

Doch Bernice hatte es kaum ausgesprochen, als Edward zur Hintertür jagte und zu bellen anfing. Draußen zeichnete sich eine Gestalt ab. »Wer ist das?« fragte Bernice.

Muriel klopfte mit dem Fuß; Edward legte sich nieder, bellte aber weiter. Macon öffnete die Tür. Er sah sich Aug in Auge seinem Bruder Charles gegenüber, der, eine Schildmütze mit Ohrenklappen auf dem Kopf, ungewohnt urig aussah.

»Charles?« fragte Macon. »Was tust denn *du* hier?«

Charles trat ein und brachte den frischen, verheißungsvollen Geruch von Neuschnee mit herein. Edwards Gekläff schlug in Begrüßungswinseln um. »Ich komme dich abholen«, erklärte Charles. »Konnte dich telefonisch nicht erreichen.«

»Wieso abholen?«

»Dein Nachbar Garner Bolt hat angerufen, in deinem Haus ist angeblich ein Rohr geplatzt oder so, und alles schwimmt. Ich versuche, dich seit aller Frühe zu erreichen, aber bei dir war immer besetzt.«

»Das bin ich gewesen«, sagte Claire, während sie einen Servierteller voller Pfannkuchen auf den Tisch stellte. »Ich habe den Hörer abgenommen, damit meine Alten mich nicht anrufen und dauernd auf mir herumhacken können.«

»Das ist Muriels Schwester Claire«, stellte Macon vor. »Und das ist Alexander, und das ist Bernice Tilghman. Mein Bruder Charles.«

Charles machte ein verwirrtes Gesicht.

Sich in dieser Gruppe auszukennen fiel aber auch wirklich nicht leicht. Claire präsentierte sich zusammengewürfelt wie stets – Heideröslein-Schlafrock über ausgebleichten Jeans, fransenbesetzte, bis zum Knie geschnürte Mokassinstiefel. Bernice hätte man für einen Holzfäller halten können. Alexander war adrett und geschniegelt, wohingegen Muriel in ihrem gewagten seidenen Morgenrock fast unanständig wirkte. Außerdem war die Küche so klein, daß sich mehr Menschen darin aufzuhalten schienen, als tatsächlich da waren. Und Claire schwenkte den Wender, daß die Fetttröpfchen nur so flogen. »Pfannkuchen?« fragte sie Charles. »Orangensaft? Kaffee?«

»Nein, vielen Dank«, sagte Charles. »Ich muß wirklich gleich – «

»Garantiert möchten Sie Milch«, sagte Muriel. Sie stand auf, wobei sie glücklicherweise nicht vergaß, den Morgenrock zusammenzuhalten. »Garantiert möchten Sie keinen Zucker auf leeren Magen.«

»Nein, ich muß wirklich – «

»Macht gar keine Mühe!« Sie nahm den Karton aus dem Kühlschrank. »Wie sind Sie überhaupt hergekommen?«

»Mit dem Wagen.«

»Ich denke, die Straßen sind blockiert?«

»Es war nicht so schlimm«, sagte Charles und akzeptierte ein Glas Milch. »Viel schwieriger war es herzufinden.« Und zu Macon: »Ich habe auf dem Stadtplan nachgesehen und mich dann trotzdem verfahren.«

»Was hat Garner genau gesagt, Charles?«

»Er hat gesagt, daß er gesehen hat, wie an der Innenseite deines Wohnzimmerfensters Wasser herunterrinnt. Er hat hineingeschaut und gesehen, daß es von der Decke tropft. Hätte schon vor Wochen passiert sein können, sagt er. Du weißt doch, die Kältewelle über Weihnachten.«

»Klingt nicht gut«, meinte Macon.

Er ging seinen Mantel aus dem Schrank holen. Als er zurückkam, sagte Muriel gerade: »Möchten Sie nicht jetzt, wo Sie keinen leeren Magen mehr haben, ein paar von Claires Pfannkuchen probieren?«

»Ich hab' ein halbes Dutzend verdrückt«, eröffnete ihm Bernice. »Man nennt mich nicht umsonst Fettarsch.«

Charles sagte: »Äh, tja –«, und sah Macon hilflos an.

»Wir müssen gehen«, sagte Macon zu den anderen. »Charles, steht das Auto hinter dem Haus?«

»Nein, vorne. Ich bin zur Hintertür gegangen, weil die Klingel nicht funktionieren wollte.«

Charles hatte einen reservierten, mißbilligenden Ton in der Stimme, aber Macon sagte nur unbekümmert: »Ach ja! Die reinste Bruchbude, das hier.« Er ging voraus zur Haustür. Er kam sich vor wie jemand, der vorführt, wie gut er mit den Eingeborenen auskommt.

Mit vereinten Kräften und einiger Mühe stießen sie die Tür auf und tappten die Stufen hinunter; sie waren so tief unter dem Schnee vergraben, daß die beiden Männer mehr oder weniger der Länge nach hinunterrutschten in der Hoffnung, weich zu landen. Alles funkelte und blitzte im Sonnenschein. Sie wateten in Richtung Straße; Macons Schuhe füllten sich rasch mit Schnee – ein erfrischendes Prickeln, das sich fast augenblicklich in Schmerz verwandelte.

»Ich glaube, es ist besser, wir nehmen beide Wagen«, meinte er zu Charles.

»Wieso?«

»Nun ja, wozu sollst du den ganzen Weg hierher noch einmal fahren?«

»Wenn wir aber nur einen nehmen, dann kann einer fahren und der andere anschieben, falls wir steckenbleiben.«

»Dann nehmen wir meinen.«

»Aber meiner ist schneefrei und ausgeschaufelt.«

»Aber mit meinem könnte ich dich zu Hause absetzen und dir die Rückfahrt hierher ersparen.«

»Aber dann bleibt ja mein Wagen in der Singleton Street liegen.«

»Wir können ihn dir bringen, sobald der Schneepflug durch ist.«

»Und bei *meinem* Wagen ist der Motor schon warm!« sagte Charles.

Hatten sie immer so geredet, all die Jahre? Macon lachte kurz auf, doch Charles wartete gespannt auf seine Antwort.

»Schön, wir nehmen deinen«, willigte Macon ein. Sie stiegen in Charles' VW.

Es gab tatsächlich allenthalben stehengelassene Autos, willkürlich verteilte, ungestalte weiße Hügel, dahin und dorthin ausgerichtet, so daß die Straße einem Fluß voll driftender Boote ähnelte. Charles manövrierte sich geschickt zwischen ihnen hindurch. Er fuhr ein langsames, gleichmäßiges Tempo und sprach über Roses Hochzeit. »Wir haben zu ihr gesagt, der April ist zu unbeständig. Lieber später, haben wir ihr geraten, wenn sie unbedingt im Freien getraut werden möchte. Aber Rose sagt nein, sie will es riskieren. Sie ist überzeugt, das Wetter wird herrlich.«

Ein verschneiter Jeep vor ihnen, das einzige Fahrzeug in Bewegung, das sie bis jetzt gesehen hatten, schlidderte plötzlich zur Seite. Charles fuhr einen langen, flachen Bogen und überholte ihn gewandt. Macon sagte: »Wo werden sie überhaupt wohnen?« »Aber – bei Julian, nehme ich an.«

»In einem Haus für Singles?«

»Nein, er hat jetzt etwas anderes, eine Wohnung nicht weit vom Belvedere.«

»Ach so«, sagte Macon. Es fiel ihm jedoch schwer, sich Rose in einer Mietwohnung vorzustellen – oder sonstwo übrigens außer im großelterlichen Haus mit den Eierstabornamenten und den Fenstern mit den schweren Vorhängen.

Überall in der Stadt schippten die Leute Schnee, hoben Gräben zu ihren geparkten Wagen aus, kratzten die Windschutzscheiben ab, schaufelten Gehwege frei. So etwas wie Ferienstimmung schien sie erfaßt zu haben; sie winkten einander zu und verständigten sich durch Zurufe. Ein Mann, der nicht nur seinen Gehsteig, sondern auch noch ein Stück Straße gesäubert hatte, führte auf dem nassen Beton ein Steptänzchen auf, und als Charles mit Macon vorbeifuhr, hielt er inne und schrie: »Was ist, seid ihr verrückt? Bei solchen Zuständen herumkutschieren!«

»Ich muß schon sagen, du bist bemerkenswert ruhig in Anbetracht der Situation«, fand Charles.

»Welcher Situation?« fragte Macon.

»Ich meine dein Haus. Wo das Wasser seit wer weiß wann durch die Decke rinnt.«

»Ach das.« Ja, früher hätte er sich darüber sehr aufgeregt. Unterdessen hatten sie die North Charles Street erreicht, wo die Schneepflüge bereits geräumt hatten. Macon wunderte sich über die lockere Bebauung – die Häuser weit auseinander, dazwischen schräg abfallende Freiflächen. Das war ihm vorher nie aufgefallen. Er beugte sich vor und spähte in die Seitenstraßen, die noch immer völlig weiß waren. Und nach nur wenigen Blocks, als Charles in Macons Gegend abbog, erblickten sie ein junges Mädchen auf Skiern.

Sein Haus sah aus wie immer, wenn auch ein wenig schmuddelig im Vergleich zu dem Schnee. Sie blieben eine Weile im Wagen sitzen und betrachteten es prüfend, bis Macon sagte: »Also, dann wollen wir mal.« Sie stiegen aus. Sie sahen, wo Garner Bolt durch den Vorgarten gewatet war; sie erblickten die Bogenkante seiner Fußstapfen vor dem Fenster, durch das er hineingespäht hatte. Aber der Gehsteig war kein bißchen ausgetreten und bereitete Macon in seinen glattsohligen Schuhen einige Schwierigkeiten.

Kaum hatte er die Tür aufgeschlossen, hörten sie das Wasser. Das Wohnzimmer war von einem ruhigen, stetigen Tropfgeräusch erfüllt wie ein Gewächshaus nach dem Besprühen der

Pflanzen. Charles, der als erster eintrat, sagte: »O mein Gott!« Macon blieb hinter ihm in der Diele wie angewurzelt stehen.

Allem Anschein nach war ein Rohr im Obergeschoß (in dem kleinen kalten Bad neben Ethans ehemaligem Zimmer, hätte Macon gewettet) eingefroren und geplatzt, der Himmel mochte wissen, vor wie langer Zeit, und das Wasser war gelaufen und gelaufen, bis es den Plafond durchtränkt hatte und nun durch den Verputz sickerte. Im ganzen Zimmer regnete es. Herabgefallene Verputzbrocken hatten die Möbel weiß bekleckst. Die Bodenbretter waren fleckig. Der Teppich gab, als Macon ihn betrat, ein quatschendes Geräusch von sich. Er staunte über die Gründlichkeit der Verwüstung. Nicht die geringste Kleinigkeit war verschont geblieben. Sämtliche Aschenbecher waren voll von nassen Splittern, sämtliche Zeitschriften durchweicht. Von den Polstermöbeln stieg Schimmelgeruch auf.

»Was wirst du denn jetzt tun?« hauchte Charles.

Macon riß sich zusammen. »Den Haupthahn schließen, natürlich.«

»Aber dein Wohnzimmer!«

Macon gab keine Antwort. Sein Wohnzimmer sei – angemessen, wollte er sagen. Noch angemessener wäre es, wenn es total hinweggespült worden wäre. (Er stellte sich das Haus bis übers Dach unter Wasser vor, gespenstisch durchsichtig wie ein Schloß auf dem Grund eines Goldfischglases.)

Er ging hinunter in den Keller und drehte den Haupthahn zu; dann überprüfte er den Ausguß im Waschhaus. Trocken. Normalerweise ließ er das Wasser den ganzen Winter hindurch laufen, einen dünnen Strahl, um das Einfrieren der Rohre zu verhindern, doch dieses Jahr hatte er nicht daran gedacht und seine Brüder ganz offensichtlich auch nicht, als sie hier waren, um den Heizofen in Betrieb zu setzen.

»Das ist ja schrecklich, einfach schrecklich«, sprach Charles vor sich hin, als Macon wieder heraufkam. Doch inzwischen war er in der Küche angelangt, wo kein Schaden entstanden war. Er öffnete und schloß Schranktüren. »Schrecklich. Schrecklich.«

Macon hatte keine Ahnung, worüber Charles sich so ereiferte. Er sagte: »Laß mich schnell meine Stiefel holen, und wir können gehen.«

»Gehen?«

Macon vermutete seine Stiefel oben im Wandschrank. Er ging hinauf ins Schlafzimmer. Hier war alles so trostlos – die nackte Matratze mit dem Leibsack, der verstaubte Spiegel, die mürbe, vergilbte Zeitung auf dem Nachttisch. Er bückte sich und suchte unter den Gegenständen auf dem Boden des Schranks. Da waren seine Stiefel jawohl, neben einigen Drahtbügeln und irgendeinem Büchlein. *Tagebuch für den Gartenfreund 1976.* Er blätterte es flüchtig durch. *Erstes Rasenmähen im Frühling* hatte Sarah mit ihrer gedrängten Schrift eingetragen. *Forsythia blüht noch.* Macon schlug das Tagebuch zu, strich über den Einband und legte es weg.

Er ging, die Stiefel in der Hand, wieder hinunter. Charles war ins Wohnzimmer zurückgekehrt und wrang Kissen aus. »Laß das sein«, sagte Macon. »Die werden ja gleich wieder naß.«

»Kommt deine Versicherung dafür auf?«

»Das nehme ich doch an.«

»Wie werden die das nennen? Wasserschaden? Wetterschaden?«

»Weiß ich nicht. Gehen wir.«

»Du solltest unseren Baumenschen anrufen, Macon. Du erinnerst dich doch an den Mann, der unsere Veranda gerichtet hat?«

»Hier wohnt ja niemand mehr.«

Charles, noch mit einem Kissen in der Hand, richtete sich auf. »Was soll das heißen?«

»Heißen?«

»Willst du sagen, du läßt alles so liegen und stehen?«

»Wahrscheinlich«, sagte Macon.

»Alles durchnäßt und ruiniert? Keine Reparaturen?«

»Nun ja«, sagte Macon und winkte ab. »Los, komm, Charles.«

Doch Charles zögerte, konnte sich vom Anblick des Wohnzimmers nicht losreißen. »Schrecklich. Sogar die Vorhänge triefen. Das wird Sarah schrecklich treffen.«

»Ich möchte bezweifeln, daß sie auch nur einen einzigen Gedanken daran verschwendet.«

Er blieb auf der Veranda stehen, um sich die Stiefel anzuziehen. Sie waren alt und steif, solche mit Metallspangen. Er stopfte die nassen Hosenaufschläge in die Schäfte und ging dann voraus zur Straße.

Als sie im Wagen saßen, ließ Charles den Motor nicht an, sondern verharrte bewegungslos, den Zündschlüssel in der Hand, und sah Macon ernst an. »Ich finde es an der Zeit, daß wir uns aussprechen«, sagte er.

»Worüber?«

»Ich möchte wissen, was du mit dieser komischen Muriel im Sinn hast.«

»Nennt ihr sie so? ›Diese komische Muriel?‹«

»Sonst macht bestimmt niemand den Mund auf«, sagte Charles. »Es geht mich angeblich nichts an. Aber ich bringe es einfach nicht fertig, untätig zuzuschauen, Macon. Ich muß dir sagen, was ich denke. Wie alt bist du – zweiundvierzig? Oder schon dreiundvierzig? Und sie ist ... Aber hinzu kommt noch – sie ist nicht der richtige Typ für dich.«

»Du kennst sie ja gar nicht!«

»Ich kenne den Typ.«

»Ich muß jetzt langsam nach Hause, Charles.«

Charles blickte hinunter auf den Zündschlüssel. Dann startete er den Wagen und schwenkte auf die Straße ein, ließ das Thema jedoch nicht fallen. »Sie ist so etwas wie ein Symptom, Macon! Du bist in letzter Zeit kein normaler Mensch mehr, und diese komische Muriel ist ein Symptom. Das sagen alle.«

»Ich war noch nie im Leben so normal«, konterte Macon.

»Was ist das für ein Gerede? Das ist doch Unsinn!«

»Und wer sind überhaupt ›alle‹?«

»Aber – Porter, Rose, ich . . .«

»Allesamt solche Experten.«

»Wir machen uns eben Sorgen um dich, Macon.«

»Könnten wir nicht das Thema wechseln?«

»Ich mußte dir sagen, was ich denke.«

»Na schön. Du hast es mir gesagt.«

Charles sah aber keineswegs zufrieden aus.

Der Wagen wühlte sich durch den Matsch; Streifen hellen Wassers rieselten vom Dach über die Windschutzscheibe. Auf der Hauptstraße ging es schneller vorwärts. »Ich möchte nicht wissen, was das viele Streusalz deinem Unterboden antut«, sagte Macon.

Charles sagte: »Ich habe dir noch nie etwas davon verraten, aber meiner Meinung nach wird Sex überbewertet.«

Macon sah ihn an.

»Ach, als Halbwüchsiger war ich daran genauso interessiert wie jeder andere auch«, sagte Charles. »Ich meine, es hat mich Tag und Nacht beschäftigt und so weiter. Aber das war nur Sex als *Idee,* verstehst du? Irgendwie war die Sache an sich weniger . . . Das heißt nicht, daß ich dagegen bin, aber es war nicht ganz so, wie ich es mir vorgestellt hatte. Zunächst einmal ist es ziemlich unsauber. Und dann ist das Wetter so ein Problem.«

»Das Wetter?«

»Wenn es kalt ist, zieht man seine Sachen so ungern aus. Wenn es heiß ist, werden beide so klebrig. Und in Baltimore ist es anscheinend immer entweder zu kalt oder zu heiß.«

»Vielleicht solltest du einen Klimawechsel in Betracht ziehen«, meinte Macon. Er begann, sich zu amüsieren. »Glaubst du, man hat die Sache wissenschaftlich nachgeprüft? Stadt für Stadt? Vielleicht könnte ›Handelsmann‹ eine Broschüre darüber herausgeben.«

»Und außerdem ergeben sich daraus oft Kinder«, sagte Charles. »Ich habe mir eigentlich nie viel aus Kindern gemacht. Sie kommen mir so störend vor.«

»Also, wenn du das aus diesem Grund zur Sprache gebracht hast, dann kannst du's vergessen«, sagte Macon. »Muriel kann keine mehr bekommen.«

Charles hüstelte. »Das höre ich gern«, sagte er, »aber deshalb habe ich es nicht zur Sprache gebracht. Ich glaube, was ich zum Ausdruck bringen wollte, ist, daß ich Sex nicht für so wichtig halte, daß man sich deswegen das Leben ruiniert.«

»So? Wer ruiniert sich das Leben?«

»Macon, sieh es doch ein. Sie ist es nicht wert.«

»Woher willst du das wissen?«

»Kannst du mir etwas absolut Einmaliges an ihr nennen?« fragte Charles. »Ich meine, eine einzige, wirklich besondere Eigenschaft, Macon, nicht etwas so Verwaschenes wie ›Sie schätzt mich‹ oder ›Sie kann zuhören . . .‹«

Sie schaut zu Krankenhausfenstern hinaus und stellt sich vor, wie die Marsmenschen uns sehen, hätte Macon gern gesagt. Das hätte Charles jedoch nicht verstanden, also sagte er statt dessen: »Ich selbst bin ja auch kein ausgesprochenes Sonderangebot, falls du das noch nicht bemerkt haben solltest. Ich bin, wenn man so will, so etwas wie zweite Wahl. Man sollte *sie* vor *mir* warnen, wenn man es recht bedenkt.«

»Das ist nicht wahr. Das ist überhaupt nicht wahr. Ich kann mir durchaus vorstellen, daß ihre Familie ihr zu dem Fang gratuliert.«

»Zu dem Fang!«

»Einer, der ihren Lebensunterhalt finanziert. Irgendwer«, sagte Charles. »Sie kann sich glücklich schätzen, daß sich überhaupt irgendwer findet. Allein schon, wie sie redet! Sie lebt in diesem heruntergekommenen Haus, sie kleidet sich wie eine Lumpensammlerin, sie hat diesen kleinen Jungen, der anscheinend an der Hakenwurmkrankheit leidet oder – «

»Charles, jetzt mach aber mal einen Punkt!«

Charles klappte den Mund zu.

Sie waren mittlerweile in Muriels Gegend angelangt. Sie passierten die Papierfabrik mit dem verknäuelten Drahtzaun, der alten Sprungfedern ähnelte. Charles bog falsch ein.

»Augenblick mal«, sagte er, »wo muß ich ...«

Macon bot ihm keine Hilfe an.

»Halte ich die richtige Richtung ein? Oder nicht? Irgendwie scheint mir ...«

Sie waren nur zwei kurze Blocks von der Singleton Street entfernt, aber Macon hoffte, Charles würde bis in alle Ewigkeit im Kreis fahren. »Viel Glück«, sagte er, öffnete die Tür und schwang sich hinaus.

»Macon?«

Macon winkte ihm zu und tauchte in einer Gasse unter.

Freiheit! Sonnenglast auf blendendweißen Schneewehen und Kinder, die auf Rodelschlitten und Plastiktabletts herumfuhren. Leergefegte Parklücken, von Gartenstühlen bewacht. Horden von hoffnungsvollen Jungen mit Schaufeln. Und dann Muriels Haus, wo der Gehweg noch immer unter tiefem Schnee lag, wo es drinnen in den kleinen Räumen nach Pfannkuchen roch und in der Küche die so unterschiedlichen Frauen gemütlich beisammensaßen. Sie tranken jetzt Kakao. Bernice flocht Claires Haar zu Zöpfen. Alexander malte ein Bild. Muriel begrüßte Macon mit einem Kuß und quiekte über seine kalten Wangen. »Komm herein und wärm dich! Trink Kakao! Sieh dir Alexanders Bild an«, sagte sie. »Findest du's nicht herrlich? Ist er nicht toll? Ein richtiger da Vinci!«

»Leonardo«, sagte Macon.

»Was?«

»Nicht ›da Vinci‹. Um Gottes willen. Es heißt ›Leonardo‹«, klärte er sie auf. Dann stapfte er hinauf, um sich der feuchten Hose zu entledigen und etwas anderes anzuziehen.

15

»Tut mir leid, daß ich so dick bin«, sagte Macons Sitznachbar.

Macon erwiderte: »Oh, ah, äh – «

»Ich weiß, daß ich mehr Platz beanspruche, als mir zusteht«, sagte der Mann. »Meinen Sie, ich bin mir dessen nicht bewußt? Auf jedem Flug muß ich die Stewardeß um eine Sicherheitsgurtverlängerung bitten. Ich muß mein Lunchtablett auf den Knien balancieren, weil sich das Klapptischchen nicht herausziehen läßt. Eigentlich sollte ich zwei Plätze buchen, aber ich bin kein reicher Mann. Ich sollte zwei Tickets kaufen, damit ich meine Mitpassagiere nicht erdrücke.«

»Ach, sie erdrücken mich nicht«, sagte Macon.

Das traf nur deshalb zu, weil er fast im Gang saß, mit schräg herausragenden Knien, so daß jede Stewardeß, die vorüberging, die Seiten von *Miss McIntosh* aufblätterte. Und dennoch rührte ihn das große, glänzende, bekümmerte Gesicht des Mannes, das so rund war wie ein Babygesicht. »Mein Name ist Lucas Loomis«, sagte der Mann und streckte die Hand aus. Als Macon sie drückte, fühlte er sich an aufgegangenen Brotteig erinnert.

»Macon Leary«, stellte er sich vor.

»Das Dumme ist«, sagte der Mann, »daß ich von Berufs wegen reise.«

»So, so.«

»Ich demonstriere Software in Computerläden. Manchmal sitze ich sechs von sieben Tagen in einem Flugzeugsitz.«

»Nun ja, niemand findet die Sitze besonders geräumig.«

»Was machen Sie, Mr. Leary?«

»Ich verfasse Reiseführer.«

»Tatsächlich? Welcher Art?«

»Ach, Ratgeber für Geschäftsleute. Für Leute wie Sie, nehme ich an.«

»*Tourist wider Willen*«, sagte Mr. Loomis augenblicklich.

»Ja, stimmt.«

»Wirklich? Es stimmt? Na so was!« sagte Mr. Loomis. »Sehen Sie sich das an.« Er faßte seine Jackettaufschläge an, die so weit vorn saßen, daß seine Arme kaum ausreichten, die Leibesfülle zu umfangen. »Grauer Anzug. Genau wie von Ihnen empfohlen. Für alle Gelegenheiten passend.« Er deutete auf die Reisetasche zu seinen Füßen. »Sehen Sie mein Gepäck? Unterwäsche zum Wechseln, sauberes Hemd, Pakkung Waschmittel.«

»Sehr gut«, sagte Macon. So etwas war ihm noch nie vorgekommen.

»Sie sind mein Abgott!« versicherte Mr. Loomis. »Durch Sie haben meine Reisen um hundert Prozent gewonnen. Durch Sie habe ich von diesen elastischen Schnüren erfahren, die sich in Wäscheleinen verwandeln lassen.«

»Ach, die hätten Sie in jedem Drugstore finden können«, sagte Macon.

»Ich muß mich nicht mehr auf Hotelwäschereien verlassen; ich brauche mich nur noch selten auf die Straße hinauszuwagen. Ich sage zu meiner Frau, Sie können sie fragen, ich sage oft zu ihr, sage ich: ›Mit dem *Tourist wider Willen* reisen, das ist, wie wenn man in einer Kapsel reist, in einem Kokon. Vergiß nicht, meinen *Tourist wider Willen* einzupacken!‹, sage ich immer zu ihr.«

»Das hört man gern.«

»Manchmal bin ich bis nach Oregon geflogen und habe kaum gemerkt, daß ich Baltimore verlassen habe.«

»Ausgezeichnet.«

Eine Pause entstand.

»Obwohl«, sagte Macon, »neuerdings bin ich mir da nicht mehr so sicher.«

Mr. Loomis mußte sich mit dem ganzen Körper herumdrehen, damit er Macon ansehen konnte, wie jemand, der in einem Parka mit Kapuze steckt.

»Ich war nämlich«, sagte Macon, »an der Westküste. Um die USA-Ausgabe auf den neuesten Stand zu bringen. Natürlich habe ich schon früher an der Westküste recherchiert, in Los Angeles und so weiter. Gott, ja, die Gegend habe ich schon als Kind gekannt; aber San Francisco habe ich zum erstenmal gesehen. Ich soll es auf Wunsch meines Verlegers ins Programm nehmen. Sind Sie jemals in San Francisco gewesen?«

»Da kommen wir doch gerade her«, brachte Mr. Loomis ihm in Erinnerung.

»San Francisco ist zweifellos, hm, schön«, sagte Macon.

Mr. Loomis ließ sich das durch den Kopf gehen.

»Baltimore natürlich auch«, ergänzte Macon eilig. »Oh, nichts auf Erden läßt sich mit Baltimore vergleichen. Aber San Francisco, also, ich meine, das ist mir vorgekommen wie – «

»Ich selbst bin in Baltimore geboren und aufgewachsen«, sagte Mr. Loomis. »Möchte um nichts auf der Welt woanders leben.«

»Nein, versteht sich«,. sagte Macon. »Ich meine ja nur – «

»Nicht für alles Geld ginge ich von dort weg.«

»Ich auch nicht.«

»Sie sind aus Baltimore?«

»Allerdings.«

»Einmalige Stadt.«

»Und ob«, bestätigte Macon.

Aber vor sein geistiges Auge schob sich ein Bild von San Francisco, auf Dunstschleiern schwebend wie eine Märchenstadt – von einer dieser Straßen aus gesehen, so hoch und steil, daß man, wie es in dem Folksong heißt, wirklich den Kopf darüber hängen lassen und lauschen konnte, wie der Wind weht.

Er hatte Baltimore an einem Tag verlassen, an dem es gegraupelt hatte und die Rollbahnen vereist waren, und er war nicht übermäßig lange fortgeblieben; doch bei seiner Rückkehr war es Frühling. Die Sonne schien, und die Bäume hatten grüne Spitzen. Es war noch immer ziemlich kühl, aber er fuhr mit offenem Wagenfenster. Die Brise roch genau wie Vouvray – blumig, mit einem Hauch von Mottenkugeln durchsetzt.

An der Singleton Street lugten Krokusse aus der harten Erde vor den Kellerfenstern. Vorleger und Bettdecken flappten in den Hinterhöfen. Ein ganzer Schwarm von Babys hatte das Nest verlassen. Sie kreuzten anmaßend in ihren Kinderwagen auf, geschoben von Müttern oder Großmütterpaaren. Alte Leute saßen draußen auf dem Gehsteig im Klappsessel oder im Rollstuhl, und an den Straßenecken standen gruppenweise Männer, Hände in den Taschen und in gewollt lässiger Haltung – die Arbeitslosen, dachte Macon, aus den verdunkelten Wohnzimmern aufgetaucht, wo sie vor dem Fernseher überwintert hatten. Er schnappte Fetzen ihrer Gespräche auf:

»Was tut sich, Mann?«

»Nicht viel.«

»Was hast du gemacht?«

»So gut wie nichts.«

Er parkte vor Muriels Haus, wo Dominick Saddler an Muriels Wagen arbeitete. Die Motorhaube stand offen, und Dominick steckte tief darunter; Macon sah nur noch die Jeans, die riesigen, zerrissenen Turnschuhe und einen Streifen nackter Haut oberhalb des Rindsledergürtels. Links und rechts von ihm standen die Butler-Zwillinge, deren Mundwerk lief wie geölt.

»Und da sagt sie zu uns, jetzt ist Sense –«

»Dürfen bis Freitag mit niemandem ausgehen –«

»Erlaubt uns nicht, ans Telefon zu gehen –«

»Wir marschieren hinauf und knallen unsere Schlafzimmertür zu, nur ganz vorsichtig, damit sie aber weiß, was wir von ihr halten –«

»Und gleich ist sie mit einem Schraubenzieher oben und hängt unsere Tür aus!«

»Hmm«, sagte Dominick.

Macon stellte die Reisetasche ab und spähte in die Tiefen des Motors. »Will er wieder mal nicht?« fragte er.

Die Butler-Zwillinge sagten: »Hallo, Macon!«, und Dominick richtete sich auf und wischte sich die Stirn mit dem Handrücken ab. Er war ein brünetter, gutaussehender Junge, dessen schwellende Muskeln in Macon ein Gefühl des Zukurzgekommenseins weckten. »Das blöde Ding bleibt immer wieder stehen«, sagte er. »Wie ist Muriel zur Arbeit gekommen?«

»Mit dem Bus.«

Macon hatte sich die Auskunft erhofft, sie sei zu Hause geblieben.

Er ging die Stufen hoch und schloß die Haustür auf. Gleich dahinter begrüßte ihn Edward; er jaulte, machte Kapriolen und versuchte, zwischendurch stillzuhalten, um gestreichelt zu werden. Macon ging durchs ganze Haus. Alle hatten es offenbar in großer Eile verlassen. Die Couch war ausgezogen. (Claire mußte sich wieder einmal mit ihren Leuten überworfen haben.) Auf dem Küchentisch stand noch das Frühstücksgeschirr, und man hatte vergessen, die Sahne in den Kühlschrank zu stellen. Macon holte das jetzt nach. Dann trug er die Reisetasche hinauf. Muriels Bett war nicht gemacht, ihr Morgenrock lag über einen Stuhl hingeworfen. In der Nadelschale auf der Kommode lag ein Knäuel ihrer Haare. Er nahm es zwischen Daumen und Zeigefinger und ließ es in den Papierkorb fallen. Dabei kam ihm der Gedanke (nicht zum erstenmal), daß mitten durch die Welt eine scharfe Trennlinie verlief: Die einen lebten achtsam, die anderen achtlos, und alles, was geschah, konnte durch den Unterschied zwischen ihnen erklärt werden. Er hätte aber nie und nimmer zu sagen vermocht, warum ihn Rührung anwandelte, als er Muriels dünne Steppdecke erblickte, die so auf den Boden herunterhing, wie Muriel sie beim Aufstehen mitgezogen haben mußte.

Da es für Alexanders Heimkehr aus der Schule noch etwas zu früh war, beschloß er, mit dem Hund hinauszugehen. Er nahm Edward an die Leine und ging zur Haustür hinaus. Als er an den Butler-Zwillingen vorbeikam, leierten sie ihr übliches »Hallo, Macon« herunter, während Dominick fluchte und nach einem Schraubenschlüssel griff.

Die Männer an der Ecke sprachen über angebliche Jobs in Texas. Der Schwager des einen hatte dort Arbeit gefunden. Macon ging gesenkten Kopfes vorbei, weil er sich unangenehm privilegiert fühlte. Er schlug einen Bogen um eine Fußmatte, die man frisch geschrubbt auf dem Gehsteig zum Trocknen ausgelegt hatte. Die hiesigen Frauen nahmen den Frühjahrsputz ernst, wie er sah. Sie schüttelten den Staub aus ihren Mops zu Obergeschoßfenstern hinaus; sie saßen auf dem Fensterbrett und putzten die Scheiben mit zerknülltem Zeitungspapier. Sie wankten zwischen den Häusern hin und her, mit geliehenen Staubsaugern, Teppichreinigungsmaschinen und Kanistern voll Teppichshampoo beladen. Macon umrundete den Block und machte sich auf den Rückweg, nachdem er Edward Zeit gelassen hatte, an einem Ahornschößling sein kleines Geschäft zu verrichten.

Er näherte sich eben der Singleton Street, da sah er auch schon weit vorn Alexander heimwärts tippeln. Man konnte die steife, kleine Gestalt mit dem unförmigen Tornister nicht verwechseln. »Wartet!« schrie Alexander. »Wartet auf mich!« Die Ebbetts-Kinder, ein Stück voraus, drehten sich um und riefen etwas zurück. Macon verstand nicht, was sie sagten, aber den Tonfall kannte er nur zu gut – dieses hohe, hämische Grölen. »Nja – nja – nja – nja – nja!« Alexander begann zu laufen, stolperte über seine eigenen Füße. Hinter ihm kam eine andere Gruppe daher, zwei ältere Jungen mit einem rothaarigen Mädchen, und auch die fingen an, sich über ihn lustig zu machen. Alexander wirbelte herum und sah sie an. Sein Gesicht war irgendwie kleiner als sonst. »Lauf«, sagte Macon zu Edward und gab die Leine frei. Das ließ Edward sich nicht zweimal gesagt sein. Er hatte beim Klang von Alexanders Stimme gleich die Ohren gespitzt, und jetzt stürzte er auf ihn zu. Die drei älteren Kinder stoben auseinander, als er bellend zwischen ihnen hindurchrannte. Dicht vor Alexander machte er halt, und Alexander kniete nieder und schlang ihm die Arme um den Hals.

Als Macon herangekommen war, fragte er: »Alles in Ordnung?«

Alexander nickte und stand auf.

»Was war denn los?«

»Nichts«, sagte Alexander.

Doch als sie weitergingen, faßte er nach Macons Hand. Die kühlen Kinderfinger waren so individuell, so eigentümlich, so ausdrucksvoll. Macon griff fester zu und fühlte sich von einem wohltuenden Gram durchflutet. Oh, sein Leben hatte all seine alten Gefahren und Risiken zurückerlangt. Er war also wieder gezwungen, sich wegen Atomkriegen und der Zukunft des Planeten Sorgen zu machen. Er dachte oft insgeheim und schuldbewußt das gleiche, was er nach Ethans Geburt gedacht hatte: *Von nun an kann ich nie mehr restlos glücklich sein.*

Das war er vorher auch nicht gewesen, natürlich.

Macons USA-Ausgabe sollte nunmehr aus fünf einzelnen Broschüren bestehen, nach geographischen Gesichtspunkten aufgeteilt, jedoch in einer Kassette vereint, so daß man alle fünf kaufen mußte, selbst wenn man nur eine brauchte. Macon fand das unmoralisch. Er sprach das unumwunden aus, als Julian sich das Material über die Westküste holen kam.

»Was ist daran unmoralisch?« fragte Julian. Er war nicht ganz bei der Sache; Macon merkte es ihm an. Julian inventarisierte im Geist Muriels Haushalt, zweifellos der wahre Grund seines unangemeldeten, unnötigen Besuchs. Obgleich er sein Material bereits eingesammelt hatte, wanderte er zerstreut im Wohnzimmer umher, betrachtete zunächst ein gerahmtes Schülerfoto von Alexander und dann einen mit Perlen bestickten Mokassin, den Claire auf der Couch liegengelassen hatte. Es war Samstag, und die anderen hielten sich in der Küche auf, aber Macon hegte nicht die leiseste Absicht, Julian mit ihnen bekannt zu machen.

»Es ist immer unmoralisch, jemanden zu zwingen, etwas zu kaufen, was er nicht will«, sagte Macon. »Wenn man nur den Mittelwesten haben möchte, sollte man nicht auch Neuengland kaufen müssen, um Himmels willen.«

Julian fragte: »Ist das deine Freundin, die ich da draußen höre? Ist das Muriel?«

»Ja, wird wohl so sein«, sagte Macon.

»Willst du uns nicht miteinander bekannt machen?«

»Sie hat zu tun.«

»Ich möchte sie wirklich gern kennenlernen.«

»Warum? Hat Rose dir nicht erschöpfend Bericht erstattet?«

»Macon«, sagte Julian, »ich bin bald ein Verwandter von dir.«

»Ach Gott.«

»Ist doch nur natürlich, daß ich sie kennenlernen möchte.«

Macon schwieg.

»Außerdem«, eröffnete ihm Julian, »möchte ich sie zur Hochzeit einladen.«

»Tatsächlich?«

»Kann ich sie also sprechen?«

»Oh. Nun ja. Von mir aus.«

Macon ging voraus in die Küche. Er hatte den Eindruck, daß er einen Fehler gemacht hatte, daß er durch sein stacheliges Benehmen diese Begegnung bedeutsamer erscheinen ließ, als sie war. Doch siehe da, Julian gab sich forsch und lässig.

»Hallo, die Damen!« sagte er.

Sie blickten auf – Muriel, Claire und Bernice, alle drei um einen Stapel Notizpapier geschart. Macon rasselte ihre Namen herunter, aber bei Julians Namen blieb er stecken.

»Julian, ah, Edge, mein – «

»Zukünftiger Schwager«, ergänzte Julian.

»Mein Arbeitgeber.«

»Ich bin gekommen, um Sie zur Hochzeit einzuladen, Muriel. Ihren kleinen Jungen ebenfalls, wenn – wo ist Ihr kleiner Junge?«

»Er führt den Hund Gassi«, sagte Muriel. »Aber in der Kirche fühlt er sich nicht besonders.«

»Die Trauung findet im Garten statt.«

»Ja, dann vielleicht, ich weiß nicht . . .«

Muriel hatte etwas an, was sie ihren »Fallschirmjäger-Look« nannte – einen Overall aus »Sunny's Restbeständen« –, und ihr Haar war unter einem grell gemusterten Turban verborgen. Über einen Backenknochen zog sich die Spur eines Kugelschreibers hin wie ein Schmiß. »Wir machen eine Einsendung zu diesem Preisausschreiben«, teilte sie Julian mit. »Schreiben Sie einen Folksong, und gewinnen Sie eine Reise nach Nashville für zwei Personen. Wir arbeiten alle zusammen daran. Es soll ›Glückliche Zeiten‹ heißen.«

»Gibt es das nicht schon?«

»Hoffentlich nicht. Sie kennen doch die Fotos von solchen Paaren in den Illustrierten. ›Mick Jagger und Bianca in glücklichen Zeiten.‹ ›Richard Burton und Liz Taylor in – ‹«

»Ja, ich verstehe.«

»Dieser Mann trauert also seiner Exfrau nach. ›Ich kannte sie einst in anderen Orten und Breiten . . .‹«

Sie sang es lauthals heraus mit ihrer dünnen, krächzenden Stimme, die ein Gefühl von zeitlichem Abstand weckte wie eine alte Grammophonplatte.

Als wir bei Regen im Kuß uns vereint,
als vor Schmerz wir gemeinsam geweint,
ja, das waren noch glückliche Zeiten.

»Äußerst eingängig«, sagte Julian. »Nur bei diesem ›vor Schmerz geweint‹ bin ich mir nicht so sicher.«

»Was stört Sie daran?«

»Ich meine, in glücklichen Zeiten haben sie vor Schmerz geweint?«

»Er hat recht«, sagte Bernice zu Muriel.

»Bescheint, vermeint, angeleint«, überlegte Julian. »›Als wir einander noch nicht spinnefeind‹, ›als wegen Jane sie noch nicht gegreint ...‹«

»Hör doch auf, sei so gut, ja?« sagte Macon.

»›Als wir nicht wußten, wer Freund und wer Feind‹, ›als sie meine Fragen noch nicht verneint ...‹«

»Augenblick!« sagte Bernice, die wie wild kritzelte.

»Wer weiß, ob ich da nicht ein verborgenes Talent angezapft habe«, äußerte Julian zu Macon.

»Ich begleite dich zur Tür«, sagte Macon.

»›Als unsre Liebe noch ernst war gemeint‹, ›als alles war, wie's im Traum erscheint ...‹«, sagte Julian, während er Macon widerstrebend durchs Wohnzimmer nachging. »Vergessen Sie die Hochzeit nicht!« rief er zurück. Und zu Macon sagte er: »Falls sie gewinnt, kannst du Nashville für deine nächste USA-Ausgabe gratis erforschen.«

»Ich glaube, sie gedenkt, Bernice mitzunehmen«, gab Macon zurück.

»›Als wir zusammen Kirschen entsteint ...‹«, sinnierte Julian.

»Ich melde mich«, sagte Macon, »sobald ich mit dem Kanada-Führer beginne.«

»Kanada! Kommst du nicht zur Hochzeit?«

»Aber ja, das auch, selbstverständlich«, sagte Macon und öffnete die Tür.

»Sekunde, Macon. Warum hast du es so eilig? Warte, ich möchte dir etwas zeigen.«

Julian legte das Material über die Westküste aus der Hand und durchsuchte seine Taschen. Dann zog er einen glänzenden, bunten Prospekt heraus. »Hawaii«, sagte er.

»Also, ich sehe absolut keine Notwendigkeit, dort Recherchen – «

»Nicht für dich; für mich! Für unsere Hochzeitsreise. Ich fahre mit Rose hin.«

»Ach so.«

»Schau her«, sagte Julian. Er faltete den Prospekt auseinander, der sich als Landkarte entpuppte – als eine von diesen nutzlosen Karten, die Macon verabscheute; sämtliche apfelgrünen Inseln des Archipels waren mit unproportional großen, launigen Zeichnungen von Ananasfrüchten, Palmen und Hulatänzerinnen dicht übersät. »Das habe ich von der ›Reiselust GmbH‹ bekommen. Hast du von den Leuten schon mal was gehört? Sind sie zuverlässig? Sie empfehlen ein Hotel hier in...« Er fuhr mit dem Zeigefinger auf der Suche nach dem Hotel über die Seite.

»Ich weiß überhaupt nichts von Hawaii«, sagte Macon.

»Hier irgendwo...«, grübelte Julian. Dann gab er es auf, da er vielleicht erst in diesem Moment erfaßte, was Macon geäußert hatte, und faltete die Karte zusammen. »Sie könnte genau das sein, was du brauchst.«

»Wie bitte?«

»Diese komische Muriel.«

»Warum nennt alle Welt sie – «

»Sie ist nicht so übel! Ich glaube, deine Leute begreifen nicht, was du empfindest.«

»Nein, das begreifen sie nicht. Das begreifen sie wirklich nicht.« Macon war überrascht, daß ausgerechnet Julian das erkannt hatte.

Trotzdem lauteten Julians Abschiedsworte: »›Als wir gemeinsam ein Hühnchen entbeint...‹«

Macon schlug fest die Tür hinter ihm zu.

Er beschloß, Alexander etwas anderes zum Anziehen zu kaufen. »Wie würden dir Bluejeans gefallen?« fragte er. »Wie würden dir ein paar karierte Hemden gefallen? Oder wie wäre es mit einem Cowboygürtel mit ›Budweiser Beer‹ auf der Schnalle drauf?«

»Echt?«

»Würdest du so etwas tragen?«

»Ja! Bestimmt! Ehrenwort!«

»Dann gehen wir einkaufen.«

»Kommt Mama mit?«

»Es soll eine Überraschung für sie werden.«

Alexander zog seine Frühjahrsjacke an – einen Polyesterblazer, der Muriel eben erst ein kleines Vermögen gekostet hatte. Macon wußte nicht, ob Jeans ihre Billigung finden würden, und hatte deshalb gewartet, bis sie unterwegs war, um für eine Frau in Guilford Vorhänge zu besorgen.

Das Geschäft, zu dem er fuhr, war ein Western-Shop, wo er früher Ethan eingekleidet hatte. Es hatte sich kein bißchen verändert. Die Dielenbretter knarrten, in den Gängen roch es nach Leder und neuem Drillich. Er dirigierte Alexander in die Knabenabteilung, wo er einen Drehständer mit Hemden kreisen ließ. Wie oft hatte er das schon gemacht? Es tat nicht einmal mehr weh. Es war nur einigermaßen verwirrend, wenn man sah, daß alles einfach weiterging, egal, was geschehen mochte. Die billigen Jeans waren noch immer nach Taillenweite und innerer Beinlänge gestapelt, die Krawattennadeln mit Pferdemotiven lagen noch immer hinter Glas aus. Ethan war tot und begraben, aber Macon hielt immer noch Hemden hoch und fragte: »Dieses da? Oder dieses? Oder dieses hier?«

»Also eigentlich möchte ich am liebsten T-Shirts.«

»T-Shirts. Ah.«

»Solche, wo der Ausschnitt so ausgeleiert ist. Und Jeans, die unten so ausgefranst sind.«

»Also, das mußt du schon selbst besorgen«, sagte Macon. »Du mußt die Sachen erst eintragen.«

»Ich will nicht neu aussehen.«

»Paß auf. Alles, was wir kaufen, waschen wir mindestens zwanzigmal, bevor du es anziehst.«

»Aber es soll nicht *prewashed* sein«, sagte Alexander.

»Nein, nein.«

»Nur Langweiler tragen *prewashed*.«

»Stimmt.«

Alexander suchte sich absichtlich mehrere zu große T-Shirts aus, dazu einige Jeans, weil er seine Größe nicht genau wußte. Dann ging er alles anprobieren. »Soll ich mitkommen?« fragte Macon.

»Das kann ich allein.«

»Oh. Na dann.«

Auch das kannte er.

Alexander verschwand in einer der Kabinen, und Macon sah sich inzwischen in der Herrenabteilung um. Er setzte probeweise einen ledernen Cowboyhut auf, nahm ihn aber sofort wieder ab. Dann ging er zu der Kabine zurück. »Alexander?«

»Ja?«

»Wie geht's?«

»Okay.«

In der Öffnung unter der Tür sah Macon Alexanders Schuhe und Hosenaufschläge. Er war anscheinend noch nicht dazugekommen, die Jeans anzuziehen.

Jemand sagte: »Macon?«

Er drehte sich um und erblickte eine Frau mit schickem blondem Pagenkopf, deren Wickelrock mit kleinen blauen Walen bedruckt war. »Ja«, sagte er.

»Laurel Canfield. Scotts Mutter. Erinnern Sie sich?«

»Natürlich.« Macon reichte ihr die Hand. Jetzt gewahrte er auch Scott, ehemals Klassenkamerad von Ethan – einen unerwartet aufgeschossenen, schlaksigen Jungen, der mit einem Armvoll Sportsocken neben seiner Mutter lauerte. »Sieh da, Scott. Nett, dich zu sehen«, sagte Macon.

Scott wurde rot und schwieg. Laurel Canfield sagte: »Nett, daß man *Sie* mal wieder sieht. Erledigen Sie Ihre Frühjahrseinkäufe?«

»Also, nun ja, ah – «

Er warf einen Blick auf die Kabine. Jetzt ringelte sich Alexanders Hose um seine Knöchel. »Ich bin dem Sohn einer Bekannten behilflich«, erklärte er.

»Wir haben gerade die Sockenabteilung leergekauft.«

»Ja, das sehe ich.«

»Scott hat ungefähr jede zweite Woche sämtliche Socken durchgescheuert; Sie wissen ja, wie Jungen in diesem Alter – «

Sie brach ab. Sie machte ein erschrockenes Gesicht. Sie sagte: »Das heißt . . .«

»Ja, allerdings«, sagte Macon. »Erstaunlich, nicht wahr?« Es war ihm ihretwegen so peinlich, daß er froh war, als er hinter ihr ein weiteres bekanntes Gesicht erblickte. Doch dann begriff er erst: Da stand seine Schwiegermutter. »Na so was!« sagte er. War sie immer noch Mutter Sidey? Oder *Mrs. Sidey*? Wer, um Gottes willen?

Zum Glück stellte sich heraus, daß Laurel Canfield sie ebenfalls kannte. »Paula Sidey«, sagte sie. »Ich habe Sie seit dem letzten Herbst nicht mehr gesehen!«

»Ja, ich war verreist«, erklärte Mrs. Sidey, und dann senkte sie ein wenig die Augenlider, als ließe sie einen Vorhang herab, bevor sie sagte: »Macon.«

»Wie geht's?« fragte Macon.

Sie war tadellos zurechtgemacht, aufwendig gepflegt – eine blauhaarige Dame in maßgeschneiderter Hose und Rollkragenpullover. Er hatte ehedem befürchtet, Sarah würde auf die gleiche Art altern, sich auch einen so spröden Panzer zulegen, doch jetzt konnte er nicht umhin, Mrs. Sideys Tatkraft zu bewundern. »Du siehst gut aus«, sagte er zu ihr.

»Danke«, entgegnete sie und betastete ihre Frisur. »Ich nehme an, du bist wegen deiner Frühjahrsgarderobe hier.«

»Oh, Macon ist einer Bekannten behilflich!« jauchzte Laurel Canfield. Sie war plötzlich so ausgelassen, daß Macon den Verdacht schöpfte, sie habe sich eben erst erinnert, in welchem verwandtschaftlichen Verhältnis Mrs. Sidey zu ihm stand. Sie blickte zu Alexanders Kabine hinüber. Alexanders Füße steckten jetzt nur noch in den Socken. Eine Socke hob sich und verschwand in einer Woge von blauem Drillich. »Ist es nicht ungemein schwierig, mit Jungen einkaufen zu gehen?« meinte sie.

»Das dürfen Sie *mich* nicht fragen«, sagte Mrs. Sidey. »Ich hatte nie einen. Ich bin wegen der Jeansröcke hier.«

»Oh, die Röcke, da habe ich ein Angebot gesehen – «

»Welcher Bekannten bist du beim Einkaufen behilflich?« wollte Mrs. Sidey von Macon wissen.

Macon war um eine Antwort verlegen. Er warf einen Blick auf die Kabine. Wenn Alexander dort bloß auf ewig versteckt bliebe, dachte er. Wie sollte man dieses mickrige Würmchen hinwegerklären, dieses armselige Etwas, das sich als Kind ausgab und niemals den Vergleich mit einem richtigen Kind aushalten konnte?

Eigensinnig wie stets wählte Alexander just diesen Moment für seinen Auftritt.

Er hatte ein viel zu großes T-Shirt an, das ihm ein bißchen von einer Schulter gerutscht war, als käme er gerade von einer Balgerei. Bequem weite Jeans hingen an ihm herab. Macon sah, daß sein Gesicht in den letzten paar Wochen irgendwie, unbemerkt von allen, voller geworden war; und sein Haar – das Macon neuerdings selbst schnitt – hatte die rasierte Stoppligkeit verloren und wuchs dicht und glatt nach.

»Ich seh' *phantastisch* aus«, sagte Alexander.

Macon wandte sich den Frauen zu und sagte: »Ehrlich gestanden, ich finde, mit Jungen einkaufen zu gehen ist ein reines Vergnügen.«

16

Es gibt kein friedvolleres Geräusch als Regen auf dem Dach, wenn man in anderer Leute Haus sorglos schläft. Macon hörte das sanfte Rauschen; er hörte, wie Muriel aufstand, um ein Fenster zu schließen. Sie huschte durch sein Gesichtsfeld, wie Scheinwerferlicht über die Zimmerdecke huscht, weiß und schlank und geisterhaft in einem losen, einfachen Unterkleid aus einem Billigladen. Sie schloß das Fenster, Stille senkte sich auf ihn herab, und er schlief wieder ein.

Doch am Morgen war sein erster Gedanke: *Das darf nicht wahr sein! Regen! An Roses Hochzeitstag!*

Er stand auf, vorsichtig, damit er Muriel nicht weckte, und schaute hinaus. Der Himmel war hell, aber flach und austernschalenfarben – kein gutes Zeichen. Der schüttere kleine Hartriegelstrauch hinter dem Haus troff von allen Zweigen und Knospen. Nebenan war Mrs. Butlers betagter Haufen Abfallholz um mehrere Schattierungen dunkler geworden.

Macon ging hinunter, schlich auf Zehenspitzen durchs Wohnzimmer, wo Claire, in Decken verheddert, schnarchte. Er setzte einen Topf Kaffee auf und rief dann Rose vom Küchentelefon aus an. Sie meldete sich sofort und hellwach.

»Verlegst du die Hochzeit ins Haus?« fragte er.

»Das geht nicht, wir haben zu viele Gäste.«

»Wieso? Wie viele kommen denn?«

»Alle, die wir überhaupt kennen.«

»Du meine Güte!«

»Keine Sorge, es klart bestimmt auf.«

»Aber das Gras ist klatschnaß!«

»Zieh Galoschen an«, riet sie ihm. Und legte auf.

Seit sie Julian kannte, war sie so leichtfertig geworden. So schnippisch. Geradezu oberflächlich.

Was das Wetter betraf, behielt sie allerdings recht. Am Nachmittag zeigte sich schwach eine blasse Sonne. Muriel beschloß, das kurzärmelige Kleid anzuziehen, wie geplant, sich aber vielleicht ein Tuch um die Schultern zu werfen. Alexander sollte unbedingt einen Anzug tragen – er besaß sogar einen inklusive Weste. Er protestierte jedoch, und Macon schloß sich dem Protest an. »Jeans und ein anständiges weißes Hemd. Das genügt«, sagte Macon zu ihr.

»Wenn du meinst . . .«

In letzter Zeit hatte sie in Sachen Alexander ihm die Entscheidungen überlassen. Sie hatte endlich in der strittigen Frage der Turnschuhe nachgegeben und überwachte Alexanders Kost nicht mehr so streng. Entgegen ihren Prophezeiungen bekam Alexander keine Senkfüße und keine juckenden Ekzeme. Das Schlimmste, was er über sich ergehen lassen mußte, war ab und zu ein harmloser Ausschlag.

Die Trauung war für drei Uhr festgesetzt. Gegen halb drei brachen sie auf und fühlten sich recht unbehaglich, als sie zu Macons Wagen gingen. Es war Samstag, und in der ganzen Gegend war niemand so herausgeputzt wie sie. Mr. Butler stand mit einem Hammer und einer Tüte Nägel auf der Leiter. Rafe Daggett nahm seinen Lieferwagen auseinander. Die Inderin spritzte mit dem Schlauch einen ebenso farbenprächtigen wie fadenscheinigen Teppich ab, den sie auf dem Gehsteig ausgebreitet hatte, dann drehte sie den Wasserhahn zu, hob den Saum ihres Saris und stampfte so herum, daß der Teppich Tröpfchenschauer verspritzte. Fast jeder vorbeifahrende Wagen ächzte unter einer schwankenden Last von Matratzen und Patio-Möbeln; sie erinnerten Macon an die bewußten Ameisen, die mit einer Bürde von der vierfachen Größe ihres eigenen Körpers in den Bau zurückkrabbeln.

»Soviel ich weiß, soll ich der Brautführer sein«, sagte Macon zu Muriel, nachdem er losgefahren war.

»Davon hast du nichts erwähnt!«

»Und Charles übergibt sie dem Bräutigam.«

»Also eine richtige Trauung«, sagte Muriel. »Nicht nur zwei Personen, die allein dastehen.«

»Rose hat es sich so gewünscht.«

»Ich würde es ganz anders machen.« Muriel warf einen Blick nach hinten. »Alexander, hör endlich auf, gegen meinen Sitz zu kicken. Das ist ja zum Verrücktwerden. Nein«, sagte sie, die Augen wieder nach vorn gerichtet, »wenn ich noch mal heiraten sollte, weißt du, was ich dann machen würde? Keiner Menschenseele etwas verraten. Tun, als wäre ich schon jahrelang verheiratet. Heimlich zu irgendeinem Friedensrichter gehen und zurückkommen, wie wenn nichts geschehen wäre, und so tun, als wäre ich schon immer verheiratet gewesen.«

»Für Rose ist es immerhin die erste Hochzeit«, gab Macon ihr zu bedenken.

»Schon, aber trotzdem können die Leute sagen: ›Hast aber ziemlich lange dazu gebraucht.‹ Ich höre direkt meine Mutter reden; die sagt garantiert: ›Hast aber ziemlich lange dazu gebraucht. Ich hab' schon gedacht, du schaffst es nie!‹ Sagt sie bestimmt. Wenn ich jemals wieder heiraten sollte.«

Macon bremste vor einer Verkehrsampel.

»Wenn ich mich jemals dazu entschließen sollte.«

Er sah sie kurz an und staunte, wie hübsch sie aussah mit den geröteten Wangen und dem flott um die Schultern geworfenen, auffallenden Tuch. Ihre Schuhe mit den nadelspitzen Absätzen hatten schmale, glänzende Knöchelriemchen. Er war nie dahintergekommen, warum Knöchelriemchen so verführerisch wirkten.

Die erste Person, die sie bei der Ankunft erblickten, war Macons Mutter. Er hatte aus irgendeinem Grunde überhaupt nicht daran gedacht, daß auch Alicia eine Einladung zur Hochzeit ihrer Tochter bekommen würde, und als sie die Haustür öffnete, dauerte es eine Sekunde, bevor er sie erkannte. Sie sah nämlich so ganz anders aus. Sie hatte sich das Haar dunkel tomatenrot gefärbt. Sie trug einen langen weißen, mit schillernden Satinbändern eingefaßten Kaftan, und als sie hinauflangte, um Macon an sich zu drücken, rasselte eine veritable Röhre metallener Reifen an ihrem linken Arm entlang.

»Macon, mein Schatz!« Sie roch nach angewelkten Gardenien. »Und wer ist das?« fragte sie, an ihm vorbeispähend.

»Oh, hm... Darf ich dir Muriel Pritchett vorstellen. Und Alexander, ihren Sohn.«

»Ach ja?«

Der höflich neugierige Ausdruck wich nicht von ihrem Gesicht. Offenbar hatte ihr niemand Bescheid gesagt. (Oder sie hatte wieder einmal nicht zugehört.) »Also, da ich anscheinend der Majordomus bin«, sagte sie, »führe ich euch nach hinten zu Braut und Bräutigam.«

»Rose hält sich nicht versteckt?«

»Nein, sie sagt, sie sieht nicht ein, warum sie ihre eigene Hochzeit versäumen soll«, erklärte Alicia, während sie die drei durchs Haus führte. »Muriel, kennen Sie Macon schon lange?«

»Ach, ziemlich.«

»Er ist äußerst spießig«, vertraute Alicia ihr an. »Alle meine Kinder sind spießig. Das haben sie von den Learys.«

»Ich finde ihn nett«, sagte Muriel.

»Oh, *nett,* das schon. Alles schön und gut«, sagte Alicia mit einem Blick auf Macon, den dieser nicht zu deuten wußte. Sie hatte sich bei Muriel eingehakt, auf hautnahen Kontakt aus wie eh und je. Der Ausputz ihres Kaftans entsprach farblich fast Muriels Schultertuch. Macon durchzuckte jäh ein erschreckender Gedanke: Womöglich begann er in reiferen Jahren, sich zu Frauen vom Typ seiner Mutter hingezogen zu fühlen, gleichsam in der Einsicht, daß Alicia – diese törichte, eitle, ärgerliche Person – letzten Endes doch die richtige Einstellung hatte. Bloß das nicht. Er wies den Gedanken von sich. Und Muriel befreite sich von Alicias Arm. »Alexander? Kommst du?« fragte sie.

Sie traten durch die Flügeltür der Glasveranda. Der Garten war mit lauter Pastellfarben ausgefüllt – Roses alte Damen in hellen Kleidern, überall Narzissen in Kübeln, voll erblühte Forsythien längs des Mittelganges. Dr. Grauer, Roses Geistlicher, trat vor und schüttelte Macon die Hand. »Aha! Der Brautführer«, sagte er, und hinter ihm erschien Julian in Schwarz – nicht seine Farbe. Seine Nase schälte sich. Die Segelsaison mußte wieder angebrochen sein. Er legte einen Goldring auf Macons Handfläche und sagte: »Da, behalt das.« Einen Moment lang glaubte Macon, er solle ihn wirklich *behalten.* Dann sagte er: »Ach ja, der Ring«, und steckte ihn in die Tasche.

»Unfaßbar, daß ich endlich einen Schwiegersohn bekomme«, sagte Alicia zu Julian. »Bis jetzt hatte ich nur Schwiegertöchter. Und auch die sind mir nicht lange erhalten geblieben.«

Als Macon klein war, fürchtete er oft, daß seine Mutter ihm die falschen Namen verschiedener Dinge beibrachte. »Das nennt man Kordsamt«, hatte sie einmal beim Zuknöpfen seines neuen Mantels gesagt, und er hatte gedacht: *Stimmt das auch?* Komisches Wort, eigentlich, Kordsamt. Höchst verdächtig. Wer garantierte ihm, daß andere Menschen nicht eine ganz andere Sprache sprachen? Er hatte seine Mutter mißtrauisch gemustert – ihre albernen flaumigen Löckchen und ihre flackernden, unsteten Augen.

Jetzt kamen Porters Kinder daher, alle drei dicht beisammen; und dahinter June, ihre Mutter. War es nicht unüblich, die geschiedene Frau des Bruders zur eigenen Hochzeit einzuladen? Zumal, wenn sie in ihrem hochschwangeren Leib das Kind eines anderen Mannes trug? Aber sie schien sich gut zu unterhalten. Sie gab Macon einen Schmatz auf die Wange und betrachtete Muriel abschätzend. »Kinder, das ist Alexander«, sagte Macon. Er hegte die schwache Hoffnung, daß alle sich irgendwie zusammentun und anfreunden würden, was natürlich nicht geschah. Alexander ballte die Fäuste in den Taschen. June sagte zu Julian: »Ihre Braut strahlt ja nur so«, und Julian antwortete: »Ja, nicht wahr«, doch als Macon Rose ausfindig machte, sah sie angespannt und abgekämpft aus wie die meisten Bräute, wenn die Leute es nur zugeben würden. Sie trug ein weißes Kleid, wadenlang, aber ganz schlicht, und auf dem Kopf einen kleinen Tuff aus Spitze oder Tüll oder dergleichen. Sie sprach gerade mit dem Eisenwarenhändler. Und jawohl, da war das Mädchen, das in der Mercantile Bank ihre Schecks einlöste, und dort neben Charles stand der Familienzahnarzt. Macon dachte an *Mary Poppins* – an die nächtlichen Abenteuer, die er Ethan vorgelesen hatte, bei denen all die Geschäftsleute sich so gänzlich anders benahmen als bei Tage.

»Ich bin mir nicht sicher, ob man das wissenschaftlich erforscht hat«, redete Charles auf den Zahnarzt ein. »Aber haben Sie je versucht, sich daß Gebiß nach der Reinigung mit Zahnseide mit einem T-Shirt zu polieren?«

»Äh – «

»Einem gewöhnlichen T-Shirt aus Baumwolle. Aus hunderprozentiger Baumwolle. Ich glaube, Sie werden beeindruckt sein, wenn ich zur nächsten Routineuntersuchung komme. Wissen Sie, meine Theorie lautet – «

Muriel und June diskutierten über Kaiserschnittoperationen. Julian fragte Alicia, ob sie schon mal auf dem Intercoastal Waterway gesegelt sei. Mrs. Barrett erzählte dem Briefträger, daß die Firma Leary Metals früher die schönsten gestanzten Weißblechplafonds von ganz Baltimore hergestellt habe.

Und Sarah sprach zu Macon über das Wetter.

»Ja, ich war besorgt, als es in der Nacht geregnet hat«, sagte Macon. Oder etwas Ähnliches; er sagte irgend etwas.

Er schaute Sarah an. Eigentlich verschlang er sie mit den Augen: ihre glänzenden Ringellocken, ihr rundes, süßes Gesicht und den Hauch Puder auf dem Flaum entlang der Wangen.

»Wie ist es dir ergangen, Macon?« erkundigte sie sich.

»Recht gut.«

»Freust du dich über die Hochzeit?«

»Also«, sagte er, »wenn Rose sich freut, freue ich mich wohl auch. Obwohl ich das Gefühl nicht loswerde... Na ja, Julian. Du weißt schon.«

»Ja, ich weiß. Aber er hat mehr zu bieten, als du glaubst. Er dürfte sich als sehr gute Partie erweisen.«

Wenn sie wie jetzt in der Sonne stand, waren ihre Augen so klar, daß man ihnen bis auf den Grund sehen konnte. Er kannte das schon seit langer Zeit. Es hätten seine eigenen Augen sein können, so vertraut waren sie ihm. Er fragte: »Und wie ist es *dir* ergangen?«

»Nicht schlecht.«

»Gut. Fein.«

»Ich weiß, daß du mit jemand zusammenlebst«, sagte sie mit ruhiger Stimme.

»Ah! Ja, eigentlich... Ja, so ist es.«

Sie wußte auch, um wen es sich handelte, denn jetzt blickte sie an ihm vorbei auf Muriel und Alexander. Sie sagte aber nur: »Rose hat es mir erzählt, als sie mich eingeladen hat.«

Er fragte: »Wie steht's mit dir?«

»Mit mir?«

»Lebst du mit jemandem zusammen?«

»Eigentlich nicht.«

Rose kam herüber und berührte beide am Arm, ganz gegen ihre Gewohnheit. »Wir sind jetzt soweit«, sagte sie. Und zu Macon erläuternd: »Sarah ist meine Brautführerin, habe ich es dir schon gesagt?«

»Nein, noch nicht.«

Dann folgte er ihr mit Sarah zu der Stelle unter einem Tulpenbaum, wo Julian und Dr. Grauer warteten. Hier war ein improvisierter Altar aufgebaut – ein kleiner Tisch oder dergleichen, mit einem Tuch verhängt; Macon war nicht ganz bei der Sache. Er stand neben dem Geistlichen und befingerte den Ring in der Tasche. Sarah stand auf der anderen Seite und sah ihm ernst ins Gesicht.

Alles wirkte ganz selbstverständlich.

17

Muriel sagte: »Ich habe dir nie etwas davon erzählt, aber eine Weile, bevor ich dich kennengelernt habe, bin ich mit einem anderen gegangen.«

»So? Wer war das?« fragte Macon.

»Ein Kunde von Fix-Kopie. Er hat mir seine Scheidungspapiere zum Kopieren gebracht, und wir sind miteinander ins Gespräch gekommen, und zum Schluß sind wir zusammen ausgegangen. Seine Scheidung war gräßlich: ein einziger Sumpf. Seine Frau hat ihn betrogen. Er hat gesagt, er kann wahrscheinlich nie wieder einer Frau trauen. Es hat Monate gedauert, bevor er auch nur über Nacht geblieben ist; er hat es nicht gemocht, mit einer Frau im selben Zimmer zu schlafen. Aber ich habe das nach und nach geändert. Er ist locker geworden. Überhaupt wie ausgewechselt. Ist bei mir eingezogen und hat die Rechnungen übernommen und alles bezahlt, was ich dem Doktor von Alexander noch schuldig gewesen bin. Wir haben schon vom Heiraten geredet. Dann hat er eine Stewardeß kennengelernt und ist binnen einer Woche mit ihr auf und davon.«

»Aha«, sagte Macon.

»Ich hab' ihn also sozusagen kuriert, nur damit er mit einer anderen auf und davon gehen kann.«

»Tja«, meinte er.

»Du würdest so etwas doch nicht tun, oder, Macon?«

»Wer, ich?«

»Würdest du mit einer anderen auf und davon gehen? Würdest du dich hinter meinem Rücken mit einer anderen treffen?«

»Aber Muriel, natürlich nicht.«

»Würdest du mich sitzenlassen und zu deiner Frau heimgehen?«

»Was redest du da?«

»Ja oder nein?«

»Sei nicht albern«, sagte er.

Sie legte den Kopf schräg und sah ihn forschend an. Ihre Augen waren wachsam und glänzend und wissend wie die Augen eines kleinen Tieres.

Es war ein regnerischer Dienstagvormittag, und Edward, der Regenverächter, tat hartnäckig, als müßte er nicht hinaus, aber Macon hatte kein Einsehen. Während er im Hinterhof unter dem Regenschirm wartete, sah er ein junges Paar die Gasse entlangkommen. Die beiden fielen ihm auf, weil sie so langsam gingen, als merkten sie gar nicht, daß sie naß wurden. Der Junge, in abgerissenen Jeans und weichem weißem Hemd, war lang aufgeschossen und schmächtig. Das Mädchen trug einen flachen Strohhut mit hinten herabhängenden Bändern und ein ziemlich langes, schlabberndes Baumwollkleid. Sie schwenkten die ineinandergelegten Hände und sahen nur einer den anderen. Ein Dreirad stand ihnen im Weg, und sie trennten sich; doch statt einfach vorbeizugehen, vollführte das Mädchen mit wirbelndem Rock so etwas wie einen Tanzschritt, und auch der Junge drehte sich um sich selbst, lachte und griff wieder nach ihrer Hand.

Endlich, endlich verrichtete Edward sein kleines Geschäft, und Macon folgte ihm zurück ins Haus. Er stellte den Regenschirm ins Küchenspülbecken und hockte sich nieder, um Edward mit einem alten Strandhandtuch abzutrocknen. Zuerst rieb er rasch, dann immer langsamer. Dann hörte er ganz damit auf, blieb jedoch auf dem Boden, das Handtuch zusammengeknüllt in den Händen, während ihm der Blechbüchsengeruch des nassen Hundes in die Nase stieg.

Als er Sarah gefragt hatte, ob sie mit jemandem zusammenlebte und Sarah »Eigentlich nicht« geantwortet hatte – was hatte sie damit gemeint?

Es hörte auf zu regnen; sie nahmen Edward an die Leine und gingen einkaufen. Muriel brauchte Hauspantoffeln mit Marabufedern. »Rot. Hochhackig. Spitzig.«

»Himmel. Wozu denn?« fragte Macon.

»Ich will damit am Sonntagmorgen im Haus herumklappern. Siehst du mich nicht schon? Schade, daß ich Nichtraucherin bin. Schade, daß Alexander gegen Rauch allergisch ist.«

Jawohl, er sah sie schon vor sich. »In einem schwarzgoldenen Kimono«, sagte er.

»Genau.«

»Aber ich glaube, solche mit Federn gibt es nicht mehr.«

»In Ramschläden schon.«

»Oh. Na dann.«

Macon hatte seit neuestem selbst eine Vorliebe für Ramschläden entwickelt. Aus dem üblichen Meer von Kunststoff hatte er bis jetzt einen Zollstock, ein ausgeklügeltes Teigrädchen, das sparsamstes Ausschneiden von Plätzchen ermöglichte, und eine Miniaturwasserwaage aus Messing für Alexanders Werkzeugkasten herausgefischt.

Die Luft draußen war warm und feucht. Mrs. Butler band

die zermanschten Geranien auf, die im Vorgärtchen in einem weiß gestrichenen Autoreifen vor sich hin kümmerten. Mrs. Patel – ausnahmsweise einmal ohne Sari, plump und unromantisch in engen, ausgebeulten Calvin-Klein-Jeans – fegte die Pfützen von ihrem Vortreppchen. Und Mrs. Saddler stand vor der Eisenwarenhandlung und wartete die Öffnungszeit ab.

»Ich nehme an, du hast Dominick auch nicht gesehen«, sagte sie zu Muriel.

»In letzter Zeit nicht.«

»Gestern abend ist er gar nicht nach Hause gekommen«, sagte Mrs. Saddler. »Er bringt mich noch zur Verzweiflung. Er ist eigentlich kein schlechter Junge«, sagte sie zu Macon, »aber er ist so anstrengend, verstehen Sie mich? Wenn er daheim ist, dann ist er so restlos daheim, trampelt im ganzen Haus mit den riesigen lauten Stiefeln herum, aber wenn er weg ist, dann ist er restlos weg. Sie glauben ja nicht, wie einem das Haus vorkommt: einfach leer. Lauter Echos.«

»Er kommt wieder«, sagte Muriel. »Heute abend ist er mit dem Wagen an der Reihe.«

»Hach, und wenn er mit dem Wagen herumfährt, dann ist es am allerschlimmsten. Dann frage ich mich jedesmal, wenn ich eine Polizeisirene höre, ob das Dominick ist. Ich weiß, wie er um die Kurven fetzt! Ich kenne die leichten Mädchen, mit denen er sich herumtreibt!«

Als sie gegangen waren, stand Mrs. Saddler immer noch da und befingerte geistesabwesend ihre Geldbörse, obwohl der Eisenwarenhändler die Tür inzwischen aufgeschlossen hatte und die Markisen herunterkurbelte.

Vor einem Laden, der sich »Aus alt mach neu« nannte, befahlen sie Edward, sich zu setzen. Er gehorchte mit Duldermiene, und sie gingen hinein. Muriel stöberte in den Regalen voll krummer, brüchiger Schuhe, die sich der Form von anderer Leute Füßen angepaßt hatten. Sie streifte die eigenen Schuhe ab und schlüpfte in ein Paar silberne Abendsandalen. »Was meinst du?« fragte sie Macon.

»Ich dachte, du suchst Pantoffeln.«

»Aber was sagst du zu denen hier?«

»Ich kann auch ohne sie leben«, sagte er.

Er langweilte sich, denn hier wurde ausschließlich Kleidung angeboten.

Muriel riß sich von den Schuhen los, und sie gingen nach nebenan in den nächsten Trödelladen. Macon versuchte, einen Verwendungszweck für den rostigen metallenen Aktenordner zu finden, den er in einem Haufen Schneeketten entdeckte. Ob er ihn irgendwie für seine Reiseführer brauchen konnte? Und von der Steuer absetzen? Muriel hob einen Vinylkoffer mit abgerundeten Ecken hoch, der Macon an ein abgelutschtes Karamelbonbon erinnerte. »Soll ich den nehmen?« fragte sie.

»Ich denke, du willst Pantoffeln.«

»Aber für die Reise!«

»Seit wann machst du Reisen?«

»Ich weiß, wo du nächstens hinfährst.« Sie umklammerte den Koffergriff mit beiden Händen und kam näher heran. Sie sah aus wie ein ganz junges Mädchen an einer Bushaltestelle etwa oder draußen an der Schnellstraße auf Ausschau nach einer Mitfahrgelegenheit. »Ich wollte fragen, ob ich mitkommen kann.«

»Nach Kanada?«

»Ich meine, hinterher. Nach Frankreich.«

Er legte den Aktenordner weg. (Sobald die Rede auf Frankreich kam, war ihm die Laune verdorben.)

»Julian hat es gesagt!« erinnerte sie ihn. »Er hat gesagt, es wird wieder einmal langsam Zeit für Frankreich.«

»Du weißt, ich kann es mir nicht leisten, dich mitzunehmen.« Muriel stellte den Koffer zurück, und sie verließen den Laden. »Bloß dieses eine Mal!« bettelte sie, während sie neben ihm herlief. »Es kostet bestimmt nicht viel!«

Macon nahm Edwards Leine und bedeutete ihm, aufzustehen. »Es kostet bestimmt ein Vermögen«, sagte er. »Ganz zu schweigen von der Arbeit, die du versäumen würdest.«

»Würde ich nicht. Ich habe aufgehört.«

Er sah sie an. »Aufgehört?«

»Na ja, im Miau-Wau. Die Sache mit George und dem Hundetraining kann ich mir einrichten. Wenn ich verreisen sollte, könnte ich einfach – «

»Du hast im Miau-Wau aufgehört?«

»Na und?«

Er wußte keine Erklärung dafür, warum er sich plötzlich so bedrückt fühlte.

»So gut bezahlt war's ja auch wieder nicht«, sagte Muriel. »Und du kaufst jetzt fast alle Lebensmittel ein und steuerst etwas zur Miete bei und überhaupt. So dringend brauche ich das Geld also nicht. Außerdem hat es mich so viel Zeit gekostet! Zeit, die ich mit dir und Alexander verbringen könnte. Mein Gott, ich bin doch abends immer buchstäblich tot vor Erschöpfung nach Hause gekommen, Macon.«

Sie gingen vorbei an Methylenes Schönheitssalon, an einer Versicherungsagentur, an einem Unternehmen für Farbabbeizung. Edward äugte interessiert zu einem großen, pausbäckigen Kater hinüber, der sich auf der Motorhaube eines Lieferwagens sonnte.

»Bildlich«, sagte Macon.

»Häh?«

»Du warst bildlich gesprochen tot. Mein Gott, Muriel, du drückst dich immer so ungenau aus! So schlampig. Und wie kannst du nur deine Arbeit so ohne weiteres aufgeben? Wie kannst du dir das so ohne weiteres herausnehmen? Du hast mich ja nicht einmal vorgewarnt!«

»Ach, mach deswegen kein solches Theater«, sagte Muriel.

Sie langten vor ihrem Lieblingsgeschäft an – einem namenlosen, winzigen Kabuff mit einem Posten angestaubter Hüte im Schaufenster. Muriel war schon halb drin, aber Macon blieb, wo er war. »Kommst du nicht mit hinein?« fragte sie.

»Ich warte hier.«

»Aber das ist der Laden mit all dem raffinierten Zeug!«
Er gab keine Antwort. Sie seufzte und verschwand.

Sie aus dem Blick zu verlieren glich der Befreiung von einer großen, drückenden Last.

Er hockte sich nieder und kraulte Edward hinter den Ohren. Dann stand er wieder auf und studierte ein ausgebleichtes Wahlplakat, als enthielte es eine faszinierende verschlüsselte Botschaft. Zwei schwarze Frauen, die fahrbare Drahtkörbe voller Wäsche hinter sich herzogen, gingen an ihm vorbei.

»Es war genauso heiß wie an dem Tag damals, von dem ich dir erzählt hab', aber sie hat einen ganz dicken Pelzmantel angehabt...«

»Ma-con.«

Er wandte sich der Ladentür zu.

»He, Ma-con!«

Er sah einen Fäustling, einen dieser Kinderfäustlinge, die so gemacht sind, daß sie einer Handpuppe ähneln. Die Innenfläche bildete ein roter Filzmund, der auseinanderklaffte und quäkte: »Macon, *bitte* sei nicht böse auf Muriel.«

Macon stöhnte.

»Komm in den netten Laden mit ihr«, bettelte die Puppe.

»Muriel, ich glaube, Edward wird schon unruhig.«

»Hier gibt es eine Menge zu kaufen! Kneifzangen und Schraubenschlüssel und Reißschienen... Und einen stummen Hammer.«

»Was?«

»Einen Hammer, der überhaupt keinen Lärm macht. Man kann damit mitten in der Nacht Nägel einschlagen.«

»Hör mal –«, sagte Macon.

»Die haben da ein Vergrößerungsglas voller Risse und Sprünge, und wenn man sich durch das Ding zerbrochene Sachen anschaut, könnte man schwören, daß sie wieder ganz geworden sind.«

»Nein, wirklich, Muriel.«

»Ich bin nicht Muriel! Ich bin Fanny Fäustling! Macon, weißt du denn nicht, daß Muriel immer für sich selbst sorgen kann?« fragte die Puppe. »Weißt du denn nicht, daß sie morgen einen neuen Job finden kann, wenn sie will? Komm also herein! Komm schon! Die haben hier ein Taschenmesser mit einer eigenen Wetzsteinklinge.«

»Ach Gott«, sagte Macon. Aber er konnte sich eines Auflachens nicht erwehren.

Und ging in den Laden.

Während der nächsten Tage kam sie immer wieder auf Frankreich zu sprechen. Sie schickte ihm einen anonymen, aus Drucklettern zusammengesetzten Brief: *Nicht Vergessen für Muriel Flugticket zu kaufen.* (Und die verräterische Illustrierte mit den entsprechend ausgeschnittenen Lücken in den Seiten lag noch auf dem Küchentisch.) Sie bat ihn, ihr die Schlüssel aus der Handtasche zu geben, und als er die Handtasche öffnete, fand er darin Fotos, zwei glänzende, farbige Rechtecke auf dünnem Papier; sie zeigten Muriel, Augenlider auf halbmast. Eindeutig Paßbilder. Sie mußte es darauf angelegt haben, daß er die Fotos sah; sie beobachtete ihn so gespannt. Doch er begnügte sich damit, ihr die Schlüssel kommentarlos in die aufgehaltene Hand fallen zu lassen.

Er konnte nicht umhin, sie zu bewundern. Hatte er jemals irgendwen mit solchem Kampfgeist gekannt? Eines Abends ging er mit ihr zu ungewöhnlich später Stunde Lebensmittel einkaufen, und gerade, als sie einen dunklen Bereich durchquerten, trat ein Junge aus einem Hauseingang. »Rück alles heraus, was du in der Handtasche hast«, forderte er von Muriel. Macon wußte nicht, wie ihm geschah; der Junge war noch ein halbes Kind. Er selbst stand, die Einkaufstüte in den Armen, wie vom Donner gerührt da. Aber Muriel sagte: »Blöd müßte ich sein«, holte mit der Handtasche am Riemen aus und traf den Jungen am Kiefer. Er hob die Hand ans Gesicht. »Schau, daß du heimkommst, sonst wird's dir noch leid tun, daß du auf der Welt bist!« sagte sie zu ihm. Er machte sich davon, drehte sich aber noch einmal mit verdutzter Miene nach ihr um.

Als Macon wieder Atem geschöpft hatte, erklärte er Muriel für verrückt. »Er hätte eine Pistole haben können!« sagte er. »Es hätte wer weiß was passieren können! Halbwüchsige kennen weniger Pardon als Erwachsene; das kann man täglich in der Zeitung lesen.«

»Es ist aber gutgegangen, oder?« fragte Muriel. »Warum bist du so wütend?«

Er wußte es selbst nicht genau. Durchaus möglich, daß er auf sich selbst wütend war. Er hatte nichts zu ihrer Verteidigung unternommen, keine Stärke oder Ritterlichkeit bewiesen. Er hatte nicht so schnell gedacht wie sie; er hatte eigentlich überhaupt nicht gedacht. Muriel hingegen – jawohl, Muriel hatte nicht einmal überrumpelt gewirkt. Es war, als wäre sie einfach so die Straße entlanggeschlendert, darauf gefaßt, hier einem Nachbarn zu begegnen, dort einem streunenden Hund, gleich dahinter einem Straßenräuber – alles einfach Bestandteile ihres Lebens. Er fühlte sich von ihr eingeschüchtert und herabgewürdigt. Muriel ging ungerührt weiter und summte vor sich hin, als ob nichts Besonderes geschehen wäre.

»Ich glaube nicht, daß Alexander die richtige Ausbildung bekommt«, sagte er eines Abends zu ihr.

»Ach, das reicht ihm.«

»Ich habe ihn aufgefordert, auszurechnen, wieviel Wechselgeld wir wohl herausbekommen, als wir heute Milch gekauft haben, und er hatte nicht die leiseste Ahnung. Er hat nicht einmal gewußt, daß er subtrahieren muß.«

»Er ist ja erst in der zweiten Klasse«, sagte Muriel.

»Ich finde, er sollte in eine Privatschule gehen.«

»Privatschulen kosten Geld.«

»Und? Dann zahle ich eben dafür.«

Sie hörte auf, den Speck zu wenden, und sah ihn an. »Was soll das heißen?«

»Bitte?«

»Was soll das heißen, Macon? Soll das heißen, du willst dich festlegen?«

Macon räusperte sich. Er wiederholte: »Festlegen.«

»Alexander hat noch zehn Jahre Schule vor sich. Soll das heißen, du bleibst die ganzen zehn Jahre lang da?«

»Hm...«

»Ich kann ihn nicht in eine Schule stecken und dann wieder herausnehmen, wie es dir gerade so einfällt.«

Er schwieg.

»Ich möchte wenigstens eines wissen«, sagte sie. »Siehst du uns irgendwann mal heiraten? Ich meine, wenn deine Scheidung durch ist.«

Er sagte: »Oh, nun, heiraten, Muriel...«

»Also nicht, stimmt's? Du weißt nicht, *was* du willst. Erst magst du mich, und im nächsten Moment magst du mich nicht. Erst schämst du dich, mit mir gesehen zu werden, und im nächsten Moment hältst du mich für das Beste, was dir je untergekommen ist.«

Er starrte sie an. Er hätte nie vermutet, daß sie ihn so klar durchschaute.

»Du denkst, du kannst dich einfach so treiben lassen, von einem Tag zum anderen, ohne Pläne«, sagte sie. »Vielleicht bist du morgen noch da, vielleicht auch nicht. Vielleicht gehst du einfach zu Sarah zurück. O ja! Ich habe dich auf der Hochzeit von Rose gesehen. Glaub nur nicht, ich hätte nicht gesehen, wie ihr beide euch angeschaut habt, du und Sarah.«

Macon entgegnete: »Ich sage ja bloß – «

»Und *ich* sage bloß«, unterbrach Muriel ihn, »nimm dich in acht, was du meinem Sohn versprichst. Mach ihm keine Versprechungen, die du dann nicht einhältst!«

»Aber ich will doch nur, daß er lernt, richtig zu subtrahieren!«

Da sie keine Antwort gab, hallte das letzte Wort geraume Zeit nach. Subtrahieren. Es klang so schneidend und nichtssagend, daß Macon den Mut verlor.

Beim Abendbrot war sie zu still; sogar Alexander war still und entfernte sich, gleich nachdem er sein Fertigmenü aufgegessen hatte. Macon hingegen drückte sich in der Küche herum. Muriel ließ Wasser ins Spülbecken einlaufen. Er fragte: »Soll ich abtrocknen?« Ohne jede Vorwarnung wirbelte sie herum und schleuderte ihm einen nassen Schwamm ins Gesicht. Macon sagte: »Muriel?«

»Hau bloß ab!« schrie sie, die Wimpern von Tränen verklebt, wandte sich wieder ab und tauchte die Hände in das dampfend heiße Wasser. Macon trat den Rückzug an. Er ging ins Wohnzimmer, wo Alexander fernsah, und Alexander rückte auf der Couch beiseite, um ihm Platz zu machen. Er sagte nichts, aber an der Art, wie er sich bei jedem Klirren aus der Küche verkrampfte, erkannte Macon, daß er alles gehört hatte. Nach einiger Zeit hörte das Klirren auf. Macon und Alexander blickten einander an. Stille; dann das Murmeln einer Stimme. Macon stand auf und ging zurück in die Küche, leiser als sonst und wachsamen Auges, ähnlich wie eine Katze zurückschleicht, wenn man sie vom Schoß geschubst hat.

Muriel telefonierte mit ihrer Mutter. Ihre Stimme klang fröhlich und zwitschernd, doch eine Spur belegter als gewohnt, wie nach überstandenem Schnupfen. »Jedenfalls«, sagte sie, »ich frage, was für Kummer ihr Hund ihr macht, und darauf die Dame: ›Oh, keinen Kummer‹, also frage ich: ›Was für ein Problem hat er dann?‹, und darauf die Dame: ›Kein wirkliches Problem.‹ Ich sage: ›Ma'am. Aus *irgendeinem* Grund müssen Sie mich ja herbestellt haben.‹ Sie sagt: ›Oh. Ach so. Das.‹ Sie sagt: ›Eigentlich‹, sagt sie, ›weil ich mich gewundert habe, wie er macht.‹ Ich sage: ›Macht?‹ Sie sagt: ›Ja, wie er klein macht. Er macht wie junge Hundemädchen, er hebt das Bein nicht.‹ Ich sage zu ihr: ›Also, wenn ich Sie richtig verstehe, haben Sie mich hergerufen, damit ich ihm beibringe, das Bein zu heben, wenn er pinkelt.‹«

Sie gestikulierte beim Reden mit der freien Hand, als ob ihre Mutter sie sehen könnte. Macon trat hinter sie und schloß sie in die Arme, und sie lehnte sich an ihn. »Oh, langweilig wird es nie, das kannst du mir glauben«, sagte sie ins Telefon.

In dieser Nacht träumte ihm, daß er ein fremdes Land bereiste, das jedoch aus allen ihm bekannten und auch einigen ihm unbekannten Ländern zusammengestückelt zu sein schien. In den sterilen, riesigen Weiten des Flughafens Charles de Gaulle schwirrten die winzigen Vögel herum, die er im Abfertigungsgebäude in Brüssel gesehen hatte; und als er ins Freie trat, war er plötzlich auf Julians grüner Karte von Hawaii, wo sich überlebensgroße eingeborene Tänzerinnen neben den Punkten wiegten, die verschiedene Touristenattraktionen markierten. Dazu raunte seine eigene Stimme, neutral und monoton, ununterbrochen: *In Deutschland muß der Geschäftsreisende zu allen Terminen pünktlich erscheinen, in der Schweiz sollte er sich fünf Minuten früher einstellen, in Italien ist eine Verspätung von mehreren Stunden nicht unüblich ...*

Er wachte auf. Es war stockfinster, durch das offene Fenster hörte er jedoch fernes Gelächter, leise Musik, schwache Beifallsrufe wie bei einer Sportveranstaltung. Er blinzelte zum Radiowecker hinüber: halb vier. Wer mochte denn um diese Zeit Spiele veranstalten? Und in dieser Straße – in dieser heruntergekommenen, traurigen Straße, wo für jeden alles verkehrt lief, wo die Männer aussichtslose Jobs hatten oder gar keine, die Frauen in die Breite gingen und die Kinder sich als Taugenichtse herausstellten. Doch da brach wieder Jubel aus, und jemand sang eine Zeile aus einem Lied. Macon ertappte sich bei einem Lächeln. Er drehte sich zu Muriel um und schloß die Augen und schlief traumlos bis zum Morgen.

Der Briefträger klingelte an der Tür und überreichte ein langes, röhrenförmiges, an Macon adressiertes Päckchen. »Was kann das sein?« fragte Macon. Mit gerunzelter Stirn den Aufkleber betrachtend, kehrte er ins Wohnzimmer zurück. Muriel las in einem Taschenbuch mit dem Titel *Schönheits-*

tips von Filmstars. Sie blickte auf und sagte: »Mach's doch auf, dann weißt du's.«

»So? Steckst *du* dahinter?«

Sie blätterte lediglich um.

Wieder ein Bittgesuch betreffs der Frankreichreise. Er zog den Klebstreifen von einem Ende ab und schüttelte die Röhre, bis ein Glanzpapierzylinder herausfiel. Als er ihn entrollt hatte, sah er ein Farbfoto von zwei jungen Hunden in einem Korb, darüber Dr. Mack's Welpenwunder und darunter ein Kalendarium für den Monat Januar.

»Ich verstehe nicht«, sagte er zu Muriel.

Sie blätterte erneut um.

»Wozu schickst du mir einen Kalender für ein Jahr, das schon halb vorbei ist?«

»Vielleicht steht noch etwas drauf...«

Er sah die Monate Februar, März, April durch. Nichts. Mai. Dann Juni: ein Gekritzel in roter Tinte quer über einem Samstag. »*Hochzeit*«, las er vor. »Hochzeit? Wessen Hochzeit?«

»Unsere?« fragte sie.

»Ach Muriel...«

»Dann lebst du seit einem Jahr getrennt. Dann kannst du dich scheiden lassen.«

»Aber Muriel...«

»Ich hab' mir schon immer eine Juni-Hochzeit gewünscht.«

»Muriel, bitte, ich bin noch nicht soweit! Ich werde es vermutlich nie sein. Ich finde, die Ehe sollte nicht, wie üblich, die Norm sein; ich bin ganz entschieden der Ansicht, sie sollte vielmehr die Ausnahme von der Regel bilden; ja, ideale Paare können heiraten, eventuell, aber wer ist schon ein ideales Paar?«

»Du und Sarah, nehme ich an.«

Der Name ließ ein ruhiges Gesicht, voll und taufrisch, vor ihm erstehen.

»Nein, nein...«, sagte er schwach.

»Du bist so selbstsüchtig!« schrie Muriel. »Du denkst nur an dich! Du hast immer eine tolle Ausrede, damit du nie etwas tun mußt, was ich möchte!«

Dann schmiß sie das Buch hin und rannte die Treppe hinauf.

Macon hörte ein vorsichtiges Getrappel wie von einer Maus, als Alexander offenbar auf Zehenspitzen in der Küche herumging und sich mit etwas Eßbarem versorgte.

Muriels Schwester Claire stand auf der Schwelle, die Augen vom Weinen gerötet, in der Hand einen Koffer, aus dem Kleidungsstücke herausquollen. »Ich rede nie wieder ein Wort mit Ma«, teilte sie mit. Sie drängte sich an ihnen vorbei ins Haus. »Wollt ihr wissen, was passiert ist? Also, ich bin mit diesem Jungen ausgegangen, ja? Mit diesem Claude McEwen. Ich hab's aber für mich behalten, ihr wißt doch, Ma hat immer solche Angst, ich könnte so werden wie Muriel, und gestern abend, wie er mich abholen kommt, bin ich gleich in seinen Wagen gesprungen, und sie hat mich zufällig durchs Fenster gesehen und hat sich gemerkt, daß er hinten einen Aufkleber hat, auf dem EDGEWOOD steht. Er ist nämlich in Delaware in eine Schule gegangen, die Edgewood Prep heißt, aber Ma hat gedacht, es ist das Edgewood-Arsenal gemeint, und er muß also bei der Armee sein. Also, ich stehe heute morgen auf, und schon spielte sie verrückt. Fährt mich an: ›Ich weiß, was du getrieben hast! Bist die halbe Nacht mit dem General aus gewesen!‹ Ich hab' bloß gesagt: ›Wer? Mit *wem*?‹, aber wenn die mal anfängt, hört sie nicht mehr auf. Redet auf mich ein, daß ich fürs ganze Leben erledigt bin und den General nie mehr sehen darf, oder sie bringt ihn vors Kriegsgericht und läßt ihm alle Sterne von der Uniform reißen, also hab' ich fix meine Klamotten gepackt...«

Macon, der zerstreut zuhörte, während Edward ihm zu Füßen seufzte, sah plötzlich sein Leben in dessen ganzer Vielfalt, Prallheit und Erstaunlichkeit vor sich. Er hätte gern vor jemandem damit geprahlt. Er hätte gern einen Arm ausgestreckt und gesagt: »Na?«

Aber die Person, der er es am liebsten vorgeführt hätte, war Sarah.

Rose und Julian waren von der Hochzeitsreise zurückgekehrt; sie veranstalteten ein Familienessen, zu dem auch Macon und Muriel eingeladen waren. Macon kaufte als Mitbringsel eine Flasche besonders guten Weins. Er stellte die Flasche aufs Küchenbüfett, und schon kam Muriel daher und fragte: »Was ist das?«

»Wein für Rose und Julian.«

»Sechsunddreißig Dollar neunundneunzig Cent!« sagte sie, nachdem sie das Preisschild geprüft hatte.

»Nun ja, es ist französischer.«

»Ich hab' nicht gewußt, daß Wein überhaupt so viel kosten *kann*!«

»Weißt du, ich dachte, da dies unser erster Besuch bei ihnen ist...«

»Für deine Familie ist dir wohl nichts zu teuer«, sagte Muriel.

»Allerdings.«

»*Mir* hast du noch nie Wein gekauft.«

»Ich habe nicht gewußt, daß du welchen willst; du hast doch gesagt, du bekommst vom Wein stumpfe Zähne.«

Dem widersprach sie nicht.

Später am Tag fiel ihm auf, daß die Flasche nicht mehr an derselben Stelle stand. Und geöffnet war. Und halb leer. Der Korken lag daneben, noch auf dem Korkenzieher aufgespießt. Ein beschlagenes Fruchtsaftgläschen roch nach Trauben. Macon rief: »Muriel?«

»Was«, antwortete sie aus dem Wohnzimmer.

Er ging zur Wohnzimmertür. Sie sah sich mit Alexander ein Baseballspiel an. Er sagte: »Muriel, hast du von dem Wein getrunken, den ich gekauft habe?«

»Ja.«

311

Er fragte: »Warum, Muriel?«

»Ach, ich hatte einfach den unwiderstehlichen Drang, ihn zu kosten.«

Dann sah sie ihn schlitzäugig an und reckte das Kinn vor. Er spürte, das sie ihn provozieren wollte, aber er sagte nichts. Er nahm seine Autoschlüssel und fuhr eine neue Flasche kaufen.

Macon sah diesem Dinner mit einiger Befangenheit entgegen, als hätte Rose sich in eine Fremde verwandelt. Er brauchte länger zum Ankleiden als sonst, da er sich zwischen zwei Hemden nicht entscheiden konnte, und auch Muriel schien einige Schwierigkeiten zu haben. Sie zog unaufhörlich etwas an und wieder aus; leuchtendbunte Stoffe häuften sich auf dem Bett und auf dem Boden drum herum. »Ach Gott, ich möchte am liebsten ein ganz anderer Mensch sein«, seufzte sie. Macon, darauf konzentriert, sich die Krawatte zu binden, sagte nichts. Ihr Kinderbild feixte ihn vom Rahmen des Spiegels an. Zufällig fiel sein Blick auf das Datum am Bildrand. Aug. 60. Neunzehnhundertsechzig.

Als Muriel zwei Jahre alt war, da waren Macon und Sarah bereits verlobt.

Unten saß Dominick Saddler mit Alexander auf der Couch. »Also das hier ist die Wachspaste«, erklärte er gerade. Er hielt eine Dose hoch. »Du darfst nie einen Wagen mit was anderem polieren als mit Wachspaste. Und hier haben wir eine Windel. Windeln sind die allerbesten Lappen, weil sie fast kaum fusseln. Ich kaufe meistens gleich ein Dutzend bei Sears and Roebuck. Und Fensterleder. Du weißt doch, was Fensterleder ist. Und dann machst du es so, du schnappst dir diese Artikel hier und einen Kasten anständiges Bier und ein Mädchen und fährst hinaus zum Loch Raven. Dann parkst du in der Sonne und ziehst dir das Hemd aus und machst dich mit dem Mädchen ans Polieren. Gibt nichts Schöneres, einen Frühlingsnachmittag herumzubringen.«

Dominicks Version einer Gute-Nacht-Geschichte, nahm Macon an. Dominick mußte heute Alexander hüten. (Die Butler-Zwillinge waren verabredet, und Claire vergnügte sich auswärts mit dem General. Wie alle ihn jetzt nannten.) Zur Belohnung dafür durfte Dominick Muriels Wagen eine ganze Woche lang fahren; für Geld allein hätte er sich nie dazu hergegeben. Er lümmelte neben Alexander, die Windel übers Knie gebreitet, muskelstrotzend unter einem T-Shirt mit dem Aufdruck WEEKEND WARRIOR – Wochenendkrieger. Auf dem Hinterkopf trug er eine griechische Matrosenmütze. Alexander sah ganz verzückt aus.

Muriel kam mit klappernden Absätzen die Treppe herab; unten angekommen, verrenkte sie den Hals, um zu sehen, ob ihr Unterrock vorschaute. »Bin ich richtig angezogen?« fragte sie.

»Sehr nett«, sagte Macon – was sogar stimmte, obwohl ihre Aufmachung ihren sonstigen Gepflogenheiten völlig widersprach. Offenbar hatte sie beschlossen, sich Rose zum Vorbild zu nehmen. Ihr Haar war im Nacken zu einem Knoten zusammengefaßt, und sie trug ein schmales graues Kleid mit Schulterpolstern. Nur die Sandalen mit den Stilettabsätzen waren typisch ihr eigen; wahrscheinlich besaß sie keine so vernünftigen Schuhe wie Roses flache Schulmädchenslipper.

»Du mußt mir sagen, ob etwas nicht stimmt«, sagte sie zu Macon. »Ob etwas unpassend ist.«

»Überhaupt nichts«, antwortete Macon beruhigend.

Sie gab Alexander einen Kuß und hinterließ einen dunkelroten Fleck auf seiner Wange. Sie musterte sich noch ein letztesmal prüfend in dem Spiegel neben der Haustür, während sie rief: »Laß ihn nicht zu lange aufbleiben, Dominick; laß ihn im Fernsehen nichts Schauriges anschauen – «

Macon sagte: »*Muriel!*«

»Ich seh' einfach verboten aus.«

Die Leary-Kinder waren in dem Glauben erzogen worden, daß Gäste, die auch zum Essen eingeladen sind, pünktlichst zu erscheinen haben. Egal, ob sie ihre Gastgeberin öfter auch in Lockenwicklern antrafen; sie befolgten brav, was man ihnen beigebracht hatte. Macon drückte den Klingelknopf unten in der Eingangshalle also genau um achtzehn Uhr siebenundzwanzig, und vor dem Fahrstuhl gesellten sich ihnen Charles und Porter zu. Beide versicherten Muriel, sie freuten sich, sie zu sehen. Dann fuhren sie finster schweigend hinauf, den Blick auf die Ziffern über der Tür geheftet. Charles hatte ein eingetopftes Dickblattbäumchen mitgebracht, Porter ebenfalls eine Flasche Wein.

»Ist das nicht aufregend?« äußerte Muriel. »Wir sind ihre ersten geladenen Gäste.«

»Zu Hause würden wir uns jetzt die CBS-Abendnachrichten ansehen«, sagte Charles zu ihr.

Darauf schien Muriel keine Antwort einzufallen.

Punkt achtzehn Uhr dreißig standen sie in einem stillen Gang mit wollweißem Teppichbelag vor der Wohnungstür und klingelten. Rose öffnete und rief: »Sie sind da!«, dann drückte sie jedem einzelnen die Wange ans Gesicht. Sie hatte Großmutter Learys spitzenbesetzte Paradeschürze vorgebunden und duftete nach Lavendelseife, genau wie immer.

Aber quer über ihrem Nasenrücken schälte sich ein Streifen sonnenverbrannter Haut.

Julian, schmuck und salopp in marineblauem Rollkragenpulli und weißer Hose, mixte die Drinks, während Rose sich in die Küche zurückzog. Dies war eine von diesen ultramodernen Wohnungen, wo sämtliche Räume ineinander übergehen, und daher konnte man sie hin und her flattern sehen. Julian reichte Schnappschüsse aus Hawaii herum. Entweder hatte er minderwertigen Film verwendet, oder Hawaii mußte sich ganz gewaltig von Baltimore unterscheiden, denn manche Farben waren ganz anders. Die Bäume schienen blau zu sein. Auf den meisten Bildern stand Rose vor Blumenbeeten oder blühenden Sträuchern in einem weißen ärmellosen Kleid da, das Macon nie gesehen hatte; sie hatte die Arme verschränkt und lächelte so ausgiebig, daß sie älter aussah, als sie war. »Ich halte Rose vor, man könnte meinen, sie hätte unsere Hochzeitsreise ganz allein gemacht«, sagte Julian. »Immer mußte ich alles fotografieren, weil Rose sich nicht mit meiner Kamera auskennt.«

»Ach nein?« fragte Macon.

»Es handelt sich um eines dieser deutschen Fabrikate mit der komplizierten Bedienung.«

»Und damit ist sie nicht zurechtgekommen?«

»Ich halte ihr vor: ›Die Leute werden glauben, daß ich gar nicht dabei war.‹«

»Aber Rose könnte diese Kamera auseinandernehmen und mit verbundenen Augen wieder zusammenbauen!«

»Nein, das ist eines dieser deutschen Fabrikate mit – «

»Sie ist nicht besonders logisch konstruiert«, rief Rose aus der Küche.

»Ah«, sagte Macon und lehnte sich zurück.

Sie brachte ein Tablett herein und stellte es auf den gläsernen Couchtisch. Dann kniete sie nieder und begann, Pâté auf Cracker zu streichen. Macon bemerkte, daß sie sich irgendwie anders bewegte als früher. Sie war graziöser, aber auch befangener. Sie bot die Pâté zuerst Muriel an, dann der Reihe nach ihren Brüdern, Julian als letztem.

»In Hawaii habe ich segeln gelernt.« Sie sprach die beiden i in Hawaii getrennt aus. Macon fand das affektiert. »Jetzt werde ich draußen in der Bucht üben.«

»Sie versucht, seefest zu werden«, sagte Julian. »Sie wird leicht seekrank.«

Macon biß in einen Cracker. Die Pâté schmeckte wohlvertraut. Sie war von griesliger Beschaffenheit, aber zart im Geschmack; sie zerging auf der Zunge, was von reichlicher Butterbeimischung herrühren mußte, wie Macon zu wissen glaubte. Das Rezept stammte von Sarah. Er saß ganz still, ohne zu kauen, und eine subtile Mischung aus Estragon, Sahne und Heimat schlug wie eine Woge über ihm zusammen.

»Oh, ich weiß genau, was Sie durchmachen«, sagte Muriel zu Rose. »Ich brauche ein Boot nur anzusehen und bin auch schon ganz entnerviert.«

Macon schluckte und starrte auf den Teppich zwischen seinen Füßen. Er erwartete, daß jemand sie korrigieren würde, aber keiner tat es. Das war noch schlimmer.

Im Bett sagte sie: »Du tätst mich doch nie verlassen, oder? Dir würde doch nie einfallen, mich zu verlassen? Du bist doch nicht wie die anderen, oder? Versprichst du mir, daß du mich nicht verläßt?«
»Ja, ja«, sagte er traumtrunken.
»Du nimmst mich doch ernst, oder? Sag schon?«
»Ach, Muriel, ich bitte dich...«
Später aber, als sie sich im Schlaf umdrehte und von ihm abrückte, folgten seine Füße ganz von allein den ihren auf die andere Seite des Bettes.

18

Macon saß in einem Hotelzimmer in Winnipeg, Manitoba, als das Telefon klingelte. Daß es das Telefon war, wurde ihm allerdings erst nach ein paar Sekunden bewußt. Er hatte sich nämlich gerade aufs angenehmste die Zeit mit einem geheimnisvollen Objekt vertrieben, das er eben erst entdeckt hatte – ein elfenbeinfarben lackierter Metallzylinder an der Wand über dem Bett. Er hatte so etwas noch nie gesehen, obwohl er in diesem Hotel schon zweimal abgestiegen war. Als er den Zylinder berührte, weil er wissen wollte, was es damit auf sich hatte, begann der Zylinder zu rotieren und verschwand in der Wand, worauf statt dessen eine bereits brennende Glühbirne zum Vorschein kam. Im selben Moment klingelte das Telefon. Macon war einen Augenblick lang so verwirrt, daß er sich einbildete, was da klingle, sei der Zylinder. Dann sah er das Telefon auf dem Nachttisch. Trotzdem war er ganz durcheinander. Niemand hatte seine Nummer, soviel er wußte.

Er hob den Hörer ab und sagte: »Ja?«

»Macon.«

Sein Herzschlag setzte aus. Er fragte: »Sarah?«

»Habe ich dich zu einer ungünstigen Zeit erwischt?«

»Nein, nein ... Woher weißt du, daß ich hier bin?«

»Julian hat gemeint, du müßtest jetzt entweder in Toronto oder in Winnipeg sein«, sagte sie. »Da habe ich in deinem letzten Ratgeber nachgeschlagen, und ich weiß, daß du in einem der Hotels abgestiegen bist, über deren Nachtgeräusche du dich ausläßt, und so ...«

»Ist etwas passiert?« fragte er.

»Nein, ich wollte dich nur um einen Gefallen bitten. Hättest du etwas dagegen, wenn ich wieder in unser Haus einziehe?«

»Hm ...«

»Nur vorübergehend«, sagte sie schnell. »Nur für eine Weile. Mein Mietvertrag läuft Ende des Monats aus, und ich kann keine neue Wohnung finden.«

»Aber im Haus sieht es wüst aus«, wandte er ein.

»Ach, das bringe ich schon in Ordnung!«

»Nein, ich meine, es hat im Winter gelitten, Rohrbruch oder so was. Von der Decke ist der Verputz – «

»Ja, ich weiß.«

»Du weißt?«

»Deine Brüder haben es mir erzählt.«

»Meine Brüder?«

»Ich war bei ihnen, um mich nach deinem Verbleib zu erkundigen, nachdem sich am Telefon keiner gemeldet hat. Und Rose hat gesagt, sie sei selbst dort gewesen und – «

»Du bist auch zu Rose gegangen?«

»Nein, Rose war bei deinen Brüdern.«

»Oh.«

»Sie wohnt einstweilen bei ihnen.«

»Ach so«, sagte er. »Sie tut *was*?«

»Nun ja, June hat das Baby bekommen«, sagte Sarah, »und da hat sie Porter gebeten, die Kinder eine Weile zu behalten.«

317

»Was hat das denn mit Rose zu tun?« fragte er. »Bildet Rose sich ein, daß Porter nicht imstande ist, eine Dose Suppe für die Kinder zu öffnen? Und wieso hat June sie weggeschickt?«

»Du kennst doch June mit ihrem Spatzenhirn.«

Als sie das sagte, hörte sie sich ganz wie die alte an. Bis dahin war in ihrer Stimme eine gewisse Vorsicht angeklungen, eine gewisse Wachsamkeit und Rückzugsbereitschaft, doch jetzt nahm sie einen stillvergnügten, vertraulichen Ton an.

»Sie hat zu den Kindern gesagt, sie braucht Zeit, um eine Beziehung aufzubauen.«

»Zeit, um – was?«

»Sie und ihr Mann müssen erst eine Beziehung zu dem Baby aufbauen.«

»Du meine Güte«, sagte Macon.

»Sowie Rose das gehört hat, hat sie zu Porter gesagt, sie kommt nach Hause. Sie war ohnehin der Ansicht, daß die Jungen sich nicht ordentlich verköstigen – Porter und Charles; und außerdem hat das Haus an der Seite einen Riß, und den will sie flicken, bevor er größer wird.«

»Was für einen Riß?« fragte Macon.

»Irgendeinen kleinen Riß im Verputz; was weiß ich. Wenn der Regen aus einer bestimmten Richtung kommt, sickert Wasser durch den Küchenplafond ein, sagt Rose, Charles und Porter hätten zwar längst vor, den Schaden zu beheben, könnten sich aber nicht einigen, wie man am besten dabei vorgehen sollte.«

Macon streifte die Schuhe ab und schwang die Füße aufs Bett. Er sagte: »Julian lebt jetzt also allein, oder wie sehe ich das?«

»Ja, aber sie bringt ihm Vorgekochtes«, sagte Sarah. Dann fügte sie hinzu: »Hast du darüber nachgedacht, Macon?«

Sein Herzschlag setzte abermals aus. »Worüber?«

»Ob ich ins Haus kann.«

»Ach ja. Ich habe nichts dagegen, aber du machst dir bestimmt keine Vorstellung vom Ausmaß der Verwüstung.«

»Wir müßten doch sowieso alles in Ordnung bringen, falls wir es verkaufen wollten. Ich habe mir folgendes gedacht: Ich bezahle die Reparaturen selbst – alles, wofür die Versicherung nicht aufkommt –, mit dem Geld, das mich normalerweise die Miete kosten würde. Hältst du das für annehmbar?«

»Ja, natürlich«, sagte Macon.

»Und vielleicht lasse ich jemand kommen, der die Polstermöbel reinigt.«

»Ja.«

»Und die Teppiche.«

»Ja.«

Nach all den Jahren merkte er genau, wann sie auf etwas hinauswollte. Die Zerstreutheit in ihrem Tonfall ließ darauf schließen, daß sie sich innerlich rüstete, das vorzubringen, was ihr wirklich am Herzen lag.

»Übrigens – der Anwalt hat mir die Papiere zugeschickt.«

»Ah.«

»Die endgültige Fassung. Du weißt schon. Sachen, die ich unterschreiben muß.«

»Ja.«

»Es war ein ziemlicher Schock.«

Er schwieg.

»Natürlich habe ich gewußt, daß sie irgendwann kommen; es ist ja fast ein Jahr her; er hat mich sogar angerufen und hat sie mir angekündigt, aber als ich alles schwarz auf weiß gesehen habe, da ist es mir so forsch vorgekommen. Ohne Berücksichtigung der Gefühle in so einer Angelegenheit. Damit habe ich eben nicht gerechnet.«

Macon witterte eine gewisse Gefahr, etwas, womit er nicht fertig werden konnte. Er sagte: »Ah! Ja. Freilich! Scheint mir eine natürliche Reaktion zu sein. Also, jedenfalls viel Glück mit dem Haus, Sarah!«

Er legte schnell auf.

Seine Sitznachbarin auf dem Flug nach Edmonton war eine

Frau, die sich vor dem Fliegen fürchtete. Er wußte das schon, bevor er ihr einen Blick zugeworfen, bevor die Maschine abgehoben hatte. Er schaute zum Fenster hinaus, reserviert wie stets, und hörte sie wiederholt schlucken. Unablässig verstärkte und lockerte sie den Griff, mit dem sie sich an den Armstützen festhielt, und er spürte auch das. Schließlich drehte er sich um und sah nach, wer das war. Zwei verquollene Augen erwiderten seinen Blick. Eine hochbetagte, unförmige Frau in einem geblümten Kleid starrte ihn unverwandt an, hatte ihm vielleicht suggeriert, sich umzudrehen.

»Halten Sie dieses Flugzeug für sicher«, sagte sie tonlos, ohne eigentlich zu fragen.

»Es ist völlig sicher«, sagte er.

»Wozu dann alle diese Schilder? Sauerstoff. Schwimmwesten. Notausstieg. Die rechnen eindeutig mit dem Schlimmsten.«

»Das sind lediglich Bundesverordnungen.«

Dann begann er, über die Bezeichnung »Bundes-« nachzudenken. Erstreckte sich die Gültigkeit auch auf Kanada? Er betrachtete stirnrunzelnd den Sitz vor ihm und überlegte. Schließlich sagte er: »*Regierungs*verordnungen.« Als er die Miene der alten Frau prüfte, um zu sehen, ob sie damit etwas anfangen konnte, merkte er, daß sie ihn die ganze Zeit angestarrt haben mußte. Ihr Gesicht, grau und verzweifelt, schnellte vor. Er begann, sich Sorgen um sie zu machen.

»Möchten Sie ein Glas Sherry?« fragte er.

»Sherry gibt es erst, wenn wir in der Luft sind. Bis dahin ist es viel zu spät.«

»Einen Augenblick«, sagte er.

Er bückte sich, zog den Reißverschluß seiner Reisetasche auf und entnahm dem Kulturbeutel eine Reiseflasche aus Plastik. Die packte er immer mit ein, für schlaflose Nächte. Er hatte allerdings noch nie Gebrauch davon gemacht – nicht etwa, weil er noch keine Nacht schlaflos verbracht, sondern weil er den Notvorrat immer wieder für eine möglicherweise noch schlimmere Gelegenheit aufgespart hatte, für ein

Ereignis, das freilich noch nie eingetreten war. Wie seine anderen Notreserven (das zündholzschachtelgroße Nähzeug, die winzige weiße Lomotil-Tablette) wurde diese Flasche für den *echten* Notfall aufgespart. Die Metallkappe war innen sogar angerostet, wie er entdeckte, als er sie aufschraubte. »Ich fürchte, das dürfte ein bißchen sauer geworden sein, oder was mit Sherry so passiert«, sagte er zu der alten Frau. Sie gab keine Antwort, sie starrte ihm nur weiterhin in die Augen. Er füllte die Verschlußkappe, die gleichzeitig als Trinkgefäß diente. Währenddessen gab das Flugzeug ein Knirschen von sich und setzte sich in Bewegung. Die alte Frau kippte den Sherry und reichte Macon die Verschlußkappe zurück. Er begriff, daß es damit nicht getan war. Er schenkte noch einmal ein. Diesmal trank sie langsamer, und dann ließ sie den Kopf an die Lehne sinken.

»Besser?« erkundigte er sich.

»Ich heiße Mrs. Daniel Bunn«, sagte sie.

Er dachte, sie wolle damit zum Ausdruck bringen, daß sie wieder zu ihrem eigenen Ich zurückgefunden hatte – zu ihrem konventionellen, würdigen Ich. »Angenehm«, sagte er. »Ich bin Macon Leary.«

»Ich weiß, daß es dumm ist, Mr. Leary«, sagte sie, »aber ein Schluck Alkohol vermittelt einem eben die Illusion, daß man dagegen ankämpft, nicht wahr?«

»Unbedingt.«

Er hatte jedoch nicht den Eindruck, daß ihr das Ankämpfen besonders gut gelang. Als das Flugzeug schneller wurde, krampfte sich ihre freie Hand um die Armstütze. Die andere Hand, mit der sie die Verschlußkappe umklammerte, nahm um die Nägel herum eine weiße Färbung an. Plötzlich sprang die Verschlußkappe, vom Druck der Finger herausgequetscht, hoch in die Luft. Macon fing sie flugs auf, sagte: »He, holla!«, und schraubte sie auf die Flasche, die er anschließend in der Reisetasche verstaute. »Sobald wir abheben –«, fing er an.

Aber nach einem Blick auf ihr Gesicht verstummte er. Sie

schluckte schon wieder. Das Flugzeug begann jetzt zu steigen, und sie wurde in den Sitz zurückgepreßt. Sie wirkte wie plattgedrückt. »Mrs. Bunn?« fragte Macon. Er befürchtete schon, sie hätte einen Herzanfall erlitten.

Statt zu antworten, drehte sie sich zu ihm um und sackte gegen seine Schulter. Er legte den Arm um sie. »Keine Sorge«, sagte er. »Aber, aber. Gleich wird es besser. Keine Sorge.«

Das Flugzeug befand sich noch immer in Schräglage. Als das Fahrgestell eingefahren wurde (knarrend), spürte Macon, wie die Erschütterung sich über Mrs. Bunns Körper auf ihn übertrug. Ihr Haar roch wie frisch gebügelte Tischdeckchen. Ihr Rücken war breit und knochenlos, hügelförmig wie der Rücken eines Wals.

Es beeindruckte ihn, daß ein so alter Mensch noch immer so leidenschaftlich am Leben hing.

Dann flog die Maschine horizontal, und Mrs. Bunn riß sich zusammen; sie richtete sich auf, rückte von ihm ab und wischte die Tränen weg, die sich in den Falten ihrer Tränensäcke verfangen hatten. Sie war überhaupt voller Falten, alles sah schlaff und zerknittert aus, und doch trug sie tapfer Perlenknöpfe in den langen, schwammigen Ohrläppchen, und hatte herausfordernd roten Lippenstift auf einem Mund aufgetragen, der so runzelig war, daß er nicht einmal einen klaren Umriß hatte.

Er fragte: »Alles wieder gut?«

»Ja, und ich bitte tausendmal um Verzeihung!« Sie tätschelte die Brosche an ihrem Hals.

Als der Getränkewagen kam, bestellte er ihr noch einen Sherry und ließ es sich nicht nehmen, ihn zu bezahlen, er bestellte auch einen für sich, den er jedoch nicht zu trinken gedachte, sondern vorsichtshalber für Mrs. Bunn vorrätig halten wollte. Die Maßnahme stellte sich als berechtigt heraus, denn der Flug war ungewöhnlich turbulent. Die Aufforderung zum Anschnallen leuchtete ununterbrochen, und das Flugzeug holperte und knarrte, als rollte es über Schotter.

Hin und wieder sackte es jäh ab, und Mrs. Bunn zuckte jedesmal zusammen, was sie jedoch nicht hinderte, an ihrem Sherry zu nippen. »Das ist noch gar nichts«, sagte Macon. »Ich habe schon viel Schlimmeres erlebt.« Er erklärte ihr, wie sie den Stößen nachgeben sollte. »Nicht anders als auf einem Schiff«, sagte er. »Oder auf Rädern, auf Rollschuhen. Man hält die Knie locker. Man beugt sich vor. Verstehen Sie mich? Man gibt nach. Man fängt den Stoß auf.«

Mrs. Bunn versprach, es jedenfalls zu versuchen.

Da waren nicht nur die Luftschwankungen, auch im Inneren der Maschine gab es mehrere kleine Pannen. Der Getränkewagen entwischte der Stewardeß jedesmal, wenn sie ihn losließ. Zweimal fiel das Klapptischchen völlig unerwartet in Mrs. Bunns Schoß. Bei jedem Malheur lachte Macon, sagte »Ach je« und schüttelte den Kopf. »Doch nicht schon wieder«, meinte er. Mrs. Bunn hielt die Augen auf sein Gesicht gerichtet, als wäre er ihre einzige Hoffnung. Einmal krachte es, und sie fuhr zusammen; die Tür zum Cockpit war ohne ersichtlichen Grund aufgesprungen. »Was? Was?« sagte sie, aber Macon wies sie lediglich darauf hin, daß sie jetzt selbst sehen könne, wie unbesorgt der Pilot sei. Sie saßen so weit vorne, daß sie sogar hörten, was der Pilot sagte; er schrie dem Kopiloten die Frage zu, warum ein halbwegs vernünftiges zehnjähriges Mädchen sich darauf versteife, in der Sauna eine für die Nacht gedachte Zahnspange zu tragen. »Nennen Sie das einen besorgten Menschen?« fragte Macon. »Meinen Sie, der Mann würde sich unmittelbar vor dem Abspringen über Zahnorthopädie unterhalten?«

»Abspringen!« sagte Mrs. Bunn. »O Gott, daran habe ich noch gar nicht gedacht!«

Macon lachte wieder einmal.

Er fühlte sich an eine Reise zu verschiedenen Colleges erinnert, die er als Junge allein unternommen hatte. Berauscht von der neuerworbenen Unabhängigkeit, hatte er einem Sitznachbarn vorgelogen, er komme aus Kenia, wo sein Vater Safaris veranstalte. Genauso log er auch jetzt – spielte Mrs. Bunn gegenüber den fröhlichen, nachsichtigen Menschen.

Doch gleich nach der Landung (die Mrs. Bunn, von den vielen Sherrys gestärkt, fast ohne mit der Wimper zu zucken überstanden hatte), als sie mit ihrer erwachsenen Tochter davongegangen war, rannte ein winziges Kind gegen Macons Kniescheibe. Diesem folgte noch eines und noch eines, alle ungefähr gleich groß – ein Kindergarten, vermutete Macon, auf einem Ausflug im Flughafengelände –, und jedes Kind, gleichsam unfähig, von dem Kurs abzuweichen, den das erste eingeschlagen hatte, prallte von Macons Knien ab und machte: »Hups!« Der Ausruf pflanzte sich die ganze Reihe entlang wie Vogelrufe – »Hups!« – »Hups!« – »Hups!« –, während hinter all den Kindern eine gehetzt aussehende Frau sich mit der Hand an die Wange griff. »Entschuldigen Sie«, sagte sie zu Macon, worauf er nur entgegnete: »Nichts passiert!«

Erst später, als er an einem Spiegel vorbeikam und das breite Lächeln auf seinem Gesicht gewahrte, gestand er sich ein, daß er Mrs. Bunn letztlich vielleicht doch nichts vorgelogen hatte.

»Der Installateur meint, das läßt sich leicht reparieren«, berichtete ihm Sarah. »Er sagt, es *sieht* böse aus, aber in Wirklichkeit ist nur ein Rohr gebrochen.«

»Um so besser«, sagte Macon.

Diesmal hatte ihr Anruf ihn natürlich nicht so überrascht, aber ein wenig durcheinander war er denn doch, wie er da an einem Werktagnachmittag in einem Edmontoner Hotelzimmer stand und Sarahs Stimme am anderen Ende der Leitung lauschte.

»Ich bin heute vormittag dort gewesen und habe ein bißchen aufgeräumt«, sagte sie. »Alles ist so desorganisiert.«

»Desorganisiert?«

»Warum sind manche Bettlaken halb zusammengenäht?

Und der Popcornröster ist im Schlafzimmer. Hast du im Schlafzimmer Popcorn gegessen?«

»Wird wohl so gewesen sein«, sagte er.

Er stand neben einem offenen Fenster und schaute hinaus auf eine fremdartig schöne Landschaft: eine völlig ebene Fläche, auf der sich in der Ferne geradlinige Gebäude erhoben wie Bauklötzchen auf einem Teppich. Es fiel ihm schwer, sich hier in dieser Umgebung ins Gedächtnis zu rufen, warum er den Popcornröster ins Schlafzimmer mitgenommen hatte.

»Wie ist denn das Wetter dort?« fragte Sarah.

»Ziemlich grau.«

»Hier ist es sonnig. Sonnig und feucht.«

»Feucht ist es hier jedenfalls nicht«, entgegnete er. »Die Luft ist so trocken, daß der Regen verschwindet, bevor er den Boden erreicht.«

»Wirklich? Woran erkennst du dann, daß es regnet?«

»Man sieht es über der Ebene«, sagte er. »Sieht aus wie Streifen, die sich auf halbem Weg vom Himmel einfach in Nichts auflösen.«

»Schade, daß ich nicht mit dir zuschauen kann«, sagte Sarah. Macon schluckte.

Wie er so aus dem Fenster starrte, erinnerte er sich unvermittelt an Ethan als kleines Kind. Ethan hatte immer geweint, wenn er nicht fest in eine Decke eingewickelt war; der Kinderarzt hatte ihnen erklärt, Neugeborene litten unter der Furcht, zu zerspringen. Macon war damals außerstande gewesen, sich so etwas vorzustellen, doch jetzt gelang es ihm mühelos. Er sah sich schon auseinanderfallen, in lauter Stücke zerspringen, sah seinen Kopf schon mit beängstigender Geschwindigkeit in der gespenstisch grünen Luft der Provinz Alberta entschweben.

In Vancouver fragte sie ihn, ob der Regen auch dort verschwand.

»Nein«, antwortete er.

»Nein?«

»Nein, in Vancouver regnet es.«

Es regnete auch wirklich gerade – ein sanfter Nachtregen. Er konnte ihn hören, aber nicht sehen bis auf den Kegel beleuchteten Tropfengeriesels unter der Straßenlaterne vor seinem Hotelfenster. Fast hätte man meinen können, der Regen sprühe eigentlich aus der Laterne.

»Also, ich bin wieder ins Haus eingezogen«, sagte sie. »Meistens bleibe ich einfach oben. Die Katze und ich, wir kampieren im Schlafzimmer. Huschen nur zum Essen hinunter.«

»Was für eine Katze denn?« fragte er.

»Helen.«

»Ach ja.«

»Ich habe sie mir von Rose geholt. Ich hatte Gesellschaft nötig. Du glaubst gar nicht, wie einsam es ist.«

Doch, das glaube ich gern, hätte er antworten können. Unterließ es aber.

Da befände sie sich also in derselben Lage wie früher, hätte er sagen können: Er habe ihre Aufmerksamkeit nur durch Zurückhaltung auf sich gelenkt. Er war nicht überrascht, als sie sagte: »Macon? Hast du eigentlich . . . Wie heißt sie doch gleich? Die Person, mit der du lebst?«

»Muriel.«

Was sie wohl ohnehin wußte, argwöhnte er.

»Hast du eigentlich vor, ewig bei dieser Muriel zu bleiben?«

»Das kann ich wirklich nicht sagen.«

Ihm fiel auf, wie seltsam der Name in diesem steifleinenen, altmodischen Hotelzimmer nachhallte. Muriel. Wie eigenartig das klang. So fremd mit einemmal.

Auf dem Rückflug war seine Sitznachbarin eine attraktive junge Frau in einem Schneiderkostüm. Sie breitete den Inhalt ihres Aktenkoffers auf dem Klapptischchen aus und blätterte mit den tadellos manikürten Händen in Computerausdrucken. Dann fragte sie Macon, ob er etwas zum Schreiben bei sich habe, was sie sich leihen könne. Er fand das amüsant – schimmerte doch unter der Tünche der Sachlichkeit ihr wahres Gesicht durch. Er hatte aber nur seinen Füller, den er nicht gerne auslieh, und sagte daher nein. Sie wirkte erleichtert; frohgemut packte sie alles wieder in den Aktenkoffer. »Ich hätte schwören können, daß ich in meinem letzten Hotel einen Kugelschreiber habe mitgehen lassen«, sagte sie, »aber vielleicht war es schon im vorletzten. In der Erinnerung bringt man sie alle durcheinander, nicht wahr.«

»Sie reisen wohl sehr viel«, bemerkte Macon höflich.

»Und ob! Manchmal muß ich nach dem Aufwachen erst auf dem Hotelbriefpapier nachsehen, in welcher Stadt ich gerade bin.«

»Wie schrecklich.«

»Oh, mir gefällt es so«, sagte sie, während sie sich bückte und den Aktenkoffer unter den Sitz schob. »Es ist die einzige Gelegenheit, mich zu entspannen. Wenn ich nach Hause komme, werde ich ganz nervös, kann nicht stillsitzen... Da bin ich schon lieber ein... so ein Trabant – immer auf Trab, wissen Sie.«

Macon fiel ein, daß er einmal über Heroin gelesen hatte, es bereite im Grunde gar keinen Genuß, verändere jedoch die chemischen Vorgänge im Körper des Konsumenten so drastisch, daß er gezwungen sei, es weiterhin zu nehmen, wenn er erst einmal damit angefangen hatte.

Er verzichtete auf Drinks und Dinner, seine Sitznachbarin ebenfalls; sie rollte die Kostümjacke geübt zu einem Kissen zusammen und schlief ein. Macon holte *Miss MacIntosh* heraus und starrte längere Zeit eine einzige Seite an. Die erste Zeile begann mit *buschige Brauen, das Haar von Silberfäden durchzogen.* Er betrachtete die Wörter so lange, daß er fast zu zweifeln begann, ob es überhaupt Wörter *waren.* Die ganze Sprache an sich kam ihm brüchig vor – lauter Bruchstücke. »Meine Damen und Herren«, verkündete der Lautsprecher, »wir befinden uns im Landeanflug auf ...«, und das Wort ›Landeanflug‹ kam ihm vor wie eine Neuschöpfung, wie ein neuer Euphemismus, den die Fluggesellschaften ausgeheckt hatten.

Nach der Landung in Baltimore fuhr er mit dem Zubringerbus zum Parkplatz und holte seinen Wagen. Es war spät am Abend, und der Himmel spannte sich hell und strahlend über der Stadt. Während der Fahrt sah er immer noch die Wörter aus *Miss MacIntosh* vor sich. Er hörte immer noch die säuselnde Stimme der Stewardeß: *Gratisgetränke* und *der Flugkapitän erlaubt sich* und *Klapptische bitte hochstellen.* Macon erwog, das Radio einzuschalten, er wußte aber nicht, auf welchen Sender es eingestellt war. Vielleicht auf Muriels Country-music-Station. Diese Möglichkeit raubte ihm die Kraft; er fühlte sich außerstande, die Knöpfe zu drücken, und fuhr demzufolge ohne Musikbegleitung.

Er erreichte die Singleton Street und betätigte den Blinker, bog jedoch nicht ein. Nach einer Weile schaltete der Blinker sich automatisch ab. Er fuhr weiter durch die Stadt, die Charles Street hinauf und in sein altes Viertel. Er hielt an, schaltete den Motor aus, blieb sitzen und betrachtete das Haus. Die Erdgeschoßfenster waren dunkel. Die Obergeschoßfenster schimmerten sanft. Er war allem Anschein nach wieder daheim.

19

Macon und Sarah sahen sich genötigt, eine neue Couch zu kaufen. Sie reservierten dafür einen Samstag – eigentlich nur einen halben Samstag, weil Sarah am Nachmittag zum Unterricht mußte. Beim Frühstück blätterte sie in einem Buch über Innenausstattung, um sich auf die Entscheidung einzustimmen. »Ich trage mich mit dem Gedanken an etwas Geblümtes«, tat sie Macon kund. »Eine geblümte Couch hatten wir noch nie. Oder wäre das zu verspielt?«

»Also, ich weiß nicht. Was wird im Winter?«

»Im Winter?«

»Ich meine, jetzt, mitten im Juni, macht eine geblümte Couch sich prächtig, aber im Dezember nimmt sie sich eventuell unpassend aus.«

»Dir wäre also etwas Einfarbiges lieber«, sagte Sarah.

»Also, ich weiß nicht.«

»Oder vielleicht etwas Gestreiftes.«

»Nicht unbedingt.«

»Ich weiß, du magst kein Karo.«

»Stimmt.«

»Was hältst du von Tweed?«

»Tweed«, wiederholte Macon nachdenklich.

Sarah überließ ihm das Buch und begann, die Geschirrspülmaschine zu beladen.

Macon vertiefte sich in Abbildungen von modernen Vierkant-Couches, von schnuckeligen, chintzbezogenen Couches und Stilmöbeln nachempfundenen Couches mit kunstvoll gemustertem Bezugsstoff. Er nahm das Buch mit ins Wohnzimmer und schaute mit schmalen Augen auf die Stelle, wo die neue Couch hinkommen sollte. Die alte, die sich für eine Rettungsaktion als zu durchnäßt erwiesen hatte, war zusammen mit den beiden Fauteuils weggeschafft worden. Jetzt war da nur die lange nackte Wand unter der frisch verputzten, gleißenden Zimmerdecke. Macon bemerkte, daß ein unmöblierter Raum etwas Funktionelles an sich hatte, als wäre er ein bloßer Container. Oder ein Fahrzeug. Jawohl, ein Fahrzeug: Ihm war zumute, wie er so dastand, als raste er selbst durchs Universum.

Während Sarah sich anzog, führte Macon den Hund aus. Es war ein warmer, goldener Morgen. Die Nachbarn mähten ihr Gras und jäteten die Blumenbeete. Sie nickten Macon zu, als er vorüberging. Sie hatten ihre Unbefangenheit noch nicht zurückerlangt, denn dazu war er erst seit viel zu kurzer Zeit wieder da; ihre Grüße fielen ein bißchen zu formell aus. Vielleicht bildete er sich das aber auch nur ein. Er ließ es sich angelegen sein, sie zu erinnern, wie viele Jahre er hier gelebt hatte: »Ihre Tulpen haben mir immer so gefallen!«, und: »Noch immer derselbe hübsche Handmäher, wie ich sehe!« Edward schwänzelte wichtigtuerisch wackelnden Hinterteils neben ihm einher.

In Filmen und dergleichen führten Leute irgendwelche wichtigen Änderungen in ihrem Leben einfach durch, und Schluß. Sie gingen weg und kamen nie wieder; oder sie heirateten und lebten glücklich bis ans Ende ihrer Tage. Im wirklichen Leben ging es nicht so geradlinig zu. Macon zum Beispiel hatte erst zu Muriel fahren und seinen Hund abholen müssen, sobald er entschlossen war, nach Hause zurückzukehren. Er war gezwungen, seine Sachen zusammenzusuchen und die Schreibmaschine transportfertig zu machen, während ihm Muriel schweigend mit anklagenden, vorwurfsvollen Augen zuschaute. Dann war da noch jede Menge anderer Sachen, deren Fehlen er zu spät entdeckte – Kleidungsstücke, die gerade in der Wäsche waren, sein Lieblingswörterbuch und die extragroße Keramiktasse, aus der er so gern seinen Kaffee trank. Aber natürlich konnte er wegen der Sachen nicht noch einmal hingehen. Er mußte sie dort lassen – ärgerliche, lose Fäden, die ihm eine saubere Trennung erschwerten.

Als er mit Edward vom Spaziergang zurückkam, wartete Sarah bereits im Vorgarten. Sie hatte ein gelbes Kleid an, das ihre Bräune zum Glühen brachte; sie sah sehr hübsch aus. »Ich habe mir gerade Gedanken über den Rhododendron gemacht«, sagte sie. »Hätten wir ihn nicht im Frühling düngen sollen?«

»Möglich«, sagte Macon. »Aber er sieht doch ganz ordentlich aus.«

»Im April, glaube ich«, fuhr sie fort. »Oder aber im Mai. Keiner war da, um sich darum zu kümmern.«

Darauf ging Macon nicht ein. Er wollte die Illusion aufrechterhalten, daß sie normal weitergelebt hatten. »Macht nichts, Rose hat ganze Säcke voll Düngemittel«, sagte er. »Wir nehmen welche mit, wenn wir schon unterwegs sind.«

»Es war auch niemand da, um Rasen auszusäen.«

»Dem Rasen fehlt nichts«, sagte er heftiger als beabsichtigt.

Sie sperrten Edward ins Haus ein und stiegen in Macons Wagen. Sarah hatte eine Zeitung mitgenommen, die mehrere Möbelreklamen enthielt. »Moderne Heimausstattung«, las sie vor. »Aber das ist ja ganz unten in der Pratt Street.«

»Wir können es trotzdem versuchen«, meinte Macon. Die Pratt Street gehörte zu den wenigen Straßen, wo er hinfand.

Nachdem sie ihr Viertel mit der Baumüberdachung verlassen hatten, wurde es heiß im Wagen, und Macon kurbelte das Fenster auf seiner Seite herunter. Sarah hob das Gesicht der Sonne entgegen.

»Wäre nicht schlecht, heute ins Schwimmbad zu gehen.«

»Ja, wenn uns Zeit bleibt. Ich hatte vor, dich zum Lunch einzuladen.«

»Oh, wo?«

»Wo du willst. Du hast die Wahl.«

»Du bist aber lieb.«

Macon fuhr an zwei unrasierten Männern vorbei, die sich an einer Ecke miteinander unterhielten. Sarah verriegelte ihre Tür. Macon konnte sich denken, was die Männer redeten: »Was tut sich?« – »Nicht besonders viel.«

Die Gehsteige waren hier belebter. Frauen schleppten sich mit Einkaufsnetzen ab, ein alter Mann zog einen SB-Marktkarren, und ein Mädchen in einem verwaschenen Kleid lehnte den Kopf an ein Bushaltestellenschild.

Bei »Moderne Heimausstattung« waren die Schaufensterscheiben mit riesigen Spruchbändern überklebt. SONDERANGEBOTE FÜR DEN VATERTAG! Sarah hatte nichts von einem Vatertagsverkauf erwähnt. Macon ließ es sich nicht nehmen, es selbst zu erwähnen, zum Beweis, daß es ihm nichts ausmachte. Als sie hineingingen, hängte er sich bei ihr ein und sagte: »Ist das nicht typisch? Vatertag. Die schlagen aus allem Profit.«

Sarah wandte den Bick ab und erwiderte: »Mir scheint, hier gibt es nichts als Betten.«

»Wahrscheinlich hat es mit Liegestühlen angefangen«, meinte Macon. »Ein Räkelsessel für Papa, und eh man sich's versieht, wird eine ganze Eßplatzgarnitur daraus.«

»Könnten wir Ihre Couchen sehen«, sagte Sarah fest zu einem Verkäufer.

Es handelte sich durch die Bank um Couches vom geradlehnigen, dänischen Typ, wogegen Macon nichts einzuwenden hatte. Er war mit allem zufrieden. Sarah fragte: »Was meinst du? Mit Beinen? Oder mit dem Boden abschließend?«

»Mir ist das egal.« Er ließ sich auf etwas Lederbezogenes plumpsen.

Sarah entschied sich für eine lange, niedrige Couch, die man zu einem bequemen Bett ausziehen konnte. »Macon? Was sagst du dazu?« fragte sie. »Gefällt dir das, worauf du sitzt, etwa besser?«

»Nein, nein.«

»Was hältst du also von dieser hier?«

»Nicht schlecht.«

»Hast du denn keine Meinung?«

»Ich habe dir meine Meinung gerade mitgeteilt, Sarah.«

Sarah seufzte und fragte den Verkäufer, ob die Lieferung noch am selben Tag möglich sei.

Das Aussuchen der Couch hatte so reibungslos geklappt, daß ihnen noch Zeit für andere Besorgungen blieb. Sie fuhren zunächst zu Hutzler's und kauften großformatige Bettlaken. Dann sahen sie sich in der Möbelabteilung nach Polstersesseln um; auch hier gab es Vatertagsangebote. »Vielleicht machen wir noch einen Treffer«, sagte Sarah zu Macon. Aber mit den Polstersesseln hatten sie weniger Glück; nichts fand Gefallen. Zumindest bei Macon. Er verlor die Lust und sah sich statt dessen eine Kindersendung an, die gleichzeitig über eine ganze Reihe von Fernsehschirmen flimmerte.

Anschließend fuhren sie zu Rose wegen des Blumendüngers,

doch unterwegs trat Macon auf die Bremse und sagte:
»Halt! Da ist meine Bank.« Er hatte sie zufällig erblickt – die
Zweigstelle, wo er ein Schließfach gemietet hatte. »Ich brau-
che meinen Paß für die Tour nach Frankreich«, erklärte er.
»Ich hole ihn mir gleich, wenn ich schon mal hier bin.«
Sarah erbot sich, im Wagen zu warten.

Er mußte sich anstellen; zwei ältere Frauen waren vor ihm
dran. Vermutlich wollten sie sich für den Samstagabend
ihren Schmuck holen. Oder ihre Coupons abschneiden –
was immer das sein mochte. Während er dastand, spürte er,
wie sich von hinten jemand an ihn drückte. Irgend etwas
hielt ihn davon ab, sich umzudrehen und herauszufinden,
wer es war. Er starrte weiter vor sich hin und warf nur hin
und wieder systematisch einen Blick auf die Armbanduhr.
Diese Person atmete ganz sacht und duftete nach Blumen –
es war der herbe Duft echter Blumen, kein Duft aus Parfümflakons. Doch als er sich endlich einen Ruck gab und sich
umdrehte, gewahrte er nur eine Unbekannte, die auch auf
ihren Schmuck wartete.

Es stimmte nicht, daß Muriel ihm beim Packen schweigend
zugesehen hatte. Sie hatte sehr wohl gesprochen. Und zwar:
»Macon? Tust du das wirklich? Traust du dich, mir zu
sagen, du kannst einen Menschen einfach aufbrauchen und
dann weiterziehen? Glaubst du, ich bin wie – eine leere Flasche, für die du keine Verwendung mehr hast? Siehst du in
mir nichts anderes, Macon?«

Nun war er an der Reihe, und er folgte einem Mädchen im
Minirock durch einen teppichbelegten Bereich in die fenster-
lose, von Schließfächern umgebene Tresorkammer. »Ich
brauche meine Kassette nicht nach nebenan zu tragen«, sagte er zu dem Mädchen. »Ich will nur etwas Bestimmtes herausnehmen.«

Sie gab ihm seine Karte zur Unterschrift und ließ sich den
Schlüssel aushändigen. Nachdem sie sein Fach aufgeschlossen hatte, trat sie zurück und kontrollierte ihre Fingernägel,
während er zwischen diversen Papieren seinen Paß heraus-

kramte. Dann wollte er ihr mitteilen, er sei fertig, und wandte sich um, doch urplötzlich war er so gerührt von ihrem taktvollen Wegsehen, von dem Feingefühl, das ein Mensch so aus eigenem Antrieb aufzubringen vermochte (denn das gehörte gewiß nicht zur Ausbildung) ... Also, er hatte wohl nicht alle Tassen im Schrank. Es lag wohl am Wetter; es lag wohl an der Jahreszeit; er hatte in letzter Zeit nicht gut geschlafen. Er sagte: »Vielen Dank«, nahm den Schlüssel an sich und ging.

Vor seines Großvaters Haus war Rose damit beschäftigt, die Hecke zu schneiden. Ihr Arbeitskittel war ein riesiges graues Hemd, das sie von Charles geerbt hatte. Als sie Macons Wagen erblickte, richtete sie sich auf und winkte. Dann machte sie weiter, während Macon und Sarah sie wegen des Blumendüngers um Rat fragten. »Für Rhododendron und – was habt ihr noch – Rosmarinheide, säureliebende Pflanzen...«, überlegte sie.

Sarah erkundigte sich: »Wo sind die Kinder heute?«

»Die Kinder?«

»Dein Neffe und deine Nichten.«

»Ach, die sind zu ihrer Mutter heimgefahren.«

Sarah fügte hinzu: »Ich meine ja nur, weil du noch nicht zu Julian zurückgekehrt bist...«

»Ja, nicht gleich, natürlich«, sagte Rose.

Macon, ängstlich darauf bedacht, ihre Privatsphäre zu wahren, murmelte praktisch im selben Moment: »Ja, natürlich nicht«, aber Sarah fragte: »Warum? Was hindert dich daran?«

»Ach Sarah, du kannst dir nicht vorstellen, in was für einem Zustand ich die Jungen angetroffen habe, als ich hierherkam«, sagte Rose. »Sie sind den ganzen Tag im Schlafanzug herumgelaufen, um nicht so viel waschen zu müssen. Zum Abendbrot haben sie Gorp gegessen.«

»Ich frage erst gar nicht, was das ist«, sagte Sarah.

»Ach, so ein Müsli, eine Mischung aus Weizenkeimen, Nüssen und getrockneten – «

»Aber was wird aus deiner Wohnung, Rose? Was wird aus Julian?«

»Ach, weißt du, ich habe zu dieser Wohnung nie zurückgefunden, wenn ich mich mal umgedreht habe«, sagte Rose unbestimmt. »Das Lebensmittelgeschäft war einen Block in östlicher Richtung entfernt, und auf dem Heimweg ging ich nach Westen, aber ich habe mich jedesmal verirrt, jedesmal. Das Haus ist immer irgendwie nach Osten gerückt, ich weiß nicht, wieso.«

Allgemeines Schweigen. Schließlich äußerte Macon: »Wenn du uns also etwas von dem Blumendünger überlassen könntest, Rose...«

»Aber gewiß doch«, sagte sie und ging zum Schuppen. Sie aßen im Old Bay zu Mittag – Sarahs Idee. Macon hatte gefragt: »Bist du dir ganz sicher?«, und Sarah hatte nur gemeint: »Warum nicht?«

»Aber du findest es doch immer so langweilig.«

»Es gibt Schlimmeres als Langweiligsein, habe ich festgestellt.« Er hielt das für keine besondere Empfehlung, aber er ließ es dabei bewenden.

Das Restaurant war voll, obwohl die Uhr kaum zwölf anzeigte, und sie mußten ein paar Minuten warten, bevor sie Platz nehmen konnten. Macon stand neben dem Podest der Empfangsdame und versuchte, sich an die Düsternis zu gewöhnen. Er musterte die Gäste und entdeckte etwas Sonderbares. Das war nicht die übliche Old-Bay-Klientel – ältlich, ein Gesicht so ziemlich wie das andere –, sondern eine Ansammlung eigentümlicher, ungewöhnlicher Menschen. Er sah einen Geistlichen, der einer Frau im Tennisdreß zuprostete, und eine Frau im schicken Kostüm mit einem jungen Mann in einem Gewand aus orangefarbener Gaze, er sah zwei fröhliche Schulmädchen, die einem kleinen Jungen alle ihre Kartoffelchips auf den Teller häuften. Von da, wo er stand, konnte er nicht hören, was diese Leute sagten; er mußte raten. »Vielleicht will die Frau ins Kloster gehen«, meinte er zu Sarah, »und der Geistliche will es ihr ausreden.«

»Wie bitte?«

»Er setzt ihr auseinander, daß auch das Sortieren der Socken ihres Ehemanns etwas gleichwertig – wie würde er es nennen – gleichwertig Geheiligtes sein kann. Und der junge Mann in dem Gazegewand, tja...«

»Der junge Mann im Gazegewand ist Ashley Demming«, sagte Sarah. »Du kennst doch Ashley. Den Sohn von Peter und Lindy Demming. Mein Gott, Lindy ist in den letzten sechs Monaten seinetwegen um zwanzig Jahre gealtert. Die Demmings werden das nie verwinden.«

»Nun ja«, sagte Macon.

Dann wurde ihnen ein Tisch zugewiesen.

Sarah bestellte etwas, was sich White Lady nannte, Macon bestellte einen Sherry. Zum Essen genehmigten sie sich eine Flasche Wein. Macon war nicht gewöhnt, tagsüber zu trinken, und fühlte sich ein bißchen benebelt. Sarah erging es offenbar genauso, denn sie schweifte mitten in einem Satz über Möbelbezugstoffe ab. Sie berührte seine Hand, die auf dem Tischtuch lag. »Das sollten wir öfter machen«, meinte sie.

»Ja, das sollten wir.«

»Weißt du, was mir am meisten gefehlt hat während der Trennung? Die kleinen Gewohnheiten. Die Samstagsbesorgungen. Bei Eddie Kaffebohnen einkaufen. Sogar Sachen, die so ärgerlich schienen wie dein ewiges Herumsuchen in der Eisenwarenhandlung.«

Als er ihre Hand zur Faust schloß, wurde sie rund – wie ein Vogel, ganz ohne scharfe Kanten.

»Ich weiß nicht, ob dir das bekannt ist«, sagte sie, »aber eine Zeitlang habe ich mit einem anderen Mann verkehrt.«

»Na schön; gut; was soll's. Iß deinen Salat.«

»Nein, ich *will* es dir erzählen, Macon. Er war gerade dabei, den Tod seiner Frau zu verarbeiten, und ich hatte natürlich auch einiges zu verarbeiten, und da... Es hat ganz langsam angefangen, zuerst waren wir nur befreundet, aber dann hat er nach und nach vom Heiraten gesprochen. Nachdem wir uns

ein bißchen Zeit gelassen haben, hat er gemeint. Ich glaube sogar, er hat mich wirklich geliebt. Es hat ihn schwer getroffen, als ich ihm gesagt habe, daß du zurückgekommen bist.«
Dabei sah sie ihn direkt an, mit Augen, die plötzlich blau aufblitzten. Er nickte.
»Aber da war einiges, was mir zu denken gegeben hat«, sagte sie. »Ich meine Positives; Eigenschaften, die ich mir immer gewünscht habe. Er war ein sehr rasanter Fahrer, zum Beispiel. Nicht leichtsinnig, nur rasant. Zuerst hat mir das gefallen. Aber allmählich sind mir Zweifel gekommen. ›Schau noch einmal in den Rückspiegel!‹ hätte ich am liebsten zu ihm gesagt. ›Schnall dich an! Fahr an Stoppschilder so vorsichtig heran wie mein Mann!‹ Er hat im Restaurant vor dem Zahlen nie die Rechnung kontrolliert – Himmel, er hat beim Weggehen nicht einmal seine Kreditkartenquittung mitgenommen –, und ich mußte daran denken, wie oft ich kochend danebensaß, während du jeden einzelnen Posten nachgezählt hast. Ich habe gedacht: ›Warum fehlt mir das jetzt? Das ist doch pervers!‹«
Wie »eck cetera«, dachte Macon.
Wie wenn Muriel »eck cetera« gesagt hatte. Und Macon zusammengezuckt war.
Und jetzt die Leere, die Farblosigkeit, wenn es richtig ausgesprochen wurde.
Er streichelte die Grübchen an den Erhebungen, die Sarahs Knöchel waren.
»Macon, ich glaube, von einem gewissen Alter ab bleibt einem keine Wahl mehr«, sagte sie. »Du bist es, zu dem ich gehöre. Für mich ist es zu spät, etwas zu ändern. Ich habe schon zu viel von meinem Leben aufgebraucht.«
Traust du dich, mir zu sagen, du kannst einen Menschen einfach aufbrauchen und dann weiterziehen? hatte Muriel gefragt.
Offenbar, war wohl die Antwort. Denn selbst wenn er bei Muriel geblieben wäre, hätte er dann nicht Sarah einfach zurücklassen müssen?

»Von einem gewissen Alter ab«, sagte er zu Sarah, »scheint mir, hat man nur noch die Wahl des Verzichts.«

»Bitte?«

»Will sagen, irgend etwas wird man immer aufgeben müssen, egal, wie man es angeht.«

»Ja, natürlich«, sagte sie.

Das hatte sie wohl seit jeher gewußt.

Sie waren mit dem Essen fertig, bestellten aber keinen Kaffee, da die Zeit knapp wurde. Sarah mußte zu dem Bildhauer, bei dem sie jeden Samstag Unterricht nahm. Macon verlangte die Rechnung und zahlte, nachdem er sie zuerst verlegen nachgerechnet hatte. Dann traten sie hinaus in den Sonnenschein. »Was für ein schöner Tag«, rief Sarah aus. »Ich möchte am liebsten die Schule schwänzen.«

»Und warum tust du's nicht?« fragte Macon. Wenn sie nicht zu ihrem Bildhauer ging, mußte er nicht an seinem Ratgeber arbeiten.

Aber sie antwortete: »Ich kann Mr. Armistead nicht enttäuschen.«

Sie fuhren heim, Sarah zog sich einen Trainingsanzug an und brach wieder auf. Macon trug den Blumendünger herein, den Rose in einen Eimer geschüttet hatte. Es handelte sich um etwas Kleingeschnitzeltes, das nach nichts roch – doch, es roch unangenehm nach Chemikalien, nicht zu vergleichen mit den Wagenladungen Dung, der für die Kamelien seiner Großmutter angeliefert worden war. Er stellte den Eimer in der Diele ab und führte dann den Hund Gassi. Hinterher machte er sich eine Tasse Kaffee, um den Kopf frei zu bekommen. Er trank den Kaffee am Spülbecken und starrte auf den Hof hinaus. Die Katze rieb sich an seinen Fußknöcheln und schnurrte.

Die Uhr über dem Herd tickte gleichmäßig vor sich hin. Sonst war nichts zu hören.

Er war froh, als das Telefon klingelte. Er ließ es zweimal läuten, bevor er sich meldete, um nicht übereifrig zu erscheinen. Dann hob er den Hörer ab und sagte: »Hallo?«

»Mr. Leary?«

»Ja!«

»Hier spricht Mrs. Morton von der Firma Merkle-Installationen. Ist Ihnen bewußt, daß der Wartungsvertrag für Ihren Warmwasserbereiter Ende dieses Monats ausläuft?«

»Nein, das war mir entfallen«, sagte Macon.

»Sie hatten einen Zweijahresvertrag in Höhe von neununddreißig-achtundachtzig. Bei einer Verlängerung um weitere zwei Jahre würde sich der Beitrag allerdings geringfügig erhöhen, da Ihr Warmwasserbereiter älter ist.«

»Das leuchtet mir ein«, sagte Macon. »Teufel! Wie alt ist das Ding jetzt überhaupt?«

»Einen Augenblick. Sie haben ihn im Juli vor drei Jahren erworben.«

»Ich möchte den Wartungsvertrag natürlich beibehalten.«

»Wunderbar. Dann schicke ich Ihnen den Vertrag zu, Mr. Leary, und vielen Dank für Ihr – «

»Auswechslung des Kessels nach wie vor inklusive?«

»Gewiß. Jedes Teil ist eingeschlossen.«

»Und die jährliche Kontrolle findet auch statt.«

»Aber gewiß.«

»Das hat mir immer gefallen. Bei vielen anderen Firmen ist das nicht so; das weiß ich noch aus der Zeit, als ich das Angebot geprüft habe.«

»Ich schicke Ihnen also den Vertrag zu, Mr. – «

»Aber wegen der Kontrolle muß ich den Kundendienst selbst anfordern, soviel ich mich entsinne.«

»Ja, den Termin setzt der Kunde fest.«

»Ich könnte ihn ja gleich festsetzen. Wäre das möglich?«

»Dafür ist eine ganz andere Abteilung zuständig, Mr. Leary. Ich sende Ihnen den Vertrag, und dort können Sie alles selbst nachlesen. Auf Wiederhören.«

Sie legte auf.

Macon legte ebenfalls auf.

Er dachte eine Weile nach.

Er hatte das Bedürfnis, weiterzusprechen; egal, mit wem. Er wußte aber nicht, welche Nummer er wählen sollte. Schließlich rief er die Zeitansage an. Das Fräulein meldete sich, noch bevor das erste Klingeln beendet war. (*Sie* hatte keine Bedenken, übereifrig zu erscheinen.) »Beim nächsten Ton«, sagte sie, »ist es dreizehn Uhr – neunundvierzig Minuten. Und zehn Sekunden.« Was für eine Stimme. So melodiös, so wohlmoduliert. »Beim nächsten Ton ist es dreizehn Uhr – neunundvierzig Minuten. Und zwanzig Sekunden.«

Er hörte über eine Minute lang zu, dann wurde der Anruf unterbrochen. In der Leitung knackte es, und das Freizeichen ertönte. Er empfand das als eine Abfuhr, wenngleich er sich einen Dummkopf schalt.

Er bückte sich und streichelte die Katze. Eine Weile ließ sie es sich gefallen, dann lief sie weg.

Es blieb ihm nichts anderes übrig, als sich an die Schreibmaschine zu setzen.

Er war mit seinem letzten Ratgeber in Verzug geraten. Nächste Woche mußte er Frankreich in Angriff nehmen, und dabei hatte er das Buch über Kanada noch nicht abgeschlossen. Die Schuld daran schob er der Jahreszeit zu. Wer hielt es drinnen aus, wenn draußen alles blühte? *Reisende sollten sich darauf vorbereiten,* tippte er, doch dann versank er in Bewunderung einer weißen Rhododendrondolde, die am Sims des offenen Fensters bebte. Eine Biene krabbelte summend zwischen den Blüten umher. Er hatte nicht gewußt, daß die Bienen schon schwärmten. Ob Muriel es wußte? Ob sie daran dachte, was eine einzige Biene Alexander antun konnte?

...sollten sich darauf vorbereiten, las er noch einmal, aber seine Konzentration war endgültig dahin.

Sie war so nachlässig, so gedankenlos; wie hatte er mit ihr nur auskommen können? Diese unhygienische Angewohnheit von ihr, sich den Finger abzulecken, bevor sie in der Illustrierten umblätterte; ihr Hang, das Wort »Ungeheuerlichkeit« so zu gebrauchen, als bezöge es sich auf Größe. Ganz bestimmt hatte sie vergessen, an Bienenstiche zu denken.

Er griff nach dem Telefon auf dem Schreibtisch und wählte ihre Nummer. »Muriel?«

»Was ist«, sagte sie tonlos.

»Hier ist Macon.«

»Ja, ich weiß.«

Er zögerte. Sagte dann: »Äh – die Bienen fliegen, Muriel.«

»Und?«

»Ich war mir nicht sicher, ob du dir dessen bewußt bist. Ich meine, der Sommer kommt unversehens näher, *ich* weiß, wie überraschend er kommt, und da habe ich mich gefragt, ob du an Alexanders Spritzen gedacht hast.«

»Glaubst du nicht, daß ich mich selber darum kümmern kann?« kreischte sie.

»Oh. Schon gut.«

»Wofür hältst du mich eigentlich? Für irgendeine dumme Gans? Traust du mir denn nicht mal die einfachste, blödeste Sache zu?«

»Weißt du, ich war mir eben nicht sicher, ob – «

»Du bist mir überhaupt einer! Läßt das Kind im Stich, ohne auch nur ade zu sagen, und ruft mich dann an, um zu kontrollieren, ob ich ihn richtig aufziehe!«

»Ich wollte ja nur – «

»Kritisieren, kritisieren! Erzählt mir, ›Spaghetti paletti‹ ist keine ausgewogene Mahlzeit, und haut dann ab und läßt ihn auf dem trockenen sitzen und untersteht sich auch noch, mich anzurufen und mir zu sagen, ich bin keine gute Mutter!«

»Nein, warte, Muriel – «

»Dominick ist tot«, sagte sie.

»Was?«

»Als ob dir das etwas ausmacht. Er ist gestorben.«

Macon wurde gewahr, daß alle Geräusche im Raum verstummt waren. »Dominick Saddler?« fragte er.

»Es war der Abend, wo er immer meinen Wagen hat, und er ist zu einer Party in Cockeysville gefahren und auf der Heimfahrt in eine Leitplanke gerast.«

»Nein!«

»Das Mädchen, das mitgefahren ist, hat nicht mal einen Kratzer abgekriegt.«

»Aber Dominick ...«, sagte Macon, weil er es noch nicht fassen konnte.

»Aber Dominick war sofort tot.«

»Mein Gott.«

Er sah Dominick neben Alexander auf der Couch sitzen, eine Dose Wachspaste in der erhobenen Hand.

»Willst du was Schreckliches hören? Mein Wagen kommt wieder ganz in Ordnung«, sagte Muriel. »Man braucht ihn nur vorne ausbeulen, und er läuft wie eh und je.«

Macon stützte den Kopf auf die Hand.

»Ich muß jetzt gehen und mit Mrs. Saddler im Beerdigungsinstitut Totenwache halten«, sagte sie.

»Kann ich irgend etwas tun?«

»Nein«, antwortete sie und setzte gehässig hinzu: »Wie sollst denn *du* einem schon helfen?«

»Ich könnte bei Alexander bleiben, eventuell.«

»Wir haben genug eigene Leute, die bei Alexander bleiben.«

Es klingelte an der Tür, und Edward begann zu bellen. Macon hörte ihn in der Diele.

»Also, dann sage ich jetzt Lebwohl«, sagte Muriel. »Klingt ganz so, als ob du Besuch hast.«

»Wenn schon.«

»Geh nur zurück zu deinem *Leben*«, sagte sie. »Tschau.«

Er hielt den Hörer noch einen Moment lang ans Ohr, aber sie hatte aufgelegt.

Er ging in die Diele, klopfte zweimal mit dem Fuß und befahl Edward: »Leg dich!« Edward legte sich, das Fell zwischen den Schultern noch immer gesträubt. Macon öffnete die Tür und sah sich einem Jungen mit einer Klemmtafel gegenüber.

»Moderne Heimausstattung.«

»Oh. Die Couch.«

Während die Couch abgeladen wurde, schloß Macon den Hund in der Küche ein. Dann ging er zurück in die Diele und schaute zu, wie die Couch heranschwankte, getragen von dem Jungen und noch einem zweiten, der nicht viel älter war und auf dem Unterarm eine Tätowierung in Gestalt eines Adlers hatte. Macon dachte an Dominick Saddlers muskulöse, sehnige Arme unter der Motorhaube von Muriels Wagen. Der erste Junge spuckte beim Näherkommen aus, doch Macon sah, wie jung und gutmütig sein Gesicht war. »Eh, Mensch«, sagte der zweite, als er über die Schwelle stolperte.

Macon sagte: »Gut so«, und gab jedem einen Fünfdollarschein, nachdem sie die Couch auf dem zugewiesenen Platz abgesetzt hatten.

Als sie gegangen waren, setzte er sich auf die noch immer in Zellophan verpackte Couch. Er rieb sich die Hände an den Knien. Edward bellte in der Küche. Helen schlich auf leisen Pfoten herein, hielt inne, beäugte die Couch und setzte ihren Weg durchs Zimmer mit allen Anzeichen der Entrüstung fort. Macon blieb sitzen.

Nach Ethans Tod hatte die Polizei Macon aufgefordert, die Leiche zu identifizieren. Sarah hingegen hatte man es freigestellt, draußen zu warten. Ja, sagte Sarah damals, das sei ihr lieber. Sie nahm im Flur auf einem beigen Schalensessel Platz. Dann blickte sie zu Macon auf und fragte: »Schaffst du das?«

»Ja«, war seine beherrschte Antwort. Er wagte ja kaum zu atmen; hielt sich angestrengt gerade, mit fast luftleeren Lungen.

Dann folgte er einem Mann in einen Raum. Es war nicht so schlimm, wie es hätte sein können, denn man hatte Ethan ein zusammengerolltes Handtuch unter den Kopf geschoben, um die Wunde zu verbergen. Außerdem war es nicht Ethan. Nicht der wirkliche Ethan. Sonderbar, wie klar sich plötzlich zeigte, wenn ein Mensch gestorben ist, daß der Körper seinen geringsten Teil darstellte. Das hier war lediglich eine leere Hülle, obwohl ihr eine entfernte Ähnlichkeit mit Ethan zu eigen war – dieselbe senkrechte Kerbe zwischen Nase und Oberlippe, derselbe Schopfwirbel über der Stirn. Macon hatte das Gefühl, gegen eine kahle Wand zu drücken, mit seinem ganzen Sein auf den Wunsch ausgerichtet, Unmögliches zu erzwingen: *Bitte, bitte, kehr wieder in dich zurück.* Doch zum Schluß sagte er: »Ja. Das ist mein Sohn.«

Er war zu Sarah hinausgegangen und hatte ihr zugenickt. Sarah war aufgestanden und hatte ihn umarmt. Später, als sie in ihrem Motelzimmer allein waren, fragte sie ihn dann, was er gesehen hatte. »Eigentlich nichts Besonderes«, meinte er. Doch sie ließ nicht locker. Ob man Ethan – also – Schmerzen angemerkt habe. Oder Angst. Er sagte: »Nein. Gar nichts.« Er sagte: »Ich besorge dir Tee.«

»Ich will keinen Tee, ich will es hören!« widersprach sie. »Was verschweigst du?« Er hatte den Eindruck, daß sie ihm etwas zum Vorwurf machte. Während der folgenden Wochen schien sie ihm mehr und mehr die Schuld zuzuschieben, wie dem Überbringer einer schlechten Nachricht – dem einzigen Menschen, der bestätigen konnte, daß Ethan wirklich gestorben war. Sie machte mehrmals Bemerkungen über Macons Kaltblütigkeit, über seine entsetzliche Gelassenheit damals bei Nacht in der Leichenhalle des Krankenhauses. Zweimal äußerte sie einige Zweifel an seiner Fähigkeit, Ethan von einem anderen, ähnlich aussehenden Jungen zu unterscheiden. Vielleicht war es in Wirklichkeit gar nicht Ethan gewesen. Vielleicht sei da ein ganz anderer gestorben. Sie hätte sich selbst vergewissern sollen. Schließlich sei sie die Mutter; sie kenne ihr Kind viel besser; was wisse Macon denn schon?

Macon sagte: »Sarah. Hör zu. Ich erzähl' dir alles, so gut ich kann. Er war sehr blaß und still. Du kannst dir nicht vorstellen, wie still. Er hatte keinerlei Ausdruck. Die Augen waren geschlossen. Da war nichts Blutiges oder Grausiges, nur so ein Gefühl von ... Sinnlosigkeit. Ich meine, ich habe mich nach dem Warum gefragt. Seine Arme waren neben dem

Körper ausgestreckt, und ich habe mich erinnert, wie er im letzten Frühjahr mit dem Gewichtheben angefangen hat, und ich dachte: ›Wozu das alles? Gewichtheben und Vitamine einnehmen und sich fit halten und dann – nichts?‹«

Er war auf Sarahs Reaktion nicht vorbereitet gewesen. »Was soll das heißen?« fragte sie. »Wir sterben ja sowieso, wozu sich dann erst mit dem Leben abmühen? Soll es das heißen?«

»Nein – «

»Es kommt nur darauf an, ob es sich auch lohnt?«

»Nein, Sarah. Warte«, hatte er gesagt.

Als er jetzt an dieses Gespräch zurückdachte, beschlich ihn die Einsicht, daß Menschen tatsächlich aufgebraucht werden konnten – daß sie einander aufbrauchen, einander nichts mehr nützen und einander sogar schaden konnten. Und auch der Gedanke stellte sich ein, daß es vielleicht eher darauf ankam, was für ein Mensch man in der Nähe einer Frau war, und weniger, ob man sie liebte.

Gott weiß, wie lange er dasaß.

Edward hatte die lange Zeit in der Küche gebellt, aber jetzt geriet er völlig außer sich. Jemand mußte geklopft haben. Macon stand auf und ging zur Tür, wo er Julian mit einem Aktenkoffer vorfand. »Oh. Du bist es«, sagte Macon.

»Was soll das Gekläffe, das ich da höre?«

»Keine Angst, er ist in der Küche eingesperrt. Komm herein.«

Macon hielt die Fliegengittertür auf, und Julian trat ein. »Ich habe mir gedacht, ich bringe dir das Material für Paris.«

»Aha«, sagte Macon. Doch er argwöhnte, daß Julian aus einem anderen Grund gekommen war. Vermutlich, um ihn wegen des Kanada-Buchs zu drängen. »Ich habe gerade den Schluß überarbeitet«, sagte er, während er ins Wohnzimmer vorausging. Und fügte schnell hinzu: »Ein paar Einzelheiten hie und da, mit denen ich nicht ganz zufrieden bin; kann noch eine Weile dauern ...«

Julian schien nicht zuzuhören. Er setzte sich auf die Zellophanverpackung der Couch. Er schmiß den Hefter achtlos beiseite und fragte: »Hast du Rose in letzter Zeit gesehen?«

»Ja, wir waren gerade heute vormittag bei ihr.«

»Glaubst du, sie kommt nicht mehr zurück?«

Macon hatte nicht mit dieser Direktheit gerechnet. Roses Verhalten erweckte in der Tat allmählich den Eindruck, als handle es sich um eine dieser Dauerkrisen, über die Eheleute nie sprechen. »Nun ja«, sagte er, »du weißt ja, wie das ist. Sie sorgt sich wegen der Jungen. Die ernähren sich von Müsli oder dergleichen.«

»Das sind keine Jungen, Macon. Das sind Männer über vierzig.«

Macon strich sich das Kinn.

»Ich fürchte, sie hat mich verlassen«, sagte Julian.

»Aber, aber; das kannst du nicht behaupten.«

»Und nicht einmal aus einem annehmbaren Anlaß«, sagte Julian. »Aus überhaupt keinem Anlaß. Ich meine, unsere Ehe hat prima geklappt. Das nehme ich auf meinen Eid. Aber sie muß sich in diesem Haus in eine Routine verrannt haben, und so ist sie nolens volens ins alte Fahrwasser zurückgekehrt. Jedenfalls fällt mir keine andere Erklärung ein.«

»Sie dürfte in etwa stimmen«, meinte Macon.

»Ich wollte sie vor zwei Tagen besuchen«, sagte Julian, »aber sie war nicht da. Ich stehe vor dem Haus und überlege, wo sie sein kann, und wen sehe ich vorbeifahren? Rose in eigener Person, das Auto bis zum Rand mit alten Damen gefüllt. An allen Fenstern ein Gewimmel von diesen alten kleinen Gesichtern und Federhüten. Ich schreie ihr nach: ›Rose! Warte!‹, aber sie hört mich nicht und fährt weiter. Dann, im letzten Moment, hat sie mich wahrscheinlich entdeckt, sie dreht sich um, starrt mich an, und ich bekomme so ein ganz komisches Gefühl, daß nicht sie den Wagen fährt, sondern der Wagen *sie* – als ob sie nur hilflos vorbeigleitet und nichts machen kann, außer mich lange anzusehen, bevor sie verschwindet.«

Macon sagte: »Gib ihr doch etwas zu tun, Julian.«

»Zu tun?«

»Zeig ihr doch einmal dein Büro. Deine Aktenablage, in die du nie ein System gebracht hast, diese Sekretärin, die nur Kaugummi kaut und sich nie merken kann, wer wann einen Termin hat. Meinst du nicht, Rose könnte das alles in die Hand nehmen?«

»Ja, schon, aber – «

»Ruf sie an und sag, in deinem Laden geht's drunter und drüber. Frag sie, ob sie nicht einfach kommen und die Sache durchorganisieren, unter Kontrolle bringen möchte. Drück dich so aus. Mit genau diesen Worten. *Die Sache unter Kontrolle bringen,* sagst du ihr. Dann wartest du in aller Ruhe ab.«

Julian ließ sich das durch den Kopf gehen.

»Aber bitte, was weiß denn ich«, sagte Macon.

»Nein, du hast recht.«

»Und jetzt laß deinen Hefter sehen.«

»Du hast hundertprozentig recht«, sagte Julian.

»Sieh dir das an!« Macon hielt den obersten Brief hoch. »Warum belästigst du mich damit? *Hiermit anempfehle ich euch ein wunderhübsches kleines Hotel in* ... Ein Mann, der uns etwas ›anempfehlen‹ will – glaubst du wirklich, der kann ein gutes Hotel von einem schlechten unterscheiden?«

»Macon«, sagte Julian.

»Unsere ganze beknackte Sprache ist verhunzt.«

»Macon, ich weiß, du hältst mich für rüde und ruppig.«

Macon zögerte kurz mit der Antwort, und zwar nicht nur deswegen, weil er zunächst »prüde und struppig« verstanden hatte. »Oh«, sagte er. »Aber nein, Julian, überhaupt – «

»Aber ich will dir nur eines sagen, Macon. Ich habe deine Schwester ins Herz geschlossen wie sonst nichts auf der Welt. Das liegt nicht an Rose allein, sondern an ihrer ganzen Lebensweise, an dem Haus und diesen Truthahnessen und dem Kartenspiel am Abend. Und auch dich habe ich ins Herz geschlossen, Macon. Du bist doch mein bester Freund! Hoffe ich zumindest.«

»Oh, nun, ah –«, sagte Macon.

Julian erhob sich und schüttelte ihm die Hand, wobei er ihm schier die Knochen zerquetschte, schlug ihm auf die Schulter und ging.

Sarah kam um halb sechs nach Hause. Sie traf Macon am Spülbecken an, wo er mit einer weiteren Tasse Kaffee stand.

»Ist die Couch angekommen?« fragte sie.

»Gesund und munter.«

»Gut! Sehen wir sie uns an.«

Als sie ins Wohnzimmer ging, hinterließ sie eine Fährte von grauem Staub, der von Ton oder Granit herrührte, nahm Macon an. Sogar im Haar hatte sie Staub. Sie sah die Couch mit zusammengekniffenen Augen an und sagte: »Wie findest du sie?«

»Nicht übel.«

»Ehrlich, Macon. Ich weiß nicht, was mit dir los ist; früher warst du ausgesprochen pingelig.«

»Sie ist nicht übel, Sarah. Sie sieht sehr hübsch aus.«

Sarah zog die Zellophanhülle ab und trat zurück, die Arme voll knisternden Lichts. »Wir sollten nachsehen, wie sie sich aufklappen läßt.«

Während sie das Zellophan in den Papierkorb stopfte, zog Macon an der Schlaufe aus Gurtband, mit deren Hilfe die Couch sich in ein Bett verwandeln ließ. Er mußte an Muriels Haus denken. Die wohlvertraute Griffigkeit der Schlaufe erinnerte ihn an all die Gelegenheiten, bei denen Muriels Schwester dort übernachtet hatte, und als die Matratze sich hervorschob, sah er Claires zerrauftes, goldenes Haar glänzen.

»Wir sollten gleich die Laken darüberbreiten, wenn sie schon mal ausgezogen ist«, sagte Sarah. Sie holte die Einkaufstüte mit der Bettwäsche aus der Diele. Von Macon, der auf der anderen Seite der Couch stand, unterstützt, ließ sie das Laken gebläht über der Matratze schweben und machte sich dann geschäftig daran, es ringsum unterzuschlagen. Macon half mit, war aber nicht so flink wie Sarah. Der Granitstaub oder was immer hatte sich in den Furchen ihrer Fingerknöchel festgesetzt. Ihre kleinen, braunen Hände hoben sich von dem weißen Perkal irgendwie besonders reizvoll ab. Er sagte: »Komm, wir wollen es mal ausprobieren.«

Sarah begriff zunächst nicht. Sie blickte auf, während sie das zweite Laken auseinanderfaltete, und fragte: »Was ausprobieren?«

Sie wandte aber nichts ein, als er das Laken weglegte und ihr die Trainingsbluse über den Kopf streifte.

Sarah zu lieben war angenehm und wohltuend. Nach all den gemeinsam verbrachten Jahren war ihm ihr Körper so vertraut, daß er nicht immer zu unterscheiden vermochte, was sie empfand und was er empfand. Indes – war es nicht schade, daß beide nicht die leiseste Befürchtung hegen mußten, von jemandem ertappt zu werden? Sie waren so allein. Er schmiegte das Gesicht an ihren warmen, staubigen Hals und hätte gern gewußt, ob auch sie dieses Gefühl hatte – ob auch sie die Leere des Hauses spürte. Gefragt hätte er allerdings nie.

Während Sarah duschte, rasierte er sich. Sie waren bei Bob und Sue Carney zum Abendessen eingeladen. Als er aus dem Bad kam, stand Sarah vor der Kommode und schraubte sich kleine goldene Ohrringe an. (Sie war die einzige Frau in Macons Bekanntenkreis, die keine durchstochenen Ohrläppchen hatte.) Renoir hätte sie malen können, dachte er: Sarah im Unterrock, den Kopf leicht schräg gehalten, die rundlichen, gebräunten Arme erhoben. »Ich bin gar nicht in der Stimmung, auszugehen.«

»Ich auch nicht«, sagte Macon, während er seinen Schrank öffnete.

»Ich würde ebenso gern mit einem Buch zu Hause bleiben.«

Er nahm ein Hemd vom Bügel.

»Macon«, sagte sie.

»Hmm.«

»Du hast mich nie gefragt, ob ich mit einem anderen geschlafen habe, als wir getrennt waren.«

Macon stutzte, einen Arm halb im Ärmel.

»Willst du es nicht wissen?« fragte sie.

»Nein.«

Er zog das Hemd an und knöpfte die Manschetten zu.

»Ich hätte gedacht, es interessiert dich.«

»Tut es aber nicht.«

»Das Ärgerliche an dir ist, Macon –«

Erstaunlich, wie jäh Zorn in ihm hochschoß. »Sarah«, sagte er, »fang erst gar nicht an. Bei Gott, das ist doch wohl die Quintessenz all dessen, was gegen die Ehe spricht. ›Das Ärgerliche an dir ist, Macon –‹ und ›Ich kenne dich besser, als du dich selbst kennst, Macon –‹«

»Das Ärgerliche an dir ist«, sprach sie gelassen weiter, »daß du glaubst, die Menschen sollten in ihrer eigenen luftdichten Verpackung bleiben. Du weigerst dich, aus dir herauszugehen. Du hältst nichts von gegenseitigem Austausch.«

»So ist es«, sagte Macon und knöpfte die Hemdleiste zu.

»Weißt du, woran du mich erinnerst? An das Telegramm, das Harpo Marx seinen Brüdern geschickt hat: *Keine Mitteilung. Harpo.*«

Er mußte unwillkürlich grinsen. Sarah sagte: »*Du* findest das natürlich komisch.«

»Und? Ist es doch.«

»Ist es überhaupt nicht! Es ist traurig! Es macht einen rasend! Es muß einen ja rasend machen, wenn man an die Haustür geht und die Empfangsbescheinigung für das Telegramm unterschreibt, es aufreißt und dann keine Mitteilung findet!«

Er nahm einen Schlips vom Krawattenhalter seines Schranks.

»Damit du's nur weißt«, sagte sie. »Ich habe die ganze lange Zeit mit keinem anderen geschlafen.«

Ihm war, als hätte sie einen Wettbewerb gewonnen. Er gab sich den Anschein, nichts gehört zu haben.

Bob und Sue hatten nur Nachbarn geladen – die Bidwells und ein frischgebackenes junges Ehepaar, das Macon noch nicht kannte. Macon hielt sich hauptsächlich an diese neuen Leute, denn für sie war er ein unbeschriebenes Blatt. Als sie ihn fragten, ob er Kinder habe, antwortete er: »Nein.« Er fragte, ob sie Kinder hätten.
»Nein«, sagte Brad Frederick.
»Ah.«
Brads Frau steckte im Übergangsstadium zwischen Mädchenhaftigkeit und Fraulichkeit. Sie trug ihr steifes dunkelblaues Kleid und die großen weißen Schuhe, als ob sie ihrer Mutter gehörten. Brad selbst war noch ein halbes Kind. Als alle hinausgingen, um beim Grillen zuzuschauen, entdeckte Brad im Gebüsch ein Frisbee und warf es der kleinen Delilah Carney zu. Sein weißes Polohemd rutschte ihm dabei aus der Hose. Die Erinnerung an Dominick Saddler traf Macon wie ein harter Schlag. Er mußte daran denken, wie sich nach seines Großvaters Tod seine Augen beim Anblick jedes alten Menschen mit Tränen gefüllt hatten. Himmel, wenn er sich nicht in acht nahm, würde ihm zum Schluß noch die gesamte Menschheit leid tun. »Wirf mal das Ding herüber«, sagte er energisch zu der kleinen Delilah, stellte seinen Sherry weg und streckte die Hand nach dem Frisbee aus. Binnen kurzem war ein richtiges Spiel im Gange, an dem sich alle Gäste beteiligten außer Brads Frau, die noch so tief in den Kinderschuhen steckte, daß sie das Risiko nicht eingehen wollte, im Falle eines Gegenbesuches ähnliches veranstalten zu müssen.
Beim Essen wies Sue Carney Macon den Platz an ihrer rechten Seite zu. Sie legte eine Hand auf die seine und sagte, wie wunderbar es sei, daß er und Sarah ihre Probleme gelöst hatten. »Danke schön«, erwiderte Macon. »Herrgott, Sie machen aber wirklich einen richtig guten Salat, Sue.«

»Wir alle haben unsere Höhen und Tiefen«, sagte sie. Einen Moment lang glaubte er, sie wollte damit zum Ausdruck bringen, ihre Salate gelängen nicht immer gleich gut. »Ich geb' ehrlich zu«, vertraute sie ihm an, »es hat Zeiten gegeben, da habe ich mich gefragt, ob Bob und ich es miteinander aushalten werden. Es gibt Zeiten, da habe ich das Gefühl, wir lassen es einfach laufen, wenn Sie wissen, was ich meine. Zeiten, wo ich sage: ›Grüß dich, Schatz, wie war's heute?‹, aber innerlich fühle ich mich wie eine Kriegermutter.«

Macon drehte den Stiel seines Glases zwischen den Fingern und versuchte herauszufinden, wo ihm ein Glied des logischen Zusammenhangs ihrer Ausführungen entgangen war.

»Wie eine Frau, die jemanden im Krieg verloren hat«, fuhr sie fort, »und hinterher bis in alle Ewigkeit für den Krieg sein muß, und zwar lauter als alle anderen, weil sie sonst zugeben würde, daß der Verlust sinnlos war.«

»Hm...«

»Aber das ist nur eine vorübergehende Stimmung«, sagte sie.

»Ja, natürlich«, sagte Macon.

Als er mit Sarah zu Fuß nach Hause ging, war die Luft schwer wie Wasser. Es war elf Uhr, und die Teenager, die um elf Uhr wieder daheim sein mußten, kehrten gerade zurück. Das waren die jüngsten, größtenteils noch zu jung zum Autofahren, und daher von Erwachsenen chauffiert. Sie sprangen aus den Wagen und schrien einander zu: »Wiedersehen! Danke! Ruf mich morgen an, ja?« Schlüssel klingelten. Haustüren klafften auf und klappten wieder zu. Die Wagen fuhren weiter.

Sarahs Rock machte das gleiche wispernde Geräusch wie der Rasensprenger der Tuckers, der sich noch immer langsam in einem Efeubeet drehte.

Nachdem sie zu Hause angekommen waren, führte Macon den Hund noch ein letztes Mal spazieren. Er versuchte, die

Katze hereinzulocken, aber sie blieb gebuckelt auf dem Sims des Küchenfensters sitzen und funkelte ihn widerspenstig mit Eulenaugen an; da ließ er sie in Ruhe. Er ging durch die Räume und machte überall das Licht aus. Als er nach oben kam, saß Sarah schon im Bett, gegen das Kopfende gelehnt, ein Glas Sprudel in der Hand. »Du auch?« fragte sie und hielt ihm das Glas hin. Er sagte aber nein, er sei müde; er zog sich aus und schlüpfte unter die Decke.

Das Klirren der Eiswürfel in Sarahs Glas nahm in seinem Bewußtsein eine besondere Bedeutung an. Er schien mit jedem Klirren tiefer zu sinken. Schließlich öffnete er eine Tür, ging einen Flur hinunter und trat in den Zeugenstand. Man stellte ihm ganz einfache Fragen. »Was für eine Farbe hatten die Räder?« – »Wer hat das Brot gekauft?« – »Waren die Fensterläden offen oder geschlossen?« Er konnte sich beim besten Willen nicht erinnern. Man brachte ihn an den Tatort zurück, zu einem verschlungenen Pfad wie im Märchen. »Erzählen Sie uns alles, was Sie wissen«, sagte man zu ihm. Er wußte nichts. Doch nun war ihren Gesichtern abzulesen, daß er nicht bloß als Zeuge galt; man verdächtigte ihn. Er zermarterte sich also das Gehirn, aber auch dabei kam nichts heraus. »Sie müssen das von meiner Seite aus betrachten!« rief er. »Ich habe alles verdrängt; ich habe es mühsam verdrängt! Jetzt kann ich es nicht mehr zurückholen.«

»Nicht einmal zu Ihrer Verteidigung?«

Er schlug die Augen auf. Im Zimmer war es dunkel, Sarah atmete leise neben ihm. Der Radiowecker zeigte Mitternacht an. Die Jugendlichen, deren Ausgang zu dieser Stunde endete, trudelten gerade ein. Gejohle und Gelächter erscholl, Autoreifen rieben sich an einem Randstein, ein Keilriemen wimmerte, als jemand einzuparken versuchte. Dann wurde es in der Gegend allmählich still. Und so würde es bleiben, wußte Macon, bis die Ein-Uhr-Heimkehrer eintrafen. Zunächst würde er Klangfetzen ihrer Musik hören, dann abermals Gelächter, das Zuschlagen von Wagentüren, das Zuschlagen von Haustüren. Entlang der ganzen Straße würden die Verandalichter verlöschen, und die Zimmerdekke würde sich zusehends verdunkeln. Zum Schluß würde er der einzige sein, der noch wach lag.

20

Das Flugzeug nach New York war nicht viel größer als ein Vogel, das Flugzeug nach Paris hingegen war ein Ungeheuer, einem Bauwerk vergleichbar. In seinem Bauch verstauten Menschenmassen Mäntel und Taschen in den hochliegenden Gepäckfächern, schoben Koffer unter die Sitze, argumentierten, riefen nach den Stewardessen. Babys weinten, und Mütter herrschten ihre Kinder an. Im Zwischendeck eines Dampfers konnte es nicht schlimmer zugegangen sein, fand Macon.

Er nahm seinen Fensterplatz ein, und fast unmittelbar darauf ließ sich ein französisch sprechendes Ehepaar an seiner Seite nieder. Der Mann setzte sich neben Macon und nickte ihm ernsten Gesichts formell zu. Dann sagte er etwas zu seiner Frau, die ihm eine Segeltuchtasche reichte. Er zog den Reißverschluß auf und ging den Inhalt durch. Spielkarten, eine ganze Schachtel Wundpflaster, eine Heftmaschine, ein Hammer, eine Glühbirne... Macon war fasziniert. Er schielte immer wieder nach rechts, um sich nach Möglichkeit nichts entgehen zu lassen. Als eine hölzerne Mausefalle zum Vorschein kam, begann er zu überlegen, ob der Mann etwa nicht ganz bei Trost war; doch selbst eine Mausefalle ließ sich bei einigem Nachdenken erklären. Jawohl, was er hier zu sehen bekam, war lediglich eine Antwort auf die ewige Gewissensfrage des Reisenden: Was ist besser? Lauter eigene Sachen mitnehmen und sich damit abschleppen, oder mit leichtem Gepäck reisen und die Hälfte der Zeit Läden nach den Dingen abklappern, die man zu Hause gelassen hat? Beides hatte seine Nachteile.

Er warf einen Blick in den Gang, wo noch mehr Passagiere nachdrängten. Ein mit Kameras behängter Japaner, eine Nonne, ein bezopftes Mädchen. Eine Frau mit einem roten Schminkköfferchen, das Haar ein dunkles Zelt, das Gesicht ein schmales Dreieck.

Muriel.

Zuerst spürte er es heiß in sich aufsteigen – die Aufwallung, die einen überkommt, wenn eine bekannte Gestalt aus einer Gruppe fremder Menschen hervortritt. Und dann: *Du großer Gott,* dachte er und sah sich tatsächlich nach einem Fluchtweg um.

Sie kam anmutig vorsichtigen Schritts auf ihn zu, den Blick auf ihre Füße gerichtet, doch als sie neben ihm angelangt war, schaute sie auf, und er erkannte: Sie hatte die ganze Zeit gewußt, daß er da war. Sie trug ein weißes Kostüm, das sie in eine jener schwarzweißroten Frauen verwandelte, die er als Kind auf der Kinoleinwand so bewundert hatte.

»Ich fliege nach Frankreich«, eröffnete sie ihm.

»Was fällt dir ein!« sagte er.

Das französische Ehepaar musterte ihn neugierig, die Frau rückte sogar ein bißchen vor, um ihn besser zu sehen.

Hinter Muriel stauten sich neue Passagiere. Sie murrten und reckten den Hals, bemüht, sich an ihr vorbeizuzwängen. Sie stand mitten im Gang und sagte: »Ich werde an der Seine spazierengehen.«

Die Französin bildete mit dem Mund ein O.

Dann bemerkte Muriel die Leute hinter sich und ging weiter.

Macon bezweifelte, daß es überhaupt möglich war, an der Seine spazierenzugehen.

Sobald der Gang frei war, erhob Macon sich halb vom Sitz und spähte über die Lehne nach hinten, aber Muriel war verschwunden. Das französische Ehepaar wandte sich ihm zu, Erwartung in den Augen. Macon setzte sich wieder.

Sarah würde davon erfahren. Sie würde es einfach irgendwie merken. Sie hatte immer behauptet, er sei gefühllos, und nun würde sie sich bestätigt finden: Da hatte er sich so liebevoll von ihr verabschiedet, und dann flog er mit Muriel nach Paris.

Er war jedenfalls nicht im geringsten daran schuld, und der Teufel sollte ihn holen, wenn er sich dafür zur Verantwortung ziehen ließ!

Als die Dunkelheit hereinbrach, waren sie schon in der Luft, und in der Maschine verlief inzwischen alles nach Plan. Es war einer jener Flüge, die so durchprogrammiert sind wie ein Tag im Kinderhort: Instruktionsfilm, Getränke, Kopfhörer, Abendessen, Spielfilm. Macon lehnte alles ab, was ihm angeboten wurde, und vertiefte sich statt dessen in Julians Aktenhefter. Der Großteil des Materials war lachhaft. »Sam 'n' Joe's Hotel«, ausgerechnet! Er fragte sich, ob Julian das erfunden hatte, um ihn zu verblöden.

Eine Frau in Weiß ging vorbei, und er blickte ihr verstohlen nach; es war aber eine Fremde.

Kurz vor dem Ende des Spielfilms holte er seinen Kulturbeutel heraus und ging zu einem der Waschräume im hinteren Teil der Maschine. Diese Idee hatten leider schon andere Leute gehabt. Beide Türen waren verriegelt, und er mußte im Gang warten. Er spürte noch jemanden an seine Seite treten. Er schaute hin, und da stand Muriel.

Er sagte: »Muriel, was um alles – «

»Dieses Flugzeug ist nicht dein Eigentum!« sagte sie.

Köpfe drehten sich um.

»Und Paris auch nicht!« ergänzte sie.

Sie stand dicht vor ihm, Aug in Auge. Ein Geruch ging von ihr aus, dem er sich kaum entziehen konnte; es war nicht allein ihr Parfüm, nein, auch ihr Haus; jawohl, das war es – der Geruch ihres Kleiderschranks, der aufreizende, beunruhigende Geruch von Dingen, die anderen Leuten gehören. Macon drückte sich die linke Schläfe. »Ich verstehe das alles nicht. Ich begreife nicht, woher du gewußt hast, welche Maschine du nehmen sollst.«

»Ich habe dein Reisebüro angerufen.«

»Becky? Du hast Becky angerufen? Was mag die sich wohl gedacht haben?«

»Sie hat gedacht, ich bin deine Verlagsassistentin.«

»Und wieso kannst du dir den Flug leisten?«

»Ach, etwas habe ich mir von Bernice geliehen und etwas von meiner Schwester, die hat sich ein bißchen Geld verdient bei ... Und ich habe an allen Ecken und Enden gespart, ich bin mit dem Zug nach New York gekommen statt mit dem Flugzeug –«

»Also, das war nicht besonders schlau«, sagte Macon. »Es dürfte dich letzten Endes genauso viel gekostet haben, wenn nicht gar mehr.«

»Nein, ich habe nämlich –«

»Aber die entscheidende Frage ist *warum,* Muriel. Warum tust du das?«

»Du brauchst mich in deiner Nähe.«

»Ich brauche dich!«

»Du bist total am Boden zerstört gewesen, bevor du mich gekannt hast.«

Ein Riegel klickte, und aus einem der Waschräume trat ein Mann heraus. Macon trat hinein und verriegelte rasch die Tür hinter sich.

Er hätte sich am liebsten in Luft aufgelöst. Hätte es hier ein Fenster gegeben, wäre er, wie er glaubte, durchaus imstande gewesen, es aufzustemmen und hinauszuspringen – nicht etwa, um etwas so Unwiderrufliches wie Selbstmord zu begehen, sondern um alles auszulöschen; o Gott, einfach umkehren und all die Schludrigkeiten und Gedankenlosigkeiten ungeschehen machen können, die er sich im Laufe seines Lebens geleistet hatte.

Wenn sie nur einen einzigen seiner Ratgeber gelesen hätte, dann hätte sie wissen müssen, daß man auf Reisen nichts Weißes anzieht.

Als er herauskam, war sie weg. Er kehrte auf seinen Platz zurück. Das französische Ehepaar zog die Knie an, um ihn vorbeizulassen; die beiden starrten gebannt auf die Filmleinwand, wo eine Blondine, mit nichts anderem als einem Badetuch bekleidet, an eine Haustür trommelte. Macon holte *Miss MacIntosh* heraus, weil er sich davon Ablenkung versprach. Vergebens. Die Wörter zerflossen vor seinen Augen nichtssagend zu einem dünnen, transparenten Rinnsal. Er war sich nur Muriels Anwesenheit irgendwo hinter sich bewußt. Er fühlte sich wie durch Leitungsdrähte mit ihr verbunden. Er ertappte sich bei der Überlegung, wie sie das empfinden mochte – das verdunkelte Flugzeug, den unsichtbaren Ozean in der Tiefe, das Gemurmel halb irrealer Stimmen ringsherum. Als er seine Leselampe ausknipste und die Augen schloß, glaubte er zu spüren, daß sie noch wach war. Es lag etwas in der Luft – ein Lauern, eine Gespanntheit, fast ein Vibrieren.

Bei Tagesanbruch stand sein Entschluß fest. Er benützte einen anderen Waschraum im vorderen Teil. Er war ausnahmsweise einmal froh, unter so vielen Menschen zu sein. Nach der Landung stieg er als einer der ersten aus, brachte die Einreiseformalitäten im Nu hinter sich und hetzte durch das Flughafengebäude. Dies hier war der Flughafen Charles de Gaulle mit den Raumfahrt-Schalensitzen. Muriel würde sich überhaupt nicht auskennen. Er wechselte hastig sein Geld. Muriel mußte noch bei der Gepäckausgabe sein. Bestimmt hatte sie massenhaft Gepäck mitgenommen.
Auf einen Bus zu warten kam nicht in Frage. Er nahm ein Taxi, sauste davon und fühlte sich schlagartig wunderbar schwerelos. Das Gewirr silbriger Schnellstraßen weckte in ihm ausgesprochen angenehme Gefühle. Bei der Einfahrt in die Stadt erschien ihm Paris offen und hell und leuchtend wie ein kühler Blick aus grauen Augen, und der Dunst, der über der Stadt hing, gefiel ihm ausnehmend. Sein Taxi raste durch diesige Boulevards, bog in eine kopfsteingepflasterte Straße ein und kam gleichsam mit Rückstoß zum Stehen. Macon zückte seine Geldkuverts.
Erst als er das Hotel betrat, fiel ihm ein, daß sein Reisebüro genau wußte, wo er übernachtete.

Es war kein besonders luxuriöses Hotel – ein kleiner brauner Kasten, dessen technische Einrichtungen mitunter den Dienst versagten, wie Macon bei früheren Besuchen konstatiert hatte. Diesmal war einer der beiden Fahrstühle außer Betrieb. Der Page führte ihn zu dem anderen, mit dem sie in den zweiten Stock fuhren, dann durch einen teppichbelegten Korridor, öffnete schwungvoll eine Tür und äußerte sich bewundernd in lautem Französisch, übermannt von solcher Pracht und Herrlichkeit. (Ein Bett, eine Kommode, ein Sessel, ein uraltes Fernsehgerät.) Macon griff in eines seiner Kuverts und bedankte sich beim Überreichen des Trinkgeldes.

Allein geblieben, packte er die Reisetasche aus und hängte sein Anzugjackett auf. Dann stellte er sich ans Fenster und schaute über die Dächer hinweg; durch den Staub auf der Scheibe sahen sie aus wie in die Vergangenheit entrückt, einer anderen Zeit angehörig.

Wie würde sie sich in einer derart ungewohnten Umgebung zurechtfinden?

Er dachte an die Art, wie sie eine Reihe von Trödelläden ansteuerte, wie sie eine Straße entlangfuhr, geschickt und zielbewußt, wie sie manche Passanten mit Namen grüßte. Und an die Nachbarschaftshilfe, die sie leistete: Sie chauffierte Mr. Manion zum Reflexologen, der seine Nierensteine auflöste, indem er ihm die Zehen massierte; Mr. Runkle zum Astrologen, der ihm sagte, wann er die Million Dollar in der Lotterie gewinnen würde; Mrs. Carpaccio zu einem bestimmten winzigen Lebensmittelgeschäft, wo die Würste von der Decke hingen wie Fliegenfänger. Was für Lokalitäten Muriel kannte!

Aber Paris kannte sie nicht. Und sie war völlig auf sich selbst gestellt. Sie besaß ja nicht einmal eine Kreditkarte, hatte wahrscheinlich sehr wenig Geld bei sich, hatte vielleicht gar nicht bedacht, daß sie es in Francs umwechseln mußte. Irrte vielleicht hilflos, mittellos umher, keines einzigen Wortes der fremden Sprache mächtig.

Als er sie klopfen hörte, war er so erleichtert, daß er zur Tür stürzte, um sie einzulassen.

»Dein Zimmer ist größer als meins«, sagte sie und ging an ihm vorbei zum Fenster. »Meine Aussicht ist aber schöner. Denk nur, wir sind wirklich in Paris! Der Busfahrer hat gemeint, es sieht nach Regen aus, aber ich habe ihm gesagt, *mir* ist das egal. Ob Regen oder Sonnenschein – Paris bleibt Paris.«

»Woher hast du gewußt, welchen Bus du nehmen mußt?« erkundigte er sich.

»Ich habe deinen Reiseführer mitgenommen.«

Sie klopfte sich auf die Jackentasche.

»Möchtest du bei ›Chez Billy‹ frühstücken?« fragte sie. »Das wird in deinem Buch empfohlen.«

»Nein, ich möchte nicht. Ich kann nicht«, sagte er. »Du solltest jetzt gehen, Muriel.«

»Oh. Okay«, sagte sie. Und ging.

So war das manchmal mit ihr. Zuerst bedrängte sie ihn so lange, bis er sich in die Enge getrieben fühlte, und dann machte sie plötzlich einen Rückzieher. Es war wie beim Tauziehen, wenn der Gegner mit einemmal das Tau losläßt, fand Macon. Man geht zu Boden; man ist so unvorbereitet; man fühlt sich so leer.

Er beschloß, Sarah anzurufen. Drüben in der Heimat graute kaum der Morgen, aber er hielt es für wichtig, mit ihr Verbindung aufzunehmen. Er ging hinüber zur Kommode, auf der das Telefon stand, und hob den Hörer ab. Die Leitung war tot. Er drückte mehrmals auf den Knopf. Typisch. Er steckte den Zimmerschlüssel in die Tasche und begab sich hinunter ins Vestibül.

Das dortige Telefon war in einer uralten hölzernen Kabine mit rotledernem Sitzbänkchen sehr vornehm untergebracht. Macon beugte sich über den Hörer und lauschte dem Klingeln am anderen Ende, weit, weit entfernt. »Hallo?« sagte Sarah.

»Sarah?«

»Wer spricht dort?«

»Macon.«

»Macon?«

Sie brauchte einen Moment, um das zu schlucken. »Macon, wo bist du?« fragte sie. »Was ist los?«

»Nichts ist los. Ich habe nur das Bedürfnis, mit dir zu reden.«

»Was? Wie spät ist es?«

»Ich weiß, es ist noch früh, und es tut mir leid, daß ich dich geweckt habe, aber ich wollte deine Stimme hören.«

»In der Leitung rauscht es so«, sagte sie.

»Hier nicht.«

»Du klingst so dünn.«

»Das kommt daher, daß es ein Überseegespräch ist«, erklärte er. »Wie steht's drüben mit dem Wetter?«

»Mit wem?«

»Dem Wetter! Scheint die Sonne?«

»Ich weiß nicht. Die Jalousien sind alle unten. Ich glaube, es ist noch nicht einmal hell.«

»Arbeitest du heute im Garten?«

»Was?«

»Ob du im Garten arbeitest!«

»Das habe ich mir noch nicht überlegt. Kommt darauf an, ob die Sonne scheint.«

»Schade, daß ich nicht dort bin«, sagte er. »Ich könnte dir helfen.«

»Du kannst Gartenarbeit nicht ausstehen!«

»Schon, aber ...«

»Macon, fehlt dir etwas?«

»Nein, mir geht es gut«, sagte er.

»Wie war der Flug?«

»Ach, der Flug, du meine Güte! Also, ich weiß nicht; ich war so mit Lesen beschäftigt, daß ich gar nichts mitgekriegt habe.«

»Mit Lesen?« sagte sie. Und dann: »Vielleicht leidest du unter der Zeitdifferenz.«

»Ja, vielleicht.«

Spiegeleier, Rühreier, verlorene Eier, Omeletts. Er ging blindlings den Gehsteig entlang, während er die Ränder seines Ratgebers vollkritzelte. ›Chez Billy‹ ließ er links liegen. *Rätselhaft, schrieb er, wieso die Franzosen ihre Speisen so behutsam zubereiten, aber so unachtsam servieren.* Im Fenster eines Restaurants blinzelte ihm eine Katze zu. Sie schien sich diebisch zu freuen. Sie war so völlig in ihrem Element, sie wußte genau, wo sie hingehörte.

Schaufenster, ausgelegt mit zerknittertem Samt, darübergestreut massive Goldketten und Uhren, nicht dicker als Pokerchips. Frauen, wie für die Bühne hergerichtet: kunstvolle Frisuren, brillantes Make-up, eigenartige Hosenformen, die der menschlichen Anatomie spotteten. Alte Damen in Kleinmädchengerüschtem, weißen Strumpfhosen und flachen Lackschuhen. Macon stieg die Treppe zur Metro hinunter; ostentativ warf er seinen entwerteten Fahrschein in einen winzigen Behälter mit der Aufschrift PAPIERS. Dann drehte er sich um und funkelte böse alle anderen an, die ihren Fahrschein auf den Boden fallen ließen, und während er sich umdrehte, glaubte er Muriels weißes Gesicht in der Menge auftauchen zu sehen, aber er hatte sich wohl getäuscht.

Am Abend kehrte er ins Hotel zurück – mit wunden Füßen und schmerzenden Beinmuskeln – und sank aufs Bett. Keine zwei Minuten später hörte er es an die Tür klopfen. Er ächzte, erhob sich und ging öffnen. Da stand Muriel, die Arme voller Kleider. »Schau«, sagte sie und zwängte sich an ihm vorbei. »Sieh mal, was ich alles gekauft habe.« Sie lud den Plunder auf dem Bett ab. Dann hielt sie eins nach dem anderen hoch: ein glänzendes schwarzes Cape, eine braune Reithose, ein duftiges Abendkleid aus rotem Tüll, besprenkelt mit verschieden großen, runden Glasplättchen, die an Rückstrahler von Fahrrädern erinnerten. »Hast du den Verstand verloren?« fragte Macon. »Was muß das alles gekostet haben?«

»Nichts! Oder so gut wie nichts«, sagte sie. »Ich habe einen

Platz entdeckt, vor dem können sich alle anderen Flohmärkte verstecken! Eine ganze Stadt von Flohmärkten! Ein französisches Mädchen hat mir davon erzählt, in dem Lokal, wo ich gefrühstückt habe. Ich hab' ihren Hut bewundert, und sie hat mir gesagt, wo sie ihn her hat. Ich bin mit der U-Bahn hingefahren; dein Buch hilft einem mit den U-Bahnen wirklich prima weiter. Und dort gibt es doch tatsächlich alles. Auch Werkzeug und so Gerätschaften, Macon. Alte Autobatterien, Sicherungskästen... Und wenn einem etwas zu teuer ist, senken sie den Preis, bis es billig genug ist. Ich hab' dort einen Ledermantel gesehen, für den ich gemordet hätte, aber der ist nie billig genug geworden. Der Mann hat fünfunddreißig Franc verlangt.«

»Fünfunddreißig Franc!« sagte Macon. »Billiger hättest du's gar nicht bekommen können. Fünfunddreißig Franc sind rund vier Dollar.«

»Wirklich? Ich hab' gedacht, Francs und Dollars sind ungefähr gleich viel wert.«

»Gott, nein.«

»Also, dann sind diese Sachen da Supergrapscher!« sagte Muriel. »Vielleicht versuche ich's morgen noch einmal.«

»Und wie willst du das ganze Zeug ins Flugzeug bekommen?«

»Ach, ich werde mir schon etwas ausdenken. Und jetzt laß mich alles in mein Zimmer zurücktragen, damit wir essen gehen können.«

Er straffte sich. Er sagte: »Nein, ich kann nicht.«

»Was soll dir schon passieren, wenn du mit mir essen gehst, Macon? Ich bin eine Bekannte aus der Heimat! Du hast mich in Paris zufällig getroffen! Können wir nicht einen Bissen zusammen essen?«

Wenn sie es *so* ausdrückte, schien wirklich nichts dabei zu sein.

Sie gingen ins ›Burger King‹ auf den Champs Elysées. Er bestellte zwei Whoppers. »Vorsicht«, warnte er Muriel, »die sind nicht so, wie du es gewöhnt bist. Du wirst die vielen

Pickles und Zwiebeln abkratzen müssen.« Aber Muriel sagte, nachdem sie gekostet hatte, ihr schmecke es so und nicht anders. Sie saß neben ihm auf einem harten kleinen Sitz und leckte sich die Finger. Ihre Schulter berührte die seine. Er konnte es plötzlich nicht fassen, daß sie tatsächlich da war.

»Wer kümmert sich um Alexander?« erkundigte er sich.

»Ach, verschiedene Leute.«

»Was für verschiedene Leute? Du hast ihn doch hoffentlich nicht einfach sich selbst überlassen. Du weißt, wie unsicher Kinder seines Alters sich – «

»Reg dich ab. Ihm geht's gut. Claire hat ihn tagsüber, und abends kommt Bernice und kocht ihm etwas, und wenn Claire mal mit dem General ausgeht, dann übernehmen ihn die Zwillinge, oder wenn die Zwillinge nicht können, dann sagt der General, daß Alexander . . .«

Die Singleton Street in ihrer ganzen Buntheit und Lautstärke tauchte vor seinen Augen auf.

Nach dem Abendessen schlug Muriel einen Spaziergang vor, aber Macon sagte, er sei zu müde. Er war richtiggehend ausgepumpt. Sie kehrten ins Hotel zurück. Im Aufzug fragte Muriel: »Darf ich eine Weile mit in dein Zimmer kommen? Mein Fernseher kriegt nur Schnee herein.«

»Wir sagen lieber gute Nacht«, meinte er.

»Kann ich dir nicht wenigstens ein bißchen Gesellschaft leisten?«

»Nein, Muriel.«

»Wir brauchen ja überhaupt nichts zu *machen*«, sagte sie.

Der Aufzug hielt auf seiner Etage. Macon sagte: »Muriel. Versteh doch meine Lage. Ich bin seit einer Ewigkeit mit ihr verheiratet. Länger, als du auf der Welt bist, fast. Ich kann jetzt nicht anders. Begreifst du das nicht?«

Sie stand bloß in ihrer Ecke des Aufzugs, den Blick auf sein Gesicht gerichtet. Ihr Make-up hatte sich verflüchtigt, und sie sah jung und traurig und schutzlos aus.

»Gute Nacht«, sagte er.

Er stieg aus, und die Aufzugtür schloß sich.

Er legte sich sofort ins Bett, fand aber keinen Schlaf und schaltete schließlich das Fernsehgerät ein. Man zeigte einen amerikanischen Western. Katastrophe folgte auf Katastrophe – Tornado, Indianer, Dürre, durchgehende Herden. Der Held ließ sich davon jedoch nicht erschüttern. Macon hatte schon vor langer Zeit festgestellt, daß Abenteuerfilmen immer die gleiche Moral zugrunde lag: Ausdauer lohnt sich. Er hätte gern wenigstens ein einziges Mal einen Helden seines Schlages gesehen – keinen Drückeberger, sondern einen Mann, der den Tatsachen ins Auge sah und mit Haltung kapitulierte, falls das Weitermachen sich als unklug erwies.

Er stand auf und schaltete das Gerät aus. Er warf sich im Bett noch lange hin und her, bevor er einschlief.

Große Hotels, kleine Hotels, schäbige Hotels mit abblätternden Tapeten, elegante Hotels mit breiten amerikanischen Betten und kunststoffbeschichteten amerikanischen Kommoden. Trübe Caféfenster, dahinter die Cafetiers wie Schaufensterpuppen, Hände hinter dem Rücken verschränkt, auf den Zehen wippend. *Lassen Sie sich nicht auf Vollpension ein. Sonst ergeht es Ihnen wie bei Mutter, die immerfort zum Essen ermuntert – ein Gang nach dem anderen, ob man will oder nicht ...*

Am Spätnachmittag steuerte Macon erschöpft sein eigenes Hotel an. Er überquerte gerade die letzte Kreuzung, als er ein Stück vor sich Muriel erblickte. Sie war mit Bündeln beladen, ihr Haar flatterte, ihre Stilettabsätze klapperten munter. »Muriel!« rief er. Sie drehte sich um, und er lief los, um sie einzuholen.

»Oh, Macon, ich habe einen wunderschönen Tag verlebt«, sagte sie. »Ich habe Leute aus Dijon kennengelernt, und zum Schluß sind wir zusammen essen gegangen, und sie haben mir erzählt, daß ... Hier, kannst du mir ein paar davon abnehmen? Mir scheint, ich habe ein bißchen zuviel gekauft.«

Er ließ sich mehrere Pakete geben – zerknitterte, gebraucht aussehende Tüten, mit Textilien vollgestopft. Er trug sie ihr ins Hotel und hinauf in ihr Zimmer, das noch kleiner wirkte, als es war, weil überall Haufen von Kleidern herumlagen. Sie kippte ihre Last aufs Bett und sagte: »Ich muß dir was zeigen... Wo habe ich es nur...«

»Was ist das?« frage Macon. Er meinte eine ungewöhnlich geformte Limonadeflasche auf der Kommode.

»Ach, das habe ich im Kühlschrank entdeckt«, sagte sie. »Die haben da so einen kleinen Kühlschrank im Bad, Macon, und da ist lauter Limonade drin, auch Wein und Schnäpse.«

»Muriel, weißt du denn nicht, daß diese Sachen ein Heidengeld kosten? Man wird sie dir auf die Rechnung setzen, weißt du das nicht? Diesen Kühlschrank nennt man eine Mini-Bar, und man benutzt ihn folgendermaßen: Morgens, wenn sie das kontinentale Frühstück hereinfahren, bringen sie aus unerfindlichem Grund einen Krug heiße Milch mit, und diesen Krug nimmst du und stellst ihn einfach in die Mini-Bar, damit du später ein Glas Milch trinken kannst. Sonst weiß Gott allein, wie du in diesem Land dein Kalzium bekommst. Und du darfst die Croissants, die Brötchen, nicht essen. Das weißt du doch, oder? Man soll den Tag nicht mit Kohlehydraten beginnen, zumal unter Reisestreß. Du solltest die Mühe nicht scheuen und in ein Café gehen, wo es Eier gibt.«

»Eier, puh!« sagte Muriel. Sie zog den Rock aus und probierte einen anderen an – einen soeben gekauften, mit langen Fransen am Saum. »Ich *mag* die Semmeln«, sagte sie. »Und ich mag auch die Limonade.«

»Das ist mir unbegreiflich.« Er nahm die Flasche in die Hand. »Sieh dir bloß den Markennamen an: Pschitt. Wenn das nicht schon höchst verdächtig klingt... Und hier ist noch etwas, das heißt Yukkie, Yukkery oder so ähnlich –«

»Das schmeckt am besten. Ich habe schon alles weggetrun-

ken«, sagte Muriel. Sie steckte sich gerade das Haar auf.
»Wo essen wir heute abend?«

»Ich weiß nicht recht. Wird allmählich Zeit für eines von den Luxuslokalen.«

»Oh, super!«

Er schob etwas weg, was wie ein antiquarisches Satinbettjäckchen aussah, setzte sich und schaute zu, wie sie sich die Lippen schminkte.

Sie gingen in ein Restaurant, wo schon die Kerzen brannten, obwohl es noch nicht ganz dunkel war, und bekamen Plätze an einem hohen, mit einer Gardine verhängten Fenster zugewiesen. Die anderen Gäste, die sich bereits eingefunden hatten, waren Amerikaner – vier amerikanische Geschäftstypen, die sich an vier großen Portionen Schnecken unverhohlen gütlich taten. (Manchmal fragte Macon sich, wozu er überhaupt seine Bücher schrieb.)

»Also, was möchte ich?« sagte Muriel, in die Speisekarte vertieft. »Wenn ich frage, ob sie mir übersetzen können, was da steht, glaubst du, die tun das?«

»Das kannst du dir sparen«, sagte Macon. »Bestell einfach Salade Niçoise.«

»*Was* soll ich bestellen?«

»Hast du nicht gesagt, du hast meinen Ratgeber gelesen? Salade Niçoise. Das ist das einzige, was man gefahrlos essen kann. Ich habe mich in ganz Frankreich davon ernährt, tagaus und tagein.«

»Das klingt aber ziemlich eintönig.«

»Nein, nein. In manchen Lokalen tut man grüne Bohnen hinein, in manchen nicht. Und außerdem ist es arm an Cholesterol, was man nicht von allen – «

»Ich glaube, ich werde einfach den Kellner fragen.« Sie legte die Speisekarte aus der Hand. »Was meinst du, nennt man diese Fenster in Frankreich auch ›französische Fenster‹?«

»Was? Ich habe nicht die leiseste Ahnung.« Macon richte-

367

te den Blick auf das Fenster, das mit dicken, grünlichen Scheiben verglast war. Draußen, in einem verwilderten Gärtchen, kobolzte ein pockennarbiger steinerner Cherub in einem Springbrunnen. Die Verständigung mit dem Kellner klappte besser, als Macon erwartet hatte. Er empfahl Muriel die Sauerampfercremesuppe und eine besondere Art von Fisch. Macon entschloß sich dann ebenfalls zu der Suppe, um nicht untätig dazusitzen, während Muriel die ihre löffelte. »Na bitte«, sagte Muriel. »War er nicht nett?«

»Das war eine rühmliche Ausnahme«, meinte Macon.

Sie schlug nach ihrem Rocksaum. »Blöde Fransen! Ich hab, in einem fort das Gefühl, mir kriecht etwas am Bein hoch«, sagte sie. »Wo mußt du morgen hin, Macon?«

»Weg von Paris. Morgen fange ich mit den anderen Städten an.«

»Du läßt mich hier allein?«

»Das sind Expreßtouren. Keine Vergnügungsfahrten. Ich muß mit den Hühnern aufstehen.«

»Nimm mich trotzdem mit.«

»Unmöglich.«

»Ich schlafe hier nicht besonders gut«, sagte sie. »Ich habe Alpträume.«

»Dann solltest du dich nicht auch noch an anderen fremden Orten herumtreiben.«

»Letzte Nacht hab' ich von Dominick geträumt.« Sie beugte sich über den Tisch zu ihm vor, zwei rote Flecken hoch auf den Backenknochen. »Ich hab' geträumt er, ist wütend auf mich.«

»Wütend?«

»Er wollte nicht mit mir sprechen. Mich nicht ansehen. Hat dauernd in etwas auf dem Gehsteig gekickt. Dann stellt sich heraus, er ist wütend, weil er meinen Wagen nicht mehr fahren darf. Ich sage: ›Dominick, du bist tot. Du *kannst* meinen Wagen nicht fahren. Ich würde ihn dir ja überlassen, wenn ich könnte, glaub mir.‹«

»Quäl dich nicht unnötig«, sagte Macon. »Das war bloß ein Reisetraum.«

»Ich hab' so Angst, es bedeutet vielleicht, daß er echt wütend auf mich ist. Dort, wo er jetzt ist.«

»Aber nein«, sagte Macon. »Er ist bestimmt nicht wütend.«

»Ich hab' so Angst, daß er es doch ist.«

»Er ist wunschlos glücklich.«

»Glaubst du wirklich?«

»Unbedingt! Er ist dort droben in einer Art Autohimmel und poliert einen Wagen, der ihm allein gehört. Und es ist ewig Frühling, und immer scheint die Sonne, und immer ist eine Blondine im Sonnentop da, die ihm beim Wienern hilft.«

»Glaubst du wirklich, daß es so sein kann?«

»Ja, das glaube ich«, sagte er. Und komischerweise glaubte er es tatsächlich in diesem Moment. Vor seinem geistigen Auge erstand ein lebhaftes Bild: Dominick auf einer sonnenbeschienenen Wiese, ein Polierleder in der Hand, und übers ganze Gesicht zufrieden lachend.

Als der Abend zu Ende ging, sagte sie zu ihm, sie wollte, er käme mit in ihr Zimmer – ginge das nicht? Zum Schutz gegen Alpträume? –, er lehnte jedoch ab und wünschte ihr eine gute Nacht. Und dann spürte er, wie sie ihn lockte, wie sie tief in seinem Inneren eine Saite anschlug, als der quietschende Aufzug mit ihr emporschwebte.

Im Schlaf faßte er den Entschluß, sie morgen doch mitzunehmen. Was sprach denn dagegen? Es war ja nur ein Tagesausflug. Ein übers andremal hob er in seinem unruhigen, zerfahrenen Schlaf den Telefonhörer ab und wählte ihre Zimmernummer. Am Morgen, als er aufwachte, mußte er zu seiner Verblüffung feststellen, daß er sie noch immer nicht eingeladen hatte.

Er setzte sich auf, griff nach dem Telefon und entsann sich erst jetzt – den stummen Hörer ans Ohr gedrückt –, daß das Telefon nicht funktionierte und er vergessen hatte, das zu melden. Er überlegte, ob es sich bei dem Defekt um etwas handeln mochte, was er selbst reparieren konnte – ein gelockertes Kabel oder dergleichen. Er stieg aus dem Bett und spähte hinter die Kommode. Er bückte sich, um nach irgendeinem Werkzeug zu suchen.

Und sein Rücken streikte.

Ganz eindeutig, dieser kleine Stich in einem Muskel links neben der Wirbelsäule. Der Schmerz war so heftig, daß Macon nach Luft rang. Dann wurde es besser. Vielleicht war die Sache schon ausgestanden. Macon richtete sich auf – eine minimale Bewegung. Sie reichte jedoch aus, um abermals einen bohrenden Schmerz auszulösen.

Er ließ sich im Zeitlupentempo aufs Bett sinken. Richtig schlimm war es, die Beine hinaufzuheben, aber er biß die Zähne zusammen und schaffte auch das. Dann blieb er ruhig liegen und grübelte, was er jetzt tun sollte.

Als ihm das früher einmal zugestoßen war, hatte der Schmerz sich in fünf Minuten verflüchtigt, ohne wiederzukehren. Es war nur etwas Vorübergehendes gewesen wie ein Krampf im Fuß.

Ein andermal aber war er vierzehn Tage flach im Bett gelegen und hatte sich hinterher einen Monat lang wie ein Tattergreis fortbewegt.

Er lag da und stellte im Geist seine Termine um. Wenn er eine Fahrt ausfallen ließ, eine andere hinausschob ... Ja, wahrscheinlich konnte alles, was er für drei Tage vorausgeplant hatte, auch in zwei Tagen bewältigt werden, vorausgesetzt, er war bis morgen wieder mobil.

Er mußte eingeschlafen sein. Er wußte nicht, wie lange er geschlafen hatte. Er wurde von einem Klopfen geweckt und dachte, man komme mit dem Frühstück, obwohl er es für heute ausdrücklich abbestellt hatte. Doch dann hörte er Muriel. »Macon? Bist du da?« Sie hoffte, daß er noch nicht abgereist war; sie war da, um ihn wieder anzubetteln, er möge sie doch mitnehmen. Er wußte das so genau, wie wenn sie es laut ausgesprochen hätte. Er war froh um den Krampf, der ihn erfaßte, als er sich von ihrer Stimme abwandte. Irgendwie hatte das Schläfchen ihm einen klaren Kopf beschert, und er gestand sich ein, daß er drauf und dran gewesen war, sich erneut mit ihr einzulassen. Was für ein Glück, daß sein Rücken ihn davor bewahrt hatte. Noch eine Minute – nur noch ein paar Sekunden –, und er wäre verloren gewesen.

Der Schlaf übermannte ihn so jäh, daß er sie nicht einmal weggehen hörte.

Als er aufwachte, war es viel später, das fühlte er auch ohne einen Blick auf die Uhr, um sich die dazu erforderlichen Verrenkungen zu ersparen. Ein Servierwagen wurde an seiner Tür vorübergeschoben, und er hörte lachende Stimmen – wohl Hotelpersonal – draußen auf dem Gang. Sie mußten es hier so gemütlich haben; sie mußten einander so gut kennen. Jemand klopfte an seine Tür, dann klingelten Schlüssel. Ein kleines, blasses Zimmermädchen steckte den Kopf herein und sagte: »Pardon, Monsieur.« Sie machte Miene, sich zurückzuziehen, hielt inne und fragte ihn etwas auf französisch. Er deutete auf seinen Rücken und schnitt eine Grimasse. »Ah«, sagte sie, kam herein und sagte sehr schnell noch etwas. (Vermutlich erzählte sie ihm von *ihrem* Rücken.) Er sagte: »Wenn Sie so freundlich wären, mir aufzuhelfen, bitte«, denn er sah keinen anderen Ausweg, als Julian anrufen zu gehen. Sie verstand anscheinend, was er meinte, und trat ans Bett. Er wälzte sich auf den Bauch und stützte sich dann mit einem Arm ab – die einzige Möglichkeit, ohne Folterqualen aufzustehen. Das Zimmermädchen nahm seinen anderen Arm und stemmte sich gegen sein Gewicht, als er stand. Sie war viel kleiner als er und hatte ein hübsches, zartes Gesicht. Macon wurde sich seines unrasierten Gesichts und seines zerknitterten Schlafanzugs bewußt. »Mein Jakkett«, äußerte er, und sie bewegten sich langsam auf den Stuhl zu, über dem sein Anzugjackett hing. Sie legte es ihm um die Schultern. Dann sagte er: »Parterre? Zum Telefon?« Sie blickte hinüber zum Telefon auf der Kommode, aber er machte eine verneinende Bewegung mit der flachen Hand und verzog vor Schmerz das Gesicht. Sie schnalzte mit der Zunge und führte ihn hinaus auf den Gang.

Das Gehen fiel ihm nicht sonderlich schwer; er spürte kaum etwas. Aber der Aufzug rüttelte peinigend, und er mußte auf alles gefaßt sein. Das Zimmermädchen gab leise Laute des Mitgefühls von sich. Im Erdgeschoß führte sie ihn zur Telefonzelle und traf Anstalten, ihm beim Hinsetzen zu helfen, er sagte aber: »Nein, nein, Stehen ist leichter. Vielen Dank.« Sie trat zurück und ließ ihn allein. Er sah sie, mitleidig den Kopf schüttelnd, zu dem Mann an der Rezeption sprechen; der Mann schüttelte ebenfalls den Kopf.

Macon befürchtete, Julian werde noch nicht im Büro sein; und seine Privatnummer wußte er nicht. Der Hörer wurde jedoch gleich nach dem ersten Klingeln abgehoben. »Druck- und Verlagshaus ›Der Handelsmann‹.« Eine Frauenstimme, verwirrend bekannt, verwoben in das Rauschen der Überseeleitung.

»Ähm – « sagte er. »Hier ist Macon Leary. Mit wem spreche – «

»Oh, Macon.«

»Rose?«

»Ja, ich bin's.«

»Was machst denn *du* dort?«

»Ich arbeite hier neuerdings.«

»Oh, ach so!«

»Ich schaffe Ordnung. Du glaubst nicht, was für Zustände hier herrschen.«

»Rose, ich hab's wieder einmal mit dem Rücken.«

»Ach nein, ausgerechnet! Bist du noch in Paris?«

»Ja, aber ich wollte gerade mit den Abstechern beginnen, und jetzt sind alle meine Pläne über den Haufen geworfen – Termine, Abfahrtszeiten –, und ich habe kein Telefon im Zimmer. Da habe ich mir überlegt, ob Julian nicht von dort aus etwas unternehmen könnte. Vielleicht kann er sich mit Becky in Verbindung setzen und – «

»Das erledige ich alles selbst«, sagte Rose. »Du brauchst dich um gar nichts zu kümmern.«

»Ich weiß nicht, wann ich in die anderen Städte komme, sag ihm das. Ich habe keine Ahnung, wann ich – «

»Wir werden das regeln. Hast du einen Arzt konsultiert?«

»Ärzte nützen nichts. Nur Bettruhe.«

»Dann geh dich hinlegen, Macon.«

Er nannte ihr den Namen seines Hotels, sie wiederholte ihn rasch und schickte Macon zurück ins Bett.

Als er die Telefonzelle verließ, hatte das Zimmermädchen schon einen Pagen herbeigerufen, und mit Hilfe der beiden erreichte er sein Zimmer ohne besondere Anstrengung. Sie waren sehr besorgt um ihn. Sie schienen ihn nicht gerne allein lassen zu wollen, er versicherte jedoch, er werde es schon aushalten.

Er lag den ganzen Nachmittag im Bett, stand zwischendurch nur zweimal auf, einmal, um ins Bad zu gehen, und einmal, um Milch aus der Mini-Bar zu holen. Hunger hatte er eigentlich nicht. Er betrachtete sich die braunen Blumen der Tapete; ihm war, als hätte er noch kein Hotelzimmer so gut gekannt. Die Kommode hatte an der Seite einen Fleck in der Maserung, der aussah wie ein knochiger Mann mit Hut.

Zur Abendessenszeit nahm er eine kleine Flasche Wein aus der Mini-Bar und ließ sich behutsam im Sessel nieder. Selbst die Bewegung, mit der er die Flasche an die Lippen hob, verursachte ihm Schmerzen, aber er glaubte, der Wein würde ihn einschläfern. Während er dasaß, klopfte das Zimmermädchen an und kam herein. Sie erkundigte sich, anscheinend, ob er etwas zu essen wünsche. Er bedankte sich und sagte nein. Sie mußte sich auf dem Heimweg befinden; sie hielt ein kleines abgewetztes Täschchen in der Hand.

Später, nachdem er sich ins Bett geschleppt hatte, klopfte es abermals, und Muriel sagte: »Macon? Macon?« Er verhielt sich mucksmäuschenstill. Sie entfernte sich.

Es wurde dämmerig und dann dunkel. Der Mann auf dem

Seitenbrett der Kommode verblich. Im Zimmer über Macon ertönten Schritte quer durch den Raum.

Er hatte oft darüber nachgedacht, wie viele Menschen wohl in Hotels starben. Einige mußten es laut Wahrscheinlichkeitsrechnung ja sein – mit Sicherheit! Und manche, die keine nahen Verwandten hatten – etwa einer seiner Leser, ein Vertreter ohne Familienanhang –, tja, was geschah mit denen? Ob es so etwas wie einen Armesünderfriedhof für unbekannte Reisende gab?

Er konnte nur in zwei Haltungen liegen – entweder auf der linken Seite oder auf dem Rücken –, und von einer in die andere zu wechseln bedeutete: aufwachen; bewußt den Entschluß fassen, die Qual auf sich zu nehmen; die Strategie zu planen. Dann versank er wieder in einem unruhigen Dämmerzustand.

Er träumte, daß er im Flugzeug saß, neben einer ganz in Grau gekleideten Dame, einer sehr schmalen, steifen, dünnlippigen Dame, und er bemühte sich, völlig reglos zu bleiben, weil er ahnte, daß sie Bewegung mißbilligte. Und zwar prinzipiell; das wußte er irgendwie. Da er sich jedoch zunehmend unbehaglicher fühlte, beschloß er, sie darauf anzusprechen. Er sagte: »Ma'am?« Sie wandte ihm die Augen zu, milde, melancholische Augen unter schön geschwungenen Brauen. »Miss MacIntosh!« rief er. Von Schmerz gepackt, wachte er auf. Ihm war zumute, als hätte eine winzige, grausame Hand ein Stück seines Rückens gepackt und ausgewrungen.

Als der Kellner das Frühstück brachte, erschien er in Begleitung des Zimmermädchens. Sie muß unter strapaziösen Bedingungen arbeiten, dachte Macon. Aber er freute sich, sie zu sehen. Sie und der Kellner bemühten sich um ihn, mischten seinen *Café au lait,* und der Kellner half ihm ins Bad, während das Zimmermädchen die Bettwäsche wechselte. Er konnte ihnen nicht genug danken, sagte unbeholfen: »Merci.« Er bedauerte, daß er nicht wußte, wie »Warum sind Sie eigentlich so nett« auf französisch heißt. Nachdem sie gegangen waren, aß er alle Croissants auf, die das Zimmermädchen fürsorglich mit Butter und Erdbeermarmelade bestrichen hatte. Dann schaltete er zur Unterhaltung den Fernseher ein und legte sich wieder ins Bett.

Er bereute jedoch, das Gerät angestellt zu haben, als es an seine Tür klopfte, weil er glaubte, es sei Muriel, die etwas gehört hatte. Aber so früh war Muriel vermutlich noch nicht wach. Und dann wurde ein Schlüssel im Schloß herumgedreht, und herein kam Sarah.

Er sagte: »Sarah?«

Sie war in ein beiges Kostüm gekleidet, sie trug zwei zueinander passende Gepäckstücke, und sie brachte so etwas wie einen energiegeladenen frischen Wind herein. »Also, für alles ist gesorgt«, teilte sie ihm mit. »Ich übernehme deine Tagesreisen für dich.« Sie stellte die Koffer ab, gab ihm einen Kuß auf die Stirn und nahm ein Glas vom Frühstückstisch. Auf dem Weg ins Bad sagte sie: »Wir haben die Termine in den anderen Städten umgestellt, und ich mache mich morgen auf den Weg.«

»Aber wie bist du so schnell hergekommen?«

Sie kam aus dem Bad heraus; das Glas war mit Wasser gefüllt. »Das verdankst du Rose.« Sie schaltete das Fernsehgerät aus. »Rose ist ein Wundertier. Sie hat das ganze Büro umgekrempelt. Hier ist eine Tablette von Doktor Levitt.«

»Du weißt, ich nehme keine Tabletten.«

»Diesmal nimmst du eine.« Sie half ihm, sich auf einen Ellbogen zu stützen. »Du wirst soviel wie möglich schlafen, das ist das beste Mittel, deinen Rücken zu kurieren. Schluck.«

Die Tablette war winzig und sehr bitter. Er hatte den Geschmack noch im Mund, als er wieder lag.

»Tut es arg weh?« fragte sie.

»Ziemlich.«

»Wie bist du zu deinen Mahlzeiten gekommen?«

»Das Frühstück wird ja ohnehin gebracht. Und das war's dann.«

»Ich erkundige mich nach dem Zimmerservice.« Sie hob den Hörer ab. »Da ich nicht hier sein werde . . . Was ist mit dem Telefon los?«

»Es funktioniert nicht.«

»Ich sage an der Rezeption Bescheid. Kann ich dir etwas mitbringen?«

»Nein, vielen Dank.«

Als sie gegangen war, hätte es ihn kaum gewundert, wenn er sich ihre Anwesenheit nur eingebildet hätte. Aber da standen neben dem Bett ihre Koffer – schick und cremeweiß –, dieselben, die sie zu Hause auf dem Bord ihres Wandschranks aufbewahrte.

Er dachte an Muriel und daran, was geschehen würde, wenn sie jetzt klopfte. Dann dachte er an den gestrigen Abend – oder den vorgestrigen? –, als sie mit all den Einkäufen hereingekommen war. Er überlegte, ob sie irgendwelche Spuren hinterlassen hatte. Ein unters Bett gerutschter Gürtel, ein von dem Cocktailkleid abgefallenes Glasplättchen? Er begann, sich ernstlich zu beunruhigen. Es hätte sich doch kaum vermeiden lassen; bestimmt war irgend etwas zurückgeblieben. Fragte sich nur, was. Und wo.

Er rollte sich ächzend auf die Seite und stemmte sich mühsam hoch. Dann kroch er aus dem Bett und sank auf die Knie, um darunter zu lugen. Zu sehen war nichts. Er stellte sich auf die Beine, beugte sich über den Sessel und tastete die Ränder des Sitzkissens ab. Auch hier nichts. Eigentlich war sie ja gar nicht in die Nähe des Sessels gekommen, soweit er sich entsann; sie war nicht einmal zur Kommode gegangen, und trotzdem zog er sicherheitshalber eine Schublade nach der anderen auf. In einer davon hatte er seine eigenen Sachen – bloß eine Handvoll – untergebracht. Die anderen waren leer, nur in der zweiten von oben zeigten sich ein paar Stäubchen rosa Gesichtspuder. Natürlich war das nicht Muriels Puder, hätte es aber sein können. Das mußte unbedingt weg. Er schwankte ins Bad, feuchtete ein Handtuch an und kam zurück, um die Schublade auszuwischen. Dann sah er, daß das Handtuch einen großen rosa Schmierer abbekommen hatte, als ob eine Frau sich damit überschüssiges Make-up vom Gesicht entfernt hätte. Er faltete das Handtuch so zusammen, daß der Schmierer nicht zu sehen war, und legte es hinten in die Schublade. Nein, zu verdächtig. Er nahm es wieder heraus und versteckte es unter dem Sitzkissen des Sessels. Auch das schien nicht das richtige zu sein. Schließlich ging er ins Bad und wusch das Handtuch aus, rieb es so lange mit einem Stück Seife, bis der Schmierer völlig verschwunden war. Sein Rücken schmerzte unaufhörlich, Schweißperlen standen ihm auf der Stirn. Irgendwann fiel ihm auf, daß er sich äußerst merkwürdig benahm; es mußte an der Tablette liegen. Er ließ das nasse Handtuch fallen, kroch zurück ins Bett und schlief sofort ein. Das war kein normaler Schlaf; das ähnelte schon einer Beerdigung.

Er merkte, daß Sarah hereinkam, aber es gelang ihm nicht, aufzuwachen und sie zu begrüßen. Und er merkte, daß sie wieder ging. Er hörte jemanden klopfen, er hörte, wie das Mittagessen gebracht wurde, er hörte das Zimmermädchen flüstern: »Monsieur?« Die Benommenheit wich nicht. Der Schmerz war betäubt, aber immer noch da – bloß vertuscht, dachte er; die Tablette wirkte wie diese in Reklamen angepriesenen minderwertigen Raumsprays, solche, die schlechte Gerüche nur überlagern. Dann kam Sarah zum zweitenmal zurück, und er schlug die Augen auf. Sie stand mit einem Glas Wasser neben dem Bett. »Wie fühlst du dich?« fragte sie.

»Okay.«

»Hier ist deine nächste Tablette.«

»Sarah, diese Dinger sind mörderisch.«

»Sie helfen doch, oder?«

»Sie schlagen mich k. o.«, sagte er, schluckte die Pille aber doch.

Sarah setzte sich auf den Rand der Matratze, behutsam, um ihn nicht zu stoßen. Sie trug noch immer ihr Kostüm und wirkte wie aus dem Ei gepellt, obwohl sie schon total erschöpft sein mußte. »Macon«, sagte sie leise.

»Hmm.«

»Ich habe deine Freundin gesehen.«

Er wurde stocksteif. Sein Rücken verspannte sich.

»Sie hat mich auch gesehen«, sagte Sarah. »Sie war anscheinend höchst überrascht.«

»Sarah, es verhält sich anders, als es aussieht.«

»Wie verhält es sich dann, Macon? Da bin ich aber neugierig.«

»Sie ist von selbst herübergekommen. Bis kurz vor dem Abflug hatte ich nicht einmal eine Ahnung davon, ich schwör's dir! Sie ist mir gefolgt. Ich habe ihr gesagt, ich will nicht, daß sie mitkommt. Ich habe ihr gesagt, es hat keinen Sinn.«

Sarah sah ihn unverwandt an. »Bis kurz vor dem Abflug hattest du nicht einmal eine Ahnung«, sagte sie.

»Ich schwöre es!«

Wenn er bloß die Tablette nicht eingenommen hätte! Er fühlte sich keineswegs im Vollbesitz seiner Kräfte. »Glaubst du mir?« fragte er.

»Ja, ich glaube dir«, sagte sie, stand auf und begann, die Servierschüsseln abzudecken.

Er dämmerte auch den ganzen Nachmittag betäubt vor sich hin, nahm jedoch wahr, daß das Zimmermädchen zweimal nach ihm sehen kam, und als Sarah mit einer Tüte Lebensmittel eintrat, war er fast schon hellwach. »Ich habe mir gedacht, fürs Abendessen sorge ich selbst«, erklärte sie. »Frisches Obst und so. Du beklagst dich ja immer, daß du auf Reisen nicht genug Frischobst bekommst.«

»Das ist sehr, sehr nett von dir, Sarah.«

Nach vielem Hin und Her gelang es ihm, vom Kissen gestützt, eine halb sitzende Position einzunehmen. Sarah packte Käse aus. »Das Telefon funktioniert wieder«, teilte sie ihm mit. »Du kannst deine Mahlzeiten also selbst bestellen, während ich unterwegs bin. Und dann habe ich mir gedacht: Wenn ich alle Fahrten absolviert habe und falls dein Rücken sich gebessert hat, könnten wir vielleicht eine kleine private Besichtigungstour unternehmen. Uns ein bißchen Zeit für uns selbst gönnen, wenn wir schon mal hier sind. Ein paar Museumsbesuche machen und solche Dinge.«

»Schön«, sagte er.

»Eine zweite Hochzeitsreise, sozusagen.«

»Wunderbar.«

Er schaute zu, wie sie den Käse auf einer glattgestrichenen Papiertüte verteilte. »Wir werden dein Flugticket auf ein späteres Datum umbuchen«, sagte sie. »Deine Reservierung gilt bis morgen früh; und das schaffst du nie. Ich habe meinen Rückflug offengelassen. Auf Julians Anraten. Habe ich dir schon erzählt, wo Julian jetzt wohnt?«

»Nein, wo?«

»Er ist zu Rose und deinen Brüdern gezogen.«

»Wie bitte?!«

»Ich habe Edward zu Rose gebracht, und wen sehe ich? Julian. Er schläft in Roses Zimmer; und jeden Abend nach dem Essen spielt er mit ihnen ›Schutzimpfung‹.«

»Das darf doch nicht wahr sein«, sagte Macon.

»Nimm Käse.«

Er nahm eine Scheibe, wobei er sich sowenig wie möglich bewegte.

»Komisch, manchmal erinnert Rose mich an eine Flunder«, sagte Sarah. »Nicht vom Aussehen her, natürlich ... Sie hat so lange auf dem Meeresgrund gelegen, daß ein Auge sich auf die andere Seite des Kopfes verschoben hat.«

Er hörte auf zu kauen und starrte sie an. Sie schenkte in zwei Gläser eine trübbraune Flüssigkeit ein. »Cidre«, erläuterte sie. »Du darfst zu diesen Tabletten nämlich keinen Wein trinken.«

»Oh. Gut.«

Sie reichte ihm ein Glas. »Auf unsere zweite Hochzeitsreise«, sagte sie.

»Auf unsere zweite Hochzeitsreise«, wiederholte er.

»Noch einmal gemeinsame einundzwanzig Jahre.«

»Einundzwanzig!« sagte er. Eine verdammt lange Zeit.

»Oder doch nur zwanzig.«

»Nein, einundzwanzig stimmt schon. Geheiratet haben wir im Jahre neunzehnhundert – «

»Ich meine, weil wir das letzte Jahr übersprungen haben.«

»Oh«, sagte er. »Nein, es bleibt bei einundzwanzig.«

»Findest du?«

»Ich betrachte das vergangene Jahr nur als eine Etappe unserer Ehe«, sagte er. »Keine Sorge: Es sind einundzwanzig.«

Sie stieß mit ihm an.

Das Hauptgericht bestand aus Fleischpastete auf Weißbrot, zum Nachtisch gab es Obst. Sie wusch das Obst im Bad und kam mit den Händen voll Pfirsichen und Erdbeeren zurück; währenddessen schwatzte sie so zutraulich auf ihn ein, daß er sich wieder ganz zu Hause fühlte. »Habe ich schon erwähnt, daß wir einen Brief von den Averys bekommen haben? Vielleicht kommen sie im Spätsommer auf der Durchreise nach Baltimore. Oh, und der Termitenmann ist dagewesen.«

»Ah.«

»Angeblich ist alles in Ordnung.«

»Ein Trost.«

»Und ich bin mit meiner Skulptur fast fertig, und Mr. Armistead sagt, das ist mein bestes Werk.«

»Freu dich.«

»Oh«, sagte sie und faltete die letzte Papiertüte, »ich weiß, daß du meine Skulpturen für nebensächlich hältst, aber – «

»Wer behauptet das?«

»Ich weiß, du hältst mich für eine ältere Dame mit künstlerischen Ambitionen – «

»Wer behauptet das?«

»Ich weiß schon, was du denkst! Vor mir brauchst du dich nicht zu verstellen!«

Macon wollte sich aufs Kissen zurückfallen lassen, wurde jedoch sogleich von einem Muskelkrampf daran gehindert. Sie zerteilte einen Pfirsich, setzte sich aufs Bett und reichte ihm ein Stück. Sie sagte: »Macon. Verrat mir nur eines. War der kleine Junge der Anreiz?«

»Hm?«

»Hat dich diese Frau gereizt, weil sie ein Kind hat?«

Er sagte: »Sarah, ich schwöre dir, ich hatte nicht die leiseste Ahnung, daß sie die Absicht hatte, mir nachzukommen.«

»Ja, ich verstehe schon«, sagte sie, »aber ich habe mir über das Thema Kind Gedanken gemacht.«

»Über was für ein Thema Kind?«

»Ich habe mich erinnert, wie du gesagt hast, wir sollten noch ein Kind bekommen.«

»Ach, das war nur ... Ich weiß nicht, was das war.« Er reichte ihr das Stück Pfirsich zurück; der Hunger war ihm vergangen.

»Ich habe mir überlegt, ob du nicht vielleicht recht gehabt hast«, sagte Sarah.

»Was? Nein, Sarah; Gott, das war eine schreckliche Idee.«

»Ja, ich weiß, es ist beängstigend«, räumte sie ein. »Ich gestehe, ich hätte Angst, noch eins zu bekommen.«

»Eben«, sagte Macon. »Wir sind zu alt.«

»Nein, ich spreche von der – nun ja – Welt, in die wir es setzen würden. So viel Schlechtigkeit und Gefahr. Ich geb's offen zu: Ich wäre jedesmal außer mir, wenn wir es auf die Straße ließen.«

Macon sah im Geiste die Singleton Street vor sich, klein und fern wie auf Julians grüner Karte von Hawaii und voll von lustig gezeichneten Menschen, die ihre Vortreppchen schrubbten, an ihren Autos herumflickten, unter dem Wasserstrahl von Feuerhydranten planschten.

»Du hast recht«, sagte er. »Aber im Grunde ist es doch irgendwie – herzerquickend, oder? Wie die meisten Menschen sich bemühen. Wie sie sich bemühen, so verantwortungsvoll und gütig zu sein, wie sie nur können.«

»Soll das heißen, ja, wir sollen ein Kind bekommen?«

Macon schluckte. Er sagte: »Eigentlich nicht. Mir scheint, dafür sind wir zu spät dran, Sarah.«

»So«, meinte sie, »der kleine Junge war also nicht der Grund.«

»Schau, es ist vorbei. Können wir nicht einen Schlußstrich ziehen? Ich nehme dich ja auch nicht ins Kreuzverhör, oder?«

»*Mir* ist ja auch niemand nach Paris nachgereist!«

»Und wenn es so wäre? Meinst du, ich würde dir Vorwürfe machen, wenn jemand ohne dein Wissen in dein Flugzeug eingestiegen wäre?«

»Vor dem Abflug.«

»Wie bitte? Das will ich doch hoffen!«

»Vor dem Abflug hast du sie schon gesehen. Du hättest zu ihr hingehen und sagen können: ›Nein. Steig aus. Und zwar sofort. Ich will nichts mehr mit dir zu tun haben, und ich will dich nie wieder sehen.‹«

»Gehört mir vielleicht die Fluggesellschaft?«

»Du hättest sie daran hindern können, wenn du wirklich gewollt hättest«, sagte Sarah. »Du hättest Maßnahmen ergreifen können.«

Dann stand sie auf und begann, den Tisch abzuräumen.

Sie gab ihm die nächste Tablette, die er jedoch eine Zeitlang in der Faust behielt, weil er nicht wagte, sich zu bewegen. Er lag mit geschlossenen Augen da und hörte zu, wie Sarah sich auszog. Sie ließ Wasser im Bad laufen, legte die Türkette vor, knipste die Lampen aus. Als sie ins Bett kam, rebellierte sein Rücken, obwohl sie sich vorsichtig ausstreckte, aber er muckste sich nicht. Fast unmittelbar darauf hörte er sie ruhig atmen. Sie mußte völlig übermüdet gewesen sein.

Wenn er es sich so richtig überlegte, hatte er in seinem Leben kaum jemals Maßnahmen ergriffen. Eigentlich nie. Die Ehe, die beiden Jobs, die Zeit mit Muriel, die Rückkehr zu Sarah – das alles schien ihm lediglich zugefallen zu sein. Er konnte sich an kein einziges größeres Ereignis erinnern, das er selbst herbeigeführt hätte.

War es zu spät, jetzt damit anzufangen?

Konnte er noch auf irgendeine Weise lernen, anders zu handeln?

Er öffnete die Faust und ließ die Tablette zwischen das Bettzeug fallen. Eine unruhige, unbehagliche Nacht stand ihm bevor, aber immer noch besser, als wieder in der Betäubung zu versinken.

Am Morgen bewältigte er schon die Strecke vom Bett zum Bad. Er rasierte sich und zog sich an, wozu er jeweils ziemlich lange brauchte. Mühsam umherkrauchend, packte er seine Reisetasche. Das Schwerste, was es zu verstauen galt, war *Miss MacIntosh, My Darling,* und nachdem er eine Weile darüber nachgedacht hatte, holte er das Buch wieder heraus und legte es auf die Kommode.

Sarah sagte: »Macon?«

»Sarah. Ich bin froh, daß du wach bist.«

»Was machst du da?«

»Ich packe. Ich reise ab.«

Sie setzte sich auf. Ihr Gesicht war auf der einen Seite zerknittert.

»Aber was ist mit deinem Rücken?« fragte sie. »Und ich habe so viele Termine! Und wir wollten eine zweite Hochzeitsreise machen!«

»Liebes.« Er knickte vorsichtig ein, bis er auf dem Bett saß. Er griff nach ihrer Hand, die leblos blieb, solange Sarah seine Miene beobachtete.

»Du gehst zurück zu diesem Weib«, sagte sie.

»Jawohl«, sagte er.

»Warum, Macon?«

»Ich habe mich eben dazu entschlossen, Sarah. Ich habe in der Nacht lange darüber nachgedacht. Ich habe mir die Entscheidung nicht leichtgemacht, das kannst du mir glauben.«

Sie saß da und starrte ihn an, ausdruckslos.

»Also, ich möchte die Maschine nicht verpassen«, sagte er.

Er stellte sich behutsam auf die Beine und humpelte ins Bad, um seinen Kulturbeutel zu holen.

»Weißt du, woher das kommt? An allem ist diese Tablette schuld!« rief Sarah ihm nach. »Du hast selbst gesagt, sie schlägt dich k. o.!«

»Ich habe sie nicht genommen.«

Schweigen.

Sie sagte: »Macon? Willst du mir bloß heimzahlen, daß ich dich damals verlassen habe?«

Er kam mit dem Kulturbeutel zurück und sagte: »Nein, Liebes.«

»Du kannst dir doch wohl vorstellen, was für ein Leben du haben wirst.« Sie stieg aus dem Bett. Sie stand im Nachthemd neben ihm und schlang die bloßen Arme um sich. »Ihr werdet eines von diesen zusammengewürfelten Paaren sein, die kein Mensch zu einer Party einlädt. Kein Mensch wird wissen, was er von euch halten soll. Alle Welt wird sich bei eurem Anblick fragen: ›Mein Gott, was findet er bloß an der? Warum sucht er sich etwas so Unpassendes aus? Das ist ja grotesk, wie hält er es mit ihr aus?‹ Und ihre Freunde werden sich zweifellos das gleiche in bezug auf dich fragen.«

»Kann schon sein«, sagte Macon. Leise Neugier begann, sich in ihm zu regen; er verstand jetzt, wie solche Paare sich fanden. Nicht, wie er immer angenommen hatte, als Ergebnis irgendeines lächerlichen Mangels an Einsicht, sondern aus Gründen, die der Rest der Welt nie erraten hätte.

Er zog den Reißverschluß der Reisetasche zu.

»Tut mir leid, Sarah. Ich kann nicht anders.«

Er legte schmerzgeplagt den Arm um sie, und nach einer Weile lehnte sie den Kopf an seine Schulter. Es kam ihm vor, als sei auch dieser Moment nur eine Etappe seiner Ehe. Wahrscheinlich würde es noch andere Etappen geben – im dreißigsten Ehejahr, im vierzigsten – bis in alle Ewigkeit, egal, was für getrennte Wege sie einschlagen mochten.

Er fuhr nicht mit dem Aufzug; er fühlte sich den Launen dieser Einrichtung nicht gewachsen. Da ging er lieber die Treppe hinunter. Durch die Hoteltür gelangte er, indem er sich steif, mit dem Rücken voran, hinauszwängte.

Auf der Straße herrschte die übliche Betriebsamkeit eines Werktagmorgens – vorbeihastende Verkäuferinnen, Männer mit Aktentaschen. Keine Taxis in Sicht. Er brach zur nächsten Straßenecke auf, wo er mit mehr Glück rechnen konnte. Das Gehen fiel ihm verhältnismäßig leicht, aber das Tragen der Tasche war eine Tortur. Sowenig sie auch wog, zog sie ihm doch den Rücken krumm. Er versuchte es zuerst mit der linken Hand, dann mit der rechten. Was hatte er denn schon drin? Schlafanzug, Unterwäsche zum Wechseln, Notvorräte, die er nie brauchte ... Er ging auf ein Gebäude mit vorspringendem Sockel zu, eine Bank oder ein Bürohaus. Er stellte die Tasche auf den Sockel und eilte weiter.

Ein Stück weiter vorn erblickte er ein Taxi, dem eben ein junger Mann entstieg, aber er merkte zu spät, daß das Herbeiwinken sich als problematisch erweisen würde. Den einen oder den anderen Arm zu heben war nicht möglich. Er sah sich also gezwungen, mit absurden Trippelschritten zu laufen, während er Brocken von Französisch hinausschrie, die ihm noch nie über die Lippen gekommen waren: »Attendez! Attendez, Monsieur!«

Das Taxi fuhr bereits an, und der junge Mann steckte die Brieftasche gerade in die Jeans zurück, als er aufblickte und Macon sah. Er handelte geschwind; er drehte sich um, rief etwas, und das Taxi bremste. »Merci beaucoup«, keuchte Macon, und der junge Mann, der ein liebes, reines Gesicht und zottiges, gelbes Haar hatte, öffnete die Tür des Taxis und half ihm behutsam beim Einsteigen. »Uff!« äußerte Macon, von einem Krampf erfaßt. Der junge Mann schloß die Tür und hob dann, für Macon ganz überraschend, die Hand zu einem formellen Gruß. Das Taxi startete. Macon nannte dem Fahrer sein Ziel und sank gegen die Lehne. Er betastete seine Innentasche, überprüfte Reisepaß und Flugticket. Er faltete sein Taschentuch auseinander und wischte sich die Stirn.

Sein Orientierungssinn hatte ihm offenbar wie gewöhnlich einen Streich gespielt. Der Fahrer wendete und fuhr in die Richtung, aus der Macon eben gekommen war. Sie kamen wieder an dem jungen Mann vorbei. Er hatte einen schlaksigen, staksigen Gang, der Macon irgendwie bekannt vorkam.

Wenn Ethan nicht gestorben wäre, dachte Macon, hätte er sich dann nicht zu einem ebensolchen jungen Mann entwickkelt?

Er hätte sich gern nach dem jungen Mann umgedreht, aber er brachte die Bewegung nicht zustande.

Das Taxi holperte über das Kopfsteinpflaster. Der Fahrer pfiff durch die Zähne eine Melodie. Macon stellte fest, daß er mit aufgestütztem Arm seinen Rücken vor dem Rütteln einigermaßen schützen konnte. Doch hin und wieder machte ihm ein Schlagloch einen Strich durch die Rechnung.

Wäre es nicht tröstlich, wenn auch Tote alterten? Die Vorstellung, wie Ethan im Himmel aufwuchs – jetzt vierzehn Jahre alt statt zwölf –, linderte das Leid ein wenig. Ja, es war die zeitliche Ungebundenheit der Toten, was einem so ans Herz griff. (Man denke nur an den Ehemann, der in jungen Jahren stirbt und dessen Frau ohne ihn weiteraltert; wie traurig, wenn der Ehemann zurückkäme und sie so verändert vorfände.) Macon starrte aus dem Taxifenster, während er sich das alles noch einmal durch den Kopf gehen ließ. Er fühlte sich mit einemmal innerlich angetrieben, vorwärtsgedrängt. Das wirkliche Abenteuer, dachte er, ist das Dahinströmen der Zeit; ein größeres Abenteuer konnte sich wohl niemand wünschen. Und wenn er sich Ethan nach wie vor als Teil dieses Dahinströmens vorstellte – an irgendeinem anderen Ort, wie unerreichbar auch immer –, dann glaubte er, es doch noch ertragen zu können.

Das Taxi näherte sich Macons Hotel – braun und schmuck, sonderbar anheimelnd. Gerade trat ein Mann heraus mit einem kleinen verhuschten Hund auf dem Arm. Und dort am Randstein stand Muriel, umgeben von Koffern und

Tragtüten und Pappkartons, aus denen roter Samt quoll. Aufgeregt winkend versuchte sie, vorbeifahrende Taxis anzuhalten – zuerst eines vor Macon, dann sein eigenes. »Arrêtez!« brüllte Macon den Fahrer an. Das Taxi blieb mit einem Ruck stehen. Ein unverhoffter Sonnenstrahl traf die Windschutzscheibe, und Flitterplättchen stoben über das Glas. Die Flitterplättchen waren eingetrocknete Wasserspritzer, vielleicht auch nur die Spuren von Blättern, aber einen Moment lang hielt Macon sie für etwas anderes. Sie leuchteten so bunt und festlich – und Macon hielt sie einen Moment lang für Konfetti.

Dinner im Heimweh-Restaurant

Aus dem Amerikanischen von
Ulrike von Puttkamer

Was ich euch noch sagen wollte

Als Pearl Tull im Sterben lag, kam ihr ein komischer Gedanke. Er ließ ihre Lippen zucken und ihren Atem rasseln, und sie fühlte, wie ihr Sohn sich vorbeugte von seinem Platz, wo er neben ihrem Bett Wache hielt. »Besorgt euch...«, sagte sie zu ihm. »Ihr hättet euch...«

Ihr hättet euch eine Reserve-Mutter anschaffen sollen, wollte sie eigentlich sagen, so wie wir uns Reserve-Kinder angeschafft haben, nachdem das erste so krank wurde. Das war Cody. Der ältere Junge. Nicht Ezra, hier neben ihrem Bett, sondern Cody, der Störenfried – ein schwieriges Baby, spät in ihrem Leben geboren. Danach wollten sie keine Kinder mehr haben. Und dann bekam er Pseudokrupp. 1931 war das, als Krupp etwas Ernstes war. Sie war verzweifelt. Sie hatte einen Molton über sein Babybett gespannt und rundherum Kessel, Pfannen und Eimer mit Wasser aufgestellt, das sie auf dem Herd heiß gemacht hatte. Sie lüftete das Tuch, um den Dampf einzufangen. Der Atem des Babys ging stockend und rauh, wie wenn man etwas durch festgestampften Kies schleift. Seine Haut glühte, und sein Haar klebte steif an den Schläfen. Gegen Morgen schlief er ein. Pearl im Schaukelstuhl ließ ihren Kopf sinken und schlief auch, die Finger immer noch um das Messinggitter des Bettchens gekrampft. Beck war geschäftlich unterwegs und kam nach Hause, als das Schlimmste vorbei war – Cody wackelte schon wieder herum, nur seine Nase lief noch ein bißchen, sein Husten war jetzt locker, nicht mehr beunruhigend, und wurde von Beck nicht einmal bemerkt.

»Ich möchte mehr Kinder«, sagte Pearl zu ihm. Er tat überrascht, aber angenehm berührt. Er erinnerte sie, daß sie gemeint hatte, sie sei einer weiteren Entbindung nicht gewachsen.

»Aber ich möchte ein paar in Reserve«, sagte sie, denn während des Krupps war ihr eingefallen: Wenn Cody starb, was blieb ihr dann noch? Dieses kleine, gemietete Haus, mit so viel rührender Sorgfalt gepflegt; das Kinderzimmer mit dem Gänsemutter-Motiv; und Beck natürlich, aber er war mit seiner Tanner Corporation so beschäftigt, mehr unterwegs als zu Hause, und selbst daheim in ständiger Aufregung über Geschäftliches: wer aufsteigen würde und wer fallen, wer hinter seinem Rücken schädliche Gerüchte verbreitet hatte und ob man ihm wohl kündigen würde, jetzt, in diesen schlechten Zeiten.

»Ich weiß nicht, wieso ich geglaubt habe, ein einziger kleiner Junge wäre genug«, sagte Pearl.

Aber so einfach war das nicht, wie sie angenommen hatte. Als zweites Kind kam Ezra, so süß und pummelig, daß es einem das Herz brach. Sie war in größerer Gefahr als je zuvor. Cody, und dann Schluß, das wäre das beste gewesen. Aber sie hatte immer noch nichts gelernt. Nach Ezra kam Jenny, ein Mädchen – was für ein Spaß, sie anzuziehen und ihre Haare mal so, mal so zu frisieren. Mädchen sind eine Art Luxus, fand Pearl. Auch Jenny wollte sie keinesfalls wieder hergeben. Jetzt hatte sie nicht nur einen Verlust zu fürchten, sondern drei. Trotzdem, dachte sie, war das damals wohl eine gute Idee gewesen: Reserve-Kinder wie Reserve-Reifen oder diese Extra-Florstrümpfe, die jedem Paar kostenlos beilagen.

»Ihr hättet für eine Zweitmutter sorgen sollen, Ezra«, sagte sie. Oder wollte sie sagen. »Wie kurzsichtig von euch.« Aber offenbar gelang es ihr nicht, die Worte zu formen, denn sie hörte, wie er sich ohne Kommentar wieder zurücklehnte und eine Seite in seiner Zeitschrift umschlug.

Seit dem Frühjahr 1975, vor viereinhalb Jahren, als sie ihr Augenlicht zu verlieren begann, hatte sie Ezra nicht mehr deutlich gesehen. Sie sah ein bißchen verschwommen. Sie ging wegen einer Brille zum Arzt. Es wären die Arterien, sagte er ihr; etwas mit ihren Arterien. Sie war einundachtzig, immerhin. Aber er war sicher, da ließe sich etwas machen. Er schickte sie zu einem Spezialisten, und der schickte sie zu jemand anders . . . also, um es kurz zu machen, sie fanden, sie könnten ihr nicht helfen. Etwas hinter ihren Augen war verschrumpelt. »Ich werde allmählich schrottreif«, sagte sie zu den Kindern. »Ich habe mich selbst überlebt.« Sie lachte ein bißchen. Um die Wahrheit zu sagen, sie glaubte es nicht. Sie gab die passenden Töne von sich: erst Kummer, dann Ergebenheit, schließlich forsche Heiterkeit; aber innerlich war sie entschlossen, es nicht zuzulassen. Sie wollte einfach nichts davon hören, das war alles. Sie war immer schon eine willensstarke Frau gewesen. Einmal, als Beck beruflich unterwegs war, war sie anderthalb Tage mit einem gebrochenen Arm herumgelaufen, bis er kommen konnte, um auf die Kinder aufzupassen. (Das war gleich nach einer seiner Versetzungen. Sie war fremd im Ort und konnte sich an niemand wenden.) Sie hielt nicht einmal von Aspirin etwas; abhängig sein, etwas verlangen lag ihr nicht. »Der Arzt sagt, ich werde blind«, erzählte sie den Kindern, aber insgeheim hatte sie so etwas keineswegs vor.

Trotzdem war ihre Sehkraft jeden Tag schwächer geworden. Das Licht, fand sie, nahm irgendwie ab und schwand. Ihr Sohn Ezra, auf dessen stillem Gesicht ihr Blick so gern verweilte – er wurde undeutlich. Selbst bei heller Sonne fiel es ihr jetzt schwer, seine Gestalt zu erkennen. Sie konnte kaum seinen Umriß ausmachen, wenn er auf sie zukam – dieser große, gebeugte Körper, der im mittleren Alter ein wenig zur Fülle neigte. Sie fühlte seine Flanellwärme, wenn er neben ihr auf der Couch saß und ihr beschrieb, was auf ihrem Fernseher vor sich ging, oder sich ihre Schublade mit Fotos vornahm, wie sie es ihn oft tun ließ. »Was hast du da, Ezra?« fragte sie dann.

»Anscheinend ein paar Leute beim Picknick«, sagte er etwa.

»Picknick? Was für ein Picknick?«

»Weißes Tischtuch auf dem Gras. Weidenkorb. Dame in Matrosenbluse.«

»Das könnte Tante Bessie sein.«

»Also deine Tante Bessie erkenne ich inzwischen.«

»Oder Cousine Elsa. *Sie* trug gern Matrosenblusen.«

Ezra sagte: »Ich wußte gar nicht, daß du eine Cousine hast.«

»O ja, ich hatte Cousinen.«

Sie kippte ihren Kopf nach hinten und dachte an Cousinen, Tanten und Onkel, einen Großvater, dessen Atem nach Mottenkugeln gerochen hatte. Seltsam, wie ihr Gedächtnis zusammen mit ihrer übrigen Person zu erblinden schien. Sie sah kaum die Gesichter, sondern hörte eher den Fluß ihrer Stimmen, fühlte die steifen Rüschen der Damenblusen, roch die Pomaden und das Lavendelwasser und den scharfriechenden Kristallflakon, den die kränkliche Cousine Bertha gegen ihre Ohnmachtsanfälle bei sich hatte.

»Ich hatte eine Menge Cousinen«, sagte sie zu Ezra.

Alle hatten gedacht, sie würde eine alte Jungfer. Sie waren taktvoll geworden – verletzend taktvoll. Gespräche über Hochzeiten und Wochenbetten anderer verstummten, wenn Pearl auf der Veranda erschien. Onkel Seward bot eine College-Ausbildung an – im Meredith College, direkt dort in Raleigh, damit sie nicht von zu Hause fortmußte. Zweifellos hatte er Angst, sie immer und ewig unterstützen zu müssen: einen Mühlstein, eine verwaiste, unverheiratete Nichte, die sein Gästezimmer in Beschlag nahm. Aber sie erklärte, College sei nichts für sie. Aufs College zu gehen, fand sie, hätte geheißen, eine Niederlage einzugestehn.

Aber was war denn eigentlich das Problem? Sie sah nicht übel aus. Sie war klein und zierlich, mit heller Haut und blondem, aufgestecktem Haar, aber das Haar wurde trocken wie Staub, und die Anspannung wurde allmählich um die gekräuselten und beweglichen Mundwinkel sichtbar. Sie hatte Verehrer im Überfluß, mehr, als sie beim Namen nennen konnte; aber es hielt nie lange an, irgendwie. Es schien, als gäbe es irgendein Zauberwort, das alle kannten, nur nicht Pearl – all die Scharen von Mädchen, um Jahre jünger, die einfach in die Ehe hineinstolperten. War sie zu ernst? Sollte sie mehr aus sich herausgehn? Sich herablassen und kichern wie diese gedankenlosen, blöden Winston-Zwillinge? Onkel Seward, *du* mußt es doch wissen. Aber Onkel Seward zog nur an seiner Pfeife und schlug einen Sekretärinnenkurs vor.

Dann begegnete sie Beck Tull. Sie war dreißig Jahre alt. Er war vierundzwanzig – Reisevertreter bei der Tanner Corporation, die ihre Landwirtschafts- und Gartengeräte an der ganzen Ostküste verkaufte und bei der er es bestimmt, ganz bestimmt zu etwas bringen würde, smarter, junger Bursche, der er war. Damals war er mager und schlaksig. Seine schwarzen Haare waren extravagant gewellt, und seine Augen strahlten in einem Blau, das fast unwirklich schien. Man hätte sagen können, er sei... nun, ein bißchen ungewöhnlich. Auffallend. Nicht ganz Pearls Klasse. Und bestimmt zu jung für sie. Sie wußte, daß es solche Bedenken gab. Aber was machte ihr das aus? Sie fühlte sich leichtsinnig und fesch, berstend vor Möglichkeiten.

Sie traf ihn vor einer Kirche – der Charity Baptist Church, die Pearl nur deshalb besuchte, weil ihre Freundin Emmaline Gemeindemitglied war. Pearl selbst war keine Baptistin. Sie gehörte der Episkopalkirche an, aber in Wahrheit nicht einmal das; sie dachte von sich als einer Nichtgläubigen. Trotzdem – als sie zur baptistischen Kirche ging und Beck Tull da stehen sah, einen Fremden, glattrasiert und in einem glänzenden, blauen Anzug, und er innerhalb von zwei Minuten fragte, ob er sie wohl besuchen dürfte, da brachte sie das irgendwie abergläubisch mit dieser Kirche in Verbindung – als sei Beck ihre Belohnung dafür, daß sie zu den Baptisten ging. Sie wagte nicht, wieder damit aufzuhören. Zum Entsetzen ihrer Familie trat sie über und wurde in der Baptist Church verheiratet und ging in alle möglichen baptistischen

Kirchen in dieser oder jener Stadt, ihr ganzes Eheleben lang, um ihre Belohnung nicht zu verlieren. (Gehörte dazu vielleicht, fiel ihr ein, nicht doch eine Art von Glaube?)

Er warb um sie, er brachte Schokolade und Blumen und dann – da wurde es ernst – Prospekte mit Beschreibungen der Produkte der Tanner Corporation. Er begann, ihr in allen Einzelheiten von seiner Arbeit und seinen Plänen für sein Vorwärtskommen zu erzählen. Er machte ihr Komplimente, die sie in Verlegenheit brachten, bis sie sich allein in ihr Zimmer zurückziehn konnte, um sie auszukosten. Sie sei die kultivierteste und feinste kleine Dame, die er je gekannt habe, sagte er, mit den besten Manieren, und die allerreizendste. Er verglich gern ihre Hand mit seiner eigenen, Handfläche auf Handfläche, und staunte dann, wie winzig sie war. Im Gegensatz zum Ruf, in dem Reisevertreter standen, benahm er sich stets untadelig und grapschte nie nach ihr, wie es manche Männer sicher getan hätten.

Dann bekam er seine Versetzung, und danach ging alles so rasch; es kam gar nicht in Frage, daß er sie zurückließ, sondern er wollte sie sofort heiraten und mitnehmen. So kamen sie zu ihrer baptistischen Hochzeit – beide atemlos, dachte Pearl später immer – und verbrachten ihre Flitterwochen mit dem Umzug nach Newport News. Sie kam nicht einmal dazu, ihren neuen Status bei ihren Freundinnen zu genießen. Sie hatte keine Zeit, auch nur ein einziges Kleid aus ihrer Aussteuer vorzuführen oder ihre beiden Goldringe zur Schau zu tragen – den schmalen Ehering und den Verlobungsring mit der Perle und der Inschrift »Für die Perle der Frauen«. Alles schien so wenig befriedigend.

Sie zogen um und zogen wieder um. In den ersten sechs Jahren hatten sie keine Kinder, und die Umzüge waren ziemlich einfach. Sie sah sich jeden neuen Ort mit hoffnungsvollen Augen an und dachte: Hier könnte es sein, wo ich meinen Sohn bekomme. (Denn inzwischen hatte Schwangerschaft den Glanz angenommen, den Heirat einst gehabt hatte – ein Reichtum, der allen außer ihr so leicht zufloß.) Dann wurde

Cody geboren, und das Umziehn schien viel schwieriger. Kinder hatten eine Art, die Dinge zu komplizieren, fand sie. Da waren die Ärzte und die Schulzeugnisse – und dies und das und noch etwas.

Mittlerweile begann sie sich umzusehen und erkannte, daß sie, ohne recht zu merken wie, von den meisten ihrer Verwandten abgeschnitten war. Tanten und Onkel waren gestorben, während sie so weit weg war, daß sie nur eine Beileidskarte schicken konnte. Das Haus, in dem sie geboren worden war, wurde an einen Mann aus Michigan verkauft; Cousinen heirateten Fremde, deren Familiennamen sie nie gehört hatte; selbst die Straßennamen hatten sich geändert, so daß sie sich verirrt hätte, wäre sie je zurückgekommen. Einmal, als sie vierzig war, fiel ihr plötzlich ein, daß sie wirklich keine Ahnung hatte, was aus dem Großvater mit dem Mottenkugel-Atem geworden war. Der konnte doch nicht mehr am Leben sein, oder doch? War er gestorben, und niemand hatte daran gedacht, sie zu benachrichtigen? Vielleicht hatten sie die Anzeige auch an eine veraltete Adresse geschickt, drei oder vier Jahre zurück. Oder sie hatte es erfahren und schlicht vergessen, im Trubel irgendeiner Versetzung. Möglich war alles.

Ach, diese Versetzungen. Immer gab es irgendeinen Anreiz – eine Chance der Beförderung oder ein ergiebigeres Gebiet. Viel kam dabei selten heraus. Lag das an Beck? Er behauptete, nein, aber sie wußte nicht recht; sie wußte es wirklich nicht. Er behauptete auch, er werde von mißgünstigen Menschen verfolgt.

»Es gibt so viele gemeine Menschen auf dieser Welt«, sagte er. Sie betrachtete ihn mit geschürzten Lippen. »Warum schaust du mich so an?« fragte er. »Ich sorge für dich. Ich lasse meine Familie nie hungern.« Soweit stimmte sie zu, blieb aber von tiefer Sorge geplagt. Ihre gerunzelte Stirn schien sich nie mehr zu glätten. Das war nicht die Person, auf die sie sich verlassen konnte, spürte sie – dieser Vertreter mit seinem lauten Jargon, wie er seinem Spiegelbild morgens, wenn er seine Krawatte band, viel zuviel Beachtung schenkte, seine Tolle hoch und feucht und lockig kämmte und dann den Kamm in die Brusttasche zurücksteckte, die voller Bleistifte, Füllhalter, Lineale war, dazu sein Terminkalender und Reifendruckmesser, alles mit greller Werbung verschiedener Firmen bedruckt.

Bei seinem Abendbier (er war kein Trinker, kein Mißverständnis, bitte) sang er gern und zupfte an seinem Gesicht. Sie wußte nicht, weshalb das Bier ihn dazu brachte – er bearbeitete seine Gesichtshaut kreisförmig, wie eine Gummimaske, und beim Zubettgehn hatten seine Wangen etwas Loses, Ausgeleiertes an sich. Er sang »Nobody Knows the Trouble I've Seen« – sein Lieblingslied. Nobody knows but Jesus: So war er wohl, nahm sie an – nur Jesus kannte seinen Kummer. Was dachte er im Innern, hinter seinem Gesicht, das langsam breiter wurde, unter dem Helm schwarzer Haare? Sie hatte nicht die geringste Ahnung.

Eines Sonntagsabends im Jahr 1944 sagte er, er wolle nicht verheiratet bleiben. Sie schickten ihn nach Norfolk, sagte er; aber er fände es am besten, wenn er allein ginge. Pearl fühlte, wie sie in der Mitte zusammensackte, wie jemand, den man in den Magen geboxt hat. Dabei empfand ein Teil von ihr eine Art wachsames Interesse, als geschähe dies in irgendeiner Geschichte. »Warum?« fragte sie ihn, ziemlich ruhig. Er antwortete nicht. »Beck? Warum?« Er schaute nur starr auf seine Fäuste. Er wirkte wie ein kleiner, kriegerischer Schuljunge, der eine Strafpredigt aussitzt. Sie bemühte sich, noch ruhiger zu sprechen. Es war wichtig, den Grund zu erfahren. Wollte er ihn ihr nicht genau sagen? Er hätte es ihr gesagt, war die Antwort. Sie ließ sich, zitternd, in den Sessel gegenüber sinken. Sie betrachtete seine linke Schläfe, wo eine Ader pulsierte. Es war bloß eine vorübergehende Stimmung. Morgen früh würde er anders denken. »Wir wollen es überschlafen«, sagte sie zu ihm.

Aber er meinte: »Ich gehe heute abend.«

Er ging ins Schlafzimmer und nahm seinen Koffer, er holte

seinen zweiten Anzug aus dem Schrank. Inzwischen versuchte Pearl verzweifelt, Zeit zu gewinnen, und fragte, ob sie die Sache nicht besprechen könnten? Noch mal gründlich überlegen? Nicht nötig, sich so zu beeilen, oder? Er ging zwischen Kommode und Bett, zwischen Schrank und Bett hin und her und packte seine Sachen. Es war gar nicht viel. In zwanzig Minuten war er fertig. Er holte Luft, und sie dachte: Jetzt sagt er es mir. Aber da kam nur: »Ich bin kein verantwortungsloser Mensch. Ich habe fest vor, dir Geld zu schikken.«

»Und die Kinder«, sagte sie, sich an eine neue Hoffnung klammernd. »Du wirst doch die Kinder besuchen wollen.«

(Er würde ihnen Geschenke mitbringen, und sie würde ihm die Tür aufmachen – parfümiert, in ihrem Sonntagskleid, vielleicht mit ein bißchen Rouge. Sie hatte immer gefunden, künstliche Farben sähen billig aus, aber vielleicht war das falsch gewesen.)

Beck sagte: »Nein.«

»Was?«

»Ich werde die Kinder nicht besuchen.«

Sie setzte sich aufs Bett.

»Ich versteh' dich nicht«, sagte sie.

Es müßte eine ganz eigene Sprache geben, dachte sie, für Worte, die wahrer sind als andere Worte – für die vollkommene, absolute Wahrheit. Es war die klarste Tatsache ihres Lebens: Sie verstand ihn nicht, und würde ihn nie verstehn.

Zu der Zeit lebten sie in Baltimore, in einem Reihenhaus in der Calvert Street. Die Kinder waren vierzehn, elf und neun. Sie waren alt genug, um Verdacht zu schöpfen, wenn sie nicht vorsichtig war. Sie war unendlich vorsichtig. Am Morgen, nachdem Beck gegangen war, stand sie auf und zog sich an, steckte ihr Haar auf wie immer und kochte Haferbrei für das Frühstück der Kinder. Cody und Jenny aßen stumm;

Ezra erzählte einen langen, unzusammenhängenden Traum. (Er war der einzige, der morgens munter war.) Es gab ein bißchen Enttäuschung, weil keine Rosinen im Brei waren. Niemand fragte nach Beck. Schließlich ging er montags oft fort, ehe sie wach wurden. Und es war schon vorgekommen – oft sogar –, daß er die ganze Woche ausblieb. Es war nicht weiter ungewöhnlich.

Als der Freitagabend herankam, sagte sie, er sei aufgehalten worden. Er hatte versprochen, mit ihnen in den Liliputaner-Zirkus zu gehen, und sie sagte, sie würde es an seiner Stelle tun.

Noch eine Woche verstrich. Enge Freunde hatte sie keine, und wenn sie eine Zufallsbekanntschaft im Lebensmittelge-schäft traf, erwähnte sie, daß sie heute zum Glück keine Fleischpunkte bräuchte. Ihr Mann sei geschäftlich unter-wegs, sagte sie. Die Leute nickten, zeigten kein Interesse. Er war fast immer geschäftlich unterwegs. Kaum jemand hatte ihn je gesehen.

Nachts, vor allem Freitag nachts, lag sie im Dunkeln im Bett und lauschte auf das Knirschen der Absätze auf dem Trot-toir. Schritte kamen näher und entfernten sich wieder. Sie ließ den angehaltenen Atem entweichen. Ein neues Paar Schritte näherte sich. Diesmal war es bestimmt Beck. Sie wußte, wie zögernd er aufsperren würde, aufs Schlimmste gefaßt – die Tränen seiner Kinder, die Vorwürfe seiner Frau. Statt dessen würde er alles unverändert finden. Sie würden ihn unbefangen begrüßen. Pearl würde ihn auf die Wange küssen und fragen, ob er eine gute Reise gehabt habe. Später würde er ihr danken, weil sie sein Geheimnis bewahrt hatte. Er würde so leicht wieder aufgenommen werden, weil nur sie beide wußten, daß er weggegangen war; Außenstehende würden glauben, die Tulls seien eine glückliche Familie, wie bisher. Was sie ja auch wirklich waren. Ach, sie waren immer so glücklich gewesen! Sie waren völlig aufeinander angewie-sen, wegen der vielen Ortswechsel. Das hatte sie einander sehr nahe gebracht. Er kam bestimmt wieder.

Die Witwe von Onkel Seward schickte ihr Glückwünsche zum Geburtstag. (Pearl hatte überhaupt nicht daran gedacht.) Pearl bedankte sich umgehend. *Wir haben zu Hause gefeiert*, schrieb sie. *Beck überraschte mich mit einer besonders hübschen Halskette ... Grüße an die andern*, setzte sie hinzu und stellte sie sich alle im Wohnzimmer ihres Onkels vor; sie sehnte sich nach ihnen, nahm sich aber zusammen bei dem Gedanken, wie sicher sie alle gewesen waren, daß kein Mann sie je heiraten würde. Sie konnte ihnen niemals sagen, was passiert war.

Ihre alte Freundin Emmaline kam vorbei, auf dem Weg zu ihrer Schwester in Philadelphia. Pearl sagte, Beck sei unterwegs; ein Glück für sie beide; sie konnten nach Herzenslust tratschen, wie in alten Zeiten. Statt im Gästezimmer ließ sie Emmaline neben sich im Doppelbett schlafen. Sie blieben die halbe Nacht wach, schwätzten und kicherten. Einmal hätte Pearl fast ihre Hand auf Emmalines Arm gelegt und gesagt: »Emmaline. Hör zu. Ich fühle mich scheußlich, Emmaline.« Aber zum Glück beherrschte sie sich. Der Moment ging vorbei. Am Morgen verschliefen sie, und Pearl mußte sich beeilen, damit die Kinder nicht zu spät zur Schule kamen; es wurde also nicht viel gesprochen. »Wir sollten das öfter machen«, sagte Emmaline zu ihr, als sie ging, und Pearl sagte, Beck werde es leid tun, daß er sie verpaßt hatte. »Er konnte dich schon immer gut leiden«, sagte sie. In Wirklichkeit aber hatte Beck immer behauptet, Emmaline erinnere ihn an ein Murmeltier.

Ostern kam, und Jenny hatte eine Rolle im Osterspiel ihrer Schule. Als der Tag da war und Beck immer noch nicht zu Hause war, weinte Jenny. Konnte er denn überhaupt *nie* zu Hause sein? Es war nicht seine Schuld, sagte Pearl zu ihr. Es war Krieg, und die Produktion stieg; er konnte nichts machen, wenn die Firma ihn jetzt mehr beanspruchte. Sie sollten stolz sein, sagte sie. Jenny trocknete ihre Tränen und erzählte jedem, ihr Vater müsse bei der Kriegsanstrengung mithelfen. Der Krieg war schon alt inzwischen, er schleppte sich so dahin; niemand war beeindruckt. Trotzdem fühlte sich Jenny besser. Pearl ging allein zu der Aufführung und trug dazu eine flotte Kappe mit Schirm, im Stil der Kopfbedeckung des weiblichen Armeepersonals nachempfunden.

Nachdem Beck einen Monat fort war, schrieb er kurz aus Norfolk, ihm gehe es gut, und er hoffe, daß es ihr und den Kindern an nichts fehle. Er legte einen Scheck über fünfzig Dollar bei. Das reichte weder vorn noch hinten. Pearl lief einen Vormittag im Haus herum. Zuerst ließ sie sich seine Zeilen durch den Kopf gehn. Suchte Wort für Wort nach einer verborgenen Bedeutung. Doch da war kaum etwas Bedeutsames dran: *recht gutes Appartement mit Kochplatte* und *Verkaufsleiter scheint's mit mir zufrieden.* Dann dachte sie ans Geld. Um die Mittagszeit zog sie ihren Mantel an, setzte ihre »Armeekappe« auf und ging um die Ecke zur Lebensmittelhandlung Sweeny Bros. Grocery and Fine Produce, wo ein Schild, *Kassierer gesucht,* seit Wochen im Fenster vergilbte. Sie stellten sie mit Begeisterung ein. Der jüngere der Sweeny-Brüder zeigte ihr, wie die Kasse funktionierte und sagte, sie könne am nächsten Morgen anfangen. Als ihre Kinder aus der Schule kamen, erklärte sie ihnen, sie hätte einen Job angenommen, um die Zeit auszufüllen. Sie bräuchte etwas zur Beschäftigung, sagte sie, jetzt, wo sie größer wurden und mehr ihrer eigenen Wege gingen.

Zwei Monate verstrichen. Drei Monate. Monatlich fünfzig Dollar von Beck. Als der zweite Scheck kam, lag kein Brief dabei. Sie riß den Umschlag auseinander, vielleicht war etwas innen steckengeblieben, aber kein Wort. Mit dem dritten Scheck schrieb er dann wieder, er gehe nach Cleveland, wo die Firma einen neuen Zweig eröffnen wolle. Er schrieb, diese Versetzung sei ein gutes Zeichen – oder vielmehr dieses »Angebot«, wie er es nannte. Ein Angebot für diese wichtige Expansion nach Westen. Er begann den Brief: *Liebe Pearl, liebe Kinder,* aber Pearl zeigte ihn den Kindern nicht. Sie faltete ihn wieder ordentlich und legte ihn zusammen mit dem

ersten in einem Strumpfkarton in ihren Schreibtisch, wo
selbst Cody, der überall seine Nase hatte, bestimmt nicht auf
die Idee kam, nachzuschaun. Im vierten Umschlag war wieder nur ein Scheck. Sie sah, daß er mit ihr keine »Verbindung« hatte (wie sie es ausdrückte), sondern nur hie und da
Kontakt aufnahm. Eigentlich erklärte er nichts weiter,
außer: *Inliegend* ... Sie kam nicht darauf, ihm zu antworten.
Trotzdem hob sie seine Briefe weiter auf.
Manchmal hatte sie seltsame Gedanken, die sie selbst ver-
wunderten. Zum Beispiel: Wenigstens habe ich jetzt mehr
Platz im Schrank. Und in den Schubladen.
Nachts träumte sie, daß Beck wieder neu und wundervoll
war, jemand, den sie eben erst kennengelernt hatte. Er
betrachtete sie voller Verehrung und brachte eine unbekannte Mitte in ihr zum Beben. Er half ihr über die Straße, beim
Treppensteigen. Seine Hand legte sich warm um ihren Ellenbogen oder um ihre Taille oder stützte sie im Kreuz. Sie fühlte sich umhegt. Beim Aufwachen hatte sie nur den einen
Wunsch, in ihren Traum zurückzusinken. Sie wollte ihre
Augen geschlossen halten. Abergläubisch wollte sie sich
stillhalten und nicht rühren, als könne sie dem Traum weismachen, sie schliefe noch. Aber das gelang nie. Sie stand
schließlich auf, um welche Zeit auch immer, und ging hinunter, um sich Kaffee zu machen. Sie stand am Küchenfenster
mit ihrer Tasse, sah zu, wie der Himmel über den Giebeln
heller wurde, und entdeckte ihr dunkles, transparentes Spiegelbild – ihr kleines Gesicht mit dem runden Kinn, seit diesen letzten paar Jahren von angegriffenem Aussehen; das
kummervolle Dach ihrer farblosen Augenbrauen; die fahlen
Haarfransen, die die Querfalte auf ihrer Stirn frei ließen.
Diese Falte war keine Runzel, sondern eine Narbe von einem
Unfall als Kind. O nein, sie war nicht so alt! Sie war gar nicht
so schrecklich alt! Sie erinnerte sich dann an den Unfall: Sie
hatte versucht, auf dem Fahrrad einer Cousine zu fahren,
dem allerersten in der Familie. »Das Rad«, nannten sie es.
Versucht, radzufahren. Und heute schrieb man 1944, und

Räder waren überall, aber so modernisiert, daß sie fast nicht mehr zur selben Gattung gehörten. Ihre drei Kinder konnten alle radfahren und hätten längst eigene Fahrräder besessen, wenn der Krieg nicht gewesen wäre. Wie war es soweit mit ihr gekommen? Sie war eben fünfzig geworden. Es gab keinerlei Hoffnung auf Becks Rückkehr. Er hatte eine Jüngere gefunden, eine zum Vorzeigen und Lustigsein, noch imstande, Kinder zu kriegen. Die beiden lachten über sie – wie sie doch immer schon eine alte Jungfer war, wirklich, im Grunde ihres Herzens eine ewige alte Jungfer war und blieb. Wie sie zurückzuckte, wenn er sich ihr im Dunkeln zuwandte, nach all diesen Jahren immer noch vor seiner Körperlichkeit erschrak – dem kratzigen Backenbart, der salzig riechenden Haut, dem schweren Körper. Wie sie alles immer perfekt haben wollte, die Wäsche in beschrifteten Fächern im Schrank und die herabgezogenen Rouleaus exakt vor den Fenstern. Wie sie nie gelernt hatte, sich gehenzulassen, nachzugeben, sich dem Fluß eines Tages zu überlassen, sondern stets herumfuhrwerkte und an losen Fäden zupfte und Sachen zurechtrückte; und – am allerschlimmsten – wie sie *wußte,* daß sie das tat, während sie es tat, und sich doch nicht bremsen konnte.

Er kam nie mehr zurück.

Es war an der Zeit, den Kindern Bescheid zu sagen. Eigentlich war sie erstaunt, daß sie es so lange vor ihnen hatte geheimhalten können. Hatten sie sich immer so leicht zum Narren halten lassen? Einen Vorteil gab es, wenn sie es ihnen sagte: Sie würden sich dichter um sie scharen. Sie gab es ungern zu, aber die Jungen entglitten ihr allmählich. Anstatt sie zu unterstützen – den Müll rauszutragen, ihr auf die verschiedenste Art als männliche Beschützer beizustehn –, schienen sie ihr wegzulaufen; ja, auch Ezra. Sie vergaßen ihre bisherigen Pflichten im Haushalt, und neue nahmen sie schon gar nicht auf sich. Cody war eigentlich fast nie zu Hause. Ezra war verträumt und zerstreut, und es konnte passieren, daß er mitten in der Arbeit davonrannte. Wenn sie jetzt sagte, was los war, dachte sie, dann wären die Jungen bestimmt entsetzt, daß sie sie so im Stich gelassen hatten. Sie fragten bestimmt, warum sie es die ganze Zeit verheimlicht, was sie sich nur dabei gedacht hatte.

Bloß konnte sie es ihnen nicht sagen.

Sie malte sich aus, wie sie es machen würde – sie auf dem Sofa um sich versammeln, im Lampenschein, eines Abends nach dem Abendbrot. »Kinder. Ihr Lieben«, würde sie sagen. »Was ich euch noch sagen wollte...« Aber weiter würde sie nicht kommen; vielleicht mußte sie weinen. Vor den Kindern zu weinen war undenkbar. Oder vor sonst jemand. O ja, sie hatte ihren Stolz! Sie war keine sanfte Frau; sie verlor oft die Fassung, wurde bissig, teilte Ohrfeigen aus, sagte Dinge, die sie später bereute – aber Gott sei Dank zeigte sie keine Tränen. Sie ließ Tränen einfach nicht zu. Sie war Pearl Cody Tull, die aus Raleigh weggefahren war, triumphierend mit ihrem frisch angetrauten Ehemann, und ohne sich einmal umzudrehen. Selbst jetzt am Küchenfenster, ganz allein, ihrem angespannten und alternden Gesicht gegenüber, weinte sie nicht.

Jeden Morgen ging sie also zum Geschäft der Sweeny Bros. Sie behielt stets ihren Hut auf, damit es aussah, als sei sie bloß so vorbeigekommen, um aus Gefälligkeit auszuhelfen, weil es gerade einen Engpaß gab. Immer wenn ein Kunde kam (meist jemand, den sie zumindest vom Sehen kannte), nickte sie kurz und zwinkerte dann mit einem angedeuteten Lächeln. Sie ließ die Kasse fachmännisch klingeln, während ein Junge namens Alexander die Einkäufe eintütete. »Danke, und guten Tag«, sagte sie zum Schluß mit einem weiteren sehr knappen Lächeln. Sie wollte entschieden und professionell wirken. Wenn Nachbarn erschienen, Leute, die sie näher kannte, hatte sie innerlich das Gefühl zu sterben, verlor aber nicht die Haltung. Sie behandelte sie sogar noch knapper. Sie hatte ihren bestimmten Rhythmus, wie sie die Tasten drückte und die Waren über die hölzerne Theke schob; das lenkte ihre Gedanken ab. Wenn sie sich erlaubte nachzudenken, kamen die Sorgen. Der Sommer war da, und ihre Kinder hatten den ganzen Tag keine Schule. Keine Ahnung, was sie gerade anstellten.

Um halb sechs ging sie heim, vorbei an Knäueln von Kindern, die »Himmel und Hölle« spielten oder über Murmelspielen hockten, vorbei an Babys, die im Wagen an die Luft gestellt waren, an Frauen, die auf der Vordertreppe thronten und sich gegen die Hitze fächelten. Sie stieg die Stufen hinauf und wurde an der Tür meist mit schlechten Neuigkeiten empfangen: »Jenny ist die Treppe runtergefallen und hat sich die Lippe durchgebissen und mußte zu Mrs. Simons gehn, wegen Eis und Verbandzeug.«

»Oh, Jenny, Schätzchen!«

Es war, als hielten sie Katastrophen zu ihrer Begrüßung bereit, als sparten sie all ihre Unfälle extra für sie auf. Sie hätte so gern ihren Hut abgesetzt, ihre Schuhe ausgezogen und sich aufs Sofa fallen lassen; aber nein, es hieß: »Das Klo ist verstopft« und »Ich habe mir die Hose zerrissen« und »Cody hat Ezra mit dem Orangensaftkrug gehauen.«

»Könnt ihr mich denn nicht mal in Ruhe lassen?« fragte sie dann. »Könnt ihr mir nicht ein paar Minuten für mich gönnen?« Sie machte Abendessen aus Dosen, die sie heimgebracht hatte, nichts Besonderes. Beim Abspülen hörte sie Radio. Jenny hätte abtrocknen sollen, aber sie spielte draußen Fangen mit den Jungen. Pearl trat vor die Hintertür, um das Spülwasser in den Hof zu schütten, blieb stehn und sah ihnen zu – Cody und Jenny dunkel und schnell, überdreht, berstend vor Lachen; Ezra blaß, ein Schimmer im Zwielicht, langsamer und zerstreuter in seinen Bewegungen. Manchmal waren da auch Nachbarskinder, aber meist nur die drei. Sie blieben unter sich, meistens jedenfalls.

Sie wusch sich die Haare, spülte einen Slip aus. Rief Cody zu, die andern zwei zu holen und hereinzukommen.

Spätabends machte sie die Hausarbeit. Wenn man sie so sah – ein altmodisches Frauenzimmer, zart gebaut und mit Hohlkreuz, als hätten die vorne gebauschten Kleider ihrer

Mädchenzeit irgendwie ihre Figur geformt –, hätte man es nie vermutet, aber Pearl konnte gut mit Werkzeug umgehen. Sie stopfte einen Riß, glaste ein Fenster ein, erneuerte zwei Trittbretter der Kellertreppe. Sie reparierte einen Lichtschalter und strich die Küchenschränke an. Solche Sachen hatte sie sogar früher schon gemacht; Beck war nicht besonders geschickt mit den Händen. »Dieses Haus liegt ganz und gar auf meinen Schultern«, sagte sie manchmal zu ihm, und sie meinte es als Vorwurf; aber der Gedanke hatte auch etwas Beruhigendes, irgendwie. Sie wußte, daß sie den Dingen gewachsen war. Vom Beginn ihrer Ehe, von dem Moment an, als ihr klar wurde, wie oft sie umziehn würden, hatte sie sich darauf konzentriert, jedes Haus perfekt zu machen – luftdicht und rostfrei und wasserdicht. Sie gab die Strapaze auf, immer wieder neue Nachbarn kennenzulernen, und brachte ihnen nicht mehr die Kuchenformen – frisch gefüllt – zurück, die sie herüberbrachten, wenn sie ankam. Sie war nur darauf bedacht, das Haus abzudichten, wie vor einem Hurrikan. Nachts wachte sie auf und sorgte sich, ob der Keller trocken sei, und lief barfuß hinunter, um nachzusehn. Sie konnte die Sonntagsausflüge nicht genießen, das Haus hätte ja in ihrer Abwesenheit niederbrennen können. (Sie stellte sich ihre Rückkehr äußerst lebhaft vor: eine Leere, wo das Haus vorher gestanden hatte, ein zerfetztes Loch statt des Kellers.) Hier in Baltimore, nahm sie an, galt sie als unfreundlich, sogar unheimlich – die Hexe der Calvert Street. Was für eine Idee! Sie hatte solche Hexen in ihrer Kindheit gekannt; sie selbst war doch ganz anders. Sie wollte nur in Ruhe weitermachen mit dem, was wichtig war: Fensterrahmen streichen, die Tür abdichten. Mit Werkzeug war sie ganz sie selbst, fähig und stark. Sie empfand einen nachsichtigen Zorn gegen ihre Kinder, die ihr Geschick nicht geerbt hatten. Cody fehlte die Geduld, Ezra war ungeschickt, Jenny zu flüchtig. Bemerkenswert, dachte Pearl, wie Menschen bei jedem kleinen Vorhaben ihr Wesen offenbaren.

Mit Nägeln wie Stacheln im Mund hämmerte sie auf ein loses Dielenbrett ein und ließ die Zeit verstreichen. Es mußte etwa halb elf oder elf sein. Dann standen ihre Kinder in der Tür, ganz verschwitzt und mit Grasflecken, und blinzelten in die plötzliche Helligkeit. »Himmel! Ins Bett mit euch«, befahl sie ihnen. »Ich dachte, ich hätte euch schon vor Stunden hereingerufen.« Aber eine Weile, nachdem sie weg waren, fühlte sie sich verlassen, auch wenn an ihrer Gesellschaft nicht viel dran gewesen war. Sie legte den Hammer hin, stand auf und ging durchs Haus, strich ihren Rock glatt und griff geistesabwesend nach den Haarsträhnen, die aus dem Knoten fielen. Treppauf zur Diele, an dem kleinen Zimmer vorbei, wo Jenny schlief, und in ihr eigenes Zimmer mit dem schiefen Schrank aus Pappe, dessen Anstrich Holzmaserung vortäuschen sollte, mit dem leeren Schreibtisch, dem durchgelegenen Bett. Dann wieder raus und weiter die Treppe zum Zimmer der Jungen hinauf, dem Schlafzimmer im dritten Stock, das nach Hitze roch. Die vertrauensvollen Atemzüge ihrer Söhne machten sie neidisch. Sie drehte sich um und ging die Treppe hinunter, ganz hinunter bis in die Küche. Die Hintertür stand offen, und das Fliegengitter wimmelte von Nachtfaltern. Aus den Nachbarhäusern drang Gelächter, ein paar geborstene Töne aus einer Trompete, ein verstimmtes Klavier spielte »Chattanooga Choo-Choo«. Sie schloß die Tür, sperrte ab und zog das Papierrouleau herunter. Sie ging die Stiegen wieder hinauf, legte ihre Kleidung ab, Stück für Stück, zog ihr Nachthemd an und ging zu Bett.
Sie träumte, er habe das Rasierwasser an sich, das er benutzt hatte, als er um sie warb. Sie hatte es jahrelang nicht gerochen, nie mehr daran gedacht, aber jetzt kam es ihr deutlich zurück – scharf, prickelnd und würzig. Ein prahlerischer, angeberischer Geruch, hatte sie damals schon gewußt; aber wenn sie ihn in die Nase bekam, sobald Beck auf der Vorderveranda von Onkel Seward erschien, um sie abzuholen, hatte sie sich verwegen gefühlt. Sie hatte die Tür so weit aufge-

rissen, daß sie gegen die Wand krachte, und er hatte gelacht und gesagt: »Na, na. Na, so was«, als sie dastand und ihm entgegenlächelte.

Sie hatte gehört, man könne einen Geruch nicht träumen oder in der Erinnerung riechen; wenn sie aufwachte, war sie deshalb überzeugt, Beck sei ins Haus gelangt und sitze am Rand des Betts, um sie im Schlaf zu betrachten. Aber da war niemand.

Tanzen! Ach, lieber nicht, sagte sie sich im stillen. Ich bin für diese ganze Sache verantwortlich, weißt du, und wenn ich bloß einen Moment den Rücken kehre, bricht die ganze Party auseinander, in lauter kleine Stücke. Wer immer es war, zog sich zurück. Ezra schlug eine Seite seiner Illustrierten um. »Ezra«, sagte sie. Sie spürte, wie er sich nicht mehr bewegte. Das war bei ihm so – immer schon –, daß er völlig regungslos wurde, wenn ihn jemand ansprach. Das war liebenswert, aber irgendwie auch anstrengend, denn was immer sie dann zu ihm sagte (»Es zieht mir« oder »Der Zeitungsjunge verspätet sich wieder«), mußte ihn enttäuschen, nicht? Wie konnte sie Ezras Erwartungen gerecht werden? Sie zupfte an ihrer Bettdecke. »Ich hätte gern ein bißchen Wasser«, sagte sie zu ihm.

Er goß ihr aus der Kanne auf dem Tisch ein. Sie hörte keine Eiswürfel klingeln; sie mußten geschmolzen sein. Dabei konnte es höchstens Minuten her sein, daß er einen ganzen frischen Nachschub gebracht hatte. Er hob ihr den Kopf, stützte ihn gegen seine Schulter und neigte das Glas gegen ihre Lippen. Lauwarm, ja – aber es machte ihr nichts aus. Sie trank dankbar, mit geschlossenen Augen. Er legte sie wieder auf dem Kissen zurecht.

»Doktor Vincent kommt um zehn«, sagte er ihr.

»Wie spät ist es jetzt?«

»Acht Uhr dreißig.«

»Acht Uhr dreißig morgens?«

»Ja.«

»Bist du die ganze Nacht hier gewesen?«

»Ich hab' ein bißchen geschlafen.«

»Schlaf jetzt, ich brauche dich nicht mehr.«

»Na ja, vielleicht, nachdem der Doktor da war.«

Pearl kam es darauf an, den Arzt zu täuschen. Sie wollte nicht ins Krankenhaus. Ihr Befund lautete auf Lungenentzündung, da war sie sich fast sicher; sie vermutete das nach einer früheren Erfahrung. Sie erkannte es an der Art, wie sich die Krankheit in ihrem Rücken niederließ. Wenn Dr. Vincent dahinterkam, würde er sie ins Union Memorial schicken, unter ein Plastikzelt legen. »Vielleicht solltest du dem Arzt überhaupt absagen«, sagte sie zu Ezra. »Es geht mir viel besser, glaube ich.«

»Laß ihn das entscheiden.«

»Aber ich weiß doch, wie ich mich selber fühle, Ezra.«

»Laß uns jetzt nicht darüber streiten«, sagte er.

Er konnte einen erstaunen, dieser Ezra. Erst ließ er einfach alles mit sich machen, um dann unversehens einen tiefen und steinharten Eigensinn zu zeigen. Sie seufzte und strich ihre Decke glatt. Anscheinend hatte sie ein bißchen Wasser darauf verschüttet.

Sie erinnerte sich an Ezra als Kind, noch in der Volksschule. »Mutter«, hatte er gesagt, »wenn eines Tages Geld auf Bäumen wachsen würde, nur einen Tag lang und nie wieder, dürfte ich dann zu Hause bleiben und es pflücken?«

»Nein«, antwortete sie.

»Warum nicht?«

»Die Schule ist wichtiger für dich.«

»Aber andere Mütter würden ihre Kinder lassen, wette ich.«

»Andere Mütter haben keine Pläne für ihre Kinder, daß etwas aus ihnen werden soll.«

»Aber nur für einen Tag?«

»Pflück es nach der Schule. Oder vorher. Wach extra früh auf; stell deinen Wecker eine Stunde vor.«

»Eine Stunde!« sagte er. »Eine kleine Stunde, für etwas, was auf der ganzen Welt nur einmal passiert.«

»Ezra, läßt du das jetzt? Mußt du mich so plagen? Warum bist du so eigensinnig?« hatte Pearl ihn gefragt.

Erst jetzt, unter ihrer klammen Decke, fiel ihr ein, sich zu fragen, warum sie nicht gesagt hatte: Ja, er könnte zu Hause bleiben. Wenn das Geld wirklich eines Tages auf Bäumen wachsen würde, dürfte er pflücken, soviel er wollte, hätte sie sagen sollen. Was für einen Unterschied hätte das gemacht?

Oh, sie war eine reizbare Mutter gewesen. Sie war dauernd am Rand ihrer Kräfte, hatte sich überlastet gefühlt und viel zu allein. Und nachdem Beck gegangen war, war sie völlig damit beschäftigt, die Miete zu bezahlen und mit dem Haushaltsgeld zu jonglieren und diesen großen Kindern mit ihren Riesenfüßen neue Schuhe zu besorgen. Sie war es, die morgens um zwei den Arzt rief, als Jenny Blinddarmentzündung bekam; und sie war es, die in der Nacht, als sie das unheimliche Geräusch gehört hatten, mit einem Baseballschläger die Treppe hinuntermarschierte. Sie legte die Kohle im Herd nach, sie stellte den Raufbold der Nachbarschaft, wenn Ezra verprügelt worden war, sie besprengte das Dach mit dem Schlauch, als im Schornstein von Mrs. Simmons Feuer ausgebrochen war. Und wenn Cody von der Geburtstagsparty irgendeines Mädchens betrunken nach Hause kam, wer mußte sich darum kümmern? Pearl Tull, die im Leben nichts Stärkeres getrunken hatte als ein Glas Wein zu Weihnachten. Sie setzte ihn elegant auf einen Küchenstuhl, ignorierte sein Gestöhn, beugte sich über den Tisch zu ihm – und hatte keine Ahnung, was sie sagen sollte.

Dann hatte Cody die High-School abgeschlossen, und Ezra war schon in der zehnten Klasse, und Jenny eine hochgewachsene junge Dame in der achten. Beck hätte sie nicht erkannt. Und sie hätten Beck nicht erkannt, vielleicht. Sie fragten nie nach ihm. Bewies das nicht, wie wenig Bedeutung ein Vater hat? Der unsichtbare Mann. Die abwesende Anwesenheit. In Pearl zuckte eine zornige Freude. Offenbar war ihr das gelungen – den Übergang so glatt zu machen,

411

daß kein Mensch dahinterkam. Es war der größte Triumph ihres Lebens. Meine einzige, wirkliche Leistung, dachte sie. (Wie schade, daß es niemand gab, vor dem sie sich hätte brüsten können.) Ohne es selbst überhaupt zu bemerken, hatte sie aufgehört, die Baptistenkirche zu besuchen. Sie sprach nicht mehr von Beck – wenn sie allerdings Weihnachtskarten an die Verwandten in Raleigh schrieb, erwähnte sie, es ginge ihm gut, und er ließe grüßen.

Eines Abends warf sie seine Briefe weg. Es war kein geplanter Entschluß. Sie räumte nur gerade ihren Schreibtisch auf und fand es sinnlos, sie weiter aufzuheben. Sie setzte sich neben den Papierkorb im Schlafzimmer und ließ ›geht scheint's aufwärts mit mir‹ und ›kleine Bude günstig zum Bahnhof‹ und ›sagte mir, ich wäre sehr tüchtig‹ hineinfallen. Es waren nicht sehr viele – drei etwa im vergangenen Jahr. Wann hatte sie aufgehört, die Umschläge mit zittrigen Händen aufzureißen und die Zeilen rasch und gierig zu überfliegen? Sie fand, daß der Mann, um den sie immer noch trauerte, spät in schlaflosen Nächten, überhaupt keine Ähnlichkeit hatte mit dem Mann, der diese ermüdenden Mitteilungen machte. *Ed Ball setzt sich im Juni zur Ruhe,* las sie, unendlich gelangweilt, *und ich übernehme sein Gebiet, das das höchste Per-capitta-Einkommen von Delaware hat.* Es war ihr eine große Genugtuung, daß er »Capita« falsch geschrieben hatte.

Ihre Kinder wurden erwachsen und begannen, ihr eigenes Leben zu führen. Ihre Söhne fingen an, finanziell etwas beizutragen, und Pearl nahm das gerne an. (Sie hatte sich nie geschämt, Geld anzunehmen – weder in alten Zeiten von Onkel Seward noch von Beck, noch jetzt von den Söhnen. Wo sie herkam, erwartete eine Frau, daß der Mann sie versorgte.) Und als Cody so erfolgreich wurde, kaufte er das Reihenhaus, für das sie so viele Jahre Miete gezahlt hatte, und überreichte ihr die Urkunde eines Weihnachtsmorgens. Sie hätte damals sofort im Lebensmittelladen aufhören kön-

nen, aber sie schob es auf, bis ihre Augen nachzulassen
begannen. Was sollte sie sonst mit ihrer Zeit anfangen?
»Leeres Nest« nannte man das. Heute war das der Ausdruck
dafür. Es war komisch, im hohen Alter zurückzuschaun und
festzustellen, für wie kurze Zeit ihr Nest nicht leer gewesen
war. Relativ betrachtet, war das nichts – leer viel länger als
voll. So viel von ihr selbst war in diese Kinder investiert worden; kaum glaublich, wie kurz sie nur bei ihr gewesen
waren!
Wenn sie an die Kinder in ihren verschiedenen Stadien dachte – wie sie sich zuerst an sie klammerten, dann losließen und
davontrieben –, fiel ihr die Dielenlampe ein, die sie immer
brennen ließ, damit sie sich im Dunkeln nicht fürchteten.
Später dann hatte sie nur die Lampe im Bad angelassen, weiter den Gang hinunter in all den verschiedenen Häusern, wo
sie wohnten; und noch später nur das untere Licht, wenn
eins von ihnen abends außer Haus war. Ihr Erwachsenwer-
den entsprach also einem allmählichen Verblassen des Lichts
vor ihrer Schlafzimmertür, als nähmen sie ein Leuchten mit
sich, während sie sich von ihr entfernten. Sie hätte das besser
planen sollen, dachte sie manchmal. Sie hätte ein paar
Freunde finden oder einem Club beitreten sollen. Aber sie
war nicht der Typ. Es hätte sie nicht getröstet.
Letzten Sommer war sie von einem Kirchenlied aus ihrem
Radiowecker halb wach geworden – »In the Sweet Bye and
Bye«, von irgendeinem populären Sänger trauervoll gesungen, bevor Norman Vincent Peales Kurzpredigt begann. *Wir
werden uns an jener schönen Küste begegnen* . . . Sie geriet in
einen Traum, in dem ein Fremder ihr sagte, die »schöne
Küste« sei Wrightsville Beach, North Carolina, wo sie und
Beck und die Kinder einmal einen Sommerurlaub verbracht
hatten. Nachdem sie ihre Schwimmanzüge angezogen hatten, trafen sie sich zum ersten Bad am allerersten Tag am
Strand. Beck sah gut aus, und Pearl fühlte sich graziös, und
die Kinder waren noch sehr klein; sie hatten runde, aufge-
regte, fröhliche Gesichter und pummelige, kleine Körper. Sie

413

staunte über ihre Unschuld, auch über Becks und ihre eigene. Sie streckte die Arme nach den Kindern aus – und wachte auf. Als sie später mit Cody telefonierte, kam sie zufällig auf den Traum zu sprechen. Wäre es nicht hübsch, sagte sie, wenn Wrightsville Beach der Himmel wäre? Wenn sie nach ihrem Tod die Augen öffnen würden und sich dort auf dem warmen, sonnigen Strand wiederfänden, alle jung und glücklich, wie damals, und die Wellen von damals rollten an den Strand? Aber Cody konnte ihre Stimmung nicht teilen. *Hübsch?* hatte er gefragt. Er fragte, ob das ihre ganze Vorstellung vom Himmel sei? Wrightsville Beach, wo sie sich doch, wie er sich erinnerte, zwei volle Wochen damit gequält hatte, sie habe womöglich den Herd zu Hause brennen lassen? Und hatte sie bedacht, fragte er, daß er da vielleicht eigene Wünsche haben könnte? Glaubte sie, er wolle die Ewigkeit als ein Kind verbringen? »Aber Cody, ich habe ja nur gemeint . . .«, sagte sie.

Etwas stimmte nicht mit ihm. Etwas stimmte mit all ihren Kindern nicht. Sie waren so entmutigend – attraktive, liebenswerte Menschen, alle drei, aber vor ihr verschlossen auf eine widernatürliche Art, die sie nicht recht kennzeichnen konnte. Sie spürte zudem im Leben aller drei eine Art durchgehenden Webfehler. Cody neigte zu sinnlosen Wutanfällen; Jenny war so unbekümmert; Ezra schöpfte seine Möglichkeiten nie aus. (Er betrieb ein Restaurant auf der St. Paul Street – keineswegs das, was sie mit ihm vorgehabt hatte.) Sie fragte sich, ob ihre Kinder ihr Vorwürfe machten. Wenn sie bei Familienzusammenkünften im engen Kreis beieinandersaßen (Gatten und Nachkommen ein wenig, Nichtmitglieder für immer abseits), schienen sie sich nur an Armut und Einsamkeit erinnern zu können – Spielsachen, die sie ihnen abschlagen mußte, Partys, zu denen sie nicht eingeladen waren. Cody besonders sprach dauernd von Pearls Reizbarkeit und schilderte sie im Kontrast zu erschrockenen Kindergesichtern, so traurig und verwirrt, daß Pearl sie kaum wiedererkannte. Ehrlich, dachte sie, gab es denn gar keine

Verjährung? Wann würde er sie freisprechen? Er war ein Mann mittleren Alters. Es stand ihm nicht mehr zu, sie verantwortlich zu machen.

Und Beck: Nun, er war noch am Leben, falls das was bedeutete. Inzwischen mußte er alt sein. Sie hätte wetten mögen, daß ihm das Altwerden nicht stand. Sicher trug er ein Toupet oder allzu weiße und regelmäßige falsche Zähne, oder eine schwungvolle, jugendliche Frisur, die ihn lächerlich aussehn ließ. Seine Krawatten waren bestimmt zu bunt und seine Anzüge zu auffallend kariert. Was hatte sie jemals in ihm gesehn? Sie kaute auf der Innenseite ihrer Lippen. *Der* Fehler ihres Lebens; ein simples Fehlurteil. Es hätte nicht derart weitreichende Folgen haben dürfen. Man sollte denken, das Leben sei ein bißchen nachsichtiger.

Ein- oder zweimal im Jahr kam ein Brief von ihm, auch jetzt noch. (Das Geld war allerdings ausgeblieben, als Jenny achtzehn geworden war – oder zwei Monate danach, was hieß, daß er ihren Geburtstag nicht mehr genau wußte, dachte Pearl.) Typisch für ihn, daß er nicht soviel Takt hatte, den endgültigen Abgang zu finden. Seine Abschiede dauerten zu lang, er schwätzte in der offenen Tür, ließ die Kälte herein. Er war aus der Tanner Corporation ausgeschieden, schrieb er. Er blieb am Ort seiner letzten Versetzung, Richmond, wie ein Stück Strandgut hängen; aber offenbar reiste er noch ein bißchen. 1967 schickte er ihr eine Postkarte von der Weltausstellung in Montreal und 1972 eine aus Atlantic City, New Jersey. Verschiedene völlig übertriebene Anlässe schienen ihn dazu anzuspornen – zum Beispiel der erste Schritt eines Menschen auf dem Mond (ein Ereignis, das weder Pearl noch andere vernünftige Leute ernsthaft interessierte). *Na also!* schrieb er. *Wir haben es wohl geschafft.* Seine Begeisterung schien etwas weit hergeholt, vielleicht vom Alkohol beflügelt. Sie zuckte zusammen und zerriß den Brief in lauter Vierecke.

Später, als ihre Augen nachließen, hob sie ihre Post für Ezra auf. Sie hielt einen Umschlag hoch. »Woher ist das? Ich kann es nicht richtig erkennen.«

»Nationaler Schützenbund.«

»Wirf es weg. Und das?«

»Republikanische Partei.«

»Wirf es weg. Und das?«

»Etwas Handschriftliches. Aus Richmond.«

»Wirf es weg.«

Er fragte nicht, warum. Keines ihrer Kinder besaß einen Funken Neugier.

Sie träumte, daß ihr Onkel Prinz anspannte und sie zu einem Preiswettbewerb fuhr; aber sie konnte kein Stück auswendig und stand wie ein dummes Ding auf der Bühne, während alle flüsterten. Als sie aufwachte, war sie böse auf sich. Sie hätte »Dat Boy Fritz« aufsagen sollen; in Dialekt war sie immer gut gewesen. Außerdem wußte sie das heute noch auswendig. Ihr Gedächtnis hatte nicht im geringsten nachgelassen. Ärgerlich schob sie ihr Kissen zurecht. Ihre Messer wurden eben schartig, überlegte sie sich. Sie schlief wieder und träumte, daß das Haus brannte. Ihre Haut vertrocknete in der Hitze, und ihr Haar schien ihr in die Ohren zu zischen. Jenny rannte hinauf, um ihren Modeschmuck zu retten, und ihre Schritte hörten plötzlich auf, als sei sie ins Weltall gefallen. »Halt!« schrie Pearl. Sie machte die Augen auf. Jemand saß neben ihr, in dem Ledersessel, der quietschte. »Jenny?« sagte sie.

»Ich bin's, Ezra, Mutter.«

Armer Ezra. Er mußte erschöpft sein. Sollte nicht eigentlich die Tochter kommen und einen pflegen? Sie wußte, daß sie ihn wegschicken sollte, aber sie konnte sich nicht dazu bringen. »Du wirst sicher in dein Restaurant zurückwollen«, sagte sie zu ihm.

»Nein, nein.«

»Du bist wie eine Glucke mit deinem Laden dort.« Sie schniefte. Dann fragte sie: »Ezra, riechst du Rauch?«

»Warum fragst du?« meinte er (vorsichtig wie immer).

»Ich habe geträumt, das Haus ist abgebrannt.«

»Ist es aber nicht.«

»Hm.«

Sie wartete, nahm sich zusammen. Ihre Muskeln waren so verspannt, daß ihr alles weh tat. Schließlich sagte sie:

»Ezra?«

»Ja, Mutter?«

»Vielleicht könntest du mal nachschaun.«

»Was nachschaun?«

»Im Haus, natürlich. Nachschaun, ob es brennt.«

Sie spürte, daß er nicht wollte.

»Mir zuliebe«, sagte sie zu ihm.

»Na, also gut.«

Sie hörte, wie er aufstand und hinausschlurfte. Anscheinend war er in Strümpfen; sie erkannte das schleifende Geräusch. Er blieb so lange aus, daß sie begann, das Schlimmste zu befürchten. Sie lauschte auf das Brüllen von Flammen, hörte aber nur das Hupen vorbeifahrender Autos, das elektrische Flüstern des Weckers, eine Fahrradklingel unter dem Fenster. Dann kam er wieder, schwer und langsam auf der Treppe. Offenbar war die Lage nicht kritisch. Er ließ sich wieder im Sessel nieder. »Alles in Ordnung«, sagte er.

»Dank dir, Ezra«, sagte sie demütig.

»Bitte, bitte.«

Sie hörte, wie er die Zeitschrift zur Hand nahm.

»Ezra, mir ist was eingefallen. Hast du denn auch im Keller nachgesehn?«

»Ja.«

»Du bist die Treppe ganz hinuntergegangen.«

»Ja, Mutter.«

»Das Geräusch der Heizung gefällt mir irgendwie nicht.«

»Sie ist in Ordnung«, sagte er zu ihr.

Sie war in Ordnung. Sie beschloß, ihm zu glauben. Sie beruhigte sich selbst, indem sie im Geist von einem Ende zum andern durch das Haus wanderte und aufzählte, wie gut sie alles gemacht hatte. Der Rauchfang des Kamins war gegen die Kälte geschlossen. Die Rohre waren frei und die Hähne

417

dicht, und die Heizkörper hatte sie selbst entlüftet – ohne sehen zu können, hatte sie den Schlüssel in dem Moment scharf zurückgedreht, als sie das Wasser zischen hörte. Der Randstein war gefegt, und das Dach ließ nichts durch, und der Eisschrank summte in der Küche. Alles verlief nach Vorschrift.

»Ezra«, sagte sie.

»Ja, Mutter.«

»Du kennst das Adreßbuch in meinem Schreibtisch.«

»Was für ein Adreßbuch?«

»Hör zu, Ezra. Ich habe nur das eine. Nicht das kleine rote Buch für Telefonnummern, sondern das schwarze, in der Schublade mit dem Briefpapier.«

»Ach, ja.«

»Ich möchte, daß alle, die drinstehn, zu meiner Bestattung eingeladen werden.«

Dröhnendes Schweigen, als hätte sie ein obszönes Wort gebraucht.

»Beerdigung, Mutter? Du stirbst doch nicht?«

»Nein, natürlich nicht«, versicherte sie ihm. »Aber eines Tages«, sagte sie schlau. »Nur für alle Fälle, weißt du . . .«

»Laß uns nicht davon sprechen.«

Sie schwieg, sammelte ihre Geduld. Was erwartete er denn – daß sie ewig weitermachen würde? Es war so ermüdend. Aber typisch Ezra. »Ich sage ja nur«, sagte sie, »ich möchte, daß diese Leute eingeladen werden. Hörst du zu? Die Leute in meinem Adreßbuch.«

Ezra antwortete nicht.

»Im Adreßbuch in meiner Briefpapier-Schublade.«

»Briefpapier-Schublade«, echote Ezra.

Gut; er hatte es. Er blätterte eine Seite um und sagte nichts mehr, aber sie wußte, daß er begriffen hatte.

Sie stellte sich vor, wie alt dieses Adreßbuch inzwischen sein mußte – den Schubladengeruch, das brüchige Papier. Es reichte weit in die Zeit zurück, ehe ihre Sehkraft nachzulassen begann. Emmaline stand drin, und Emmaline war seit mindestens zwanzig Jahren tot. Ebenso Mrs. Simmons in St. Petersburg, unten in Florida, und Onkel Sewards Witwe und auch seine Tochter, vielleicht. Überhaupt alle in dem Buch waren unter der Erde, nahm sie an, alle außer Beck.

Sie erinnerte sich, daß er eine ganze Seite einnahm – ein Ort nach dem andern durchgestrichen. Sie hatte die Adressen weitergeführt, weil sie sich dachte, es könne nötig sein, ihn in einer Notlage zu rufen. An was sie dabei wohl gedacht hatte? Sie konnte sich keinen Notstand vorstellen, den seine Anwesenheit im geringsten erleichtern würde. Sie hätte gern sein Gesicht gesehen, wenn er eine Einladung zu ihrer Bestattung bekam. Eine »Einlade« würde er es nennen. »Na, so was!« würde er sagen, ganz schockiert. »Jetzt hat sie mich zuerst verlassen. Da liegt diese Einlade zu ihrer Bestattung.« Sie konnte ihn förmlich hören.

Sie lachte.

Der Arzt kam herein und stampfte mit den Füßen. »Schneit es draußen?« fragte sie ihn.

»Schneien? Nein.«

»Sie haben Ihre Schuhe abgetreten.«

»Nein«, sagte er, »es ist bloß kalt.« Er setzte sich auf ihre Bettkante. »Als ob mir gleich die Zehen abfallen«, sprach er zu ihr. »Meine Kniegelenke sagen, daß wir heute nacht Frost bekommen.«

Sie wischte die Floskeln mit der Hand weg. »Hören Sie mal«, sagte sie, »Ezra hat Sie aus Versehen gerufen.«

»Soso!«

»Es geht mir wirklich gut. Vielleicht hatte mir das Wetter zugesetzt, aber jetzt fühle ich mich schon viel besser.«

»Aha«, sagte er. Er nahm ihr Handgelenk zwischen seine eisigen, runzligen Finger. (Er war fast so alt wie sie und hatte seine Praxis praktisch aufgegeben.) Er hielt es fest, mehrere Minuten, so schien es. Dann fragte er: »Und wie lang dauert das jetzt schon?«

»Ich weiß nicht, wovon Sie reden.«

»Wo steht das Telefon?« fragte er Ezra.

»Moment! Doktor Vincent! Moment!« rief Pearl.

Er hatte ihr Handgelenk losgelassen, aber jetzt legte er seine Hand auf die ihre, und sie fühlte, wie er sich über sie beugte, roch den Atem des Pfeifenrauchers. »Ja?« fragte er.

»Ich gehe in kein Krankenhaus.«

»Natürlich gehn Sie.«

Sie sprach klar, vielleicht ein bißchen zu laut, ihre Stimme gegen die Zimmerdecke gerichtet. »Also, ich habe mir das gut überlegt«, sagte sie. »Ich will diese Kurbelbetten nicht und diese professionellen Gerüche. Es würde mich umbringen.«

»Meine liebe Dame...«

»Und Sie wissen, daß die mir kein Penizillin geben können.«

»Penizillin nicht...«

»Das habe ich dreiundvierzig genommen.«

»Sie sollen sich nicht anstrengen«, sagte der Arzt. »Ich weiß das noch genau.«

Oder vielleicht war das 1944. Aber Beck war noch nicht weggegangen. Er war auf einer Geschäftsreise gewesen und brachte den Kindern Pfeil und Bogen mit. Für was er alles sein Geld ausgab! Wo es ihnen nie gutging, auch nicht in den besten Zeiten. Er nahm die Sachen auf ihren Sonntagsausflug mit, nagelte die Zielscheibe aus Segeltuch an einen Baumstamm. Nie hatte er an Gefahr gedacht. Er war nicht der Typ, der nachts wach gelegen und sich alles aufgezählt hätte, was schiefgehn konnte. Na, wie auch immer. Sie hätte nicht sagen können, wie es wirklich passiert war (sie stellte gerade einen Strauß aus Wintergräsern zusammen, an Sportlichem beteiligte sie sich nicht mehr), aber irgendwie wurde sie getroffen. Cody war es, der den Bogen gespannt hatte, aber das war Zufall; Cody hatte sie nichts vorzuwerfen, nach der ersten kleinen Aufregung. Sie gab Beck die Schuld, der sie aus schierer Gedankenlosigkeit, wenn nicht mit Absicht, durchs Herz geschossen hatte; oder nicht direkt ins

420

Herz, sondern in den fleischigen Teil darüber, zwischen Brust und Schulter. Es war ein ganz seltsames Gefühl, etwas wie ein Schlag – nicht etwa ein Stich, sondern ein Schwirren und dann ein runder, heller Blutfleck auf ihrer Lieblingsbluse. »Oh!« sagte sie und sah darauf hinunter, die Grashalme in der Hand. Dann kam der Schmerz. Beck, weiß im Gesicht, zog den Pfeil heraus. Jenny fing an zu weinen. Sie fuhren sofort nach Hause, vergaßen, die Zielscheibe vom Baum zu nehmen, und als sie ankamen, hatte die Blutung aufgehört, und es schien nicht wirklich gefährlich zu sein. Pearl versorgte die Wunde selbst – mit Jod und Verbandzeug. Zwei Tage später fiel ihr etwas unangenehm auf. Die Wunde war nicht besser, sondern schlechter, war entzündet, und Pearl hatte Fieber. Beck war wieder auf Reisen, und sie mußte allein zum Arzt gehen, lief atemlos und mit schiefsitzendem Hut weg, weil sie zurück sein wollte, ehe die Kinder aus der Schule kamen. Damals baute Dr. Vincent gerade seine Praxis auf, nachdem er seinen Pflichtdienst in der Armee geleistet hatte. Sie erinnerte sich, daß er noch alle Haare auf dem Kopf hatte und noch keine Brille trug. Er gab ihr eine Spritze mit Penizillin – eine Wunderdroge, die er zuerst in Europa benutzt hatte, wie er sagte. Auf dem Heimweg fühlte sie sich ungeheuer wohl, wie jeder Patient, wenn ein Arzt die Last der Krankheit auf sich genommen hat; aber in der Nacht brach sie zusammen. Erst kam ein Ausschlag, dann Schüttelfrost, dann eine verschwommene, wimmelnde Landschaft. Cody hatte den Krankenwagen gerufen. Im Krankenhaus, nachdem die Krise vorüber war, waren alle streng und vorwurfsvoll zu ihr, als sei es ihre Schuld gewesen. »Sie sind fast gestorben«, sagte eine Schwester zu ihr. Aber das war Unsinn. Natürlich wäre sie nicht gestorben; sie hatte doch Kinder. Wenn man Kinder hat, ist man verpflichtet zu leben. Sie verschloß vor den Worten der Schwester die Augen. Dann kamen zwei Ärzte herein, zogen sich Stühle neben ihr Bett und erklärten ihr feierlich und unheilvoll alles über Penizillin. Pearl paßte nicht besonders auf (sie entwarf im

Geist ein Gesuch auf Entlassung, um zu ihren Kindern nach Hause zu dürfen), aber sie merkte sich, daß sie sagten: »Einmal ist Ihre Grenze. Zweimal wäre tödlich für Sie.« Das machte ihr Eindruck. Es war wie etwas im Märchen – wie ein Zaubertrank, den man nur einmal und nie wieder anwenden durfte. Und den hatte sie auf einen so armseligen Anlaß verschwendet: eine Wunde von einem Pfeil. Keine Wunder mehr! In späteren Jahren, als Penizillin ein alltäglicher Begriff war und ihre Enkel es für jede Kleinigkeit bekamen, redete sie immer wieder davon. »Ihr Glücklichen. Ich Arme. Besser, ich bekomme keine Infektion, kann ich nur sagen, oder eitrige Mandeln oder Lungenentzündung.« Lungenentzündung.

Da war eine Art Wasserrauschen in ihren Ohren, das es ihr erschwerte, ihre eigene Stimme zu hören. Sie mußte abwarten, bis es aufhörte, ehe sie sprechen konnte. »Doktor Vincent«, sagte sie.

»Ich bin da.«

Seine Hand lag immer noch auf ihrer. Sie war nicht mehr eisig. Er hatte sich an ihrer Haut erwärmt, als wäre sie ein Ofen. Sie nahm ihre Stimme zusammen: »Sagen Sie Ezra, daß ich dableibe.«

»Aber ...«

»Ich weiß, was ich tue.«

Er schwieg.

»Sagen Sie ihm«, sprach sie energisch, »daß es nichts ist. Verstehen Sie? Ich will keine Kliniken. Es würde mich töten, einfach töten, diese Lautsprecher zu hören, wie sie Namen von Ärzten aufrufen, die ich nie gehört habe. Es ist bloß eine Erkältung. Sagen Sie es ihm.«

»Also gut«, antwortete Dr. Vincent. Er räusperte sich. Er zog seine Hand zurück. »Sind Sie sicher?« fragte er.

»Ganz sicher.«

Er schien zu überlegen. Er wandte sich ab und dann Ezra zu: »Sie haben gehört, was sie sagt?«

»Ja«, antwortete Ezra, näher, als Pearl erwartet hatte.

»Ich schlage trotzdem vor, daß Sie Bruder und Schwester verständigen.«

In Pearl regte sich leises Interesse.

»Aber wenn es so ernst ist ...«, meinte Ezra.

»Warten wir ab, was geschieht«, sagte der Doktor zu ihm. Er legte eine Hand auf Pearls Stirn.

Danach war er wohl gegangen. Das Rauschen kam in ihre Ohren zurück, und sie konnte ihn nicht richtig weggehn hören. Sie war in Gedanken bei Cody und Jenny; es wäre wirklich schön, all ihre Kinder beisammen zu haben. Dann plötzlich verbreitete sich ein eisiges Frösteln in ihrer Brust. O nein, dachte sie. Warum läßt Doktor Vincent das zu? Ja, wirklich, er läßt es zu. Das ist es also!

Bestimmt nicht.

Der Tod hatte sie schon seit Jahren beschäftigt; aber ein Aspekt war ihr vorher nie in den Sinn gekommen: Wenn man stirbt, erlebt man nicht mehr, wie alles weitergeht. Fragen, die man gestellt hat, bleiben auf ewig unbeantwortet. Wird das eine meiner Kinder Fuß fassen? Wird das andere lernen, glücklicher zu sein? Werde ich je herausfinden, was mit dem oder jenem gemeint war? All diese Jahre, stellte sich heraus, hatte sie erwartet, Beck wieder zu begegnen. Wie seltsam, sie hatte es nicht bemerkt. Sie hatte auch angenommen, es werde eine Art Wendepunkt geben, einen Lichtstrahl, in dem sie plötzlich das Geheimnis entdecken würde; eines Tages würde sie weiser und zufriedener aufwachen und sich abfinden. Aber es war nicht eingetreten. Jetzt würde es nicht mehr dazu kommen. Sie hatte geglaubt, auf ihrem Sterbebett ... Sterbebett! Und das war jetzt dieses alltägliche, gewöhnliche Bett der Firma Posturepedic, nicht die verzierte Messing-Angelegenheit, die sie sich früher immer ausmalte. Sie hatte sich vorgestellt, wie sie auf dem Sterbebett ihren um sie versammelten Kindern noch etwas Endgültiges zu sagen hatte. Aber es gab nichts Endgültiges. Es gab nichts, was sie ihnen hätte sagen können. Sie empfand eine Art Scheu; sie war dem nicht gewachsen. Sie bewegte unruhig die Füße und suchte nach einem kühleren Fleck auf dem Kissen.

»Kinder«, hatte sie gesagt. Das war, kurz ehe Cody aufs College ging, der Tag, an dem sie Becks Briefe verbrannt hatte. »Kinder, ich möchte etwas mit euch besprechen.«

Cody redete von einem Job. Er brauchte einen, um die vollen Studiengebühren zahlen zu können. »Ich könnte in der Uni-Cafeteria arbeiten«, sagte er gerade, »oder vielleicht außerhalb der Uni, ich weiß noch nicht, wo.« Dann hörte er, daß seine Mutter sprach, und sah sie an.

»Es ist wegen euerm Vater«, sagte Pearl.

Jenny meinte: »Mir wäre die Cafeteria lieber.«

»Ihr wißt, meine Lieben«, sprach Pearl zu ihnen, »ich sage immer, euer Vater ist geschäftlich unterwegs.«

»Aber außerhalb wird vielleicht mehr bezahlt«, sagte Cody, »und jeder Penny zählt.«

»In der Cafeteria wärst du aber mit deinen Klassenkameraden zusammen«, entgegnete Ezra.

»Ja, daran hab' ich auch gedacht.«

»Mit den ganzen Studentinnen«, fügte Jenny noch hinzu.

»Den Cheerleaders, die beim Football auftanzen – Mädchen in den kurzen, weißen Socken.«

»Mädchen in den engen Pullis«, betonte Cody.

»Ich möchte euch etwas wegen euerm Vater erklären«, sagte Pearl zu ihnen.

»Nimm die Cafeteria«, schlug Ezra vor.

»Kinder?«

»Die Cafeteria«, sagten sie.

Und alle drei schauten sie an, kühl und unverwandt, aus grauen, ehrlichen Augen, ganz wie ihre eigenen.

Sie träumte, es sei ihr neunzehnter Geburtstag und der teuflische John Dupree hätte ihr eine Packung Pralinen und einen brandverzierten Lederschmuck für ihr Haar gebracht. »Ach John, wie niedlich! Nimm dir was«, sagte sie zu ihm. In ihrem Traum dachte sie verwundert, daß John Dupree seit einundsechzig Jahren tot war. Die deutschen Hunnen hatten ihn im Argonnerwald getötet. Sie erinnerte sich, wie sie seiner Mutter einen Beileidsbesuch machen wollte, die dann aber keinen Besuch empfing. »Es war alles ein Fehler, anscheinend«, sagte Pearl zu John Dupree. Und sie steckte ihr Haar mit dem Lederschmuck auf.

»Keine Frage«, sagte Jenny. »Wir müssen einen Krankenwagen rufen. Was ist los mit Doktor Vincent? Ist er senil?«

»Er macht sich gut für sein Alter« antwortete Ezra. Wie üblich schien ihm etwas Wesentliches zu entgehn; selbst Pearl merkte das. Jenny seufzte – oder raschelte vielleicht auch nur ungeduldig mit ihren Kleidern.

»Ein Glück, daß du mich gerufen hast«, sagte sie. »Ich komme und finde alles in Auflösung vor.«

»Nichts ist in Auflösung.«

»Und warum liegt sie flach? Man sieht doch, wie schwer sie atmet. Wo ist das große grüne Kissen, das Becky für sie gemacht hat?«

Für Pearl war die Zeit ins Rutschen gekommen – einen Augenblick lang: Sie bereitete sich vor, mit dem Krankenwagen zu fahren und ihre Pfeilwunde behandeln zu lassen. Sie machte sich auf die riskante, kippelige Reise auf einer Bahre die Treppe hinunter gefaßt. Die Erwähnung von Becky brachte sie wieder ins Lot. Becky war ihre Enkelin, Jennys älteste Tochter. »Jenny?« sagte sie.

»Wie fühlst du dich?« fragte Jenny.

»Ist Cody auch da?«

Anscheinend nicht. Jenny beugte sich über das Bett und gab ihr einen Kuß. Pearl streichelte Jennys Haar und fand es schlecht geschnitten – es fühlte sich struppig an –, aber dieses eine Mal schimpfte sie nicht. (Jenny hatte schönes, dichtes Haar, das sie meist vernachlässigte, schlecht behandelte, als käme es wirklich nicht aufs Aussehen an.) »Nett, daß du gekommen bist«, sagte Pearl zu ihr.

»Du meine Güte, ich war besorgt«, entgegnete Jenny. »Du bist die einzige Mutter, die wir haben.«

Pearl empfand, daß Jenny den Nagel auf den Kopf getroffen hatte. »Ihr hättet euch eine Reserve anschaffen sollen«, sagte sie.

»Wie bitte?«

Sie wiederholte es nicht. Sie wandte ihr Gesicht auf dem Kissen ab und wurde von einem plötzlichen Zorn geschüttelt. Warum hatten sie sich keine Reserve besorgt? In all den Jahren, als sie die einzige war, die einzige Stütze, der einsame hohe Baum auf der Weide, der auf den Blitzschlag wartet... Nun, ja. Ihr liefen anscheinend die Gedanken davon. »Hast du die Kinder mitgebracht?« fragte sie.

»Diesmal nicht, ich habe sie bei Joe gelassen.«

»Joe?« Ach ja, ihr Mann. »Warum ist Cody nicht hier?« fragte Pearl.

»Du weißt doch«, antwortete Ezra, »er ist immer so schwer aufzutreiben.«

»Wir finden, du solltest ins Krankenhaus gehn«, sagte Jenny zu Pearl.

»Ach, danke, Liebes, aber ich möchte eigentlich lieber nicht.«

»Dein Atem ist nicht in Ordnung. Wo ist das Kissen, das Becky gemacht hat, als sie klein war? Das mit dem erhebenden Motto«, fragte Jenny. »*Ruh, o tapferer Held, auf deinem Bett aus Stein.*« Sie kicherte durch die Nase, und Pearl lächelte bei der Vorstellung, wie Jenny jetzt – wie gewöhnlich –, die Hände vor den Mund schlug, als sei sie überwältigt, absolut erschlagen von der Albernheit des Lebens. »Jedenfalls«, sagte Jenny und nahm sich zusammen, »Ezra, du bist doch meiner Meinung, nicht?«

»Hm«, räusperte sich Ezra.

Schweigen. Man konnte diesen einen Augenblick aus der Ewigkeit herauspflücken, dachte Pearl, und immer noch so viel von ihren Kindern erfahren – selbst von Cody: Schon seine Abwesenheit war ein Wesenszug, vielleicht sein wichtigster. Und Jenny war so flott und lebhaft, aber... ja, man könnte sagen, etwas undurchlässig, eine reflektierende

Oberfläche, die einem das eigene Ich zurückwarf und nichts über Jennys Ich verriet. Und Ezra, der sanfte Ezra; zweifellos zupfte er verwirrt an dem blonden Haarschopf, der ihm in die Stirn hing, überlegte und überlegte . . . »Na ja«, sagte er, »ich weiß nicht . . . Ich meine, wenn wir ein bißchen warten würden . . . «

»Aber wie lange. Wie lange können wir uns leisten, zu warten?«

»Ach, vielleicht nur bis heute abend, oder bis morgen . . . «

»Bis morgen! Und was ist, wenn es Lungenentzündung ist?«

»Es könnte doch nur eine Erkältung sein, weißt du.«

»Ja, aber . . . «

»Und wir wollen doch nicht, daß sie geht, wenn es sie unglücklich macht.«

»Nein, aber . . . «

Pearl hörte lächelnd zu. Sie kannte das Ergebnis schon. Sie würden stundenlang überlegen – eine Antwort das Echo der andern –, Fragen wiederholen und umformulieren, ausweichen, sich zurückziehn und streiten um des Streitens willen, und schließlich nirgendwo landen. »Ihr habt den Dingen nie ins Auge gesehn«, sagte sie gütig.

»Was, Mutter?«

»Ich habt euch immer gedrückt und versteckt.«

»Versteckt?«

Sie lächelte wieder und schloß die Augen.

Es war eine solche Erleichterung, sich treiben zu lassen, endlich. Warum hatte sie so lange gebraucht, um das zu lernen? Der Verkehrslärm – Hupen und Glocken und Fetzen von Musik – floß um die Stimmen in ihrem Zimmer. Immer wieder ordnete sie sich in der Zeit falsch ein, aber das machte nichts; alles, woran sie sich erinnerte, war gleich angenehm. Sie erinnerte sich an das Gefühl, wenn der Wind in Sommernächten blies – wie er durchs Haus zieht und die Vorhänge bläht und nach Teer und Rosen riecht. Wie ein schlafendes

Baby schwer auf der Schulter wiegt, wie eine reife Frucht. Das herrliche Alleinsein unterwegs im Regen unter dem Tröpfeln und Prasseln des eigenen Regenschirms. Sie erinnerte sich an eine ländliche Auktion, die sie vor vierzig Jahren besucht hatte, wo ein antikes Messingbett angeboten wurde, komplett mit allem Bettzeug – Laken und Decken, Kissen in Leinenbezug, mit Vergißmeinnicht bestickt. Zwei Männer rollten es auf das Podium, und die Rüschen des Bettüberwurfs bewegten sich wie die Petticoats eines jungen Mädchens. Hinter ihren Augenlidern stieg Pearl Tull hinein und legte ihren Kopf aufs Kissen und wurde weggetragen an den Strand, wo ihr drei kleine Kinder lachend entgegenliefen, über den sonnenbeschienenen Sand.

2

Wie man der Katze das Gähnen beibringt

Während Codys Vater die Zielscheibe an den Baumstamm nagelte, prüfte Cody den Bogen. Er zog die Sehne zurück, legte seine Wange an und fixierte mit zusammengekniffenen Augen das Ziel. Sein Vater schlug die Stifte mit seinem Schuh ein; er hatte den Hammer vergessen. Er sah blöd aus, fand Cody. Er besaß keine Freizeitkleidung, so wie andere Väter, sondern war in seinem steif wirkenden braungestreiften Vertreteranzug, im weißen, gestärkten Hemd und marineblauen Schlips mit den bunt verstreuten Rechtecken und Kreisen drauf hierhergefahren. Daß es Sonntag war, erkannte man erst, als er den letzten Stift eingeschlagen hatte und sich umdrehte: Er hatte die Krawatte nicht festgezogen. Sie hing lose und etwas schief, wie bei einem Betrunkenen. Eine Haartolle, schwarz wie bei Cody, aber gewellt, stand über der Stirn in die Höhe.

»Also!« sagte er und stapfte zurück, den Schuh noch in der Hand. Er ging mit Schlagseite und lächelte Cody zu – oder blinzelte gegen die Sonne. Es war noch keineswegs Frühling, aber dafür war die Luft erstaunlich warm, und eine blasse Sonne goß Wärme wie eine Flüssigkeit über Codys Schultern. Cody bückte sich und zog einen Pfeil aus einer Pappröhre. Er legte ihn an die Sehne. »Warte mal, mein Sohn«, sagte sein Vater. »Du willst es doch richtig machen.«

Natürlich lief dies auf ein Stück Erziehung hinaus, samt unausweichlicher Belehrung und Kritik. Cody seufzte und ließ den Bogen sinken. Sein Vater bückte sich, um seinen Schuh anzuziehen. Er bohrte dabei seinen Fuß hinein, ohne die Bänder aufzumachen; Codys Mutter konnte das nicht ausstehn. Die Ferse seiner schwarzen Kunstseidensocke war bis zur Durchsichtigkeit dünngescheuert. Cody schaute

weg. Er war vierzehn – zu groß, um noch auf Familienaus-
flüge mitgeschleppt zu werden, und entschieden zu groß für
Pfeil und Bogen, außer natürlich, man hätte die Sachen ihm
und seinen Freunden einfach überlassen und sie Unfug treiben lassen oder ein Wettschießen veranstalten oder aus Jux
Fensterscheiben oder Straßenlampen kaputtschießen lassen.
Wie kam sein Vater bloß auf solche Ideen? Das hier würde
noch weniger bringen als seine andern Einfälle. Codys Mutter, die gänzlich unsportlich war, pflückte vertrocknete Blumen an einem Zaun. Seine kleine Schwester knöpfte mit auf-
gesprungenen, blauen Händen ihren Pullover zu. Sein Bruder Ezra, elf Jahre alt, kaute auf einem Halm und summte.
Er vermißte seine Flöte, bestimmt – eine Bambusflöte mit
sechs Grifflöchern, auf der er fast pausenlos Melodien spielte. Er hatte sie mitgeschmuggelt, aber der Vater hatte verlangt, daß sie im Wagen blieb.
Gerade jetzt sahen die beiden besten Freunde von Cody
einen Film: »Air Force« mit John Garfield und Faye Emer-
son. Cody hätte alles gegeben, um dabeizusein.
»Also, dein linker Arm macht so«, sagte sein Vater und rückte ihn zurecht. »Du möchtest dir ja nicht am Handgelenk
weh tun. Und steh gerade. Bogenschießen hat uns die richtige Haltung gelehrt; steht in der Anleitung. Früher sind alle
bloß irgendwie herumgelatscht, alle, außer den Bogenschüt-
zen. Wetten, daß du das nicht gewußt hast, oder?«
Nein, er wußte es nicht. Er stand da, wie etwas aus Lehm,
während sein Vater an ihm herumknuffte und -puffte und
ihn in Form brachte. »In alten Zeiten...«, sagte sein
Vater.
Cody ließ die Bogensehne los. Zack. Der Pfeil traf den Rand
der Scheibe, mehr seitlich als mit der Spitze, sprang harmlos
ab und fiel zwischen die Baumwurzeln. »Also, sag mal! Was
denkst du dir eigentlich?« fragte ihn der Vater. »Hab' ich dir
vielleicht schon gesagt, daß du schießen sollst? Hab' ich
das?«
»Er ist mir ausgerutscht«, entschuldigte sich Cody.

»Ausgerutscht?«

»Und überhaupt, er hätte gar nicht im Ziel steckenbleiben können. Nicht mit dem harten, dicken Baumstamm dahinter.«

»Und ob er das gekonnt hätte«, sagte der Vater. »Du hast einfach drauflosgemacht, wie immer. Impulsiv. Immer nach deinem Kopf. Wann fängst du endlich an, dich besser im Zaum zu halten?«

Codys Vater (der sich selbst in keiner Weise im Zaum hielt, wie ihm Codys Mutter ständig vorhielt) machte ein paar Sätze in Richtung Zielscheibe, brabbelte dabei und riß Pflanzenstengel in Büscheln aus und warf sie wieder weg. Körner und trockene Hülsen schwirrten um ihn durch die Luft. »Eigensinniger Junge; hört nie zu. Warum mach' ich das überhaupt?«

Codys Mutter schirmte die Augen mit der Hand und rief: »Hat er getroffen?«

»Nein, er hat nicht getroffen. Wie soll er auch; ich war noch nicht mal mit Erklären fertig.«

»Es soll schon Leute gegeben haben, die ein Ziel getroffen haben, ohne daß ihnen jemand vorher was erklärt hat«, murmelte Cody.

»Sagst du was?«

»Laßt Ezra versuchen«, schlug Codys Mutter vor.

Der Vater hob den Pfeil auf und rammte ihn ins Schwarze, genau in die Mitte. »Und du willst behaupten, er kann nicht steckenbleiben?« fragte er Cody. Er zeigte auf den Pfeil, der sich nicht rührte. »Schau hin: Stahlspitzen. Natürlich bleibt er stecken. Und Baumschwamm auf der Rinde. Ich hab' den Baum ausgesucht. Natürlich bleibt er stecken. Du hättest ihn leicht reinkriegen können.«

»Haha«, sagte Cody und trat gegen einen Erdklumpen.

»Sagst du was, Sohn?«

»Laßt Ezra versuchen«, rief Pearl wieder. »Beck? Laß Ezra versuchen.«

Ezra war ihr Liebling, ihr Schatz. Die ganze Familie wußte

das. Ezra sah verlegen drein und schob seinen Halm in die andere Mundecke. Beck kam zurückgewatet. »Ach, ich weiß nicht, ich weiß nicht. Manchmal denke ich ...«, sagte er.

Ezra kam herüber, kaute dabei auf seinem Halm und nahm den Bogen von Cody entgegen. Jetzt gab es was zu lachen. Niemand war so ungeschickt wie Ezra. Als er seine Stellung einnahm, machte er alles falsch, er sah einfach falsch aus, auf eine Weise, die man kaum feststellen konnte. Seine Ellbogen standen ab wie Flügel; das schlaffe, gelbliche Haar geriet fiedrig in seine Augen. »Warte, warte doch«, sagte Beck immerzu. »Was ist denn hier verkehrt?« Er ging um Ezra herum, drückte seine Schultern gerade, korrigierte seinen Griff am Bogen. Ezra blieb geduldig. Vielleicht war er im Geist sogar ganz woanders; es sah aus, als gälte seine Aufmerksamkeit einer Wolkenformation dort im Süden. »Na gut«, meinte Beck schließlich, er gab auf. »Laß ihn fliegen, Ezra. Ezra?«

Ezras Finger an der Sehne lockerten sich. Der Pfeil sauste eine gerade, rasche Bahn, ohne jeden Bogen. Wie von einem unsichtbaren Faden gezogen – oder schlimmer noch, vom schiersten und natürlichsten Glück gesteuert –, spaltete er den Pfeil, den Beck bereits eingerammt hatte, der Länge nach und landete im Zentrum des Schwarzen, nachzitternd. Es gab ein jähes, befangenes Schweigen. Dann sagte Beck: »Schau sich einer das an.«

»Also, Ezra«, sagte Pearl.

»Ezra«, schrie Jenny, die Schwester der Jungen. »Ezra, schau, was du gemacht hast! Was du mit dem Pfeil gemacht hast!«

Ezra nahm den Halm aus dem Mund. »Tut mir leid«, sagte er zu Beck. (Es war nicht das erste, was er kaputtgemacht hatte.)

»Leid?« fragte Beck.

Er schien nach dem richtigen Tonfall zu suchen. Schließlich hatte er ihn. »Hör zu, Sohn«, sprach er, »dies beweist nur, daß es sich lohnt, Anweisungen zu folgen. Schau her, Cody! Siehst du, was passiert? Ein Volltreffer. Verdammt noch mal. Wenn du genau zugehört hättest, so wie Ezra, und nicht zu früh drauflosgemacht hättest...«

Er ging auf die Zielscheibe zu, während er sprach; ruderte durchs hohe Gras, und Jenny rannte, um zuerst dazusein. Cody konnte deshalb nicht schießen, obwohl er an der Reihe war und darauf brannte. Er mußte unbedingt diesen zweiten Pfeil spalten, wie Ezra den ersten gespalten hatte. Es war undenkbar, das nicht zu tun. Warum sollte das nicht klappen? Er fühlte ein federndes Schwirren im Innern, als sei er selbst die Sehne. Er bückte sich, holte einen neuen Pfeil aus der Röhre und legte ihn an. Er spannte und zielte auf ein Gesträuch, dann auf den staubig blauen Nash seines Vaters und dann auf Ezra, der bereits wieder davonwanderte, verträumt wie immer. Verlangend zielte Cody auf Ezras blonden, zerzausten Kopf. »Peng. Wumm. Aaaah, du hast mich erwischt«, sagte er. Was für eine Befriedigung. Ezra drehte sich langsam um und sah ihn. »Nein!« schrie er.

»Was?«

Ezra rannte auf ihn zu, mit flatternden Armen wie ein Idiot und stammelte: »Halt, halt, halt! Nein! Stopp!« Glaubte er wirklich, Cody wollte ihn erschießen? Cody starrte ihn an, mit gespanntem Bogen. Ezra sprang in die Luft, mit ausgebreiteten Armen wie ein Liebhaber. Er bekam Cody in einer Art heftiger Umarmung zu fassen und schmiß ihn flach auf den Rücken. Cody ging fast die Luft aus; er konnte unter Ezras warmer, knochiger Last nur noch keuchen. Und was war aus dem Pfeil geworden, inzwischen? Erst nach Minuten konnte er sich mühsam aufrichten und Ezra mit den Ellenbogen wegschieben. Er schaute über das Gras und sah seine Mutter, auf den Arm seines Vaters gestützt, wie sie auf ihn zuhumpelte, einen kreisrunden Fleck von Blut leuchtend an der Schulter ihrer Bluse. »Pearl, mein Gott. Ach, Pearl«, hörte er den Vater sagen. Cody drehte sich um und schaute Ezra an, der mit bleichem und erschrockenem Gesicht dastand. »Siehst du?« fragte ihn Cody. »Siehst du, was du angerichtet hast?«

»Hab' ich das getan?«

»Mir wieder mal angetan«, sagte Cody, stand schwankend auf und ging weg.

An einem Werktag, als sein Vater verreist war, seine Mutter gerade einkaufen ging fürs Abendbrot und sein Bruder und seine Schwester in ihren Zimmern Hausaufgaben machten, nahm Cody sein Luftgewehr und schoß ein Loch ins Küchenfenster. Dann schlich er hinaus und fädelte ein Stück Angelschnur durch das Loch. Von der Küche aus zog er an der Schnur, bis der rostige Schraubenschlüssel, den er ans andere Ende gebunden hatte, flach von außen an der Scheibe anlag. Er hielt ihn dort fest, indem er die Schnur unter einem Begonientopf verankerte. Als seine Mutter vom Einkaufen zurückkam, saß Cody am Küchentisch und malte eine Karte von Asien bunt aus.

Nachdem sie mit den Hausaufgaben fertig waren, gingen Jenny und Ezra zur Hintertür hinaus. Die ganze Woche hatte Ezra mit Jenny geübt, wie man einen Softball schlägt. (Anscheinend wurde sie immer als letzte gewählt, wenn ihre Klasse ein Spiel austrug.) Sobald sie durch die Küche gegangen waren, stand Cody auf und ging ans Fenster. Er sah, wie sie in der Dämmerung ihre Plätze auf dem Hof einnahmen, der zu beiden Seiten von den Hecken der Nachbarn begrenzt war. Sie waren lächerlich nahe beieinander. Jenny stand am nächsten zum Haus und hielt ihren Schläger steif nach oben, so zimperlich, als wollte sie irgendein kleines Tier erschlagen. Ezra warf ihr sanft den Ball zu. (Er spielte selbst nicht besonders gut.) Jenny holte schwungvoll aus, schlug daneben und suchte den Ball zwischen den Mülleimern neben der Hintertür. Ihr Überhandschlag fiel dann so steif und krumm aus, daß Cody sich wunderte, wieso Ezra sich überhaupt damit abgab. Er fing und schlug zurück. Als der Ball im Bogen auf Jennys Schläger zuflog, tastete Cody nach der

Angelschnur unter dem Begonientopf. Er gab ihr einen schnellen Ruck. Die Fensterscheibe prasselte nach innen und zerbrach in mehrere Stücke. Jenny flog herum, mit aufgerissenen Augen. Ezras Mund blieb offenstehn. »Was war das?« rief Pearl aus dem Eßzimmer.

»Ezra hat nur wieder mal ein Fenster kaputtgemacht«, antwortete Cody.

An einem Wochenende kam ihr Vater nicht nach Hause, und er kam auch nicht am nächsten oder am übernächsten. Oder vielmehr: Cody erwachte eines Morgens, und es fiel ihm auf, daß es schon eine Weile her war, seit der Vater zu Hause gewesen war. Er hätte nicht sagen können, er hätte es von Anfang an bemerkt. Seine Mutter lieferte keine Rechtfertigung. Wachsam wie ein Spion beobachtete Cody ihr zerfurchtes, zerstreutes Gesicht, und wie sie die Hände rang. Der Gedanke, daß er sich das letzte Zusammensein mit seinem Vater nicht vorstellen konnte, bekümmerte ihn. Er kramte im Gedächtnis nach irgendeinem Auftritt, der Becks Weggehn hätte erklären können, kam aber nur auf allgemeine Szenen, überblendet durch dutzendfache Wiederholung: durch Streit verdorbene Mahlzeiten, gestörte Mahlzeiten, wenn Ezra seine Milch vergossen hatte, Fahrten aufs Land, wenn sein Vater den Weg verlor und seine Mutter ihm gequält und verzweifelt die Richtung wies. Er dachte an das eine Mal, als Dampf aus dem Kühler des Nash aufschoß und sein Vater hilflos sein Jackett drübergeworfen hatte. »Nein, ehrlich«, sagte seine Mutter. Aber das lag weit zurück; es war Jahre her, oder nicht? Cody wanderte durch die verschiedenen Kabuffs und Winkel des Hauses und spürte all die Accessoires der »Phasen« seines Vaters auf (wie seine Mutter das nannte): die Badmintonschläger, das Schmetterlingsnetz, Pfeil und Bogen, die Kamera mit dem unhandlichen Blitzlicht und der Schuhkarton voller ausländischer Briefmarken, noch in ihren durchsichtigen Umschlägen. Aber daß diese Sachen noch da waren, bedeutete nichts.

Beunruhigend war seines Vaters Hälfte der Kommode: eine leere Strumpfschublade, auch die Schublade für Unterwäsche leer. In der Hemdenschublade ein ungebrauchtes Sporthemd, das die drei Kinder Beck zu seinem letzten Geburtstag, dem vierundvierzigsten, gekauft hatten. Und ein ganzes Sortiment Pyjamas; aber er schlief ja immer in der Unterwäsche. Im Kleiderschrank nur ein Bügel mit Krawatten – seinen ältesten, fadesten, fransigsten und fleckigsten Krawatten – und ein Paar Schuhe, so uralt, daß die Spitzen hochstanden.

Codys Bruder und Schwester waren umwerfend in ihrer Achtlosigkeit. Sie flatterten im Haus ein und aus wie Vögel – Ezra blies auf seiner Flöte, Jenny sang Bruchstücke von Seilhüpf-Versen. Cody hatte den Eindruck, daß ihre Köpfe zum Überfließen voll von musikalischen Noten waren; da blieb kein Platz für etwas Ernsthaftes. *Tantchen zieht das Blaue an, Schuh' und Gummischuh' sodann...* Irgendwie beruhigten ihn ihre klare, dünne Stimme und die unbekümmert fliegenden Zöpfe. Was konnte schließlich so Schlimmes passieren, solange sie mit ihrem ausgefransten Seil vorbeihüpfte? Was konnte so furchtbar schiefgehn?

Dann sagte sie eines Samstags: »Ich mache mir Sorgen wegen Daddy.«

»Warum?« fragte Cody.

»Cody«, sprach sie in ihrer altklugen Art, »du siehst doch, daß er nicht mehr nach Hause kommt. Ich glaube, er hat uns verlassen.«

»Sei nicht blöd«, sagte Cody zu ihr.

Sie betrachtete ihn einen Moment, mit einer Gelassenheit, die ihm unbehaglich war, und als er nichts mehr sagte, drehte sie sich um und ging auf die Veranda hinaus. Er hörte die Schaukel quietschen, als sie sich niederließ. Aber sie fing nicht an zu singen. Überhaupt war das Haus ungewöhnlich still. Das einzige Geräusch kam von den Absätzen seiner Mutter, die oben hin und her klapperten, während sie die Wäsche einräumte. Und Ezra spielte nicht auf seiner Flöte. Cody hatte keine Ahnung, wo Ezra war.

Er ging ins Schlafzimmer seiner Mutter hinauf. Sie legte ein Laken zusammen. »Was machst du?« fragte er. Sie warf ihm einen Blick zu. Er setzte sich in einen Sprossenstuhl und schaute ihr bei der Arbeit zu. Sie trug ein Hauskleid, das er scheußlich fand, beige mit dunkelroten Schrägstreifen wie Pinselstriche. Die Schulterteile waren dreieckige Polster, abknöpfbar und abnehmbar, wenn das Kleid in die Wäsche mußte. Cody hatte oft daran gedacht, diese Polster zu stehlen. Mit diesen verbreiteten Schultern sah seine Mutter stark und hart und furchterweckend aus. An den Füßen trug sie zehenfreie Schuhe und kurze weiße Socken. Sie wanderte rasch zwischen dem Wäschekorb und dem Bett hin und her, auf dem sie Stöße von Kleidungsstücken ausbreitete. Kein Stoß für seinen Vater.

»Wann kommt Dad nach Hause?« fragte er.

»Ach«, sagte sie, »ziemlich bald.«

Sie wich seinem Blick aus.

Cody sah sich um und bemerkte zum erstenmal, daß die Art, wie dies Haus dekoriert war, etwas Spärliches und Kümmerliches hatte. Auf der Kommode seiner Mutter stand keine einzige Parfümflasche oder Porzellanfigur. Keine Bilder an den Wänden. Selbst die Nachttische waren vollkommen nackt; und in all den Schubladen im Zimmer, das wußte er, war jeder Gegenstand in Reih und Glied angeordnet – die Kleidung nach Art und Farbe, von Weiß über Pastell bis zu dunklen Tönen; Kamm und Bürste parallel; Handschuhe paarweise und gefaltet, wie eine Reihe geballter Fäuste. War das nicht wirklich zum Davonlaufen? Er richtete sich auf, Angst überkam ihn. In diesem Augenblick trat seine Mutter zu ihm und strich sein Haar glatt. »Mein Gott«, sprach sie lächelnd zu ihm, »wie groß du schon bist, ich kann es gar nicht glauben.«

Er zuckte zurück in seinem Stuhl.

»Du bist jetzt bald groß genug, um mir eine Stütze zu sein«, sagte sie.

»Ich bin erst vierzehn«, antwortete Cody.

Er schlüpfte aus dem Stuhl und verließ das Zimmer. Die Badezimmertür war verschlossen; er hörte die Dusche laufen, Ezra sang »Greensleeves«. Er machte die Tür einen Spalt breit auf, zwängte einen Arm hinein und drehte das heiße Wasser über dem Becken auf. Dann marschierte er durchs ganze Haus, von der Küche zum unteren Badezimmer bis in den Keller, und drehte methodisch jeden Heißwasserhahn auf, so weit es ging. Allerdings hätte man kaum sagen können, daß er mit dem Herzen dabei war.

»Tull?« fragte der Mann.

»Ja.«

»Wohnt hier Familie Tull?«

»Ja, richtig.«

»Darryl Peters«, stellte sich der Mann vor und zeigte eine Geschäftskarte.

Cody trank einen Schluck Bier und nahm die Karte entgegen. Während er sie las, schüttelte er geistesabwesend die Bierflasche, um obendrauf viel Schaum zu kriegen. Er trug einen Latzanzug und sonst nichts; es war ein glühendheißer Augusttag. Das Haus dagegen war ziemlich kühl – das Wohnzimmer dämmerig, die Papierrouleaus waren ganz heruntergezogen und leuchteten gelb in der Nachmittagssonne. Mr. Peters schaute sehnsüchtig hinein, blieb aber auf der Veranda, den Hut in der Hand. Er war übertrieben gut angezogen, für August.

»Aha«, sagte Cody. Er stieß das Fliegengitter mit dem nackten Fuß auf. Mr. Peters bekam es zu fassen und trat ein.

»Ist deine Mutter vielleicht da?«

»Sie geht arbeiten.«

»Ja, aber dein . . . ist Ezra Tull dein Vater?«

»Das ist mein Bruder.«

»Bruder. Aha.«

»Er ist zu Hause.«

»Na, also dann«, sagte Mr. Peters.

»Ich hol' ihn.«

Cody ging hinauf und in Jennys Zimmer. Jenny und Ezra spielten auf dem Fußboden Dame. Ezra trug Shorts und ein Unterhemd voller Löcher, er streichelte seine Katze, Alicia, und schaute stirnrunzelnd auf das Brett. »Da ist jemand für dich«, sagte Cody.

Ezra sah auf. »Wer denn?«

Cody zuckte die Achseln.

Ezra stand auf, die Katze im Arm. Cody ging bis zur Treppe mit. Dort blieb er stehn und beugte sich grinsend übers Geländer, um zu lauschen. Ezra trat jetzt ins Wohnzimmer.

»Sie wollen mich sprechen?« hörte Cody ihn fragen.

»Ezra Tull?« sagte Mr. Peters.

»Ja.«

»Also, hm ... vielleicht ist da ein Fehler passiert.«

»Was für ein Fehler?«

»Ich komme von Peacefull Hills Memorial Gardens«, sagte Mr. Peters. »Ich dachte, du hättest den Wunsch, eine Ruhestätte zu erwerben.«

»Ruhestätte?«

»Ich dachte, du hättest diesen Antwortschein ausgefüllt: Ezra Tull, deine Unterschrift. *Ja, ich möchte ein ewiges Heim für mich und/oder meine Lieben. Ich bin mit einem Vertreterbesuch einverstanden.«*

»Das war ich nicht«, sagte Ezra.

»Du hast das nicht ausgefüllt? Du bist nicht an einem Platz interessiert?«

»Nein, vielen Dank.«

»Das hätte ich wissen sollen«, sagte Mr. Peters.

»Es tut mir leid.«

»Macht nichts, ich sehe ja, daß du nichts dafür kannst.«

»Vielleicht, wenn ich älter bin, oder so ...«

»Ist schon gut, Sohn. Schon in Ordnung.«

Cody stieg in den stickigen, heißen dritten Stock hinauf, wo Lorena Schmidt auf seinem Bett saß, den Rücken gegen die Wand gelehnt. Sie war neu in der Nachbarschaft – ein hell gebräuntes Mädchen mit langen, schwarzen Haaren, eine

Locke drehte sie um ihren Finger. »Wer war das?« fragte sie Cody.

»Ein Bestattungsvertreter.«

»Huch!«

»Er wollte Ezra sprechen.«

»Wer ist Ezra?«

»Mein Bruder, Döskopf.«

»Und woher soll ich das wissen?« fragte Lorena. »Du meinst den Bruder da unten? Blonder Bursche, gutaussehend?«

»Gutaussehend? Ezra?«

»Ich mag das ernste Gesicht, das er hat«, sagte Lorena. »Und diese hellgrauen Augen.«

»Meine Augen sind grau.«

»Na, wie auch immer«, meinte Lorena.

»Übrigens«, sagte Cody, »er kriegt Anfälle.«

»Was?«

»Er täuscht einen. Er schaut so normal aus wie alle andern, und dann plötzlich – patsch! – liegt er platt auf dem Boden, Schaum vor dem Mund.«

»Das glaub' ich dir nicht.«

»Manche Leute glauben, daß er gefährlich ist. Ich bin der einzige, der den Mut hat, ihm näher zu kommen, wenn er so ist.« »Ich glaub' dir kein Wort«, sagte Lorena.

Sie rutschte ans Kopfende von Codys Bett und hob eine Ecke des Rouleaus hoch. »Da kommt deine Mutter.«

»Was? Wo denn?«

Sie drehte sich um und grinste ihn an. Von einem ihrer Schneidezähne fehlte ein Stückchen, das gab ihr etwas Instabiles, Unbeherrschtes. »War nur ein Spaß«, sagte sie.

»Hm.«

»Du hättest dein Gesicht sehen sollen. Ha! Ich hab' doch deine Mutter überhaupt nicht kennengelernt. Wie soll ich dann wissen, ob sie kommt?«

»Du mußt sie gesehen haben«, sagte Cody. »Sie ist jetzt Kassiererin bei Sweeny Brothers. Die Leute hier nennen sie die Kassenhexe.«

»Wir kaufen bei Esmond ein.«

»Das täte ich auch.«

»Wieso arbeitet sie? Wo ist euer Vater?«

»Gefallen.«

»Ach je, tut mir leid.«

Er machte eine sorglose Handbewegung und trank einen Schluck Bier. »Sie bedient die Kasse«, erzählte er weiter. »Schau das nächstemal bei Sweeny ins Fenster, wenn du vorbeikommst. Du erkennst sie sofort. Geh rein und sage: ›Ma'am, diese Suppendose hat eine Beule. Krieg' ich sie billiger?‹ ›Suppe ist Suppe‹, sagt sie dann. ›Bitte geh.‹«

»Ach, so eine«, meinte Lorena.

»Strammen kleinen Knoten am Hinterkopf. Einen Mund wie voller Stecknadeln. Wenn einer trödelt, seine Zeit verschwendet, sagt sie: ›Weiter, bitte. Bitte weitergehn.‹«

Er lächelte zwar, während er mit Lorena sprach, aber im Innern fühlte er plötzlich einen Stich. Er stellte sich seine Mutter an der Kasse vor, mit dieser ängstlichen Linie, die wie eine Haarsträhne oder eine dünne, zarte Schneidernaht über ihre Stirn lief.

Cody nahm alle Decken und Laken von Ezras Bett, dazu das Kissen und die Matratze. Darunter waren vier Holzlatten, quer auf den Rahmen gelegt. Er nahm sie heraus und stellte sie in den Kleiderschrank. Mit großer Vorsicht legte er die Matratze wieder auf den Rahmen. Er atmete tief und wartete. Die Matratze blieb liegen. Er tat das Bettzeug zurück, klopfte das Kissen auf und legte es sanft aufs Kopfende. Dann schleppte er einen Stoß Zeitschriften aus ihrem Versteck in seiner Kommode herbei, schlug sie auf und verstreute sie auf dem Boden. Danach machte er das Licht aus und ging in sein Bett, das gegenüber stand.

Ezra stapfte barfuß herein; er aß gerade ein Butterbrot. Er trug Pyjamahosen, die Taillenschnur hing herunter. »Ach ja«, seufzte er und sank ins Bett. Es krachte. Der Boden zitterte, und ihre Mutter schrie auf und kam schwer die Treppe hinauf. Als sie das Licht anmachte, hob Cody den Kopf und starrte sie schläfrig und verwirrt an. Sie preßte eine Hand aufs Herz. Sie rang nach Luft. Jenny bibberte hinter ihr, ein abgewetztes Stoffkaninchen an sich gedrückt. »Gott schütz' uns«, sagte die Mutter.

Ezra sah aus, als läge er in einer Badewanne voller Tücher. Er versuchte mühsam, sich aus seinen Laken zu befreien. In einer Hand hielt er immer noch das Butterbrot fest. »Ezra, Schatz«, sagte Pearl, aber dann kam: »Aber, Ezra«. Sie hatte die Illustrierten entdeckt. Sie lagen offen da, man sah nichts als Frauen in Nachthemden, in Badeanzügen, in Strumpf-haltern und schwarzen Spitzen-BHs, in Badetüchern, mit überflüssigen, durchsichtigen Fetzchen drapiert, oder in gar nichts. »Ezra Tull!« sagte sie.

Ezra gelang es endlich, über den Rand seines Bettrahmens zu spähen.

»Ehrlich, Ezra, das hätte ich von dir nie erwartet«, sagte sie zu ihm. Dann kehrte sie um und verließ das Zimmer, Jenny nahm sie mit.

Ezra tauchte aus seinem Bett, er stürzte sich durch die Luft und auf Cody. Er packte eine Handvoll Haare und schüttelte Codys Kopf. Cody konnte nur unterdrückt keu-chen, die Mutter durfte ja nichts hören. Schließlich schaff-te er es, Ezra ins Knie zu beißen, so daß er schnaufend und schluchzend herunterrollte. Er mußte sich vorher an etwas gestoßen haben, denn sein linkes Auge schwoll an. Damit sah er noch trauriger aus. Cody stand auf und zeig-te ihm, wo er die Latten versteckt hatte. Sie brachten sie wieder an, hoben die Matratze auf den Rahmen zurück und versuchten, die Laken glattzustreichen. Dann machte Cody das Licht aus, sie stiegen in ihre Betten und schliefen ein.

Manchmal träumte Cody von seinem Vater. Er trat zur Tür herein, in einem seiner Vertreteranzüge, und hatte die Nach-mittagszeitung mitgebracht, wie immer am Freitag. Seine Gewöhnlichkeit war erstaunlich – die dicken Haarsträhnen und die müden, gelblichen Schwellungen unter den Augen. (Im wachen Erinnern wirkte er in letzter Zeit nicht so echt, eher verschwommen und allgemein und ohne Details.) »Wie war die Woche bei euch?« fragte er wie immer. Codys Mutter antwortete: »Ach, ganz in Ordnung.«

In diesen Träumen war Cody nicht der Cody von heute. Er war irgendwie zurückgeglitten und wieder ein kleines Kind, das auf kurzen, fetten Beinchen herumwackelte und nach Aufmerksamkeit gierte. »Schau mal! Schau mal da! Schau, ich kann Purzelbaum! Schau, wie ich den Wagen zieh'!« Jede Handlung war von seiner Kleinheit bestimmt; er spürte ein verzweifeltes Bedürfnis, zu lernen, wie man alles macht, die Führung in seiner Umgebung zu übernehmen. Wenn er im Dunkeln aufwachte, streckte er zuerst immer seine langen Beine und hob seine Arme mit den sichtbaren Adern und den Muskeln wie Seile. Er dachte, wie er sein würde, wenn sein Vater irgendwann in der Zukunft heimkäme, wenn Cody schon ein Mann war. »Schau, was ich geleistet habe«, würde Cody zu ihm sagen. »Schau, was aus mir geworden ist, wie weit ich gekommen bin ohne dich.«

War es etwas, was ich gesagt habe? War es etwas, was ich getan habe? Oder etwas, was ich nicht getan habe, weshalb du weggegangen bist?

Die Schule fing an, und Cody kam in die neunte Klasse. Er und seine beiden besten Freunde landeten im selben Klassenzimmer. Manchmal begleiteten Pete und Boyd ihn nach Hause; zusammen gingen sie den weiten Weg und mieden dabei das Lebensmittelgeschäft, wo Codys Mutter arbeitete. Cody mußte die Dinge getrennt halten – seine Freunde gehörten zur einen Hälfte seines Lebens und seine Familie zur anderen. Seine Mutter konnte es nicht ausstehn, wenn Cody sich mit Außenstehenden abgab. »Warum läßt du nie jemand herkommen?« fragte sie manchmal, aber er fiel keine Sekunde darauf herein. Er sagte dann: »Wozu, ich brauche niemand«, und man sah, daß ihr das gefiel. »Du hast genug an deiner Familie, stimmt's?« fragte sie. »Was für ein Glück, daß wir uns haben.«

Er ließ seine Freunde nur ins Haus, wenn seine Mutter bei der Arbeit war, und manchmal – warum, wußte er selber nicht – führte er ihnen ihre Habseligkeiten vor. Er zog die kleinste, obere Kommodenschublade auf und zeigte ihnen die echte Goldbrosche, die sein Vater ihr geschenkt hatte, als er um sie warb. »Er hält eine Menge von ihr«, sagte er dann. »Er hat ihr massenweise Sachen geschenkt. Massenweise. Es gibt noch eine Menge anderes Zeug, ich hab' es jetzt bloß nicht greifbar.« Seine Freunde blickten gelangweilt drein. Cody änderte seine Taktik und zeigte ihnen ihre gebügelten Taschentücher, die so exakt gestapelt waren, als hielte sie eine unsichtbare, rechteckige Schachtel zusammen. »Ich denke mir«, sagte er, »eure Mütter tun das nicht, oder? Oder? Weiber!« Und dann, grübelnd über einer mysteriösen Metallklammer oder etwas, was offenbar zum Befestigen von Strümpfen diente: »Wer versteht sie schon? Wirklich: Könnt ihr sie begreifen? Sie hat Ezra am liebsten, meinen dummen Bruder Ezra. Ezra, die alte Heulsuse. Ich finde, wenn es Jenny wäre, das könnte ich verstehn – Jenny ist eben ein Mädchen und so weiter. Aber Ezra? Wer mag schon Ezra? Wißt ihr einen einzigen Grund dafür?«

Seine Freunde zuckten die Achseln, schauten sich beiläufig im Zimmer um und klimperten mit den losen Münzen in ihren Taschen.

Er versteckte Ezras linken Turnschuh, seine Mathematik-Hausaufgaben, seinen Baseball-Handschuh, seine Füllfeder und seinen Lieblingspullover. Er sperrte Ezras Katze im Wäschefach ein. Er nahm Ezras Bambusflöte in die Schule mit und steckte sie in die Jacke von Josiah Payson, Ezras bestem Freund – einem wild dreinschauenden Jungen, so groß wie ein ausgewachsener Mann, von dem manche dachten, er sei schwachsinnig. Typisch für Ezra, daß er Josiah von ganzem Herzen liebte und ihn sogar nach Hause mitgebracht hätte, hätte die Mutter sich nicht vor ihm gefürchtet. Cody kam vorbei, als Ezras Klasse gerade beim Mittagessen war; er schlüpfte hinter die Garderobenwand und steckte die Flöte in die Tasche von Josiahs riesiger, schwarzer Matrosenjacke. Danach war eine Zeitlang Altweibersommer, und Josiah ließ seine Jacke offenbar hängen, wo sie hing, also blieb die Flöte tagelang verschwunden. Ezra war deshalb sehr beunruhigt. »Hast du meine Flöte gesehen?« fragte er jeden. Jedenfalls mußte Cody nicht »Greensleeves« und »The Ash Grove« hören, auf dieser kleinen Flöte, deren Skala so begrenzt war, daß Ezra für die hohen Töne besonders stark blasen mußte und einem das Trommelfell platzen ließ. »Du hast sie genommen«, sagte Ezra zu Cody, »du warst es! Ich weiß, daß du es warst.«

»Was soll ich mit einer blöden Spielzeugflöte anfangen?« antwortete Cody.

Er hoffte, Ezra würde Josiah die Schuld geben, wenn die Flöte in Josiah Paysons Tasche auftauchte. Aber es kam anders. Was immer zwischen den beiden geschah, wurde ohne jedes Tamtam geregelt, und die beiden blieben Freunde. Und wieder sprudelte »The Ash Grove«, quietschend und unrein, aus allen Winkeln des Hauses.

Ihre Mutter bekam einen ihrer Wutanfälle. »Pearl ist auf dem Kriegspfad«, warnte Cody Bruder und Schwester. Zu solchen Zeiten nannte er sie immer Pearl. »Seid bloß vorsichtig. Sie hat alle Schubladen von Jennys Kommode ausgeleert.«

»Ach – ach«, sagte Ezra.

»Sie schmeißt mit Sachen herum und redet mit sich selbst.«

»Junge, Junge«, sagte Jenny.

Cody hatte die beiden andern auf der Veranda abgefangen; sie waren länger in der Schule gewesen. Er machte ihnen stumm die Tür auf, und sie schlichen die Treppe hinauf. Jeder machte einen großen, weit ausholenden Schritt über die Stufe, die knarrte – obwohl ihre Mutter sie bestimmt nicht gehört hätte. Dazu machte sie in der Küche zuviel Lärm. Es klang, als flögen Töpfe durch die Fensterscheiben.

Auf Zehenspitzen gelangten sie über den Flur in Jennys Zimmer. »So eine Schweinerei«, flüsterte Ezra. Kleiderhaufen bedeckten den Fußboden. Leere Schubladen lagen überall herum. Der Kleiderschrank stand offen, die Bügel nackt, und Jennys Kleid mit den Puffärmeln lag als Häufchen da. Jenny starrte von der Tür aus auf alles. »Jen?« fragte Cody. »Was hat du getan?«

»Nichts«, sagte Jenny mit zitternder Stimme.

»Denk nach! Irgendwas Kleines, was du vergessen hast...«

»Nichts. Ich schwöre.«

»Na, dann hilf mir mal, diese Schubladen wieder reinzuschieben«, sagte er zu Ezra.

Es war eine Arbeit für zwei. Die Schubladen waren aus Eiche, klobig und blieben leicht stecken. Cody und Ezra murrten, während sie sie in die Kommode einpaßten. Jenny lief im Zimmer herum und hob ihre Kleider auf. Tränen waren ihr in die Augen gestiegen, und sie tupfte immer wieder ihre Nase mit einem gefalteten Paar Socken. »Hör auf damit«, sagte Cody zu ihr. »Sie macht es alles noch mal, wenn sie Rotz an deinen Socken findet.« Er und Ezra suchten Höschen und Haarbänder zusammen, schüttelten Blusen aus, versuchten, die Kleider wieder auf die Bügel zu bekommen, wie sie vorher waren. Manche waren hoffnungslos zerknauscht, und die strichen sie glatt, so gut es ging, und versteckten sie hinten im Schrank. Währenddessen kniete Jenny auf dem Boden und faltete schniefend Unterhemden zusammen.

»Ich wünschte, wir könnten einfach verschwinden«, sagte Ezra, »und erst wiederkommen, wenn es vorbei ist.«

»Es wird nicht vorbei sein, ehe sie ihre Szene gehabt hat«, antwortete Cody. »Du weißt doch. Wir kommen nicht drum rum.«

»Ich wünschte, Daddy wäre hier.«

»Ist er eben nicht, also sei still.«

Ezra strich eine Schärpe glatt.

Nachdem sie alles in Ordnung gebracht hatten, setzten sich die drei in einer Reihe auf Jennys Bett. Die Geräusche aus der Küche klangen jetzt anders – Geschirr klapperte, Gläser klirrten. Anscheinend deckte ihre Mutter den Tisch. Bald würde es Abendbrot geben. Cody hatte einen solchen Druck in der Kehle – nie wieder wollte er etwas essen. Ohne Zweifel fühlten die andern dasselbe; Ezra schluckte immer wieder. Jenny sagte: »Laß uns von hier weglaufen.«

»Wir haben nichts, wo wir hingehn könnten«, entgegnete Cody.

Die Mutter kam an den Fuß der Treppe und rief sie. Ihre Stimme war dünn, wie das Gesumm einer Mücke: »Kinder.«

Hintereinander marschierten sie hinunter, mit schleppenden Schritten. Im Badezimmer des ersten Stocks machten sie halt, schrubbten äußerst gründlich ihre Hände, besonders die Handrücken. Einer wartete auf den andern. Dann gingen sie in die Küche. Die Mutter schnitt einen Brocken Dosenfleisch in Scheiben. Sie sah sie nicht an, fing aber augenblicklich an zu sprechen, als sie sich gesetzt hatten. »Es reicht nicht, daß ich bis fünf Uhr nachmittags arbeiten muß; dann komm' ich heim, und es ist nichts getan, keine Hausarbeit erledigt, ihr Kinder bleibt einfach weg, mit gemeinen Typen auf der Straße, oder verschwendet eure Zeit mit dem Schulchor, mit Club-Treffen; Tisch nicht gedeckt, Frühstücksgeschirr nicht abgewaschen, Abendbrot nicht gekocht, Böden nicht gekehrt, die Post ein kleiner Haufen auf dem Abstreifer ... und keine Spur von einem einzigen von euch. Aber ich weiß, was los ist! Rumstreuner seid ihr, ihr gebt euch mit jedem ab. Was soll ich denn bloß machen? Wie soll ich fertig werden? Nutzlose Tochter, große, ungezogene Raufbolde ... Ich weiß, was die Leute sagen. Glaubt ihr, es macht meinen Kunden keinen Spaß, es mir zu erzählen? Kommen und grinsen albern: ›Also, Mrs. Tull, ihr ältester Junge wird jetzt wirklich erwachsen. Hab' ihn gesehn, mit einem Päckchen Camel, vor dem Haus der Barlow-Mädchen.‹ Und ich muß lächeln und es hinnehmen. Muß am Pranger stehn, und alle denken: ›Arme Mrs. Tull, ich weiß nicht, wie sie den Kopf oben behält. Ist doch klar, daß sie völlig außerstande ist, diese Kinder im Zaum zu halten; schaun Sie nur, wie sie ihr Schande machen.‹ Kartoffeln auf den Auspuff stecken und die Luft aus Reifen lassen und mit dem Luftgewehr nach Straßenlaternen schießen und Radkappen stehlen und Verkehrszeichen klauen und Mrs. Corellis Madonna auf Sonnyboy Browns Küchenveranda stellen und um Hydranten herumhängen, mit Mädchen, die richtige Luder sind, in hautengen Pullovern, mit Kettchen um die Knöchel, ja, das höre ich überall ...«

»Aber nicht von mir, Mama«, sagte Jenny.

»Wie bitte?«

»Ich mach' das alles nicht.«

Sie natürlich nicht (eigentlich nur Cody), aber Jenny hätte das nicht betonen sollen. Jetzt hatte sie die Aufmerksamkeit auf sich gelenkt. Pearl drehte sich um, sammelte Kräfte und stürzte sich auf sie. »Du! Dich kenn' ich. Ich konnte meinen Ohren nicht trauen. Ich brauchte bloß die Kirchentreppe am Sonntag herunterkommen, da seh' ich dich mit dieser Melanie Miller aus deiner Bibelklasse. ›Ach, Melanie ...‹« Sie machte ihre Stimme schrill und affektiert nach, eigentlich gar nicht wie die von Jenny. »›Melanie, ich liebe dein Kleid einfach. Ich wünschte, ich hätte auch so eins.‹ Ihr müßt wissen«, sagte sie an die Jungen gewandt, »es war ein billiges, kleines Fähnchen von Sears. Die Karos paßten nicht, am Saum saß eine Rüsche wie bei einem ... Kleid für den Square dance, und ein künstlicher Blumenstrauß war an der Taille befestigt. Ein absolut unpassender Aufzug für eine Neunjährige, oder für sonst jemand. Aber was sagt eure Schwester: ›Ach, ich wünschte, ich hätte auch so eins‹, damit jeder denken soll: ›Arme Mrs. Tull, sie kann nicht mal ein Kleid von

Sears & Roebuck mit künstlichen Blumen erschwingen; ich weiß nicht, wie sie zurechtkommt, den ganzen Tag in diesem Laden schuften und abends sich mit dem Haushaltsgeld abärgern, hier etwas streichen und dort, sich fragen, ob sie durchkommt, flehen, daß keins der Kinder eine Arztrechnung macht, daß die Füße ihrer Kinder nicht weiterwachsen...‹

Und Melanies Mutter – na, das ist ja, wie wenn man so eine Person ins Haus läßt. Als nächstes wird sie noch in voller Lebensgröße hier hereinmarschieren: ›Mrs. Tull, ich habe zufällig noch den Katalog, nach dem wir Melanies Kleid bestellt haben, wenn Sie gern eins für Jenny hätten.‹ Als ob ich meine Tochter wie ein Waisenkind anziehn würde! Als ob ich sie als Abklatsch von einem anderen Kind herumlaufen ließe! ›Nein, danke, Mrs. Miller‹, würde ich sagen. ›Vielleicht kann ich mir nicht allzuviel leisten, aber wenn ich was kaufe, dann wenigstens etwas mit versäuberten Säumen. Nein, Mrs. Miller, behalten Sie nur ihr sogenanntes Buch der Wünsche, ihren halben Zentimeter Nahtzugabe, ihre zerdrückten Filzblumen...‹ Was stimmt bei uns nicht, wüßte ich gern? Sind wir nicht gut genug für meine Tochter, mein Fleisch und Blut? Merkt sie nicht, daß ich mein Bestes, mein Möglichstes tue, um sie zu versorgen? Muß sie sich mit Gesindel abgeben? Muß sie Abschaum nach Hause bringen? Wir sind eine Familie! Wir waren uns doch so nah! Was ist mit uns passiert? Warum muß sie so treulos handeln?«

Sie setzte sich gelassen hin, als sei das Thema für sie für immer erschöpft, und griff nach einer Schüssel Erbsen. Jennys Gesicht war tränenüberströmt, aber sie gab keinen Ton von sich, und Pearl schien sie nicht zu bemerken. Cody räusperte sich.

»Aber das war am Sonntag«, sagte er.

Pearls Vorlegelöffel blieb in der Luft, mitten zwischen Schüssel und Teller. Sie wirkte höflich interessiert. »Ja, und?« fragte sie.

»Heute ist Mittwoch.«

»Ja.«

»Mittwoch, verdammt noch mal; drei Tage später. Warum bringst du was vom Sonntag zur Sprache?«

Pearl warf ihm den Löffel ins Gesicht. »Du Großmaul«, sagte sie. Sie stand auf und gab ihm eine Ohrfeige. »Du Schuft, du gräßliches Ungeheuer.« Sie packte einen von Jennys Zöpfen und riß so daran, daß Jenny vom Stuhl fiel. »Blöder Tolpatsch«, sagte sie zu Ezra, und sie nahm die Erbsenschüssel und schüttete sie ihm über den Kopf. Die Schüssel zerbrach nicht, aber die Erbsen flogen überall herum. Ezra duckte sich und schützte seinen Kopf mit den Armen. »Schmarotzer«, sagte sie zu ihnen. »Ich wünschte, ihr würdet alle sterben und mich von euch befreien. Ich wünschte, ich fände euch tot in euren Betten.«

Danach ging sie nach oben. Die drei wuschen das Geschirr, trockneten ab und räumten es auf. Sie wischten den Tisch und die Arbeitsflächen sauber und wuschen den Küchenboden auf. Der Anblick eines Krümels oder Fleckens war eine Erleichterung, ein Vergnügen; sie gingen mit einem scharfen Putzmittel dagegen vor. Sie zogen die Rouleaus an den Fenstern herunter und sperrten die Hintertür ab. Draußen organisierten die Nachbarskinder Versteckspielen, aber ihre Stimmen waren so schwach, daß sie in Zeit und Raum weit weg schienen. Sie waren wie Leute aus längst vergangenen Zeiten, sie lachten und riefen nur in der Erinnerung, oder in einem der unheimlich lebenswahren Träume, die man beim Einschlafen träumt.

Kurz vor dem Erntedankfest im November wurde ein Mädchen namens Edith Taber an ihre Schule versetzt. Cody war so oft selbst »der Neue« gewesen, daß ihm ihre trotzige Kopfhaltung bekannt erschien, als sie in sein Klassenzimmer trat. Sie hatte eine Kladde mit Reißverschluß dabei, die ganz verkehrt war, und trug über ihrem Rock eine Art Männerhemd, etwas ganz Unerhörtes. Sie hatte aber starkes, schwarzes Haar und ein gewisses zigeunerhaftes Aussehen, das Cody gefiel; auch faszinierte ihn die stolze und hochmütige Art, wie sie allein in ihre Stunden ging – ohne Freunde, wie er selbst, dachte Cody, oder zumindest so allein, wie er sich innerlich fühlte. An jenem Nachmittag also ging er ziemlich dicht hinter ihr her (es ergab sich, daß sie nur eine Straßenecke nördlich von ihm wohnte), und am nächsten Nachmittag holte er sie ein und ging neben ihr her. Sie schien seine Gesellschaft angenehm zu finden und redete fast pausenlos auf ihn ein, ab und zu hielt sie ihren Mantelkragen eng um ihren Hals zu, eine Bewegung, die ihm weltläufig erschien. Ihr Bruder war bei der Marine, sagte sie, und hatte versprochen, ihr einen seidenen Kimono mitzubringen, wenn er heil über den Krieg kam. Sie fand, Baltimore sei nicht sehr kosmopolitisch, und Miß Saunders, die Englischlehrerin, sähe wie Lana Turner aus. Sie sagte, sie fände es wirklich attraktiv, wenn Jungen ihr Haar nicht schwungvoll zurückkämmten, sondern es glatt in die Stirn fallen ließen, wie Cody es tat. Cody fuhr sich mit den Fingern durch die Haare und meinte, er wüßte nicht so recht; er hätte eigentlich immer angenommen, daß Mädchen eine kleine Welle oder Locke oder so was besonders gern hätten. Sie sagte, sie fände Locken bei einem Jungen einfach gräßlich. Den Rest des Weges sagte sie nichts mehr, Cody pfiff nur Bruchstücke der einzigen Melodie, die ihm einfiel, und das war ausgerechnet »The Ash Grove«.

Am Mittwoch konnte er sie nicht heimbegleiten, weil er nachsitzen mußte, und am nächsten Tag war Erntedankfest. Bis Montag war dann keine Schule mehr. Den ganzen Donnerstagmorgen hing er in der feuchten Novemberkühle auf der Vorderterrasse herum, starrte nach Norden zu Ediths Straße hinaus und schwang sich dann herum und boxte ein Scheinmatch gegen Kissen auf der Schaukel. Schließlich erschien seine Mutter, gerötet vom Kochen, und lockte ihn hinein. »Cody, Schatz, du wirst noch erfrieren. Komm und schäl mir ein paar Pekannüsse.« Das Essen würde mager ausfallen – kein Truthahn –, aber sie hatte versprochen, einen Kuchen als Nachspeise zu machen. Das Haus roch bereits anders: würziger, festlicher. Cody wäre sicher ewig auf der Veranda geblieben, hätte er sich eine Chance ausgemalt, Edith zu sehen.

Nach dem Abendessen spielten sie alle Monopoly. Im allgemeinen ließ Codys Familie ihn nicht mitspielen. Gewinnen war sein Problem. Er bestand absolut darauf, jedes Spiel zu gewinnen, in dem er mitspielte. Und er gewann auch – aus schierer Wut, weil es ihm am meisten darauf ankam. (Man wußte aber auch, daß er schwindelte.) Manchmal gewann er sogar, wenn niemand merkte, daß es überhaupt einen Wettstreit gab. Dann aß er mehr Erdnüsse, schälte seinen Maiskolben am schnellsten oder war zuerst mit seiner Seite Comics fertig. »Geh weg«, hieß es dann, wenn er näher kam (lässig mischte er die Karten oder warf ein paar Würfel). »Du weißt, was wir gesagt haben. Nie wieder!« Aber an diesem Nachmittag ließen sie ihn spielen. Er versuchte, sich zu beherrschen, doch sobald er ein Hotel an der Seestraße gekauft hatte, war der Teufel los. »Oje, ich hätte mir das denken können«, sagte die Mutter. »Was hat er bei dem Spiel zu suchen?« Dabei lächelte sie. Sie hatte ihr blaues Wollkleid an, und ihr Haar löste sich aus dem Knoten, was ihr etwas Entspanntes gab. Ihre Spielmarke war das Bügeleisen. Sie sprang über die Seestraße hinaus, aber Ezra war der nächste und traf. Er hatte überhaupt nicht das Geld dafür. Cody wollte ihm etwas leihen; er haßte es, wenn Leute einfach aufgaben. Ihm gefiel es, wenn alle mit Tausenden von Dollars bei ihm verschuldet waren und verzweifelt kämpften, bis zum bitteren Ende. Aber Ezra sagte: »Nein, nein, ich höre auf« und stieg aus – er hielt die Handfläche hoch, eine seiner typischen Bewegungen, wie alte Männer sie an sich haben. Cody mußte also nur mit Jenny und seiner Mutter weiterspielen, und schließlich mit der Mutter allein. Sie spielten stundenlang bis ganz zum Schluß, als sie schließlich auf der Seestraße mit einem Guthaben von drei Dollar landete. Cody hatte jedenfalls seinen Spaß gehabt.

Dann überredeten die beiden Jüngeren Cody und Pearl, ihre alte Parodie aufzuführen, »Der abgelaufene Pfandbrief«. »O, doch! Bitte! Sonst ist es kein echter Feiertag.« Schließlich ließen Cody und Pearl sich breitschlagen, obwohl sie aus der Übung waren und Cody den Tanzschritt vergessen hatte, der zum Schluß kam. Es handelte sich um ein gerettetes Überbleibsel aus der Kindheit ihrer Mutter, ein Stück, wie es Amateure bei Rezitationswettbewerben oder ums Lagerfeuer aufführten. Pearl spielte Ivy, das Mädchen in Not, und Cody gab den Schurken ab, der seinen gewachsten Schnurrbart zwirbelt. »Ivy, süße, süße Ivy, stütz dich auf meinen Arm«, flötete er mit einem bösen Grinsen, während Pearl die Augen rollte und sich in eine Ecke drückte. Sie hätte Schauspielerin werden können, dachten die Kinder; sie beherrschte es bis zum I-Tüpfelchen, den Blick, das Erröten und den altmodischen Singsang ihrer Antworten. Am Schluß erschien der Held und rettete sie. Ezra und Jenny behaupteten immer, sie seien zu schüchtern, also mußte Cody auch die Heldenrolle übernehmen. »Ich werde für die Hypothek auf der Farm zahlen«, sagte er zur Jungfer und tanzte mir ihr ins Eßzimmer. Der Tanzschritt fiel ihm schließlich wieder ein, aber seine Mutter versprach sich und sagte anstatt »Eheweib« »Weheweib« und konnte vor Kichern nicht weiter. Jenny und Ezra riefen sie dreimal mit ihrem Applaus »zur Bühne« zurück.

Am selben Abend ging Cody auf die Terrasse und sah wieder nach Norden. Ezra kam auch und setzte sich in die Schaukel, die er mit der Hacke eines Turnschuhs in Bewegung hielt. »Gehn wir zur Sloop Street?« fragte Cody.
»Was soll auf der Sloop Street sein?«
»Nichts Besonderes. Dieses Mädchen, das ich kenne, Edith Taber.«
»Ach ja, Edith.«
»Kennst du sie?«
»Sie hat so eine Flöte«, sagte Ezra, »auf der man ganz leicht

Dur und Moll spielen kann.«

»Edith Taber?«

»Eine Blockflöte.«

»Du denkst an jemand anders«, beschied ihn Cody.

»Ja, möglich.«

Cody schwieg einen Moment, ans Verandageländer gelehnt.
Ezra ließ gemütlich die Schaukel quietschen. Dann meinte
Cody: »Ein schwarzhaariges Mädchen. Neuntkläßlerin.«

»Neu in der Stadt«, stimmte Ezra zu.

»Wann hast du sie gesehn?«

»Erst gestern«, sagte Ezra. »Ich ging von der Schule nach
Hause und spielte auf meiner Flöte, und sie holte mich ein
und sagte, daß es ihr gefällt, und hat gefragt, ob ich ihre
Blockflöte sehen wollte. Also ging ich mit ihr heim und habe
sie angeschaut.«

»Zu ihr nach Hause? Hat sie gewußt, daß du mein Bruder
bist?«

»Also nein, ich glaube nicht«, antwortete Ezra. »Sie hat
einen Sittich, der rülpst und sagt: ›Verzeihung‹. Ihre Mutter
hat uns Kekse angeboten.«

»Du hast ihre Mutter kennengelernt?«

»Es wäre schön, eine echte Blockflöte zu haben, später einmal.«

»Sie ist zu alt für dich.«

Ezra machte ein überraschtes Gesicht. »Aber natürlich«,
sagte er. »Sie ist vierzehneinhalb.«

»Was will sie schon mit einem kleinen Sechstkläßler?«

»Sie wollte mir ihre Flöte zeigen«, erwiderte Ezra.

»Schiet!«

»Cody? Gehn wir zur Sloop Street?«

»Nee«, sagte Cody und trat gegen einen Pfeiler.

»Wenn ich Mutter bitten würde«, fragte Ezra, »glaubst du,
sie würde mir so eine Blockflöte zu Weihnachten kaufen?«

»Du Dummkopf«, sagte Cody. »Du wahnsinniger Idiot.
Glaubst du, sie hat Geld übrig für verdammte Flöten?«

»Nein, ich glaube nicht«, meinte Ezra.

Dann ging Cody ins Haus und sperrte die Tür ab, und als Ezra anfing, dagegen zu poltern, sagte er zur Mutter, das sei nur Mr. Milledge, der wieder mal verrückt spiele.

Am Montagmorgen hielt er auf dem Schulweg Ausschau nach Edith, sah sie aber nicht. Sie war zu spät dran, wie sich herausstellte. Es hatte eben geläutet, als sie im Klassenzimmer erschien. Er versuchte, ihren Blick zu erhaschen, aber sie schaute nicht in seine Richtung; unverwandt starrte sie den Klassenleiter während all seiner Ansagen an. Und als die Glocke zum erstenmal wieder läutete, ging sie mit Sue Meeks und Harriet Smith zum eigentlichen Unterricht. Offensichtlich war sie nicht mehr ohne Freunde.

Nach der zweiten Pause war klar, daß sie ihm auswich. Er kam nicht einmal in ihre Nähe; ständig hatte sie eine Leibwache. Aber was hatte er falsch gemacht? Er belegte Barbara Pace mit Beschlag – eine dickliche, fröhliche Rothaarige, die als eine Art zentrale Schaltstelle für Paare der neunten Klasse diente.

»Was ist mit Edith los?« fragte er.

»Mit wem?«

»Edith Taber. Wir sind so gut miteinander ausgekommen, und jetzt redet sie nicht mehr mit mir.«

»Ach«, sagte sie. Sie schob ihre Bücher zurecht. Sie trug ein Männerhemd über dem Rock. Das tat übrigens die Hälfte der andern Mädchen inzwischen. »Also – ich glaube, sie mag jetzt jemand anders.«

»Meinen Bruder etwa?«

»Wer ist dein Bruder?«

»Ezra. Mein Bruder Ezra.«

»Ich hab' nicht mal gewußt, daß du einen Bruder hast«, sagte sie und blinzelte ihn an.

»Auf jeden Fall hab' ich ihr letzte Woche noch ganz gut gefallen. Was ist passiert?«

»Schau«, erklärte sie ihm geduldig, »sie ist jetzt auf ein paar Partys gewesen, und natürlich hat sie jetzt neue Interessen.

Sie hat jetzt ... eine Art größeren Überblick, und außerdem hat sie nichts von deinem Ruf gewußt.«

»Was für einen Ruf?«

»Also, Cody, du trinkst doch. Und den ganzen Sommer bist du mit dieser ordinären Lorena Schmidt herumgehangen; und über Allerheiligen hätten sie dich fast verhaftet.«

»Hat ihr das mein Bruder gesagt?«

»Was soll das mit deinem Bruder? Jeder hat es ihr gesagt. Es ist ja nicht gerade ein Geheimnis.«

»Ich habe noch nie behauptet, ich sei ein Heiliger.«

»Sie sagt, du siehst wirklich gut aus und alles, aber sie möchte einen Jungen, den sie respektieren kann. Sie findet, daß ihr jetzt Francis Elburn ganz gut gefällt.«

»Francis Elburn! Dieser Schwule.«

»Er ist wirklich mehr ihr Typ«, sagte Barbara.

»Er hat Locken.«

»Und?«

»Francis Elburn; Himmel – Herrgott.«

»Kein Grund zum Fluchen«, erklärte Barbara.

Cody ging alleine heim, lang nachdem die andern weg waren, und nahm Straßen, wo er sicher war, Edith oder ihren Freunden nicht zu begegnen. Einmal bog er in die falsche Querstraße ein und empfand plötzlich, daß er immer noch ein Außenseiter war, mit der Nachbarschaft nicht vertraut. Seine Mitschüler waren hier geboren und aufgewachsen, jedenfalls die meisten, und gingen lockerer miteinander um, als er es je hoffen konnte. Seine beiden besten Freunde zum Beispiel: Ihre Eltern gingen zusammen ins Kino; ihre Mütter telefonierten miteinander. Seine Mutter dagegen ... Er trat gegen den Pfosten eines Verkehrszeichens. Was würde er um eine Mutter geben, die sich verhielt wie andere Mütter! Wie schön wäre es, wenn er sie mit einem kleinen Trupp anderer Frauen in der Küche sähe, wo sie schwätzten, ihr das Haar auf Wickler aufdrehten, Kosmetiktips austauschten. Karten spielten und die Zeit verstreichen ließen –

»Ach, du meine Güte, schaut mal auf die Uhr! Und noch nicht mal mit dem Abendbrot angefangen; mein Mann bringt mich um. Raus mit euch, Mädchen.« Er wünschte, sie hätte eine Verbindung nach draußen, irgend etwas außerhalb dieses erstickenden Hauses.

Und sein Vater: Er hatte die Familie immer wieder entwurzelt, sie losgerissen – kaum hatten sie sich eingewöhnt – und irgendwo anders wieder fallenlassen. Aber wo war er jetzt, wo Cody sich *wünschte,* entwurzelt zu werden, jetzt, wo ein schlechter Ruf auf ihm lastete, wo er verzweifelt weg wollte und neu anfangen? Sein Vater hatte ihr Leben zerstört, dachte Cody – erst auf eine Art und dann auf eine andere. Er stellte sich vor, wie es wäre, wenn er ihn ausfindig machte und plötzlich vor seiner Tür stand: »Es geht mir schlecht; du allein bist schuld. Ich habe einen schlechten Ruf, ich muß die Stadt verlassen, du mußt mich aufnehmen.« Aber das wäre auch wieder nur eine weitere fremde Stadt, eine weitere neue Schule, die er allein betreten mußte. Und auch dort würden seine Noten schlechter werden, wahrscheinlich, und die Nachbarn würden sich beschweren, und die Lehrer würden anfangen, ihn als ersten zu verdächtigen, wenn irgendeine Kleinigkeit schiefging; und bald wäre auch Ezra da, zäh, ernsthaft und eifrig, wie immer, und alle sagten dann bestimmt zu Cody: »Warum kannst du nicht etwas mehr wie dein Bruder sein?«

Er sperrte die Haustür auf – es roch nach dem Kohl von gestern abend. Es war fast dunkel, und die Luft schien dick; es war, als müsse er sich anstrengen, um durchzukommen. Müde stieg er die Treppe hinauf. Er kam an Jennys Zimmer vorbei, wo sie im winzigen gelblichen Lichtkegel der Lampe über ihren Hausaufgaben saß. Ihr Gesicht war schmal und beschattet, und sie beachtete ihn nicht. Er stieg weiter zu seinem eigenen Zimmer hinauf und knipste das Licht an. Als er seine Bücher auf die Kommode gelegt hatte, merkte er erst, daß Ezra da war. Eingeschlafen, wie gewöhnlich – auf seinem Bett zusammengerollt, mit einem Stoß Hausaufgabenblätter daneben. Dieser Ezra war so langsam und lahm, er konnte immer schlafen. Sein Mund stand offen. Alicia, seine Katze, lag in seiner Armbeuge, schnurrte und wirkte zufrieden mit sich und der Welt.

Cody kniete sich neben sein Bett und zog eine halbvolle Flasche Bourbon hervor, eine leere Ginflasche, fünf leere Bierflaschen, ein zerdrücktes Päckchen Camel und eine Schachtel Brezeln. Er verstreute sie um Ezra und arrangierte alles passend. Dann ging er zum Vorratsschrank auf der Diele und nahm die Kamera seines Vaters, eine Six-20-Brownie, heraus. Von der Zimmertür aus zielte er, hielt an und drückte auf den Auslöser. Ezra wachte nicht auf, erstaunlicherweise. (Das Blitzlicht war so stark, daß man noch Minuten, nachdem man damit photographiert wurde, schwimmende blaue Kreise sah.) Nur die Katze schien sanft erschrocken. Sie stand auf und gähnte. Was für ein Gähnen – gewaltig und verachtungsvoll! Das wäre ein herrliches Bild geworden: Ezra, der Schnorrer, und seine nichtsnutzige Katze, beide mit offenem Maul. Cody fragte sich, ob sie es wohl noch mal machen würde. »Gähnen!« befahl er ihr und drehte den Film fürs nächste Photo weiter. »Alicia? Gähnen!« Sie verzog bloß das Maul und ließ sich wieder nieder. Er gähnte selbst und machte es ihr vor, aber anscheinend wirkten solche Dinge auf Katzen nicht ansteckend. Er hielt die Kamera tiefer und kam näher; er strich ihr über den Kopf, kraulte sie unter dem Kinn, streichelte ihre Kehle. Nichts wirkte. »Gähnen sollst du, verdammt«, fluchte er und versuchte, ihre Zähne mit Gewalt auseinanderzustemmen. Sie fuhr in die Höhe, mit großen, glühenden Augen. Ezra wachte auf.

»Deine Katze ist nicht normal«, sagte Cody zu ihm.

»Hmm?«

»Ich kann sie nicht zum Gähnen bringen.«

Ezra griff neben sich, ganz sachlich, und legte seinen Arm um die Katze. Sie gähnte genießerisch und schmiegte sich an ihn, und Ezra schlief wieder ein. Cody versuchte dann allerdings kein Bild mehr. Er hatte noch nie jemand erlebt, der einem derart den Spaß verderben konnte wie Ezra.

Cody, Ezra und Jenny gingen ein Weihnachtsgeschenk für ihre Mutter besorgen. Jeder von ihnen hatte vier Wochen Taschengeld gespart, das hieß vierzig Cent pro Kopf, und Cody hatte einen Dollar extra, den er aus Miß Saunders' mittlerer Pultschublade genommen hatte. Das machte zwei Dollar und zwanzig Cent – genug für ein Paar Winterhandschuhe, schlug Cody vor. Jenny sagte, Handschuhe wären langweilig, und sie wolle einen Diamantring kaufen. »So was Blödes«, meinte Cody. »Sogar du müßtest wissen, daß du für zwo zwanzig keinen Diamantring bekommst.«

»Ich meine keinen echten, ich meine Glas. Oder irgendwas, bloß hübsch muß es sein und nicht nützlich.«

Sie waren auf Läden in der Nähe angewiesen, weil sie kein Fahrgeld ausgeben wollten. Es war Mitte Dezember, und Massen anderer Leute waren ebenfalls zum Einkaufen unterwegs – sie pflügten sich mit Armen voller Päckchen vorbei, atmeten weiße Wölkchen in die frostige Luft. Weiter stadteinwärts waren die Schaufenster der Kaufhäuser sicher üppig und leuchtend wie das Innere von Schmuckkästen, dort gab es Weihnachtslieder und klingelnde Messingglokken und Lamettagirlanden an den Verkehrsampeln, während die Läden hier in der Nachbarschaft kleiner waren, dunkler, mit einem einzigen Kranz über der Tür dekoriert, oder einem Nikolaus aus Pappe, der ein Päckchen Chesterfield trug. Soldaten auf Urlaub bummelten in Grüppchen vorbei und wirkten ganz verloren. Die Einkäufer hatten etwas grimmig Entschlossenes an sich – selbst die mit den prächtigsten Päckchen. Es sah aus, als wollten sie jeden, der ihnen in den Weg kam, niedermähen. Cody ergriff einen Zipfel von Jennys Mantel, um sie nicht zu verlieren.

»Das ist mein Ernst«, sagte sie gerade. »Ich möchte nicht, daß sie was Warmes kriegt. Was Notwendiges. Was...«

»Verwendbares«, ergänzte Ezra.

Sie verzogen alle das Gesicht.

»Aber wenn wir ihr einen Ring kaufen«, meinte Ezra, »dann stört sie vielleicht die Verschwendung. Vielleicht hat sie dann nicht wirklich was davon.«

Cody haßte den strahlenden Ernst, der manchmal auf Ezras Gesicht erschien; dieser Gesichtsausdruck zeigte, daß er sich völlig bewußt war, wie umsichtig er war. »Was wünscht du dir denn zu Weihnachten?« fragte er grob. »Den Weltfrieden?«

»Welt..., was? Ich hätte gern eine Blockflöte«, antwortete Ezra.

Zusammen mit einem Schwarm von Matrosen gingen sie über eine Kreuzung. »Du kriegst aber keine«, sagte Cody.

»Das weiß ich.«

»Du kriegst eine Mütze mit Ohrenklappen und eine Cordhose.« »Cody!« empörte sich Jenny. »Du solltest es doch nicht verraten.«

»Macht nichts«, meinte Ezra.

Sie wichen einer Frau aus, die stehengeblieben war, um ihrem Kind Fäustlinge anzuziehen. »Früher«, sagte Jenny, »haben wir immer Spielzeug zu Weihnachten bekommen, und Süßigkeiten. Wißt ihr noch, wie schön letztes Weihnachten war?«

»Diesmal wird es auch schön«, erklärte Ezra.

»Wißt ihr noch, unten in Virginia, wie Daddy uns einen Schlitten gekauft hat und Mutter das verrückt fand, weil es kaum jemals schneit – und dann sind wir am sechsundzwanzigsten Dezember aufgewacht, und alles war voller Schnee?«

»Das war eine Gaudi«, sagte Ezra.

»Wir hatten den einzigen Schlitten in der ganzen Stadt«, fuhr Jenny fort. »Cody fing an, Geld fürs Mitfahren zu verlangen. Daddy hat uns gezeigt, wie man die Kufen wachst, und wir haben ihn auf diesen Hügel raufgezogen... Wie hieß der Hügel noch mal? Er hatte so einen komischen...«

Dann blieb sie plötzlich auf dem Trottoir stehn. Fußgänger drängelten sich um sie herum. »Na schön«, sagte sie.

Cody und Ezra schauten sie an.

»Er kommt wirklich nie mehr nach Hause. Wirklich nicht«, stellte sie fest.

Keiner antwortete. Eine Minute später gingen sie weiter, zu dritt nebeneinander, und Cody packte auch einen Zipfel von Ezras Mantel, damit sie sich in der Menge nicht verloren.

Cody sortierte die Post, für seine Mutter legte er ein paar Umschläge beiseite, die nach Weihnachtsgrüßen aussahen. Eine Kaufhausreklame und einen Brief von seiner Schule warf er weg. Den Umschlag mit dem Stempel von Cleveland steckte er in die Tasche.

Er ging in sein Zimmer hinauf und machte die Schwanenhalslampe neben seinem Bett an. Während sich die Birne erwärmte, schaute er pfeifend aus dem Fenster. Dann prüfte er die Birne mit den Fingern, und als sie heiß genug schien, hielt er den Umschlag drumherum und zählte langsam bis dreißig. Danach öffnete er mühelos die Klappe und zog ein einzelnes Blatt Papier und einen Scheck heraus: ... *sagt, sie sollten ihre Produktionskapazität im Juni 45 erreicht haben,* schrieb sein Vater. *Bedaure, daß Beiliegendes etwas geringer ist als erwartet, da ich ein paar* ... Es war der übliche Brief, so wie sonst. Cody faltete ihn zusammen und steckte ihn in den Umschlag zurück, obwohl es kaum der Mühe wert schien. Dann hörte er die Haustür zuknallen. »Ezra Tull?« rief Pearl. Ihre klappernden hohen Absätze kamen schnell die Treppe herauf. Cody steckte den Umschlag in seine Kommode und machte die Schublade zu.

»Er ist nicht da«, sagte er.

Sie stand jetzt im Türrahmen. »Wo ist er?« fragte sie. Sie war außer Atem, sah unordentlich aus. Ihr Hut saß schief, und sie hatte noch den Mantel an.

»Er ist die Wäsche holen gegangen, wie du ihm gesagt hast.«

»Was weißt du davon?«

Sie stürzte auf ihn zu, einen Packen Photos in der Hand. Das

461

oberste war so unscharf und dunkel, daß Cody es kaum erkennen konnte. Er nahm ihr das Ganze aus der Hand. Ach ja: Da lag der betäubte Ezra, umgeben von Schnapsflaschen. Cody grinste. Er hatte nie mehr an das Bild gedacht.

»Was soll das heißen?« fragte seine Mutter. »Ich bringe einen Film in die Drogerie und komme mit dem Schock meines Lebens zurück. Ich wollte bloß den Photoapparat für Weihnachten fertig haben. Ich habe ein paar Szenen vom vergangenen Sommer erwartet, oder Jennys Geburtstagskuchen vielleicht ... und da finde ich Ezra als Wrack vor! Ordinär betrunken! Sieht es nicht danach aus? Antworte mir?«

»Er ist nicht so vollkommen, wie du glaubst«, sagte Cody.

»Aber er hat mir nie einen Augenblick Kummer gemacht.«

»Du würdest dich wundern, was er alles gemacht hat.«

Pearl setzte sich auf sein Bett. Sie schüttelte den Kopf, mit verblüfftem Gesicht. »Ach, Cody, es ist ein solcher Kampf, Kinder großzuziehn«, sagte sie. »Ich weiß, ihr müßt denken, daß ich schwierig bin. Ich verliere die Geduld, ich führe mich auf wie eine Hexe, manchmal, aber wenn du dir bloß vorstellen könntest, wie ... hilflos ich mich fühle! Wie unheimlich es ist, zu wissen, daß alle, die ich liebe, von mir abhängig sind! Ich fürchte immer, ich mache etwas falsch.«

Sie griff nach oben – nach den Photos, dachte er und hielt sie ihr hin; aber nein, sie wollte seine Hand. Sie nahm sie und zog ihn neben sich herunter. Ihre Haut fühlte sich heiß und trocken an. »Wahrscheinlich war ich zu hart zu dir«, sagte sie. »Aber jetzt brauche ich deine Hilfe, Cody. Du bist die einzige Person, an die ich mich wenden kann; vielleicht sind wir beide uns ähnlicher, als du glaubst. Cody, was soll ich bloß machen?«

Sie rückte näher, und Cody wich aus. Selbst aus ihren Augen schien Hitze zu strömen. »Also, weißt du ...«, begann er.

»Wer hat überhaupt dieses Bild gemacht? Du etwa?«

»Schau«, sagte er. »Es war nur zum Spaß.«

»Zum Spaß?«

»Ezra hat das Zeug nicht getrunken. Ich habe nur ein paar Flaschen um ihn herumgestellt.«

Ihr Blick irrte über sein Gesicht.

»Er hat nie einen Tropfen angerührt«, erklärte Cody.

»Ach so.« Sie ließ seine Hand los. »Na, alles, was ich sagen kann, ist: Was für ein Spaß, junger Mann.« Dann stand sie auf und ging ein paar Schritte von ihm weg. »Du hast wirklich Sinn für Humor.« Cody zuckte die Achseln.

»Ich kann mir denken, daß das sehr komisch ist, die Mutter halb um den Verstand zu bringen. Deinen kleinen Bruder zu verleumden. Das muß hinreißend sein, für jemand wie dich.«

»Ich habe einfach einen schlechten Charakter, wahrscheinlich«, meinte Cody.

»Du warst gemein vom Tag deiner Geburt an«, antwortete sie.

Danach war sie hinausgegangen, und er machte sich daran, den Brief seines Vaters wieder zu verschließen.

Ezra landete auf der Parkstraße und Cody verkündete: »Aha! Parkstraße mit einem Hotel: fünfzehnhundert Dollar!«

»Armer, armer Ezra«, sagte Jenny.

»Wie hast du das gemacht?« fragte Ezra Cody.

»Wie hab' ich was gemacht?«

»Wie bist du zu einem Hotel auf der Parkstraße gekommen. Vor einer Minute ist es verpfändet worden.«

»Ich habe eben geknausert und gespart«, antwortete Cody.

»Hier geht doch was Seltsames vor.«

»Mutter!« rief Jenny. »Cody schwindelt schon wieder.«

Die Mutter brachte gerade die Kerzen am Weihnachtsbaum an. Sie sah herüber und sagte: »Cody.«

»Was hab' ich getan?« fragte Cody.

»Was hat er getan, Kinder?«

»Er ist der Bankier«, erklärte Jenny. »Er hat drauf bestanden, die Bank und die Urkunden und die Häuser zu verwalten. Und jetzt hat er ein Hotel auf der Parkstraße und lauter extra Geld. Das ist ungerecht!«

Pearl stellte die Schachtel mit den Kerzen hin und ging zu den Kindern rüber: »Also gut, Cody, gib's zurück. Jenny kümmert sich von jetzt an um die Urkunden; Ezra macht die Bank. Ist das klar?«

Jenny griff nach den Papieren. Ezra fing an, das Geld einzusammeln.

»Und das sag' ich dir«, mahnte Pearl. »Wenn ich noch ein Wort höre, Cody Tull, dann bist du aus dem Spiel. Für immer! Verstanden?« Sie beugte sich vor, um Ezra zu helfen. »Immer schwindeln, quälen, Schwierigkeiten machen...« Sie legte die Fünfer neben die Einer, die Zehner neben die Fünfer. »Cody? Hörst du, was ich sage?«

Er hörte es wohl, nahm sich aber nicht die Mühe zu antworten. Er lehnte sich zurück und lächelte, aus sicherer Entfernung, und sah zu, wie sie das Geld stapelte.

3

Von der Liebe zerstört

Es hieß, aus Jenny Tull würde eines Tages eine Schönheit werden, aber die Leute, die das zu ihr sagten, waren so alt, daß sie bis dahin leicht schon tot sein konnten, und niemand in ihrem eigenen Alter fand sie sonderlich vielversprechend. Mit siebzehn war sie mager und ernst und sichtlich fleißig. Ihre Knochen waren so spitz, als könnten sie sich durch ihre Haut bohren. Sie hatte störrisches dunkles Haar, an dem sie dauernd herummachte, sehr zum Mißfallen ihrer Mutter – eine Woche stutzte sie es zu einer stumpfen, eckigen Fasson; in der nächsten schnitt sie sich einen Pony, der aus Versehen schief nach links hing; und dann, um den Fehler zu korrigieren, kürzte sie ihn so rigoros, daß es verunstaltet und peinlich aussah. Während ihre Mitschülerinnen (im Jahre 1952) gebauschte Röcke und fesche Blusen trugen, hatte Jenny die Kleider ihrer Mutter übernommen: schlapp und schmal, wie man sie in den vierziger Jahren trug, mit zuviel Schulter und zuwenig Rock. Und da ihre Mutter bequeme offene Schuhe schlampig fand, mußte Jenny die gleichen plumpen, braunen Halbschuhe tragen wie ihre Brüder. Jeden Morgen sah sie verlegen und mißgestimmt aus, wenn sie zur Schule latschte. Kein Wunder, daß kaum jemand Lust hatte, mit ihr zu reden.

Bald würde sie, zum allererstenmal, das einzige Kind im Haus sein. Ihr Bruder Cody war auf dem College. Ihr Bruder Ezra hatte sich geweigert, aufs College zu gehn, und hatte angefangen – nur vorübergehend, wie seine Mutter ausdrücklich hoffte –, in Scarlattis Restaurant zu arbeiten, wo er Gemüse für Salate kleinschnitt; aber gerade als er zu den Saucen aufrücken sollte, kam seine Einberufung. Niemand in seiner Familie konnte sich das vorstellen: den friedlichen Ezra, wie er durch

Korea stapft und bei jeder Gelegenheit über sein Seitengewehr stolpert. Er hatte doch sicher etwas – eine Schwäche der Wirbelsäule oder der Augen –, was ihn retten konnte. Aber nein, er wurde für kerngesund befunden und im Februar in ein Ausbildungslager unten im Süden beordert. Jenny saß auf seinem Bett, während er packte. Sie war gerührt, daß er seine kleine Blockflöte aus Birnenholz mitnahm, die er sich von seinem ersten Wochenlohn gekauft hatte. Sie glaubte nicht, daß ihm wirklich klar war, was ihn erwartete. Er bewegte sich vorsichtig und bedächtig wie immer und sortierte aus, was zur Aufbewahrung in den Keller kommen sollte. Da seine Mutter vorhatte, sein Zimmer zu vermieten, konnte er nicht alles liegen- und stehenlassen. Das Bett seines Bruders Cody war bereits für einen Mieter frisch bezogen, das Laken straff wie ein Trommelfell auf der schmalen Matratze, und Codys Sportsachen waren in Kartons verpackt.

Sie sah zu, wie Ezra eine Schublade mit Unterhemden ausräumte, die meisten voller Löcher. (Irgendwie gelang es ihm stets wie ein Waisenkind auszusehen.) Er war inzwischen zu einem Mann mit kräftigem Knochenbau herangewachsen, aber sein Gesicht war immer noch kindlich rund, mit den großen Augen, den flaumigen Backen und den zarten Lippen eines Schuljungen. Sein Haar schien aus Schichten von Seide in verschiedenen Gelb- und Beigetönen zu bestehn. Immer waren Mädchen hinter ihm her, das wußte Jenny, aber er war zu schüchtern, sich das zunutze zu machen – oder es vielleicht überhaupt zu bemerken. Geistesabwesend und besinnlich ging er durchs Leben, als dächte er über irgendeine komplizierte mathematische Aufgabe nach und würde aufschaun, sollte man denken, sobald er die Lösung gefunden hätte. Aber das tat er nie.

»Wenn ich weg bin«, sagte er zu Jenny, »würdest du dann von Zeit zu Zeit bei Scarlattis Restaurant vorbeischaun?«

»Vorbeischaun und was tun?«

»Nun, mit Mrs. Scarlatti sprechen, meine ich. Nur nachsehn, ob es ihr gutgeht.«

Mrs. Scarlatti war seit Jahren ohne Ehemann, wenn sie jemals einen hatte, und ihr einziger Sohn war kürzlich im Krieg gefallen. Jenny wußte, daß sie sicher einsam war. Aber sie war eine düstere und auffallende Frau, so modisch angezogen, daß es wie eine Beleidigung dieser Gegend von Baltimore wirkte. Jenny konnte sich nicht vorstellen, was sie mit ihr reden sollte. Trotzdem, alles für Ezra. Sie nickte.

»Und Josiah auch«, sagte Ezra.

»Josiah!«

Josiah war noch viel schwieriger – sogar regelrecht erschreckend: Ezras Freund Josiah Payson, fast zwei Meter groß, leicht erregt und irgendwie gestört. Alle fanden, daß er nicht richtig im Kopf war. Damals in der Grundschule hatten die andern Kinder ihn aufgezogen, und sie zogen auch Ezra auf und fragten Jenny, weshalb ihr Bruder sich mit Blödmännern abgäbe: »Jeder weiß, daß Josiah eigentlich weg muß. Er gehört in die Klapsmühle; das sagen alle.«

»Ezra, ich kann nicht mit Josiah sprechen. Ich würde ihn nicht verstehn«, fügte Jenny hinzu.

»Natürlich würdest du ihn verstehn«, entgegnete Ezra. »Er spricht Englisch, oder nicht?«

»Er brabbelt, er sabbelt, er stottert!«

»Wahrscheinlich hast du ihn nur gesehn, wenn sie auf ihm herumgehackt haben. Sonst ist er nämlich prima. Ach, wenn Mutter ihn bloß einmal ins Haus gelassen hätte, dann würdest du das wissen. Er ist prima! Er ist so gescheit wie du und ich und vielleicht sogar gescheiter.«

»Na gut, wenn du es sagst«, antwortete Jenny.

Aber überzeugt war sie nicht.

Nachdem Ezra weg war, fiel ihr auf, daß er nur von Außenseitern gesprochen hatte. Er hatte nichts davon gesagt, sie solle sich um ihre Mutter kümmern. Vielleicht dachte er, Pearl könne allein zurechtkommen. Das stimmte, sie konnte es sehr gut, aber Ezras Weggang schien ein Stück von ihr mitzunehmen. Sie zögerte die Vermietung seines Zimmers hinaus. »Ich weiß, wir brauchen das Geld«, sagte sie zu Jenny,

»aber ich bin dem jetzt noch nicht gewachsen. Das Zimmer hat noch seinen Geruch. Vielleicht sollte ich ein bißchen lüften... Seine Gestalt ist immer noch drin, weißt du, was ich meine? Ich schaue hinein und fühle etwas Warmes im ganzen Zimmer. Ich finde, wir sollten ein bißchen warten.«

So lebten sie also allein im Haus. Jenny fühlte sich noch schmächtiger als ohnehin schon, überwältigt von so viel leerem Raum. Wenn sie am Nachmittag aus der Schule heimkam, war ihre Mutter noch bei der Arbeit, und Jenny öffnete die Tür und trat zögernd ein. Manchmal war ihr, als sei da eine aufgeschreckte Bewegung oder ein Innehalten von Bewegung, irgendwo tief im Haus, während sie die Schwelle überschritt. Dann blieb sie stehn, mit Herzklopfen, wachsam wie ein Reh, aber niemals war wirklich etwas im Gange. Sie schloß die Tür hinter sich und ging in ihr Zimmer hinauf, machte ihre Leselampe an und zog ihre Schulkleider aus. Sie war ein ordentliches, gewissenhaftes Mädchen, hängte ihre Sachen immer auf und behandelte ihre Dinge gut. Sie legte ihre Bücher ordentlich auf dem Tisch bereit, reihte ihre Bleistifte auf und stellte die Lampe so, daß sie im richtigen Winkel schien. Dann arbeitete sie sich systematisch durch ihre Aufgaben durch. Ihr größter Traum war es, Ärztin zu werden, was hieß, daß sie ein Stipendium erlangen mußte. In drei Jahren High-School hatte sie nie eine schlechtere Note als ein A – also eine Eins – bekommen.

Um fünf Uhr ging sie dann hinunter und schrubbte die Kartoffeln oder fing an, das Hähnchen zu braten – je nachdem, was auf dem Zettel ihrer Mutter auf dem Küchentisch angeordnet war. Bald danach kam auch ihre Mutter heim. »Also, weißt du, diese alte Pendle ist eine Qual und eine Plage, einfach eine Plage, läßt mich all ihre Sachen eintippen, und dann sagt sie: ›Augenblick, ich muß erst nachschaun, ach je, ich habe überhaupt nicht das Geld, um all das zu bezahlen.‹ Und fummelt in ihrer ausgefransten Stoffbörse herum, während alle hinter ihr von einem Fuß auf den andern treten...« Sie band dann eine Schürze über ihr Kleid und nahm Jennys

Platz am Herd ein. »Darling, gib mir das Salz, ja? Ich sehe, da ist keine Post von den Jungen. Sie haben uns ganz vergessen, scheint's. Jetzt sind wir beide alles, was wir haben.«

Nur sie beide, ja, aber da war überall das Echo der andern – der verrückte, komische Cody, der friedliche Ezra, wie sie das Schweigen aufluden, während sich Jenny und ihre Mutter an den Tisch setzten. »Darling, gießt du die Milch ein, bitte? Nimm dir von den Bohnen.« Manchmal bildete Jenny sich ein, auch ihr Vater mache seine Abwesenheit spürbar, obwohl sie sich sein Gesicht nicht vorstellen konnte und nur wenig Erinnerung an die Zeit hatte, ehe er sie verließ. Natürlich erwähnte sie das ihrer Mutter gegenüber nie. Ihre Unterhaltung war belanglos und glitt sicher über alles dahin, was darunterliegen mochte. »Wie geht es der armen, kleinen Carroll, Jenny? Hast du bemerkt, ob sie ein bißchen Gewicht verloren hat?«

Jenny wußte, daß ihre Mutter eine gefährliche Person war, in Wirklichkeit – heißblütig und voller Wut und unberechenbar. Das Trockene, Strohige ihrer Augenwimpern hätte gut die Folge irgendeiner Feuersbrunst sein können, ihr fahles Haar konnte elektrisch aus dem Knoten knistern, und ihre Augen wurden manchmal schmal wie Hutnadeln. War je eines ihrer Kinder ihren schmerzhaften Ohrfeigen entgangen, mit der klauengefaßten Perle in ihrem Verlobungsring; nur ein Schlag, und die Lippe blutete? Jenny hatte gesehn, wie die Mutter Cody die Treppe hinuntergestoßen hatte. Sie hatte gesehn, wie Ezra sich duckte, mit erhobenen Ellenbogen, um einen Angriff abzuwehren. Sie selber war, mehr als einmal, gegen die Wand geknallt worden, »Schlange« genannt, »Küchenschabe«, »gräßliche, kleine, schniefende Straßendirne«. Aber Pearl saß da und erkundigte sich wohlanständig nach Julia Carrols Übergewicht. Jenny nährte eine zaghafte, zitternde Hoffnung, die Zeiten könnten sich geändert haben. Vielleicht lag es an den Jungen. Vielleicht konnten sie selbst und ihre Mutter – intelligente Frauen, immerhin – für immer ohne solche Szenen leben. Aber sie fühlte sich nie ganz in Sicherheit, und abends, wenn Pearl einen Kuß in die Mitte von Jennys Stirn plaziert hatte, ging Jenny hinauf ins Bett und träumte, was sie immer geträumt hatte: Ihre Mutter gab das kreischende Gelächter einer Hexe von sich; zerrte Jenny aus ihrem Versteck, während die Nazis die Treppe herauftrampelten; klagte sie an wegen Sünden und Verbrechen, an die Jenny nie gedacht hatte. Ihre Mutter erklärte ihr – sachlich und entgegenkommend –, sie ziehe Jenny auf, um sie zu essen.

Cody schrieb fast nie, und wenn, waren seine Briefe knapp und sachlich. *Ich werde in den Frühjahrsferien nicht nach Hause kommen. Alle meine Noten sind gut, außer Französisch. Dieser neue Job bringt mehr ein als der alte.* Ezra schickte sofort, nachdem er im Lager angekommen war, eine Postkarte und ließ ihr drei Tage später einen Brief folgen, in dem er seine Umgebung beschrieb: Er war länger als mehrere von Cody zusammengenommen, aber was Jenny wissen wollte, stand nicht drin. *Da ist jemand zwei Ecken weiter, der auch aus Maryland ist, höre ich, aber ich habe keine Gelegenheit gehabt, mit ihm zu sprechen, und ich glaube sowieso nicht, daß er aus Baltimore ist, sondern woandersher, wo ich mich nicht auskenne, also zweifle ich, ob wir viel...* Was wollte er damit sagen, eigentlich? Hatte er Freunde gefunden oder nicht? Wenn Menschen so eng beieinander leben, müßten sie doch ins Gespräch kommen, denkt man. Jenny stellte sich vor, wie die andern ihn ignorierten, oder schlimmer: ihn quälten und wegen seiner Unfähigkeit aufzogen. Er war einfach kein Soldat. Aber: *Ich habe ziemlich viel über mein Gewehr gelernt,* schrieb er. *Cody würde sich wundern.* Sie versuchte, sich seine langen, sensiblen Finger vorzustellen, wie sie ein Gewehr reinigten und ölten. Sie begriff, daß er offenbar überlebte, mehr oder weniger, aber sie kam nicht dahinter, wie. Sie stellte ihn sich vor, auf dem Bauch, im Staub des Schießplatzes, den Finger am Abzug. Sein Blick war so nachdenklich, wie konnte er ein

Ziel treffen? *Sie sagen, unser ganzer Haufen wird am koreanischen Konflikt teilnehmen, sobald wir* ... O Gott, die würden ihn wegputzen wie eine Fliege! Er würde sich doch höchstens zu seiner Verteidigung bücken und seinen Kopf schützen.

Ich denke oft an Scarlattis Restaurant, und wie gut der Salat roch, wenn ich ihn in die Schüssel zupfte, schrieb er – die einzige Andeutung von Heimweh, falls überhaupt. Pearl schnaubte eifersüchtig. »Als ob Salat einen Geruch hätte!« Auch Jenny war eifersüchtig; er hätte sich statt dessen daran erinnern können, wie er mit mir am Montagabend immer auf dem Boden lag und dem Programm der »Cities Service Band of America« zuhörte. Was fand er überhaupt an diesem Restaurant? Dann rührte sich ein kleiner Knoten des Unbehagens in ihrer Brust. Da war etwas, was sie nicht getan hatte, etwas Unangenehmes, was sie nicht tun mochte ... Nach Mrs. Scarlatti sehn. Sie fragte sich, ob Ezra wirklich gemeint hatte, sie würde ihr Versprechen halten. Eigentlich konnte er das nicht von ihr erwarten, oder? Aber er wahrscheinlich doch. Wenn er etwas sagte, meinte er es wörtlich.

Also faltete sie Ezras Brief und steckte ihn in die Tasche. Dann zog sie ihren Mantel an und ging in die St. Paul Street, bis zu einem schmalen Backsteingebäude inmitten einer Zeile von Läden und Geschäften.

Scarlattis Restaurant war das einzige gepflegte und elegante Eßlokal der Nachbarschaft. Es gab nur Abendessen, meist für Leute aus besseren Gegenden der Stadt. Um diese Zeit – fünf Uhr dreißig etwa – war es sicher noch nicht offen. Sie ging zur Rückseite, wo sie ein paarmal mit Ezra gewesen war. Sie wich zwei Mülltonnen aus, die von welkem Grünzeug überquollen, ging die Stufen hinauf und klopfte an die Tür. Dann wölbte sie eine Hand gegen die Fensterscheibe und spähte hinein.

Männer in schmutzigen Schürzen rannten in der Küche herum, einer Masse aus Dampf und Stahlgeschirr, Topfdeckelklappern und Schüsseln so groß wie Vogelbäder, gehäuft voll gehacktem Gemüse. Kein Wunder, daß man sie nicht gehört hatte. Sie drehte den Knauf, aber die Tür war abgesperrt. Und noch ehe sie stärker klopfen konnte, entdeckte sie Mrs. Scarlatti. Sie lehnte lässig im Eingang zum Speiseraum, eine brennende Zigarette in der Hand – eine Frau mit weißem Gesicht in einem Kleid wie ein scharfes, schwarzes Messer. Was immer sie sagte, Jenny konnte es nicht verstehn, aber sie hörte den rauhen, lässigen Ton ihrer Stimme. Und sie sah, wie Mrs. Scarlattis schwarzes Haar völlig nach rechts gerafft war, wie bei einem dieser extravaganten Mannequins in der Zeitschrift »Vogue«, und wie sie auch ihren Kopf nach rechts geneigt hielt, daß es wirkte, als sei sie beladen, grausam mißbraucht, als hielte sie sich aufrecht unter einer erschöpfenden Last, die etwas mit Männern und Erfahrung zu tun hatte. Sich vorzustellen, daß Ezra eine solche Person kannte! Daß er sich bei ihr wohl fühlte, ihr nahe genug stand, um sich Sorgen um sie zu machen. Jenny trat zurück. Sie begriff ganz plötzlich, daß ihre Brüder erwachsen und weggegangen waren. Ihr inneres Bild von ihnen war überholt – Ezra, wie er die Bambusflöte spielt, die er schon in der Grundschule hatte, Cody, wie er triumphierend die Würfel über ihr altes Monopolybrett klappern läßt. Sie dachte an ein ausgebleichtes Flanellhemd, das Ezra so oft getragen hatte, daß es wie eine zweite Haut war. Sie dachte daran, wie er vor- und zurückwippte, mit den Händen in den Gesäßtaschen, wenn er nicht wußte, was er sagen sollte, oder mit dem Turnschuh ein Loch in den Boden scharrte. Und wie er, wenn Jenny von einem der Wutanfälle ihrer Mutter ganz vernichtet war, sich nach unten in die Küche schlich und ihr einen Becher heiße Milch machte, mit Honig drin und mit Zimt bestreut. Er erfaßte die Stimmung in der Familie immer ganz schnell und bot sofort Speis und Trank und wortlosen Rückhalt an.

Sie wanderte die Allee hinunter und bog, anstatt den Heimweg einzuschlagen, erst in die Bushnell und dann in die Put-

472

nam Street ein. Es wurde kälter; sie mußte ihren Mantel zuknöpfen. An der dritten Kreuzung der Putnam Street stand ein Gebäude, so verwittert und trostlos, daß man es für ein verlassenes Lagerhaus halten konnte, bis man das Schild sah: *Tom 'n Eddie's Body Shop.* Sie war oft hier gewesen, um Ezra nach Hause zu holen, hatte aber immer nur in der Einfahrt seinen Namen gerufen; sie war nie drin gewesen. Diesmal trat sie in die Düsternis und sah sich um. Tom und Eddie (vermutlich) sprachen mit einem Mann im Straßenanzug; einer von ihnen hielt ein Schreibbrett. Im Hintergrund schwang Josiah Payson einen riesigen Gummihammer gegen die Stoßstange eines Lieferwagens. Jenny wurde von einem Stück Erinnerung überfallen, einem rätselhaften Fragment: Josiah auf dem Schulhof, vor langer Zeit, wie er heftig mit einem Rohr oder einer Art Eisenstange um sich schlug, einen verzweifelten, sausenden Kreis damit in die Luft schnitt und etwas Unverständliches brüllte, während Ezra zwischen ihm und einer Gruppe von Kindern Wache stand. »Alles wird wieder gut; geht einfach weg«, sagte Ezra zu den andern.

Aber was war dann passiert? Wie hatte es geendet? Wie hatte es angefangen? Sie war verwirrt. Währenddessen schwang Josiah seinen Hammer. Er war grotesk in seiner Größe, hager wie das Gerüst für eine nie vollendete Statue. Sein gestutztes schwarzes Haar stand borstig um den ganzen Kopf, sein Schädel von einem Gesicht glänzte, und er biß seine Zähne zusammen, die so schartig und weiß und eng beieinander waren, so zusammengewürfelt und krumm und schief, daß es aussah, als hätte er sie sich ausgebissen und wolle sie gleich ausspucken.

»Josiah«, rief sie ängstlich.

Er hielt ein und sah sie an. Oder schaute er woandershin? Seine Augen waren kohlschwarz – lidlos und fast orientalisch. Unmöglich zu sagen, wohin sein Blick gerichtet war. Er wuchtete den Hammer auf einen Haufen Rupfensäcke und segelte auf sie zu, mit freudestrahlendem Gesicht. »Ezras Schwester!« sagte er. »Ezra!«

Sie lächelte und verschränkte die Arme.

Er kam direkt vor ihr zum Stehn und strich sein Stoppelhaar glatt. Seine Arme schienen länger, als sie hätten sein sollen. »Ist Ezra okay?« fragte er sie.

»Es geht ihm gut.«

»Nicht verwundet oder ...«

»Nein.«

Ezra hatte recht; Josiah sprach so deutlich wie jedermann, mit einer polternden, erwachsenen Männerstimme. Er wußte nur nicht, was er mit seinen Händen anfangen sollte, und rieb sie schließlich gegeneinander, als wolle er die Handflächen von Schmutz oder Fett befreien, oder sogar von einer Schicht Haut. Sie bemerkte, daß Tom und Eddie neugierig zu ihr herüberblickten, wie ihre Unterhaltung ins Stocken geriet. »Komm mit raus«, sagte sie zu Josiah. »Ich zeige dir seinen Brief.«

Draußen war Dämmerung, fast zu dunkel zum Lesen, aber Josiah nahm trotzdem den Brief und überflog die Zeilen. Zwischen seinen Augenbrauen stand eine Falte, so tief, als hätte jemand dort ein Axtblatt eingedrückt. Sie sah, daß sein Overall, rührend sauber gewaschen, so kurz für ihn war, daß man die rutschenden weißen Socken und seine behaarten Schienbeine sah. Seine Lippen konnten sich über diesem Chaos von Gebiß kaum schließen; sein Mund wirkte wie aufgestülpt, und die Anstrengung hatte sein Kinn verlängert.

Er gab ihr den Brief zurück. Sie ahnte nicht, was er da herausgelesen hatte. »Wenn sie mich lassen würden, wäre ich mit ihm gegangen. Es hätte mir nichts ausgemacht zu gehn. Aber sie haben behauptet, ich wäre zu groß.«

»Zu groß?«

So etwas hatte sie noch nie gehört.

»Also mußte ich dableiben«, sagte er, »aber ich wollte nicht. Ich möchte nicht mein ganzes Leben in einer Autoreparaturwerkstatt arbeiten; ich möchte etwas anderes machen.«

»Zum Beispiel?«

»Ach, ich weiß nicht. Etwas mit Ezra zusammen finden, wahrscheinlich, sobald er aus der Armee entlassen wird. Ezra, er kam mich hier immer besuchen und hat sich umgeschaut und gesagt: ›Wie hältst du das aus? Den ganzen Lärm‹, sagte er dann. ›Wir müssen etwas anderes für dich finden.‹ Aber ich wußte nicht, wo ich mit Suchen anfangen sollte, und jetzt ist Ezra weg. Der Lärm ist noch nicht mal so schlimm, aber es ist heiß im Sommer und kalt im Winter. Meine Füße leiden unter der Kälte, sie kriegen überall an den Zehen diese juckenden Dinger.«

»Frostbeulen vielleicht«, vermutete Jenny. Sie fühlte sich angenehm gelangweilt; es war, als hätte sie Josiah schon ewig gekannt. Sie strich mit dem Daumennagel an einer Falte von Ezras Brief entlang. Josiah sah sie entweder an oder direkt durch sie hindurch (schwer zu sagen, was) und knackte mit seinen Fingerknöcheln.

»Was ich wahrscheinlich tun werde, ist, für Ezra arbeiten«, sagte er, »sobald Ezra sein Restaurant eröffnet.«

»Wovon redest du? Ezra macht doch kein Restaurant auf.«

»Aber sicher.«

»Wie sollte er denn auf *die* Idee kommen? Sobald er sich zusammengerissen hat, geht er aufs College und studiert und wird Lehrer.«

»Wer sagt das?« fragte Josiah.

»Na, meine Mutter. Er hat die Geduld dafür, sagt sie. Vielleicht wird er sogar Professor«, erklärte ihm Jenny. Aber sie war jetzt nicht mehr so sicher. »Ich meine, das ist kein Lebenszweck, Restaurants.«

»Und warum nicht?«

Sie wußte keine Antwort.

»Ezra will sich einen Platz schaffen, wo Leute hinkommen, wie zu einem Familiendinner«, sagte Josiah. »Er wird jeden Tag etwas Spezielles für sie kochen und es auf ihre Teller tun, und alles soll solide und gesund sein, richtig wie zu Hause.«

»Ezra hat dir das gesagt?«

»Richtig wie zu Hause.«

»Also, ich weiß nicht, vielleicht gehn Leute ins Restaurant, um von zu Hause wegzukommen.«

»Es wird berühmt sein.«

»Deine Idee ist völlig verkehrt«, sagte Jenny zu ihm. »Wie bist du auf so was Verrücktes gekommen?«

Dann, ohne Warnung, war Josiah wieder der alte – oder ihr altes Bild von ihm. Er ließ seinen Kopf sinken, wie eine Marionette, wenn die Schnüre reißen. »Ich muß gehn«, sagte er zu ihr.

»Josiah?«

»Möchte mich von diesen Leuten nicht anschreien lassen.«

Er trottete davon, ohne auf Wiedersehen zu sagen. Jenny sah ihm so bedauernd nach, als wäre er Ezra selbst. Er drehte sich nicht um.

Cody schrieb, er würde von verschiedenen Unternehmen interviewt. Er wollte in die Wirtschaft gehn, wenn er mit der Schule fertig war. Ezra schrieb, er könne jetzt zwanzig Meilen in einem marschieren, ohne sich sehr anzustrengen. Allmählich schien es weniger ausgefallen, sogar völlig natürlich, daß Ezra Soldat war. Schließlich war er doch ein ausdauernder Typ, geduldig, fröhlich in der Erfüllung seiner Pflicht, oder? Jenny hatte sich umsonst Sorgen gemacht. Auch ihre Mutter schien sich etwas zu entspannen. »Es ist wirklich das beste, wenn man es genau betrachtet«, sagte sie. »Eine Dienstzeit in der Armee ist oft genau das richtige; ein Junge hat Zeit, zu sich selber zu kommen. Ich wette, wenn er zurückkommt, wird er aufs College wollen. Ich wette, er will dann irgendwo unterrichten.«

Jenny erzählte ihr nichts von Ezras Restaurant.

Nach ihrem ersten Besuch bei Josiah schaute sie noch zweimal bei ihm vorbei. Nach der Schule blieb sie vor dem Body Shop, der Werkstatt, stehn, und Josiah kam dann einen

Moment heraus, wedelte mit den Armen, schaute durch sie durch und sprach von Ezra: »Hab' selber einen Brief von ihm gekriegt, drüben zu Hause. Behauptet, er marschiert viel.«

»Zwanzig Meilen«, sagte Jenny.

»Teilweise bergauf.«

»Er muß inzwischen ganz schön in Form sein.«

»Gelaufen ist er immer schon gern.«

Als sie zum drittenmal kam, war es fast dunkel. Sie hatte noch im Chor mitgesungen. Josiah war gerade im Gehen. Er zog eben seine Jacke an, die aus einem großen, zottigen Plaid in gedämpften Blau- und Brauntönen gemacht war. Sie dachte an die Jacken, die kleine Jungen in den unteren Klassen trugen.

»Dieser Tom«, sagte Josiah und bohrte die Fäuste in die Taschen. »Dieser Eddie.« Er marschierte schnell das Trottoir entlang, Jenny konnte kaum Schritt halten. »Es ist ihnen egal, wie sie mit einem reden. Kein Gedanke, wie einem dabei zumute ist; daß man fühlt wie alle andern ...«

Sie fiel zurück, da sie fand, daß er vielleicht lieber allein sein wollte, aber noch vor der nächsten Ecke blieb er stehn, drehte sich um und wartete. »Bin ich denn kein menschliches Wesen?« fragte er, als sie bei ihm angekommen war. »Fühle ich mich nicht schlecht, wenn mich jemand anschreit? Ich wünschte, ich wäre irgendwo draußen im Wald, wo mich keiner von diesen Leuten stören kann. Kampieren in einer Toten-, Totenstille mit einem kleinen, eigenen L.-L.-Bean-Zelt und einem L.-L.-Bean-Schlafsack.« Er drehte sich um und eilte weiter; Jenny mußte fast rennen. »Ich bin nahe dran zu kündigen«, sagte er.

»Warum tust du es dann nicht?«

»Meine Mama braucht das Geld.«

»Du könntest etwas anderes finden.«

»O nein, das ist nicht leicht.«

»Warum nicht?«

Er antwortete nicht. Sie rannten an einem Schmuck-Discountgeschäft vorbei, an einer Bäckerei, an einer Reihe privater Appartements mit anheimelnden, gelben Fenstern. Dann sagte er: »Komm und iß bei uns zu Abend.«

»Was? Aber ich kann nicht.«

»Ezra ist oft gekommen, damals, bevor er im Restaurant gearbeitet hat und nicht mehr weg konnte. Meine Mutter hat immer gern einen Teller extra hingestellt, immer, jederzeit. Aber deine Mutter hat es nicht oft zugelassen; deine Mutter mag mich nicht.«

»Ach, weißt du . . .«

»Ich möchte, daß du bloß Abendbrot mit uns ißt.«

Sie schwieg. Dann willigte sie ein: »Aber gern.«

Er schien nicht überrascht. (Jenny dagegen wunderte sich über sich selbst.) Er grunzte und rannte weiter. Seine schwarzen Haarbüschel standen um seinen Kopf. Er führte sie eine Seitenstraße hinunter, dann durch einen Durchgang, den Jenny nicht kannte. Von vorn mußte sein Haus dem ihrigen sehr ähnlich sein – ein Backstein-Reihenhaus auf einem winzigen Grundstück. Aber sie kamen von hinten, wo ein angeklebter, grauer Holzanbau dem Haus ein baufälliges Aussehen gab. Der Anbau erwies sich als unheizbarer Vorratsraum mit einem rissigen Linoleumboden. Hier blieb Josiah stehn, um sich aus seiner Jacke herauszuarbeiten, dann griff er nach Jennys Mantel und hängte beides an Haken neben der Tür. »Mama?« rief er. Er führte Jenny in die Küche. »Besuch zum Abendessen, Mama.«

Mrs. Payson stand am Herd – eine kleine, rundliche Frau, in bräunliche Farben gekleidet. Sie erinnerte Jenny an einen unauffälligen braunen Vogel. Ihr Gesicht war rund, glatt und glänzend. Sie sah auf und lächelte, und da Josiah vergaß, sie vorzustellen, sagte Jenny: »Ich bin Jenny Tull.«

»Ach, irgendwie mit Ezra verwandt?«

»Ich bin seine Schwester.«

»Ich mag diesen Jungen einfach zu gern«, meinte Mrs. Payson. Sie nahm den Topf vom Herd und stellte ihn auf den Tisch. »Als er eingezogen wurde, habe ich geweint, hat Josiah dir das erzählt? Hab' mich hingesetzt und geweint. Ach ja, er war wie ein Sohn für mich, lief hier rein und raus...« Sie legte drei Gedecke auf, während Josiah die Milch einschenkte. »Ich werde nie vergessen«, sagte sie, »wie Ezra damals, als Josiahs Vater starb – er hat sich zu uns gesetzt, uns was zu essen gemacht und Kakao gekocht. Ich sagte: ›Ezra, ich komme mir egoistisch vor, wenn ich dich von deiner Familie abhalte‹, aber er sagte: ›Machen Sie sich deshalb keine Sorgen, Mrs. Payson.‹«

Jenny fragte sich, wann das gewesen sein könnte. Ezra hatte den Tod von Mr. Payson nie erwähnt.

Das Abendessen bestand aus Spaghetti und einem Salat, mit Schokoladenkuchen als Nachspeise. Jenny aß mäßig, da sie vorhatte, noch einmal zu essen, wenn sie heimkam, damit ihre Mutter nichts merkte; aber Josiah nahm mehrere Portionen von allem. Mrs. Payson füllte seinen Teller immer wieder auf. »Wenn man ihn anschaut«, sagte sie, »ahnt man nicht, daß er so viel ißt, nicht? Dürr wie ein Zaunpfahl. Ich denke mir, er ist immer noch im Wachstum.« Sie lachte, und Josiah grinste schüchtern mit niedergeschlagenen Augen – ein Gerippe von einem gebeugten, zusammengekauerten Mann. Jenny hatte sich nie klargemacht, daß Josiah der Sohn von jemand war, der größte Schatz irgendeiner Frau. Seine stumpfen schwarzen Wimpern waren gesenkt, sein struppiger Kopf über den Teller gebeugt. Er war so sicher, daß er geliebt wurde – hier, wenn schon sonst nirgends. Sie schaute weg.

Nach dem Essen half sie beim Abwasch und stellte jeden sauberen Teller und jedes Glas in ein offenes Holzregal, dessen Kanten mit vielen Farbschichten rund geworden waren. Ihre Mutter war inzwischen bestimmt außer sich, aber Jenny ließ sich beim Abtrocknen jeder einzelnen Gabel Zeit. Dann begleitete Josiah sie nach Hause. »Komm uns wieder besuchen!« rief Mrs. Payson von der Haustür. »Knöpf dich ja zu!«

Jenny dachte an...war das »Hans und der Bohnenstiel«?...oder vielleicht ein anderes Märchen, wo die bescheidene Witwe, ehrlich und warmherzig, mit ihrem Sohn in einer Hütte lebt. Alles andere – die kalte Dunkelheit der Straße, das Bild ihrer eigenen herumfuhrwerkenden Mutter – schien brüchig im Vergleich, ohne die sanft gerundete Vollkommenheit von Josiahs Leben.

Sie gingen schweigend die Calvert Street hinauf, Dampfwölkchen vor dem Mund. Sie wechselten auf die andere Seite zu Jennys Haus und stiegen die Verandastufen hinauf.

»Also«, sagte Jenny, »danke, daß du mich eingeladen hast, Josiah.«

Josiah machte irgendeine ungeschickte, ruckartige Bewegung, als bemühe er sich, etwas zu sagen. Er torkelte näher, hüllte sie in einen Kreis von grobem Plaid und küßte sie auf die Lippen. Zuerst begriff sie kaum, was passierte. Dann empfand sie eine schreckliche Bestürzung, nicht so sehr ihretwegen als Josiahs wegen. Ach, wie traurig, er hatte alles mißdeutet; wie peinlich für ihn! Aber wie konnte er auch einen solchen Fehler machen? Sie überlegte (ob sie wollte oder nicht, gegen sein Stoppelkinn, seine Wulstlippen gepreßt) und sah die Dinge plötzlich von seinem Gesichtspunkt aus: Ihre zarte, kleine »Romanze« (wie er es sicher nannte), so nahtlos wie die Märchenexistenz der Witwe Payson. Sie sehnte sich danach; sie wünschte, es wäre wahr. Schmerzlich sehnte sie sich, mit einer Art Nostalgie, nach einem zufriedenen Leben mit seiner Mutter in ihrem traulichen Heim, nach einer unschuldigen, beschützenden Ehe. Sie erwiderte seinen Kuß und fühlte durch alle Wollschichten hindurch, wie sein Körper sich spannte und zitterte.

Dann brach Licht aus dem Haus, die Haustür wurde aufgerissen, und die Stimme ihrer Mutter ergoß sich über sie.

»Was? Was? Was soll das heißen?«

Sie fuhren auseinander.

»Du Dreckstück«, schrie Pearl Jenny an. »Du Schlampe. Du minderwertiges Ding. Also da warst du drauf aus! Sagst mir nicht mal, wo du bist, kein Essen vorbereitet, ich verrückt vor Sorge – und hier find' ich dich! Knutschend? Knutschend mit einem, mit einem ...«

Da ihr wohl das Wort nicht kam, schlug sie zu. Sie schlug Jenny hart ins Gesicht. Jennys Augen füllten sich mit Tränen. Josiah, als sei er selbst geschlagen worden, wandte scharf sein Gesicht ab und starrte auf irgendeinen fernen Punkt. Sein Mund arbeitete, aber es kam kein Ton.

»Mit einem Irren! Einem Idioten! Einem Spätzünder. Das hast du mir zum Trotz getan«, fuhr sie fort. »Das ist deine Art, dich über mich lustig zu machen. Diese ganzen Nachmittage, die ich im Geschäft geschuftet habe, warst du in irgendwelchen Gassen unterwegs, nicht wahr, bist herumgestreunt mit diesem Tier, diesem Gorilla, hast ihn seinen Spaß haben lassen, bloß um mir Schande zu machen.«

Josiah stotterte: »A-a-aber ...«

»Nur um mich bloßzustellen, wo ich so große Pläne mit dir hatte. Schule geschwänzt, sicherlich, mit ihm im Gebüsch und auf Rücksitzen von Autos herumgelegen, und vielleicht sogar hier in diesem Haus, was weiß denn ich, während ich weg bin und mich bei Sweeny Brothers schinde ...«

»Aber! Aber! Uuch!« schrie Josiah, und er spuckte so, daß Jenny weiße Schaumflecken im Lampenlicht fliegen sah. Dann warf er seine Vogelscheuchenarme zur Seite, stürzte die Stufen hinunter und verschwand.

Sie sah ihn nicht wieder, natürlich. Sie wählte ihre Wege sorgfältig und kam nie mehr in seine Nähe, ging nie an einen Ort, wo er sich vielleicht aufhielt; und sie nahm an, daß er dasselbe tat. Es war, als hätten sie sich darauf geeinigt, die Stadt unter sich aufzuteilen.

Und außerdem hatte sie keinen Grund, ihn zu sehen: Ezras Briefe hörten auf. Ezra erschien in Person. Da war er, eines Sonntagmorgens saß er in der Küche, als Jenny zum Frühstück herunterkam. Er trug seine alten Zivilkleider, die mit Mottenkugeln weggepackt gewesen waren – Jeans und einen schlabberigen, blauen Pullover. Sie hingen an ihm, wie etwas Geliehenes. Es war beunruhigend, wieviel Gewicht er verloren hatte. Sein Haar war unkleidsam kurz, und sein Gesicht blässer, älter, mit Schatten unter den Augen. Er saß vorgebeugt, die Hände zwischen den Knien verkrampft, während Pearl ein Stück verbrannten Toast ins Becken kratzte. »Marmelade oder Honig, was soll's sein?« fragte sie gerade. »Jenny, schau, wer da ist! Ezra, gesund und munter! Ich gieß' dir noch Kaffee nach, Ezra.« Ezra sagte nichts, er schenkte Jenny nur ein mattes Lächeln.

Er war entlassen worden, wie sich herausstellte. Wegen Schlafwandelns. Er wußte nicht, daß er im Schlaf herumging, er träumte nur jede Nacht denselben Traum: Er marschierte durch dasselbe Terrain mit rissigen Lehmflächen, kein Baum, kein Grashalm, ein blanker, blauer Himmel darübergewölbt. Er setzte einen Fuß vor den andern und marschierte und marschierte und marschierte. Am Morgen taten ihm dann die Muskeln weh. Er dachte, das käme von seinen Märschen im Wachen, bis man ihn aufklärte. Die ganze Nacht, erzählten sie ihm, durchstreifte er das Lager und trottete zwischen den Zeltreihen dahin. Soldaten wachten auf, setzten sich hin und sagten: »Tull? Bist du's?«, und dann ging er. Er antwortete nicht, er wachte nicht auf, sondern ging einfach woandershin. Manche Soldaten, die jüngsten von ihnen, erschreckte sein Schweigen. Es gab Beschwerden. Man schickte ihn zu einem Arzt, der ihm eine Schachtel mit gelben Pillen gab. Mit den Pillen lief er immer noch herum, aber von Zeit zu Zeit fiel er hin und blieb da, wo er hingefallen war, einfach bis zum Morgen liegen. Einmal mußte er aufs Gesicht gestürzt sein; als sie ihn aufweckten, war seine Nase blutig, und sie dachten, sie sei vielleicht gebrochen. Das war sie nicht, aber er hatte tagelang dunkelrote Ringe unter den Augen. Dann schickten sie ihn zu einem Kaplan, der fragte, ob Ezra irgend etwas Bestimmtes auf der Seele liege. Gab es Schwierigkeiten zu Hause, vielleicht? Mit einer Frau? Krankheit in der Familie? Ezra sagte nein. Er sagte dem Kaplan, es sei alles in Ordnung; er könne sich über-

haupt nicht denken, was da los sei. Der Kaplan fragte, ob er
denn gern bei der Armee sei, und Ezra sagte, nun ja, es ging
nicht so sehr um mögen oder nicht mögen; die Armee sei
eher etwas, wo man eben durchmüßte. Er sagte, die Armee
sei nicht ganz sein Stil – das viele Gebrüll, der Lärm –, aber er
käme schon zurecht. Er denke, es gäbe nichts an ihm auszusetzen. Der Kaplan sagte, er solle eben versuchen, nicht
schlafzuwandeln, wenn das so sei; aber gleich in der nächsten Nacht ging Ezra bis in die Stadt, viereinhalb Meilen in
seiner schmutzigoliven Unterwäsche, die Augen weit geöffnet, aber stumpf wie Fenster, und eine Kellnerin in einer
Imbißstube mußte ihn aufwecken und ihren Schwager
holen, damit er ihn ins Lager zurückfuhr. Am nächsten Tag
riefen sie einen anderen Arzt, und der Arzt stellte ihm eine
Reihe von Fragen, unterschrieb ein paar Papiere und schickte ihn heim. »Also bin ich hier«, sagte Ezra mit tonloser
Stimme. »Entlassen.«
»Aber ehrenhaft«, meinte seine Mutter.
»O ja.«
»Wenn ich daran denke! Die ganze Zeit, die das gedauert
hat, hast du nie ein Wort gesagt.«
»Ja, aber wie hättest du helfen können?«
Die Frage schien sie alt zu machen, sie sank zusammen.
Nach dem Frühstück ging er nach oben, fiel auf sein Bett und
schlief den ganzen Tag; Jenny mußte ihn zum Abendessen
aufwecken. Selbst dann konnte er kaum die Augen offenhal-
ten. Er saß benommen schwankend da, aß fast nichts, nickte
mitten im Kauen ein. Dann ging er wieder ins Bett. Jenny
wanderte durchs Haus und zupfte an den Schnüren der Rouleaus herum. Ob er so blieb, wie er jetzt war? Hatte er sich
für immer verändert?
Aber am Montagmorgen war er wieder der alte Ezra. Noch
bevor sie angezogen war, hörte sie, wie er auf seiner kleinen
Birnenholz-Blockflöte »Greensleeves« spielte. Als sie herunterkam, machte er Rührei, so wie er es mochte, mit Käse
und kleingeschnittenen Pepperoni, während Pearl die Zei-

tung las. Und beim Frühstück meinte er: »Ich denke, ich schaue, daß ich meinen alten Job wiederkriege.« Pearl sah zu ihm hin, sagte aber nichts. »Wieso hast du nie nach Mrs. Scarlatti gesehn?« fragte Ezra Jenny. »Sie hat geschrieben, daß du nie gekommen bist.«

Jenny antwortete: »Weißt du, ich wollte . . .«

Sie senkte den Blick, hielt den Atem an und wartete. Jetzt würde er gleich Josiah erwähnen. Aber er tat es nicht. Sie sah auf – er bestrich gerade eine Scheibe Toast mit Butter – und atmete wieder. Nie würde sie sicher sein, was Ezra wußte oder nicht wußte.

II

Als Jenny ins College-Alter kam, war aus ihr die Schönheit geworden, die jedermann prophezeit hatte. Oder lag es nur daran, daß sie in Mode gekommen war? Ihr Spiegel zeigte dasselbe Gesicht, soweit sie wußte, aber die meisten Anrufe in ihrem Studentenheim waren für sie, und wenn sie nicht hätte arbeiten müssen, um das Studium zu finanzieren (beim Essen bedienen, Wäsche falten, in der Bibliothek Bücher in Regale ordnen), hätte sie jeden Abend ausgehn können. Fern von Baltimore hatte ihr Aussehen etwas von seiner Sprödigkeit verloren. Sie ließ ihr Haar wachsen und entwickelte ein atemloses, flatterndes Wesen. Aber sie dachte immer an ihr Medizinstudium. Sie sah ihre Zukunft stets klar vor sich: einen geraden Weg zu einer Kinderarzt-Praxis in einer mittelgroßen Stadt, möglichst nicht weit von einer Küste. (Sie hatte gern das Gefühl, daß sie jederzeit weg konnte. Fühlten sich denn die Leute im Mittelwesten nicht irgendwie festgelegt?) Freunde neckten sie wegen ihrer Zielstrebigkeit. Ihre Zimmergenossin beschwerte sich über Jennys Arbeitslampe, regte sich über die pedantische Art auf, wie sie ihr Material auf ihrem Tisch ausbreitete. In dieser Hinsicht hatte sich Jenny jedenfalls nicht geändert.

Inzwischen war ihr Bruder Cody ein erfolgreicher Mann

geworden – er war durch mehrere verschiedene Firmen aufwärtsgeschossen, vor allem wegen seiner Ideen, wie man die Zeit der Arbeiter besser nutzen konnte; schließlich hatte er sich als Rationalisierungsfachmann selbständig gemacht. Und Ezra arbeitete noch für Mrs. Scarlatti, aber auch er war vorangekommen. Er hatte die Leitung der Küche übernommen, während Mrs. Scarlatti vorne die Wirtin spielte. Jennys Mutter schrieb, es sei eine Schande, eine Schande und ein Verbrechen. *Ich sage ihm, je länger er im Restaurant dieser Frau seine Zeit vertrödelt, desto schwerer wird es ihm fallen, auf seinen Weg zurückzufinden, du weißt, daß er immer aufs College gehen wollte ...*

Pearl kassierte immer noch im Lebensmittelgeschäft, aber jetzt, seit Jennys Stipendium und Gelegenheitsarbeit die letzte finanzielle Last von ihr genommen hatten, war sie besser angezogen und sah weniger vergrämt aus. Jenny kam sie zweimal im Jahr besuchen – zu Weihnachten und kurz vor Semesterbeginn im September. Für die übrigen Ferien erfand sie Ausreden, und den Sommer über arbeitete sie immer in einem Kleidergeschäft in einer kleinen Stadt nicht weit vom College. Es lag nicht daran, daß sie ihre Mutter nicht sehen wollte. Sie dachte oft an die drahtige Energie, an die Kraft, mit der sie ihre Kinder ganz allein großgezogen hatte, und an ihr nimmermüdes Interesse am Fortschritt, den die Kinder machten. Aber wann immer Jenny zurückkam, fühlte sie sich fast sofort von der Atmosphäre des Hauses gelähmt – der Mangel an Helligkeit, das Gefühl der Enge in den tapezierten Zimmern, eine gewisse verbissene Dürftigkeit. Sie fragte sich fast, ob sie eine Art Allergie hatte. Es war wie eine Erkrankung der Atemwege; manchmal glaubte sie, sie müsse ersticken. Ihr Kopf war so benommen wie sonst nur, nachdem sie zu lange ohne Unterbrechung gelernt hatte. Sie war gereizt zu den Leuten. Sogar Ezra irritierte sie, mit seiner Ruhe und seiner Fügsamkeit.

Also hielt sie Abstand, und nachdem sie ihre Familie eine Weile vermißt hatte, verdrängte sie allmählich jede Erinnerung. Sie wurde energischer, geschäftiger, eiliger. Ezras Briefe – schwerfällig wie seine Reden, schon fast langweilig – tauchten am Rand des Waschbeckens auf oder zerknüllt zwischen der Bettwäsche, wo Jenny sie mitten im Satz weggelegt hatte. Ihr Denken wanderte ab, das war alles. Und zweimal, während ihrer ersten beiden College-Jahre, kam Cody sie auf einer Geschäftsreise durch Pennsylvania besuchen, und jedesmal freute sie sich darauf (er war so elegant und sah so gut aus, sie gab gern mit ihm an), aber sobald er da war, wurde sie immer schweigsamer. Es war nicht ihre Schuld, es war seine. Es schien, als ob alles, was sie sagte, für ihn wie das Echo ihrer Mutter klang. Sie sah, wie er erstarrte. Sie wußte genau, was er dachte. »Wie steht's mit deinen Finanzen?« pflegte er zu fragen. »Brauchst du ein paar neue Kleider?« Sie antwortete dann: »Nein danke, Cody, es geht mir gut« und meinte es auch so, sie brauchte wirklich nichts; aber sie sah in seinem Gesicht, wie er ihre Worte verstanden hatte: »Nein, nein«, in Pearls dünner Stimme, »kümmere dich ja nicht um mich...« Sie konnte nicht seinen Schlips geradeziehn, ihm kein Kompliment wegen seines Anzugs machen, auch nicht nach seinem derzeitigen Leben fragen, ohne diesen wachsamen Ausdruck auf seinem Gesicht hervorzurufen. Sie fühlte sich ungerecht beschuldigt. Glaubte er wirklich, sie könnte so herrschsüchtig, so vorwurfsvoll oder so zudringlich werden? »Schau«, versuchte sie einmal, »laß uns von vorn anfangen. Das, wovon du denkst, daß ich es beabsichtige, habe ich nicht beabsichtigt.« Aber sein argwöhnischer, schiefer Blick sagte ihr, daß er genau diesen Verdacht hegte. Sie konnten sich auf keine Weise aus dieser Verstrickung befreien. Sie ließ ihn abreisen. Wieder in ihrem Studentenzimmer studierte sie ihr Spiegelbild, den Schwung ihrer schwarzen Haare und ihre schmale Taille. Danach gab sie sich für eine Weile fröhlicher als sonst und hatte ein Gefühl, wie wenn man in die Hände geschlagen hat, um sie von einem dicken und anhaftenden Staub zu befreien.

Gegen Ende des letzten Schuljahrs verliebte sie sich. Sie war schon vorher verliebt gewesen, natürlich – einmal in einen, der Englisch als Hauptfach hatte und zu besitzergreifend geworden war, Stück für Stück; und einmal in einen stiernackigen Fußballstar, der ihr heute, im Rückblick, als Symptom einer vorübergehenden Geisteskrankheit erschien. Aber dies war etwas anderes. Dies war Harley Baines, ein Genie, ein Junge mit einer solchen Intelligenz, daß sogar seine verschmierte Schildpattbrille, seine schlohweiße Haut und seine durch Polypen näselnde Stimme bei seinen Mitschülern Ehrfurcht hervorriefen. Er befand sich nicht so sehr außerhalb von Jennys Gruppe als darüber, jenseits – eine Gruppe in sich selbst. Das Gerücht ging um, er hätte seinen Dr. phil. mit zwölf machen können, aber seine Eltern hätte ihn daran gehindert, weil sie wollten, daß er eine normale Kindheit genießen konnte. Nächstes Jahr würde er an die Paulham University gehn, außerhalb Philadelphias, um wissenschaftliche Forschung auf dem Gebiet der Genetik aufzunehmen. Auch Jenny ging nach Paulham; sie war gerade in den medizinischen Zweig aufgenommen worden. Dadurch war sie auf Harley Baines aufmerksam geworden. Behütet inmitten ihrer eigenen lautstarken Gruppe (zu der sie nicht mehr lange gehören würde, da die Gruppe bald durch den Abschluß auseinanderfliegen, sie schutzlos zurücklassen würde), sah sie über den Campus hin und entdeckte Harley Baines, wie er vorbeiging mit seinem Gang wie ein Storch, in unmodernen Flanellhosen mit Bügelfalte und einem viel zu großen Pullover, offensichtlich von seiner Mutter gestrickt. Sein Haar, das einer Wäsche bedurft hätte, war von einem besonders dichten Schwarz. Sie fragte sich, ob er wußte, daß sie nach Paulham ging. Sie fragte sich auch, ob es ihm etwas ausmachen würde, ob er Mädchen überhaupt seiner Beachtung wert fand. Ob er unzugänglich war? Unerreichbar? Ihre Freunde mußten mehrmals ihren Namen rufen und lachten über ihre nachdenkliche Miene.

Das war im Frühling 1957 – er kam ungewöhnlich spät und zögernd. Die Professoren öffneten die Fenster der Klassenzimmer mit Haken an langen Stangen, und der Duft von Lilien kam herein. Jenny trug ärmellose Blusen, weite Röcke und Ballerinaschuhe. Harley Baines räumte seinen handgestrickten Pullover weg. Nackt waren seine Arme muskulös, mit schwarzen Haaren bedeckt. Um den Hals trug er etwas Rundes aus Gold oder Messing. Sie hätte zu gern gewußt, was es war. Eines Tages, im Deutschunterricht, fragte sie ihn. Er sagte, es sei eine Medaille, die er bei einem wissenschaftlichen Wettbewerb gewonnen hätte, für ein Experiment über die Stoffwechselraten von weißen Ratten. Sie fand es komisch, daß er sie jetzt immer noch trug, sagte aber nichts. Statt dessen berührte sie die Medaille leicht mit den Fingerspitzen. Sie hing genau in seinem Hemdausschnitt und war fast heiß.

Bei anderen Gelegenheiten (sie holte ihn auf dem Gang ein, richtete es so ein, daß sie in der Cafeteria in der Schlange hinter ihm stand) fragte sie ihn, ob er sich auf die Paulham University freue und wie er dort untergebracht sei und was er von den öffentlichen Verkehrsmitteln dort gehört habe. Sie äußerte diese Fragen in gemessenem, unverbindlichem Ton und fühlte sich wie einer von diesen Zirkusdompteuren, die einem Tier nur den Rücken der geschlossenen Hand zeigen, um nicht als Drohung zu wirken. Sie wollte ihn nicht erschrecken. Aber Harley schien überhaupt nicht alarmiert, er antwortete ihr höflich und sachlich. (War das gut oder schlecht?) Als die Prüfungen begannen, ging sie mit ihren Notizen über Genetik zu ihm und fragte, ob er ihr beim Lernen helfen könne. Sie saßen draußen auf dem Rasen, gegenüber der Student Union, auf einem blauen Chenille-Bettüberwurf, den sie aus ihrem Zimmer mitgebracht hatte. Rund um sie lagerten ihre Mitschüler auf anderen Bettdecken – darunter ein paar von Jennys Freunden, die ihr erstaunte, zweifelnde Blicke zuwarfen und dann rasch an ihr vorbeisahen. Sie hatte gehofft, sie würden herüberschlendern und Harley in die Gruppe aufnehmen. Aber dann mußte sie einsehn, daß das nie passieren würde.

Während sie ihre Fragen formulierte (sie gab sich nicht so schwer von Begriff, daß es ihn abgeschreckt hätte, aber gerade noch seiner Hilfe bedürftig), hörte Harley zu und zerrupfte einen Grashalm. Er trug schwere, modische Schuhe, die sich auf dem Bettüberwurf seltsam ausnahmen. In seinen prüfenden Händen wirkte der Grashalm wie das Objekt eines wissenschaftlichen Experiments. Er antwortete ihr vernünftig, ohne Fragezeichen am Ende der Sätze; er setzte voraus, daß sie ihn verstand. Was sie auch wirklich tat, und selbst dann getan hätte, wenn sie ihr Thema nicht schon vorher beherrscht hätte. Seine Logik schritt unbeirrbar von A zu B zu C. In seiner Langsamkeit und Gründlichkeit erinnerte er sie an Ezra – obwohl sie so verschieden waren, andererseits! Als er fertig war, fragte er, ob jetzt alles klar sei. »Ja, danke«, sagte sie, und er nickte und stand auf, um wegzugehn. War das alles? Sie stand ebenfalls auf und fühlte sich plötzlich schwindlig – nicht vom Stehen, sondern vor Liebe, glaubte sie. Es war ihm tatsächlich gelungen, sie völlig umzuwerfen. Sie dachte, was er wohl tun würde, wenn sie ihre Arme um ihn werfen und an seine Brust sinken würde, ihr Gesicht an seiner weißen, weißen Brust, seine Medaille brennend an ihrer Wange. Statt dessen fragte sie: »Hilfst du mir, bitte, die Decke zusammenzulegen?« Er bückte sich, um ein Ende aufzuheben, und sie nahm das andere. Er gab ihr sein Ende und wischte dann nüchtern jedes Grashälmchen, jedes Blütenblatt und Samenkorn von seiner Seite der Decke. Danach nahm er die Decke an sich, offenbar in der Annahme, sie würde ihre Seite abwischen. Sie sah auf in sein Gesicht. Er trat vor, schwang die Decke wie einen Kapuzenmantel um sich, wickelte sie in das Dunkel mit ein und küßte sie. Seine Brille stieß gegen ihre Nase. Jedenfalls war es ein ungeschickter Kuß, zu unvorbereitet, und sie mußte sich unwillkürlich das Bild vorstellen, das sie abgaben – eine Säule aus blauer Chenille mitten auf dem Campus, eine Zwillingsmumie. Sie lachte. Er ließ die Decke fallen und machte auf dem Hacken kehrt und ging ganz schnell weg. Ein Haarbüschel nickte auf seinem Hinterkopf wie ein Hahnenschwanz.

Jenny ging in ihr Zimmer zurück, nahm ein Bad und zog ein Rüschenkleid an. Sie lehnte sich aus dem offenen Fenster und summte. Harley kam nicht. Schließlich ging sie zum Abendessen, aber in der Cafeteria war er auch nicht. Am nächsten Tag, nach ihrer letzten Prüfung, rief sie in seinem Wohnheim an. Irgendein schläfrig klingender, mürrischer Junge antwortete. »Baines ist nach Hause gefahren«, teilte er ihr mit.

»Nach Hause? Aber wir haben doch noch gar nicht die Abschlußfeier gehabt.«

»Er hat nicht vor, sich dem zu unterziehn.«

»Oh«, sagte Jenny. Sie hatte die offizielle Feier nicht mit einer Vorstellung von »sich unterziehen« verbunden, auch wenn es stimmte, daß man sein Diplom einfach per Post bekommen konnte. Für Leute wie Harley Baines, nahm sie an, war ein Abschluß nicht wichtig. (Jennys Familie dagegen würde sich für dieses Ereignis auf den ganzen weiten Weg nach Summerfield machen.) Sie sagte: »Na gut, vielen Dank jedenfalls«, und hing auf, in der Hoffnung, ihre Stimme sei Harleys Mitschüler nicht ganz so verloren vorgekommen wie ihr selbst.

In jenem Sommer arbeitete sie nach dem Abschluß wieder in dem Laden »Molly's Togs« in der Kleinstadt nahe dem College. Bisher hatte sie diesen Job immer angenehm gefunden, aber dieses Jahr deprimierte sie das betont Legere der Bekleidung für verheiratete Frauen – ihre Bermudas fürs Golfspielen und ihre um die Hüften weit geschnittenen Khakihemden. Wenig hilfreich schaute sie weg, wenn ihre Kundinnen fragten: »Steht es mir? Finden Sie es zu jugendlich?« Nächstes Jahr um diese Zeit würde sie in Paulham sein. Sie überlegte, wann sie wohl so weit war, einen gestärkten weißen Mantel anzuziehen.

Im Juli kam ein Brief von Harley Baines, von ihrer Mutter zu

Hause umadressiert. Als Jenny nach der Arbeit in ihre Pension zurückkam, fand sie ihn auf dem Tisch in der Diele. Sie stand einen Moment davor und sah ihn an. Dann steckte sie ihn in ihre strohgeflochtene Tasche und ging die Treppe hinauf. Sie schloß ihr Zimmer auf, warf die Tasche aufs Bett und machte das Fenster auf. Sie holte eine eckige Dose aus einer Schublade und gab den beiden Goldfischen im Glas auf dem Schreibtisch Futter. All das, ehe sie Harleys Brief öffnete.

Wußte sie bereits, was darin stand?

Später dachte sie sich, daß es wohl so gewesen war.

Seine Handschrift war so klein und getrennt wie Maschinenschrift. Von einem Genie hätte sie etwas Schwungvolleres erwartet. Er setzte einen Doppelpunkt hinter die Anrede, als handele es sich um einen Geschäftsbrief.

18. Juli 1957

Liebe Jenny:

Ich habe mich unvernünftigerweise an etwas gestoßen, was, in der Tat, eine natürliche Reaktion Deinerseits war. Ich muß lächerlich gewirkt haben.

Was ich beabsichtigt hatte, vor unserem Mißverständnis, war, daß wir uns den Sommer über besser kennenlernen sollten und dann heiraten im Herbst. Ich halte die Ehe immer noch für eine lebensfähige Alternative. Ich weiß, dies scheint plötzlich – wir sind uns nicht gerade auf normale amerikanische Weise nähergekommen –, aber schließlich gehört keiner von uns zu den oberflächlichen Leuten.

Denke daran, daß wir beide nächstes Jahr in Paulham sein werden und zusammen ein Appartement nehmen könnten, Lebensmittel in wirtschaftlichen Mengen kaufen etc. Auch habe ich das Gefühl, daß Du gewisse finanzielle Probleme hast, und ich würde gerne diese Verantwortung übernehmen.

Obenstehendes klingt pragmatischer, als ich wollte. In Wirklichkeit denke ich mir, daß ich Dich liebe, und erwarte Deine Antwort zum frühestmöglichen Zeitpunkt.

Aufrichtig, Harley Baines

PS: Ich weiß, daß Du intelligent bist. Du hättest all diese Fragen über Genetik nicht vorzuschieben brauchen.

Das PS war der ergreifendste Teil des Briefs, dachte sie. Es war lockerer geschrieben, eher impulsiv, während das übrige wie nach einem Entwurf kopiert und wieder kopiert wirkte. Sie las den Brief noch einmal, faltete ihn dann zusammen und legte ihn auf ihr Bett. Sie ging hinüber und beobachtete ihre Goldfische, die zuviel Futter übriggelassen hatten, das jetzt auf der Wasseroberfläche schwamm. Sie würde die Rationen kürzen müssen. *Lieber Harley,* probte sie. *Was für eine Überraschung, als...* Nein. Für Überschwenglichkeit hatte er sicher nichts übrig. Was sie eigentlich sagen wollte, war: »Ja.« Die Gefühle, die sie früher für ihn gehabt hatte, trieben sie dabei wenig an (sie schienen jetzt verblichen und seicht, eine Schulmädchen-Verliebtheit aufgrund von Abschlußpanik). Was ihr mehr zusagte, war das Kantige an der Situation – der mächtige Sprung in den Weltraum mit jemand, den sie kaum kannte. War das nicht, was Heiraten sein sollte? Wie bei diesen Filmkatastrophen – Schiffbruch oder Erdbeben oder feindliche Gefängnisse –, wo Fremde, von den Umständen eng zusammengesperrt, ihre wahren Stärken und Schwächen zeigten.
In letzter Zeit schien ihr Leben enger zu werden. Die aufeinanderfolgenden Stadien – das eigentliche Medizinstudium, dann Assistenz und Niederlassung – waren so leicht vorherzusehn. Sie hatte in den Spiegel geschaut, erst kürzlich, und plötzlich begriffen, daß die klare, zarte Haut um ihre Augen eines Tages Fältchens entwickeln würde. Sie würde alt werden, wie alle andern auch.
Sie nahm Papier aus der Schreibtischschublade und schraubte ihren Füllfederhalter auf. *Lieber Harley,* schrieb sie. Sie pflückte ein mikroskopisches Härchen von der Spitze der Feder. Sie dachte eine Zeitlang nach. Dann schrieb sie: *Einverstanden* und darunter ihren Namen – das Äußerste an Mitteilung ohne Mätzchen. Selbst Harley konnte das nicht übertrieben finden.

Am nächsten Abend kam Jenny in Baltimore an, gerade vor dem Abendessen. Sie hatte alle Brücken hinter sich abgebrochen: ihren Job gekündigt, ihre Goldfische verschenkt und alles in ihrem Zimmer zusammengepackt. Es war das radikalste Verhalten, das sie je gezeigt hatte. Im Greyhound-Bus saß sie stolz und aufrecht, nur manchmal mußte sie den schnarchenden Soldaten abschütteln, der immer wieder gegen sie fiel. Als sie am Bahnhof ankam, rief sie ein Taxi, anstatt auf den städtischen Bus zu warten, und fuhr in großem Stil nach Hause.

Niemand hatte erfahren, daß sie kommen würde, deshalb war sie verwundert, daß die Eingangstür, als Jenny gerade den Fahrer bezahlte, weit aufging und ihre Mutter heraustrat, durch die Veranda und die Stufen herunterkam, in einem fließenden, geblümten Kleid, hochhackigen Pumps und einem Hut, dessen schwarzer Netzschleier mit etwas wie Schönheitspflästerchen gepunktet war. Hinter ihr kam Ezra in einer Bekleidung, die etwas zu üppig geschnitten war, und zuletzt Cody, dunkel und hübsch und »newyorkerisch« in einem leichten, grauen Maßanzug mit gestreifter Seidenkrawatte. Eine Sekunde lang hatte Jenny die Vorstellung, sie gingen auf eine Beerdigung. So würden sie aussehn – formell gekleidet und im Waffenstillstand –, wenn Jenny nicht mehr unter ihnen weilte. Dann schüttelte sie den Gedanken ab und stieg aus dem Taxi.

Ihre Mutter blieb auf dem Trottoir stehn. »Du lieber Himmel! Ezra, wenn du ›Familienessen‹ sagst, dann ist es auch ein Familienessen!« Sie hob ihren Schleier, um Jenny auf die Wange zu küssen. »Warum hast du uns nicht gesagt, daß du kommst? Ezra, hast du das so eingerichtet?«

»Ich habe überhaupt nichts davon gewußt«, erwiderte Ezra. »Ich wollte dir eigentlich schreiben, Jenny, aber ich dachte mir, du würdest dir wegen eines Abendessens nicht den ganzen weiten Weg machen.«

»Abendessen?« fragte Jenny.

»So eine Idee von Ezra«, erklärte Pearl. »Er hatte erfahren, daß Cody hier durchkommt, vielleicht über Nacht bleibt, und hat gesagt: ›Ich möchte, daß ihr beide euch fein-macht...‹«

»Ich bleibe nicht über Nacht«, wandte Cody ein. »Ich bin hier an meinen Plan gebunden, begreift ihr das endlich? Ich sollte nicht einmal zum Abendbrot bleiben. Ich sollte schon in Delaware sein.«

»Ezra hat etwas, was er uns sagen will«, meinte Pearl und zupfte ein Fädchen von Jennys Strandkleid, »er will uns etwas mitteilen und führt uns in Scarlettis Restaurant. Bei dieser Hitze ist ein Salatblatt vermutlich alles, was ich ver-trage. Jenny, Liebes, du bist dünn wie eine Bohnenstange! Und was hast du alles in diesem großen Koffer? Wie lange willst du bleiben?«

»Ach, weißt du... nicht lang«, antwortete Jenny. Sie hatte Hemmungen, ihre Neuigkeit mitzuteilen. »Vielleicht sollte ich mich umziehn. Ich bin nicht so fein wie ihr alle.«

»Nein, nein, du bist fein genug«, meinte Ezra. Er rieb sich die Hände, wie immer, wenn er zufrieden war. »Alles paßt so schön wie nie! Ein richtiges Familienessen! Wie vom Schick-sal bestellt.«

Cody trug Jennys Koffer ins Haus. Inzwischen machte die Mutter ihr Theater: strich Jennys Haar glatt, schnalzte beim Anblick ihrer nackten Beine mit der Zunge. »Keine Strümp-fe! In einem öffentlichen Verkehrsmittel.« Cody kam zurück und öffnete die Tür von einem glänzendblauen Wagen am Straßenrand. Er half Pearl hinein, indem er ihren Ellbogen stützte. »Wie gefällt dir mein Wagen?« fragte er Jenny.

»Sehr. Hast du ihn neu gekauft?«

»Wie denn sonst?« antwortete er. »Ein Pontiac. Riech mal, riecht ganz nach neuem Auto.« Er ging auf die Fahrerseite. Jenny und Ezra setzten sich in den Fond; Ezras knochige Handgelenke hingen zwischen seinen Knien.

»Natürlich ist er noch nicht abbezahlt«, meinte Cody und ordnete sich in den Verkehr ein, »aber das dauert nicht mehr lange.«

»Cody Tull!« sagte seine Mutter. »Du hast doch deshalb keine Schulden gemacht.«

»Warum nicht? Ich werde reich, sag' ich euch. Heute in fünf Jahren kann ich zu jedem Autohändler gehn, jedem Händler – Cadillac –, und Hartgeld auf die Theke werfen und sagen: ›Ich nehme drei. Oder sagen wir lieber vier.‹«

»Aber nicht jetzt«, betonte Pearl. »Noch nicht. Du weißt, was ich vom Kaufen auf Zeit halte.«

»Aber ich handele mit Zeit«, wandte Cody ein. Er lachte und schoß bei Gelb über eine Kreuzung. »Paßt doch bestens zusammen. Noch zehn Jahre, und du fährst in einer Limousine.«

»Warum sollte ich das wollen?«

»Und Ezra kann nach Princeton gehn, wenn er will. Und ich kann Jenny eine Klinik kaufen, ganz für sie allein. Ich gebe ihr das Geld, und sie kann sich auf jedem Gebiet spezialisieren, hintereinander weg.«

Das war der Augenblick für Jenny, um Harley zu erwähnen, aber sie schaute in die Gegend und sagte nichts.

In Scarlattis Restaurant führte man sie zu einem Tisch in der Ecke, am Ende des langen, brokatverhangenen Speisezimmers. Es war früh am Abend, noch nicht dunkel. Das Restaurant war fast leer. Jenny fragte sich, wo wohl Mrs. Scarlatti war. Sie wollte nach ihr fragen, aber Ezra war mit der Beaufsichtigung des Essens zu beschäftigt. Er hatte vorbestellt, offenbar, und gab nun bekannt, daß vier Personen essen würden, anstatt drei. »Meine Schwester ist auch dabei. Es wird ein richtiges Familiendinner.« Der Kellner, der Ezra zu mögen schien, nickte und ging in die Küche.

Ezra lehnte sich zurück und lächelte die andern an. Pearl polierte eine Gabel mit ihrer Serviette. Cody redete immer noch vom Geld. »Ich habe vor, etwas in Baltimore County zu kaufen«, sagte er, »in nicht allzu ferner Zukunft. Es gibt keinen besonderen Grund, mein Standquartier in New York zu haben. Ich wollte immer schon ein Stück Land, wogendes Maryland-Farmland. Vielleicht züchtete ich Pferde.«

»Pferde! Aber Cody, wirklich, das paßt doch nicht zu uns«, meinte Pearl. »Was willst du mit Pferden anfangen?«

»Mutter«, antwortete Cody, »alles paßt zu uns. Verstehst du nicht? Es gibt keine Grenzen. Mutter, weißt du, wer letzte Woche meine Dienste in Anspruch genommen hat? Die Tanner Corporation.«

Pearl legte die Gabel hin. Jenny versuchte, sich zu erinnern, wo sie den Namen bereits gehört hatte. Er kam ihr entfernt bekannt vor; so wie ein primitiver Haushaltsgegenstand, den man nie beachtet und der einem erst auffällt, wenn man nach vielen Jahren Abwesenheit zurückkehrt. »Tanner?« fragte sie Cody. »Was ist das?«

»Wo unser Vater gearbeitet hat.«

»Ach ja.«

»Oder es noch tut, was weiß ich. Aber, Jenny, du hättest das sehen sollen. So ein Groschenbetrieb ... ich meine, nicht klein, großer Gott, mit diesem Durcheinander von Zweigbüros, die sich überschneiden und konkurrieren, sondern so ... kleinkariert. Wirklich so leicht zu durchschauen. Und ich hab' mir gedacht: Sieh mal einer an, einfach so – ich habe sie in meiner Gewalt. Die Tanner Corporation! Die große, allmächtige Tanner Corporation! An dem Nachmittag bin ich hingegangen und habe meinen Pontiac bestellt.«

»Da war nie«, sagte Pearl, »irgend etwas Kleinkariertes an der Tanner Corporation.«

Ihre Vorspeisen kamen auf gekühlten Tellern, zusammen mit einer schlanken, blaßgrünen Flasche Wein. Der Kellner goß Ezra einen Schluck ein, der ihn schmeckte, als ginge es um etwas Wichtiges. »Gut«, meinte er. (Es war seltsam, ihn in einer Autoritätsposition zu sehn.) »Cody? Versuch diesen Wein.«

»Nie«, sagte Pearl, »nicht im allergeringsten, nie im Leben hatte die Tanner Corporation etwas Billiges an sich.«

»Ach, Mutter, gib's zu«, sprach Cody zu ihr. »Ein Müllhaufen. Ich werde den Laden bis auf die Knochen umkrempeln.«

Man hätte denken können, er spräche von etwas Lebendigem – einem Tier, irgendeinem leidensfähigen Geschöpf. Auch Pearl mußte das empfunden haben. Sie sagte: »Cody, warum mußt du dich mir gegenüber auf diese Weise benehmen?«

»Ich benehme mich in keiner Weise.«

»Hab' ich dir jemals Unrecht getan, absichtlich? Dir jemals Kummer gemacht?«

»Bitte«, sagte Ezra. »Mutter? Cody? Es ist ein Familiendinner. Jenny? Einen Toast.«

Jenny hob hastig ihr Glas. »Einen Toast«, stimmte sie zu.

»Mutter? Einen Toast.«

Pearl richtete ihren Blick unwillig auf Ezra. »Ach«, sagte sie, nach einer Pause. »Danke, Lieber, aber Wein bei dieser Hitze würde sich wie ein Stein auf meinen Magen legen.«

»Es ist ein Toast auf mich, Mutter. Auf meine Zukunft. Ein Toast«, sprach Ezra, »auf den Teilhaber von Scarlattis Restaurant.«

»Teilhaber? Wer soll das sein?«

»Ich, Mutter.«

Dann öffneten sich die Flügel der Küchentür, und herein kam Mrs. Scarlatti – berückend wie immer schritt sie auf schlanken, geschmeidigen Beinen daher und warf ihre asymmetrische Frisur zurück. Sie mußte auf ihr Stichwort gewartet haben – gelauscht, mit anderen Worten. »So!« begann sie und legte eine Hand auf Ezras Schulter. »Wie finden Sie meinen Jungen hier?«

»Ich verstehe nicht«, sagte Pearl.

»Na ja, Sie wissen doch, daß er so lange meine rechte Hand war, seit mein Sohn tot ist, eigentlich besser als mein Sohn, wenn ich die Wahrheit sagen soll; der arme Billy hat sich nie so sehr für das Restaurant interessiert...«

Ezra stand auf, als stünde etwas von großer Tragweite bevor. Während Mrs. Scarlatti mit ihrer rauhen, verbrauchten Stimme weitersprach – seiner eigenen Mutter erzählte, was für ein Engel Ezra sei, so ein Süßer, so begabt, solche Achtung vor dem Essen, vor anständigem Essen, anständig serviert, mit einem so »göttlichen« (sagte sie) Instinkt für Gewürze –, während all dem zog er seine lederne Brieftasche hervor. Er schaute hinein, wirkte einen Moment besorgt, sagte dann: »Oh!« und zog eine zerschlissene Dollarnote heraus. »Mrs. Scarlatti«, sprach er, »mit diesem Dollar erwerbe ich hiermit die Teilhaberschaft an Scarlattis Restaurant.«

»Sie gehört dir, Herzchen«, sagte Mrs. Scarlatti und nahm das Geld.

»Was ist hier los?« fragte Pearl.

»Die Papiere haben wir gestern nachmittag im Büro meines Anwalts unterschrieben«, erklärte Mrs. Scarlatti. »Ist doch eine gute Sache, oder nicht? Wem soll ich dies verdammte Lokal hinterlassen, wenn es mich umhaut – meinem Chihuahua? Ezra kennt sich hier inzwischen von oben bis unten aus. Ezra, gib mir ein Glas Wein.«

»Aber ich dachte, du gehst aufs College«, sagte Pearl zu Ezra.

»Ich was?«

»Ich dachte, du hättest vor, Lehrer zu werden. Vielleicht Professor. Ich verstehe nicht, was passiert ist. Oh, ich weiß, das geht mich alles nichts an. Ich war nie der Typ, der sich dreinmischt. Nur eins will ich dir sagen: Es wird sehr, sehr merkwürdig aussehn für Leute, die nicht alle Tatsachen kennen. So ein Geschenk anzunehmen! Und von einer Frau noch dazu! Es ist eine Begünstigung; es gibt keine Teilhaberschaft für einen Dollar; dein ganzes Leben wirst du verpflichtet sein. Ezra, wir Tulls verlassen uns auf uns selbst, nur auf uns untereinander. Wir erwarten von der übrigen Welt keinerlei Hilfe. Wie konntest du dich dafür hergeben?«

»Mutter, ich mache gern Essen für Leute«, erwiderte Ezra.

»Er ist ein Wunder«, fügte Mrs. Scarlatti hinzu.

»Aber die Verpflichtung!«

Cody sagte: »Laß ihn in Ruhe, Mutter.«

Sie schwang so rasch zu ihm herum, als wolle sie sich auf ihn stürzen. »Ich weiß, daß dir das Spaß macht!«

»Es ist sein Leben.«

»Was bedeutet dir sein Leben? Du willst doch nur zusehn, wie wir auseinanderbrechen, uns in der Außenwelt auflösen.«

»Bitte«, sagte Ezra.

Aber Pearl stand auf und marschierte zur Tür. »Du hast nicht gegessen!« rief Ezra. Sie blieb nicht stehn. An ihrer geraden Haltung erkannte Jenny von hinten die ersten Anzeichen des Alterns ihrer Mutter – ihre ausgeprägten Sehnen und zerbrechlichen Knochen. »Mein Gott«, rief Ezra aus, »ich hatte mir so ein schönes Essen vorgenommen.« Er rannte hinter Pearl her. Die paar Gäste hoben die Köpfe, überlegten einen Moment und wandten sich wieder ihrem Essen zu.

Übrig blieben Cody, Jenny und Mrs. Scarlatti. Mrs. Scarlatti schien nicht besonders bekümmert. »Mütter«, sagte sie sanft. Sie steckte sich die Dollarnote in ihren schwarz gewandeten Busen.

Cody sagte: »Also, sind wir damit fertig? Ich hätte nämlich vor einer Stunde in Delaware sein müssen. Kann ich dich mitnehmen, Jenny?«

»Ich denke, ich gehe zu Fuß«, antwortete Jenny.

Das letzte, was sie von Mrs. Scarlatti sah, war, wie sie da ganz allein stand und die unberührten Vorspeisen mit einem amüsierten Gesichtsausdruck musterte.

Nachdem Cody weggefahren war, ging Jenny langsam in Richtung Zuhause. Sie sah weder Pearl noch Ezra irgendwo vor sich. Es war Dämmerung – ein stickiger Abend, mit dem Geruch von heißen Reifen. Während sie in ihrem Strandkleid an Läden vorbeizog, fühlte sie sich langsam wie die romantische Vision, die irgend jemand von einem jungen Mädchen hatte. Sie versuchte einen Tagtraum von Harley Baines, aber es ging nicht. Was wußte Jenny von der Ehe? Warum sollte sie überhaupt heiraten wollen? Sie war noch ein Kind; sie würde immer ein Kind bleiben. Ihre Heiratspläne erschienen behelfsmäßig und gewollt – ein Scharade. Sie fand sich närrisch. Sie versuchte, sich an Harleys Kuß zu erinnern, aber er war ganz und gar entschwunden, und Harley selbst war wenig mehr als ein Papiermännchen in einem Versandhauskatalog.

Im Süßigkeitengeschäft stritten zwei Kinder, während sich ihre Mutter eine Hand gegen die Stirn preßte. Dann kam die Apotheke, und dann die Wahrsagerin – ein verschmiertes Spiegelfenster, mit *Mrs. Emma Parkins* drauf, *Handlesen und Beratung,* in verschnörkelten Goldbuchstaben, die an den Rändern abblätterten. Handgeschriebene Schilder waren auf dem Fensterbrett aufgestellt, wie im nachhinein: *Strengste Vertraulichkeit* und *Keine Bezahlung, wenn nicht voll zufrieden.* Im Schein einer verstaubten Kugellampe ging Mrs. Parkins persönlich im Raum hin und her – ein fettes, düsteres, altes Weib mit einem Pappfächer an einem Eisstil.

Jenny kam bis zur Ecke, blieb stehn und kehrte um. Sie ging bis zur Tür der Wahrsagerin zurück. Sollte sie klopfen oder einfach hineingehn? Sie probierte die Klinke. Die Tür schwang auf, und ein Glöckchen darüber klingelte. Mrs. Parkins ließ den Fächer sinken und sagte: »Na, so was! Eine Kundin.«

Jenny drückte ihre Handtasche an die Brust.

»Warm genug?« fragte Mrs. Parkins.

»Ja.« Jenny glaubte, Hustensirup zu riechen, den bitteren dunklen mit dem Kirscharoma.

»Warum setzen Sie sich nicht«, sagte Mrs. Parkins.

Es gab zwei schwülstige Armsessel einander gegenüber an dem kleinen, runden Tisch, auf dem die Lampe stand. Jenny setzte sich in den, der der Tür am nächsten war. Mrs. Parkins zupfte ihr Kleid hinten von den Hüften los und ließ sich mit einem Stöhnen nieder, den Fächer immer noch in der Hand. »Das Radio sagt, daß das Wetter morgen endlich umschlägt«, erklärte sie, »aber ich weiß nicht, ob ich es bis dahin durchstehe. Scheint wie jedes Jahr, aber die Hitze trifft mich einfach härter.«

Trotzdem war ihre Hand, mit der sie nach Jennys griff, kühl und trocken, mit festen, kleinen Polstern an den Fingerspitzen. Sie fächelte sich, während sie Jennys Handfläche studierte. Das gab ihrem Tun etwas Alltägliches. »Langes Leben, gute Karrierelinie...«, murmelte sie, als blättere sie eine Kartei durch. Jenny entspannte sich.

»Ich nehme an, es gibt etwas Besonderes, was Sie wissen wollen«, sagte Mrs. Parkins.

»Na ja...«

»Unsinn, drum herumzureden.«

»Sollte ich... also... sollte ich heiraten?«

»Heiraten«, sagte Mrs. Parkins.

»Ich meine, ich könnte. Ich habe diese Möglichkeit. Ich bin gefragt worden.«

Mrs. Parkins prüfte weiter Jennys Hand. Dann verlangte sie stumm die andere, die sie kaum ansah. Danach lehnte sie sich zurück und fächelte sich weiter, den Blick zur Decke gerichtet.

»Heiraten«, meinte sie schließlich. »Also, ich sage Ihnen, Sie sollten, oder Sie sollten nicht. Wenn Sie es nicht tun, werden Sie andere Anträge bekommen. Bestimmt. Aber hier ist mein Rat: Vorwärts, tun Sie es.«

»Was, heiraten?«

»Wenn Sie es nicht tun, sehn Sie«, sagte Mrs. Parkins, »kommt eine Menge Herzeleid auf Sie zu. Eine Menge Schwierigkeiten in Ihrem romantischen Leben. Von mehreren, unterschiedlichen Leuten. Was ich sagen will«, erklärte sie, »wenn Sie nicht hingehn und heiraten, wird die Liebe Sie zerstören.«

»Ach«, sagte Jenny.

»Das macht zwei Dollar, bitte.«

Beim Suchen in ihrer Börse kam Jenny ein interessanter Gedanke. Wenn man Ezras Wechselkurs zugrunde legte, hätte sie für denselben Betrag zwei Restaurants kaufen können.

Sie heiratete Harley Ende August, in der kleinen Baptistenkirche, die die Tulls gelegentlich besucht hatten. Cody spielte den Brautvater, und Ezra wies die Plätze an. Die Gäste, die er geleitete, waren: Pearl, Mr. und Mrs. Baines und eine Tante von Harley mütterlicherseits. Jenny trug ein weißes Ösenkleid mit Sandalen. Harley trug einen schwarzen Anzug, ein weißes Hemd und mattschwarze Schuhe, die vorne breit gerundet waren. Jenny schaute während der ganzen Zeremonie auf diese Schuhe hinunter. Sie erinnerten sie an die bohnenförmigen Lakritzbonbons.

Pearl vergoß keine Träne, denn, so sagte sie, sie war froh, daß die Dinge sich so gestaltet hatten, auch wenn gewisse Leute sie früher hätten informieren können. Es sei eine Erleichterung, eine Tochter in sichere Hände zu geben, sagte sie – eine Last weniger. Mrs. Baines weinte die ganze Zeit, aber sie war eben so eine Frau. Sie sagte nach der Hochzeit zu Jenny, dies bedeutet bestimmt nicht, daß sie etwas gegen diese Eheschließung hätte.

Dann fuhren Harley und Jenny mit dem Zug nach Paulham, wo sie ein kleines Appartement gemietet hatten. Sie besaßen noch keine Möbel und verbrachten ihre Hochzeitsnacht auf dem Fußboden. Jenny war besorgt wegen Harleys Unerfahrenheit. Sie war sicher, daß er über Dinge wie Sex stets erhaben gewesen war; er wußte bestimmt nicht, wie man es macht, und sie auch nicht, und zum Schluß würden sie an etwas scheitern, was alle Welt ohne Überlegung bewältigte. Aber wie sich herausstellte, wußte Harley sehr wohl, was er zu tun hatte. Sie hatte den Verdacht, er habe es erforscht. Sie stellte sich Harley an einem Tisch in der Bibliothek vor, wie er die Theorien der Fachleute verglich und eifrig in der angemessenen Form Notizen machte.

III

»Onkel Otto onaniert tagtäglich«, sagte Jenny zu der Landschaft, die an ihrem Fenster vorübereilte, »aber Fridolin vögelt gerne viele alte Huren.«

Auf diese Weise prägte man sich unter Studenten die Schädelnerven ein: Oefaktorius, Optikus, Okulomotorikus... Sie runzelte die Stirn und sah in ihrem Lehrbuch nach. Man schrieb 1958 – Beginn des ersten Wochenendes im Mai, aber eigentlich kein Wochenende, das sie zur freien Verfügung hatte. Sie machte einen Besuch in Baltimore, während sie sich in Paulham hätte verkriechen und lernen müssen. Sie hatte ihre Mutter per Ferngespräch angerufen. »Könntest du Ezra bitten, mich am Zug abzuholen?« »Ich dachte, du hättest so viel zu arbeiten.«

»Ich kann da unten genauso arbeiten.«

»Kommt Harley mit?«

»Nein.«

»Stimmt was nicht?«

»Alles in Ordnung.«

»Mir gefällt dein Ton nicht, junge Dame.«

Pearls Stimme am Telefon war matt und gestört, leicht zu behandeln. »Ach, Mutter, wirklich«, hatte Jenny gesagt. Aber jetzt fuhr der Zug in Baltimore ein, und der Anblick von Fabrikschornsteinen, rußgeschwärzten Backsteinen und vom Regen zerwaschenen Reklamewänden – eine Szenerie, die ihr »Heimat« bedeutete – dämpfte ihr Selbstbewußtsein. Sie hoffte, Ezra würde sie allein abholen. Sie rieb ein Fleckchen Fenster sauber und starrte auf meilenweite Gleisanlagen hinaus; dann flogen die ersten Stahlmasten vorbei, dann kamen sie langsamer, deutlicher, und schließlich eine dunkle Treppe. Der Zug kreischte und hielt ruckartig. Jenny machte ihr Buch zu. Sie stand auf, wand sich an einer schlafenden Frau vorbei und holte einen kleinen Koffer aus dem Netz oben runter.

Dieser Bahnhof hatte immer noch etwas von einer Baustelle, dachte sie. Als sie oben auf der Treppe angekommen war, hörte sie das Wimmern eines elektrischen Geräts – eines Bohrers oder einer Säge. Das Geräusch verlor sich fast unter der hohen Decke. Da stand Ezra und lächelte ihr entgegen, die Hände in den Taschen seiner Windjacke. »Wie war deine Reise?« fragte er.

»Gut.«

Er nahm ihren Koffer. »Harley in Ordnung?«

»Oh, ja.«

Sie schlängelten sich durch spärliche Grüppchen von Menschen in Regenmänteln. »Mutter ist noch bei der Arbeit«, sagte Ezra, »aber sie müßte zu Hause sein, bis wir kommen. Und ich habe Cody angerufen. Ich dachte, wir könnten alle morgen im Restaurant zu Abend essen; er kommt wahrscheinlich hier vorbei.«

»Wie geht es dem Restaurant?«

Ezra sah unglücklich drein. Er führte Jenny durch die Tür, in einen tröpfelnden Nebel hinaus, der sich kühl auf ihre Haut legte. »Es geht ihr gar nicht gut«, meinte er.

Jenny wunderte sich, weshalb er von dem Restaurant mit »sie« sprach, als sei es ein Schiff. Aber dann sagte er: »Die Behandlung schadet ihr nur. Sie kann nichts bei sich behalten«, und dann verstand sie, daß er wohl Mrs. Scarlatti meinte. Im letzten Herbst hatte Mrs. Scarlatti für eine Krebsoperation ins Krankenhaus gemußt – ihre zweite, dabei hatte bis dahin niemand etwas von der ersten gewußt. Das hatte Ezra sehr schwer getroffen. Er trottete betrübt die Reihe der Taxis entlang und sagte: »Sie beklagt sich fast nie, aber ich weiß, daß sie leidet.«

»Du führst also das Restaurant allein?«

»O ja, das tue ich schon seit November. Alles: anstellen und kündigen, neue Hilfe finden, wenn jemand weggeht. Ein Restaurant besteht nicht nur aus Essen, weißt du. Manchmal scheint es, als sei das Essen das wenigste. Ich fürchte manchmal, das Lokal fällt mir auseinander, aber Mrs. Scarlatti sagt, ich soll mir keine Sorgen machen. So sieht es immer aus, sagt sie. Leben heißt, dauernd etwas abstützen, sagt sie, gegen dies und jenes, was einfach ausgehöhlt wird und wegbröckelt. Langsam glaube ich, daß sie recht hat.«

Sie waren bei seinem Auto angekommen, einem zerbeulten grauen Chevy. Er machte ihr die Tür auf und schob ihren Koffer in den Fond, mitten in das Chaos von Zeitschriften, schmutzigen Kleidern und einer Art Zangen oder Fleisch-spießen in der Plastiktüte eines Küchengeschäfts namens »Kitchen Korner«. »Entschuldige das Durcheinander«, sagte er, während er sich ans Steuer setzte. Er ließ den Motor an und fuhr rückwärts aus seiner Parklücke. »Kannst du inzwischen fahren?«

»Ja. Harley hat es mir beigebracht. Ich fahre ihn jetzt überall hin; er hat gern den Kopf frei zum Denken.«

Sie hatten die Charles Street erreicht. Der Regen war so dünn, daß Ezra nicht einmal die Scheibenwischer angemacht hatte, und die Scheiben begannen sich zu beschlagen. Jenny spähte nach vorn. »Kannst du sehen?« fragte sie Ezra.

Er nickte.

»Zuerst will er, daß ich ihn fahre«, berichtete sie, »und dann kritisiert er jede kleinste Kleinigkeit an meiner Fahrweise. Er ist so klug; du weißt nicht, wie weit seine Klugheit reicht. Ich meine, er weiß nicht nur alles über Mathe oder Genetik, er weiß auch, was die wirksamste Hitze ist, um Fleisch zu schmoren, wie ich meine Küche am besten organisieren sollte – alles, fertig geplant im Kopf. Wenn ich fahre, sagt er: ›Also, Jennifer, du weißt doch genau, daß drei Ecken weiter dieses Stoppschild ist, wo du dich links einordnen mußt, was hast du also auf der rechten Spur zu suchen? Du mußt weiter vorausdenken‹, sagt er. ›Drei Blöcke!‹ sage ich. ›Du liebe Zeit! Laß mich doch erst mal dort sein.‹ ›Zwischen hier und diesem Stoppschild‹, sage ich zu ihm, ›kann alles mögliche sein‹, und er sagt: ›Eigentlich nicht. Nein, wirklich nicht. Alle drei Kreuzungen haben eine Spur für Linksabbieger, das weißt du sicher noch, also brauchst du auch nicht zu warten, bis…‹ Nichts, was nicht geplant wäre, bei Harley. Man sieht förmlich, wie sich die numerierten Seiten in seinem Kopf umblättern. Und nie ein einziger Fehler.«

»Na ja«, meinte Ezra, »wahrscheinlich sieht eben alles anders aus, wenn man ein Genie ist.«

»Nicht, daß ich nicht gewarnt worden wäre«, fuhr Jenny

fort, »aber ich habe nicht begriffen, daß es eine Warnung war. Ich war zu jung, um die Zeichen zu erkennen. Ich dachte, er wäre eben wie ich, weißt du, ein vorsichtiger Mensch; ich war immer vorsichtig, aber jetzt, verglichen mit Harley, bin ich das scheint's überhaupt nicht. Ich hätte etwas ahnen müssen, als ich vor der Hochzeit seine Eltern besuchen fuhr und alle Bücher in seinem Zimmer nach Höhe und Farbe sortiert waren. Alphabetisiert, das hätte ich verstehen können; oder nach Themen getrennt. Aber diese tyrannische, fixierte Anordnung der Sachen – dreißig Zentimeter Rot, dreißig Zentimeter Schwarz, nichts Gebundenes zwischen den Taschenbüchern ... schlimmer als Mutters Kommodenschubladen. Vom Regen in die Traufe, so ist es! Als Harley mich zum erstenmal küßte, mußte er erst die Bettdecke, auf der wir saßen, nach Krümeln absuchen. Das hätte mir doch etwas sagen müssen, oder? Heute hockt er sich jeden Abend, ehe er schlafen geht, auf die Bettkante und wischt sich die Fußsohlen ab. Diese nackten, weißen Füße, unberührt – wovon sollen die schmutzig werden? Er trägt Schuhe, den ganzen Tag, und Slipper bei jedem Schritt in der Nacht. Aber nein, da sitzt er, ganz methodisch, ganz exakt, eins nach dem andern, wie es sich gehört, wisch, wisch ... manchmal denke ich, ich schlage gleich zu. Ich bin fasziniert, ich stehe da und sehe zu, wie er zuerst den linken Fuß abwischt, dann den rechten, und keiner darf auch nur einmal den Boden berühren, wenn er damit fertig ist, und ich denke: ›Harley, ich schlag' dir gleich den Schädel ein.‹«

Ezra räusperte sich. »Das ist die Gewöhnung«, sagte er. »Ja, genau: Gewöhnung. Das erste Ehejahr. Das ist alles, ich bin sicher.«

»Na ja, vielleicht«, meinte Jenny.

Sie wünschte, sie hätte nicht so viel geredet.

Als sie zu Hause ankamen – wo ihre Mutter selbst eben eingetroffen war –, erzählte Jenny deshalb überhaupt nichts von Harley. (Pearl fand Harley wunderbar, bewundernswert – vielleicht in der Unterhaltung nicht ganz einfach, aber die

506

einzig mögliche Person, um ihre Tochter zu heiraten.) »Jetzt
sag mal«, fragte Pearl, nachdem sie Jenny geküßt hatte,
»wieso hast du denn deinen Mann nicht mitgebracht? Ihr
habt doch nicht irgendeinen blöden Streit gehabt.«

»Nein, nein. Es ist bloß meine Arbeit. Die anstrengende
Arbeit«, antwortete Jenny. »Ich wollte kommen und mich
ausruhn, und Harley konnte sein Labor nicht allein lassen.«

Es stimmte: das Haus schien gemütlich, jetzt auf einmal.
Nachdem Ezra in Scarlattis Restaurant gegangen war, ging
die Mutter mit Jenny in die Küche und goß ihr eine Tasse Tee
auf. Mit Tee hatte Pearl nie geknausert. Sie lief hin und her,
setzte den fleckigen, braunen Teetopf auf, summte irgendeine alte, zittrige Weise. Das feuchte Wetter hatte ihr Haar zu
kleinen Korkenzieherlöckchen gedreht und der Dampf ihre
Wangen rosig gefärbt; sie sah geradezu hübsch aus. (Was für
eine Art von Ehe hatte sie gehabt? Irgend etwas mußte
schrecklich schief damit gegangen sein; trotzdem konnte
Jenny sie sich nicht anders als vollkommen denken, aus
einem Guß, ihre Eltern für immer vereint. Daß ihr Vater
weggegangen war, war ein unguter Zufall – irgendein Mißverständnis, das sich aufklären würde.)

»Ich dachte, wir essen etwas ganz Leichtes zum Abendbrot«, schlug ihre Mutter vor. »Vielleicht einen Salat oder so
was.«

»Das wäre prima«, sagte Jenny.

»Etwas Schlichtes und Einfaches.«

Schlicht und einfach war genau, was Jenny brauchte. Sie entspannte sich; endlich war sie in Sicherheit, am einzigen Ort,
wo die Menschen sie genau kannten und sie liebten, wie sie
war.

Es war deshalb um so seltsamer, daß sie nach dem Abendbrot bei ihrem Rundgang durchs Haus ein Zucken des Mitleids für Ezra verspürte, als sie sich in seinem Zimmer
umsah. »Immer noch hier!« dachte sie beim Anblick der
bubenhaften Schottendecke auf seinem Bett, der abgeschab-

ten Flöte auf dem Fensterbrett, des gehämmerten Blechtabletts auf seiner Kommode mit Haufen alter, grünlicher Pennystücke. »Wie erträgt er das bloß?« fragte sie sich, und sie ging wieder die Treppe hinunter, kopfschüttelnd und verwundert.

Was Jenny mitgebracht hatte, waren Kleider, um einmal zu wechseln, Harleys Brief, in dem er ihr die Heirat antrug, und sein Photo im Silberrahmen. Beim Auspacken stellte sie das Photo entschlossen auf ihren Schreibtisch und sah es prüfend an. Sie hatte es nicht aus sentimentalen Gründen mitgenommen, sondern weil sie vorhatte, über Harley nachzudenken, zu einem Schluß über ihn zu kommen, und sie wollte nicht, daß die Entfernung ihr Urteil beeinflußte. Sie sah voraus, daß sie sich womöglich so weit vergaß, daß sie ihn zu vermissen begann. Dieses Bild würde sie ermahnen, das nicht zu tun. Er war ein steifer und spießiger Mann; man sah das an der verdickten Kinnlinie und dem trüben, bebrillten Blick, den er in die Kamera richtete. Er war mit ihrer Denkweise nicht einverstanden – zu hastig und ziellos, sagte er. Er mochte ihre geschwätzigen Freundinnen nicht. Er fand ihre Kleidung stillos. Er kritisierte ihre Tischmanieren. »Jeden Bissen fünfundzwanzigmal kauen«, sagte er dann zu ihr. »Das rate ich dir. Es ist nicht nur gesünder, sondern du wirst beobachten, daß du dann nicht so viel ißt.« Er war besessen von der Angst, sie könnte fett werden. Da Jenny ihre Rippen einzeln zählen konnte, fragte sie sich, ob er nicht in irgendeinem Punkt verrückt war – nicht durch und durch geisteskrank, sondern nur auf einem bestimmten Gebiet. Es war das Unkontrollierbare, vielleicht, was er fürchtete: Er wollte Jenny nicht aufgebläht sehen wie einen Ballon, mit Pfunden, die sich ungehemmt ansammelten; er wollte nicht erleben, daß sie *außer Kontrolle geriet*. Das mußte es sein. Aber sie fing an, sich zu fragen, ob sie etwa zunahm. Sie begann, jeden Morgen auf die Waage zu gehn. Sie stand vor dem mannshohen Spiegel, zog ihren Bauch ein. Womöglich wurden ihre Hüften breiter? In der Öffentlichkeit dagegen stellte sie fest, daß gerade die fleischigen Frauen Harleys Blicke auf sich zogen – die Üppigen mit den Sommersprossen, Blondinen, ein bißchen nachlässig. Es war wirklich ein Rätsel.

Jennys Noten waren nicht sehr gut. Sie fiel nicht durch oder so was; sie bekam aber auch keine A-Noten, und ihre Laborarbeit war oft schluderig. Manchmal schien es ihr, als sei sie hohl gewesen, all die Jahre, und sinke nun in sich zusammen. Sie hatten sie ertappt: Im Innern war an ihr nichts dran.

Als sie für diese Reise packte (die Harley als Zeit- und Geldverschwendung ansah), war sie quer durchs Schlafzimmer auf sein Photo zumarschiert, das dort auf der Kommode stand. Harley stand davor. »Geh zur Seite, bitte«, forderte sie ihn auf. Er machte ein beleidigtes Gesicht und trat weg. Dann, als er sah, was sie wollte, war sein Gesicht ... man könnte sagen, aufgeflogen, wie ein Tor. Sein starrer Blick war weich geworden, seine Lippen öffneten sich zum Sprechen. Er war gerührt. Und sie war gerührt, daß er gerührt war. Nichts war jemals einfach; immer gab es diese Komplikationen. Dann sagte er aber: »Ich verstehe dich nicht. Deine Mutter hat dich dein ganzes Leben erschreckt und mißhandelt, und jetzt willst du sie besuchen, ohne ersichtlichen Grund.«

Was er damit eigentlich meinte, war vermutlich: »Bitte, fahr nicht.«

Man hätte im Dechiffrieren ausgebildet sein müssen, um sich in diesem Mann auszukennen.

Sie faltete seinen Verlobungsbrief auf. Schon, wie er ihn datiert hatte: Nicht in der üblichen Reihenfolge Monat, Tag, Jahr, sondern: *18 July, 1957* – eine Form, die ihr prätentiös vorkam, außer falls er zufällig Engländer war. Sie wunderte sich, wie sie die pompöse Sprache hatte übersehen können, *nicht gerade auf normale amerikanische Weise nähergekommen* (als verpflanze ihn seine überlegene Intelligenz gleich auf einen anderen Kontinent), und vor allem der Brief selbst, die schiere Tatsache, daß er geschrieben worden war, das Heiratsprojekt vorgebracht wie die Fusion zweier Firmen.

Nun ja, sie hatte das tatsächlich übersehen. Sie hatte es übersehen wollen. Sie wußte, daß sie in dieser ganzen Angelegenheit unaufrichtig gehandelt hatte – beschlossen, ihn zu bekommen, ihn geheiratet aus praktischen Gründen. Sie hatte kalkuliert, das war es. Aber sie empfand die Strafe als schwerer als das Verbrechen. Es war schließlich kein so schreckliches Verbrechen. Sie hatte keine Ahnung gehabt (ging es denn irgend jemand anders vor der Ehe?), mit was für einer ernsten Sache sie da spielte, wie lange es dauert, wie tief es geht. Und jetzt? Jetzt ging es auf ihre Kosten. Nachdem sie erwischt hatte, was sie wollte, erfuhr sie, daß es sie erwischt hatte. Kalkuliert, in der Tat! Sie stand im Begriff, ihr Leben zu ruinieren, es genau nach Höhe und Farben zu arrangieren. Er würde vorn im Auto neben ihr sitzen, mit diesem kritischen Ausdruck im Gesicht, und ihr jede Kurve vorschreiben, und jeden Gangwechsel.

Weil sie wußte, daß Ezra sich freuen würde, ging sie spät am Abend ins Restaurant. Der Regen hatte aufgehört, aber es war noch neblig. Sie hatte das Gefühl, als ginge sie unter Wasser, wie in einem jener Träume, wo man dann ebenso leicht atmet wie zu Lande. Es waren wenig Leute unterwegs – alle in Eile, in sich verschlossen, in Regenmäntel und Plastikcapes gehüllt. Der Verkehr zischte vorbei; der Widerschein von Scheinwerfern schwankte auf den Straßen. Die Küche des Restaurants erschien überfüllt; ein Wunder, daß hier eine annehmbare Portion Essen herauskam. Ezra stand am Herd und überwachte das Abschöpfen irgendeiner Brühe oder Suppe. Ein junges Mädchen hob Kellen voll dampfender Flüssigkeit und leerte sie in eine Schüssel. »Wenn du fertig bist ...«, sagte Ezra gerade, und dann »Oh, hallo, Jenny«, und er kam zur Tür, wo sie stand. Über seinen Jeans trug er eine lange weiße Schürze; er sah wie einer der Köche aus. Er führte sie herum, um sie den andern vorzustellen, den schwitzenden Männern, die hackten oder siebten oder rühr-ten. »Das ist meine Schwester Jenny«, sagte er jedesmal, wurde dann aber von irgendeiner Einzelheit abgelenkt und stand da und redete über das Essen. »Kann ich dir etwas anbieten?« fragte er schließlich.

»Nein, ich habe schon zu Hause gegessen.«

»Oder vielleicht einen Drink von der Bar?«

»Nein, danke.«

»Das ist unser Oberkellner, Oakes. Und das ist Josiah Pay-son; du weißt doch.«

Sie sah hinauf und hinauf und in Josiahs Gesicht. Er war ganz in Weiß, makellos (wo hatten sie nur eine Tracht gefun-den, die ihm paßte), nur sein Haar sträubte sich immer noch wild. Und es war keineswegs leichter als früher, zu sehen, wohin sein Blick gerichtet war. Nicht auf sie; das stand fest. Er mied sie. Er schien für ihren Anblick vollkommen blind.

»Wenn die Boyces kommen«, sagte Ezra zu Oakes, »dann sag ihnen, daß wir die Muschelcremesuppe haben. Es reicht gerade für die beiden; sie steht auf dem hinteren Brenner.«

»Wie geht es dir, Josiah?« fragte Jenny.

»Ach, nicht schlecht.«

»Du arbeitest also jetzt hier.«

»Ich bin der Salatchef. Meist schneide ich Sachen klein.« Sei-ne Spinnenhand zuckte vor seiner Brust. Die Falte in seiner Stirn schien tiefer als je zuvor.

»Ich habe oft an dich gedacht«, sagte Jenny.

Sie meinte es nicht so, zuerst. Aber dann begriff sie, mit einem plötzlichen Gefühl der Bedrängung, das sich wie eine Krankheit anfühlte, daß sie die Wahrheit sagte; sie hatte all die Jahre an ihn gedacht, ohne es zu wissen. Es schien, als sei er ihr kein einziges Mal aus dem Sinn gekommen. Sogar Harley, erkannte sie, war bloß eine umgekehrte Art von Josi-ah, ein von innen nach außen gekrempelter Josiah: genauso fremd, schwarzweiß, unverständlich für jeden, außer Jen-ny.

»Geht es deiner Mutter gut?« fragte sie ihn.

»Sie ist gestorben.«

»Gestorben!«

»Schon vor langem. Sie ging zum Einkaufen, und sie starb. Ich lebe jetzt ganz allein in meinem Haus.«

»Das tut mir leid«, sagte Jenny.

Aber immer noch wollte er ihrem Blick nicht begegnen. Ezra wandte sich von Oakes ab und fragte: »Bist du sicher, daß ich dir keinen Happen anbieten kann, Jenny?«

»Ich muß gehn«, sagte sie zu ihm.

Auf dem Heimweg wunderte sie sich, weshalb der Weg so weit schien. Ihre Füße fühlten sich ungewohnt schwer an, und tief in ihrer Brust war ein alter, rostiger Schmerz.

»Der Eschenhain, wie anmutig«, kam es aus Ezras Flöte, »wie süß es doch singt . . .« Jenny erwachte langsam, noch in Traumfetzen eingesponnen, und fand es seltsam, daß eine Blockflöte aus Birnenholz Pflaumen produzieren konnte – vollkommene, runde, reine, pflaumengleiche Noten, die sich über ihr Bett ergossen. Sie setzte sich auf und überlegte einen Moment. Dann schob sie die Bettdecke zurück und griff nach ihren Kleidern.

Ezra spielte »Le Godiveau de Poisson«, als sie das Haus verließ.

Diese Straße hinunter, und dann die, und dann die nächste, aber die erwies sich als falsch. Sie mußte ihren Weg zurückverfolgen. Der Tag versprach schön zu werden. Das Trottoir war überall noch naß, aber die Sonne ging über den Schornsteinen in einem perlrosa Himmel auf. Sie grub die Fäuste in die Manteltaschen. Sie begegnete einem alten Mann, der einen Pudel ausführte, sonst niemand, und selbst er ging lautlos vorbei und verschwand.

Als sie die gesuchte Straße erreichte, kam ihr alles unbekannt vor, und sie mußte den Weg durch die Gasse nehmen. Sie konnte das Haus nur von der Rückseite finden. Sie erkannte den behelfsmäßigen Anbau hinter der Küche und die holprigen Stufen, die unter ihren Füßen nachgaben, und die Holztür, an der fast keine Farbe mehr war. Sie suchte nach der Türglocke, um zu läuten, aber es gab keine; sie mußte klopfen. Irgendwo im Innern des Hauses hörte man ein Möbel scharren – Stuhlbeine, die zurückgeschoben wurden. Josiah war, als er erschien, so groß, daß er das Fenster verdunkelte, durch das sie spähte.

Er öffnete die Tür. »Jenny?« sagte er.

»Hallo, Josiah.«

Er blickte in der Gegend herum, als glaubte er, sie wolle jemand anders besuchen. Sie bemerkte sein Frühstück auf dem Küchentisch: eine Scheibe Weißbrot mit Erdnußbutter. Ein Bild von Verwahrlosung und Hoffnungslosigkeit, das rissige Linoleum und das Becken voll mit schmutzigem Geschirr, und er in seinen zerrissenen Jeans und dem braunen Pullover, aus dem die Fäden hingen. Sie zog ihren Mantel enger um sich.

»Was willst du, was willst du hier?« fragte er.

»Ich habe alles falsch gemacht«, antwortete sie.

»Wovon redest du?«

»Du mußt glauben, ich bin genau wie die andern! Genauso wie die, vor denen du fliehen willst, hinaus in den Wald mit deinem Schlafsack.«

»Oh, nein, Jenny«, sagte er. »Ich würde nie glauben, daß du so bist.«

»Nein?«

»Niemand würde das, du bist zu hübsch.«

»Aber ich denke ...«

Sie legte eine Hand auf seinen Ärmel. Er wich nicht zurück. Dann trat sie näher und schlang ihre Arme um ihn. Selbst durch ihren Mantel konnte sie fühlen, wie mager und knochig sein Brustkorb war und wie seine Wärme durch den schäbigen Pullover drang. Sie legte ihr Ohr an seine Brust, und er hob langsam und zögernd seine Hände auf ihre Schultern. »Ich hätte dich weiter küssen müssen«, erklärte sie. »Ich hätte zu meiner Mutter sagen müssen: ›Geh weg. Laß uns in Ruhe.‹ Ich hätte für dich einstehn müssen und nicht ein solcher Feigling sein dürfen.«

»Nein, nein«, hörte sie ihn protestieren. »Ich denke nicht daran. Ich denke nicht daran.«

Sie trat zurück und sah zu ihm hinauf.

»Ich spreche nicht darüber«, sagte er.

»Josiah – willst du mir nicht wenigstens sagen, daß es jetzt wieder gut ist?«

»Sicher«, sagte er. »Ist schon gut, Jenny.«

Danach gab es wirklich nichts mehr zu besprechen. Sie stellte sich auf die Zehenspitzen, um ihm einen Abschiedskuß zu geben, und sie dachte, daß er sie direkt ansah, als er lächelte und sie losließ.

»Zur Gesundheit, allerseits.« Cody hob sein Glas. »Auf Ezras Küche. Auf Scarlattis Restaurant.«

»Auf ein glückliches Familiendinner«, sagte Ezra.

»Na, meinetwegen, auch auf das, wenn du willst.«

Alle tranken, sogar Pearl – aber vielleicht war der kleine Schluck, den sie nahm, nur vorgetäuscht. Sie trug ihren Hut mit dem Schleier und ein beiges Schneiderkostüm, so neu, daß es nicht nachgab, wenn sie sich zurücklehnte. Jenny war nur in Rock und Bluse und fühlte sich trotzdem schön gekleidet. Sie fühlte sich überhaupt großartig – völlig sorglos. Sie strahlte unaufhörlich die andern an, so sehr freute sie sich, sie um sich zu haben.

Aber waren eigentlich alle da? In Jennys neuer Stimmung kam ihr ihre Familie zu klein vor. Diese drei jungen Leute und diese abgezehrte Mutter, dachte sie, wurden dem Anlaß nicht ganz gerecht. Sie hätten noch mehrere Familienmitglieder brauchen können – einen Familienclown, zum Beispiel; und ein echtes, schwarzes Schaf, schwärzer als Cody; und vielleicht eine von diesen herrschsüchtigen, älteren Schwestern, die eine Gruppe mit Gewalt beisammenhalten. Wie die Dinge nun einmal lagen, mußte Ezra sie zusammenhalten. Er machte das nicht besonders gut. Er war zu sehr mit dem Essen beschäftigt. Gerade jetzt konferierte er mit dem Kellner, wies auf die Suppe, die eine Idee zu kalt auf den Tisch gekommen war, wie er sagte – dabei fand Jenny sie gut so. Und jetzt nahm Pearl ihre Handtasche und schob ihren Stuhl zurück. »Hände waschen«, bedeutete sie Jenny lautlos. Ezra würde noch nervöser werden, wenn er merkte, daß sie weg war. Er mochte die Familie in der Gruppe, als Häuflein, und er haßte Pearls Angewohnheit, sich in einem Restaurant dauernd »frisch zu machen«, so wie er es haßte, wenn Cody zwischen den Gängen seine dünnen Zigarren rauchte. »Ich wünschte«, sagte er immer, »daß wir bloß einmal vom Anfang bis zum Ende durch ein Essen kommen«, und er würde es gleich wieder sagen, sobald ihm aufgefallen war, daß Pearl fehlte. Eben sprach er allerdings mit dem Kellner: »Wenn Andrew das Geschirr warm halten würde ...«

»Das tut er meistens, das schwöre ich, aber der Wärmofen ist kaputt.«

»Was meinst du?« flüsterte Cody nahe an Jennys Gesicht.

»Hat Ezra jemals mit Mrs. Scarlatti geschlafen? Oder hat er nicht.«

Jenny fiel der Unterkiefer herunter.

»Also?« fragte er.

»Cody Tull!«

»Sag bloß nicht, daß du nie daran gedacht hast. Eine einsame, alte Witwe, oder was sie auch ist; hübscher Junge ohne Zukunft ...«

»Das ist ekelhaft«, sagte Jenny zu ihm.

»Überhaupt nicht«, erwiderte Cody kühl und lehnte sich zurück. Er hatte eine bestimmte Art, die Leute unter halb gesenkten Lidern hervor zu betrachten, was ihm etwas Tolerantes und Weltläufiges gab. »Kein Fehler«, meinte er, »wenn jemand von seinem Glück profitiert. Und du mußt zugeben, Ezra ist glücklich; glücklich geboren. Hast du jemals beobachtet, was passiert, wenn ich meine Freundinnen zu uns bringe? Sie sind von ihm hingerissen. Das war schon so, als wir Kinder waren. Was sie bloß in ihm sehen?

Wie macht er das? Ist es Glück? Du bist eine Frau: Was ist sein Geheimnis?«

»Ehrlich, Cody«, sagte Jenny, »ich wünschte, du würdest da mal herauswachsen.«

Ezra beendete das Gespräch mit dem Kellner. »Wo ist Mutter?« fragte er. »Ich drehe mich eine Sekunde um, und sie verschwindet.«

»Hände waschen«, antwortete Cody und steckte ein Zigarre an.

»Ach, warum tut sie das nur immer? Es kommt noch mehr Suppe, frisch vom Herd, kochendheiß diesmal.«

»Läßt du sie von barfüßigen Läufern hereinbringen?« fragte Cody.

Jenny meinte: »Keine Sorge, Ezra. Ich geh' sie rufen.«

Sie ging zwischen den Tischen durch auf einen Gang zu, über dessen Eingangsbogen ein Schild *Ausgang* hing. Gerade vor der Damentoilette, vor einer schwingenden, lederbezogenen Tür, entdeckte sie Josiah. Er hatte seine weiße Arbeitskleidung an und trug eine Plastik-Spülschüssel voll Chicorée-blättern.

»Josiah«, sagte sie.

Er blieb stehn, sein Gesicht erhellte sich. »Grüß dich, Jenny.«

Sie standen, lächelten sich an, sprachen nicht. Sie griff nach seinem Handgelenk.

»Das darf nicht wahr sein!« schrie ihre Mutter.

Jenny zog hastig ihre Hand zurück und fuhr herum.

»Oh, Jenny. Oh, mein Gott«, sagte Pearl. Ihre Augen waren nicht mehr grau; sie waren schwarz, und sie hielt krampfhaft ihre glänzendschwarze Tasche fest. »Also, jetzt begreife ich alles.«

»Nein, warte«, sagte Jenny. Ihr Herz klopfte so schnell, sie schien zu vibrieren, wo sie stand.

»Auf Besuch kommen ohne ersichtlichen Grund«, sagte Pearl, »und sich wegschleichen heute morgen, um ihn zu treffen, wie ein Luder, wie ein billiges, kleines Luder...«

»Mutter, du verstehst es falsch!« antwortete Jenny. »Nichts ist, siehst du das nicht?« Sie fühlte, wie ihr der Atem ausging. Nach Luft ringend, deutete sie auf Josiah, der einfach dastand, mit offenem Mund. »Er ist bloß ... wir haben uns bloß auf dem Gang getroffen und ... es ist überhaupt nicht so, er bedeutet mir nichts, verstehst du?«

Aber das mußte sie zum Rücken ihrer Mutter sagen, während sie hinter ihr her durch das Speisezimmer eilte. Pearl kam am Tisch an und sagte: »Ezra, ich kann hier nicht bleiben.«

Ezra stand auf. »Mutter?«

»Ich kann einfach nicht«, sagte sie. Sie holte ihren Mantel und ging weg.

»Aber was ist passiert?« fragte Ezra, zu Jenny gewandt. »Was hat sie nur?«

Cody meinte: »Die lauwarme Suppe, zweifellos« und schaukelte behaglich in seinem Stuhl zurück, eine Zigarre zwischen den Zähnen.

»Ich wünschte«, sagte Ezra, »daß wir nur einmal eine Mahlzeit ganz zu Ende essen könnten.«

»Mir ist nicht gut«, erklärte Jenny.

Tatsächlich waren ihre Lippen gefühllos. Das war ein Symptom, an das sie sich von früher zu erinnern schien, von einem längst vergessenen Augenblick oder vielleicht aus einem Alptraum.

Sie vergaß ihren Mantel und rannte durch das Speisezimmer und hinaus auf die Straße. Zuerst glaubte sie, ihre Mutter sei verschwunden. Dann fand sie sie, einen halben Block weiter vorn – eine militante Gestalt, die energisch dahinmarschierte. Und was, wenn sie sich nicht einmal umdrehn würde? Oder schlimmer, wenn sie sich umdrehte und zuschlug, klatsch, patsch, mit ihrem Klauenperlring, ihrem wissenden Gesicht ... Aber Jenny rannte trotz allem los, um sie einzuholen. »Mutter«, rief sie.

Im Lichtschein des Schaufensters vom Spirituosenladen sah sie, wie ihre Mutter ihre Gesichtszüge straffte – sie wirkte jetzt kühl und unerschüttert.

»Du hast alles falsch verstanden«, sagte ihr Jenny. »Ich bin kein Luder! Ich bin nicht billig! Mutter, hör mir zu.«

»Es macht nichts«, erwiderte Pearl höflich.

»Natürlich macht es was!«

»Du bist über einundzwanzig. Wenn du Gut und Böse jetzt noch nicht unterscheiden kannst, kann ich es auch nicht mehr ändern.«

»Er hat mir leid getan«, erklärte Jenny.

Sie gingen über eine Straße und den nächsten Häuserblock entlang.

»Er hat mir gesagt, daß seine Mutter gestorben ist«, fuhr sie fort.

Sie machten einen Bogen um eine Bande halbwüchsiger Jungen. »Sie war alles, was er hatte – sein Vater ist auch tot. Sie war das Zentrum seines Lebens.«

»Na ja«, sagte Pearl, »ich nehme an, sie hat es nicht leicht gehabt.«

»Ich weiß nicht, wie er zurechtkommen wird, jetzt, nachdem sie weg ist.«

»Ich glaube, ich habe sie mal im Geschäft gesehn. Eine braunhaarige Frau?«

»Bißchen dicklich.«

»Mit vollem Gesicht?«

»Wie eine Walddrossel«, ergänzte Jenny.

»Ach, Jenny«, sagte die Mutter und lachte kurz auf. »Was dir manchmal für Sachen einfallen!«

Sie kamen am Süßwarenladen vorbei, und dann an der Apotheke. Jenny und ihre Mutter liefen im Gleichschritt. Da war auch das Fenster der Wahrsagerin. Dieselbe staubige Lampe glühte auf dem Tisch. Jenny sah hinein und dachte sich, daß Mrs. Parkins nicht gerade eine große Prophetin abgab. Sie brauchte ja sogar das Radio, um das Wetter vom nächsten Tag zu erfahren! Und sie hätte vom allerersten Augenblick an, mit dem kürzesten, flüchtigsten Blick, erraten müssen, daß Jenny gar nicht fähig war, sich von der Liebe zerstören zu lassen.

4

Herzschnattern

Als Mrs. Scarlatti die ersten paar Male im Krankenhaus war, hatte Ezra keine Schwierigkeiten, hineingelassen zu werden, um sie zu besuchen. Aber letztes Mal war es schwerer. »Verwandter?« fragte die Schwester.

»Nein, ehem, ich bin ihr Geschäftspartner.«

»Tut mir leid, nur Familienangehörige.«

»Aber sie hat keine Verwandten. Ich bin alles, was sie hat. Schaun Sie, sie und ich besitzen dieses Restaurant zusammen.«

»Und was ist da in dem Topf?«

»Ihre Suppe.«

»Suppe«, sagte die Schwester.

»Ich mache eine Suppe, die sie mag.«

»Mrs. Scarlatti kann nichts bei sich behalten.«

»Das weiß ich, aber ich wollte ihr etwas schenken.«

Das trug ihm einen schiefen Blick ein, dann wurde er brüsk in Mrs. Scarlattis Zimmer geführt.

Vorher hatte sie lieber in einem Mehrbettzimmer gelegen. (Sie war eine äußerst gesellige Frau.) Sie saß dort aufrecht in ihrem dramatischen, schwarzen Gewand, das Haar unter einem Batikschal verborgen, und sagte: »Schätzchen!«, wenn er hereinkam. Einen Augenblick lang wurden die anderen Frauen alle listig und wachsam, bis sie begriffen, wie jung er war – viel zu jung für Mrs. Scarlatti. Aber jetzt hatte sie ein Einzelzimmer, und alles, was sie tun konnte, wenn er kam, war, ihre Augen zu öffnen und dann müde wieder zu schließen. Er war sich nicht einmal sicher, ob er noch willkommen war.

Er wußte, daß jemand nach seinem Weggehn seine Suppe wegschütten würde. Aber dies war seine spezielle Magen-

suppe, die sie immer so gern gehabt hatte. Zwanzig Knob-
lauchzehen waren drin. Mrs. Scarlatti hatte immer behauptet, die Suppe beruhige ihren Magen und ihre Nerven – verändere den ganzen Tag für sie. (Allerdings stand die Suppe
nicht auf der Speisekarte des Restaurants, weil sie ein bißchen »herzhaft« war – wie sie sagte – und Scarlattis Restaurant fein und elegant. Das kränkte Ezra ein wenig.) Wenn es
ihr gut genug ging, um zu Hause zu sein, hatte er oft Einzel-
portionen in der Restaurantküche gebraut und nach oben in
ihre Wohnung gebracht. Sogar im Krankenhaus konnte sie
die ersten paar Male eine kleine Schale voll vertragen. Aber
jetzt ging es nicht mehr. Er brachte die Suppe nur aus Hilflo-
sigkeit; viel lieber hätte er sich neben ihr Bett gekniet und seinen Kopf aufs Leintuch gelegt, ihre Hände in seine genommen und zu ihr gesagt: »Mrs. Scarlatti, kommen Sie
zurück.« Aber sie war eine Frau, die keine Mätzchen mochte; sie hätte schockiert ausgesehn. Ihm blieb nichts anderes
übrig, als diese Suppe anzubieten.
Er saß in einer Ecke des Zimmers in einem grünen Plastiksses-
sel mit Stahlarmstützen. Es war Oktober, und die Dampfhei-
zung lief; die Luft fühlte sich streng und trocken an. Mrs.
Scarlattis Bett war am Kopfende etwas höher gestellt, um ihr
das Atmen zu erleichtern. Von Zeit zu Zeit, ohne die Augen
zu öffnen, sagte sie: »O, Gott«. Ezra fragte dann: »Was?
Was ist?«, und sie seufzte. (Vielleicht war das auch der Heizkörper.) Ezra brachte nie etwas zum Lesen mit, und er ließ
sich auch auf kein Gespräch mit den Schwestern ein, die auf
ihren Gummisohlen herein- und herausquietschten. Er saß
nur still da und sah auf seine blassen, zu großen Hände hinunter, die locker auf seinen Knien lagen.
Einige Zeit zuvor hatte er zugenommen. Er war keineswegs
fett, aber weicher und breiter geworden, auf jene sanfte Art,
wie man es oft bei blonden Männern sieht. Jetzt ging das
Gewicht zurück. Wie Mrs. Scarlatti fiel es ihm schwer, Dinge
bei sich zu behalten. Seine weiten, schlotterigen Kleider
bedeckten ein breites, schlotteriges Knochengerüst, das selt-

sam zweidimensional wirkte. Breit von vorn und breit von hinten, sah er von der Seite flach wie Papier aus. Sein Haar fiel in einem Büschel nach vorn, wie Weizen. Er machte sich nicht die Mühe, es zurückzustreichen.

Er und Mrs. Scarlatti hatten eine Menge gemeinsam durchgestanden, hätte er auf Befragen gesagt – aber was eigentlich? Sie hatte einen schlechten Ehemann gehabt (Pech gehabt, wie sie es darstellte, wie mit einer schlechten Flasche Wein) und ihn abgeschafft; sie hatte ihren einzigen Sohn in Ezras Alter im Koreakrieg verloren. Aber diese beiden Ereignisse hatte sie allein erduldet, ehe ihre Partnerschaft mit Ezra begann. Und Ezra selbst: Na ja, eigentlich hatte er bisher noch gar nichts durchgemacht. Er war fünfundzwanzig und noch ohne Frau und Kinder, wohnte immer noch zu Hause bei seiner Mutter. Was er und Mrs. Scarlatti überlebt hatten, schien es, waren Jahre und Jahre des Stillstands. Ihr Leben, das irgendwohin in die Vergangenheit geglitten war, seines, das nicht recht beginnen wollte – sie hatten sich zusammengetan, hielten sich im leeren Raum gegenseitig aufrecht. Ezra war Mrs. Scarlatti dankbar, daß sie ihn vor einer ziellosen, leichtsinnigen Existenz bewahrt und ihm alles beigebracht hatte, was sie wußte, und mehr noch für die Tatsache, daß sie sich auf ihn verließ. Hätte es sie nicht gegeben, wen hätte er dann gehabt? Bruder und Schwester waren draußen in der weiten Welt; er liebte seine Mutter innig, aber sie hatte etwas übertrieben Gefühlsbetontes, was ihn stets wachsam bleiben ließ.

Nach den Maßstäben anderer Leute schienen selbst er und Mrs. Scarlatti einander nicht besonders nahezustehen. Er nannte sie stets »Mrs. Scarlatti«. Sie nannte Ezra zwar ihren »Jungen«, ihren »Engel«, verhielt sich aber sonst deutlich distanziert und stellte keinerlei Fragen über sein Leben außerhalb des Restaurants.

Er wußte, daß das Restaurant ihm ganz gehören würde, wenn sie starb. Sie hatte es ihm gesagt, kurz vor diesem letzten Klinikaufenthalt. »Ich will es nicht«, antwortete er. Sie schwieg. Sie mußte begriffen haben, daß das nur seine Art zu sprechen war. Natürlich *wollte* er es nicht, im Sinne von »danach trachten« (aus Geld hatte er sich nie viel gemacht), aber was sollte er schon tun? Schließlich hatte sie sonst niemand, dem sie es hätte hinterlassen können. Sie hob eine Hand und ließ sie wieder fallen. Sie kamen nie mehr auf das Thema zurück.

Einmal überredete Ezra seine Mutter, bei einem solchen Besuch mitzukommen. Er hatte es gern, wenn die verschiedenen Leute in seinem Leben sich vertrugen, auch wenn er wußte, daß das im Fall seiner Mutter schwierig war. Sie sprach mißtrauisch von Mrs. Scarlatti, geradezu eifersüchtig. »Was du an so einer Person findest, kann ich mir nicht vorstellen. Sie ist durch und durch ... zäh, das ist sie, trotz ihres hochmodernen Aufzugs. Als ob sie nichts mit ihrem Gesicht macht. Weißt du, was ich meine? Als ob es ihr nicht der Mühe wert wäre. Nicht ein bißchen Lippenstift, und diese kreidigen, schwarzen Linien unter ihren Augen ... und kaum jemals lächelt sie die Leute an.«
Aber jetzt, nachdem Mrs. Scarlatti so krank war, behielt seine Mutter ihre Gedanken für sich. Sie zog sich für den Besuch sorgfältig an und trug ihren Hut mit Schleier; Ezra war froh darüber. Für ihn war dieser Hut mit wichtigen Familienanlässen verbunden. Er freute sich, daß sie ihren schwarzen Sonntagsmantel gewählt hatte, obwohl er nicht so warm war wie ihr brauner für den Alltag.
Im Krankenhaus sagte sie zu Mrs. Scarlatti: »Aber – Sie sehen aus wie ein Bild der Gesundheit! Niemand käme auf die Idee.«
Das war nicht wahr. Aber es war doch eine nette Äußerung von ihr.
»Wenn ich gestorben bin«, sagte Mrs. Scarlatti mit ihrer bröseligen Stimme, »soll Ezra in meine Wohnung ziehn.«
Seine Mutter entgegnete: »Also, von diesem Unsinn wollen wir jetzt nicht sprechen.«

»Von welchem Unsinn?« fragte Mrs. Scarlatti, aber dann überkam sie die Erschöpfung, und sie schloß die Augen. Ezras Mutter hatte nicht verstanden. Sie mußte gedacht haben, sie habe gefragt, was denn Unsinn sei, eine rhetorische Frage; sie strich jetzt munter ihren Rock rundum glatt und erklärte: »Totaler Unsinn, solchen Quatsch habe ich noch nie gehört.« Nur Ezra verstand, was Mrs. Scarlatti meinte: Was sollte Unsinn sein, hatte sie gefragt – ihr Sterben oder Ezras Umzug? Aber er bemühte sich nicht, das seiner Mutter zu erklären.

Ein andermal bekam er eine Sondererlaubnis von der Schwesternstation, ein paar Männer aus dem Restaurant mitzubringen – Todd Duckett, Josiah Payson und Raymond, den Saucenkoch. Er konnte erkennen, daß Mrs. Scarlatti froh war, sie zu sehen, trotzdem war es ein peinlicher Besuch. Die Männer standen in den äußeren Ecken des Zimmers herum, räusperten sich immer wieder und wollten sich nicht setzen. »Na«, fragte Mrs. Scarlatti. »Kauft ihr noch alles frisch?« Aus der Unangebrachtheit der Frage (keiner von ihnen hatte entfernt mit dem Einkauf zu tun) schloß Ezra, wie fern ihr schon alles lag. Aber diese Leute waren ebenfalls taktvoll. Todd Duckett hustete unterdrückt und antwortete dann: »Ja, Ma'am, genauso, wie Sie es immer gern haben.«

»Ich bin jetzt müde«, sagte Mrs. Scarlatti.

Den Gang hinunter lag eine ausgezehrte Frau im Koma, dann ein alter, alter Mann mit einer winzigen Frau, die in seinem Zimmer auf einem Feldbett schlafen durfte, außerdem ein dunkelhäutiger Ausländer, den seine Verwandten in Massen besuchten, was seiner Umgebung etwas von einem Zigeunerzirkus gab. Ezra wußte, daß die Frau im Koma Krebs hatte, der alte Mann eine seltene Art von Blutkrankheit und der Fremde irgendein Herzleiden – was genau, war nicht klar. »Herzschnattern«, teilte ihm ein dunkles, exotisches Kind mit, das sicher zu jung war, um Klinikbesuche zu machen. Das Mädchen stand vor der Tür des Fremden und ließ zierlich ein Jo-Jo zurückrollen.

»Herzflattern, vielleicht?«

»Nein, Schnattern.«

Ezra fing an sich hier verlassen zu fühlen und hätte sich gern mit jemand angefreundet. Die Schwestern schickten ihn immer weg, solange sie etwas Mysteriöses mit Mrs. Scarlatti machten, und er verbrachte viel Zeit bei jedem Besuch niedergeschlagen an die Wand außerhalb ihres Zimmers gelehnt oder vor den Fenstern des Wintergartens am Ende des Korridors. Aber niemand schien zugänglich. Dieser Flügel war anders als die andern – gedämpfter –, und alle Leute, denen er begegnete, sahen in sich gekehrt und ablehnend aus. Nur das Ausländerkind sprach mit ihm. »Ich glaube, er wird sterben«, sagte sie zu ihm. Aber dann spielte sie weiter mit ihrem Jo-Jo. Ezra hing noch eine Weile herum, aber es war klar, daß sie ihn nicht sehr interessant fand.

Kopfsalat, Bostonsalat, Chicorée, Eskariol, alles lag tropfend auf der Theke in der Mitte der Küche. Während andere Restaurants ihr Gemüse mit anonymen, dumpfig nach Abfall riechenden Lastwagen anliefern ließen, hatte Scarlattis Restaurant einen Mann namens Mr. Purdy, der jeden Morgen vor Sonnenaufgang persönlich einkaufen ging. Er brachte alles in splitterigen Körben in die Küche, so um acht Uhr morgens, und Ezra hielt darauf, dann dazusein, um zu wissen, mit welchen Lebensmitteln er es am betreffenden Tag zu tun bekam. Manchmal gab es keine Auberginen, manchmal doppelt so viele wie geplant. In Zeiten wie dieser – tiefer November, jetzt – wuchs nichts in der Gegend, und Mr. Purdy mußte auf Gemüse von woandersher zurückgreifen, welke Karotten und wächserne Gurken, Transporte aus anderen Staaten. Und die Tomaten! Sie waren kriminell.

»Schaun Sie nur«, sagte Mr. Purdy und nahm eine in die Hand. »›An der Ranke gezogen‹, erzählt mir der Bursche. An der Ranke gezogen, jawohl. Ich würde die gern an was anderem wachsen sehn. ›Und gereift?‹ frage ich. ›Wie sind die denn gereift?‹ ›Auch an der Ranke‹, versichert mir der Kerl. Na, vielleicht. Aber heutzutage, ich weiß nicht, schmecken sie alle sowieso, als hätten sie sechs Wochen auf einem Fensterbrett verbracht. Als ob sie aus Fensterblech wären, oder Zelluloid, oder Radiergummi. Also, ich sag' Ihnen, Ezra: Ich entschuldige mich. Es bricht mir das Herz, Ihnen Mist zu bringen, wie das hier; da kreuze ich lieber gleich gar nicht auf.«

Mr. Purdy war ein abgehärmter und reduzierter Mensch in Overall, weißem Hemd und abgetragenem schwarzem Jackett. Er hatte ein schmales Gesicht, das stets mißvergnügt wirkte, selbst in der Vegetationszeit. Ezra allein wußte, daß er im Innern großzügig und warmherzig war. Mr. Purdy war ebenso entzückt von Lebensmitteln wie Ezra, und aus dem gleichen Grund – weniger, um selbst zu essen, sondern um anderen zu servieren. Er hatte Ezra einmal in sein Zuhause eingeladen, einen silbrigen Wohnanhänger draußen am Rithie Highway, und ihm ein Essen vorgesetzt, das ausschließlich aus jungem Spargel bestand, der nach seiner und Ezras übereinstimmender Meinung den betörenden Geschmack von Austern hatte. Mrs. Purdy, eine lächelnde rundgesichtige Frau im Rollstuhl, hatte behauptet, sie redeten wie die Irren, hatte aber zwei große Portionen bewältigt, während beide Männer liebevoll zusahen. Es war eine Genugtuung, zu beobachten, wie sie die geschmolzene Butter von ihrem Teller putzte.

»Wenn das Restaurant mir allein gehören würde«, sagte Ezra jetzt, »gäbe es im Winter keine Tomaten. Wenn die Leute Tomaten bestellen, würde ich sagen: ›Was glauben Sie, jetzt ist nicht die Jahreszeit.‹ Ich gäbe ihnen etwas Besseres.«

»Sie würden sofort hinausmarschieren«, wandte Mr. Purdy ein.

»Nein, vielleicht wären sie überrascht. Und ich würde eine Tafel aufstellen und jeden Tag nur zwei oder drei gute

Gerichte anschreiben. Natürlich! In Frankreich machen sie das immer so. Oder es gäbe überhaupt keine Auswahl – ich schau' die Leute prüfend an und erkläre: ›Sie sehen ein bißchen müde aus, ich bringe Ihnen ein Ochsenschwanz-Stew.‹«

»Mrs. Scarlatti würde tot umfallen«, meinte Mr. Purdy. Schweigen. Er rieb sein Stoppelkinn und korrigierte sich dann: »Sie würde sich im Grab umdrehn.«

Sie standen eine Weile herum.

»Ich möchte eigentlich sowieso kein Restaurant«, sagte Ezra.

»Sicher. Ich weiß.«

Dann setzte Ezra seinen schwarzen Filzhut auf, überlegte einen Moment und ging.

Das ausländische Kind schlief im Wintergarten mit dem Kopf auf der Stahllehne eines Stuhls wie der, der in Mrs. Scarlattis Zimmer stand. Ezra tat das weh. Er hätte gern seinen Mantel zusammengefaltet und unter die Wange der Kleinen geschoben, aber er befürchtete, sie könne dabei aufwachen. Er hielt deshalb Abstand, stellte sich an eines der Fenster und sah auf die Fußgänger weit unten hinunter. Wie klein und entschlossen ihre Füße aussahen, wenn sie unter ihren verkürzten Gestalten hervorkamen! Die Unentwegtheit menschlicher Wesen erstaunte ihn plötzlich.

Eine Frau kam herein – eine von den Ausländerinnen. Sie hatte eine hellere Haut als die andern, aber er wußte, daß sie eine Fremde war wegen der Slipper, die so gar nicht zu ihrem teuren Wollkleid paßten. Die ganze Familie, hatte er bemerkt, zog Slipper an, sobald sie morgens kamen. Sie ließen sich auf alle mögliche Weise häuslich nieder – stellten Tüten mit Körnern und Nüssen und nach starken Gewürzen riechende Speisen auf, einmal fertigten sie sogar einen Viertel Joghurt auf dem Heizkörper des Wintergartens an. Die Männer rauchten Zigaretten auf dem Gang, und die Frauen unterhielten sich flüsternd, während sie an bunten Pullovern strickten.

Jetzt ging die Frau auf das Kind zu, beugte sich darüber und strich der Kleinen die Haare zurück. Dann nahm sie das Kind in die Arme und ließ sich im Sessel nieder. Das Mädchen wachte nicht auf. Sie schmiegte sich nur enger an und seufzte. Also hätte auch Ezra ihr seinen Mantel unter den Kopf legen können. Er hatte sich eine Gelegenheit entgehen lassen. Es war, wie wenn man den Zug versäumt – oder etwas Wichtigeres, etwas, was nie wiederkehren wird. Es gab keine Erklärung für den Kummer, der ihn plötzlich erfüllte.

Er beschloß, seine Magensuppe im Restaurant zu servieren. Seine Kellner mußten sie den Gästen anbieten, wenn sie ihnen die Speisekarte überreichten. »Zusätzlich zu den Suppen, die Sie hier sehen, würden wir Ihnen heute abend gerne ...« Einer der Kellner war nicht erschienen, und Ezra stellte als Ersatz eine Frau ein – absolut gegen Mrs. Scarlattis Taktik. (Kellnerinnen, sagte sie, gehörten in Fernfahrerkneipen.) Die Frau hatte mit Ezras Suppe viel mehr Erfolg als die Männer. »Versuchen Sie unsere Magensuppe«, sagte sie meist. »Sie ist richtig heiß und ›knofelig‹ und ist mit Liebe gekocht.« Draußen war es bitter kalt, und die Frau war so warm und hilfsbereit, mehr und mehr Leute folgten ihrem Vorschlag. Ezra dachte, das nächstemal, wenn ein Kellner wegging, würde er eine zweite Frau einstellen, und vielleicht danach noch eine, und so weiter.
In der nächsten Woche experimentierte er mit einer scharf gewürzten Krabbenkasserolle nach eigenen Ideen, und dann mit einer Spinatcreme, und als die Kellner sich darüber beschwerten, daß sie sich so viel merken mußten, ging er schließlich hin und kaufte eine Tafel. *Spezialitäten,* schrieb er oben drüber. Aber in der Klinik, wenn Mrs. Scarlatti fragte, wie alles lief, sagte er nichts von alledem. Statt dessen lehnte er sich vor, verschränkte die Hände fest ineinander und sagte: »Gut. Ehem ... gut.« Falls sie irgend etwas Seltsames in seiner Stimme hörte, ging sie nicht darauf ein.

Mrs. Scarlatti war immer eine schlanke, dunkle, etwas laxe Erscheinung gewesen, mit einem Anflug von Verachtung. Es stimmte, was Ezras Mutter sagte, daß sie den Eindruck vermittelte, es sei ihr egal, was die Leute von ihr dächten. Aber das war ein Teil ihres Charmes gewesen – ihre schläfrigen Augen, die kaum offenbleiben wollten, und der gleichgültige Tonfall. Jetzt aber ging sie zu weit. Ihre Haut glich bleichem Gestein und ihr Gesicht dem einer Sphinx – nichts als glatte Flächen und gerade Linien. Selbst ihr Haar war sphinxähnlich – ein kurzer, schwarzer Keil, ein Klumpen von Haar, glanzlos und struppig. Manchmal glaubte Ezra, daß sie nicht starb, sondern versteinerte. Er konnte sich kaum noch an ihr kehliges Lachen, ihre lässige Arroganz erinnern. (»Schätzchen«, pflegte sie zu sagen, wenn sie ihm irgendeinen Auftrag gab, und matt dabei ihre Finger zu bewegen. »Engelsjunge...«) In ihrer Nähe hatte er sich nie älter als zwölf gefühlt, aber jetzt war er alt, ihr Vater oder Großvater. Er besänftigte sie und heiterte sie auf. Nicht alles, was sie in diesen Tagen sagte, war ganz klar. »Wenigstens«, flüsterte sie einmal, »habe ich mich nie lächerlich gemacht, Ezra, oder?«

»Lächerlich?« fragte er.

»Vor dir.«

»Vor mir? Natürlich nicht.«

Er war verwirrt, und das sah man ihm wohl an; sie lächelte und ließ ihren Kopf auf dem Kissen hin und her rollen. »Ach, du warst immer ein vielgeliebtes Kind«, sagte sie zu ihm. Es mußte eine momentane Zerstreutheit gewesen sein. (Sie hatte ihn als Kind nicht gekannt.) »Du nimmst alles für selbstverständlich.« Vielleicht verwechselte sie ihn mit Billy, ihrem Sohn. Sie wandte ihr Gesicht von ihm ab und schloß die Augen. Er fühlte plötzlich Angst. Er dachte an damals, als seine Mutter fast gestorben war, von einem verirrten Pfeil verwundet – allein Ezras Schuld; Ezra, der Familientolpatsch. »Verzeihung, Verzeihung, Verzeihung«, hatte er geschrien, aber die Entschuldigung war nie angenommen worden, weil sein Bruder statt dessen die Schuld bekam, und sein Vater, der Pfeil und Bogen gekauft hatte. Ezra, der Liebling seiner Mutter, war ungeschoren davongekommen. Man ließ ihn ohne Vergebung – nicht erlöst, wie man hätte erwarten können, sondern für immer belastet. »Sie irren sich«, sagte er jetzt, und Mrs. Scarlattis Augenlider falteten sich flatternd zu Crêpes, öffneten sich aber nicht. »Ich wünschte, Sie würden mich erkennen. Schaun Sie, wer ich bin, ich bin Ezra«, und dann (ohne logischen Grund) beugte er sich nahe zu ihr. »Mrs. Scarlatti. Erinnern Sie sich, wie ich aus der Armee kam? Entlassen wegen Schlafwandelns? Heimgeschickt? Mrs. Scarlatti, ich hab' dabei gar nicht fest geschlafen, ich meine, ich wußte, was ich tat. Ich hatte zwar nicht vor, zu schlafwandeln, aber ein Teil von mir war bei Bewußtsein und beobachtete, was passierte, und hätte den Rest von mir aufwecken können, wenn ich es versucht hätte. Ich hatte dieses Gefühl, als ob ich einem Traum zusehe, wo man weiß, daß man ihn jeden Augenblick abbrechen kann. Aber ich habe es nicht getan; ich wollte nach Hause. Ich wollte einfach aus dieser Armee raus, Mrs. Scarlatti. Deshalb habe ich mich nicht gebremst.«

Wenn sie verstanden hätte (schließlich wurde ihr einziger Sohn, Billy, in Korea in Stücke gerissen), wäre sie aufgestanden, krank, wie sie war, und hätte gebrüllt: »Raus! Raus aus meinem Leben!« Also hatte sie es wohl nicht gehört, denn sie rollte nur wieder mit dem Kopf, lächelte und schlief weiter.

Gleich nach dem Erntedankfeiertag starb die Frau, die im Koma gelegen hatte, und der winzige, alte Mann starb entweder oder ging heim, aber der Fremde blieb, und seine Verwandten besuchten ihn weiter. Jetzt, nachdem sie Ezra vom Ansehn kannten, winkten sie ihm zu, wenn er vorbeiging. »Komm!« riefen sie, und er trat ein, schüchtern und erfreut, und stand ein paar Minuten herum, die Fäuste in die Achselhöhlen gestemmt. Der kranke Mann war gelb und zusammengefallen, an einer Reihe von Schläuchen angehängt, aber er versuchte Ezra beim Eintreten jedesmal anzulächeln. Ezra hatte den Eindruck, daß er kein Englisch konnte. Die andern sprachen Englisch, ihrem Alter entsprechend – das Kind perfekt, die jungen Erwachsenen mit einem starken, attraktiven Akzent, die alten in abgerissenen Bruchstücken. Dabei vergaßen sich gelegentlich auch die, die am fließendsten sprachen, und gerieten in ihre Muttersprache – eine musikalische Sprache mit runden Vokalen, die ihren Lippen eine muskelige, schmollende, mitfühlende Form gaben, als gäbe es dauernd etwas zu beschwichtigen. Ezra hörte gern zu. Wenn man nicht verstand, was die Menschen sagten, dachte er, wie klar dann die Bezüge und Verbindungen ihrer Beziehungen hervortraten! Das Gesicht einer Frau erhellte sich und erblühte, wenn sie sich an einen bestimmten Mann wandte; ein scharfer Schmerzenslaut entfloh dem Patienten, und seine Frau krümmte sich. Das Kind streichelte, wenn es beunruhigt war, das goldene Uhrarmband seiner Mutter, um Trost zu finden.

Einmal sang ein junges Mädchen mit Zöpfen ein Lied fast ohne Melodie. Es wanderte von Note zu Note, wie zufällig. Dann rezitierte ein Mann mit einem starken schwarzen Schnurrbart etwas, was ein Gedicht sein mußte. Er sprach so erhaben und so unbefangen, daß Vorübergehende hereinschauten, und als er fertig war, übersetzte er es für Ezra. »O, du Toter, warum bist du im Frühling gestorben? Du hast noch nicht den Kürbis versucht, und nicht den Gurkensalat.«

Ach, sogar ihre Poesie berührte Dinge, die Ezra am Herzen lagen.

Bis Dezember hatte er bereits drei der düster gewandeten Kellner durch muntere, mütterliche Kellnerinnen ersetzt, hatte die dicken, beigen Speisekarten abgeschafft und angefangen, die Gerichte jedes Tages auf der Tafel anzuschreiben. Das bedeutete natürlich, daß die Köche alle gingen (keins

530

der Gerichte war »ihres«, entsprach nicht einmal ihrer Art),
weshalb er das Kochen jetzt fast allein übernahm, mit Hilfe
einer Frau aus New Orleans und eines Mexikaners. Diese
beiden hatten ebenfalls ihre eigenen Rezepte, von denen
Ezra manche nie zuvor gekostet hatte; er war hingerissen. Es
stimmte, daß die Gäste überrascht waren, aber sie paßten
sich an, meinte Ezra. Jedenfalls die meisten.
Er fieberte jetzt von neuen Ideen, wachte nachts auf und
sehnte sich nach jemand, mit dem er sie teilen konnte. Warum nicht ein Restaurant voll mit Kühlschränken, wo die
Leute kamen und sich das Essen aussuchten, das sie wollten?
Sie könnten es sich selbst auf einem langen, langen Herd fer-
tigmachen, der an einer Wand des Speisezimmers entlanglief. Oder vielleicht könnte er eine riesige Feuerstelle instal-
lieren, über der sich ein ganzer Ochse langsam am Spieß
drehte. Jeder konnte sich abschneiden, was er wollte, und
mit seinem Teller in Armstühlen drum herumsitzen und sich
allgemein mit den Gästen unterhalten. Oder er würde vielleicht anfangen, nur Straßengerichte zu servieren. – Natürlich! Er würde kochen, wonach die Menschen Heimweh
hatten – Tacos, diese knusprigen Taschen aus Maisteig,
gefüllt mit Bohnen oder Fleisch und Salat, wie sie in Kalifornien vom Karren verkauft wurden und von denen der Mexi-
kaner immer schwärmte; und das herrliche am Spieß gebra-
tene Fleisch aus North Carolina, essigsauer, das die Mutter
von Todd Duckett ihm mehrmals im Jahr in Pappbechern
mitbringen mußte. Er würde das Lokal »Heimweh-Restaurant« nennen und das alte, schwarzgoldene Schild herunternehmen...
Aber dann sah er das Schild *Scarlatti's* vor sich, stöhnte,
preßte seine Finger vor die Augen und drehte sich im Bett
um.

»Ihr habt ein schönes Land«, meinte die hellhäutige Frau.
»Danke«, sagte Ezra.
»Das ganze Grün! Und so viele Vögel. Letzten Sommer,

bevor mein Schwiegervater krank wurde, hatten wir ein Haus in New Jersey gemietet. ›Garten-Staat‹, sagen sie dazu. Da waren Rosen überall. Wir konnten nach dem Abendbrot auf dem Rasen sitzen und den Nachtigallen zuhören.«

»Den was?« fragte Ezra.

»Den Nachtigallen.«

»Nachtigallen? In New Jersey?«

»Natürlich«, antwortete sie. »Auch das Einkaufengehen hat uns gefallen. Besonders bei ›Korvettes‹. Mein Mann mag die... wie sagt man? Die bügelfreien Anzüge.«

Der kranke Mann stöhnte und warf sich hin und her – fast hätte sich eine Kanüle gelöst, die in seinem Handrücken steckte. Seine Frau, eine alte zerknitterte Dame, beugte sich zu ihm und streichelte seine Hand. Sie murmelte etwas und wandte sich dann der jüngeren Frau zu. Ezra sah, daß sie weinte. Sie versuchte nicht, es zu verbergen, sondern weinte offen, die Tränen strömten über ihre Wangen. »Oh«, sagte die jüngere Frau, verließ Ezras Seite und beugte sich über die Ehefrau. Sie nahm sie in ihre Arme, wie sie es zuvor mit dem Kind gemacht hatte. Ezra wußte, daß er jetzt hätte gehen sollen, tat es aber nicht. Statt dessen drehte er sich um und starrte zum Fenster hinaus, den Kopf etwas schief gelegt und mit lässiger Miene, wie es mache Männer machen, wenn sie an einer Tür geklingelt haben, auf der Veranda stehn und darauf warten, bemerkt und eingelassen zu werden.

Jenny, Ezras Schwester, saß am Tisch in ihrem alten Schlafzimmer und las in einem zerlesenen Lehrbuch. Sie war auffallend hübsch, selbst mit der Lesebrille und in dem gesteppten Morgenrock von undefinierbarer Farbe, den sie für ihre Besuche zu Hause immer an einem Kleiderhaken hängen ließ. Ezra blieb vor ihrer Tür stehn und spähte hinein. »Jenny?« fragte er. »Was machst du hier?«

»Ich dachte, ich schnaufe mal aus«, sagte sie. Sie nahm die Brille ab und richtete einen verschwommenen, unscharfen Blick auf ihn.

»Ihr habt doch noch keine Semesterferien, oder?«

»Semesterferien! Glaubst du, Medizinstudenten haben Zeit für so was?«

»Nein, wohl kaum.«

In letzter Zeit war sie aber immer häufiger zu Hause gewesen, schien ihm. Und nie erwähnte sie Harley, ihren Mann. Sie hatte den ganzen Herbst kein einziges Mal von ihm gesprochen, vielleicht schon den ganzen Sommer. »Ich bin der Meinung, daß sie ihn verlassen hat«, hatte Ezras Mutter kürzlich gesagt. »Ach, tu bloß nicht so erstaunt! Du mußt es dir gedacht haben. Da zieht sie plötzlich um – näher bei der Uni, behauptet sie –, und dann dürfen wir sie nie besuchen, sooft ich es auch vorschlage; immer zu beschäftigt oder vor einer Prüfung, und wenn ich anrufe, wohlgemerkt, ist nie Harley dran, kein einziges Mal nimmt Harley den Hörer ab. Kommt dir das nicht eigenartig vor? Aber ich kann das Thema nicht anschneiden, glaube ich, sie lenkt immer ab, du weißt, was ich meine. Irgendwie kann ich einfach nie... aber du könntest es. Sie hat dir immer nähergestanden als mir oder Cody. Willst du sie nicht einfach fragen, was los ist?«

Aber jetzt, während er in der Tür herumlungerte und nach einem Weg suchte, ins Gespräch zu kommen, setzte Jenny ihre Brille wieder auf und schaute in ihr Buch. Er fühlte sich entlassen. »Hm«, sagte er. »Wie steht's in Paulham?«

»Gut.« Ihre Augen folgten den Zeilen.

»Harley okay?«

Ein tiefes, lerneifriges Schweigen.

»Wir bekommen ihn, scheint's, nie mehr zu sehn.«

»Er ist okay«, sagte Jenny.

Sie blätterte eine Seite um.

Ezra wartete noch eine Weile, und dann löste er sich vom Türrahmen und ging hinunter. Er fand seine Mutter in der Küche, wo sie Lebensmittel auspackte.

»Also?« fragte sie ihn.

»Was, also?«

533

»Hast du mit Jenny gesprochen?«

»Ach . . .«

Sie hatte noch ihren Mantel an; sie bohrte ihre Hände in die Taschen und sah ihm gerade ins Gesicht; ihr Knoten löste sich am Hinterkopf. »Du hast mir versprochen, du hast geschworen, daß du mit ihr sprichst.«

»Das hab' ich nicht geschworen, Mutter.«

»Einen heiligen Eid hast du geschworen.«

»Sie trägt immerhin noch den Ring«, sagte er hoffnungsvoll.

»Na und?« fragte seine Mutter. Sie machte mit den Einkäufen weiter.

»Sie würde keinen Ring tragen, wenn Harley und sie sich getrennt hätten, nicht?«

»Doch, wenn sie uns irreführen wollte.«

»Also, ich weiß nicht, wenn sie uns irreführen will, vielleicht sollten wir dann so tun, als glaubten wir ihr. Ich weiß nicht.«

»Mein ganzes Leben«, sagte seine Mutter, »haben die Menschen versucht, mich auszuschließen. Sogar meine Kinder. Besonders meine Kinder. Wenn ich dieses Mädchen auch nur frage, wie es ihr ergangen ist, scheut sie zurück, als hätte ich nach dem tiefsten, dunkelsten Teil von ihr gefragt. Aber warum sollte sie so abweisend sein?«

Ezra meinte: »Vielleicht bedeutet es ihr mehr, was du denkst, als was Außenstehende denken.«

»Ha, ha.« Seine Mutter holte einen Eierkarton aus der Einkaufstasche.

»Es bekümmert mich, daß ich nicht weiß, wie man mit Menschen Kontakt aufnimmt«, sagte Ezra.

»Hmm?«

»Ich habe Angst, wenn ich zu nahe komme, daß es vielleicht heißt, ich bin aufdringlich. Oder zudringlich oder . . . emotional, weißt du. Aber wenn ich mich zurückhalte, denken die Leute vielleicht, daß ich mir nichts aus ihnen mache. Ich glaube wirklich und ehrlich, daß ich irgendeine Regel nicht kenne, die für alle anderen selbstverständlich ist; wahrscheinlich habe ich an dem Tag in der Schule gefehlt. Es gibt da eine schmale Trennungslinie, die ich irgendwie nie gefunden habe.«

»Unsinn; ich weiß nicht, wovon du sprichst«, sagte seine Mutter und hielt dann ein Ei hoch. »Schau dir das an! Von einem Dutzend Eiern sind vier zerbrochen. Zwei sind verschmiert. Unvorstellbar, was aus Sweeny Brothers wird, neuerdings.«

Ezra wartete eine Weile, aber sie sagte nichts mehr. Schließlich ging er hinaus.

Er riß die Wand zwischen Küche und Speisezimmer ein und schaffte es fast in einer einzigen Nacht. Er schwang einen Vorschlaghammer in stetigem Rhythmus, dann stemmte er dicke Brocken Putz herunter, bis alles von dickem, weißem Staub bedeckt war. Dabei stieß er auf eine Masse Röhren und elektrischer Leitungen und mußte für den Rest der Arbeit Handwerker rufen. Der Schaden war so umfangreich, daß er vier Wochentage nacheinander schließen mußte, wobei er eine Menge Geld verlor.

Er dachte, wenn er schon dabei sei, könne er auch gleich das Speisezimmer neu dekorieren. Er rannte von einem Fenster zum andern und riß die steifen Brokatvorhänge herunter; er zog den Teppichboden ab und brachte eine Brigade von Handwerkern dazu, die Dielenbretter zu schleifen und zu polieren.

Am Abend des vierten Tages war er so müde, daß er den Ansatz jedes Muskels fühlte. Trotzdem wusch er sich das Weiße aus den Haaren, zog seine fleckigen Jeans aus und ging, Mrs. Scarlatti einen Besuch zu machen. Sie lag in ihrer üblichen Stellung, aber ihr Gesichtsausdruck war lebhaft, und es gelang ihr sogar ein Lächeln, als er eintrat. »Dreimal darfst du raten, mein Engel«, flüsterte sie. »Morgen lassen sie mich gehn.«

»Gehn?«

»Ich habe den Arzt gefragt, und er läßt mich heimgehn.«

»Heim?«

»Wenn ich eine Schwester nehme, sagt er . . . Also, steh doch nicht so herum, Ezra. Du mußt dich um eine Schwester für mich kümmern. Wenn du mal da in den Nachtkasten schaust . . .«

Es war mehr, als sie in Wochen gesprochen hatte. Ezra floß fast über vor neuer Hoffnung; im tiefsten Innern hatte er sie wohl bereits aufgegeben. Aber natürlich machte ihm auch das Restaurant Sorge. Was würde sie denken, wenn sie es sah? Was würde sie zu ihm sagen? »Alles muß wieder genauso werden, wie es war«, konnte er sich vorstellen. »Wirklich, Ezra. Bau diese Wand augenblicklich wieder auf, und hol meine Teppiche und Vorhänge.« Er hatte den Verdacht, einen sehr schlechten Geschmack zu haben, dem von Mrs. Scarlatti weit unterlegen. Sie würde sagen: »Herzchen, wie kannst du nur so *chintzig* sein?« – einer ihrer Lieblingsausdrücke. Er überlegte, wie er verhindern konnte, daß sie dahinterkam; ob er sie dazu bringen konnte, in ihrer Wohnung zu bleiben, bis er den Normalzustand wiederhergestellt hatte.

Er dankte seinen Sternen, daß er das Schild, das draußen hing, nicht geändert hatte.

Ezra war es, der die Rechnung im Büro beglich, am nächsten Morgen. Dann sprach er kurz mit ihrem Arzt, den er zufällig auf dem Gang traf: »Mit Mrs. Scarlatti, das ist wunderbar. Ich habe das wirklich nicht erwartet.«

»Ach«, meinte der Arzt. »Na ja.«

»Ich habe langsam irgendwie den Mut verloren, wenn Sie die Wahrheit wissen wollen.«

»Na ja«, sagte der Arzt noch einmal und streckte seine Hand so rasch aus, daß Ezra eine Sekunde brauchte, um zu reagieren. Danach ging der Arzt weiter. Ezra hatte das Gefühl, daß es viel mehr gab, was der Arzt hätte sagen können, eigentlich.

Mrs. Scarlatti wurde mit dem Krankenwagen nach Hause gebracht. Ezra fuhr hinterher, er sah sie manchmal durch das getönte Glas. Sie lag auf einer Bahre, und neben ihr war eine zweite Bahre, auf der ein Mann mit bis oben eingegipsten Beinen lag. Seine Frau hockte neben ihm, offenbar redete sie unaufhörlich. Ezra konnte sehen, wie die Federn auf ihrem Hut mit ihren Worten auf und ab wippten.

Mrs. Scarlatti wurde zuerst herausgebracht. Die Männer der Ambulanz luden sie ab, während Ezra herumstand und sich nutzlos vorkam. »Oh, riech nur die Luft«, sagte Mrs. Scarlatti. »Wie frisch und schön sie ist.« In Wirklichkeit war die Luft schrecklich – winterlich und regnerisch, und rauh vom Ruß. »Ich habe dir das nie gesagt, Ezra, aber ich habe wirklich nicht geglaubt, daß ich diesen Ort wiedersehen würde. Meine kleine Wohnung, mein Restaurant...« Dann hob sie eine Hand – ihre alte, gebieterische Geste, an die Männer der Ambulanz gerichtet. Sie wollten eben ihre Bahre durch die rechte Tür und die Treppen hinauf dirigieren. »Mein Lieber«, sprach sie zu dem, der ihr am nächsten stand, »könntet ihr mal eben die Tür links aufmachen und mich hineinspitzen lassen?«

Es ging so rasch, daß Ezra keine Zeit hatte, zu protestieren. Der Mann griff geistesabwesend hinter sich und machte die Tür zum Restaurant auf. Dann studierte er wieder die Treppe; oben gab es eine Windung, die Schwierigkeiten versprach. Mittlerweile wandte Mrs. Scarlatti mit etwas Mühe den Kopf und spähte durch die Tür.

Es gab einen Moment, einen Sekundenbruchteil, in dem Ezra zu hoffen wagte, sie möge doch einverstanden sein. Aber während er an ihr vorbeisah, begriff er, daß das unmöglich war. Das Restaurant war ein Lagerhaus, eine Scheune, eine Turnhalle – eine totale Katastrophe. Tische und aufeinandergestapelte Stühle drängten sich in einer Ecke, unter kahlen, nackten Fenstern. Holperige Bretterstege führten über den lackierten Boden, der irgendwie einen Film von weißem Staub bekommen hatte, und die fehlende

537

Küchenwand war so gräßlich wie ein zahnloses Lächeln. Nur zwei dicke Stucksäulen trennten die Küche vom Speisesaal. Alles war offen zu sehn – Becken und Abfalleimer, der geschwärzte Herd, die aufgehängten Töpfe mit ihren rußigen Böden, ein Kalender mit einem Mädchen im durchsichtigen schwarzen Nachthemd drauf, ein Fensterbrett mit zwei vertrockneten Pflanzen und Topfreinigern sowie Todd Ducketts Asthmamittel.

»O mein Gott«, sagte Mrs. Scarlatti.

Sie schaute nach oben in seine Augen. Ihr Gesicht schien nackt und bloß. »Du hättest wenigstens warten können, bis ich tot bin.«

»Oh!« Ezra suchte nach Worten. »Nein, Sie verstehen nicht; Sie wissen nicht. Es war nicht, was Sie denken. Es war nur ... Ich kann es nicht erklären, ich bin irgendwie wild geworden!«

Aber sie hob herrisch ihre Handfläche und entschwebte die Treppe zu ihrer Wohnung hinauf. Selbst flach auf dem Rücken strahlte sie Schnelligkeit und Kraft aus.

Sie weigerte sich nicht, ihn wiederzusehn – keineswegs. Er machte ihr jeden Vormittag einen Besuch und wurde von ihrer Tagschwester eingelassen. Er saß auf dem Rand des damenhaften Stuhls in ihrem Schlafzimmer und berichtete über Rechnungen und Gesundheitsinspektionen und Wäschelieferungen. Mrs. Scarlatti war unfehlbar höflich, nickte immer an der richtigen Stelle, aber sie erwiderte nie viel. Schließlich schloß sie dann die Augen, ein Zeichen, daß der Besuch beendet war. Dann ging Ezra, und oft stieß er unabsichtlich gegen ihr Bett oder warf den Stuhl um. Er war schon immer ein ungeschickter Mann, aber jetzt noch mehr als sonst. Ihm schien, als wären seine Hände zu groß, als kämen sie ihm immer in die Quere. Wenn er nur etwas damit hätte machen können! Er hätte ihr gern eine Mahlzeit zubereitet – eine stärkende Mahlzeit, mit unergründlicher Würze, ein kompliziertes Essen, zu dem man einen ganzen Tag lang Dinge kleinschneiden und passieren und abstimmen mußte. In der Küche, wie nirgends sonst, wurde Ezra er selbst, wie jemand, der auf dem Trockenen kaum vorwärtskommt, aber, einmal im Wasser, mühelos Grazie entwickelt. Doch Mrs. Scarlatti aß immer noch nicht. Es gab nichts, was er ihr hätte anbieten können.

Oder er hätte sie gern bei den Schultern gepackt und geschrien: »Hören Sie! Hören Sie zu!« Aber etwas in ihrem Gesicht hielt ihn stets zurück, so als sagte sie ihm schlicht und deutlich, daß sie es vorzog, wenn er so etwas nicht tat. Also tat er es nicht.

Nach einem Besuch ging er dann hinunter und schaute in das Restaurant, das um diese Stunde von Leere widerhallte. Er sah im Kühlschrank nach oder wischte die Tafel ab oder wanderte dann eine Weile bloß herum, faßte dies oder jenes an. Die Tapete in der hinteren Diele war zu schäbig, und er riß sie von der Wand. Er riß die verzierten Goldleuchter neben dem Telephon heraus. Er stemmte die altmodischen Silhouetten – Mann und Frau – von den Toilettentüren. Manchmal richtete er so viel Schaden an, daß kaum Zeit blieb, ihn vor der Öffnungszeit wieder zu beheben, aber alle sprangen ein, und es ging immer irgendwie. Um sechs Uhr, wenn die ersten Gäste kamen, war das Essen fertig, waren die Tische gedeckt, und die Kellnerinnen lächelten entspannt. Alles war ausgeglättet.

Mrs. Scarlatti starb im März, an einem bitterkalten, eisigen Nachmittag. Als die Schwester Ezra anrief, empfand er einen vernichtenden Schock. Man hätte denken können, dieser Tod käme unerwartet. »Oh, nein«, sagte er und hing auf – und mußte zurückrufen, um die angemessenen Fragen zu stellen. War das Ende friedlich gewesen? War Mrs. Scarlatti bei Bewußtsein gewesen? Hatte sie irgend etwas Besonderes gesagt? Nichts, antwortete die Schwester. Wirklich gar nichts; einfach wie weggeglitten. »Aber sie hat heute früh von Ihnen gesprochen. Ich habe mich fast gewundert, wissen

Sie? Es war beinahe, als ob sie es spürte. Sie bat mich: ›Sagen Sie Ezra, er soll das Schild ändern.‹«

»Schild?«

»›Es ist nicht mehr Scarlattis Restaurant‹, sagte sie. Oder so was Ähnliches. ›Es ist nicht Scarlattis.‹ Ich glaube, so hat sie gesagt.« Er fühlte einen solchen Schmerz, als hätte Mrs. Scarlatti aus dem Tod herausgelangt und ihn ins Gesicht geschlagen. Es machte die Dinge leichter, in einer Weise. Er war fast zornig; er war fast erleichtert, daß sie nicht mehr da war. Ihm fiel auf, wie die Bäume draußen funkelten, wie etwas neu Gemünztes.

Er war derjenige, dem die Anordnungen oblagen, und er handelte nach einer Liste, die Mrs. Scarlatti ihm vor Monaten gegeben hatte. Er wußte, welche Leichenhalle er anzurufen hatte, und welchen Pfarrer, und wen von ihren Bekannten sie bei der Beerdigung haben wollte. Seltsam: Er dachte daran, die Klinik anzurufen und diese ausländische Familie einzuladen. Er tat es natürlich nicht, aber sie hätten sicher wunderbare Trauergäste abgegeben. Bestimmt wären sie besser gewesen als die Leute, die wirklich kamen und später steif um ihr eisiges Grab herumstanden. Auch Ezra war steif – ein trauriger, müder Mann in einem flatternden Mantel, seine Mutter am Arm. Im Hintergrund seiner Augen saß ein Schmerz. Wenn er geweint hätte, hätte Mrs. Scarlatti gesagt: »Jesus, Ezra. Um Gottes willen, Schätzchen.«

Danach war er froh, ins Restaurant zu gehn. Es half ihm, beschäftigt zu sein – rühren und würzen und abschmecken, über den Flicken im Boden zu stolpern, wo einst die Haupttheke gestanden hatte. Später ging er zwischen den Gästen herum, wie es Mrs. Scarlatti selbst immer getan hatte. Er empfahl ihnen dringend seinen Austernauflauf, seinen Artischockensalat, seine Spinatcremesuppe und seine Chili-Bohnensuppe und seine Knoblauchsuppe, die mit Liebe gemacht war.

5

Die Country-Köchin

Cody Tull hatte immer eine Freundin, ein Mädchen nach dem andern, und die Mädchen waren alle verrückt nach ihm, bis sie seinen Bruder kennenlernten, Ezra. An Ezra war etwas, was ihre Aufmerksamkeit fesselte, schien es. In seiner Gegenwart bekamen sie einen strahlenden, scharfen, gebannten Ausdruck, als lauschten sie einem Ton, den andere noch nicht wahrgenommen hatten. Ezra bemerkte das nicht einmal. Cody natürlich schon. Er stieß dann einen übertriebenen Seufzer aus und tat belustigt. Daraufhin nahm sich das Mädchen zusammen. Es war allerdings schon zu spät; Cody vergab keine zweite Chance. Er hatte ein Talent, sich im Geist zurückzuziehen. Mit seinem Indianergesicht, seinem glatten, schwarzen Haar, seinen regelmäßigen, ausgeglichenen Zügen konnte er, wenn er sich Mühe gab, vollkommen ausdruckslos erscheinen, wie eine Schaufensterpuppe aus Gips. Dabei ballte sein zerlumptes, schmutziges, ungeliebtes jüngeres Ich, mit seinen schlechten Noten, einem »Ungenügend« in Betragen, die Fäuste und heulte: »Warum? Warum immer Ezra? Warum diese Flasche, dieser blasse Mucker von einem Ezra?«
Aber Ezra schaute bloß aus der Tiefe seiner klaren grauen Augen unter seinem blonden, weichen Haarschopf hervor ins Unendliche und hing weiter seinen eigenen Gedanken nach. Eins mußte man Ezra lassen: Er schien sich der Wirkung, die er auf Frauen hatte, ehrlich nicht bewußt zu sein. Niemand konnte ihm vorwerfen, er mache sie absichtlich abspenstig. Aber das machte es nur noch schlimmer, in gewissem Sinn.
Cody glaubte fast, Ezra habe eine Schwäche – einen Mangel, der sich zu seinen Gunsten auswirkte, der ihn immun mach-

te, ihn von gewöhnlichen Männern unterschied. Er hatte etwas fast Mönchisches an sich. Es gelang Frauen nie wirklich, in seine Gedankenwelt einzudringen, dabei behandelte er sie unfehlbar höflich und rücksichtsvoll. Es kam vor, daß er sie unangemessen lange schweigend betrachtete, um dann plötzlich etwas ins Blaue hinein zu fragen. Zum Beispiel: »Wie hast du diese kleinen Goldringe durch deine Ohren bekommen?« Es war lächerlich – ein Mann wird siebenundzwanzig und hat noch nichts von durchbohrten Ohren gehört. Der Frau, die er ansprach, schien das allerdings nicht lächerlich vorzukommen. Sie hob einen Finger an ein Ohrläppchen, bestürzt, wie hypnotisiert. Sie war fasziniert. War es das Unerwartete bei Ezra? Die Enge seines Blickpunkts? (Ihr tief ausgeschnittenes Kleid, die gepuderte Busenfalte, die langen, seidigen Beine hatte er ignoriert.) Oder seine Unschuld, vielleicht. Er war ein Tourist auf einem weiblichen Planeten, drückte er damit praktisch aus. Aber es war ihm nicht bewußt, daß er diesen Eindruck erweckte, und so verstand er auch nicht den Blick, den sie ihm zuwarf. Oder es bedeutete ihm nichts, falls es ihm bewußt war.

Nur eine von Codys Freundinnen hatte sich nicht zu seinem Bruder hingezogen gefühlt. Das war eine Sozialarbeiterin namens Carol, oder Karen vielleicht. Als sie Ezra begegnete, hat sie ihn kühl angestarrt. Später bemerkte sie zu Cody, sie könne mütterliche Männer nicht leiden. »Immer füttern, beglucken«, sagte sie (sie hatte ihn in seinem Restaurant kennengelernt), »und dabei tun sie so ungeschickt und schüchtern, und zum Schluß bist *du* derjenige, der sich um *sie* kümmert. Ist dir das schon aufgefallen?« Sie zählte allerdings kaum; Cody hatte schon bald das Interesse an ihr verloren.

Man könnte sich fragen, warum er mit diesem Bekanntmachen fortfuhr, angesichts seiner ungünstigen Erfahrungen – die früheste datierte aus dem Jahr, als er vierzehn wurde, und die letzte lag erst einen Monat zurück. Schließlich lebte er in New York City, und seine Familie lebte in Baltimore; er mußte eigentlich diese Frauen an den Wochenenden nicht nach Hause mitbringen. Er schwor sogar, daß er damit aufhören werde. Er würde jemand kennenlernen, heiraten und nicht einmal seiner Mutter gegenüber erwähnen. Doch das hätte dann lebenslängliche Spannung bedeutet: Er müßte seine Frau dauernd beobachten, beunruhigt und mißtrauisch. Er würde auf das Unausweichliche warten – wie die Eltern von Dornröschen auf die Nadel warten, die es in den Finger stechen wird, trotz all ihrer Vorsicht.

Er war inzwischen dreißig, erfolgreich in seinen Geschäften, zum Heiraten durchaus bereit. Er betrachtete sein Appartement in New York als Provisorium, als einen Notbehelf; kürzlich hatte er in Baltimore County ein Farmhaus gekauft, mit vierzig Morgen Land. An den Wochenenden tauschte er seinen schlank geschnittenen grauen Anzug gegen Cordhosen, streifte auf seinem Besitz herum und machte Pläne. Es gab einen sonnigen Hinterhof, wo seine Frau ihren Küchengarten haben konnte. Es gab Schlafzimmer, die darauf warteten, mit Kindern gefüllt zu werden. Er stellte sich vor, wie sie ihm jeden Freitagnachmittag, wenn er nach Hause kam, entgegenpurzeln würden. Er fühlte sich reich und vornehm. Armer Ezra: Er hatte nichts als dieses schlecht organisierte Restaurant im engen, heruntergekommenen Innern der Stadt.

Einmal lud Cody Ezra ein, mit ihm in den Wäldern hinter der Farm Kaninchen zu jagen. Es war kein Erfolg. Zuerst fiel Ezra über ein Wespennest. Dann ließ er sein Gewehr im Fluß naß werden. Und als sie auf einem Hügel Mittagspause machten, zog er seine abgenutzte Flöte heraus und fing an, »Greensleeves« zu dudeln, womit er jedes Lebewesen im Umkreis von fünf Meilen verschreckte – was vielleicht seine Absicht war. Zum Schluß sprach Cody nicht einmal mehr mit ihm; Ezra mußte mit sich selbst weiterschwatzen. Cody stolzierte in absolutem Schweigen ein gutes Stück vor ihm her und versuchte, sich zu erinnern, warum dieser Ausflug so eine gute Idee gewesen zu sein schien. Ezra sang das Lied vom Meister Hase. »Jede kleine Seele«, sang er, fröhlich und falsch, »muß strahlen, strahlen...«

Kein Wunder, daß Cody chronisch Nagelhäute kaute, hin und her durchs Zimmer lief, in seinen Haaren wühlte. Kein Wunder, wenn er nachts im Schlaf derart mit den Zähnen knirschte, daß ihm jeden Morgen die Kiefer weh taten.

Zu Beginn des Frühlings 1960 schrieb seine Schwester Jenny ihm einen Brief. Ihre Scheidung würde im Juni ausgesprochen, schrieb sie – noch zwei Monate, und dann sei sie frei und könne Sam Wiley heiraten. Cody hielt nicht viel von Wiley, er schnippte diese Nachricht beiseite wie eine Mücke und las weiter. *Obwohl es so aussieht,* schrieb sie, *als würde Ezra mir auf dem Weg den großen Gang hinunter zuvorkommen. Ihr Name ist Ruth, aber mehr als das weiß ich auch nicht.* Dann fuhr sie fort, sie dächte ernsthaft daran, das Medizinstudium aufzugeben. Die Komplikationen ihres Privatlebens brauchten so viel von ihrer Energie auf, daß für andere Dinge nichts übrigbliebe. Auch habe sie in den letzten sechs Wochen drei Pfund zugenommen und sei richtig fett, ein Walfisch, und lebe nun von Salatblättern und Zitronenwasser. Cody war an Jennys verrückte Diäten gewöhnt (sie war übertrieben dünn), also überflog er diesen Teil. Er las den Brief zu Ende und faltete ihn zusammen.

Ruth?

Er öffnete ihn wieder.

... als würde Ezra mir auf dem Weg den großen Gang hinunter zuvorkommen, las er. Er versuchte, sich eine andere Art von großem Gang vorzustellen – Flugzeug, Supermarkt, Lichtspielhaus –, aber schließlich mußte er es glauben: Ezra war dabei zu heiraten. Na, wenigstens konnte Cody nun seine Mädchen für sich behalten. (Hier zuckte aus irgendeinem Grund ein Unbehagen durch ihn.) Aber Ezra! Verheiratet? Dieser Unfall auf Beinen? Ihn sich bei einer feierlichen Hochzeit vorzustellen – wie er Urkunde, Ring und Antworten vergißt, dem Gottesdienst nicht mehr folgt und lächelnd

eine Hummel vor dem Fenster verfolgt. Ihn sich im Bett mit einer Frau vorzustellen. (Cody prustete.) Er stellte sich die Frau dunkel und biblisch vor, wegen ihres Namens: Ruth. Umschattete Augen und cremige Haut. Fluten von offenem schwarzem Haar. Cody hatte eine Schwäche für schwarzhaarige Frauen; Blondinen mochte er gar nicht. Er stellte sich ihre nackten Schultern vor, in einem roten Satinnachthemd, und er knüllte Jennys Brief roh zusammen und warf ihn in den Papierkorb.

Am nächsten Tag bei der Arbeit hing Ruths Bild über ihm. Er war mit der Erforschung der Arbeitsabläufe einer Bohrmaschinenfabrik in New Jersey beschäftigt, einem Dinosaurier von einer Firma. Er würde Wochen brauchen, um einen Überblick zu bekommen. *Verbindung Objekt K mit Objekt L: rechter Transport entladen; suchen, greifen, Transport geladen...* Er ging mit seinem Schreibbrett das Fließband entlang und zog feindselige Blicke auf sich. Ruths schwarzes Haar wogte durch die Dachsparren. *Unvermeidliche Verzögerungen: 3. Vermeidbare Verzögerungen: 9.* Zweifellos waren ihre Augen mandelförmig, leicht schräg stehend. Zweifellos trug sie viele Ringe an ihren Händen mit den langen, ovalen, hochrot lackierten Fingernägeln.

Als er an diesem Abend in sein Appartement zurückkam, fand er einen Brief von Ezra vor. Es war eine Einladung in sein Restaurant für den kommenden Samstagabend. *Du bist herzlich eingeladen,* stand in der Mitte der Seite, wie graviert – Ezra fand das wohl komisch. (Oder vielleicht nicht; vielleicht meinte er es ernst.) O Gott, bitte nicht wieder so eins von Ezras Dinners. Toasts würde es geben und eine umständliche, sentimentale Rede, die mit einer gewichtigen Bekanntmachung abschließt – in diesem Fall seine Verlobung. Cody dachte daran abzulehnen, aber wozu würde das gut sein? Ezra wäre bestimmt verzweifelt, wenn nur eine einzige Person fehlte. Er würde die ganze Sache abblasen und zu einem späteren Zeitpunkt planen und so oft neu ansetzen, bis Cody zusagte. Cody konnte ebensogut gehn und es hinter sich bringen.

Außerdem hatte er überhaupt nichts dagegen, diese Ruth kennenzulernen.

Ezra hörte einem Gast zu – oder einem ehemaligen Gast, wie es sich anhörte. »Früher mal«, sagte der Mann, »war dieses Lokal Klasse. Sie verstehn?«

Ezra nickte, er sah ihn so sympathisch und freundlich an, daß Cody sich fragte, ob seine Gedanken nicht ganz woanders waren. »Früher mal gab es feine französische Cuisine, auf dem Tisch flambiert und alles«, fuhr der Mann fort. »Und Lüster. Und ein Garderobenmädchen. Und Kellner im Frack. Was ist mit Ihren Kellnern passiert?«

»Sie haben die Leute durcheinandergebracht«, antwortete Ezra. »Sie haben wohl gedacht, die Gäste hätten irgendeine Prüfung abzulegen, nicht nur Essen zu bestellen. Sie waren hochnäsig.«

»Ich mochte Ihre Kellner.«

»Jetzt ist unser Personal anheimelnder«, entgegnete Ezra und wies auf eine vorübergehende Kellnerin – ein großes, gebeugtes, farbloses Mädchen, den Mund offen vor Konzentration, alle Aufmerksamkeit auf die Tasse Kaffee gerichtet, die sie in beiden Händen trug. Sie schob sich über den Boden und atmete, als hätte sie Polypen. Sie ging direkt zwischen Ezra und dem Gast durch. Ezra trat zurück, um ihr Platz zu machen.

Der Gast sprach weiter: »›Nettie‹, habe ich gesagt, ›du mußt Scarlattis Restaurant einfach sehn.‹ Dann kommen wir her, und sogar das Schild ist verschwunden. Heimweh-Restaurant heißt es jetzt. Was für ein Name ist das? Und die Dekoration! Es sieht wirklich aus wie . . . na, wie eine gigantische Autobahn-Raststätte!«

Er hatte recht. Cody war ganz seiner Meinung. Die Wände des Speisezimmers voll mit Eingemachtem, die Küche offen zum Publikum, ungepflegte Köche beim Wühlen und Komponieren ihrer Lieblingsgerichte (Bio-Kost, *Fast Food,* ausländische Gerichte, was ihnen in den Sinn kam) . . . Seit Ezra das Lokal geerbt hatte – von einer Frau, versteht sich –, hatte er es systematisch ruiniert. Er war absolut imstande, einen ganzen Abend eine einzige Vorspeise zu servieren, die er selbst an den Tisch brachte, sobald man saß. An anderen Abenden bot er mehr Auswahl, vier oder fünf verschiedene Dinge, mit Kreide auf der Tafel angeschrieben. Aber das hieß nicht unbedingt, daß man bekam, was man wollte. »Den Smithfield-Schinken«, sagte man, und es kam der Gumbo-Eintopf. »So wie Sie husten, weiß ich, daß das besser für Sie ist«, erklärte Ezra dann. Aber selbst falls er richtig geurteilt hatte, war das eine Art, ein Restaurant zu führen? Wenn man Schinken bestellt, bekommt man auch Schinken. Sonst konnte man genausogut zu Hause essen. »In einem Jahr bist du pleite«, hatte Cody verkündet, und Ezra machte fast Pleite; die meisten Stammgäste verschwanden. Aber ein paar hielten aus, und andere entdeckten das Restaurant neu. Es gab mehrere ältere Leute, die hier jeden Abend aßen, an ihren gewohnten Tischen in dem scheunenartigen, gedielten Speiseraum. Sie konnten es sich leisten, denn die Preise waren nicht schriftlich festgelegt, sondern wurden vom Personal aufgezählt, offenbar nach Laune, wechselnd mit dem Gast. (War das nicht verboten?) Ezra machte sich Sorgen, was diese älteren Leute am Sonntag machten, wenn er geschlossen hatte. Cody seinerseits war besorgt wegen Ezras Buchführung, bot sich aber nicht an, sie durchzusehn. Er würde ein Desaster vorfinden, ganz sicher – Fehler und zweifelhafte Forderungen, wenn nicht offenen, naiven Betrug. Besser, nichts zu wissen; besser, sich herauszuhalten.

»Es stimmt, es hat ein paar Veränderungen gegeben«, sagte Ezra zu dem Ex-Gast, »aber wenn Sie unser Essen nur versuchen, werden Sie sehn, daß wir immer noch ein feines Restaurant sind. Heute abend gibt es ein Gericht allein – Schmorfleisch.«

»Schmorfleisch!«

»Eine ganz besondere Art – beruhigend.«

»Schmorfleisch kann ich zu Hause kriegen.« Der Mann rammte den Filzhut auf seinen Kopf und ging hinaus.

»Na ja«, sagte Ezra zu Cody. »Man kann es nicht jedem recht machen, glaube ich.«

Sie suchten ihren Weg bis zur Ecke ganz am Ende, wo ein Schild, *Reserviert,* auf dem Tisch stand, den Ezra immer für Familiendinner wählte. Jenny und die Mutter waren noch nicht da. Jenny, die mit dem Nachmittagszug gekommen war, hatte ihre Mutter gebeten, ihr beim Kauf eines Kleids für ihre Hochzeit zu helfen. Ezra machte sich nun Sorgen, sie könnten sich verspäten. »Alles ist für sechs Uhr dreißig geplant«, sagte er. »Was hält sie auf?«

»Na, ist doch kein Problem, wenn es nur Schmorfleisch ist.«

»Es ist nicht *nur* Schmorfleisch«, entgegnete Ezra. Er saß in einem Armstuhl. Sein Anzug hatte eine Art, sich um ihn zu bauschen, als sei er für einen viel größeren Mann gekauft. »Dies ist schon mehr. Ich meine, Schmorfleisch ist wirklich nicht die richtige Bezeichnung; es ist mehr wie ... wonach du dich sehnst, wenn du traurig bist und alle auf dir herumgehackt haben. Schau, da ist die Köchin, eine richtige Country-Köchin, und Schmorfleisch ist noch das Geringste, was sie macht. Es gibt auch Röstkartoffeln von der Pfanne, schwarzäugige Erbsen, geschlagene Biskuits, wirklich auf einem Holzklotz mit dem Rücken einer Axt geschlagen ...«

»Da kommen sie«, sagte Cody.

Jenny und ihre Mutter gingen gerade durch den Speiseraum. Sie trugen keine Päckchen, aber etwas machte deutlich, daß sie beim Einkaufen gewesen waren – vielleicht der erschöpfte, schlechtgelaunte Ausdruck auf beiden Gesichtern. Jennys Lippenstift war abgekaut. Pearls Hut saß schief, und ihr Haar war krauser denn je. »Was hat denn so lange gedauert?« fragte Ezra und sprang auf. »Wir haben uns schon Sorgen gemacht.«

»Ach, diese Jenny und ihre Ideen«, antwortete Pearl. »Ihre

schmale Figur und keine hellen Farben, keine Pastelltöne, nichts Gerafftes, keine Falten, keine Garnierung, nichts, was sie dick machen könnte, angeblich... Warum sind da fünf Plätze gedeckt?«

Die Frage kam für alle überraschend. Es stimmte, sah Cody. Es gab fünf Teller und fünf Kristallgläser für den Wein. »Wieso?« fragte Pearl Ezra.

»Ach... so weit bin ich in einer Minute. Nimm Platz, Mutter, da drüben.«

Aber sie blieb stehen. »Dann endlich finden wir genau das richtige«, sagte sie. »Ein hübsches, sanftes Grau mit einem Häkelkragen, Jenny von oben bis unten ›Das bist du‹, sage ich zu ihr. Und ratet, was sie tut. Sie kriegt einen Anfall, mitten in Hutzlers Kaufhaus.«

»Keinen Anfall, Mutter«, wandte Jenny ein. »Ich habe bloß gesagt...«

»Ja: ›Es ist kein Begräbnis, Mutter; ich gehe nicht in Trauer.‹ Man hätte denken können, ich hätte Trauerflor ausgesucht. Es war ein hübsches, zartes Grau, sehr ladylike, sehr passend für eine zweite Eheschließung.«

»Anthrazit«, sagte Jenny zu Cody.

»Bitte?«

»Anthrazit war, was die Verkäuferin es genannt hat. Mit andern Worte: Kohle. Unsere Mutter findet es passend, mich in einem kohlschwarzen Hochzeitskleid zu verheiraten.«

»Hm«, sagte Ezra und blickte über die andern Gäste, »vielleicht sollten wir uns jetzt setzen.«

Aber Pearl straffte sich noch im Stehen. »Und dann«, sagte sie zu ihren Söhnen, »dann, ohne die allerkleinste Überlegung, nur um mir zu trotzen, rauscht sie zum nächsten Ständer und zieht etwas heraus, weiß wie Schnee.«

»Es war cremefarben«, entgegnete Jenny.

»Creme, weiß – was ist der Unterschied? Beide sind unpassend, wenn jemand zum zweitenmal heiratet und die Scheidung noch nicht ausgesprochen ist und der Mann keine feste Anstellung hat. ›Ich nehme das hier‹, sagt sie, und es ist nicht einmal die richtige Größe, Meilen zu groß, mußte zum Ändern dortbleiben.«

»Es hat mir eben gefallen«, meinte Jenny.

»Du bist drin verschwunden.«

»Es hat mich schlank gemacht.«

»Vielleicht könntest du einen Schal tragen, oder so was, in Braun«, sagte ihre Mutter. »Das könnte es etwas dämpfen.«

»Ich kann keinen Schal bei der Hochzeit tragen.«

»Warum nicht? Oder ein kleines Jäckchen, ein braunes Leinenjäckchen etwa.«

»In Jäckchen sehe ich dick aus.«

»Nicht in einem kurzen, Chanel-Stil.«

»Ich hasse Chanel.«

»Na ja«, sagte Pearl, »ich sehe schon, daß du mit nichts zufrieden bist.«

»Mutter«, erwiderte Jenny, »ich bin bereits zufrieden. Ich bin zufrieden mit meinem cremefarbenen Kleid, genauso wie es ist. Ich liebe es. Könntest du mich nicht einfach in Ruhe lassen?«

»Habt ihr das gehört?« fragte Pearl ihre Söhne. »Also, ich brauche nicht herumzustehn und mir das anzuhören.« Und sie drehte sich um und marschierte zurück durch das Speisezimmer, aufrecht wie eine kleine Puppe zum Aufziehn.

Ezra sagte: »Hmm?«

Jenny machte ihre Plastik-Puderdose auf, sah hinein und ließ sie dann zuschnappen, als habe sie sich nur vergewissern wollen, daß sie noch da sei.

»Bitte, Jenny, willst du ihr nicht nachgehn?«

»Nicht ums Leben.«

»Sie hat doch mit *dir* gestritten. *Ich* kann sie doch nicht umstimmen.«

»Ach, Ezra, laß es uns dieses eine Mal einfach vergessen«, meinte Cody. »Ich glaube, ich halte das alles nicht aus.«

»Was sagst du da? Überhaupt kein Abendessen?«

»Ich könnte sowieso nur Salatblätter essen«, sagte Jenny zu ihm.

»Aber das hier ist wichtig! Es sollte ein besonderer Anlaß sein. Ach, bloß ... wartet. Wartet ihr eine Minute, bitte?«

Ezra drehte sich um und rannte weg in die Küche. Aus dem Schwarm der verschiedenen Köche an der Theke zog er eine kleine Person im Overall. Ein Mädchen vermutlich, dachte Cody – ein wieselgesichtiger, kleiner Rotschopf. Sie folgte Ezra unbeschwert, fast steifbeinig, und wischte sich die Hände am Rücken ab. »Ich möchte euch Ruth vorstellen«, sagte Ezra.

Cody fragte: »Ruth?«

»Wir heiraten im September.«

»Oh«, meinte Cody.

Dann sagte Jenny: »Also – herzlichen Glückwunsch« und gab Ruth einen Kuß auf die knochige, sommersprossige Wange, und Cody schüttelte ihr mit einem »Hm, ja« die Hand. Auf ihrer Innenfläche waren Schwielen wie Kieselsteine. »Wie geht's«, sagte sie zu ihm. Er dachte an den Ausdruck »Bantam-Henne«, obwohl er noch nie ein Zwerghuhn gesehen hatte. Oder vielleicht war sie eher ein Hahn. Ihr kräftiges, karottenrotes Haar war so kurz geschnitten, daß es zu knapp schien, um ihren Schädel zu bedecken. Ihre blauen Augen waren rund wie Murmeln, und ihre Haut war so dünn und straff (als sei sie, wie ihr Haar, gestutzt worden), daß er den weißen Knorpel quer über ihren Nasenrücken sehen konnte. »So«, bemerkte er, »Ruth.«

»Bist du überrascht?« fragte ihn Ezra.

»Ja, sehr überrascht.«

»Ich wollte es richtig machen; ich wollte es während der Drinks verkünden und sie dann zum Familiendinner hereinrufen. Aber, Schatz«, sagte Ezra, an Ruth gewendet, »ich denke, Mutter war übermüdet. Es hat nicht so geklappt, wie ich geplant hatte.«

»Ach, Mist, ist schon okay«, antwortete Ruth.

Cody sagte: »Sicher. Bestimmt. Wir können es immer nachholen.«

Dann fing Jenny an, Fragen nach der Hochzeit zu stellen,

und Cody entschuldigte sich und sagte, er müsse nachschaun, wie es ihrer Mutter ginge. Draußen im Dunkeln, während er die Straße nach Hause entlangging, hatte er ein äußerst seltsames Gefühl von Verlust. Es war, als wäre jemand gestorben oder hätte ihn für immer verlassen – die schöne, schwarzhaarige Ruth seiner Träume.

»Ich wußte, was das für ein Dinner werden würde, heut abend«, sagte Pearl zu Cody. »Ich bin nicht so dumm. Ich wußte es. Er hat sich verlobt; er will die Country-Köchin heiraten. Ich wußte das sowieso, aber es stürzte alles auf mich ein, als ich in das Restaurant kam und diese fünf Teller und Gläser sah. Gut, ich habe mich schlecht benommen. Sehr schlecht. Das brauchst du mir nicht zu sagen, Cody. Es war bloß, daß ich diese Teller sah, und irgend etwas zerbrach in mir. Ich dachte: ›Also gut und schön, wenn es denn so sein soll, aber nicht heute abend, nur nicht heute abend, du lieber Gott, gleich nachdem ich Hochzeitskleid Nummer zwei für meine einzige Tochter gekauft habe.‹ Also dann, schau, bin ich hingegangen und habe eine Szene gemacht, wegen der das Essen abgesagt werden mußte, genau, als ob ich es alles vorher geplant hätte, was natürlich nicht so war. Du glaubst mir doch, oder? Ich bin nicht blind. Ich weiß, wann ich unvernünftig bin. Manchmal stehe ich außerhalb meines Körpers und sehe dem allem zu, völlig woanders. ›Schluß jetzt‹, sag’ ich mir dann, aber es ist, als wäre ich in Trance; ich muß vorwärtsstürzen, weitermachen. ›Ja, ja, ich hör schon auf‹, denke ich, ›laßt mich bloß das eine noch sagen, bloß das eine . . .‹
Cody, glaubst du nicht, daß ich möchte, daß ihr drei glücklich seid? Natürlich möchte ich das. Natürlich. Hör mal, ich würde Ezra um nichts in der Welt zurückhalten, wenn er so darauf aus ist, dieses Mädchen zu heiraten – obwohl ich nicht weiß, was er in ihr sieht, sie ist so kampflustig und wild; ich glaube, sie ist aus Garrett County oder von so woher und trägt fast nie Schuhe – du solltest manchmal ihre

Fußsohlen sehn –, aber was ich sagen will: Ich habe nie zu diesen Müttern gehört, die versuchen, ihre Söhne für sich zu behalten. Ich hoffe aufrichtig, Ezra heiratet. Das meine ich ehrlich. Ich möchte, daß jemand für ihn sorgt, besonders für ihn. Du kommst alleine zurecht, aber Ezra ist so, ich weiß nicht, schutzlos... Natürlich liebe ich euch alle gleich viel, genau gleich viel, aber... nun ja, Ezra ist so gut. Weißt du? Jedenfalls hat er jetzt diese Person Ruth, und das hat seine ganze Lebenseinstellung verändert; schau ihn dir mal an, wenn sie einen Raum betritt oder hereinstolziert, oder wie du das nennen willst. Er betet sie an. Sie sind ganz verspielt miteinander, wie zwei junge Hunde. Ja, an junge Hunde erinnern sie mich oft, wenn sie sich zusammenkuscheln und kichern, oder in der Küche herumhüpfen oder diese Hillbilly-Musik hören, nach der Ruth, scheint's, verrückt ist. Aber, Cody. Versprich mir, daß du das niemand sagst. Versprochen? Cody, manchmal steh' ich da und beobachte sie und sehe, daß sie glauben, sie sind etwas absolut Besonderes, die ersten, die einzigen Menschen, die sich jemals so fühlen, wie sie sich fühlen. Sie glauben, sie werden ewig glücklich miteinander sein, daß all die andern Ehen um sie herum – diese gewöhnlichen, verbrauchten, plattgewalzten Arrangements –, daß die alle nichts sind, verglichen mit dem, was sie haben werden. Mit so wenig werden sie sich nie abfinden. Und es macht mich verrückt. Ich kann nichts dafür, Cody. Ich weiß, daß es selbstsüchtig ist, aber ich kann nichts dagegen tun. Ich möchte sie fragen: ›Wer, glaubt ihr, seid ihr eigentlich? Bildet ihr euch ein, ihr seid einzigartig? Denkt ihr wirklich, daß ich immer diese schwierige, alte Frau gewesen bin?‹ Cody, hör zu. Ich war auch besonders, einmal, für jemand. Ich brauchte nur hinzureichen und eine Fingerspitze auf seinen Arm zu legen, während er sprach, und er schwieg sofort und war ganz verwirrt. Ich hatte Hoffnungen; ich wurde umworben; ich hatte die schönste Hochzeit. Ich hatte drei köstliche Schwangerschaften, jeden Morgen wachte ich auf und wußte, daß sich in neun Monaten, in acht, in sieben etwas Ideales ereignen würde ... als wäre ich voller Licht, so schien es; Licht und Pläne erfüllten mich. Und dann, als ihr Kinder klein wart, nun, ich war das Zentrum eurer Welt! Ich war alles für euch! Es war ›Mutter, dies‹ und ›Mutter, das‹ und ›Wo ist Mutter? Wo ist sie hin?‹, und wenn ihr von der Schule heimkamt, sofort: ›Mutter! Bist du daheim?‹ Es ist nicht fair, Cody. Es ist wirklich nicht fair; jetzt bin ich alt, gehe unbeachtet meinen Weg, genau wie alle andern auch. Es kommt mir ungerecht vor. Aber sag den andern nicht, daß ich das gesagt habe.«

Die nächste Woche bei der Arbeit, während er die Schritte, mit denen Elektrobohrer in ihre Gehäuse eingepaßt wurden, tabellarisch darstellte, sah Cody, wie die alte, dunkle Ruth aus den Dachbalken und zwischen den Bändern entschwand, bis sie schließlich ganz verschwunden war und er nicht mehr wußte, warum sie ihn so bewegt hatte. Eine neue Ruth erschien jetzt. Knochig und jungenhaft, im Overall, der um ihre Schienbeine flatterte, rannte sie kichernd das Montageband entlang, mit Ezra dicht auf den Fersen. Ezras Haar war zerzaust. (Er war keineswegs unempfänglich, schien es, sondern hatte nur in seiner sturvertrauensvollen Art darauf gewartet, bis die richtige Person kam.) Er fing sie im Büro des Aufsehers ein, und sie balgten sich wie ... ja, wie zwei junge Hunde. Ein Haarwirbel hüpfte oben auf dem Kopf von Ruth. Ihre Lippen waren aufgesprungen und rissig. Ihre Nägel waren zu winzigen, rosa Kissen zusammengebissen, und über ihre Fingerknöchel liefen Kratzer und Verbrennungen, Narben von ihrer Country-Küche.
Cody rief seine Mutter an und sagte, er käme zum Wochenende. Und ob sie wohl glaubte, daß Ruth da wäre? Schließlich, sagte er, fände er es an der Zeit, seine zukünftige Schwägerin kennenzulernen.
Er kam an einem Samstagvormittag und brachte Blumen, kupferfarbene Rosen. Er fand Ruth und Ezra auf dem Wohnzimmerboden vor, wo sie Rommé spielten. Ruths tat-

sächliche Erscheinung traf ihn, nach dieser Woche des Träumens, wie ein Schlag. Sie schien klarer, schlichter, hartkantiger als irgend jemand, den er je kennengelernt hatte. Sie trug Jeans und ein Hemd in einem häßlichen, braunen Karo. Sie war so von dem Spiel absorbiert, daß sie kaum aufsah, als Cody hereinkam. »Ruth«, begrüßte er sie und streckte ihr die Blumen entgegen. »Die sind für dich.«

Sie sah sie an und zog dann eine Karte. »Was sind das?«

»Na, Rosen.«

»Rosen? So früh im Jahr?«

»Treibhausrosen. Ich habe extra Kupferrot bestellt, damit sie zu deinen Haaren passen.«

»Laß meine Haare aus dem Spiel.«

»Schatz, er hat es als Kompliment gemeint«, sagte Ezra zu ihr.

»Oh.«

»Sicher«, bestätigte Cody. »Schau, das ist meine Art, Willkommen zu sagen. Willkommen in unserer Familie, Ruth.«

»Oh. Na dann, danke.«

»Cody, das war schrecklich nett von dir«, meinte Ezra.

»Rommé«, sagte Ruth.

An jenem Spätnachmittag, als es Zeit war, zum Restaurant zu gehn, begleitete Cody Ruth und Ezra hin. Er hatte einen langen, unbewegten Tag hinter sich – meist außerhalb des Lebens anderer gestanden –, und er brauchte die Bewegung.

Es hatte geregnet, ab und zu, und auf dem Trottoir standen Pfützen. Ruth marschierte geradeaus durch jede einzelne durch, was nichts ausmachte, da sie braune lederne Militärstiefel an den Füßen trug. Cody fragte sich, ob ihr Stil Absicht sei. Was würde sie tun, zum Beispiel, wenn er ihr ein Paar hochhackige Abendsandalen schenken würde? Die Frage begann ihn zu faszinieren. Er war besessen davon; er entwickelte ein fast physisches Verlangen nach dem Anblick ihrer derben, kleinen Füße in Silberriemen.

Es gab keine Erklärung für sein Verlangen nach der riesigen Uhr – mit schwarzem Zifferblatt und kompliziert beziffert, imstande, Tiefseetauchen auszuhalten –, deren dehnbares Stahlarmband lose an ihrem drahtigen Handgelenk hing.

Ezra hatte seine Blockflöte dabei. Er spielte im Gehen darauf, ernst und konzentriert, die Wimpern auf die Wangen gesenkt. »Le Godiveau de Poisson« spielte er. Passanten schauten ihn an und lächelten. Ruth summte ein paar Töne mit, schwieg nachdenklich bei einer anderen Passage. Dann steckte Ezra die Flöte in die Tasche seines schäbigen Lumberjack, und er und Ruth fingen an, das Menü zu besprechen. Es war gut, daß sie das Reisgericht hatten, sagte Ruth; das machte immer die arabische Familie glücklich. Sie fuhr mit den Fingern durch ihre roten Haarspitzen. Cody, der auf ihrer anderen Seite ging, fühlte, wie sie ihr Gewicht verlagerte, als Ezra sie mit einem Arm umfing und an sich zog.

Im Restaurant war sie ein Wirbelwind. Ezra kochte wie im Traum, schmeckte ab und dachte nach; die andern (Verlierer allesamt, nach Codys Meinung) schwammen vage in der Küche herum, aber Ruth drehte sich und schlug und stach auf das Essen ein, als führe sie Krieg. Sie war für einen Hühnerauflauf verantwortlich und für etwas, was nach Kartoffelpuffern aussah. Cody beobachtete sie aus einer entfernten Ecke, und doch schienen die Leute über ihn zu stolpern.

»Wo hast du kochen gelernt?« fragte er Ruth.

»Nirgends«, antwortete sie.

»Ist dieses Huhn eine Spezialität aus irgendeiner Gegend?«

»Versuch!« fuhr sie ihn an, spießte ein Stück auf und hielt es ihm hin.

»Ich kann nicht«, sagte er.

»Warum nicht?«

»Ich fühle mich zu voll.«

In Wirklichkeit fühlte er sich voll von *ihr*. Er hatte sie den ganzen Tag zu sich genommen, sich einverleibt. Jeder würzige Moment – Topfdeckelschmettern, Kopfaufwerfen – war wie Nahrung für ihn. Er empfing wie ein Geschenk, als er ihren schmalen Rücken betrachtete, daß sie tatsächlich ein Unterhemd trug, eins dieser Trikothemden, an die er sich aus seiner Kindheit erinnerte. Er konnte die Säume unter dem braunen Karo erkennen. Er ordnete die Information sorgfältig ein, um sie voll genießen zu können, sobald er allein war.

Das Restaurant öffnete, und Gäste begannen hereinzutröpfeln. Die große, strahlende Empfangsdame setzte sie alle in einem Teil des Raums zusammen, als nähme sie sie unter ihre Fittiche.

»Such dir einen Tisch«, sagte Ezra zu Cody. »Ich bring' dir was von Ruths Küche.«

»Ich bin ehrlich nicht hungrig.«

»Er ist voll«, sagte Ruth, als spucke sie es aus.

»Ja, was willst du denn dann machen? Ist das hier nicht langweilig für dich?«

»Nein, nein, es interessiert mich«, antwortete Cody.

Er konnte über die Theke und in den Speiseraum sehn, wo Leute saßen und kauten und schluckten und tranken, sich den Mund mit der Serviette wischten und Brotbrocken abbrachen. Er fragte sich, wie Ezra es aushielt, sein Leben mit all diesem hier zu verbringen.

Als der erste eigentliche Ansturm vorbei war, setzten Ezra und Ruth sich an den gescheuerten Holztisch in der Mitte der Küche, und Cody setzte sich dazu. Ezra aß von Ruths Hühnerauflauf. Ruth zündete eine kleine braune Zigarette an und kippte mit dem Stuhl nach hinten, um ihm zuzusehn. Die Zigarette roch, als brenne sie nur zufällig – wie etwas, was man innen im Backofen vergossen hat oder was an der Unterseite eines Kochtopfs klebt. Cody, der ihr gegenübersaß, trank es in sich hinein. »Iß, Cody, iß«, drängte Ezra ihn. Cody schüttelte bloß den Kopf, er wollte seine Brustvoll von Ruths Rauch nicht verlieren.

Währenddessen kamen und gingen die anderen Köche, manche setzten sich auch hin und schlangen verschiedene sonderbare Zusammenstellungen von Speisen in sich hinein, während ihre Töpfe unbeaufsichtigt blieben. Ezras Jugendfreund Josiah erschien, in einen tüchtigen, erwachsenen Mann in gestärktem Weiß verwandelt, und er und Ruth sprachen vom Apfelschälen für ihr Mus. Ihr Mus war Cody völlig egal, ihn fesselte ihre direkte Art zu sprechen, ihr Slang. Sie hielt die Zigarette zwischen Daumen und Zeigefinger, den Ellbogen gegen den Brustkorb gestützt. Sie krümmte sich nach vorn, um eine Entscheidung zu überlegen, und ihre Augen unter ihren gerunzelten Brauen waren von einem so blassen Blau, daß er erschrak.

Sie verließen das Restaurant, ehe geschlossen wurde. Josiah würde schon zusperren, sagte Ezra. Sie gingen einen Umweg nach Hause, eine stille Einbahnstraße hinunter, um Ruth vor dem Haus abzusetzen, wo sie ein Zimmer gemietet hatte. Während Ezra sie die Eingangsstufen hinauf begleitete, wartete Cody am Bordstein. Er beobachtete Ezra, wie er ihr den Gutenachtkuß gab; ein schwacher, unzulänglicher Kuß, wie Cody fand; und er fühlte eine gewisse Befriedigung. Dann kam Ezra wieder zu ihm und stolzierte neben ihm her, plattfüßig und vergnügt. »Ist sie nicht toll?« fragte er Cody. »Mußt du sie nicht einfach lieben?«

»Hm.«

»Und es gibt so viel, was ich dich fragen muß. Ich möchte gut für sie sorgen, aber ich weiß nicht, wie. Was ist mit Lebensversicherung? Solche Sachen! So viel wird von Ehemännern erwartet, Cody. Hilfst du mir, es herauszukriegen?«

»Aber gern«, sagte Cody. Es war sogar sein Ernst. Alles: jeden kleinen Spalt, der ein Zugang für ihn werden konnte.

Schließlich beruhigte sich Ezra, obwohl er weiter den Eindruck machte, als brodele und gluckse er innerlich. Von Zeit zu Zeit summte er leise ein paar Takte von irgend etwas. Und dann, als sie fast zu Hause waren – vorbei an völlig dunklen Häusern, wo alle längst schlafen gegangen waren –, was machte er da? Er zog seine verdammte Flöte heraus und fing an draufloszupiepsen. Es war peinlich. Es war empörend. »Le Godiveau de Poisson«, wieder einmal. Ezra wäre imstand, dachte Cody, als Leitmotiv das Rezept für ein Fischgericht zu nehmen. Er ging schweigend weiter und hoffte, jemand würde die Polizei rufen. Oder wenigstens, daß jemand das Fenster aufmachte. »Sie da! Ruhe!« Aber niemand tat es. Es war so typisch – Ezra, der Goldjunge, jedermanns Liebling, wie er unbehelligt die Straßen hinunterdudelte.

Am Sonntagmorgen erschien Cody an Ruths Tür – oder vielmehr an der Tür der verwelkten, teigigen Lady, der das Haus gehörte, in dem Ruth wohnte. Diese Dame spielte so ängstlich an dem Medaillon an ihrem Hals herum, daß Cody sich verpflichtet fühlte, einen Schritt zurückzutreten, um zu beweisen, daß er kein Gelegenheitsräuber war. Er schenkte ihr sein strahlendstes Gentleman-Lächeln. »Guten Morgen«, grüßte er, »ist Ruth zu Hause?«
»Ruth?«
Ihm wurde klar, daß er Ruths Familienname nicht wußte.
»Ich bin Ezra Tulls Bruder.«
»Oh, Ezra«, sagte sie und trat zurück, um ihn einzulassen.
Er folgte ihr tief ins Innere, vorbei an einem Tumult von schwülstigen Polstermöbeln und staubigem Obst aus Wachs und Stößen von Zeitschriften. In der Küche fläzte sich Ruth am Tisch, löffelte Cornflakes und las die Zeitung, die gegen die Cornflakes-Packung gelehnt war. Ein blasser, untersetzter Mann stand da und starrte in einen offenen Eisschrank. Cody hatte einen Eindruck von Trägheit und verplemperter Zeit. Er fühlte sich geladen von Energie. Es müßte doch so einfach sein, sie all dem abspenstig zu machen!
»Guten Morgen«, grüßte er. Ruth sah auf. Der dickliche Mann zog sich hinter die Eisschranktür zurück.
»Ich hoffe, du bist mit deinen Cornflakes noch nicht zu weit gekommen«, sagte Cody. »Ich bin gekommen, um dich zum Frühstück einzuladen.«

»Warum?« fragte Ruth, stirnrunzelnd.

»Na ja ... nicht zu irgendeinem Zweck. Ich gehe bloß spazieren und dachte mir, du würdest vielleicht gern mitgehn, irgendwo Pause machen mit Krapfen und Kaffee.«

»Jetzt?«

»Natürlich.«

»Es regnet doch?«

»Nur ein bißchen.«

»Nein, danke«, sagte sie.

Ihre Augen senkten sich wieder auf die Zeitung. Die Vermieterin ließ ihr Medaillon mit einem winzigen, schwirrenden Geräusch an seiner Kette entlanggleiten.

»Was ist los in der Welt?« fragte Cody.

»Welcher Welt?« meinte Ruth.

»Die Nachrichten. Was steht in der Zeitung?«

Ruth hob die Augen, und Cody sah, welche Seite sie aufgeschlagen hatte. »Oh«, sagte er. »Die Comics.«

»Nein, mein Horoskop.«

»Dein Horoskop.« Er sah die Vermieterin hilfeheischend an. Sie schaute abwesend auf einen Schrank voll mit Eingemachtem. »Also, was für ein ... hm, Symbol bist du?« fragte er Ruth.

»Hmm?«

»Was für ein astrologisches Symbol?«

»Zeichen«, verbesserte sie ihn. Sie seufzte und stand auf, schließlich gezwungen, seine Anwesenheit zur Kenntnis zu nehmen. Sie griff sich die Zeitung vom Tisch und stakste in Richtung Wohnzimmer. Cody machte ihr Platz und trottete dann hinterher. Ihre Jeans, dachte er sich, mußten aus einem Laden für kleine Jungen stammen. Sie hatte überhaupt keine Hüften. Ihr Pullover war an den Ellbogen durchscheinend.

»Ich bin Stier«, sagte sie über die Schulter, »aber das alles ist sowieso Mist. Totaler Mist.«

»Oh, das finde ich auch«, stimmte Cody erleichtert zu.

Sie blieb in der Mitte des Wohnzimmers stehn und wendete

sich zu ihm um: »Schau mal da.« Sie stieß mit dem Finger auf eine Druckzeile. *Mächtiger Verbündeter wird Sie retten. Betonung heute auf Hochfinanz.* Sie senkte das Blatt. »Ich meine, mit wem denken die, daß sie es zu tun haben? Mit was für einer Art von Geschäft soll ich verbunden sein?«

»Lächerlich«, sagte Cody. Er war hypnotisiert von ihren Augenbrauen. Sie hatten die Farbe von Orangensorbet, und jedesmal, wenn sie etwas hitzig sprach, wurde die Haut rundum blaßrot, dunkler als die Augenbrauen selbst.

»*Ignorieren Sie Annäherungsversuche eines alten Feindes*«, las sie und ließ einen Finger über die Spalte fahren. »Oder hör dir das da an: *Heimliche Zusammenkunft könnte Rätsel lösen.* Allmächtiger Gott!« sagte sie und warf die Zeitung in einen Sessel. »Man müßte wer weiß was für ein Leben führen, wenn man von seinem Horoskop etwas haben will.«

»Also, ich weiß nicht«, meinte Cody. »Vielleicht ist mehr Wahres dran, als du weißt.«

»Wie bitte?«

»Vielleicht sagt es, daß du so ein Leben führen solltest. Abenteuerlustiger sein solltest, nicht bloß in irgendeinem Restaurant vor dich hin schuften, dich in einer alten, düsteren Pension mopsen.«

»Es ist gar nicht so düster«, entgegnete Ruth und hob das Kinn. »Na ja, aber . . .«

»Und überhaupt, ich bleibe nicht für immer hier. Ich und Ezra, wenn wir geheiratet haben, dann ziehen wir über das ›Heimweh‹. Und dann, sobald wir es zu ein bißchen Geld gebracht haben, denken wir an ein Haus.«

»Aber trotzdem«, sagte Cody, »das wäre überhaupt nichts, verglichen mit dem, worum es bei diesen Horoskopen geht. Schau, es gibt doch noch die ganze weite Welt! New York, zum Beispiel. Je in New York gewesen?«

Sie schüttelte den Kopf, sah ihn prüfend an.

»Du solltest kommen; dort ist jetzt Frühling.«

»Hier ist auch Frühling«, erwiderte sie.

»Aber eine andere Art.«

»Ich weiß nicht, worauf du hinauswillst«, sagte sie ihm.

»Also, alles, was ich sagen will, Ruth, ist: Warum sich jetzt schon niederlassen, wenn es so viel gibt, was du noch nicht gesehen hast?«

»Jetzt schon?« meinte sie. »Ich bin jetzt bald zwanzig. Auf eigenen Füßen herumgeklappert seit meinem sechzehnten Geburtstag. Das einzige, was ich *will,* ist mich niederzulassen, je früher, desto besser.«

»Oh«, sagte Cody.

»Also, einen schönen Spaziergang.«

»O ja, Spaziergang . . .«

»Ertrink nicht«, sagte sie gefühllos.

An der Tür drehte er sich um. Er fragte: »Ruth?«

»Was.«

»Ich weiß nicht, wie du weiter heißt.«

»Spivey«, antwortete sie.

Er fand, das sei der lieblichste Klang, den er je in seinem Leben vernommen hatte.

Am nächsten Wochenende fuhr er sie hinaus, um seine Farm zu besichtigen. »Ich hab' schon genug Farmen gesehn«, sagte sie, aber Ezra meinte: »Aber du solltest mitfahren, Ruth. Es ist hübsch in dieser Jahreszeit.« Ezra selbst mußte dableiben; er mußte die Installation eines neuen Fleischkastens für das Restaurant überwachen. Cody hatte das gewußt, ehe er Ruth aufforderte.

Diesmal brachte er ihr Narzissen. Sie sagte: »Ich weiß nicht, was ich mit denen soll; hinten am Fußweg wachsen sie wie Unkraut.«

Cody lächelte sie an.

Er half ihr in seinen Cadillac, der nach neuem Leder roch. Sie wirkte nicht beeindruckt. Verrückterweise trug sie einen Rock, bei der einzigen Gelegenheit, wo Jeans passender gewesen wären. Ihre Beine waren sehr weiß, fast kreideweiß. Söckchen, wie ihre, hatte er seit der Schulzeit nicht gesehn, und ihre abgewetzten Turnschuhe waren klein und kurz, wie von einem Kind.

Auf der Fahrt hinaus sprach er von seinen Plänen für die Farm. »Dort möchte ich gern leben«, sagte er. »Dort möchte ich meine Familie großziehn. Es ist der ideale Platz für Kinder.«

»Was bringt dich auf die Idee?« fragte sie. »Als ich klein war, wollte ich nirgends hin als in die Stadt.«

»Ja, aber frische Luft und eigenes Gemüse, und die Tiere... Zur Zeit versorgt noch der nächste Nachbar mein Vieh, aber sobald ich ganz eingezogen bin, mache ich das alles selbst.«

»Das möchte ich mal sehn«, sagte Ruth. »Hast du schon mal ein Schwein gemästet? Einen Stall ausgemistet?«

»Ich kann es lernen«, erklärte er ihr.

Sie zuckte die Achseln und sagte nichts mehr.

Als sie bei der Farm angekommen waren, führte er sie überall herum; sie glotzte eine Kuh an und gab einem Grüppchen Hennen den »bösen Blick«. Dann führte er sie ins Haus. Er hatte es mit allem Inventar gekauft – komplett mit abgeschabtem Plüschsofa und Petroleumofen im Wohnzimmer, wackeligem Küchentisch, die Schublade voll verrostetem Besteck, mit dem Kalender von 1958, der Mallardys Austerschalenmixtur als Aufstrich empfahl, besonders reich an Kalzium. Der Mann, der hier gelebt hatte – ein Witwer –, war oben in dem schweren Bett mit vier dicken Pfosten gestorben. Cody hatte das Bettzeug erneuert – Laken und eine Steppdecke und Daunenkissen, hatte aber sonst nichts verändert. »Ich habe vor, alles neu einzurichten«, sagte er zu Ruth, »aber ich warte damit, bis ich heirate. Ich weiß, daß meine Frau dann sicher auch mitreden möchte.«

Ruth zog den Riegel eines Schiebefensters mühelos aus dem hölzernen Rahmen. Sie drehte ihn um und besah sich die Unterseite.

»Ich wünsche mir sehr eine Frau.«

Sie steckte den Riegel zurück. »Ich wollte, ich müßte dir das nicht gerade sagen«, meinte sie, »aber riechst du den Geruch? Irgendwie süßlichen Geruch? Du hast die Trockenfäule hier drin.«

»Ruth«, fragte er, »magst du mich aus irgendeinem Grund nicht?«

»Hm?«

»Dein Verhalten. Die Art, wie du mich wegschiebst. Du hältst nicht viel von mir, stimmt's?«

Sie schielte ihn von der Seite an, ausweichend, und ging auf die Treppe zu. »Ach«, antwortete sie, »ich mag dich ganz gern.«

»Wirklich?«

»Aber ich kenne deinen Typ«, sagte sie.

»Welchen Typ?«

»In meiner Schule waren viele wie du«, erklärte sie. »O ja! Ein paar in jeder Klasse, in jedem Team – groß und wirklich gutaussehend, elegant, athletisch, witzig. Boys mit aalglatten Manieren, denen alles immer in den Schoß fiel, die immer wußten, wie man alles richtig macht, und die sich nur mit den Tanzmädchen abgaben, die beim Sport die Stimmung anheizen, oder mit der Schönsten der Schule – oder höchstens bis zu ihren Ehrenjungfern hinunter. Die an mir in den Sälen vorbeigegangen sind, ohne überhaupt zu wissen, wer ich war oder daß ich überhaupt existierte. Oder sich über mich lustig gemacht haben, manchmal, da bin ich ziemlich sicher – haben mich ausgelacht, wie schlecht angezogen ich ging, und mein Sommersprossengesicht und mein blödes rotes Haar verulkt . . .«

»Wann hab' ich jemals so was gemacht?«

»Ich meine jetzt nicht dich persönlich«, sagte sie, »aber du erinnerst mich bestimmt an so einen Typ.«

»Ruth. Ich lach', dich ganz sicher nicht aus. Ich finde, du bist vollkommen«, entgegnete er. »Du bist die allerschönste Frau, die mir je zu Gesicht gekommen ist.«

»Siehst du?« meinte sie, und sie reckte ihr Kinn hoch, wirbelte herum und marschierte die Treppe hinunter. Sie ant-

wortete auf nichts, was er sagte, die ganze weite Heimfahrt
lang.

Es war ein Feldzug, das war es – ein langer und zäher
Schlachtfeldzug, der sich durch den April und den ganzen
Mai erstreckte. Es gab Augenblicke, in denen er verzweifelte. Er hatte einen zu späten Start gehabt, war schon aus dem
Rennen; er hatte seine Zeit mit diesen unoriginellen, durch-
schaubaren Brünetten vergeudet, war sich so clever vorgekommen, sie zu angeln, während Ezra, ohne sich irgendwelche Mühe zu geben, irgendwie das wahre Juwel entdeckt
hatte. Glücklicher Ezra! Sein ganzes Leben beruhte auf
Glück, und Cody würde wahrscheinlich nie dahinterkom-
men, wie er das machte.
Oft, nachdem er Ruth abgesetzt hatte, murmelte Cody im
Weggehen mit sich selbst. Er schlug sich mit der Faust in die
offene Hand oder trat gegen seinen eigenen Wagen. Aber
gleichzeitig empfand er untergründig ein Gefühl der Heiterkeit. Ja, er hätte sagen können, er habe sich nie lebendiger
gefühlt, nie so gespannt auf jeden neuen Tag. Jetzt verstand
er, weshalb er das Interesse an Carol oder Karen Wie-hieß-
sie-noch verloren hatte, der Sozialarbeiterin, die Ezra nicht
anziehend gefunden hatte. Sie hatte es zu leicht gemacht.
Was ihm gefiel, war die Konkurrenz, die Hoffnung, triumphierend aus einem Kopf-an-Kopf-Rennen mit Ezra, seinem
ältesten Feind, hervorzugehn. Er genoß es sogar, sich Zeit zu
lassen, sich zurückzuhalten, seine Gefühle vor Ruth bis zum
günstigsten Moment verborgen zu halten. (War Geduld
Ezras Geheimnis?) Denn dies war kein offener Wettstreit,
natürlich. Einer der Teilnehmer wußte nicht einmal, daß es
einen gab. »Weißt du, Cody«, sagte Ezra, »es war nett, dich
in letzter Zeit so oft dazuhaben.« Und zu Ruth: »Geh nur,
geh nur; es wird dir Spaß machen«, wenn Cody sie irgendwohin einlud.
Einmal, um Ezra eine Falle zu stellen, klaute Cody eine von
Ruths braunen Zigaretten und rauchte sie im Farmhaus.

(Der Geruch von brennendem Teer füllte sein Schlafzimmer. Hätte er ein Telephon gehabt, hätte er seine ganze Strategie vergessen und sie augenblicklich angerufen, um ihr zu gestehn, daß er sie liebte.) Er drückte den Stummel in einem Plastikaschbecher neben seinem Bett aus. Später forderte er dann Ezra auf, sich seine neuen Kälber anzusehn, führte ihn nach oben, um über ein Leck im Dach zu sprechen, und zu dem Nachtkasten, wo der Aschbecher stand. Aber Ezra sagte nur: »Oh, war Ruth hier?« und erging sich in Lob über einen Gewürzgarten, den sie oben auf dem Restaurant anpflanzte. Cody wollte nicht glauben, daß jemand so blind, so gutgläubig sein konnte. Außerdem hätte er für den Vorzug, daß Ruth Kräuter für ihn pflanzte, sein Leben gegeben. Er dachte an den Hof auf der Rückseite, wo er sich immer den Küchengarten seiner Frau ausgemalt hatte. Rosmarin! Basilikum! Zitronenmelisse!

»Warum ist sie nicht zu mir gekommen?« fragte er Ezra. »Sie könnte immer ihre Kräuter auf meiner Farm ziehen.«

»Na ja, je näher am Haus, desto frischer«, antwortete Ezra. »Aber nett, daß du es anbietest, Cody.«

Als er an diesem Abend seine Gewehre ölte, dachte Cody ernsthaft daran, Ezra ins Herz zu schießen.

Wenn er Ruth Komplimente machte, sträubte sie sich. Wenn er ihr die Geschenke brachte, die er so umsichtig ausgesucht hatte (Goldketten und kristallene Parfümflakons, Spieldosen, Seidenblumen, alles als Kontrast gegen den häßlichen, gesprenkelten Marmor-Nudelwalker, den Ezra, ungeschickt eingepackt, ihr zum zwanzigsten Geburtstag überreichte), dann verlor sie diese meist sofort oder vergaß, wo sie gerade waren. Und wenn er sie in Lokale einlud, kam sie nur wegen des Ausgehens mit. Wenn er dann ihren Arm nahm, sagte sie: »Himmel, ich bin doch keine alte Dame.« Sie kletterte über Felsen und durch die Wälder in ihren Soldatenstiefeln, Cody hinterdrein, verwirrt und geblendet, buchstäblich krank vor Liebe. Er hatte acht Pfund verloren, konnte nicht essen – er hatte das immer für eine Legende gehalten – und schlief nachts fast nicht. Wenn er schlief, legte er es darauf an von Ruth zu träumen, tat es aber nie; sie blieb boshaft und trotzig abwesend, und tagsüber, wenn er sie das nächstemal traf, glaubte er in ihrem Blick etwas Höhnisches zu erkennen.

Oft fand er es schwierig, ihre Unterhaltung in Gang zu halten. Manchmal überfiel ihn der Gedanke – in der Wochenmitte, wenn er weit weg von Baltimore war –, daß die ganze Idee reiner Wahnsinn war. Sie würden sich immer fremd bleiben. Hatten sie denn irgendwelche gemeinsamen Interessen? Aber jedes Wochenende warf es ihn wieder von neuem um, ihr stolzierender Gang, ihr kriegerisches Kinn und anziehendes Stirnrunzeln. Er war gerührt von ihrem dumpfen Kleinjungengeruch; er stellte sich vor, wie sich ihr kleiner Körper in den seinen kuscheln könnte. Oh, es war Ruth selbst, was sie gemeinsam hatten. Manchmal griff er hin, um die Kuppen ihrer Fingerknöchel zu berühren. Sie runzelte dann die Stirn und wich zurück. »Was tust du da?« fragte sie. Er antwortete nicht.

»Ich weiß, worauf du aus bist«, sagte seine Mutter zu ihm.

»Wie bitte?«

»Ich schaue durch dich durch, wie durch eine Glasscheibe.«

»Also? Worauf bin ich denn aus?« fragte er. Er hoffte wirklich, es zu hören; er hatte das Stadium erreicht, in dem er sich drehte und wendete, nur damit jemand Ruths Namen aussprach.

»Du machst mir keinen Augenblick was vor«, sagte seine Mutter. »Warum bist du so widerspenstig? Das Mädchen ist in diesem Leben für dich zu nichts zu gebrauchen. Sie ist nicht im geringsten dein Typ; sie gehört deinem Bruder Ezra, und sie ist das einzige auf der Welt, was er je gewollt hat. Wenn du sie ihm abspenstig machst, sag bloß, was du mit ihr anfangen willst! Du würdest sie einfach fallenlassen. Du würdest dir sagen: ›Ach, du meine Güte, was mache ich mit so einer kleinen Person?‹«

»Du verstehst es nicht«, entgegnete Cody.

»Vielleicht ist das ein Schock für dich«, erklärte ihm seine Mutter, »aber ich verstehe dich vollkommen. Wenn's um den Rest der Welt geht, bin ich vielleicht nicht so klug, aber bei meinen drei Kindern, also, da entgeht mir nicht die kleinste Kleinigkeit. Ich weiß alles, worauf du aus bist. Ich sehe alles in deinem Herzen, Cody Tull.«

»Genau wie Gott«, sagte Cody.

»Genau wie Gott«, stimmte sie zu.

Ezra arrangierte ein Festessen für den Abend vor Jennys Hochzeit – ein Freitag. Aber am Donnerstag abend rief Jenny Cody in seinem Appartement an. Es war ein Ortsgespräch; sie sagte, sie sei kaum zehn Ecken entfernt in einem Hotel mit Sam Wiley. »Wir haben gestern vormittag geheiratet«, erklärte sie, »und sind jetzt auf der Hochzeitsreise. Es wird also doch kein Abendessen geben.«

»Und wie ist es denn *dazu* gekommen?« fragte Cody.

»Mutter und Sam hatten eine kleine Meinungsverschiedenheit.«

»Aha.«

»Mutter sagte ... und Sam sagte ihr ... und ich sagte: ›Ach, Sam, warum wollen wir nicht einfach ...‹ Nur, es tut mir leid wegen Ezra. Ich weiß, wieviel Mühe er sich gemacht hat.«

»Allmählich sollte er sich daran gewöhnt haben«, meinte Cody.

»Er wollte uns ein Spanferkel vorsetzen.«

Hatte Ezra nicht bemerkt (fragte sich Cody), daß die Familie als Ganzes noch nie eines seiner Dinner beendet hatte? Daß sie meist stritten und mittendrin rausmarschierten oder manchmal nicht einmal so weit kamen, daß sich alle überhaupt hinsetzten? Aber natürlich mußte er das bemerkt haben – nur sah er dabei auch das Muster, das Leitmotiv? Nein, vielleicht sah er jedes Essen als Einheit in sich selbst, nicht verbunden mit den anderen Familienzusammenkünften bei Tisch. Vielleicht reihte er sie in seinem Sinn nie aneinander.

Was bedeutet hätte, daß er ein totaler Idiot war.

Es stimmte, daß sie einmal – zur Feier von Codys neuem Geschäft – sogar bis zur Nachspeise vordrangen; hätten sie also kein Dessert bestellt, könnte man sagen, sie wären bis zum Ende der Mahlzeit gekommen. Aber Tatsache war, daß sie die Nachspeise bestellten, die dann auf den Tellern zusammenfiel, als die Mutter Cody vorwarf, er habe sich absichtlich so fern wie möglich von zu Hause niedergelassen. Es gab einen hartnäckigen kleinen Streit. Die Unterhaltung bröckelte ab. Cody brach auf. Also konnte man selbst diese Mahlzeit technisch nicht als beendet ansehn. Warum versuchte es Ezra immer wieder?

Warum kamen sie alle immer wieder? Das war eher die Frage.

Tatsächlich sahen sie sich vermutlich öfter, als das bei glücklichen Familien der Fall war. Es war fast so, als müßten sie auf das, was sie nicht in Ordnung bringen konnten, immer wieder zurückkommen. (Wenn sie also jemals ein Essen beendeten, würden sie aufstehn und sich für immer voneinander verabschieden?)

Nachdem Jenny den Telephonhörer aufgelegt hatte, setzte sich Cody auf die Couch und blätterte die Morgenpost durch. Etwas beunruhigte ihn. Er fragte sich, wie Jenny diesen Sam Wiley heiraten konnte – einen dürren, kleinen Künstlertyp, mit unstetem Blick und frech. Er überlegte, ob Ezra das Dinner ganz absagen oder es bloß bis nach den Flitterwochen verschieben würde. Er stellte sich Ruth in der Küche des Restaurants vor, wie sie mit faltigen Fingerchen Mehl auf Hühnerschlegel klopfte. Er überflog die Anzeige einer Lebensversicherung und fragte sich, weshalb kein einziger Mensch von ihm abhängig war – nicht einmal soweit, um seine Versicherungssumme zu beanspruchen, falls er starb.

Er riß den Umschlag auf, auf dem *Erstaunliches Angebot!* stand, und fand drei Muster für Briefpapier und einen Bestellschein auf Glanzpapier. Ein Muster war blau, mit

LMR oben eingeprägt. Ein zweites hatte ein verziertes *Paula*, das *P* von einer Windenranke umwunden, und das dritte war so ein Brief, der sein eigenes Couvert wird, wenn man ihn faltet. Die Klappe war mit Schmetterlingen bedruckt und mit *Mrs. Harold Alexander III, 219 Saint Beulah Boulevard, Dallas, Texas.* Das studierte er einen Augenblick. Dann nahm er einen Füllfederhalter aus seiner Hemdtasche und begann, in einer ihm fremden, rückwärts geneigten Schrift zu schreiben:

Liebe Ruth,
nur eine Zeile, um Dich von uns allen zu grüßen. Wie läuft der Job? Wie gefällt Dir Baltimore? Harold sagt, ich soll Dich fragen, ob du schon einen jungen Mann kennengelernt hast. Er hatte den komischsten Traum gestern nacht. Er hat geträumt, daß er Dich mit jemand Großem gesehen hat, schwarze Haare und graue Augen und grauer Anzug. Ich sagte, na, ich hoffe bestimmt, das ist ein Traum, der wahr wird!
Uns geht es allen soweit gut, nur Linda war letzte Woche einen Tag nicht in der Schule. Ein Fall von »Mathe-Krankheit«, so sah es für mich aus, ha, ha! Sie sagt, sie schickt Dir tausend Umarmungen und Küsse. Schick uns mal eine Zeile, recht bald, hörst Du?

Cody fand, daß er gegen Schluß gerade den richtigen Ton getroffen hatte; es tat ihm leid, daß kein Platz mehr da war. Er unterschrieb den Brief: *Alles Liebe, Sue (Mrs. Harold Alexander III)* und klebte ihn zu, frankierte und adressierte ihn. Dann steckte er ihn in einen Geschäftsumschlag und schrieb ein paar Zeilen an seinen alten College-Zimmergenossen in Dallas und bat ihn, er möchte dies bitte in den nächsten Briefkasten werfen.

Dieses Wochenende fuhr er nicht nach Hause, und seine Belohnung war, daß er von Ruth träumte. Sie wartete auf einen Zug, in dem er reiste. Er sah sie auf dem Bahnsteig, wie sie ins Fenster jedes Personenwagens spähte, der vorbeiglitt. Er war so begierig, nach ihr zu greifen, zu sehen, wie ihr Gesicht sich entspannte, wenn sie ihn erblickte, daß er laut ihren Namen rief und davon aufwachte. Er hörte ein Echo im Dunkeln – nicht wirklich ihren Namen, sondern irgendein bedeutungsloses Schlafgeräusch. Danach versuchte er stundenlang, in den Traum zurückzukriechen, aber er war ihm entglitten.

Am nächsten Morgen fing er noch einen Brief an, auf dem Blatt mit *Paula* auf dem Briefkopf. In einer schnörkeligen Schrift schrieb er:

Liebes Ruthle,
Du altes Wesen, kümmerst Du Dich gar nicht mehr um Deine Freunde? Ich habe neulich zu Mama gesagt: Diese Ruth Spivey hat uns ganz vergessen, glaube ich.

Hier läuft es nicht allzu gut. Ich denke, Du hast vielleicht gehört, daß ich und Norman auseinander sind. Ich weiß, Du hast ihn gemocht, aber Du hattest ja keine Ahnung, wie mühsam er sein konnte, immer so langsam und still, er ging mir auf die Nerven. Ruthle, bleib weg von diesen blassen, blonden rücksichtsvollen Typen, sie sind eine echte Enttäuschung. Such Dir jemand Dunkles und Interessantes, der Dich überall hinführt, wo Du noch nie warst. Ernsthaft, ich weiß, wovon ich rede.

Mama läßt Dich grüßen und fragt, ob Du willst, daß sie Dir etwas näht. Sie ist richtig gelähmt jetzt mit der Arthritis in den Knien und kann nur in ihrem Sessel sitzen und hat viel Zeit zum Nähen.

Bis dann, Paula

Diesen Brief gab er in Pennsylvania auf, als er am folgenden Dienstag eine Kartonagenfabrik besuchte. Und am Mittwoch, aus New York, schickte er den blauen Bogen mit dem oben eingeprägten *LMR*:

571

Liebe Ruth,

hatte gestern Lunch mit Donna, und sie hat mir erzählt, daß Du mit einem richtig netten Burschen gehst. Genauere Einzelheiten wußte sie nicht, aber als sie sagte, daß er Tull heißt und aus Baltimore ist, wußte ich, daß es Cody sein muß. Jeder hier kennt Cody, wir lieben ihn alle einfach, er ist in seinem Herzen wirklich ein guter Mann und ist jahrelang von Leuten falsch beurteilt worden, die ihn nicht verstehen. Na, Ruthle, Du bist wohl doch schlauer, als ich Dir zugetraut hätte, ich dachte immer, Du würdest Dich mit einem dieser blonden Dutzendtypen zufriedengeben, aber jetzt sehe ich, daß ich mich geirrt habe.

Ich warte auf die Details.

Love, Laurie May

»Mit dem letzten Brief bist du zu weit gegangen«, sagte Ruth zu ihm.

»Ich weiß nicht, wovon du sprichst.«

Er saß auf einem Küchenschemel und sah zu, wie sie Fleisch in Würfel schnitt. An diesem Samstag war er direkt ins Restaurant gekommen – vorbei am Zuhause, vorbei an der Farm –, weil er hoffte, sie irgendwie verändert zu finden: Vielleicht würde sie ihm verwirrt von Zeit zu Zeit einen nachdenklichen Blick zuwerfen. Statt dessen schien sie ärgerlich. Sie schleuderte ihr Hackmesser auf das Hackbrett.

»Ist dir klar«, fragte sie, »daß ich hingegangen bin und diesen ersten Brief beantwortet habe? Ich wollte nicht, daß jemand sich Sorgen macht, deshalb habe ich ihn zurückgeschickt und geschrieben, daß er mir nicht gehört, da müsse ein Fehler vorliegen; ging extra weg und kaufte eine Marke und gab ihn auf. Und hätte den zweiten auch zurückgeschickt, bloß hatte der keinen Absender. Dann kommt der dritte: also, du bist zu weit gegangen.«

»Dazu neige ich nun mal«, sagte Cody reumütig.

Ruth schwang das Hackmesser mit einem Mordskrach. Cody hatte Angst, die andern – so früh nur Todd Duckett und Josiah – könnten sich wundern, was los sei, aber sie sahen sich nicht einmal um. Ezra war draußen, er schrieb das heutige Menü mit Kreide an.

»Was ist eigentlich dein Problem?« fragte ihn Ruth. »Hast du etwas gegen mich? Denkst du, ich bin irgendein Trampel aus Garrett County, das dein Bruder nicht heiraten soll?«

»Natürlich will ich nicht, daß du ihn heiratest. Ich liebe dich.«

»Was?«

Das war nicht der Augenblick, den er geplant hatte, aber er ließ sich einfach mitreißen, wie betrunken. »Es ist mein Ernst«, sagte er. »Ich fühle mich getrieben. Ich fühle mich gezogen. Ich muß dich haben. Ich denke überhaupt nur noch an dich.«

Sie starrte ihn an, erstaunt, mit der Hand in der Luft, da sie gerade Fleischwürfel in eine Bratpfanne geben wollte.

»Wahrscheinlich sage ich es nicht richtig«, meinte er.

»Was sagst du nicht richtig? Was redest du überhaupt?«

»Ruth. Ich liebe dich wirklich und wahrhaftig. Ich bin krank nach dir. Ich kann nicht mal essen. Schau mich an! Ich habe elf Pfund verloren.«

Er streckte demonstrierend seine Arme aus. Seine Jacke hing an den Seiten lose herunter. Kürzlich hatte er seinen Gürtel ein Loch enger geschnallt; seine Anzüge saßen nicht mehr so straff, sondern schienen knitterig, gerafft, gebauscht.

»Es stimmt, daß du ziemlich mager bist«, sagte Ruth langsam.

»Sogar meine Schuhe fühlen sich zu weit an.«

»Was ist los mit dir?« fragte sie.

»Du hast kein Wort verstanden von dem, was ich gesagt habe!« »Wegen mir, hast du gesagt. Das muß ein Witz sein.«

»Ruth, ich schwöre ...«, beteuerte er.

»Du bist an New Yorker Mädchen gewöhnt, an Fotomodelle, Schauspielerinnen; du könntest jede haben.«

»Aber ich will *dich* haben.«

Sie studierte ihn einen Moment. Es schien langsam, als habe er sie endlich erreicht; sie hatten ein Gespräch. Dann sagte sie: »Wir müssen dieses Gewicht wieder auf dich drauf kriegen.«

Er stöhnte.

»Siehst du?« meinte sie. »Du ißt nie, was ich dir anbiete.«

»Ich kann nicht«, antwortete er.

»Ich glaube, du hast meine Küche noch nie versucht.«

Sie stellte die Bratpfanne weg und ging zu dem großen schwarzen Kessel, der brodelnd auf dem Herd stand.

»Country-Gemüse«, sagte sie und hob den Deckel hoch.

»Wirklich, Ruth . . .«

Sie füllte eine kleine irdene Schüssel und setzte sie auf den Tisch. »Setz dich«, forderte sie ihn auf. »Iß. Wenn du's versucht hast, sage ich dir die geheime Zutat.«

Dampf stieg aus der Schüssel auf, mit einem Geruch, so stark und würzig, daß er sich bereits überfüttert fühlte. Er nahm den Löffel an, den sie ihm hinhielt. Er tauchte ihn zögernd in die Suppe und probierte ein bißchen.

»Na?« fragte sie.

»Es schmeckt sehr gut«, sagte er.

Es war wirklich köstlich, wenn man sich etwas aus solchen Sachen machte. Eine so gute Suppe hatte er noch nie gegessen. Stücke von frischem Gemüse in einer üppigen, starken Brühe. Er nahm noch einen Mundvoll, Ruth stand hinter ihm, die Daumen in die Taschen ihrer Jeans gehakt. »Hühnerfüße«, erklärte sie.

»Wie bitte?«

»Hühnerfüße sind die geheime Zutat.«

Er senkte den Löffel und sah in die Schüssel.

»Iß auf«, sagte sie zu ihm. »Tu ein bißchen Fleisch auf deine Knochen.«

Er tauchte den Löffel wieder ein.

Danach brachte sie ihm einen Salat, mit den Kräutern angemacht, die sie auf dem Dach zog, und einen Korb voll Brötchen, die sie am Nachmittag gebacken hatte. »Ein Rezept von zu Hause«, sagte sie. Cody aß alles auf. Solange er aß, beobachtete sie ihn. Als sie ihm Butter für seine Brötchen brachte, beugte sie sich nah über ihn, und er fühlte die Wärme, die von ihr ausging.

Inzwischen waren noch zwei Köche gekommen, ein Chinesenjunge köchelte schwarze Pilze, und Ezra arbeitete mit einem Mixer neben dem Becken. Ruth setzte sich neben Cody, hakte ihre Militärstiefel in das Gestell seines Stuhls ein und schlang sich die Arme um die Brust. Cody machte sich an ein großes Stück Pastete und dachte dabei über das Essen nach – über seine unerklärliche, von Bedeutung geladene Rolle im Leben anderer Leute. Konnte man eine Person denn nicht allein schon dadurch einordnen, daß man ihr Verhalten gegenüber dem Essen beobachtete? Codys Mutter zum Beispiel – ein »Nicht-Fütter-Typ«, wenn es jemals einen gab. Sogar damals in seiner Kindheit, als sie mit ihrer Nahrung von ihr abhängig waren ... na, man brauchte nur zu erwähnen, man sei hungrig, und gleich tat sie eilig und gehetzt, ärgerlich, atemlos, zerstreut. Er erinnerte sich, wie sie abends von der Arbeit nach Hause kam und gereizt in der Küche herumwirtschaftete. Dosen fielen aus den Regalen und über sie her – Bohnen mit Speck, Dosenfleisch, Thunfisch in Öl, blaß-olivfarben konservierte Erbsen. Sie kochte mit dem Hut auf, meistens. Sie wimmerte, wenn ihr etwas anbrannte. Sie ließ Sachen anbrennen, von denen es schier unmöglich schien, daß dies passierte und brachte andere wieder halbroh auf den Tisch, mit nervtötenden eigenen Zutaten, wie etwa zerdrückte Ananas im Kartoffelpüree. (Alles, was ein Rest war, wurde zu allem andern in die Pfanne gehauen.) Ihre einzigen Gewürze waren Salz und Pfeffer. Ihre einzige Sauce bestand aus Campbells Pilzcreme-Suppe, unverdünnt. Und bis Cody erwachsen wurde, hatte er geglaubt, Roastbeef hätte faserig zu sein – nicht etwas zum Schneiden, sondern ein ledriges, trockenes Objekt, das man mit der Gabel zertrennte, einen Faserstrang vom nächsten, und mit einem Klatsch auf den Teller fallen ließ.

Wenn man krank war, allerdings, konnte man damit rechnen, daß sie einem Heißes zum Trinken brachte. Heißer Tee: Darin war sie gut. Und Brühe aus der Dose. Dünne Sachen, wäßrige Sachen. Sie stand dann mit gekreuzten Armen in der Tür, während man trank. Er erinnerte sich, daß ihr Gesichtsausdruck, wenn andere aßen oder tranken, einen sanften Abscheu verriet. Sie aß selbst wenig, stocherte oft im Essen herum; und sie ließ Kritik erkennen an denen, die ihren Hunger zeigten oder allzuviel Interesse an dem, was man ihnen vorsetzte. Bedürftigkeit: Sie lehnte Bedürftigkeit bei Menschen ab. Wann immer es einen Familienstreit gab, fing sie ihn meistens beim Abendbrot an.

Während Cody in Ruths flockige, rösche Pastetenkruste biß, dachte er über die drei Kinder seiner Mutter nach – Jenny zum Beispiel, die sich nie eine Süßigkeit erlaubte, Mahlzeiten ganz ausließ, sie mit ihrer Diät aus Zitronenwasser und Salatblättern, als habe sie stets diese mißbilligende Miene ihrer Mutter vor Augen. Und Cody selbst war nicht viel anders, wenn man genau hinsah. Es schien, daß Essen bei ihm nicht zählte; Essen war etwas, was andere verlangten, also bestellte er um ihretwillen – bei Verabredungen, bei geschäftlichen Essen – pflichtschuldigst eine Mahlzeit für sich, nur um ihnen Gesellschaft zu leisten. Aber in seinem Eisschrank fand sich nichts außer Sahne für den Kaffee und Zitronen für seinen Gin mit Tonic. Er frühstückte nie; er vergaß oft das Mittagessen. Manchmal überfiel ihn nachmittags ein nagendes Gefühl im Magen, und er schickte seine Sekretärin, ihm etwas zu essen zu holen. »Was denn zu essen?« fragte sie dann. Und er antwortete: »Irgendwas, ist mir egal«. Sie brachte dann ein Stück Blätterteig oder eine Frühlingsrolle oder Leberwurst auf Roggenbrot; ihm war alles gleich. In der Hälfte der Fälle merkte er nicht einmal, was es war – nahm einen Bissen, diktierte weiter, überließ den Rest der Putzfrau zum Wegwerfen. Eine Frau, die er mal zum Abendessen eingeladen hatte, behauptete, das sei ein Zeichen für einen Defekt. Sie hatte zugesehn, wie er seinen

Fisch zerlegte und dann nicht aß, wie er das Dessert ablehnte und dann gütig und tolerant abwartete, bis sie mit einer gigantischen Mousse au chocolat fertig war – und hatte ihm vorgeworfen ... wie hatte sie es genannt? Mangel an Genuß. Mangelnde Genußfähigkeit. Er hatte nicht verstanden, damals, wie sie aus einer einzigen Mahlzeit so viele Folgerungen ziehen konnte. Und noch heute war er nicht ihrer Meinung.

Ja, nur Ezra, sagte er sich dann, war es gelungen, sich alledem zu entziehn. Ezra war so unzugänglich, so dickköpfig, wirklich; nichts berührte ihn jemals. Er aß herzhaft, ob nun seine Mutter gekocht hatte oder er selbst. Er mochte alles, was ihm angeboten wurde, besonders Brot – er mußte bestimmt einmal auf sein Gewicht achten, wenn er älter wurde. Aber vor allem war er ein Fütterer. Er stellte einem einen Teller hin und stand da, Erwartung im Gesicht, die Hände fest unter dem Kinn gefaltet, und folgte mit den Blikken der Gabel. In seinem Verhalten gegenüber Menschen, die aßen, was er für sie gekocht hatte, lag etwas Zärtliches, fast Liebevolles.

Wie bei Ruth, dachte Cody.

Er bat sie um ein zweites Stück Pastete.

Er rief sie jetzt morgens aus New York an, und holte dabei oft ihre Vermieterin aus dem Bett; Ruths Stimme war, wenn sie sich meldete, noch vom Schlaf verschleiert – oder war es Verwirrung, auch jetzt noch? Zögernd, jedesmal, erwärmte sie sich für seine Fragen, faßte sich aber zunächst kurz. Ja, es ging ihr gut. Dem Restaurant auch. Das Abendessen gestern war gut gelaufen. Und dann (sie ließ ihre Sätze allmählich länger werden, als gäbe sie ihm stets von neuem nach) sagte sie, das Haus finge an sie mürbe zu machen – grausliche Untermieter, die Tag und Nacht in Hausschuhen herumschlurften, niemand ging jemals irgendwohin, die Vermieterin ewig vor ihrem Fernseher gepflanzt. Diese Vermieterin, eine Witwe, glaubte, die Augenbrauen von Perry Como zuckten so nach oben, weil er von Natur ein Baß sei und beim Singen hoher Töne dauernd Schmerzen habe; sie hatte gehört, daß auch Arthur Godfrey jahrelang unaufhörlich Schmerzen ertragen mußte, sich mit tapferem Lächeln auf seinem Hocker drehte, weil der kleinste Schritt ihn wie ein Messer durchbohrt habe. Ja, alles war für Mrs. Pauling ein Dauerschmerz; Leben war ein ständiger Schmerz, und Ruth hatte angefangen, ihre Umgebung wahrzunehmen und sich zu fragen, wie sie dieses Haus nur aushielt.

An den Wochenenden – Freitag und Samstag abends – raste Ruth durch die Küche im Restaurant, klopfte Rinderlenden und schlug Eiweiß. Ezra arbeitete ruhiger. Cody saß am Holztisch. Ab und zu stellte Ruth irgendein neues Gericht vor ihn hin, und Cody aß es gehorsam. Jeder Bissen, den er kaute, war eine Liebeserklärung. Ruth wußte das. Sie war angespannt und wachsam. Sie warf von der Seite durchbohrende Blicke auf ihn, wenn er einen ihrer Klöße in sich hineinschaufelte, und er achtete darauf, daß nichts auf seinem Teller zurückblieb.

Sonntag morgens, an goldenen Sommermorgen vor ihrer Pension, klingelte er an ihrer Tür und zog sie eng an sich, sobald sie aufmachte. Jedesmal wenn er sie küßte, wurde er von dem seltsamen Eindruck heimgesucht, als bewege sich ein anderes Ich von ihr noch im Hintergrund durchs Haus, wild und leichtherzig und ungreifbar, sogar jetzt, als spähe die andere Ruth unter Topfdeckel, schmeiße Schranktüren zu, mit einem Summen und einer ruckartigen Kopfbewegung, und wische die Hände an ihren Bluejeans ab.

»Ich verstehe nicht«, sagte Ezra zu ihnen.

»Laß mich von vorn anfangen«, bat Cody.

Ezra meinte: »Soll das ein Scherz sein? Ein Witz? Oder was?«

»Ruth und ich . . .«, fing Cody an.

Aber Ruth sagte: »Ezra, Darling, hör zu.« Sie trat vor. Sie trug das marineblaue Kostüm, das Cody ihr für die Abreise gekauft hatte, und hochhackige Schuhe mit dünnen Riemchen. Obwohl es ein glühendheißer Augusttag war, wirkte ihre Haut kühl, trocken, puderig, und ihre Sommersprossen stachen deutlich hervor. »Ezra, wir haben uns das bestimmt nicht vorgenommen. Wir hatten nie die geringsten Absichten, keiner von uns, ich nicht und Cody auch nicht.«

Ezra wartete ab, er verstand offenbar immer noch nicht. Er lehnte an dem riesigen, alten Restaurantherd, als wiche er vor ihrer Mitteilung zurück.

»Es ist einfach passiert, nur so«, erklärte Ruth.

»Du weißt nicht, was du redest«, meinte Ezra.

»Ezra, Darling...«

»Du würdest das nie tun. Es ist nicht wahr.«

»Schau, ich weiß nicht, wie es gekommen ist, aber ich und Cody... und ich hätte es dir früher sagen sollen, aber ich habe immer gedacht, das ist nur... ich meine, das ist Blödsinn; er ist so – so versiert, er ist nichts für mich; das ist bloß so eine... eine Einbildung, weißt du...«

»Es muß doch eine Erklärung geben«, sagte Ezra.

»Mir ist gar nicht wohl dabei, Ezra.«

»Ich bin sicher, ich kann das gleich begreifen«, meinte er. »Laßt mir bloß etwas Zeit. Wartet nur eine Minute. Ich muß eben nachdenken.«

Sie warteten, aber er sagte nichts mehr. Er preßte zwei Finger gegen die Stirn, als hätte er ein kompliziertes Rätsel zu lösen. Nach einer Weile berührte Cody Ruths Arm. Sie verabschiedete sich: »Also, Ezra, dann wohl auf Wiedersehn.« Ruth und Cody gingen fort.

Im Wagen weinte sie ein bißchen – sie stellte sich nicht an, sie schniefte nur leise und behielt ihr Gesicht dem Seitenfenster zugekehrt. »Alles in Ordnung?« fragte Cody.

Sie nickte.

»Du bist sicher, daß du dabei bleiben willst.«

Sie nickte wieder.

Sie hatten vor, mit dem Zug zu fahren – Ruths Idee, sie hatte noch nie einen Fuß in einen Zug gesetzt –, nach New York

City, zur standesamtlichen Trauung. Ruths Leute, sagte sie, waren fast alle tot oder interessierten sich wohl kaum; es hatte also keinen Sinn, die Hochzeit in ihrem Heimatort abzuhalten. Und es brauchte nicht erwähnt zu werden, daß Codys Leute ... na ja. Fürs erste konnten sie ja ebensogut in New York bleiben. Nach und nach würde sich schon alles beruhigen.

Ruth zog einen Handschuh aus, bereits grau an den Nähten, knäuelte ihn zu einem Ball zusammen und wischte sich beide Augen aus.

Nahe der Penn Station fand Cody einen Parkplatz, der wöchentliche Gebühren anbot. Es machte ziemliche Umstände, mit dem Zug zu reisen, war aber Ruth zuliebe der Mühe wert. Sie wurde bereits wieder munter. Sie fragte ihn, ob es wohl einen Speisewagen geben würde – einen »Eßwagen«, nannte sie das. Cody sagte, er glaube schon. Er nahm das Ticket, das ihm der Parkwächter gab, und schlupfte mit leisem Stöhnen hinter dem Steuerrad hervor. Er hatte in letzter Zeit um die Taille ein bißchen zugenommen. Er nahm Ruths Koffer aus dem Kofferraum. Ruth war an hohe Absätze nicht gewöhnt. Sie stolperte unsicher dahin, und ab und zu gab es ein lautes, scharrendes Geräusch auf dem Trottoir. »Ich hoffe, ich habe es mit diesen Dingern bald heraus«, sagte sie zu Cody.

»Du mußt sie nicht tragen, weißt du.«

»Muß ich doch«, erwiderte sie.

Cody führte sie in den Bahnhof. Die plötzliche hallende Kühle schien sie sprachlos zu machen. Sie stand da und sah sich um, während Cody zum Schalter ging. Eine Dame vorn in der Schlange stritt wegen des Fahrpreises herum. Ein Mann im tadellosen weißen Anzug rollte seine Augen in Richtung Cody und gab so seine Verzweiflung über die Warterei kund. Cody tat, als habe er es nicht bemerkt. Er drehte sich um, als wolle er die Länge der Schlange hinter sich abschätzen, und eine dickliche junge Frau mit einem Kind lächelte ihn sofort an, ihrer Sache ganz sicher, und sagte: »Cody Tull!«

»Hm...?«

»Ich bin Jane Lowry. Erinnerst du dich?«

»Oh, Jane! Jane Lowry! Schön, dich zu sehn, wie nett, daß du... und das ist deine kleine Tochter?«

»Ja; sag hallo zu Mr. Tull, Betsy. Mr. Tull und Mami sind mal zusammen in dieselbe Schule gegangen.«

»Du bist also verheiratet«, meinte Cody und bewegte sich mit der Schlange vorwärts. »Na, was für eine...«

»Weißt du noch den Tag, als ich dich besuchen kam, unaufgefordert?« fragte sie. Sie lachte, und die Neigung ihres Kopfes erinnerte ihn blitzartig an das junge Mädchen, das er gekannt hatte. Sie wohnte in der Bushnell Street, fiel ihm jetzt ein; sie hatte das wunderschönste Haar gehabt, das jetzt immer noch seine goldenen Fünkchen zeigte, obwohl sie es inzwischen kurz trug. »Ich war so in dich verschossen«, sagte sie. »Guter Gott, ich habe mich total zum Narren gemacht.«

»Du hast mit Ezra Dame gespielt«, erinnerte er sie.

»Ezra?«

»Mein Bruder.«

»Du hattest einen Bruder?«

»Natürlich – hab' ihn noch. Du hast den ganzen Nachmittag mit ihm Dame gespielt.«

»Wie komisch; ich dachte, du hättest nur eine Schwester. Wie hieß sie noch? Jenny. Sie war so dünn, jahrelang habe ich sie beneidet. Sie konnte essen, was sie wollte, und man sah nichts. Was macht Jenny jetzt?«

»Oh, sie studiert Medizin. Und Ezra: Er führt ein Restaurant.« »Damals«, sagte Jane, »war mein innigster Wunsch, eines Morgens aufzuwachen und zu entdecken, daß ich mich in Jenny Tull verwandelt hatte. Aber ich hatte vergessen, daß du auch einen Bruder hattest.«

Cody machte den Mund auf, um etwas zu sagen, aber der Mann in Weiß war weggegangen, und Cody stand vor dem Schalter. Und als er seine Fahrkarten gekauft hatte, war Jane zu der anderen Schlange gewechselt und selbst am Schalter beschäftigt.

Er sah sie nicht wieder – obwohl er im Zug nach ihr Ausschau hielt –, aber es war seltsam, wie sie ihn in die Vergangenheit getaucht hatte. Als er so auf dem Sitz neben Ruth schaukelte und ihre kleine, rauhe Hand hielt, aber wenig zu ihr zu sagen wußte, verblüfften ihn Fragmente längst begrabener Erinnerungen: der Kreidegeruch in Geometrie; das leicht bekloppte, schwere Gefühl am letzten Schultag jedes Frühjahr; das Knallen eines Baseballschlägers auf dem Spielplatz. Er sah sich selbst an einem Sommerabend vor einem Drive-in-Hamburger-Kiosk, mit der grellen Beleuchtung mitten in der Dunkelheit und dem heißen, salzigen Fettgeruch der Pommes frites, und alle seine Freunde, wie sie am Straßenrand herumlungerten. Er konnte eine alte Freundin von vor Jahren hören, ihre leiernde, mißvergnügte Stimme: »Du lädst mich ins Kino ein, und ich sage ja, und dann überlegst du's dir und willst mit mir zum Bowling statt dessen, und ich sage ja dazu, aber du sagst, warte, nehmen wir einen anderen Abend, so als ob du alles, was du haben kannst, dann schließlich gar nicht willst...« Er hörte, wie seine Mutter Jenny ermahnt, sie solle sich geradehalten, zu Cody sagt, er solle nicht fluchen, und dann Ezra fragt, weshalb er sich gegen den Rowdy aus der Nachbarschaft nicht durchsetzen kann. »Ich versuche, wie eine Flüssigkeit durchs Leben zu kommen«, hatte Ezra geantwortet, und Cody (der wie ein Fels durchs Leben zu kommen versuchte) hatte gelacht; er konnte sich noch immer hören. »Warum sind Gurken nicht mehr stachlig?« hörte er Ezra fragen. Und: »Cody? Willst du nicht mit mir in die Schule gehn?« Er sah Ezra, wie er mit einem rot gefiederten Wurfpfeil zielte, sein rissiges, kindliches Handgelenk seltsam verrenkt; er sah ihn zum Telephon rennen – »Ich nehm' ab! Ich nehm' ab!« –, hoffnungsvoll und freudig, Jahre und Jahre jünger. Er erinnerte sich, wie Carol, oder war es Karen, Ezras Fehler aufzählte – ein »mütterlicher« Mann, hatte sie gesagt; war es das? –, und ihm fiel ein, daß er sie eben aus dem Grund fallengelassen hatte, weil sie Ezra nicht wirklich verstand; sie wußte sein eigentliches Wesen nicht zu würdigen. Doch da drückte Ruth seine Hand und sagte: »Ich habe die Absicht, nur noch mit dem Zug zu fahren; es ist so viel besser als mit dem Bus. Stimmt's, Cody? Cody? Stimmt's nicht?« Der Zug ging jetzt mit einem hohen, dünnen, pfeifenden Geräusch in die Kurve, das ihn überraschte. Er glaubte aufrichtig einen Augenblick lang, er habe tatsächlich Musik gehört – eine Flötenmelodie, ein Tongesprudel, einen kleinen Liedfetzen, der mit dem Wind vorübertrieb und ihm das Herz brach.

6

Strände auf dem Mond

Zwei- oder vielleicht dreimal im Jahr geht sie zur Farm hinaus, um nachzusehn, ob alles in Ordnung ist. Sie läßt sich von ihrem Sohn Ezra hinfahren und nimmt einen Besen mit, eine Kehrichtschaufel, Putzlumpen, eine Einkaufstüte für Abfall und einen Eimer und eine Packung Reinigungsmittel. Ezra fragt, warum sie diese Hilfsmittel nicht im Farmhaus lassen kann, aber sie weiß, daß sie dort nicht sicher wären. Die »Unbefugten« würden sie sich aneignen. Ach, die Unbefugten – die kleinen Buben und die verliebten Paare und die Teenagerbanden. Sie wird wütend, wenn sie an sie denkt. Während der Wagen von der Hauptstraße abbiegt und die ausgefahrene Zufahrt entlangrattert, sieht sie bereits den Müll – die Bierdosen, zwischen das Gestrüpp und Unkraut geschmissen, die Fetzen Toilettenpapier, die von den Büschen baumeln. Dieses Stück Land ist sich selbst überlassen, und die Vegetation ist verfilzt und verwildert, stachlig, kratzig – nirgends Schatten gegen die glühende Sonne. Kleine Glitzerstückchen von Flaschendeckeln sind in den Straßenschmutz getreten. Und der Vorgarten (der nicht richtig gemäht wird, sondern von Jared Peers mit der Sichel geschnitten, ein- bis zweimal pro Sommer) ist übersät mit weißen Papptellern und -bechern, Papierservietten, Butterbrottüten, rotgestreiften Trinkhalmen und mit diesen merkwürdig langlebigen, ziehharmonikaartig geknautschten Papierwürmern, in die die Halme verpackt sind.
Ezra parkt den Wagen unter einer Eiche. »Es ist eine Schande. Eine Sünde und eine Schande«, sagt Pearl beim Aussteigen. Sie trägt ein Borkenkreppkleid, das man waschen kann, und ihre ältesten Schuhe. Auf ihrem Kopf sitzt ein breitrandiger Strohhut. Er wird den Staub von ihrem Haar abhalten

– mit Ausnahme einer fahlblonden Strähne an jeder Schläfe. »Es ist ein nationales Verbrechen«, sagt sie und steht da und schaut sich um, während Ezra ihre Putzsachen auslädt. Das Haus hat zwei Stockwerke. Es ist von einem gespenstischen, verwaschenen Grau. Der Firstbalken hat nachgegeben, und die Vorderveranda ist eingesunken, und viele von den Fensterscheiben sind zerbrochen – jedesmal mehr, wenn sie kommt.

Sie erinnert sich, wie Cody ihr das Anwesen zum erstenmal gezeigt hat. »Stell dir vor, was man daraus machen kann, Mutter. Stell dir die Möglichkeiten vor«, sagte er. Er hatte vor, zu heiraten und hier Kinder großzuziehn – ihr Mengen von Enkeln zu liefern. Er behielt sogar das Vieh und bezahlte Jared Peers, damit er sich bis zu Codys Einzug darum kümmerte.

Das war allerdings Jahre her, und von diesen Tieren sind nur ein Paar zerrupfte Hennen übriggeblieben, verwildert, die jetzt im Maulbeerbaum draußen hinter der Scheune gakkern.

Sie hat einen Schlüssel zu der verzogenen Hintertür, man braucht ihn aber nicht. Das Vorhängeschloß fehlt, und die verrostete Spange hängt offen. »Nicht schon wieder!« sagt sie. Sie dreht den Knauf und geht hinein, ermüdet. (Eines Tages wird sie jemanden überraschen, und der wird sie für ihre Mühe noch umlegen). In der Küche riecht es schal und kalt, selbst in der Tageshitze. Eine Fliege brummt über dem Tisch herum, ein Rostfleck breitet sich hinten im Becken aus, ein einziger Vorhangfetzen aus trübem Plastik weht neben dem Fenster. Das Linoleum unten vor den Arbeitsflächen hat sein Muster verloren.

Ezra kommt nach, mit Haushaltssachen beladen. Er stellt sie ab und wischt sich das Gesicht am Ärmel seines Arbeitshemds ab. Mehr als einmal hat er ihr gesagt, daß er den Zweck des Ganzen nicht einsieht: putzen, nur um wieder zu putzen, wenn sie das nächstemal herkommen. Wozu es gut sein soll, will er wissen. Warum die ganze Mühe, was denkt sie sich dabei? Aber er ist ein gefälliger Mann, und wenn sie hartnäckig bleibt, sagt er nichts mehr. Er kämmt sich mit den Fingern durchs Haar, das der Schweiß strähnig dunkelgelb gefärbt hat. Er probiert den Wasserhahn in der Küche: Zuerst explodiert er und läßt dann ein kupferiges Rinnsal von sich.

Fünf bis sechs leere Flaschen liegen auf dem Boden herum – Wild Turkey, Old Crow, Southern Comfort. »Schau! Schau bloß«, sagt Pearl. Sie schiebt eine Marlboroschachtel mit dem Fuß beiseite. Sie kratzt an einem Brandfleck auf dem Tisch. Sie schaut diskret weg, als Ezra ein unaussprechliches Gummi-Etwas mit dem Besenstiel aufpickt und in die Abfalltüte fallen läßt.

»Cody«, pflegte sie zu sagen, »du könntest einen Mann bestellen, der herkommt und diese Möbel auf die Müllkippe fährt. Für dich willst du sie doch sicher nicht. Cody, im Schlafzimmerschrank hängt ein Sonntagsanzug. Oben auf der Kellertreppe stehen Schuhe – plumpe, schmutzige, alte Gartenschuhe. Du solltest wirklich einen Mann bestellen, der das Zeug für dich wegschafft.« Aber Cody achtete nicht auf sie – er war fast nie da. Meist war er in New York; und insgeheim hatte Pearl erwartet, daß er dort auch bleiben werde. Welche von seinen Freundinnen wäre schon bereit, auf dem Land zu leben? »Du mußt eben aufpassen, wen du heiratest«, hatte sie zu ihm gesagt. »Bestimmt keine von deinen Damen, die ich kennengelernt habe, käme in Frage – keine von diesen schwarzhaarigen aufgeputzten Schönheitsköniginnen-Typen.«

Aber wenn er bloß eine von denen geheiratet hätte! Wenn er bloß damit zufrieden gewesen wäre! Statt dessen war Ezra eines Nachmittags in die Küche gekommen, hatte dagestanden und ganz krank ausgesehen. »Stimmt was nicht?« fragte sie. Sie wußte, daß er etwas hatte. »Ezra? Warum bist du nicht bei der Arbeit?«

»Wegen Cody«, antwortete er.

»Cody?«

Sie fuhr sich an die Brust, sah ihn schon tot – ihr schwierig-
stes, ihr fernstes Kind, und jetzt würde sie nie mehr erfahren,
wer er eigentlich war.

Aber Ezra sagte: »Er ist weggefahren, um zu heiraten.«

»Oh, heiraten«, meinte sie und ließ ihre Hand sinken.

»Na? Und wen?«

»Ruth«, antwortete er.

»*Deine* Ruth?«

»Meine Ruth.«

»Ach, mein Schatz«, sagte sie.

Nicht, daß sie keine blasse Ahnung gehabt hätte. Sie hatte es
seit Wochen kommen sehen, glaubte sie, wenn auch nicht
gerade Heirat – mehr ein Abenteuer, einen Flirt, eine von
Codys üblichen Neckereien. Hätte sie Ezra einen Wink
geben sollen? Er hätte nicht darauf gehört. Er war so naiv
und so schrecklich verliebt. Ruth war das Zentrum seiner
Welt, aus irgendeinem Grund. Und außerdem, wer hätte
gedacht, daß Cody wirklich Ernst machen würde? »Er tut es
bloß, um gemein zu sein, Schatz«, sagte sie zu Ezra. Und sie
hatte recht, wie sie auch früher recht gehabt hatte, wenn sie
das sagte – ach, früher! Diese harmlosen Kräche, dieser Kin-
derzank, der Streit, die Streiche! »Cody, hör sofort auf
damit«, ermahnte sie ihn dann. »Glaubst du vielleicht, ich
sehe nicht, was du vorhast? Laß deinen armen Bruder in
Ruhe. Ezra, mach dir nichts draus. Er ist bloß ekelhaft.«
Damals hatte Ezra zugehört und genickt, in der Hoffnung,
er könne ihr glauben; er hatte für seinen älteren Bruder
geschwärmt. Aber jetzt sagte er: »Was macht das schon,
warum er es getan hat? Er hat es getan, das ist alles. Er hat sie
mir gestohlen.«

»Wenn man sie einfach stehlen kann, mein Schatz, na, dann
willst du sie sowieso nicht.«

Ezra sah sie bloß an, mit düsterem Gesicht, grimmig, ein
wandelnder Schmerz von einem Mann. Sie wußte, was er
empfand. Hatte sie es nicht durchgemacht? Sie wußte noch,
wie ihr war, als ihr Mann wegging – eine Wunde, das war sie

gewesen, ein tiefes, leeres Loch, von Fetzen ihres früheren Ichs umgeben.

Sie fegt all den Dreck in die Mitte des Fußbodens, sammelt die Flaschen und Zigarettenschachteln auf. Ezra klebt inzwischen Vierecke aus Pappe auf die zerbrochenen Fensterscheiben. Er arbeitet stetig, verbissen. Einmal schaut sie auf und sieht, wie der Schweiß einen adlerförmigen Fleck auf seinem Rücken gebildet hat. Weitere Pappvierecke kleben bereits an anderen Scheiben, die zuvor zerbrochen sind. Eh ein weiteres Jahr um ist, denkt sie, arbeiten sie im Dunkeln. Es ist, als versiegelten sie sich, Fensterscheibe um Fensterscheibe.

Als Cody mit Ruth zurückkam, nach den Flitterwochen, sah er besser aus denn je, elegant und dunkel und gut angezogen, aber Ruth war hausbacken wie immer: eine kleine Bisamratte von einem Mädchen, mit rotem Haarschopf und Sommersprossen, ihre Haut von dieser Art wie dünnes Seidenpapier, anfällig für entzündete Lippen und rötliche Flecken, ihr dünner Körper unbeholfen in einem matronenhaften braunen Kostüm, das offensichtlich extra für diesen Anlaß gekauft worden war. (Pearl sollte allerdings in späteren Jahren erleben, daß ihr Ruths ganze Garderobe so vorkam; nichts schien jemals so natürlich wie die Arbeitsanzüge in Bubengröße, die sie bei Ezra getragen hatte.) Pearl beobachtete die beiden scharf und aus der Nähe, um sich über ihre Ehe schlüssig zu werden, aber sie gaben keine Geheimnisse preis. Ruth saß mit zusammengepreßten Handflächen da; Cody hatte den Arm auf die Lehne der Couch gelegt – er berührte sie nicht, erhob aber mindestens Anspruch auf sie. Er sprach ausführlich über die Farm. Sie würden direkt dorthin fahren, sich heute nacht dort niederlassen. Es war zu spät, um einen Garten anzusäen, aber sie konnten wenigstens saubermachen und für das nächste Frühjahr planen. Ruth würde damit anfangen, während Cody nach New York zurückging. Ruth nickte dazu und räusperte sich und fummelte an der Tasche ihrer Kostümjacke herum. Pearl dachte, sie suche nach einer ihrer kleinen Zigarren, aber binnen kurzem hörte sie mit dem Fummeln auf und legte ihre Handflächen wieder gegeneinander. Tatsächlich sah Pearl sie nie wieder eine von diesen Zigarren rauchen.

Dann kam Ezra – er pfiff nicht, war merkwürdig still, wie in der ganzen Zeit, seit Ruth weggegangen war. Er blieb in der Tür stehn und sah sie an. »Ezra«, sagte Cody leichthin, und Ruth stand auf und streckte ihm die Hand entgegen, Sie schien sich zu fürchten. Das machte sie Pearl sympathisch, ein bißchen. (Wenigstens Ruth erkannte die Tragweite dessen, was sie getan hatten). »Wie geht's dir, Ezra«, fragte Ruth unsicher. Und Ezra hatte gesagt... ach, irgendwas, irgendwas hatte er herausgebracht; und er stand herum, trat von einem Fuß auf den andern und ging auf das belanglose Gerede ein. Es sah also, zumindest oberflächlich, danach aus, als ließen sich die Dinge ausbügeln. Ja, eigentlich war diese Partnerwahl nur eine kleine, kurze Phase in der Geschichte einer Familie.

Aber Ezra spielte keine Melodien mehr auf seiner Flöte, und er wirkte weiterhin schlapp und niedergeschlagen und ging jeden Abend mit einem knappen »Gute Nacht, Mutter« zu Bett. Sie sorgte sich um ihn. Sie sehnte sich danach zu sagen: »Ezra, glaub mir, sie taugt nichts! Du bist zehnmal soviel wert wie eine Ruth Spivey! Zehnmal soviel wie beide zusammen, um ehrlich zu sein, auch wenn Cody mein Sohn ist...« Natürlich liebte sie Cody innig. Aber von Kind an hatte er sie zurückgestoßen; und seine Schwester war so ausweichend, irgendwie; wer blieb also übrig, außer Ezra? Ezra war alles, was sie hatte. Er war der einzige, der sie an sich heranließ. Manchmal, in seiner Kindheit, hatte sie befürchtet, er könne früh sterben – eine der ironischen Wendungen des Lebens: einem das zu nehmen, was einem am meisten bedeutete. Sie hatte ihn beobachtet, wie er zur Schule trottete, den goldblonden Kopf nachdenklich gesenkt, und plötzlich ein Vorgefühl bekommen, dies sei das letzte, was sie von ihm zu sehen bekomme. Kam er dann zurück, voll von Geschichten über Freunde und Ballspiele, wie massiv, wie alltäglich – sogar eher irritierend – erschien er ihr! Und manchmal, vor langer Zeit, als er klein war, kletterte er ihr auf den Schoß und legte seine dünnen, kleinen Arme um ihren Hals, und sie sog tief seinen Geruch nach warmen Brötchen ein und dachte: »Ja, das ist es, worum es eigentlich geht. Dafür bin ich am Leben.« Dann ließ sie ihn zögernd hinunterrutschen. (Es hieß ja, sie sei besitzergreifend, aufdringlich. Was die schon wußten). Als Kind hatte er eine zirpende Art zu sprechen, die so fröhlich war und durchs Haus trällerte wie ein Wasserstrahl – wann hatte das angefangen, sich zu ändern? Als er älter war, wurde er scheu und in sich gekehrt, blickte aus glänzenden, grauen Augen in die Welt und sagte fast nichts. Sie hatte sich Sorgen gemacht, als er nicht mit Mädchen ging. »Möchtest du nicht mal jemand mitbringen? Jemand sonntags zum Essen einladen?« Er schüttelte den Kopf, brachte nichts heraus. Er wurde rot und senkte seine langen Wimpern. Pearl fragte sich, als sie sein Erröten sah, ob er sich überhaupt viel aus Mädchen und alledem machte. Sein Vater war damals schon fort, und Cody war keine Hilfe, als er dann, drei Jahre älter, irgendwo herumgockelte. Schließlich, als Mann, war Ezra... also, um ehrlich zu sein, er war nicht viel anders als zuvor als Bub. In gewisser Weise war er ein ewiger Junge, er spielte sich nie auf oder prahlte wie die meisten Männer, sondern blieb sanft, melancholisch, betrieb zufrieden dieses Restaurant und kam friedlich und müde heim.

Es war ein Schock, als er ihr Ruth vorstellte. Was war das für ein Kobold! Aber Ezra betete sie an, das war klar. »Mutter, ich möchte dir gern meine – meine Ruth vorstellen.« Pearl hatte zuerst ein wenig kurzgetreten. Vielleicht war sie nicht genügend entgegenkommend gewesen. Aber wer konnte ihr das übelnehmen? Und jetzt, nachdem man sah, wie es ausgegangen war, wer konnte sagen, daß sie sich geirrt hatte? Aber sie muß trotzdem drüber nachdenken... Hätte sie die beiden etwas mehr ermutigt, dann hätten sie vielleicht rascher geheiratet. Sie hätten vielleicht geheiratet, noch ehe

Cody seine Schandtat ausführen konnte. Oder wenn sie es sich nur zugegeben hätte... Ja, sie fragt und fragt sich immer wieder: Wenn sie Ezra auf Codys Absicht aufmerksam gemacht hätte, die Situation aufgehalten hätte, die weniger eine Werbung als ein Erdrutsch war, wie ein Stau und Absturz von Ereignissen...

Lächerlich, natürlich, sich vorzustellen, daß irgend etwas, was sie tat, eine Rolle gespielt hätte. Was passiert, passiert eben. Niemand hat schuld. (Oder höchstens Cody, denn er hat immer gerungen und erbittert gekämpft, ein geborener Spielespieler, hat alles unbedingt gewinnen müssen, selbst etwas, was er gar nicht will, wie eine Zwergin, einen Rotschopf weit unter seinen sonstigen Maßstäben).

Sie macht die Diele des Farmhauses auf, um zu lüften. Es riecht nach Stinktier. Sie läßt sie Vordertür offenstehn und achtet dabei darauf, nicht auf die Veranda zu treten, die leicht unter ihr nachgeben könnte. Sie erinnert sich, wie sie gegen Ende jener ersten Woche nach den Flitterwochen Ezra bat, zu Ruth ein paar Kleinigkeiten für die Farm hinauszubringen – ein paar überzählige Pfannen, etwas Wäsche, einen Teppichkehrer, den sie nicht brauchte. Lag da ein Hintergedanke in ihrem Vorschlag? Wenn nicht, warum fuhr sie dann nicht mit, um die Braut zu besuchen, wie jede gute Schwiegermutter? »Bitte, ich möchte nicht«, sagte Ezra, aber sie erwiderte: »Schatz. Geh schon.« Sie hatte keine bewußte Absicht – wirklich, überhaupt keine –, aber es war Tatsache, daß sie sich an jenem Morgen, trödelnd beim Geschirr, einen kleinen Tagtraum erlaubt hatte: Ezra, wie er hinter Ruth tritt, seine Arme um sie legt. Ruth, die sich nur kurz wehrt, um dann gegen ihn zu sinken... Ach, sollte es nicht möglich sein, ungeschehen zu machen, was geschehen ist? Was sie alle getan hatten?

Aber Ezra war, als er zurückkam, so gedämpft wie immer und sagte nur, Ruth lasse Pearl danken für die Pfannen und die Wäsche, schicke aber den Teppichkehrer zurück, da es im Farmhaus keine Teppiche gebe.

Dann, am Samstag, kam Cody hereingestürmt mit allem, was Ezra Ruth gebracht hatte. »Was soll das alles?« fragte er Pearl.

»Na, Cody, Pfannen und Laken, das siehst du doch.«

»Wieso hat Ezra das hinausgebracht?«

»Ich hab' ihn drum gebeten«, antwortete sie.

»Das dulde ich nicht! Ich will nicht, daß er auf der Farm herumhängt.«

»Cody. Es war auf meinen Wunsch hin. Glaube mir.«

»Das tu ich«, sagte er.

Sie versuchte in der nächsten Woche Ezra dazu zu bringen, daß er noch einmal fuhr – mit dem Teppich aus dem Eßzimmer und dem Teppichkehrer. Noch ein einziges Mal – aber er wollte nicht. »Ich fühle mich dort nicht wohl«, meinte er. »Es hat keinen Sinn. Was für einen Sinn soll es haben?« Sie nahm an, daß er recht hatte. Ja, dachte sie, soll Ruth sich wundern, wo er geblieben ist! Leute, die einen verlassen, bereuen es am Ende. Sie stellte sich Ruth im Farmhaus vor, allein, wie sie von Zimmer zu Zimmer wandert und traurig aus den nackten Fenstern späht.

Am nächsten Wochenende bat Pearl Ezra, sie hinauszufahren. Er konnte sich nicht gut weigern; er war ihre einzige Fahrgelegenheit. Ohne es abzusprechen, trugen sie beide Sonntagskleidung – formell, wie für einen offiziellen Besuch. Sie fanden das Haus verlassen und wie versiegelt vor. Ein einsamer Hund nagte auf dem Hof an einem Knochen, aber er gehörte bestimmt nicht hierher.

Zu Hause meldete Pearl ein Gespräch mit Cody in New York an. »Kommst du nicht mehr auf die Farm?«

»Hier ist ziemlich viel los.«

»Ist Ruth die Woche über nicht mehr dort?«

»Ich möchte sie hier bei mir haben«, sagte er. »Schließlich haben wir gerade geheiratet.«

»Gut, wann sehen wir euch?«

»Ziemlich bald, nicht mehr lange. Ich bin sicher, wir kommen in einer Weile runter ...«

Aber sie kamen nicht; oder wenn, dann sagten sie Pearl nichts, und sie war zu stolz, noch einmal zu fragen. Der Sommer ging zu Ende, und das Laub wurde bunt, aber Ezra schleppte sich unverändert dahin. »Mein Schatz«, fragte ihn Pearl, wie in seiner Kindheit, »gibt es nicht jemand, den du mitbringen willst? Irgend jemand zum Essen? Wen immer?« Ezra sagte nein.

Von Zeit zu Zeit rief Pearl Cody wieder in New York an. Er war höflich und ausweichend. Ruth, wenn sie sprach, gab nervöse Antworten und schien nicht ganz dazusein. Dann, im Oktober, gingen zwei volle Wochen vorbei, und niemand meldete sich am Telephon. Pearl fragte sich, ob sie zur Farm gefahren waren, und bettelte Ezra an, doch nachzusehen. Aber als er schließlich dazu bereit war, fand er niemand vor. »Jemand hat vier Fensterscheiben zerbrochen«, berichtete er. »Steine reingeworfen oder das Glas zerschossen.« Das machte Pearl angst. Die Welt rückte ihnen rundum näher; selbst hier, auf ihren vertrauten Straßen, fühlte sie sich nicht mehr sicher. Und wer wußte, was wohl aus Ruth und Cody geworden war? Sie konnten tot in ihrem Appartement liegen, Opfer eines Einbruchs oder irgendeines bizarren, typisch New Yorker Unfalls, ihre Leichen wochenlang unentdeckt. Ach, das war es eben, wenn man alle Bande mit der Familie zerriß! Es war nicht recht; mit der Familie, wenn mit niemand anders, mußte man es immer wieder versuchen.

Sie rief verzweifelt an, Tag für Tag, oft ließ sie das Telephon dreißig- oder vierzigmal klingeln. Das ferne, perlende Geräusch hatte etwas Beruhigendes. Sie war verbunden, wenigstens – wenn auch nur mit einem Gegenstand in Codys Wohnung.

Dann meldete er sich. Es war Ende Oktober. Sie war so erschrocken, daß sie nicht wußte, was sie sagen sollte. Es schien, als habe das monotone Klingeln des Telephons sich inzwischen als ausreichend für sie herausgestellt. »Hmm, Cody ...«, sagte sie.

»Oh. Mutter.«

»Cody, wo warst du bloß?«

»Ich mußte mich um einen Auftrag in Ohio kümmern. Ich habe Ruth mitgenommen.«

»Du hast dich wochenlang nicht am Telephon gemeldet, und wir haben auf der Farm nach dir geschaut, und ein paar Fenster waren zerbrochen.«

»Verdammt! Ich habe gedacht, ich bezahle Jared, damit er solche Sachen verhindert.«

»Du kannst dir nicht vorstellen, wie mir zumute war, Cody. Als ich von den Fenstern hörte, spürte ich... Du läßt das Anwesen völlig verkommen, und wir kriegen dich nie mehr zu sehn.«

»Schließlich habe ich einen Beruf, Mutter.«

»Ich dachte, wenn du mal heiratest, dann ziehst du hierher nach Baltimore. Du wolltest doch das Farmhaus herrichten und einen Garten anlegen und all das.«

»Ja, bestimmt. Das ist absolut möglich«, antwortete Cody.

»Laß Ezra diese Fenster zukleben, ja? Und sag ihm, er soll mit Jared sprechen. Ich kann nicht zulassen, daß der Platz an Wert verliert.«

»In Ordnung, Cody.«

Dann fragte sie wegen des Erntedankfests. »Kommt ihr dann her? Du weißt, wie gern uns Ezra im Restaurant hat.«

»Ach, Ezra und sein Restaurant...«

»Bitte. Wir sehen dich kaum mehr.«

»Na gut, vielleicht.«

Also kamen sie im November wieder – Cody sah elegant und lässig aus, Ruth dagegen ungeschickt, in einem weiten, verzierten, blauen Kleid. Ihr Haar war so stoppelig, ihr Kopf so klein, daß sie in dem Kleid zu ertrinken schien. Sie stolperte in ihren hochhackigen Schuhen. Ezras Blick hielt sie immer noch nicht stand.

»Was habt ihr zwei denn so alles gemacht?« fragte Pearl Ruth, als sie in Codys Cadillac zum Restaurant fuhren.

»Ach, nicht viel, eigentlich.«

»Richtest du Codys Appartement her?«

»Herrichten? Nein.«

»Wir bekommen es kaum zu Gesicht«, sagte Cody. »Ich übernehme jetzt längerfristige Aufträge. Im Dezember fange ich an, eine Textilfabrik in Georgia zu reorganisieren, ein Riesending, fünf oder sechs Monate. Ich dachte, Ruth könnte vielleicht mitkommen; wir würden uns so was wie ein kleines Haus mieten. Das Pendeln hat nicht viel Sinn.«

»Dezember? Aber dann verpaßt ihr ja Weihnachten«, meinte Pearl.

Cody sah erstaunt aus. Er fragte: »Warum würden wir es verpassen?«

»Ich meine, macht ihr dann trotzdem die Reise nach Baltimore?«

»Ach so. Weißt du, nein, ich glaube nicht«, antwortete er.

»Aber wir sind doch schließlich Erntedankfest hier.«

Sie beschloß, nichts mehr zu sagen. Sie hatte ihren Stolz.

Sie saßen an ihrem üblichen Familientisch, rundum war es ziemlich voll. (In jenen Tagen – zu Beginn der sechziger Jahre – hatten junge Langhaarige gerade Ezras Restaurant entdeckt, mit seinem rohen Holz und reinen, frischen Essen, und drängten sich dort jeden Abend zusammen). Es war traurig, daß Jenny nicht kommen konnte; sie verbrachte den Feiertag mit ihren Schwiegereltern. Aber wenigstens rundete Ruth ihre Zahl ab. Pearl lächelte sie über den Tisch an. Ruth sagte: »Ein echt komisches Gefühl, hier zu essen, wo ich vorher gekocht habe.«

»Möchtest du gern die Küche anschaun?« fragte Ezra. »Das Personal würde sich freuen, dich zu sehn.«

»Warum nicht«, antwortete sie. Es war das erste Mal seit ihrer Heirat, daß sie ihn direkt ansah – zumindest, soweit Pearl es wußte.

Also rückte Ezra seinen Stuhl scharrend zurück, stand auf und führte Ruth in die Küche. Pearl wußte, daß Cody unangenehm berührt war. Er hielt im Auffalten seiner Serviette inne und starrte ihnen nach; er holte sogar Luft, als wolle er widersprechen. Dann mußte er es sich anders überlegt haben. Er schlug ärgerlich die Serviette aus, ohne etwas zu sagen.

»So«, meinte Pearl. »Wann zieht ihr auf die Farm?«

»Farm? Ach, ich weiß nicht«, antwortete er. »Alles ist so verändert; die ganze Art meiner Arbeit hat sich geändert.« Er sah wieder zur Küche hinüber.

»Aber du hattest vor, dort eine Familie großzuziehn. Du hast doch ständig davon gesprochen.«

»Ja, na ja, und diese langfristigen Verträge«, sagte er, als ob er ihr nicht zugehört hätte.

Pearl meinte: »Das lag dir doch so am Herzen.«

Aber er fuhr fort, die beiden andern zu beobachten. Er war nicht im mindesten an dem interessiert, was sie vielleicht sagen würde. Die Küche war völlig offen, sie hätte nicht das geringste Geheimnis verbergen können. Warum war Cody also nervös? Ezra und Ruth standen mit dem Rücken zum Speisesaal da und sprachen mit einem der Köche. Ezra gestikulierte, während er sprach. Er hob beide Arme und breitete sie aus, einen Arm hinter Ruth, aber ohne sie zu berühren, ohne ihre Schulter zu streifen, gewiß, ohne sie in den Arm zu nehmen oder irgend so etwas. Trotzdem erhob sich Cody plötzlich. »Cody!« sagte Pearl. Er marschierte auf die Küche zu, die Serviette in einer Faust zusammengeknüllt. Pearl stand auf und eilte ihm nach und kam gerade hin, als er sagte: »Gehn wir, Ruth.«

»Gehn?«

»Ich bin nicht hergekommen, um zuzuschaun, wie ihr beide euch in der Küche verbündet.«

Ruth sah erschrocken aus. Ihr Gesicht schien noch spitzer zu werden.

»Komm schon«, sagte Cody und nahm sie beim Ellbogen. »Auf Wiedersehn«, rief er noch Pearl und Ezra zu.

»Oh!« sagte Pearl und rannte hinter ihnen her. »O Cody, was denkst du dir bloß? Wie kannst du dich so dumm benehmen?«

Cody riß Ruths Mantel im Vorbeigehn von einem Messinghaken. Er machte die Eingangstür auf, zog Ruth auf die Straße und schloß die Tür hinter sich.

Ezra meinte: »Ich verstehe nicht.«

Pearl sagte: »Warum kommt immer dasselbe heraus? Können wir nicht aufhören zu streiten? Lieben wir uns nicht alle? Von allem andern abgesehen, wollen wir nicht schließlich alle das Beste füreinander?«

»Ganz bestimmt.«

Ezras Antwort war so geradeaus und fest, daß sie sich getröstet fühlte. Sie wußte, daß sich eines Tages bestimmt alles klären würde. Sie ließ sich von ihm an den Tisch zurückführen, und zu zweit aßen sie ein Truthahn-Dinner, das auf der weiten Fläche weißen Leinens etwas verloren aussah.

Oben gibt es vier Schlafzimmer, spärlich möbliert, muffig. Die Betten sehen so eingesunken aus, daß sie offenbar nicht einmal die Liebespaare gereizt haben. Sie sind unberührt, die düsteren Steppdecken glatt geblieben. Ein toter Vogel liegt unter einem Fenster. Pearl ruft ins Treppenhaus hinunter: »Ezra? Ezra, komm augenblicklich her. Bring den Besen und die Mülltüte.«

Er steigt gehorsam die Treppe hinauf. Sie schaut hinunter und sieht, mit einem Stich in der Herzgegend, daß sein hübsches blondes Haar an seinem Hinterkopf dünn wird. Er ist siebenunddreißig Jahre alt, wird im Dezember achtunddreißig. Er wird wahrscheinlich nie heiraten. Er wird nie etwas anderes machen, als sein seltsames Restaurant zu führen, mit seinen Eintöpfen, seinen Gelegenheitskellnerinnen, seinen ausländischen Köchen mit den zweifelhaften Papieren. Man könnte sagen, in gewisser Weise, Ezra habe eine Tragödie erlitten, auch wenn es in den Augen der Welt eine sehr kleine Tragödie ist. Man könnte sagen, daß er und Ruth, gemeinsam, eine Tragödie erlebt haben. Etwas hat man ihnen angetan; etwas hat man ihnen genommen. Sie haben es verloren. Sie *sind* verloren. Es hilft überhaupt nichts, daß

Cody eigentlich ein sehr netter Mann ist, klug und lustig und von Herzen freundlich – zu jedem außer Ezra.

Man könnte fast sagen, daß Cody, auch er, eine Tragödie erlitten hat.

1964, als sie nach Illinois fuhr, um sie zu besuchen. spürte sie in ihrem Haus die dünne, gespannte Atmosphäre einer unglücklichen Ehe. Nicht einer wirklich schrecklichen Ehe – kein Anzeichen von Haß, Hohn, Gewalt. Nur das Gefühl, daß etwas fehlte. Eine gewisse Kontaktstörung zwischen den beiden. Alles schien so dürftig. Oder bildete sie sich das nur ein? Vielleicht irrte sie sich. Vielleicht lag es am Haus – ein Ranchhaus in einer neuen Siedlung, für die vier Monate oder so gemietet, die Cody brauchen würde, um eine Kunststoffabrik in Chicago zu reorganisieren. Man sah, wie teuer das Haus war, mit Teppichböden und langen, niedrigen, modernen Möbeln; aber es gab keinen einzigen Baum irgendwo in der Nähe, nicht mal einen Busch oder Strauch – nur diesen rohen Ziegelbau, der sich nackt aus dem flachen Land erhob. Und draußen war es derart glühend heiß, so unerträglich heiß, daß sie ans Haus und seine künstliche, gekühlte Luft gefesselt waren. Sie waren Gefangene in dem Haus, hingen von ihm ab wie Astronauten in einem Raumschiff, und wenn sie ausgingen, mußten sie unter der erdrückenden Last der Hitze zu Codys klimatisiertem Mercedes rennen. Ruth machte jeden Tag ihre Arbeit mit dem angespannten Ausdruck von jemand, der zum Überleben entschlossen ist, egal was kommt. Cody kam abends heim, lechzend nach Sauerstoff – kroch fast über die Schwelle, in Pearls Phantasie –, aber schien gar nicht so erleichtert, daß er da war. Wenn er Ruth begrüßte, berührten sie sich mit den Wangen und gingen wieder auseinander.

Es war das erste Mal, daß Pearl sie besuchte, das erste und einzige Mal, und dies nach Jahren mit nur ganz wenig Kontakt überhaupt. Sie kamen selten nach Baltimore. Sie fuhren nie wieder zur Farm. Und Cody schrieb kaum jemals einen Brief, allerdings rief er an Geburtstagen und Feiertagen an.

Er war mehr wie ein Bekannter, dachte Pearl. Kein sehr herzlicher Bekannter.

Einmal fuhr sie mit Ezra gerade eine Straße in West Virginia entlang, auf einem Ausflug zu Harper's Ferry, als sie zufällig einen Mann in Jogging-Shorts einholten. Er lief am Rand der Bundesstraße entlang, ein großer Mann, dunkel, mit einem gewissen selbstsicheren, lockeren Schwung der Schultern ... Cody! Hier draußen mitten im Nirgendwo, aus reinem Zufall, Cody Tull! Ezra stieg auf die Bremse, und Pearl sagte: »Na, so was.« Aber dann hatte der Jogger, als er ihren Wagen hörte, nach hinten geblickt, und es war überhaupt nicht Cody. Es war jemand ganz anderer, mit bulligem Kinn, bei weitem nicht so gutaussehend. Ezra fuhr wieder an. Pearl meinte: »Wie dumm von mir, ich weiß doch genau, daß Cody in, äh ...«

»Indiana«, sagte Ezra.

»In Indiana ist; ich weiß nicht, warum ich geglaubt habe ...« Sie waren beide noch einige Minuten lang still, und in diesen Minuten stellte sich Pearl die Szene vor, wäre es wirklich Cody gewesen – wenn er sich erstaunt umgedreht hätte, als sie vorbeirauschten. Seltsamerweise sah sie sich nicht anhalten. Sie malte sich aus, wie er den Mund aufsperren würde, sobald er ihre Gesichter hinter den Scheiben erkannte; und wie sie ihn ins Auge fassen würden, und lächeln, und winken, und weitergleiten.

Immer wenn er anrief, war er vergnügt und herzlich. »Wie ist es dir ergangen, Mutter?«

»Ja, Cody ...«

»Alles in Ordnung? Wie geht's Ezra?«

Ach, am Telephon war er so nett, was Ezra anging, interessiert und liebevoll wie jeder andere Bruder. Und bei den seltenen Gelegenheiten, wenn er und Ruth durch Baltimore kamen – unterwegs woandershin, schauten sie nur kurz herein –, schien er so erfreut, Ezra die Hand zu drücken und ihm auf den Rücken zu klopfen und zu fragen, was er getrieben hatte. Zuerst.

Nur zuerst.

Dann: »Ruth! Von was sprecht ihr, du und Ezra, da drüben?« Oder: »Ezra, mußt du unbedingt so nah bei meiner Frau stehn?« Dabei sprachen Ezra und Ruth fast nicht miteinander, in Wirklichkeit. Sie waren so vorsichtig miteinander, daß es weh tat, es mit anzusehn.

»Cody. Bitte. Was bildest du dir ein?« fragte ihn daraufhin Pearl, und dann ging er auf sie los: »Natürlich, du siehst das nicht. Natürlich, er kann nichts falsch machen, oder? Mutter! Dein kostbarer Junge. *Er* nicht.«

Sie hatte es schließlich aufgegeben, jemals eingeladen zu werden. Als Cody anrief und ihr sagte, Ruth sei schwanger, nach zwei oder drei Ehejahren, sagte Pearl: »Oh, Cody, wenn sie es überhaupt möchte, ich meine, wenn das Baby kommt... wenn sie möchte, daß ich komme und mich um alles kümmere...« Aber offenbar wurde sie nicht gebraucht. Und als er anrief, um mitzuteilen, daß Luke geboren war – acht Pfund, hundertsiebzig Gramm; alles in Ordnung –, sagte sie: »Ich kann nicht erwarten, ihn zu sehn. Ich kann es wirklich nicht erwarten.« Aber Cody reagierte nicht darauf.

Sie schicken ihr Photos: Luke in einem Kinderstühlchen, blond und ernst. Luke, wie er wie ein Bär über den Teppich krabbelt, auf Händen und Füßen statt auf den Knien. (Auch Cody war so gekrabbelt). Luke, wie er dahinwackelt, eine Wäscheklammer in jeder Faust. Er brauchte die Wäscheklammern, schrieb Ruth, weil er dann dachte, er hielte sich an etwas fest. Sonst fiel er hin. Nachdem Photos geschickt wurden, kamen auch Briefe, im allgemeinen von Ruth. Ihre Grammatik war schockierend, und ihre Rechtschreibung ebenso. Sie schrieb: *Ich und Cody vermuhten Lukes Augen bleiben blau,* aber was bedeutete Pearl schon die Rechtschreibung? Sie hob jeden Brief auf und stellte Lukes Bilder auf ihre Kommode, in kleinen, vergoldeten Rahmen, die sie sich extra besorgte.

Ich denke, ich sollte kommen, um Luke zu sehn, ehe er groß ist, schrieb sie. Keine Antwort. *Wäre Juni Euch recht?* Dann schrieb Cody, daß sie im Juni nach Illinois zögen, aber wenn sie wirklich wollte, konnte sie ja vielleicht im Juli kommen.

Also fuhr sie im Juli nach Illinois, in einem Zug voll von jungen Soldaten mit frischen Bubengesichtern auf dem Weg nach Vietnam, und verbrachte eine Woche in diesem Haus ohne Bäume, verbarrikadiert gegen die Elemente. Es war ein Schock, selbst für sie, wie augenblicklich und wie tief sie ihren Enkel liebte. Er war inzwischen knapp zwei Jahre alt, ein schönes Baby mit einem seltsam erwachsen geformten Kopf – fest umrissen, das Goldhaar ganz kurz und sorgfältig geschnitten. Seine festen, geraden Lippen wirkten ebenfalls erwachsen, und er hatte eine unkindliche Art zu gehen. Seine Haltung war ein wenig gebeugt, seine Schultern hingen ein wenig schlaff, körperlich nichts Bedenkliches, aber ein Ausdruck von Resignation, beinahe komisch bei jemand, der so klein war. Pearl saß stundenlang mit ihm auf dem Boden, und sie spielten mit seinen Lastwagen und Autos. »Wrumm. Wrumm. Komm, roll's wieder zur Oma.« Sie war gerührt, daß er so still war. Er hatte einen ansehnlichen Wortschatz, benützte ihn aber nur, soweit nötig; er war kein Verschwender. Er war umsichtig. Er war nicht fröhlich. War er glücklich? War dies das geeignete Leben für ein Kind?

Sie sah, daß Cody ein paar Einsprengsel von Grau in seinen Koteletten hatte, seine Wangen ledriger wirkten; Ruth dagegen war immer noch ein zusammengestoppeltes, kleines Ding mit zu kurzen Haaren und in Kleidern, die ihr nicht standen. Sie war mit den Jahren weder voller noch weicher geworden. Sie war wie gewisse Gemüsesorten aus dem Supermarkt, die erst grün sind und dann welken, ohne je reif zu werden. Am Abend, wenn Cody von der Arbeit kam, klapperte Ruth in der Küche herum und kochte in großen Mengen ländliches Essen, das Cody kaum anrührte; Cody trank seinen Gin mit Tonic und schaute die Nachrichten an. Die beiden fragten einander: »Wie war dein Tag?« und

»Alles in Ordnung?«, schienen sich aber nie für die Antworten zu interessieren. Pearl konnte sich vorstellen, wie sie morgens, wenn sie in ihrem breiten Bett aufwachten, höflich fragten: »Hast du gut geschlafen?« Sie fühlte sich bedrückt und unbehaglich, aber anstatt ihren Blick abzuwenden, war sie aus irgendeinem Grund gezwungen, tiefer in ihrem Leben zu forschen; eines Abends schickte sie die beiden ins Kino, versprach, auf Luke aufzupassen, und durchstöberte dann alle Kommodenschubladen, aber sie fand nur Steuerbelege und Bankauszüge und ein Photoalbum, das den Leuten gehörte, die sonst hier wohnten. Sie hätte sowieso nicht sagen können, wonach sie eigentlich suchte.

Auf dem Heimweg, als sie wieder inmitten einer Gruppe von Soldaten dahinschaukelte, fühlte sie sich erschöpft und hoffnungslos. Sie kam mit einer Verspätung von sieben Stunden in Baltimore an, und mit brechenden Kopfschmerzen. Als sie dann auf den Bahnsteig trat, sah sie Ezra, wie er ihr entgegenkam, auf seine schwerfällige Art, und sie fühlte einen solchen Stich – ja, des Wiedererkennens. Es war Lukes Gang – kleiner, ernsthafter Luke. Das Leben ist so traurig, dachte sie, daß es kaum zu ertragen ist. Aber als sie Ezra küßte, wurde ihr Kummer von etwas verdrängt, was Ärger sehr ähnlich war. Sie fragte sich, weshalb er sich damit abfand, weshalb er die Dinge so weiterlaufen ließ. Konnte es sein, daß er eine gewisse Befriedigung aus seinem Kummer zog? (Als ob er für etwas bezahlte, dachte sie. Aber wofür nur sollte er bezahlen?) Im Wagen fragte er: »Wie hat dir Luke gefallen?«, und sie sagte: »Denkst du nie daran, einfach hinzufahren und sie zurückzuholen?«

»Das könnte ich nicht«, antwortete er, gar nicht erstaunt, und manövrierte den Wagen umständlich von seinem Platz.

»Also, ich weiß nicht, warum eigentlich nicht.«

»Es ist nicht recht. Es ist unrecht.«

Sie hatte keine Neigung zum Philosophieren, aber auf der Fahrt nach Hause starrte sie auf die rußige Szenerie von Baltimore und dachte über Recht und Unrecht nach: über theoretische Tugend, die in einem Vakuum existiert; und ob sie überhaupt irgendeinen Sinn habe. Als sie zu Hause ankamen, stieg sie aus dem Auto, ging wortlos ins Haus und mühsam die Treppe zu ihrem Zimmer hinauf.

Ezra schaufelt den toten Vogel auf ein Stück Pappe und läßt ihn in die Mülltüte gleiten. Dann klebt er die Pappe vor die zerbrochene Fensterscheibe, wo der Vogel hereingeraten sein muß. Pearl fegt inzwischen die Glasscherben auf. Sie läßt sie als Pyramide liegen und geht hinunter die Kehrichtschaufel holen. Sie sieht, wie das Haus bereits etwas mehr Leben in sich hat – das sonnige Muster des Laubs, das auf dem Dielenboden vor der offenen Tür schimmert, der Geruch von heißem Gras, der durch die Räume weht. »Es war nie besonders praktisch«, hatte Cody erst vor kurzem am Telephon gesagt und meinte damit die Farm. »Es war nur eine halbgare Idee, die ich hatte, als ich jung war.« Aber wenn er das wirklich meinte, warum geht er dann nicht hin und verkauft die Farm? Nein, das könnte er unmöglich; sie hat so viel Zeit damit verbracht, hier zu kehren, das Haus für ihn vorzubereiten, Schubladen zu öffnen und zu schließen, als wären dort seine Geheimnisse zu finden. Sie kann sich Ruth in dieser Küche vorstellen, und Cody draußen, wo er Einzäunungen kontrolliert, oder was Männer sonst auf Farmen tun. Sie malt sich aus, wie Luke in Baumwoll-Overalls durch den Hof rennt. Er ist inzwischen alt genug, um angeln zu gehn, im Flüßchen jenseits der Weiden zu schwimmen, vielleicht sogar die Tiere zu versorgen. Im August wird er acht. Wirklich acht? Oder neun. Sie ist nicht mehr auf dem laufenden. Sie sieht ihn fast nie und muß seine Scheu jedesmal neu überwinden, wenn er und seine Eltern durch Baltimore kommen. Bei jedem Besuch haben sich seine Interessen geändert: von Knallbüchsen über Murmeln bis Briefmarkensammeln. Als er das letzte Mal hier war, vor etwa zwei oder drei Jahren, holte sie das Briefmarkenalbum ihres

Mannes hervor – der braune Kunstledereinband war von Stockflecken schon ganz grau –, und dann stellte sich heraus, daß Luke inzwischen zu Modellflugzeugen übergegangen war. Er baute einen Jet aus Balsaholz zusammen, der wirklich fliegen konnte, erzählte er ihr. Und er hatte sich vorgenommen, Astronaut zu werden: »Wenn ich erst erwachsen bin, sind Astronauten etwas ganz Gewöhnliches. Die Leute fahren dann mit Raketen, so wie mit einem Bus. Sie verbringen den Sommer auf der Venus. Die gehen nicht nach Ocean City, sondern die gehen zu Stränden auf dem Mond.« »Oh«, sagte sie, »das ist ja fabelhaft!« Aber sie war zu alt für solche Sachen. Sie konnte nicht mithalten, und bei der bloßen Idee, zum Mond zu fahren, fühlte sie sich verlassen.

Und heutzutage – ja, wer ahnt das schon? Luke muß inzwischen von ganz anderen Dingen fasziniert sein. Es ist so lang her, daß er da war, und sie ist sich nicht sicher, ob er jemals wiederkommt. Während dieses letzten Besuches hatte Ezra seine alte Birnenholzflöte aus dem Schrank geholt und Luke gezeigt, wie man eine Melodie spielt. Pearl versteht sehr wenig von Flöten – aber offenbar passiert etwas: Das Holz trocknet aus, oder verwirft sich, oder irgendwas –, wenn man sie nicht oft genug spielt; und die hier war schon seit zehn Jahren nicht mehr gespielt worden, mindestens. Ihr Ton war jetzt splitterig und geborsten. Wie hatte sie aufgehorcht, als drei uralte Noten nach so langem Schweigen hervorgepurzelt waren! Ezra und Luke waren die Calvert Street nach Süden runtergegangen, um etwas Leinöl zu kaufen. Keine zwei Minuten, nachdem sie weg waren, hatte Cody gefragt, wo sie hin seien. »Na, um Öl für Ezras Flöte zu kaufen«, sagte Pearl zu ihm. »Hast du sie nicht weggehn sehn?« Cody entschuldigte sich, ging hinaus und lief vor dem Haus auf und ab. Ruth blieb im Wohnzimmer und redete von Schulen. Pearl hörte kaum zu. Sie konnte durchs Fenster sehn, wie Cody vorüberschritt, kehrtmachte, wieder vorbeikam, während sein Jackett sich hinter ihm blähte. Sie erkannte, daß Ezra und Luke zurückkamen, schon ehe sie die beiden sah, an der Art, wie Cody steif wurde. »Wo wart ihr?« hörte sie ihn fragen. »Was habt ihr beiden gemacht?«

Luke lernte nie, die Flöte zu spielen. Cody sagte, sie müßten gehn. »Ach, aber Cody!« meinte Pearl. »Ich dachte, ihr bleibt über Nacht!«

»Falsch«, erwiderte er. »Wieder falsch. Ich kann hier nicht bleiben. Hier ist es nicht sicher. Siehst du nicht, was Ezra vorhat?«

»Was, Cody? Was hat er vor?«

»Siehst du nicht, daß er es drauf anlegt, mir meinen Sohn zu stehlen?« fragte er. »So wie er immer alle gestohlen hat? Siehst du das nicht?«

Schließlich fuhren sie ab. Ezra wollte Luke die Flöte schenken, aber Cody wies Luke an, sie dazulassen; er werde ihm eine neuere, bessere, schönere schenken. Eine, die nicht ganz ausgetrocknet sei, sagte er.

Pearl glaubt heute, daß ihre Familie versagt hat. Keiner ihrer Söhne ist glücklich, und ihre Tochter scheint es in keiner Ehe zu halten. Und niemand übernimmt die Schuld, außer Pearl selbst, die drei Kinder ohne fremde Hilfe großgezogen und natürlich Fehler gemacht hat – oh, einen Haufen Fehler. Und doch hat sie manchmal das Gefühl, als sei es einfach Schicksal und überhaupt keine Angelegenheit für Vorwürfe. Sie fühlt, daß alles zugeteilt ist, vorherbestimmt; jeder hat seine Rolle zu spielen. Bestimmt hatte sie nie vor, eine von diesen »Guter-Sohn/böser-Sohn«-Situationen zu begünstigen, aber was soll man machen, wenn der eine Sohn durch und durch gut und der andere durch und durch böse ist? Was können die Söhne selber eigentlich machen? »Siehst du das nicht?« hatte Cody geschrien, und sie hatte einen Augenblick die Vorstellung, er fordere sie auf, seine ganze Existenz anzuschaun – die Jahre der Verletzung und der Vergeblichkeit.

Oft – wie ein Kind, das über den Zaun nach der Party anderer Leute späht – blickt sie wehmütig auf andere Familien und fragt sich, was deren Geheimnis ist. Sie scheinen einander so nah. Liegt das daran, daß sie religiöser sind? Oder strenger, oder nachsichtiger? Könnte es damit zu tun haben, daß sie gemeinsam Sport treiben? Gemeinsam Bücher lesen? Ein gemeinsames Hobby haben? Neulich hörte sie mit an, wie eine Frau aus der Nachbarschaft ihre Pläne für den Unabhängigkeitstag schilderte: Ihre Familie veranstaltete ein Picknick. Jedes Mitglied – ob Kind oder Erwachsener – kochte ihre oder seine Spezialität. Die, die zum Kochen zu klein waren, mußten sich um die Pappteller kümmern. Pearl empfand eine solche Welle von Sehnsucht, daß ihre Knie weich wurden.

Ezra ist mit dem Zukleben der Fensterscheibe fertig. Pearl wandert durch die anderen Schlafzimmer, prüft die übrigen Fenster. Im kleinsten Schlafzimmer, einem Kinderzimmer, kommt ihr eine kleine, alte Dame mit Hut entgegen. Es ist Pearl, in dem fleckigen Spiegel über einer Kommode. Sie beugt sich näher und verfolgt die Linien um ihre Augen. Ihr Alter überrascht sie nicht. Sie hat sich mittlerweile daran gewöhnt. Man ist soviel länger alt, als man jung ist, findet sie. Es scheint wirklich nicht fair. Und dann denkt sie, ohne den geringsten Grund, an ein Mädchen, mit dem sie zur Schule ging, Linda Lou Wie-hieß-sie-noch – so ein hübsches, flatterhaftes Ding, jemand, den sie stets beneidet hatte. In der Mitte der letzten Klasse verschwand Linda Lou. Es gab Gerüchte, später bestätigt – eine Affäre mit der einzigen männlichen Lehrkraft der Schule, einem verheirateten Mann; und ein Baby unterwegs. Wie entsetzt ihre Mitschülerinnen gewesen waren! Sie waren ganz aufgeregt: Daß sie so eine Person tatsächlich kannten, sich von ihr die Notizen in Geschichte ausgeborgt hatten, ihr geholfen hatten, ihre Bücherriemen wieder festzuziehn, vielleicht sogar zufällig ihre Hand gestreift – und diese Hand wiederum hatte vielleicht ... na, wer weiß was berührt. Pearl fällt ein, während sie in den Spiegel späht, daß das Baby, das aus diesem Skandal stammte, inzwischen sechzig Jahre alt sein muß. Ein

Mann mit grauem Haar und Leberflecken, falschen Zähnen vielleicht, Zweistärkenbrille, eine mühsame Last von einer Existenz. Aber Linda Lou, ganz in Weiß, tanzt immer noch in Pearls Vorstellung, das hübscheste Mädchen auf der Schulparty der obersten Klasse.

»Siehst du das nicht?« hat Cody gefragt, und Pearl hatte geantwortet: »Mein Schatz, ich versteh' dich einfach nicht.«

Dann zuckte er die Achseln, und sein normaler, amüsierter Ausdruck erschien auf seinem Gesicht. »Na ja«, sagte er, »ich selber auch nicht, scheint's. Schließlich, was macht es schon, jetzt, wo ich erwachsen bin? Warum sollte es noch eine Rolle spielen?«

Sie weiß nicht mehr, ob sie darauf eine Antwort gefunden hat.

Sie tritt vom Spiegel zurück. Ezra kommt herein, mit der Mülltüte. »Alles fertig, Mutter«, sagt er.

»Es sieht viel besser aus, nicht?«

»Richtig schön«, antwortet er.

Sie steigen die Treppe hinunter, schließen die Tür und tragen ihre Sachen zum Auto. Im Wegfahren schaut Pearl zurück, wie jede gute Hausfrau überprüft, was sie saubergemacht hat, und ihr scheint, daß sogar die verzogene Vorderveranda jetzt gerader und solider ist. Sie hat das Gefühl, daß sie etwas vollbracht hat. Andere hätten vielleicht aufgegeben und das Anwesen den Stromern überlassen, aber niemals Pearl. In einem Vierteljahr wird sie wiederkommen, immer wieder, alle drei Monate, und Ezra wird sie jedesmal fahren – sie beide, wie sie den Fahrweg hinunterholpern, treu und zuverlässig für immer zusammen.

Dr. Tull ist kein Spielzeug

»Wer als erster von Scheidung spricht, muß die Kinder nehmen«, sagte Jenny. »Das hat uns in ich weiß nicht wie vielen Fällen zusammengehalten.«

Sie machte einen Scherz, aber der Priester lachte nicht. Vielleicht war er zu jung, um den Witz zu erkennen. Er verlagerte nur unbehaglich das Gewicht in seinem Sessel. Währenddessen wimmelten die Kinder um ihn herum, wie etwas Brodelndes, wie etwas Schäumendes, und das Baby sabbelte auf seine Schuhe. Er zog seine Füße unmerklich weg, als versuche er, das Baby nicht zu kränken.

»Dennoch glaube ich«, sagte er, als suche er nach Worten, »daß Sie selbst geschieden worden sind, oder irre ich mich?«

»Zweimal«, antwortete Jenny. Sie kicherte, aber er sah nur bekümmert drein. »Und einmal wegen Joe hier«, setzte sie hinzu.

Ihr Mann lächelte ihr vom Sofa aus zu.

»Wenn ich nicht die Umsicht gehabt hätte, meinen Mädchennamen zu behalten«, fuhr Jenny fort, »würde sich mein Arztdiplom inzwischen lesen wie eins von den Adreßbüchern, wenn Leute oft umgezogen sind. Namen durchgestrichen und dazugeschrieben, durchgestrichen und dazugeschrieben – ein Durcheinander! Doktor Jenny Marie Tull Baines Wiley St. Ambrose.«

Der Priester gehörte zu jenen sehr blonden Männern mit Haaren wie Glas, und sein Gesicht war so hochrot, daß Jenny an seinen Blutdruck dachte. Oder vielleicht war er einfach verlegen. »Also«, sagte er. »Mrs., hm – oder Doktor...«

»Tull.«

»Doktor Tull, ich dachte nur, daß die ... Instabilität, der Mangel an Stabilität, vielleicht Slevins Probleme verursacht. Der Wechsel an Vätern, könnte man sagen.«

»An Vätern? Wovon reden Sie?« fragte Jenny. »Slevin ist nicht mein Sohn, er ist Joes.«

»Wie bitte?«

»Joe ist sein Vater und war es auch immer.«

»Oh, Entschuldigung«, sagte der Priester.

Er wurde noch röter, und das zu Recht, fand Jenny; denn der langsame, dickliche Slevin mit seinem aschblonden Haar war ganz eindeutig Joes Sohn. Jenny war klein und dunkel, Joe ein schwerer, blonder Mann mit Bart und Slevins schrägstehenden Augen. (Sie hatte sich oft zu übergewichtigen Männern hingezogen gefühlt. Sie kam sich dann winzig vor). »Slevin«, erklärte sie dem Priester, »hat Joe von Greta, seiner früheren Frau, und ebenso die meisten andern, die sie hier sehn. Alle, außer Becky; Becky ist von mir. Die anderen sechs gehören ihm. Wie auch immer ... aber Greta, Joes Frau: Sie ist weg.«

»Weg«, sagte der Priester.

»Abgehaun«, stellte Joe vergnügt fest. »Glatt aus Baltimore verschwunden. Parkte die Kinder eines Tages bei einer Nachbarin, während ich bei der Arbeit war. Hat sich einen Umzugswagen gemietet und ist mit allem, was wir besaßen, weggefahren – außer den Kleidern der Kinder in säuberlichen, kleinen Häufchen auf dem Boden.«

»Grundgütiger Himmel«, sagte der Priester.

»Nahm sogar ihre Betten mit. Können Sie sich das erklären? Nahm das Kinderbett und den Wickeltisch. Das einzige, was ich mir denken kann, ist, daß sie so gewohnt war, mit Kindern zu leben, daß sie sich nichts anderes vorstellen konnte; wirklich dachte, sie würde ein Kinderbett brauchen, egal, wohin sie ging. Das erste, was ich tun mußte, als ich damals abends nach Hause kam, war, hinzugehn und eine Flotte Betten bei Sears zu kaufen. Sie müssen gedacht haben, ich eröffne ein Motel.«

»Man stelle sich das vor«, sagte Jenny. »Joe mit Schürze. Joe, wie er Kindernahrung mixt. Na, natürlich war er aufgeschmissen. Völlig aufgeschmissen. So haben wir uns kennengelernt: Er rief mich zu nachtschlafender Zeit zu Hause an, als das Baby Masern bekam. So wenig Ahnung hatte er; seit mindestens zwanzig Jahren machen Kinderärzte keine Hausbesuche mehr. Aber ich kam, ich weiß nicht warum. Er wohnte auch nur zwei Ecken weiter. Und er war so verzweifelt, machte die Tür im gestreiften Pyjama auf, hutschte dabei das Baby ...«

»Ich habe mich in dem Augenblick, in dem sie hereinkam, in sie verliebt«, unterbrach Joe. Er strich seinen Bart; goldene Flusen staubten um seine kurzen Finger.

»Er dachte, ich bin die gute Fee«, erzählte Jenny weiter, »mit einem Arztkoffer anstelle eines Korbs voll Essen. Es ist schwer, einem Mann zu widerstehn, der einen braucht.«

»Brauchen hatte nichts zu tun damit«, sagte Joe zu ihr.

»Gut, also einem Mann, der einen bewundert. Er fragte, ob ich eigene Kinder habe und wie ich das mache während meiner Arbeit. Und als ich sagte, daß ich meistens improvisiere, mit Teenagern als Sitter da und alten Damen dort, daß meine Mutter einspringt, wenn sie kann, oder mein Bruder oder eine Nachbarin, oder daß Becky manchmal einfach in meinem Wartezimmer kampiert, mit ihrer Mathematikaufgabe ...«

»Ich konnte sehn, daß sie keine zimperliche Frau war«, sagte Joe zum Priester. »Nicht starr. Nicht verkrampft. Nicht von der superernsthaften Art.«

»Nein«, sagte der Priester und sah sich um. (Es war einer jener Tage, an denen Jenny nicht zur Hausarbeit gekommen war.)

Jenny fuhr fort: »Er sagte, daß ihm die Art gefällt, wie ich seine Kinder auf mir herumkrabbeln lasse. Er sagte, seine Frau hätte sie störend gefunden in den letzten Jahren. Also, sehen Sie, so hat es angefangen. Ich hatte mir fest vorgenommen, ich würde nie wieder heiraten, Becky und ich würden lieber allein zurechtkommen, das lag mir am meisten; aber ich weiß nicht, Joe war einfach *da;* und seine Kinder. Und die Kleine war so winzig und erst vor so kurzem verlassen, daß sie ihren Kopf drehte und ihr Mündchen aufmachte, wenn ich sie waagrecht hielt; man sah, daß sie sich noch erinnerte. »Jedenfalls«, sagte sie und lächelte den Priester an, der wirklich schrecklich jung war – ein Junge mit weit aufgerissenen Augen, nichts weiter. »Wie sind wir denn auf das Thema gekommen?«

»Hm, Slevin«, sagte der Priester. »Wir sprachen über Slevin.«

»Ach, ja, Slevin.«

Es war ein regnerischer, windiger Aprilnachmittag, die Bäume stülpten sich von innen nach außen und schlugen gegen die Fensterscheiben, und das Wohnzimmer hatte eben den Grad an Dämmerigkeit erreicht, wenn noch niemand recht wahrgenommen hat, daß man das Licht anmachen sollte. Die Luft schien dick und körnig. Die Kinder verloren allmählich ihre Energie, wie kleine Uhrwerke, und quengelten um ihr Abendbrot; aber der Priester, der keine eigenen Kinder hatte, bemerkte das nicht. Er beugte sich vor, legte seine Fingerspitzen gegeneinander. »Ich war besorgt«, sagte er, »wegen Slevins Verhalten beim Treffen der Christlichen Jugendorganisation. Er beteiligt sich überhaupt nicht, hat keine Freunde, wirkt bedrückt, in sich gekehrt. Natürlich könnte das an seinem Alter liegen, aber ... er ist vierzehn, nicht?«

»Dreizehn«, berichtigte Joe, nachdem er nachgedacht hatte.

»Dreizehn Jahre alt, natürlich ein schwieriges ... Ich würde es gar nicht erwähnen, nur als ich vorschlug, wir sollten uns unterhalten, entzog er sich einfach und rannte raus und kam nicht wieder. Wir beobachten, daß Sie, Mr. Ambrose, ihn jeden Sonntag zur Messe bringen, aber in Wirklichkeit kommt er gar nicht mehr herein, sondern sitzt bloß draußen auf der Treppe und beobachtet den Verkehr. Er schwänzt, könnte man sagen, aber ...«

»Mist«, sagte Joe. »Ich stehe extra am Sonntagmorgen auf und fahre ihn hin, und er schwänzt?«

»Was ich eigentlich meine ...«

»Ich weiß sowieso nicht, warum er hingehn will. Er ist der einzige von uns, der das tut.«

»Vor allem ist es sein in sich gekehrtes Verhalten, das mir Sorgen macht«, sagte der Priester, »mehr als der Kirchenbesuch. Obwohl es vielleicht keine schlechte Idee wäre, wenn Sie ihn zur Messe begleiten würden, manchmal.«

»Ich? Zum Teufel, ich bin nicht einmal katholisch.«

»Oder könnten nicht vielleicht Sie, Doktor Tull ...«

Beide Männer schienen etwas von ihr zu erwarten. Jenny überlegte wegen der Windelhose des Babys, die sich verdächtig bauschte, nahm aber dann ihre Gedanken zusammen und antwortete: »O nein, du meine Güte, ich hätte nicht die geringste ...« Sie lachte und hielt dabei die Hand vor den Mund – eine ihrer typischen Gesten. »Außerdem«, sagte sie, »war es Greta, die katholisch war. Slevins Mutter.«

»Ach so. Also, das Wichtige ...«

»Ich weiß auch nicht, weshalb Slevin in die Kirche geht. Und in Gretas Kirche, ihre frühere, am andern Ende der Stadt.«

»Hat er noch Verbindung mit seiner Mutter?«

»Aber nein, sie ist nie wiedergekommen. Besorgte sich eine Blitzscheidung in Idaho, und das war das letzte, was wir gehört haben.«

»Gibt es irgendwelche, hm, Stieffamilienprobleme?«

»Stieffamilie?« fragte Jenny. »Also nein. Oder doch. Ich weiß nicht. Wahrscheinlich schon: diese Dinge sind natürlich nie einfach ... nur ist das Leben hier so gehetzt, es ist einfach keine Zeit.«

»Slevin mag Jenny sehr«, erklärte Joe dem Priester.

»Oh, danke schön, Schatz«, sagte Jenny.

»Sie hat ihn sofort für sich gewonnen; er folgt ihr überallhin. Sie ist so frisch und heiter mit Kindern, wissen Sie.«

»Ich versuche es eben«, sagte Jenny. »Ich gebe mir Mühe. Aber man kann nie wissen. In dem Alter sind sie sehr verschlossen.«

»Vielleicht sollte ich vorschlagen, daß er mal kommt und mich besucht.«

»Wenn Sie wollen.«

»Nur zum Plaudern, werde ich sagen, auf einen Schwatz...«

Jenny wußte, daß daraus nichts werden würde.

Sie begleitete ihn zur Tür, die Hände tief in ihren Rocktaschen. »Ich hoffe«, sagte sie, »Sie machen sich kein falsches Bild von uns. Ich meine, Joe ist ein fabelhafter Vater, ehrlich; er ist immer gut zu Slevin gewesen.«

»Ja, natürlich.«

»Oh, wenn ich ihn erst mal mit andern vergleiche, die ich so kenne!« sagte Jenny. Wenn Menschen sie kritisierten, neigte sie dazu, zuviel zu reden, und sie wußte es. Während sie durch die Diele gingen, sagte sie: »Sam Wiley zum Beispiel – mein zweiter Mann. Beckys Vater. Sie würden tot umfallen, wenn Sie ihn je sehen würden. Er war ein Maler, einer von diesen graziösen, kompakten, kleinen Typen, denen ich seitdem nie mehr getraut habe. Total unfähig. Total unzuverlässig. Er ließ mich sitzen, ehe Becky geboren wurde, und zog mit einem Modell namens Adar Bagned zusammen.«

Sie öffnete die Haustür. Ein feiner, frischer Nebel blies herein, und sie atmete tief ein. »Oh, schön«, sagte sie. »Aber ist das nicht ein lächerlicher Name? Die meiste Zeit habe ich versucht, ihn umzudrehn, ich dachte, er bekäme mehr Sinn, wenn ich ihn von hinten nach vorn lese. Also, dann auf Wiedersehn, Pater. Danke für ihren Besuch.«

Sie schloß die Tür hinter ihm und ging, das Abendbrot für die Kinder zu richten.

Dies wäre ein ganz reizendes Haus, sagte Jenny gern, wenn nur die Badewanne im dritten Stock nicht durch die Eßzimmerdecke tropfen würde. Es war ein hohes, schmuckes Reihenhaus in Bolton Hill; sie hatte es damals, 1964, gekauft, als die Preise noch nicht in den Himmel geklettert waren. In jener Zeit hatte es riesig gewirkt; aber sieben Jahre später, mit sechs Kindern zusätzlich, schien es nicht mehr so groß. Es war unpraktisch, ein Kaninchenstall, schlecht aufgeteilt. Es gab so viele Türen und Heizkörper, daß man kaum Möbel unterbringen konnte.

Sie kochte an einem klebrigen, stelzbeinigen Ofen, wusch das Gemüse in einem vergilbten Becken, mit Chintz eingefaßt, stellte Teller auf einen Tisch, in den die Initialen einer fremden Familie geschnitten waren. »Hier, Kinder, jeder holt sich jetzt sein Besteck...«

»Du hast Jakob mehr Erbsen gegeben als mir.«

»Hat sie nicht.«

»Hat sie doch.«

»Hat sie nicht.«

»Hat sie doch.«

»Nimm sie! Ich mag sie nicht mal.«

»Wo ist Slevin?« fragte Jenny.

»Wer braucht Slevin überhaupt, den alten Grantler.«

Das Telephon klingelte, und Joe kam mit dem Baby herein.

»Das ist dein Auftragsdienst, sie wollen wissen...«

»Ich bin nicht dran; Dan ist heute nacht dran. Warum rufen sie mich an?«

»Das dachte ich auch, aber sie haben gesagt...«

Er verschwand wieder und kam nach einer Minute zurück, um sich mit dem Baby auf dem Schoß an den Tisch zu setzen.

»Hier ist ihr Fleisch«, sagte Jenny, während sie vorübereilte.

»Ihr Löffel ist auf dem...«

Sie verließ die Küche, stieg die Treppe zum zweiten Stock hinauf und rief nach oben in den dritten. »Slevin?« Keine Antwort. Sie stieg den Rest hinauf, verlor rasch den Atem. Wie schlecht sie in Form war! Es stimmte, was ihre Mutter ihr ständig vorhielt, daß sie sich hatte gehenlassen – ein Verbrechen, sagte ihre Mutter, bei jemand mit Jennys gutem Aussehen. Es stimmte, daß sie ein bißchen hager geworden

war, ein bißchen schlaff, ihre Haut fahl und ihre Augenbrau-
en zottig und ihr breiter, amüsierter Mund von trocken-
bräunlicher Farbe, seit sie keinen Lippenstift verwendete.
»Dein Haar!« jammerte ihre Mutter. »Dein hübsches
Haar!« – das überhaupt nicht hübsch war: ein dicker,
stumpfer, von grauen Fäden durchzogener Schopf mit eckigen Ponys. »Du warst früher so eine Schönheit«, sagte Pearl
dann, und Jenny lachte. Was ihr das schon viel genutzt hatte!
Sie stellte sich gern vor, daß sie ihre Schönheit abnutzte –
aufbrauchte, dachte sie gern. Sie zog eine gewisse Befriedigung daraus, wie eine Hausfrau, die fleißig etwas verbraucht, was sie gar nicht mag, nicht noch einmal kaufen
würde, aber natürlich nicht einfach wegwerfen kann.
Keuchend, den Baumwollrock mit einer Hand gerafft, kam
sie im dritten Stock an. Es war das Stockwerk der älteren
Kinder, nicht ihr Territorium, und roch muffig nach Spei-
cher. »Slevin?« rief sie. Sie klopfte an seine Tür. »Abendbrot,
Slevin!«
Sie öffnete die Tür einen Spalt und spähte hinein. Slevin lag
auf seinem ungemachten Bett, einen Unterarm über die
Augen gelegt. Ein breiter Streifen wulstiger Bauch erschien,
wie fast immer, zwischen Jeans und T-Shirt. Er hatte seine
Kopfhörer auf; deshalb hatte er nichts gehört. Sie ging
durchs Zimmer und nahm die Hörer von seinem Kopf. Ein
Janis-Joplin-Song in Miniausgabe klang blechern hervor:
»Me and Bobby McGee.« Er blinzelte und sah sie verwun-
dert an wie jemand, der gerade aufwacht. »Abendbrotzeit«,
sagte sie zu ihm.
»Ich bin nicht hungrig.«
»Nicht hungrig! Was soll das denn heißen?«
»Jenny, ehrlich, ich möchte einfach nicht aufstehn.«
Aber sie zog ihn bereits hoch – einen stämmigen Jungen, fast
so groß wie Jenny und beträchtlich schwerer, aber immer
noch mit babyhafter, cremiger Haut. Sie trieb ihn zur Tür,
schob ihn von hinten mit beiden Handflächen auf seinem
Kreuz. »Du bist der einzige hier, den ich buchstäblich zum

Essen tragen muß«, sagte sie. Sie sang ihn praktisch die Treppe hinunter:
»*Oh, they had to carry Harry to the ferry,*
And they hat to carry Harry to the shore . . . « (Oh, sie mußten Harry auf die Fähre tragen, und dann trugen sie ihn mühsam an Land . . .)
»Ernsthaft, Jenny«, sagte Slevin.
Sie betraten die Küche. Joe formte mit seinen Händen über dem Kopf des Babys eine Trompete und sagte: »Trara! Trara! Er naht!« Slevin stöhnte. Die andern sahen nicht von ihrem Essen auf.
Von ihrem Platz neben Joe schaute Jenny über den Tisch voller Kinder und fühlte sich wohl. Sie machten sich gut, fand sie – selbst die älteren, die so argwöhnisch und feindselig waren, als sie sie kennenlernten.
Dann kam ihr ein beunruhigender Gedanke: Ihr fiel ein, daß dies nun für immer ihre Situation bleiben müsse. Nachdem sie diese Kinder angenommen hatte, ihr gekentertes Leben aufgerichtet und langsam und beständig ihr Vertrauen gewonnen hatte, konnte sie sie nicht mit gutem Gewissen im Stich lassen. Hier war sie, für immer. »Ein Glück, daß wir uns vertragen«, sagte sie zu Joe.
»Ein ganz großes Glück«, bestätigte er, tätschelte ihre Hand und bat um den Senf.

»Eigentlich erstaunlich, daß Schule immer nach Schule riecht«, sagte Jenny zu Slevins Lehrerin. »Da kann man alle möglichen modernen Hilfsmittel dazutun – audiovisuelle Sachen und Computer –, es riecht immer noch nach Bücherleim und dem billigen, grauen Papier, das es früher für Mathe gab, und auch . . . was ist dieser andere Geruch? Da ist noch ein Geruch. Ich weiß, aber ich kann ihn nicht bezeichnen.«
»Nehmen Sie Platz, Doktor Tull«, sagte die Lehrerin.
»Heizkörperstaub«, meinte Jenny.
»Wie bitte?«

»Das ist der andere Geruch.«

»Ich habe Sie zu einem bestimmten Zweck hergebeten«, erklärte die Lehrerin und schlug den Ordner auf, der vor ihr lag. Sie war ein winziges Ding, sicher noch in den Zwanzigern, keck und sommersprossig, mit einer Hornbrille, die ihre spitze Nase noch kleiner machte. Jenny fragte sich, wie sie so rasch gelernt hatte, so einschüchternd zu wirken. »Ich weiß, Sie sind eine vielbeschäftigte Frau, Doktor Tull, aber ich mache mir aufrichtig Sorgen wegen Slevins schulischen Leistungen, und ich dachte, ich müßte Sie informieren.«

»Ach, wirklich?« sagte Jenny. Sie beschloß, daß sie sich besser fühlen würde, wenn sie auch eine Brille aufhätte, obwohl sie ihre nur zum Lesen brauchte. Sie wühlte in ihrer Handtasche, und ein rosa Plastikschnuller fiel heraus. Sie tat, als sei es nicht passiert.

»Slevin ist sehr, sehr intelligent« – die Lehrerin sah Jenny vorwurfsvoll an – »Er schießt über die Höchstwerte unserer statistischen Erfassung hinaus.«

»Ja, das dachte ich mir.«

»Aber sein Durchschnitt in Englisch ...«, sagte die Lehrerin und blätterte, »ist F, also totales Versagen. Na, vielleicht D minus.«

Jenny schnalzte mit der Zunge.

»Mathe: C. Geschichte: D. Und Wissenschaft ... und Sport ... Er war so oft abwesend, daß ich ihn schließlich gefragt habe, ob er Schule geschwänzt hat. ›Ja, Ma'am‹, hat er erklärt – freiheraus. Auf meine Frage ›Was hast du alles geschwänzt?‹ hieß es: ›Den Februar‹.«

Jenny lachte. Die Lehrerin schaute sie an.

Jenny rückte ihre Brille zurecht und fragte: »Denken Sie, daß es an der Pubertät liegen könnte?«

»Alle diese Kinder gehen durch die Pubertät.«

»Oder ... Ich weiß nicht; Langeweile. Sie haben selbst gesagt, er ist intelligent. Sie sollten ihn mal zu Hause sehn! Macht herum mit Geräten, schließt Stereo an ... Er hat seinen eigenen Cassettenrecorder, er hat dafür gearbeitet und ihn sich selbst gekauft, irgend so ein Supersupermodell, mir fällt der Name jetzt nicht ein. Ich bin ein solcher Dummkopf in diesen Dingen, und als er von ›Head cleaners‹ sprach – also Tonkopf-Reinigern oder so –, dachte ich, er meint Shampoo; aber Slevin weiß alles darüber und ...«

»Mr. Davies schlägt vor – das ist unser stellvertretender Direktor –, er meint, daß Slevin vielleicht emotionale Probleme durchmacht, wegen der Anpassung zu Hause.«

»Was für eine Anpassung?«

»Er sagt, Slevins Mutter hat ihn verlassen, und Slevin wurde fast unmittelbar danach in Ihren Haushalt überführt und mußte sich an eine brandneue Mutter und Schwester gewöhnen.«

»Ach, das«, sagte Jenny und wischte es mit der Hand weg.

»Mr. Davies meint, Slevin habe vielleicht professionelle Beratung nötig.«

»Unsinn«, protestierte Jenny. »Was ist schon ein bißchen Anpassung? Und außerdem, das passierte vor gut sechs Monaten. Es ist nicht, als ob ... schaun Sie doch meine Tochter an! Sie hat sich an sieben neue Personen gewöhnen müssen und sich mit keinem Wort beklagt. Ach, wir kommen schon alle zurecht! Mein Mann hat sogar gesagt, gerade neulich, wir sollten jetzt daran denken, mehr Kinder zu haben. Wir sollten mindestens ein Kind gemeinsam haben, sagt er, aber ich selber bin mir nicht so sicher. Schließlich bin ich sechsunddreißig. Es wäre vermutlich nicht klug.«

»Mr. Davies schlägt vor ...«

»Obwohl ich mir denke, wenn es ihm so viel bedeutet, soll es mir auch egal sein.«

»Egal! Und was ist mit der Bevölkerungsexplosion?«

»Der was? Sie bringen mich da vom Thema ab ... Ich will sagen«, fuhr Jenny fort, »ich finde es nicht nötig, Anpassung die Schuld zu geben, kaputten Familien, schlechten Eltern und so weiter. Wir machen doch selber unser Glück, nicht? Man muß seine Rückschläge überwinden. Man darf sie sich nicht zu sehr zu Herzen nehmen. Ich werde Slevin das alles erklären. Heute abend noch. Ich bin sicher, daß seine Noten besser werden.«

Dann bückte sie sich, um den Schnuller aufzuheben, schüttelte der Lehrerin die Hand und ging.

An der Wand in Jennys Praxis war ein gefirnißtes Holzschild: *Dr. Tull ist kein Spielzeug.* Joe hatte es für sie in seiner Werkstatt gemacht. Er war wütend über die Kratzer und blauen Flecken, die Jenny täglich aus den rauhen Spielen mit ihren Patienten davontrug. »Bring ihnen etwas Respekt bei«, erklärte er ihr. »Wahre ein bißchen Würde.« Aber das Schild ging fast unter zwischen den Schnappschüssen ihrer Patienten (am Strand, auf Schaukeln, auf bezogenen Tischen von Photographen oder hinter brennenden Geburtstagskerzen) und den Buntstift-Selbstporträts, die sie ihr gebracht hatten. Außerdem waren die meisten noch zu klein, um zu lesen. Sie nahm Billy Burnham hoch und trug ihn, während er quakte und kicherte, zur Schwester für seine Tetanusspritze. »Es ist schon möglich«, rief sie zu Mrs. Burnham zurück, »daß er heute nacht eine kleine Entzündung in seinem linken...« Billy wand sich, und ein Knopf sprang von Jennys weißem Kittel ab.

Das Albright-Baby war für seine Dreifachimpfung fällig. Das Carroll-Baby mußte auf eine andere Diät gesetzt werden. Lucy Brandons dauerndes Schniefen sah nach einer Allergie aus; Jenny erklärte Mrs. Brandon, wo sie die Tests machen lassen konnte. Die Mandeln von beiden Morris-Zwillingen waren geschwollen.

Sie bat die Empfangsdame, ihr ein Sandwich zu bestellen, aber die junge Frau fragte: »Gehen Sie nicht aus zum Essen? Ihr Bruder ist da; er wartet schon seit mindestens einer halben Stunde.«

»Ach, du lieber Gott, den habe ich ganz vergessen«, sagte Jenny. Sie ging ins Wartezimmer. Ezra saß auf der Kunstledercouch, umgeben von Spielzeug zum Ziehen, Bauklötzen und unzerreißbaren Bilderbüchern. Kinder einer spanischsprechenden Familie, wahrscheinlich Patienten von Dr. Ramirez, spielten zu seinen Füßen, aber man hätte Ezra nie mit einem Vater verwechselt. Sein struppiges blondes Haar war weich wie bei einem Kind; er trug verwaschene Arbeitskleidung, und sein Gesicht war offen und erwartungsvoll.

»Ezra, Guter«, begrüßte ihn Jenny, »ich hab's schlicht vergessen. Mein nächster Termin ist in zwanzig Minuten; meinst du, wir können uns einfach einen Hamburger grapschen?«

»Ach, sicher«, meinte Ezra.

Er wartete, bis sie ihren weißen Kittel abgelegt und einen Regenmantel angezogen hatte. Dann fuhren sie mit dem Lift hinunter in die marmorgeflieste Eingangshalle und drängten sich durch die Drehtür auf die bespritzte, trübe Straße hinaus. Grüppchen von Leuten eilten vorbei, Busse schnauften durch die Gegend, und Kirchenglocken läuteten in der Ferne.

»Ich komme mir blöd vor«, sagte Jenny, »ausgerechnet mit dir zu einer Hamburgerbude zu gehn.«

Sie dachte an sein Restaurant, das sie immer ein bißchen einschüchterte. Vor kurzem hatte Ezra den Wohnbereich darüber in eine Reihe winziger eleganter Séparées umgewandelt, wie die in alten Filmen – die Kabinen mit den Samtvorhängen, wo der Schurke die Heldin zu verführen versucht. Sie würden genau das richtige für Paare am Hochzeitstag sein, erklärte Ezra. (Wie die meisten unverheirateten Männer war er auf komische, ärgerliche Weise sentimental in bezug auf die Ehe.) Aber bisher hatten nur Geschäftsleute oder Lokalpolitiker mit teuren Manschettenknöpfen die Räume verlangt.

Dann sagte er: »Ein Hamburger ist fein; ich bin verrückt auf Hamburger.« Und als sie durch die Spiegelglastür in einen geleckten gekachelten Raum gingen, mit grellen Photos von Zwiebelringen und Milk-Shakes garniert, schaute er vergnügt um sich. Sekretärinnen drängten sich an manchen Tischen, Bauarbeiter an anderen. »Es wird wie ein ländliches Kollektiv«, sagte Ezra. »All diese Kettenrestaurants, wo alle zum Frühstück, Mittagessen, manchmal Abendbrot hingehn... Wie eine Kommune oder ein Kibbuz oder so etwas. Ziemlich bald werden wir überhaupt keine privaten Küchen mehr haben; man schaut einfach bei seinem nächsten Gino's oder McDonald's vorbei. Es gefällt mir eigentlich.«

Jenny fragte sich, ob es überhaupt ein Speiselokal gab, das ihm nicht gefiel. In einer Suppenküche wäre er zweifellos vom sichtbaren Hunger der Kundschaft angetan. In einer nach Urin riechenden Kneipe würde er ein paar wunderbare eingelegte Eier entdecken, wie er sie noch nirgends gesehen hatte. Oh, wenn es mit Essen zu tun hatte, war seine Empfänglichkeit grenzenlos.

Während er für sie bestellte, ließ sie sich an einem Tisch nieder. Sie zog den Regenmantel aus, strich ihr Haar glatt und kratzte an einem Flecken auf ihrer Bluse herum. Ein seltsames Gefühl, allein zu sitzen. Immer war da jemand – Kinder, Patienten, Kollegen. Der leere Raum zu beiden Seiten gab ihr ein hallendes, gewichtsloses Gefühl, als fehlte es ihr an Ballast und sie könnte jeden Augenblick nach oben schweben.

Ezra kam mit den Hamburgers zurück. »Wie geht's Joe?« fragte er beim Hinsetzen.

»Oh, gut. Und Mutter?«

»Recht gut, viele Grüße... Ich hab' dir was mitgebracht«, sagte er. Er legte seinen Hamburger hin, um in seinen Anoraktaschen zu kramen. Schließlich zog er einen abgegriffenen weißen Umschlag hervor. »Bilder«, sagte er.

»Bilder?«

»Photos. Mutter hat so viele Photos; ich habe sie gerade entdeckt. Ich dachte, vielleicht bist du interessiert, ein paar zu haben.«

Jenny seufzte. Armer Ezra; er verwandelte sich in den Familienwächter, der ihre Mutter versorgte und ihre Vergangenheit bewahrte und sich getreulich mit seiner Schwester zum

Mittagessen verabredete. »Warum behältst du sie nicht«, meinte sie. »Du weißt, ich würde sie bloß verlieren.«

»Aber viele davon sind von dir«, sagte er. Er schüttete den Inhalt des Umschlags auf den Tisch. »Ich dachte, sie würden den Kindern gefallen. Zum Beispiel hier, irgendwo ...« Er blätterte verschiedene Versionen einer jüngeren, strengeren Jenny durch. »Hier. Siehst du nicht Becky hier drin?«

Es war Jenny in einer karierten Wollmütze, ohne Lächeln.

»Hm«, sagte sie und rührte in ihrem Kaffee.

»Du warst ein richtig nettes kleines Mädchen«, sagte Ezra. Er wendete sich wieder seinem Hamburger zu, ließ aber das Photo vor sich liegen. Auf der Rückseite, sah Jenny, stand etwas in Bleistift geschrieben. Sie versuchte, es zu entziffern. Ezra merkte das und erklärte: »Herbst 1947. Ich habe Mutter dazu gebracht, die Daten hinzuschreiben. Und ich werde auch Cody ein paar schicken.«

Jenny konnte sich gut Codys Gesicht vorstellen, wenn er sie erhielt. »Ezra, um die Wahrheit zu sagen, ich würde das Porto nicht verschwenden.«

»Glaubst du nicht, er würde die Bilder hier gern vergleichen mit Luke, wie er aussieht, wenn er älter wird?«

»Glaub mir«, beteuerte sie, »er würde sie verbrennen. Du kennst Cody.«

»Vielleicht hat er sich geändert«, meinte Ezra.

»Hat er nicht«, widersprach Jenny, »und ich zweifle, ob er es je tut. Du brauchst bloß etwas zu erwähnen – eine kleine, harmlose Kindheitserinnerung –, und schon zieht er einen Flunsch. Du weißt doch, wie er dann den Mund verzieht. Ich habe mal zu ihm gesagt, irgendwann einmal: ›Cody, du bist nicht besser als die Lawsons.‹ Erinnerst du dich an die Lawsons? Sie zogen von Nashville, Tennessee, in unsere Nachbarschaft, und in der ersten Woche bekamen alle vier Kinder Mumps. Mrs. Lawson sagte: ›Diese Stadt bringt kein Glück, glaube ich‹. Die nächste Woche brach ein Rohr in ihrem Keller, und sie sagte: ›Na ja, das ist Baltimore.‹ Dann brach ihre Tochter sich das Handgelenk ... Als sie nach Tennessee zurückzogen, ging ich noch hinüber, um mich zu verabschieden. Sie packten gerade ihren Kofferraum und ließen den Deckel genau auf die Finger von ihrem jüngsten Buben sausen. Er brüllte, als sie abfuhren, und Mrs. Lawson rief aus dem Auto: ›Ist das nicht eine passende Art, wegzugehn? Ich habe immer gesagt: Baltimore bringt Unglück.‹«

»Na gut, ich versuche, dir da zu folgen«, sagte Ezra.

»Es kommt darauf an, ob du Listen zusammenzählst oder nicht«, erklärte Jenny. »Ich meine, wenn du Buch führst über deinen Groll, sieht alles schlecht aus. Und Cody führt bestimmt Buch; er lebt von seinen Listen. Aber schließlich – hab’ ich zu ihm gesagt – haben wir es doch geschafft, oder? Wir sind groß geworden. Schau, wir drei haben uns doch prima gemacht, richtig prima!«

»Das stimmt«, bestätigte Ezra, und seine Stirnfalten glätteten sich. »Besonders du, Jenny. Schau dich an: eine Ärztin.«

»Ach was, ich bin nichts als eine menschliche Babywaage«, wandte Jenny ein. Aber sie freute sich, und als sie aufstanden, um zu gehn, nahm sie die Photographien mit, um ihm eine Freude zu machen.

Joe stellte fest, wenn sie ein Baby bekämen, hätte er gern ein Mädchen. Er hatte sich umgeschaut und festgestellt, daß sie ein bißchen knapp an Mädchen waren. »Wie kannst du so was sagen?« fragte Jenny. Sie zählte die Mädchen an ihren Fingern ab: »Phoebe, Becky, Jane...«

Als ihre Stimme schleppend wurde, stand er da und beobachtete sie. Sie erwartete, er würde etwas sagen, aber er tat es nicht. »Und?« fragte sie.

»Das sind nur drei.«

Sie fühlte sich ein bißchen verwirrt. »Hab’ ich eins ausgelassen?«

»Nein, du hast keins ausgelassen. Hat sie eins ausgelassen«, sagte er zur Wand. Er schnaufte. »Hat sie eins ausgelassen, fragt sie. Was für eine Frage! Nein, du hast keins ausgelassen. Mehr als drei haben wir nicht. Drei Mädchen.«

»Eigentlich nicht nötig, deshalb so beleidigt zu tun.«

»Ich bin nicht beleidigt, ich bin frustriert«, sagte er. »Ich versuche, ein Gespräch zu führen.«

»Aber das tun wir doch.«

»Ja, ja ...«

»Wo liegt dann das Problem?«

Er sagte nichts. Er stand in der offenen Küchentür, die Arme fest vor der Brust verschränkt. Er sah zur Seite, schmollte. Jenny wunderte sich. Hatten sie einen Streit, oder was? Als das Schweigen wuchs, fing sie allmählich, unmerklich, wieder an, die Gurken fürs Abendbrot zu schneiden. Sie senkte das Messer so leise wie möglich und schob die Gurkenscheiben geräuschlos in eine Schüssel. (Als sie und Joe sich das erstemal begegneten, hatte er gesagt: »Legen Sie Gurken auf ihre Haut?« »*Gurken?*« hatte sie erstaunt gefragt. »Sie sehen so gut aus«, antwortete er, »ich dachte an eine Flasche mit Gurkenmilch, die meine Tante immer auf ihrem Toilettentisch hatte.«)

Zwei der Kinder, Jakob und Peter, spielten vor dem Eisschrank mit dem *Ouija*-Brett, dem beliebten Wahrsagespiel. Jenny mußte über sie steigen, als sie die Tomaten holen wollte. »Entschuldigung«, sagte sie, »ihr seid mir im Weg.« Aber sie achteten nicht auf sie; sie achteten nur auf das Brett. »Was werde ich sein, wenn ich erwachsen bin?« fragte Jakob und legte seine Fingerspitzen zart auf den Zeiger. »Obere Mittelklasse, mittlere Mittelklasse oder untere Mittelklasse: was?«

Jenny lachte, und Joe starrte sie an und schwenkte um und stampfte aus der Küche.

In den Abendnachrichten im Fernsehen wurde ein Soldat, der in Laos als Mitglied einer Hubschraubermannschaft gefallen war, mit allen militärischen Ehren beigesetzt. Eine amerikanische Fahne, zu einem kissenartigen Dreieck gefaltet, wurde den Eltern überreicht – einem grauhaarigen Herrn mit kantigem Kinn und seiner zerbrechlichen Frau.

Die Frau trug einen ordentlichen beigen Regenmantel und kleine weiße Handschuhe. Sie war es, die die Fahne entgegennahm. Der Mann hatte sich abgewandt und weinte, er wollte nicht einmal ein Wort in das Mikrophon sprechen, das jemand ihm hinhielt. »Ja? Bitte?« fragte ein Reporter. Ein weißer Handschuh griff zu und nahm das Mikrophon. »Was mein Mann, glaube ich, sagen will«, erklärte die Frau mit fiedriger Stimme im Tonfall der Südstaaten, »ist, daß wir allen danken, die sich hier versammelt haben, und wissen, daß wir es bestimmt schaffen werden. Wir sind stark, und wir werden es schaffen.«

»Quatsch«, sagte Slevin.

»Aber, Slevin«, meinte Jenny, »ich wußte nicht, daß du politisch interessiert bist.«

»Bin ich auch nicht; es ist bloß ein solcher Quatsch«, antwortete er. »Sie müßte rufen: ›Nehmt eure blöde Fahne! Ich protestiere! Ich mach' nicht mit!‹«

»Meine Güte«, sagte Jenny sanft. Sie sortierte Ezras Photos; sie hob eins hoch, um ihn abzulenken. »Schau mal – dein Onkel Cody, mit fünfzehn Jahren.«

»Er ist nicht mein Onkel.«

»Natürlich ist er.«

»Er ist nicht mein richtiger Onkel.«

»Das sagst du nur, weil du ihn nicht kennst. Er würde dir gefallen«, sagte Jenny. »Ich wünschte, er käme uns besuchen. Er ist so ... unbrüderlich, oder so; ich weiß nicht. Und schau!« Sie deutete auf ein weiteres Photo. »Ist meine Mutter nicht hübsch?« »Ich finde, sie sieht wie eine Eidechse aus.«

»Na, aber als sie ein Mädchen war, ich meine ... so traurig, wie sorglos sie einmal war.«

»Sie vergißt immer wieder meinen Namen«, sagte Slevin.

»Sie ist eben schon alt«, erklärte Jenny ihm.

»Nicht so alt. Was sie damit sagt, ist, daß ich nicht der Mühe wert bin für sie. Alte Gans. Sitzt oben am Tisch mit einem Stück Brot auf ihrem Teller und legt beide Hände flach hin und starrt uns alle an, starrt rundherum mit einem Gesicht wie so ein rotierender Ventilator, wartet auf die Butter, aber bittet nie darum, sagt nie ein Wort. Bis du schließlich sagst, oder Dad: ›Mutter? Dürfen wir dir die Butter reichen?‹ Und sie sagt: ›Ach, *danke*‹, als ob sie nachdenkt, wann ihr es wohl merkt.«

»Sie hat kein leichtes Leben gehabt«, sagt Jenny.

»Ich wünschte, wir würden nur einmal ganz zu Ende essen, ohne daß ihr jemand die Butter anbietet.«

»Sie hat uns alleine großgezogen, weißt du«, erklärte Jenny ihm. »Kannst du dir nicht denken, daß das schwer gewesen sein muß? Mein Vater ging weg und verließ sie, als ich neun Jahre alt war.«

»Wirklich?« fragte Slevin. Er starrte sie an.

»Er hat sie verlassen, für immer. Wir haben ihn nie wieder zu sehen bekommen.«

»Dreckskerl.«

»Komm, komm«, sagte Jenny. Sie blätterte noch ein paar Photos durch.

»Herrgott! Diese Leute! Sie versuchen, einen fertigzumachen.«

»Du übertreibst. Hör mal, ich kann mich an den Mann nicht mal erinnern, wenn du die Wahrheit wissen willst. Würde ihn nicht erkennen, wenn ich ihn sähe. Und meine Mutter ist gut zurechtgekommen. Alles hat geklappt. Schau dir das an, Slevin: Siehst du Ezra mit dem altmodischen Haarschnitt?«

Slevin zuckte die Achseln und änderte den Fernsehkanal.

»Und siehst du, wie ich in deinem Alter war?« Sie gab ihm das Bild mit der Karomütze.

Er sah hin. Er runzelte die Stirn. »Wer war das, hast du gesagt?« »Ich.«

»Das gibt es nicht.«

»Doch, ich. Ich mit dreizehn. Mutter hat das Datum auf die Rückseite geschrieben.«

»Das gibt es nicht!« sagte er. Seine Stimme war ungewöhn-

lich hoch; er klang wie ein viel jüngeres Kind. »Das bist du
nicht! Schau hin! Das ist doch wie eine... KZ-Person, ein
Opfer, Anne Frank! Es ist schrecklich! Es ist so traurig!«
Erstaunt drehte sie das Photo um und sah noch mal hin. Nun ja,
das Bild war nicht besonders fröhlich – es zeigte ein dunkles,
kleines Mädchen mit einem schmalen, aufmerksamen Gesicht
– aber so schlimm war es auch wieder nicht. »Na und?« fragte
sie und hielt es ihm wieder hin. Er wich scharf zurück.
»Das ist jemand anders«, beharrte er. »Du bist das nicht; du
lachst immer und hast Spaß. Das bist du niemals.«
»Also schön, ich bin es eben nicht«, sagte sie und wandte
sich den übrigen Photos zu.

»Ich möchte mit dir über diesen ältesten Jungen sprechen«,
sagte ihre Mutter am Telephon. »Wie heißt er? Kevin?«
»Slevin, Mutter. Ehrlich.«
»Also, er hat meinen Staubsauger gestohlen.«
»Was hat er?«
»Am Sonntagnachmittag, als ihr alle zu Besuch da wart, ist
er in meine Kammer geschlichen und hat meinen Hoover-
Staubsauger mitgenommen.«
Jenny setzte sich auf ihr Bett. »Ich begreife noch nicht.«
»Er war die ganze Woche weg«, sagte ihre Mutter, »und ich
konnte es nicht verstehn. Ich wußte, daß nicht eingebrochen
worden war, und selbst wenn, wer könnte etwas mit meinem
alten Hoover anfangen?«
»Aber warum Slevin die Schuld geben?«
»Meine Nachbarin hat's mir gesagt, eben heute nachmittag.
Mrs. Arthur. Fragte: ›War das Ihr Enkel, den ich am Sonntag
gesehn habe? So ein stämmiger Junge? Wie er Ihren Hoover
in den Kofferraum vom Auto Ihrer Tochter geladen hat?‹«
»Das ist unmöglich.«
»Also, woher willst du das wissen? Woher weißt du, was
möglich ist und was nicht? Er ist doch praktisch ein Fremder.
Ich meine, du hast diese Kinder bekommen wie andere Leute
Wochenendgäste.«

»Du übertreibst.«

»Also, alles, was ich will, ist, daß du in Slevins Schlafzimmer nachschaust. Nur nachschaust.«

»Was, jetzt sofort?«

»Überall auf meinem Teppich sind Baumwollfussel.«

»Na, also gut«, sagte Jenny.

Sie legte den Hörer auf ihr Kissen und stieg vom zweiten Stock in den dritten. Slevins Tür stand offen, und er war nicht in seinem Zimmer, obwohl in seinem Radio die Band »Jefferson Airplane« rockte. Sie trat verstohlen über Slevins Rucksack, mied einen schwankenden Stoß populärwissenschaftlicher Zeitschriften, öffnete die Tür seines Kleiderschranks und – starrte auf den Staubsauger ihrer Mutter. Sie hätte ihn überall erkannt: ein älteres Gerät mit einem grauen Staubsack aus Stoff. Seine Schnur war ordentlich aufgerollt, und er wirkte unbeschädigt. Wenn er ihn auseinandergenommen hätte, um herauszukriegen, wie er funktionierte, hätte sie das verstanden. Oder wenn er ihn zerschmettert hätte, aus irgendeiner Wut gegen ihre Mutter heraus. Aber da stand er, unversehrt. Sie rätselte mehrere Sekunden lang. Dann rollte sie ihn aus dem Schrank und schleppte ihn die Treppe hinunter, dahin, wo die Stimme ihrer Mutter ungeduldig aus dem Hörer quakte: »Jenny? Jenny?«

»Also, du hast recht«, sagte Jenny. »Ich hab' ihn in seinem Zimmer gefunden.«

Es gab eine Pause, in der Pearl hätte triumphieren können: »Hab' ich's dir nicht gesagt«; doch freundlicherweise unterließ sie es. Dann meinte sie: »Ich frage mich, ob er in irgendeiner Weise um Hilfe ruft.«

»Indem er einen Staubsauger klaut?«

»Er ist wirklich ein sehr lieber Junge«, sagte Pearl. »Das sehe ich. Vielleicht braucht er einen Psychologen oder so jemand.«

»Eher braucht er ein ordentlicheres Haus«, erwiderte Jenny. »Die Staubbällchen auf dem Boden seines Schranks haben angefangen Junge zu kriegen.«

Sie sah Slevin, in Verzweiflung, wie er ein Arsenal von Reinigungsmitteln stahl – beim einen Nachbarn den Besen, beim andern das Ajax, zusammengesucht mit demselben fieberhaften Eifer, wie er Pennys mit Indianerköpfen sammelte. Ein plötzlicher Lachanfall überkam sie.

»Oh, Jenny«, sagte ihre Mutter betrübt. »Mußt du alles als Witz nehmen?«

»Ich kann nichts dafür, wenn komische Sachen passieren.«

»Doch, das kannst du«, sagte ihre Mutter, aber anstatt es genauer zu erklären, wurde sie plötzlich energisch und verlangte ihren Staubsauger bis zum nächsten Morgen zurück.

Jenny und Joe und alle Kinder, außer dem Baby, sahen fern. Die meisten hätten längst ins Bett gehört, aber dies war ein besonderer Anlaß: Das »Späte Spätprogramm« brachte »A Taste of Honey«. Alle im Haus hatten von »A Taste of Honey« gehört. Es war Jennys Lieblingsfilm für alle Zeiten. Sie hatte ihn einmal gesehn, damals, 1963, und nie vergessen. Nichts hatte ihm jemals das Wasser reichen können, pflegte sie zu sagen, und wenn sie von einem anderen Film nach Hause kam, erklärte sie mit Sicherheit: »Na ja, es war nicht schlecht, glaube ich, aber es war nicht ›A Taste of Honey‹.« Inzwischen konnte jedes der Kinder diesen Satz vollenden, noch ehe sie die Hälfte ausgesprochen hatte. Sobald sie in der Tür erschien, fragten sie jedesmal: »War es ›A Taste of Honey‹, Jenny? Ja?« Und Phoebe hörte man einmal zu Peter sagen: »Ich mag die neue Lehrerin schon, aber sie ist nicht gerade ›A Taste of Honey‹ – kein Honigschlecken.«

Als sie erfuhren, daß der Film im Fernsehen kam, hatten sie alle darum gebettelt, aufbleiben und zuschaun zu dürfen. Die älteren Kinder machten Kakao, und die jüngeren verteilten Kartoffelchips. Becky und Slevin bauten einen Kreis aus Stühlen um den Apparat im Wohnzimmer.

»Du weißt, was passieren wird«, sagte Joe zu Jenny. »Nach all der Zeit wird ›Taste of Honey‹ kein ›Taste of Honey‹ mehr sein.«

In gewisser Weise hatte er recht. Nicht, daß es ihr nicht mehr so gefallen hätte – ja, ja, versicherte sie den Kindern, es war genau so, wie sie sich erinnerte –, aber schließlich war sie, die Zuschauerin, heute eine andere. Der Film zerrte an ihrem Mitleid, während er ihr früher Hoffnung gemacht hatte. Und war es nicht seltsam, war es nicht geradezu sonderbar, daß sie die Story nie mit ihrer eigenen Geschichte gleichgesetzt hatte? 1963 war sie eine Assistentin in Kinderheilkunde, wohnte im Krankenhaus, kämpfte um den Unterhalt für ein Zweijähriges, das sechs Wochen nach dem Scheitern ihrer Ehe zur Welt gekommen war. Trotzdem hatte sie sich einen Film über ein unverheiratetes, mittelloses, schwangeres Mädchen entspannt und voller Vergnügen angeschaut, sich träumerisch durch eine Packung Brezeln durchgeknabbert. (Und was hatte sie überhaupt in einem Kino zu suchen? Wie hatte sie die Zeit gefunden, mitten in einem derart gehetzten Tagesablauf?)

Als es vorbei war, machte sie den Fernseher aus und bugsierte die Kinder die Treppe hinauf. Quinn, der jüngste, auf den »A Taste of Honey« keinerlei Eindruck gemacht hatte, schlief fest und mußte von Joe getragen werden. Selbst die älteren waren schlaftrunken und blinzelten. »Aufwachen«, sagte sie zu ihnen. »Los, kommt jetzt«, und sie zog an Jakob, der auf der obersten Stufe als Bündel zusammengesunken war. Eins nach dem andern brachte sie die Kinder zu ihren Betten und gab ihnen den Gutenachtkuß. Wie geräuschvoll ihre Zimmer schienen, selbst wenn niemand sprach – dieser lärmende Tumult von Spielzeug und hingeworfenen Kleidern, die vibrierenden, knalligen Rockstar-Poster und Antikriegs-Sticker und Baseball-Fähnchen. Drei der Kinder mochten keine Bettwäsche, sondern schliefen statt dessen in Schlafsäcken – grell gemusterte Kokons mit Reißverschluß, oben auf den Decken ausgebreitet; und Phoebe mochte Bet-

ten überhaupt nicht, sondern ringelte sich in einer Steppdek-
ke auf dem Boden zusammen, meist draußen auf dem Flur
vor dem Zimmer ihrer Eltern. Sie lag auf der Schwelle wie
ein Leibwächter, und man mußte im Dunkeln aufpassen, um
nicht auf sie zu treten.

»Das Radio wird jetzt ausgemacht«, sagte Jenny und küßte
Becky auf den Kopf. Dann spähte sie in Slevins Zimmer,
klopfte an den Rahmen der offenen Tür und trat ein. Er trug
seine Kleidung vom Tag im Bett, wie immer – sogar seinen
breiten, genieteten Gürtel mit dem Koppelschloß der Last-
wagenfahrer –, und lag oben auf der Zudecke. Sie hatte ihm
jede Nacht, seit sie Joe geheiratet hatte, einen Gutenachtkuß
gegeben, aber er verhielt sich immer noch verschämt. Sie tat
eigentlich nicht mehr, als seine Wange mit der ihren zu
berühren, sie ließ ihm seine Würde. »Schlaf gut«, sagte sie zu
ihm.

Er erklärte: »Du hast also den Staubsauger gefunden.«

»Staubsauger«, fragte sie, um Zeit zu gewinnen.

»Es tut mir leid, daß ich ihn genommen habe. Deine Mutter
ist sicher ziemlich böse, denk’ ich mir. Aber ich habe nicht
gestohlen; ehrlich. Ich mußte ihn mir nur für eine Weile borgen.«

Sie saß auf der Bettkante. »Mußtest ihn borgen für was?«
fragte sie.

Er antwortete: »Also, um … Ich weiß nicht. Nur um …
Schau, da war er in der Kammer. Er war genau wie der von
meiner Mutter. Ganz genau. Du weißt, wie man nie über
eine Sache nachdenkt oder vergessen hat, daß man sich noch
dran erinnert, und dann ganz plötzlich bringt etwas alles
zurück? Ich wußte nicht mehr, wie dieser Gummistreifen um
die Kante ging, damit er nicht an die Möbel stößt, ich hatte
den hohen, geblähten Sack vergessen, vor dem ich mich
immer gefürchtet habe, als ich klein war. Er roch sogar
genauso. Er hatte denselben Geruch nach Stoff wie der von
meiner Mutter. Weißt du? Deshalb wollte ich ihn mit nach
Hause nehmen. Aber als er dann hier war, hat es nicht funk-

tioniert. So als ob ich die Verbindung verloren hätte. Es war
schließlich doch nicht derselbe.«
»Schon in Ordnung, Slevin«, sagte sie. »Himmel, Schatz,
schon in Ordnung.« Dann war sie besorgt, in ihrer Stimme
könnte zuviel mitgeklungen haben, könnte ihn aufs neue
scheu machen, deshalb lachte sie ein bißchen und fragte:
»Sollen wir dir einen Hoover ganz für dich kaufen, zum
Geburtstag?«
Er drehte sich auf die Seite.
»Oder wir könnten ihn aus Kattun machen lassen«, sagte sie
kichernd zu ihm. »Einen winzigen, ausgestopften Stoff-
staubsauger, den du ins Bett mitnehmen kannst.«
Aber Slevin machte nur die Augen zu, und so wünschte sie
ihn nach einem Weilchen gute Nacht und ging.

Sie träumte, sie sei wieder mit Sam Wiley zusammen, ihrem
zweiten Mann – und der Mann, den sie am meisten geliebt
hatte. Mit Sam war sie ganz närrisch gewesen. Sie träumte,
er drehe sich auf dem hohen Holzhocker, den sie im Paulham
hatten. Er drehte an den Kringeln seines Lenkstangen-
Schnurrbarts und sang »Let It Be«. Dabei hatte es das Lied
noch gar nicht gegeben, damals.
Sie öffnete die Augen und hörte »Let It Be« aus einem der
Kinderradios, wie es durch die dunkle Diele schwebte. Wie
oft hatte sie ihnen schon gesagt . . .? Sie stand auf und machte
sich auf den Weg zu Peters Zimmer – barfuß, stieg über
Phoebe. Radios spät in der Nacht klangen so anders, dachte
sie – so weit weg und krächzend von Störungen, fast knir-
schend, als müsse die Musik über Meilen von Eisenbahnglei-
sen und verlassenen Fernstraßen, vorbei an Kohlelagern und
Autofriedhöfen, Bohrtürmen und Fabrikschornsteinen und
elektrischen Transformatoren reisen. Sie stellte das Radio ab
und zog Peters Schlafsack um seine Schultern hoch. Sie sah
nach dem Baby in seinem Bettchen. Dann kehrte sie, leicht
fröstelnd, ins Bett zurück und schmiegte sich an Joes mächtigen Rücken, Wärme suchend.

»Mack the Knife« sang Sam damals immer, und »Green-
fields« – ja, das kannte man damals. Sie erinnerte sich, wie
opernhaft er sich gebärdete, die Augen rollte, sich auf die
Brust schlug, sie zum Lachen bringen wollte. (Sie war
schließlich eine ernsthafte junge Medizinstudentin in jener
Zeit.) Dann erinnerte sie sich an die zarte, schmerzhafte
Linie, die der Untersuchungstisch über die Wölbung des
Babys gezogen hatte, als Jenny Assistentin war, über einen
Patienten gebeugt. Sechs Monate schwanger, sieben Monate... Um den achten Monat war ihre Ehe beendet, und Jenny lief wie betäubt herum. Sie sah, daß sie immer zum Scheitern bestimmt gewesen war, nicht »liebbar«, daß ihr irgendeine besondere Fähigkeit gefehlt hatte, mit der man einen
Mann hält. Sie hatte das nie bewußt erkannt, bis dahin, aber
der Schmerz, den sie empfand, war gespenstisch vertraut –
wie ein Verdacht, lange genährt, endlich bestätigt.
Sie trug Ärztekittel, für männliche Ärzte mit Taille hundert
gemacht; es gab keine Laborkleidung für Schwangere. Bei
Visiten betrachteten Professoren sie zweifelnd und fragten,
ob sie sicher sei, dem gewachsen zu sein. Mitfühlende
Schwestern brachten ihr so viele Tassen Kaffee, daß sie dachte, sie würde gleich entschweben. Eine dieser Kranken-
schwestern blieb fast die ganzen Wehen hindurch bei ihr.
Andere Frauen hatten ihre Ehemänner, aber Jenny hatte
Rosa Perez, deren Finger sie so fest drücken durfte wie nötig
und die sich nie mit einem Wort beklagte.
Und wie hieß die Nachbarin, die immer auf das Baby aufpaßte? Mary Sowieso – Mary Lee oder so ähnlich –, Frau
irgendeines Assistentenkollegen, ebenso arm wie Jenny und
Mutter zweier Kinder unter zwei Jahren. Sie machte das
Babysitten für einen Apfel und ein Ei, aber selbst das war
mehr, als Jenny sich leisten konnte. Und der Stundenplan!
Monatelang Nachtdienst, sechsunddreißig Stunden Bereit-
schaftsdienst und zwölf Stunden frei, Notaufnahme, Ent-
bindungen, Chirurgie... und ihre Hospitanz war nicht viel
besser. Mittlerweile war aus dem Kleinkind Becky ein klei-

nes Mädchen geworden, ein Außenseiter eigentlich, ein lebhaftes Kind mit Sam Wileys schwarzen Knopfaugen, nicht
verwandt mit Jenny. Dabei war es ein Schock, manchmal,
ihren geraden, nachdenklichen Blick zu sehen, der für die
Tulls so typisch war. War es schließlich doch möglich, daß
diese kleine Fremde eine Familie darstellte? Sie lernte laufen;
sie lernte sprechen. »Nein!« sagte sie oft mit ihrer festen,
energischen Stimme; und Jenny, die um drei Uhr morgens
oder drei Uhr nachmittags – wann immer sie mal ein bißchen
Zeit miteinander hatten – wach zu bleiben versuchte, ließ
ihren Kopf in die Hände sinken. »Nein!« sagte Becky, und
Jenny holte aus und schlug sie hart auf den Mund, schüttelte
sie dann, bis ihr der Kopf hin und her schaukelte, warf sie
zur Seite und rannte aus der Wohnung ... ja, wohin? (Ins
Kino, vielleicht?) In jener Zeit schwankten die Gegenstände
und bekamen mehr Kanten, als sie hatten. Sie war so
erschöpft, daß der Anblick der weißen Kissen ihrer Patienten sie hypnotisieren konnte. Geräusche waren dick, wie
unter Wasser. Worte auf einer Tabelle waren bedeutungslos
– so viele Ks und Gs, so eine abgehackte Sprache war Englisch, kurze Silben, Klumpen von Konsonanten, es war ihr
vorher nie aufgefallen; wie Isländisch, vielleicht, oder die
Sprache der Eskimos. Sie knallte Beckys Gesicht in ihren Teller mit dem Hasenmuster, daß sie Nasenbluten bekam. Sie
riß ihr eine Handvoll Haare aus. Ihre ganze Kindheit kam
ihr zurück; die Schläge und Ohrfeigen und Beschimpfungen
ihrer Mutter, spitze Fingernägel, die sich in Jennys Arm bohren, und wie ihre Mutter schreit: »Straßendirne! Häßliche
kleine Ratte!« und ein Erinnerungsfetzen – sie konnte ihn
nicht recht unterbringen –, wie Cody Pearls Handgelenk
festhält und sie abwehrt, während Jenny an der Wand
zusammensinkt.
War es das, was dabei herauskam – daß man nie entkommen
konnte? Daß gewisse Dinge dazu verdammt waren, sich zu
wiederholen, eine Generation um die andere? Sie übersah
einen Rinnstein und verstauchte sich den Knöchel, halbtot

vor Schmerz humpelte sie zur Arbeit. Sie verfehlte die Diagnose einer Virus-Lungenentzündung. Ein Knickbruch entging ihr. Sie brachte Becky mitten in der Nacht ein Glas Wasser und kreischte dann plötzlich, ohne die geringste Absicht: »Nimm's! Nimm's!« und schleuderte Becky das Glas ins Gesicht. Becky fröstelte und rang noch stundenlang nach Luft, sogar im Schlaf, obwohl Jenny sie fest auf dem Schoß hielt.

Dann rief ihre Mutter aus Baltimore an und sagte: »Jenny? Schreibst du deiner Familie gar nicht mehr?«

»Ach, ich hatte so viel zu tun«, wollte Jenny antworten. Oder: »Laß mich in Ruhe, ich weiß noch alles von dir. Alles ist wieder da. Schreiben? Warum sollte ich schreiben? Du hast mir geschadet; du hast mich verletzt. Warum sollte ich schreiben wollen?«

Statt dessen fing sie an ... nicht richtig zu weinen, sondern etwas Schlimmeres. Ein trockenes, rauhes Schluchzen schüttelte sie; sie bekam keine Luft mehr; in ihrer Brust war ein heiseres Geräusch. Ihre Mutter sagte ruhig: »Jenny, leg auf. Weißt du, die Couch in eurem Wohnzimmer? Geh und leg dich drauf. Ich bin da, sobald Ezra mich fahren kann.«

Pearl blieb zwei Wochen, sie gab ihren ganzen Urlaub dran. Als erstes rief sie Jennys Klinik an und verschaffte ihr Krankenurlaub. Dann machte sie sich daran, die Welt wieder in Ordnung zu bringen. Sie bezog Jennys Bett mit frischem Bettzeug, brachte ihr Tee und stärkende Fleischbrühe, wusch ihr die Haare, stellte ihr Blumen auf die Kommode. Becky, die ihre Großmutter bisher kaum gesehen hatte, verliebte sich in sie. Pearl nannte Becky »Rebecca« und behandelte sie höflich, respektvoll, als sei sie nicht ganz sicher, was sie sich erlauben könne. Jeden Vormittag brachte sie Becky zum Spielplatz und schwang sie auf der Schaukel. Am Nachmittag gingen sie zusammen einkaufen. Sie kaufte Becky ein altmodisches Kleidchen, in dem sie ernst und vernünftig aussah. Sie kaufte Bilderbücher – Kinderreime und Märchen und »Das kleine Haus«. Jenny hatte dieses Buch ganz vergessen. Und wie sie es geliebt hatte! Sie hatte jeden Abend danach verlangt, fiel ihr jetzt wieder ein. Sie war auf dem gemütlichen alten Sofa gesessen, während ihre Mutter es mit endloser Geduld vorlas, dreimal, viermal, fünfmal ... Jetzt sagte Becky: »Lies noch mal«, und Pearl kehrte zu Seite 1 zurück, und Jenny hörte ebenso genau zu wie Becky.

An den Sonntagen, wenn sein Restaurant geschlossen war, kam Ezra von Baltimore heraufgefahren. Er war, trotz seines unschuldigen Gesichts, kein sehr direkter Mensch, und anstatt sich geradezu zu Jennys neuer Gebrechlichkeit zu äußern, lächelte er immer heiter irgendeinen Punkt genau hinter ihr an. Sie fand das tröstlich. Es war schon genug Offenheit in der Welt, fand sie – allgemeine Wut und Tränen und Begeisterung. Sie nahm an, daß Ezra nicht dem gleichen Auf und Ab ausgesetzt war, wie es andere Leute beutelte. Sie hatte es gern, wenn er ihr aus der Zeitung vorlas (Unruhen in Honduras, Unruhen in Saigon, Naturkatastrophen auf Haiti und Kuba und in Italien), während sie aus einem Nest von dunkelblauen Bezügen und in einem Nachthemd zuhörte, das vom Bügeleisen ihrer Mutter noch warm war.

Am zweiten Wochenende schneite Cody herein, von wo immer er zuletzt hin verschwunden war. Er reiste auf einer Brise von Energie und Geld; Jenny war beeindruckt. Er benützte ihr Telephon zwei Stunden lang, geschickter Organisator, der er immer war, und besorgte eine volle Hilfskraft für Becky, eine schmale junge Frau namens Delilah Greening, die sich als die beste Hilfe erwies, die Jenny jemals haben würde. Dann warf er sich das Jackett über die Schulter, entbot ihr einen kleinen Salut und war weg.

Sie schlief manchmal zwölf und vierzehn Stunden nacheinander. Beim Aufwachen wußte sie nicht, wo sie war, und die kitzelnden Sonnenstrahlen in der Wohnung erschreckten sie. Sie verwechselte Traum und Wirklichkeit. »Wie ist es passiert ...?« fragte sie manchmal ihre Mutter, bis ihr einfiel, daß es nicht passiert war (die Zirkusparade durch ihr Schlafzimmer, der ältere Herr, der an seinen Hacken von ihrer Vorhangstange hing wie eine Frucht.) Manchmal, nachts, kamen lebhafte Stimmen aus dem Dunkel. »Doktor Tull. Doktor Tull«, sagten sie dringlich, offiziell. Oder: »Sechshundertfünfzig Milligramm Chininsulfat...« Ihr eigener Puls klopfte in ihrem Trommelfell. Sie hielt ihre Hand gegen das Licht der Straßenbeleuchtung und wunderte sich, wie weiß und blutleer sie geworden war.

Als ihre Mutter abreiste und Delilah kam, stand Jenny auf und ging wieder zur Arbeit. Eine Zeitlang trug sie sich so sacht wie eine Tasse mit Flüssigkeit. Sie hielt sich gerade und gleichmäßig, um sich nicht auszuschütten. Aber es ging ihr gut, sah sie; es ging ihr wirklich gut. An den Wochenenden machten ihre Mutter und Ezra kurze Besuche, oder Jenny nahm Becky im Zug nach Baltimore mit. Sie zogen sich beide für diese Fahrten fein an und saßen ganz still, um ihre Kleider nicht zu zerknittern. Jenny fühlte sich geläutert, wie jemand, den ein gefährliches Fieber entwässert hat.

Und im folgenden Sommer, als sie lukrativere Angebote in Philadelphia oder Newark hätte annehmen können, wählte sie statt dessen Baltimore. Sie tat sich mit zwei älteren Kinderärzten zusammen, gab Becky in den Kindergarten und kaufte kurz danach ihr Reihenhaus in Bolton Hill. Sie fühlte sich allerdings weiter zerbrechlich. Es gab immer noch ein zitteriges, flüssiges Zentrum zu überwachen. Manchmal ließen laute Geräusche ihr Herz rasen – wenn ihre Mutter plötzlich ihren Namen aussprach oder das Telephon spätnachts schrillte. Dann gab sie sich einen Ruck. Sie ermahnte sich, zurückzuweichen, loszulassen. Ihr schien, daß die Menschen, die sie bewunderte (einer ihrer Partner, ein verschrobener, komischer Mann namens Dan Charles, und ihr Bruder Ezra und ihre Nachbarin Leah Hume), eins gemeinsam hatten: Sie betrachteten die Welt mit Distanz. Sie hatten etwas Verhülltes an sich – etwas Undurchdringliches, was sie schwer faßbar machte. Dan, zum Beispiel, hielt einen so leichten, scherzhaften Ton aufrecht, daß man ihn nie nach seiner Frau fragen konnte, die immer wieder in Anstalten für

Geisteskranke landete. Und Leah: Sie konnte die wiederholten Fehlschläge ihrer verrückten geschäftlichen Abenteuer lachend beiseite schieben, als sei sie bloß auf den Hintern gefallen. Wie unberührt sie aussah und wie unberührbar, wenn sie in sich hineinkicherte und sich eine wohlgeformte, ungepflegte Hand vor den Mund hielt! Jenny studierte sie; man hätte fast sagen können, sie machte sich Notizen. Sie wollte lernen, wie man schräg durchs Leben kommt. Sie versuchte, ihre Intensität loszuwerden.

»Du hast dich verändert«, sagte ihre Mutter (die selbst nur aus Intensität bestand). »Du bist so anders geworden, Jenny. Ich kann nicht ganz genau sagen, was nicht stimmt, aber *irgend* etwas ist los.« Sie wollte, Jenny solle wieder heiraten; sie hoffte auf ein Dutzend Enkel, mindestens; sie war immer hinter Jenny her, sie solle ausgehn und unter Menschen sein, gesellig, sich attraktiver herrichten, einen netten jungen Mann kennenlernen. Was Jenny ihr nicht sagte, war, daß sie sich aus alledem einfach nichts machte. Sie fühlte sich ohne Struktur, gesellschaftliche Anlässe glitten einfach an ihr ab, ohne jede Reibung; und der Gedanke an gefühlvolle Gespräche, wie sie ein Flirt erfordern würde, machte sie ganz ungeduldig.

Dann begegnete sie Joe mit seiner Kinderschar – seiner Wattierung, seinem Wall, seiner Barrikade von Kindern, alle dringend ihrer energischen und kompetenten Aufmerksamkeit bedürftig. Gespräch überflüssig – sie und Joe hatten kaum einen Augenblick Zeit, ernsthaft miteinander zu reden. Sie mußten dauernd versuchen, sich durch den Lärm von Spielzeug-Lastwagen und Xylophonen verständlich zu machen. Sie hatte nicht einmal mehr Zeit zum Denken.

»Natürlich, der materielle Gegenstand bedeutet nichts«, sagte der Priester. Er zuckte bei einem Quieken aus dem Wartezimmer zusammen. »Das ist unwichtig, meine geringste Sorge. Er hatte zwar einen gewissen historischen Wert. Es war eine Schenkung, vom Missionsbruder eines unserer Gemeindemitglieder, glaube ich.«

Jenny lehnte sich gegen das Fenster der Rezeption zurück und berührte ihre Stirn mit der Hand. »Also, ich kann nicht...«, meinte sie. »Was, haben Sie gesagt, war das?«

»Ein Rhinozerosfuß«, sagte der Priester, »in Form eines Schirmständers. Oder ein Schirmständer in Form eines Rhinozerosfußes. Es war ein echter Rhinozerosfuß aus... wo eben Rhinozerosse herstammen.«

Ein nacktes, kleines Wesen kam aus einer Tür geschossen wie ein verlorenes Stückchen Popcorn, verfolgt von einer Schwester mit Subkutanspritze. Der Priester trat zurück, um ihnen Platz zu machen. »Wir wissen, daß er morgens noch da war«, fuhr er fort. »Aber um vier Uhr war er weg. Und Slevin war ganz kurz davor dagewesen; ich hatte ihn eingeladen, mit mir zu reden. Leider war ich am Telephon, als er kam. Als ich aufgehängt hatte, war er weg, und mit ihm der Rhinozerosfuß.«

»Ich frage mich, ob seine Mutter einen Rhinozerosfuß hatte.«

»Wie bitte?« fragte der Priester.

Jenny wurde klar, wie das geklungen haben mußte. Sie lachte: »Ich meine nicht, daß sie Rhinozerosfüße hatte – o Gott...«

Der Priester sagte: »Doktor Tull, sehen Sie nicht, daß das eine ernste Sache ist? Wir haben da ein Kind mit Problemen, begreifen Sie nicht? Finden Sie nicht, daß etwas geschehen muß? Was ist Ihr Standpunkt, Doktor Tull?«

Jennys Lächeln verschwand, und sie sah ihm ins Gesicht. »Ich weiß nicht«, antwortete sie nach einer Pause. Sie fühlte sich plötzlich beraubt, als ob etwas fehlte, als hätte sie etwas aufgegeben. Sie war nicht *immer* so gewesen, hätte sie gern zu ihm gesagt. Aber laut erklärte sie: »Ich meinte nur, sehen Sie... Ich glaube, er stiehlt, was ihn an seine Mutter erinnert. Staubsauger und Schirmständer. Ergibt das keinen Sinn?«

»Hm«, sagte der Priester.

»Was kommt als nächstes dran, frage ich mich.« Jenny überlegte einen Moment. »Schon die Vorstellung! Der Flügel. Das Spülbecken. Na, wir werden noch den ganzen Haushalt seiner Mutter kriegen – ihre Photoalben und ihre Schuljahresbücher, ihre Zimmergenossin aus dem College schlafend auf unserem Bett und ihre High-School-Verehrer in unserem Wohnzimmer.« Sie stellte sich fein gekleidete Knaben aus den fünfziger Jahren in einer Reihe vor, das Haar naß hingeklatscht, die Hemden steif gebügelt, wie sie wie Mannequins auf ihrer Couch thronten, eine herzförmige Schokoladenschachtel auf den Knien. Sie lachte. Der Priester stöhnte. Ein kleiner blauer Plastikhubschrauber surrte durch das Wartezimmer und landete in Jennys Haar.

8

Das ist wirklich passiert

Im Sommer, ehe Luke Tull vierzehn wurde, hatte sein Vater einen ernsten Unfall in der Fabrik, die er inspizierte. Ein Eisenträger schwang an seinem Kabel herum, traf Lukes Vater und den Meister neben ihm und fegte sie beide vom Laufsteg und hinunter auf die niedrigere Etage der Fabrik. Der Meister wurde getötet. Cody blieb am Leben, durch irgendein Wunder, war aber schwer verletzt. Zwei Tage lag er im Koma. Man befürchtete, sein Gehirn habe Schaden gelitten, bis er aufwachte und in seiner normalen barschen Art fragte, wer zum Teufel hier das Sagen hätte.

Drei Wochen später kam er mit dem Krankenwagen nach Hause. Sein dichtes schwarzes Haar war auf einer Seite des Kopfs abrasiert; dort verdeckte ein Mullverband die schlimmste seiner Verletzungen. Sein Gesicht – sonst hager und gebräunt – war an einem Wangenknochen geschwollen und zeigte verschiedene Schattierungen von Gelb, wo Blutergüsse langsam verschwanden. Seine Rippen waren bandagiert, und ein Arm und ein Bein steckten in Gips – der rechte Arm und das linke Bein, weshalb er keine Krücken benutzen konnte. Er war gezwungen, im Bett zu liegen, und verfluchte die Sportshows im Fernseher: »Idioten! Dummköpfe! Wer, glauben die eigentlich, schaut sich diesen Mist an?«

Lukes Mutter, die immer so lebhaft gewesen war, verlor etwas Wichtiges an den Unfall. Zuerst, in den schrecklichen Koma-Tagen, trieb sie herum in einer Flut von Tränen – eine kleine bleiche Frau mit geröteten Augen. Ihr rotes Haar schien an Farbe verloren zu haben. Luke sagte zu ihr: »Mami?«, und sie hörte ihn nicht oder schnappte manchmal ihre Autoschlüssel, als dächte sie, jemand anders hätte gerufen, und raste wieder zur Klinik und ließ Luke allein. Selbst nachdem das Koma vorüber war, schien sie sich nicht wieder ganz zu erholen. Nachdem Cody nach Hause gebracht wurde, saß sie stundenlang an seinem Bett, ohne etwas zu sagen, und streichelte nur leicht eine dicke Vene, die an der Innenseite seines Handgelenks entlanglief. Sie sah den Sportübertragungen mit unsicherem Lächeln zu. »Herrgott, schau, wie die kreischen«, sagte Cody angeekelt, und Ruth beugte sich vor und legte ihre Wange an seine Hand, als habe er etwas Wundervolles geäußert.

Luke, der einmal der Mittelpunkt ihrer Welt gewesen war, hing nun an den Rändern herum. Es war Juli, und er hatte nichts zu tun. Sie lebten hier – in einem Vorort von Petersburg, Virginia – erst seit dem Ende des Schuljahres, und er kannte keine Jungen in seinem Alter. Die Kinder in seinem Block waren alle jünger, mit Piepsstimmen und nervös. Er störte sich an ihren kreischenden Kricketspielen und dem knatterigen »sch! schiu!« ihrer eingebildeten Gewehre. Kleinkinder wurden in blumengemusterte Kunststoff-Planschbecken gepackt und verbrachten ihren Vormittag damit, die Wannen Maßbecher für Maßbecher leerzuschöpfen, bis jeder Hof im Dreck schwamm. Luke konnte sich nicht erinnern, jemals so klein gewesen zu sein. Auf seinen Wanderungen durch die eisige, weiß-goldene Eleganz des gemieteten Hauses im Kolonialstil begegnete er sich in verschiedenen, goldgerahmten Spiegeln: ein ungeschicktes und unerwünschtes Wesen, auf Beinen schlurfend, deren Länge nicht mehr zu bewältigen war, sein Gesicht nicht mehr niedlich, aber auch noch nicht zu etwas Besserem ausgewachsen – ein ovales, zartes Gesicht, ein Schwung strähnigen Blondhaars, ein Mund voller Spangen, die seine Lippen schief und verletzlich aussehen ließen. Seine Jeans wurden ihm zu kurz, aber er hatte keine Ahnung, wie man sich neue kaufte. Er war gewohnt, sich in diesen Dingen auf seine Mutter zu verlassen. In den alten Tagen hatte seine Mutter alles für ihn getan. Sie war ihm sogar auf die Nerven gegangen.

Jetzt machte er sich das Frühstück selbst – Corn Flakes oder

Weizenflocken – und ein belegtes Brot zu Mittag. Seine Mutter kochte Abendessen, aber es war etwas Zusammengehauenes, überhaupt nicht ihr eigentlicher Stil; und meist ließ sie Luke allein in der Küche sitzen, während sie und Cody von einem Tablett im Schlafzimmer aßen. Oder wenn sie bei Luke blieb, *redete* sie von Cody. Sie fragte Luke nie, wie alles bei ihm lief, wie es ihm selbst ging, nein; es hieß »dein Daddy« dies und »dein Daddy« jenes, nichts als »dein Daddy«. Wie gut er sich hielt, wie er sich immer gut gehalten hatte, immer so zuverlässig seit der frühesten Zeit ihrer Bekanntschaft mit ihm. »Ich war erst neunzehn, als ich ihn traf«, sagte sie, »und er war dreißig Jahre alt. Ich war ein einfaches, junges Ding, und er war das Attraktivste, was man je gesehen hat, so wohlerzogen und in so einem perfekten, grauen Anzug. Damals war ich fest entschlossen, Ezra zu heiraten, den Bruder von deinem Daddy. Ich wette, das hast du nicht gewußt, oder? Oh, ich bin rumgekommen, damals. Dann trat dein Vater auf. Frech wie Oskar. War ihm egal, wie es aussah, hatte keine Spur von Scham, kam einfach daher und tat, als gehörte ich ihm. Na, zuerst dachte ich, er zieht mich bloß auf. Er hätte jede haben können, jede, die ihm gefiel, sogar eine Schönheit. Dann sah ich, daß es ihm ernst war. Ich wußte nicht, was ich machen sollte, denn ich liebte deinen Onkel Ezra, auch wenn er nicht so... Ich meine, Ezra war ein viel einfacherer Mensch, mehr wie ich, könnte man sagen. Aber dein Daddy kam ins Zimmer, und es war... wie, ich weiß nicht – als ob die Luft sich belebt, irgendwie. Er legte mir die Hände auf die Schultern, eines Tages, und ich sagte zu ihm: ›Bitte, ich bin mit Ezra verlobt‹, und er erklärte, daß er das weiß. Er trat näher, und ich sagte: ›Wirklich, Ezra ist ein guter, so ein guter Mann‹, und er: ›Ja, das stimmt‹; und wir umarmten uns wie zwei Leute, die einen gemeinsamen Verlust erlitten haben, und ich sagte: ›Aber, du bist doch schon so gut wie mein Schwager!‹, und er meinte nur: ›Um ein Haar, ja‹, und er küßte mich auf den Mund.«

Luke senkte die Wimpern. Er wünschte, sie spräche nicht von solchen Dingen.

»Und wir haben unser Rauf und Runter gehabt«, fuhr sie fort, »also, ich möchte nur, daß du weißt, es war nicht seine Schuld, Luke. Schau mich an! Weiter nichts als ein kleines Hinterwäldler-Mädchen aus Garrett County, fast ohne Schulbildung. Und mit mir auszukommen ist auch nicht so einfach. Du mußt ihm nichts vorwerfen. Also, einmal – du warst im Kindergarten, du weißt das bestimmt nicht mehr – hab' ich dich genommen und ihn verlassen. Ich sagte ihm, daß er mich nicht liebt und nie geliebt hat, mich nur geheiratet hat, um seinen Bruder zu kränken, Ezra, auf den er immer so eifersüchtig war. Ich habe ihm schreckliche Sachen vorgeworfen, einfach schreckliche, und dann, als er bei der Arbeit war, hab' ich dich zum Bahnhof geschleppt und ... es klingt komisch, wenn ich es jetzt erzähle, aber damals war es nicht zum Lachen: Wie wir auf einer Bank gewartet haben, erbrach sich ein Matrose in meine Handtasche. Es wurde Zeit, in den Zug einzusteigen, und ich konnte mich einfach nicht dazu bringen, meine Finger reinzustecken und die Tikkets rauszuholen, falls sie noch benutzbar waren; und konnte auch um keinen Preis nach dem Geld greifen, um neue zu kaufen. Also rief ich deinen Vater an, bettelte eine Nonne um einen Groschen an und sagte: ›Cody, komm und hol mich; ich tue hier etwas, was ich gar nicht tun will. Ach, Cody‹, hab' ich ihm erklärt, ›wir sind schon so miteinander verflochten; auch wenn du mich überhaupt nicht liebst, wir sind schon so eng verbunden. Ich muß einfach bei dir bleiben.‹ Und er ließ die Arbeit liegen und kam angefahren, um mich aufzusammeln, ganz ruhig und sicher in seinem schönen, grauen Anzug, einzig auf der Welt. Erinnerst du dich nicht? Du hast alles vergessen«, sagte sie. »Meinetwegen, auch gut. Luke, wenn du jemand fast verlierst, dann wird alles so klar! Du siehst, wie wichtig er ist, daß es niemand gibt, der auch nur ein bißchen so wäre wie er; er ist unersetzlich. Wie er immer zuerst an uns denkt; ich meine, nie und nimmer uns zurückgelassen hat, wenn er geschäftlich unterwegs ist, sondern uns in jede neue Stadt karrt, wo er einen Auftrag hat, weil er es nicht machen will wie sein Vater, sagt er: herumreisen und die eigene Familie vergessen. Es stimmt nicht, daß er uns mitnimmt, weil er mir nicht traut. Es geht ihm wirklich um unser Wohl. Wenn ich heute daran denke«, sagte sie, »wie dein Vater mich dieses erste Mal geküßt hat – ›Um ein Haar, ja‹, hat er gesagt. ›Ja, um ein Haar dein Schwager‹, und er küßte mich so ruhig, aber bestimmt, nachdrücklich, als würde er kein Nein gelten lassen –, also heute weiß ich, daß damals mein Leben anfing! Damals allerdings hab' ich nichts gemerkt, die Bedeutung nicht begriffen. Ich wußte damals noch nicht, daß ein Mensch auf einen andern so wirken kann.«

Soweit sie sich aber verändert hatte (falls sogar Luke anders geworden war – mehr und mehr durchsichtig, dachte er sich), Cody dagegen war absolut der alte geblieben. Schließlich hatte Cody nicht unter der Belastung dieses Komas gelitten; er war nicht dabei gewesen. Er hatte nicht befürchtet, er würde sterben, als er zu Bewußtsein kam, denn er kam gar nicht auf die Idee, er könnte überhaupt der *Typ* sein, der stirbt. Er war durch die ganze Erfahrung mit seiner üblichen Mischung aus Nonchalance und Streitsucht gesegelt, und jetzt wälzte er sich auf seinem Bett herum und überlegte, wann er wohl wieder aufstehn könnte. »Hauptsächlich bin ich wütend«, sagte er zu Luke. »Diese ganze verdammte Geschichte hat mich ganz rasend gemacht. Ich hab' den Schlag von dem Träger gespürt, weißt du? Ich hab' ihn wirklich gespürt, und es hat weh getan, und die ganze Zeit, während ich durch die Luft flog, wollte ich ihn zurückschlagen, jemand hauen; und jetzt warte ich anscheinend immer noch auf die Gelegenheit. Wann bin ich wieder quitt? Und rede mir nicht von Prozessen oder Entschädigung. Das einzige, was ich will, ist diesen Träger zurückschlagen.«

»Mama fragt, ob du ein bißchen Suppe möchtest«, sagte

Luke und rieb seine Handflächen nervös an den Hüften hinunter.

»Nein, ich möchte keine Suppe. Warum versucht sie immer, mich zu füttern? Hör zu, Luke. Wenn deine Großmutter heute wieder anruft, möchte ich, daß du ihr sagst, ich bin wieder arbeiten gegangen.«

»Arbeiten?«

»Ich halt's nicht mehr aus, wenn sie am Telephon jammert.«

»Aber die ganze Zeit«, wandte Luke ein, »hast du ihr gesagt, du bist zu krank für Besuch. Gestern warst du noch zu krank, und heute bist du wieder bei der Arbeit? Was soll sie denn denken?«

»Ist mir egal, was sie denkt«, antwortete Cody. Es klang nie sehr liebevoll, wenn er von Grandma Tull sprach, die seit dem Unfall jeden Tag aus Baltimore angerufen hatte. Luke mochte sie, soweit er sie überhaupt kannte, aber Cody sagte, Gesichter könnten täuschen: »Sie macht auf vornehm. Du weißt nicht, wie sie ist. Du weißt nicht, was es hieß, bei ihr aufzuwachsen.«

Luke meinte, er wüßte sehr wohl Bescheid (hatte er nicht alles millionenmal gehört?), aber sein Vater war jetzt in Schwung und ließ sich nicht aufhalten. »Ich geb' dir mal ein Beispiel«, fuhr er fort. »Hör mal zu. Das ist wirklich passiert.« Auf diese Art fing er immer von seiner Kindheit an. »Das ist wirklich passiert«, sagte er dann, als sei es undenkbar, völlig unglaublich, aber was dann kam, erschien Luke nie so schrecklich. »Ich schwöre: Deine Großmutter hatte diese Freundin Emmaline, die sie jahrelang nicht gesehen hatte. Die einzige Freundin, von der sie je sprach. Und Emmaline lebte in ... weiß ich nicht mehr. Jedenfalls irgendwo weit weg. Ich sparte also für Weihnachten auf ein Greyhound-Bus-Billett, dahin, wo immer diese Emmaline lebte. Ich schuftete und borgte und stahl das Geld und schenkte Mutter das Billett am Weihnachtsmorgen. Ich war siebzehn damals, alt genug, um für die andern zu sorgen, und ich hab' ihr erklärt: ›Morgen fährst du, bleibst eine Woche, und ich passe inzwischen auf alles auf.‹ Und weißt du, was sie sagte? Hör zu; du wirst es nicht glauben. ›Aber Cody, Darling‹, sagte sie. ›Übermorgen hat dein Bruder Geburtstag.‹«

Er sah zu Luke hinüber. Luke wartete auf die Fortsetzung.

»Siehst du. Der siebenundzwanzigste Dezember war nämlich Ezras Geburtstag.«

»Also?« fragte Luke.

»Also konnte sie ihr kostbares Söhnchen an seinem Geburtstag nicht allein lassen! Nicht einmal, um ihre älteste, liebste, einzige Freundin zu besuchen, wozu ihr anderer Junge ihr die Fahrkarte geschenkt hatte.«

»Ich hätte es auch nicht gern, wenn Mama an meinem Geburtstag nicht da wäre«, meinte Luke.

»Nein, nein, du verstehst nicht. Sie wollte Ezra nicht verlassen, ihren Liebling. Mich oder meine Schwester hätte sie bestimmt allein gelassen.«

»Woher weißt du das?« fragte ihn Luke. »Hast du jemals versucht, ihr an deinem eigenen Geburtstag ein Ticket zu schenken? Ich wette, sie hätte dasselbe gesagt.«

»Mein Geburtstag ist im Februar«, entgegnete Cody. »Schon gar keine Gelegenheit zum Schenken. Ach, ich weiß nicht, warum ich überhaupt mit dir rede. Du bist ein Einzelkind, das ist dein Problem. Du hast nicht die leiseste Ahnung, was ich eigentlich sagen will.« Und er drehte sein Kissen um und legte sich mit einem Seufzer zurück.

Luke ging auf den Hof und warf seinen Baseball gegen die Garage. Der Ball dröhnte und sprang zurück und glänzte dabei in der Sonne. Früher hatte seine Mutter mit ihm Werfen geübt. Sie hatte ihn auch gelehrt, von oben zu schlagen und zu werfen. Sie war gut in Sport. Manchmal sah er bei ihr etwas von dem kleinen, ausgelassenen Wildfang aufblitzen, der sie einmal gewesen sein mußte. Aber immer, wenn sie zusammen Ball spielten, schien es, als sei dies nur eine Vorbereitung auf das richtige Spiel, mit seinem Vater. Es war wie Pauken für ein Examen. Dann, an den Wochenenden, kam

Cody heim und warf Luke den Ball zu und sagte: »Nicht schlecht. Gar nicht schlecht«, wenn Luke ihn über den Zaun schlug. In solchen Augenblicken wurde sich Luke bewußt, wie sein Gang ein gewisses Wiegen annahm, seine Schultern einen gewissen Schwung. Er stellte sich vor, daß er seinem Vater immer ähnlicher wurde. Wenn er nach dem Üben ins Haus schlenderte, an Codys geparktem Wagen vorbei, fragte er dann: »Hat die Karre noch anständig was drauf?« Er stellte sich vor den offenen Eisschrank und soff Eistee direkt aus dem Krug – seine Mutter haßte das. Wurde ja auch Zeit, seine Mutter hinter sich zu lassen – all diese Jahre, die er durch das Haus hinter ihr hergelaufen war, verstrickt in ihren Tageslauf, mit seinem Spielzeugbesen hinter ihrem großen hergefegt oder sich mit beiden Ellbogen auf ihren Toilettentisch gestützt hatte, um verzaubert zuzusehen, wie sie Puder auf ihre sommersprossige Nase stäubte. Die Alltäglichkeit des weiblichen Lebens! Er wußte alles darüber, was er wissen wollte. Er war all des Trivialen überdrüssig: Seifenpulver abmessen, auf den Installateur warten. Höchste Zeit, sich auf die Seite seines Vaters zu stellen. Aber sein Vater lag im Schlafzimmer auf dem Rücken und fluchte vor sich hin. »Was zum Teufel ist mit dem Fernseher los? Warum soll man einen Sony kaufen, wenn es niemand gibt, der ihn richten kann?«

»Ich werd' heut noch jemand auftreiben«, flötete Ruths neue, sanfte Stimme.

Ruth trug jetzt nur Kleider, weil Cody sagte, er könne ihre Hosenanzüge nicht mehr sehen: »Diese ewigen Polyesteranzüge.« Und obwohl es stimmte, daß sie nicht so modisch aussah wie die meisten anderen Frauen, war Luke sich nicht sicher, ob das an den Hosenanzügen lag. Selbst nachdem sie zu Kleidern überging, schien etwas verkehrt. Sie waren zu weit, oder zu steif, oder zu glänzend; sie sahen weniger nach Kleidern aus als nach... Obdach, dachte Luke. »Ist es so besser?« fragte sie seinen Vater und stand hoffnungsvoll im Türrahmen, flach in ihren billigen Latschen, denn in Garrett

County, sagte sie, habe ihr niemand beigebracht, auf hohen Absätzen zu laufen. Inzwischen war Cody wieder besserer Laune. Er antwortete: »Sicher, Spatz. Sicher. Sehr schön.« Er war nicht immer gereizt. Es war die Strapaze, unbeweglich herumzuliegen. Es war die ständige Unbequemlichkeit. Er gab sich Mühe. Aber dann, keine zwei Stunden später: »Ruth, kannst du mir mal erklären, warum ich in einem Haus wohnen muß, das aussieht wie eine Konfektschale? Muß man unbedingt ein Haus mieten, wo alles weiß und gold und voller Schnörkel ist? Glaubst du, das ist Klasse?«

Es lag in der Natur von Codys Job, daß er allein arbeitete. Sobald er eine Fabrik, die ihn bestellt hatte, auf Stromlinienform gebracht hatte, zog er weiter. Sein Partner, ein Mann namens Sloan, lebte in New York City und erfand die Geräte, deren Notwendigkeit Cody bestimmte – Sortierregale, Falthilfen, Einhandgeräte mit mehreren Funktionen. Daher gab es keine Kollegen, die Cody hätten besuchen können, wenn man von dem einen nervösen Anruf des Besitzers der Fabrik absah, wo er den Unfall erlitten hatte. Und sie kannten keinen ihrer Nachbarn. Sie waren auf sich selbst gestellt, sie drei allein. Sie hätten Schiffbrüchige sein können. Kein Wunder, daß Cody sich so reizbar zeigte. Die einzige Gelegenheit, bei der Luke und seine Mutter aus dem Haus kamen, war der wöchentliche Einkauf von Lebensmitteln. Ruth fuhr dann ihren weißen Mercedes rückwärts aus der Garage, saß aufrecht und angespannt am Steuer, sah nicht hinter sich, hatte schon wieder Angst um Cody.

»Vielleicht hätte ich dir sagen sollen, daß du dableibst. Wenn er auf die Toilette muß ...«

»Er kann genausogut warten«, knirschte Luke durch die Zähne.

»Aber Luke!«

»Laß ihn doch ins Bett pinkeln.«

»Luke Tull!«

Luke starrte durchs Fenster hinaus.

»Es war schlimm für dich«, sagte seine Mutter. »Wir müssen ein paar Freunde für dich suchen.«

»Ich brauche keine Freunde.«

»Jeder braucht Freunde. Wir haben nicht einen in dieser Stadt. Ich hab' das Gefühl, ich vertrockne. Manchmal frage ich mich, ob dieses Leben wirklich ...« Aber dann sagte sie nichts mehr.

Als sie zurückkamen, war Cody liebenswürdig und fröhlich, als hätte er in ihrer Abwesenheit ein paar Entschlüsse gefaßt. Oder vielleicht hatte das Alleinsein ihn erfrischt. »Hab' mit Sloan gesprochen«, sagte er zu Ruth. »Hat aus New York angerufen. Ich habe ihm gesagt, sobald ich diesen Gips los bin, schließe ich die Sache in der Fabrik ab und verschwinde. Ich halt's hier nicht mehr aus.«

»Oh, gut, Cody, mein Schatz.«

»Bring mir meine Aktentasche, ja? Ich möchte ein paar Ideen notieren. Es gibt eine Menge, was ich im Bett machen könnte.«

»Ich hab' ein paar von den Birnen gekauft, die du magst.«

»Nein, nein, bloß meine Aktentasche und den Kugelschreiber vom Schreibtisch in meinem Studio. Ich will sehn, ob meine Finger wieder zum Schreiben taugen.«

Er sagte zu Luke: »Arbeit ist das, was ich brauche. Ich habe nach Arbeit gehungert. Das hat mich ein bißchen schnippisch gemacht.«

Luke kratzte sich am Brustkorb. »Schon in Ordnung.«

»Paß auf, daß du einen Job findest, der dir Spaß macht, wenn du mal groß bist. Man muß Spaß haben an dem, was man macht. Das ist wichtig.«

»Ich weiß.«

»Ich, ich handle mit Zeit«, sagte Cody. Er nahm Ruth den Kugelschreiber ab. »Zeit ist meine Lieblingsbeschäftigung.«

Luke hatte es gern, wenn sein Vater von Zeit sprach.

»Von Zeit bin ich besessen: Sie nicht verschwenden, nicht verlieren. Es ist wie ... ich weiß nicht, wie ein richtiges Ding für mich, etwas, was man fest anfassen kann. Wenn ich bloß genug davon in einem Klumpen zusammensammeln könnte, denke ich immer. Wenn ich sie zurück- und vor- und zur Seite schieben könnte, weißt du? Wenn Einstein nur recht hätte und Zeit eine Art Fluß wäre und man sich die Stelle am Ufer aussuchen könnte, wo man hineinsteigt.«

Er ließ seinen Kugelschreiber ein- und ausklicken, sah mit gerunzelter Stirn in die Ferne. »Wenn es eine Zeitmaschine gäbe, würde ich sie benutzen«, sagte er. »Es wäre mir ziemlich egal, wohin. Vergangenheit oder Zukunft: Nur heraus aus meiner Zeit. Nur woandershin.«

Luke spürte einen Stich. »Aber dann würdest du mich ja gar nicht kennen«, meinte er.

»Hmm?«

»Aber sicher«, sagte Ruth energisch. Sie öffnete gerade die Schlösser von Codys Aktentasche. »Er würde dich mitnehmen. Du mußt nur bedenken«, sprach sie zu Cody, »wenn Luke mitgeht, mußt du Penizillin dabeihaben, und seine Heufiebertabletten und seine Fluor-Zahncreme, hörst du?«

Cody lachte, aber er äußerte sich weder positiv noch negativ, ob er Luke mitnehmen würde.

Am gleichen Abend bekam Cody zum erstenmal diesen seltsamen Eindruck. Es passierte so plötzlich: Sie spielten Monopoly auf Codys Bett, zu dritt, und Cody gewann, wie üblich, und bot Luke einen Kredit an, um weiterzumachen.

»Na ja, nein, ich habe verloren, glaube ich«, meinte Luke.

Es gab eine winzige Pause – wie einen übersprungenen Musiktakt. Cody blickte Ruth an, die ihre Urkunden-Karten zählte. »Er klingt genau wie Ezra«, sagte er zu ihr.

Sie runzelte bei ihrem nächsten Zug die Stirn.

»Hast du nicht gehört, was er eben gesagt hat? Er hat es genauso gesagt wie Ezra.«

»Wirklich?«

»Genau wie Ezra«, wandte sich Cody an Luke. »Dein Onkel Ezra. Es hat überhaupt keinen Spaß gemacht, ihn zu schlagen. Er nahm nie einen Kredit und auch keine Hypothek auf das winzigste Ding, nicht einmal auf eine Eisenbahn oder die Wasserwerke. Er sank einfach zusammen und gab auf.«

»Schon, nur . . . du siehst doch, daß ich verloren habe«, erwiderte Luke. »Es ist nur eine Frage der Zeit.«

»Manchmal wirkst du viel eher wie Ezras Kind, nicht wie meins.«

»Cody Tull! Was für eine Idee«, sagte Ruth.

Aber es war zu spät. Die Worte hingen in der Luft. Luke fühlte sich elend; mit knapper Not konnte er das Spiel zu Ende bringen. (Er wußte, daß sein Vater nie viel von Ezra gehalten hatte). Und Cody, obwohl er das Thema fallenließ, blieb irgendwie unbefriedigt. »Sitz doch gerader«, ermahnte er Luke immer wieder. »Mach keinen Buckel. Sitz gerade. Gott. Du siehst aus wie ein Kaninchen.«

Sobald er konnte, sagte Luke gute Nacht und zog sich ins Bett zurück.

Am nächsten Morgen war alles wieder gut. Cody arbeitete an seinen Papieren weiter und hatte ein weiteres Gespräch mit Sloan. Ruth kochte ein Hühnchen für ein angenehmes, kaltes Sommerabendessen. Wann immer Luke vorbeiwanderte, sagte Cody etwas Aufmunterndes zu ihm. »Warum so ein langes Gesicht?« fragte er dann, oder: »Langeweile, Sohn?« Es klang komisch, wenn er Luke »Sohn« nannte. Cody tat das gewöhnlich nicht.

Sie aßen alle im Schlafzimmer zu Abend – Sandwiches und Kartoffelsalat, wie ein Picknick. Mitten im Essen klingelte das im Bettzeug begrabene Telephon, und Cody sagte, sie sollten es nicht abnehmen. Sie verhielten sich vollkommen still, als könnte der Anrufer sie irgendwie hören. Es konnte nur seine Mutter sein, stellte er fest. Doch nachdem das Läuten aufgehört hatte, sagte Ruth: »Die arme, arme Frau.«

»Arm!« schnaubte Cody.

»Sind wir nicht gräßlich?«

»Du würdest sie nicht ›arm‹ nennen, wenn du sie besser kennen würdest.«

Luke ging in sein Zimmer zurück und sortierte seine alten Modellflugzeuge. Die Stimmen seiner Eltern schwebten hinterher. »Hör zu«, sagte Cody zu Ruth. »Das ist wirklich passiert. Für den Geburtstag meiner Mutter habe ich mein ganzes Geld gespart, vierzehn Dollar. Und Ezra hatte keinen Penny, weißt du ...«

Luke kramte seine hölzerne Armee-Feldkiste durch, das einzige Möbelstück, das ihm wirklich gehörte. Die Kiste hatte sie auf all ihren Umzügen begleitet, auch schon früher, als er sich erinnern konnte. Er suchte nach dem fehlenden Flügel eines Jets. Den Flügel fand er nicht, aber was er fand, war ein Lederbeutel mit Murmeln – solchen, wie er sie gemocht hatte, mit Spritzern und Bläschen im Innern wie Ginger-ale. Und eine Schleuder, aus einem Streifen Fahrradschlauch gemacht. Und eine »Tonette« – ein staubiges, schwarzes Blasinstrument aus Plastik, auf dem er zum Muttertag damals in der ersten Klasse zusammen mit seinen Mitschülern »White Coral Bells« gespielt hatte. Er probierte es: *Weiße Glöckchen, auf einem schlanken Stiel* ... Es kam ihm wieder, Note um Note. Er stand auf und ging zum Zimmer seiner Eltern, um es zu Ende zu spielen. *Kommt, Maiglöckchen ...*

Sein Vater sagte: »Das halte ich nicht aus.«

Luke setzte das Instrument ab.

»Machst du das mit Absicht?« fragte Cody. »Mußt du mich unbedingt quälen?«

»Hm?«

»Cody, Schatz ...«, sagte Ruth.

»Du verfolgst mich, oder was? Ich werde ihn nicht los! Ich verbringe mein halbes Leben mit dem zuckersüßen Ezra und seiner verfluchten Holzpfeife; endlich gelingt mir die Flucht, und schau an: alles von vorn. Es ist wie eine Verschwörung! Wie ein Komplott, wo jemand, lange ehe ich geboren wurde, beschlossen hat, daß ich meine Tage beschließen soll, umgeben von Leuten, die ... netter sind als ich, ganz einfach netter und ganz mühelos, Leute, die alle andern lieber haben;

und wo ich hingehe, ist so was, genau dieses verdammte, nachsichtige Lächeln oder so ein blödsinniges Volkslied, das aus einem Fenster daherkommt...«

»Cody, Luke wird denken, du hast den Verstand verloren«, sagte Ruth.

»Und du!« sprach Cody zu ihr. »Schau dich an! Gott. Manche Menschen passen für immer zusammen, nicht? Und es gibt nicht die geringste Hoffnung, sie auseinanderzustemmen. Verheiratet oder nicht, immer hast du Ezra mehr geliebt als mich.«

»Cody, was redest du eigentlich?«

»Gib's zu. Ist Ezra nicht der richtige, wahre Vater von Luke?« Schweigen.

»Das hast du nicht gesagt. Das kannst du gar nicht gesagt haben!«

»Gib's zu!«

»Du kannst doch so was nicht im Ernst glauben.«

»Ist es nicht die Wahrheit? Sag's mir! Ich werde nicht böse, ich versprech's dir.«

Luke ging in sein Zimmer zurück und schloß die Tür.

Er lag dann den ganzen Nachmittag auf seinem Bett und las noch mal ein altes Pferdebuch aus seiner Kindheit, weil er sonst nichts zu tun hatte. Die Geschichte kam ihm jetzt blöd vor, obwohl er sie einmal geliebt hatte. Als seine Mutter ihn zum Abendbrot rief, marschierte er sehr energisch in die Küche. Er hatte vor, sich zu weigern, absolut, weiter mit Cody im Schlafzimmer zu essen. Aber seine Mutter hatte bereits zwei Plätze am Küchentisch gedeckt. Sie saß ihm gegenüber, während er aß, sie selber nahm nur wenig. Luke schaufelte verschiedene kalte Sachen in sich hinein und wich ihrem Blick aus. Tatsache war, daß sie dumm war. Er konnte sich nicht erinnern, jemals so eine schwache und dumme Frau gesehen zu haben.

Nach dem Abendbrot ging er in sein Zimmer zurück und hörte eine Radioshow, bei der Leute einen müde klingenden Moderator anriefen und ihre Meinungen vorbrachten. Sie diskutierten über Alkohol am Steuer und Gewalt gegen Frauen. Es wurde dunkel, aber Luke machte das Licht nicht an. Seine Mutter klopfte zögernd an seine Tür, wartete und ging wieder.

Dann mußte er eingeschlafen sein. Als er aufwachte, war es noch dunkler geworden, und sein Hals war steif, und eine Frau im Radio sagte: »Also, ich leugne nicht, daß ich die Papiere unterschrieben habe, aber nur, weil er so schnell geredet hat, er hat mich dazu überredet. ›Setzen Sie einfach Ihren Friedrich Willi dahin‹, sagt er zu mir . . .«

»Ich nehme an, Sie meinen Friedrich Wilhelm«, meinte der Gastgeber ohne große Überzeugung.

»Was auch immer«, antwortete die Frau.

Dann mischten sich unter diese Stimmen Codys Brummen und Ruths blasse Antworten von fern durch die Wand. Luke zog sich das Kissen über den Kopf.

Er versuchte, sich an seinen Onkel Ezra zu erinnern. Ihre letzte Begegnung lag schon mehrere Jahre zurück. Und das war auch nur so ein kurzer Besuch gewesen; sein Vater hatte sie verstimmt weggeschafft, noch ehe sie richtig da waren. Ezra zu finden war so ähnlich, wie in der Militärkiste herumzukramen; er mußte sich an einem Dutzend anderer Erinnerungen vorbeiwühlen, und neben dem, was er suchte, tauchten noch weitere auf. Er roch den angebrannten Toast in Großmutters Küche und erinnerte sich an Ezras Schlafzimmer, das einmal Ezras und Codys gemeinsames Zimmer gewesen war, wo Kindheitsschätze (eine Buchstütze in Fußballform, ein abgeblätterter Hockeyschläger) so lang an ihrem Platz geblieben waren, daß Ezra sie nicht mehr sah. Alles, was Luke auffiel, schien eine Überraschung für Ezra zu sein. »Oh! Möchtest du das haben?« fragte er dann, und wenn Luke höflich ablehnte, um nicht habgierig zu erscheinen, sagte Ezra: »Bitte. Keine Ahnung, warum das noch hier ist.« Sein Zimmer war groß gewesen – wie eine Art Schlafsaal, der den ganzen dritten Stock einnahm –, aber sein stickiger Geruch nach gebrauchter Bettwäsche und zweimal getragenen Kleidern ließ es kleiner erscheinen. In der Badezimmertür unten war ein Schloß wie eine kleine Cashewnuß aus Silber, erinnerte sich Luke; und das Badezimmer selbst war hoch und hallend, alt, mit kaltem Fußboden und einem Porzellanknopf in der Wanne, auf dem *Abfluß* stand.

Er versuchte, sich seine Cousins und Cousinen vorzustellen – Tante Jennys Kinder –, landete aber nur bei einem anderen Zimmer: das verkramte Zimmer seiner Cousine Becky mit all den abgenutzten Stofftieren dicht um ihr Bett herum. Wie konnte sie bloß schlafen? hatte er sich gewundert. Aber sie sagte ihm, sie hätte überhaupt keine Schwierigkeiten mit dem Schlafen; und jedesmal, wenn sie woanders übernachtete, nähme sie die ganze Menagerie in einem riesigen Leinenkoffer mit und verteilte sie als erstes um das fremde Bett, sogar noch ehe sie den Schlafanzug auspackte; und ihre meisten Freundinnen machten das auch so. Luke ahnte zum erstenmal, daß Mädchen anders waren. Er war verwundert und bezaubert und behandelte Becky für den Rest des kurzen Besuchs als Beschützer – auch wenn sie ein Jahr älter als er und einen halben Kopf größer war.

Wenn Ezra wirklich sein Vater wäre, dachte sich Luke, dann könnte er selbst in Baltimore leben, wo die Häuser dunkel und tief und verschwiegen sind. Verwandte um ihn herum – eine liebende Großmutter, die komische Tante Jenny, ganze Haufen von Cousins und Cousinen. Ezra würde ihn in seinem Restaurant aushelfen lassen. Er würde vom Essen sprechen, und daß man Menschen mit Sorgfalt ernähren muß; Luke konnte seine gemächliche Sprechweise hören. Ja, jetzt hatte er es – die Erinnerung war wieder da: Ezra trug ein Flanellhemd, zartblaukariert und bis zur Unkenntlichkeit gewaschen. Sein Haar war flachsblond ... richtig! Genauso wie Lukes Blond, mit lauter Strähnen und Schichten. Und seine Augen hatten dasselbe Grau wie die von Luke, einen ganzen Ton heller als die von Cody, und seine Haut hatte denselben goldenen Schimmer, weshalb sie ebenfalls fast ohne Trennungslinie in sein Haar überging.

Luke redete sich ein, daß ein unvorstellbarer Augenblick zwischen Ruth und Ezra, vor vierzehn Jahren, wirklich passiert sei. Von da sprang er rasch auf die Zeit über, da Ezra kommen und Anspruch auf ihn erheben würde. »Du bist jetzt alt genug, um es zu erfahren, mein Sohn...«

An dieser Szene bastelte Luke im Dunkeln, machte kehrt, um einen falschen Ton zu korrigieren, oder eilte voran zu einer guten Stelle; da vergaß er sich und nahm das Kissen vom Kopf. Augenblicklich hörte er Codys Stimme hinter der Wand. »Alles, was ich jemals wollte, hat Ezra bekommen. Alles, was ich im Leben wollte. Sogar Dinge, die ich glaubte gewonnen zu haben, gewann Ezra zum Schluß. Und er schien sich nicht einmal darum zu bemühen; das ist das Teuflische dran.«

»Du hast die verdammten Monopoly-Spiele gewonnen, oder?« brüllte Luke.

Cody sagte nichts.

Am nächsten Morgen wirkte Cody ungewöhnlich still. Ruth brachte ihn zum Arzt, wo er den Gehgips bekommen sollte – ein Augenblick, auf den sie gewartet hatten, aber Cody gab sich jetzt desinteressiert. Luke mußte mit, um als Krücke zu dienen. Er zuckte zusammen, als Cody ihm zum erstenmal seinen schweren Gipsarm um die Schultern legte; er meinte, eine drohende Gefahr zu spüren. Aber Cody bestand fast nur aus Gewicht; murrend ging er dahin, offenbar mit seinem Kopf woanders. Er hievte sich ins Auto und starrte düster nach vorn. Im Wartezimmer des Arztes saß Cody mit leerem Gesicht da, während Luke und seine Mutter in Zeitschriften lasen. Und nachdem er seinen Gehgips bekommen hatte, humpelte er selbständig zum Wagen zurück und ignorierte Luke, der ihm Hilfe anbot. Er fiel ins Bett, sobald sie zu Hause angekommen waren, und lag da und starrte an die Decke. »Cody, Schatz? Denk dran, der Arzt hat gesagt, daß das Bein etwas Bewegung braucht«, mahnte Ruth.

Er antwortete nicht.

Luke ging auf den Hof hinaus und kickte eine Weile im Gras herum, als suche er etwas. Ein Grüppchen Kleinkinder gaffte ihn aus dem Planschbecken beim Nachbarn an. Er wollte schreien: »Dreht euch weg! Schaut mich nicht so an, es geht euch nichts an.« Aber statt dessen drehte er sich selbst um, ging aus dem Hof und die Straße hinunter. Noch mehr Planschbecken; mehr rundäugiges, kritisches Anstarren. Ein Hund, ein Welsh Corgi, vierschrötig und würdevoll, wuselte im Dackelgang das Trottoir entlang, gefolgt von einer Dame in flatterndem Morgenrock. »Toulouse! Toulouse!« rief sie. Die Hitze pochte; sie atmete fast. Schweiß bedeckte Lukes Gesicht, und sein T-Shirt klebte am Rücken. Immer wieder wischte er sich die Oberlippe ab. Er lief an Häusern im Kolonialstil vorbei, ähnlich wie seins, jedes mit einem Gegenstand im Wohnzimmerfenster, ausgestellt wie ein Museumsstück: eine Lampe mit Zwiebelschirm, ein Porzellanpferd, eine Vase mit Ringelblumen auf steifen Stielen. (Und was hatte sein eigenes Fenster? Es fiel ihm nicht ein. Fast hätte er gedacht, eine Trauer-Fica im Topf, aber die gehörte zu einer Wohnung, die sie früher gemietet hatten, drei oder vier Städte zuvor). Sprenger drehten sich träge. Es war befriedigend, von Zeit zu Zeit stehenzubleiben und zu beobachten, wie der Rasen die glitzernden Wassertropfen aufsaugte.

Eben kam eine geschäftige Dame daher, ihr Baby im Sportwagen, mitten in einem Trupp von Kleinkindern. Er ging über die Straße, um ihnen auszuweichen, wandte sich nach rechts und landete auf der Willow Bough Avenue mit ihrem brausenden Verkehr, den Kaufhäusern, Immobilienbüros und Plakaten und Tankstellen. Er wartete an einer Kreuzung und überlegte, wo er jetzt hingehn sollte. Es kam vom häufigen Umziehn, daß er nie richtig wußte, wo er war. Er nahm an, daß sein Orientierungssinn gelitten habe. Er konnte nicht begreifen, wie manche Leute anscheinend eine Art genauen inneren Plan der Stadt, in der sie lebten, mit sich trugen.

Ein Trailways-Bus zischte vorbei, auf dem *Baltimore* stand.

Wie es wohl wäre, wenn er den anhalten würde. (Konnte man einen Trailways-Bus stoppen?) Wenn er einsteigen würde – angenommen, er hätte das Geld, das er nicht hatte –, nach Baltimore fahren, zu Ezras Restaurant gehen und einfach hineinspazieren würde. »Da bin ich.« »Da bist du ja«, würde Ezra sagen. Ach, hätte er nur sein Geld dabei! Noch ein Bus fuhr vorbei, aber das war ein städtischer. Dann schob sich ein gigantischer Laster heran und bremste bei Gelblicht. Luke streckte einen Daumen aus, als gehorche er einem Befehl. Der Fahrer beugte sich herüber und öffnete die Tür auf der Beifahrerseite. »Komm, steig ein«, sagte er zu Luke.

Keine Mitfahrer stand auf einem Zettel am Fenster. Alles war ganz unwirklich. Langsam, wie jemand, der von hinten geschoben wird, kletterte Luke in die Kabine. Sie war voll von lauter Musik und einem lederigen, schweißigen, maskulinen Geruch. Er fühlte sich sofort wohl. Er schlug die Tür zu und lehnte sich zurück. Der Fahrer – messerscharfes Gesicht, unrasiert – blinzelte zur Ampel hinauf und fragte: »Wo mußt du denn hin, Junge?«

Luke antwortete: »Baltimore, Maryland.«

»Familie weiß, daß du fährst?«

»Sicher«, sagte Luke.

Der Fahrer warf ihm einen Blick zu.

»Ja, ja, meine Familie ... *lebt* ja in Baltimore«, fügte Luke hinzu.

»Na, dann.«

Der Laster fuhr wieder an. Sie rumpelten an der Einkaufszeile vorbei, wo Lukes Mutter die Lebensmittel holte. Ein grünes Schild schwang über ihnen, auf dem Ziele im Norden angegeben waren. »Also«, meinte der Fahrer und korrigierte den Rückspiegel, »ich sag' dir was: Ich kann dich bis Richmond mitnehmen. Da muß ich dann nach Westen abbiegen.«

»Okay«, sagte Luke.

Schon Richmond war schließlich weiter, als er jemals hatte fahren wollen.

Im Radio sang Billy Swan »I Can Help«. Der Fahrer summte mit, mit einer brüchigen Stimme, die nie ganz den richtigen Ton traf. Sein dünnes graues Haar, sah Luke, war frisch gekämmt; es lag in feuchten, parallellaufenden Strähnen dicht um seinen Kopf. Er hielt eine Zigarette zwischen den Fingern, zündete sie aber nicht an. Seine Fingernägel waren so dick und gefurcht – sie hätten aus gelbem Cord geschnitten sein können.

»Im Sommer sechsundfünfzig«, sagte er, »bin ich genau diese Straße mit meiner Frau in einem Safeway-Nahrungsmittellaster gefahren, und da fingen die Wehen bei ihr an. Keine acht Monate rum, und sie kriegt schon die Wehen. Herrgott! Ich vergess' das nie. Sie sagt: ›Clement, ich glaube, ich bin soweit.‹ Ich war ja noch jung, damals. Unerfahren. Ich dachte, ein Baby kommt eins, zwei, drei. Ich dachte, wir hätten keinen Augenblick zu verlieren. Außerdem, du weißt doch, daß es heißt: Ein Siebenmonatsbaby kommt gut durch, aber ein Achtmonatsbaby schafft es nicht. Warum das so sein soll, keine Ahnung. Jedenfalls bin ich auf die Bremse gestiegen. Hab' am ganzen Leib gezittert. Mein Bremsfuß war so zittrig, daß wir die Straße runtergestottert sind. Siehst du das Schild da drüben? Das Schild nach rechts? Siehst du das Krankenhauszeichen? Also, dort hab' ich sie hingebracht. Dort die Straße geradeaus. Ich komme nie hier vorbei, ohne dran zu denken.«

Luke schaute höflich auf das Krankenhausschild und drehte dann den Hals, um noch länger hinzuschaun, als sie schon vorbei waren. Es war die einzige Reaktion, die ihm einfiel.

»Die Wehen dauerten zweiunddreißig Stunden«, erzählte der Fahrer. »Safeway dachte, ich hätte ihr Fuhrwerk entführt.«

»Aber dann«, sagte Luke, »kam das Baby okay.«

»Sicher«, antwortete der Fahrer. »Mädchen mit fünf Pfund. Lisa Michelle.« Er dachte einen Augenblick nach. Dann sagte er: »Später ist sie dann gestorben, allerdings.«

Luke räusperte sich.

»Tod in der Wiege nennt man das heute«, erklärte der Fahrer. Er überholte einen Wohnwagen. »Je davon gehört?«

»No, Sir, noch nie.«

»Plötzlicher Tod in der Wiege. Sechs Monate alt. Licht meiner Seele. Helle bis dorthinaus, außerdem – liebte mich wie närrisch. Wenn ich heimkam, war sie gleich auf Touren – ruderte mit Armen und Beinen wie eine Windmühle, sobald sie mich sah. Dann ging sie hin und starb.«

»Ach, Mensch«, sagte Luke.

»Jetzt hab' ich wieder welche. Willst du sie sehn? Klapp den Sonnenschutz über deinem Kopf herunter.«

Luke schlug die Klappe um. Ein Farbphoto, mit einer rosa Plastikwäscheklammer befestigt, zeigte drei unscheinbare kleine Mädchen, in Kleidern, die so neu und steif gestärkt waren, daß es sich um Ostersonntag handeln mußte.

»Die jüngste ist ungefähr in deinem Alter«, sagte der Fahrer. »Was bist du: dreizehn, vierzehn?« Er hupte einen Kombi an, der zu knapp überholt hatte. »Es sind nette Mädchen«, sprach er weiter, »aber ich weiß nicht. Ist nicht dasselbe, irgendwie. Habe, scheint's, die... die Bindung verloren. Krieg' den Dreh nicht mehr, wie man sich bindet. Ich meine, ich mag sie; klar, ich liebe sie, aber ich habe einfach nicht die... bring' die Energie nicht mehr auf, scheint mir.«

Eine Frau im Radio machte für Chevrolet Reklame. Der Fahrer wechselte den Sender, und da kam Barbra Streisand, spielte sich auf, wie immer. »Aber du solltest meine Frau sehn!« sagte der Fahrer. »Ist das nicht erstaunlich? Sie liebt diese Gören genauso wie die allererste. Sie hat einfach noch mal von vorn angefangen. Ich kenn' mich bei ihr nicht mehr aus. Ich schau' sie an und kann's nicht glauben. ›Dotty‹, sage ich, ›es führt wirklich zu nichts. Es ist für nichts und wieder nichts‹, sage ich. ›Dotty, wieso kannst du so weitermachen?‹ Schau, ich, ich kam nie wieder ganz auf die Beine. Ich komm' an der Straße mit der Klinik vorbei, und weißt du, was? Ich glaube halb und halb, wenn ich die Abzweigung nehme, wird alles wieder wie zuvor. Dotty würde meine Hand halten, und Lisa Michelle darauf warten, geboren zu werden.«

Luke rieb die Handflächen an seinen Jeans. Der Fahrer meinte dann: »Na ja. Ist schon gut. Hab' einfach so vor mich hin gequasselt; du denkst bestimmt, ich rede zuviel.« Und für den Rest der Fahrt war er still, pfiff nur durch die Zähne, wenn das Radio ein bekanntes Lied spielte.

Bei Richmond verabschiedete er sich, machte einen Umweg, um Luke an einer Rampe gleich nach einem Rasthaus abzusetzen. »Warte genau hier, und du findest sofort eine Fahrgelegenheit«, sagte er. »Hier fahren sie sowieso langsam, und das Anhalten macht ihnen nichts aus.« Dann hob er steif die Hand und fuhr weiter. Aus der Ferne sah sein Laster bunt und klotzig aus, wie ein Spielzeug.

Dabei schien es, als habe er eine Art Absicht mit sich genommen, eine Atmosphäre von Geschwindigkeit und Zuversicht. Ganz plötzlich... was *machte* Luke eigentlich hier? Was dachte er sich? Er sah sich selbst, allein unter der grellweißen Sonnenglut, den Daumen amateurhaft im falschen Winkel gestreckt, hier auf einer Straße mitten im Nirgendwo. Er konnte sich nicht einmal vorstellen, wie weit er es noch hatte. (Er war noch nie gut gewesen in Geographie). Obwohl es heiß war – Höhepunkt des Nachmittags, inzwischen –, sehnte er sich nach einem Anorak: Schutz. Er sehnte sich nach seiner Brieftasche, weniger wegen des kleinen Geldbetrags darin, sondern wegen des Quasi-Ausweises, der dazugehörte. Wenn er auf dieser Straße verunglückte, wie sollten sie wissen, wer zu benachrichtigen war? Er fragte sich – heimatlos, elternlos –, ob er die Spangen auf seinen Zähnen sein Leben lang würde tragen müssen. Er sah sich schon als alten Mann, wie er immer noch einen Mundvoll Metall verbirgt, jedesmal wenn er lächelt.

Dann hielt ein veralteter Wagen mit Haifischflossen neben ihm, und die Tür schwang auf. »Willst du mit?« fragte der Fahrer. Im Fond hopste ein kleiner, flachsköpfiger Junge auf und ab und rief: »Komm! Komm doch! Steig ein und fahr mit! Steig ein und fahr mit uns!«

Luke stieg ein. Der Fahrer lächelte ihn an – ein sonnengebräunter Mann in Bluejeans, mit tiefen Fältchen um die Augen. »Mein Name ist Dan Smollett«, sagte er. »Das ist Sammy auf dem Rücksitz.«

»Ich bin Luke.«

»Wir fahren Richtung Washington, D. C. Nützt dir das was?«

»Oh, ja«, sagte Luke, »ich glaube«, fügte er hinzu, seiner Geographie immer noch nicht sicher. »Ich will nach Baltimore.«

»Baltimore!« sagte Sammy, er hopste immer noch. »Daddy, können wir nach Baltimore fahren?«

»Wir müssen nach Washington, Sammy.«

»Kennen wir nicht auch jemand in Baltimore? Kitty? Susie? Betsy?«

»Also, Sammy, setz dich hin, bitte.«

»Wir besuchen Daddys alte Freundinnen«, erklärte Sammy Luke.

»Oh«, sagte Luke.

»Wir kommen gerade aus Raleigh, da haben wir Carla gesehen.«

»Nein, nein, Carla war in Durham«, verbesserte sein Vater. »In Raleigh hast du DeeDee gesehn.«

»Carla war nett«, sagte Sammy. »Sie war die Beste von allen. Sie hätte dir gefallen, Luke.«

»Meinst du?«

»Zu schade, daß sie verheiratet ist.«

»Sammy, Luke ist an unserem Privatleben nicht interessiert.«

»Ach, schon in Ordnung«, sagte Luke. Er wußte sowieso nicht recht, was er da zu hören bekam.

Inzwischen waren sie wieder auf der Autobahn und hielten sich auf der Kriechspur – vielleicht wegen des knirschenden Geräuschs, wenn Dan beschleunigte. Luke hatte noch nie in einem so alten Auto gesessen. Er war mit staubigem, grauem Filz ausgeschlagen, der Boden eine Flut von Pappbechern und Chipstüten. Aus dem Handschuhfach – ohne Deckel – quollen Karten hervor, an den Faltstellen geschlitzt, dazu Kleingeld, Kaugummi und Spielzeugtraktoren und -müllautos. Sammy auf dem Rücksitz hopste zwischen Decken und angegrauten Kissen auf und ab. »Setz dich hin«, forderte sein Vater ihn immer wieder auf, aber es half nichts. »Er wird ein bißchen unruhig, so um den Nachmittag«, sagte Dan zu Luke.

»Wie lang sind Sie schon unterwegs?« fragte Luke.

»Ach, drei Wochen oder so.«

»Drei Wochen!«

»Wir sind gleich nach dem Sommerkurs abgefahren. Ich bin Englischlehrer an der High-School; ich mußte erst so einen Grammatikkurs geben.«

»Guck mal«, sagte Sammy, und bei seinem nächsten Hopser nach oben warf er Luke einen Papierballen ins Gesicht. Offensichtlich hatte jemand daran gekaut. Es waren vier Blätter, zusammengeknüllt, mit Maschinenzeilen von Namen und Adressen. »Daddys alte Freundinnen«, erklärte Sammy.

Luke gaffte.

»Das stimmt nicht«, sagte Sammys Vater. »Also wirklich, Sammy.« Er erklärte Luke: »Das ist meine Abschlußklasse auf der High-School, wo ich früher war. Jungen und Mädchen. Letztes Jahr hatten sie ein Klassentreffen; ich ging nicht hin, aber sie haben uns diese Adressenliste geschickt.«

»Jetzt besuchen wir die Mädchen«, meinte Sammy.

»Nicht alle Mädchen, Sammy.«

»Meine Frau läßt sich von mir scheiden«, sagte Dan zu Luke. Er schien zu finden, daß damit alles erklärt war. Er sah wieder nach vorn, und Luke sagte: »Ach.« Ein weiteres Rasthaus trieb vorbei, ein ferner Wald von Texaco- und Amoco-Reklamen. Ein Möbelwagen hupte gefällig, als

Sammy aus dem Fenster signalisierte. Sammy quietschte und hopste noch ärger – ein spitziges Knäuel aus Knochen und gestreiftem T-Shirt, flatternden Shorts, kaputten Turnschuhen.

»Wie weit bist du in der Schule?« fragte Dan Luke.

»Ich komme in die neunte Klasse.«

»Bißchen Hemingway gelesen? Den ›Fänger im Roggen‹ von Salinger? Was geben sie euch zu lesen?«

»Weiß ich noch nicht. Ich bin neu«, antwortete Luke.

Er konnte sich Dan als Lehrer gut vorstellen. Sicher kam er in Jeans zum Unterricht. Wahrscheinlich war er einer von diesen lässigen, kameradschaftlichen Typen, denen Luke nie ganz getraut hatte. Besser mit Schlips und Kragen; dann wußte man wenigstens, woran man war.

»In Washington«, sagte Sammy, »gibt es zwei Mädchen, Patty und Leny.«

»Sag nicht Mädchen, sag Frauen«, verbesserte ihn Dan.

»Patty Sears und Lena Sparrow.«

»Die mit ›S‹ fallen mir leichter«, sagte Dan zu Luke. »Sie waren in meinem Klassenzimmer.«

»Lena, hören wir, lebt getrennt«, sagte Sammy.

Luke fragte: »Aber was macht ihr so auf Besuch? Was kann man da machen?«

»Ach, herumsitzen«, meinte Sammy. »Ein paar Tage bleiben, wenn sie uns auffordern. Mit ihren Hunden und ihren Katzen und ihren Kindern spielen. Die meisten haben Kinder. Und Männer.«

»Na, aber«, sagte Luke. »Wenn sie Ehemänner haben...«

»Aber das wissen wir nicht, bis wir hinkommen. Eben nicht«, erklärte Sammy.

»Sammy ist ein bißchen durcheinander«, sagte Dan. »Wir sind ja nicht auf der Suche nach Ersatz. Wir sind einfach auf Reisen. Diese Scheidung kam als ein Schock, und, na ja, ich reise eben in die Vergangenheit. Ich besuche alte Freunde.«

»Aber nur Freundinnen«, betonte Sammy.

»Es gibt Mädchen, mit denen ich gut ausgekommen bin. Nicht unbedingt Geliebte. Aber sie mochten mich; sie fanden mich in Ordnung. Oder zumindest schien es so. Ich nahm an, daß es so war. Ich weiß nicht. Vielleicht waren sie auch nur liebenswürdig. Vielleicht war ich von jeher eine Katastrophe.«

Luke fiel dazu nichts sein.

»Also hör mal!« sagte Dan zu ihm. »Hast du ›Der große Gatsby‹ schon gelesen?«

»Ich glaube nicht.«

»Und wie steht's mit ›Der Herr der Fliegen‹? Das hast du doch schon gehabt, oder?«

»Ich hab' nichts gelesen«, antwortete Luke. »Ich hab' so oft umziehn müssen; wo ich auch hinkomme, lesen die ›Silas Marner‹.«

Das schien Dan in eine gewisse Depression zu versetzen. Seine Schultern sackten ab, und er sagte nichts mehr.

Sammy hörte schließlich zu hopsen auf und nahm sich ›Hänsel und Gretel‹ vor. Die Seiten flatterten beim Umblättern in dem heißen Wind, der durch den Wagen blies. Auf dem Sitz zwischen Dan und Luke knatterte Dans Adressenliste. Sie schien nicht sehr lang. Vier oder fünf Blätter, zwei Spalten pro Blatt; sie war sicher bald verbraucht. Luke begann: »Äh...«

Dan sah zu ihm hinüber.

»Sie müssen aufs College gegangen sein«, sagte Luke.

»Ja.«

»Oder sogar auf die Graduate School, für einen Magister oder Doktor.«

»Nur aufs College.«

»Haben Sie von da keine Adressen?«

»College ist nicht dasselbe. Es würde nicht weit genug zurückreichen. Na bitte«, sagte er, von einem plötzlichen Gedanken überfallen, »auf dem College habe ich ja meine Frau kennengelernt!«

»Ach so«, meinte Luke.

Außerhalb Washingtons hielt Dan an, um ihn aussteigen zu lassen. Am Horizont sah man nebelhafte Gebäude; das sei Alexandria, sagte Dan. »Alexandria, Virginia?« fragte Luke. Er verstand nicht, was das mit Washington zu tun hatte. Aber Dan, der in Eile schien, schaute bereits in den Seitenspiegel. Sammy hing aus dem Fenster und rief: »Bye, Luke! Wann sehn wir dich wieder? Kommst du uns besuchen, wenn wir eine Wohnung finden? Schreib mir einen Brief, Luke!«

»Bestimmt«, sagte Luke und winkte. Der Wagen rollte an. Inzwischen mußte es vier Uhr sein, mindestens, aber Luke hatte nicht das Gefühl, ihm sei kühler. Seine Augen schmerzten vom Blinzeln gegen das Sonnenlicht. Sein Haar war strähnig und steif. Irgendwas an dieser Straße allerdings – die fremden Gerüche von Teer und Diesel oder das Dröhnen des Verkehrs – machten ihn zum erstenmal glauben, daß er wirklich auf ein Ziel zusteuerte. Er war sicher, daß früher oder später wieder jemand anhalten würde. Eine Weile streckte er den Daumen aus, ging ein paar Schritte, blieb stehn und streckte ihn wieder aus. Er hatte sich gerade umgedreht, um ein Stück weiterzugehn, als ein Wagen hart bremste und schräg vor ihm zum Stehen kam. »Um Himmels willen«, rief eine Frau. »Steig sofort ein, hörst du?«

Er öffnete die Tür und stieg ein. Es war ein Dodge, bei weitem nicht so alt wie Dans Wagen, aber fast ebenso heruntergewirtschaftet, als sei er sehr viel benutzt worden. Die Frau drinnen war dicklich und um die Vierzig. Ihre Augen waren verschwollen, und Tränen hatten Streifen über ihre Wangen gezogen, aber er vertraute ihr sowieso; sie hätte seine Mutter sein können, so schimpfte sie mit ihm. »Bist du verrückt? Willst du umgebracht werden? Weißt du, was es für perverse Typen auf dieser Welt gibt? Schau, ob deine Tür richtig zu ist. Knopf runterdrücken, verdammt; wir sind hier nicht auf dem Dorf. Mach deinen Gurt fest. Häng den Schultergurt ein.«

Er tat es nur zu gern. Er nestelte an einer Art kompliziertem

Schloß herum, während die Frau schniefend den Gang einlegte und in den Verkehr zurückschoß. »Wie heißt du?« fragte sie ihn.

»Luke.«

»Na dann, Luke, bist du ein totaler Idiot? Weiß deine Mutter, daß du Autostopp fährst? Wo sind denn deine Eltern überhaupt?«

»Ach so, in Baltimore«, sagte er. »Ich nehm' nicht an, daß Sie dahin fahren.«

»Gott, nein, was soll ich mit Baltimore?«

»Wo fahren Sie denn dann hin?«

»Ich weiß nicht«, antwortete sie.

»Sie wissen es nicht?«

Er sah sie an. Die Tränen liefen ihr wieder die Wangen hinunter. »Hm, vielleicht ...«, sagte er.

»Ach, beruhige dich. Macht nichts. Ich bringe dich bis Baltimore.«

»Wollen Sie wirklich?«

»Besser, als ewig auf dem Ring rundherum zu fahren.«

»Ach, toll, danke.«

»Heute lassen sie schon kleine Kinder allein rumlaufen.«

»Ich bin kein kleines Kind.«

»Liest du keine Zeitung? Sexualverbrechen! Straßenüberfälle! Morde! Sinnlose Sachen.«

»Was soll's! Ich bin schon lange, lange allein unterwegs. Jahre«, erzählte er. »Seit meiner Geburt, praktisch.«

»Nach allem, was man weiß«, sagte sie zu ihm, »könnte ich dich als Geisel nehmen.«

Das brachte ihn zum Lachen. Sie sah ihn an und zeigte ein trauriges Lächeln. Es war etwas Beruhigendes an der gemütlichen Rundung ihres Bauchs, dem Jeansrock, der sich über ihren plumpen Beinen hochschob, den schmutzigweißen Tennisschuhen. Gelegentlich wischte sie sich mit den Fingerknöcheln über die Nasenspitze. Er sah, daß sie einen Ehering trug und schon so lang getragen hatte, daß er wie eingebettet in ihren Finger wirkte.

»Nur zwei oder drei Meilen weiter, kaum einen Monat her«, sagte sie, »hielt ein Junge in einem Sportwagen, um ein Mädchen mitzunehmen, und sie schlug ihm mit einer Taschenlampe den Schädel ein, ließ ihn den Fahrdamm hinunterrollen und fuhr mit seinem Sportwagen weg.«

»Das beweist, daß Sie etwas Gefährliches tun, nicht ich«, erklärte er. (Wie leicht es war, in den scherzhaften, streitlustigen Ton zu verfallen, der Müttern vorbehalten war!) »Warum haben Sie mich mitgenommen? Vielleicht will ich Sie ja umbringen!«

»Ja, freilich«, sagte sie und schniefte wieder. »Du hast nicht zufällig ein Kleenex bei dir, vielleicht?«

»Nein, leider.«

»Ich würde nicht für jeden anhalten«, erklärte sie. »Nur, wenn wer in Gefahr ist – ich meine, junge Mädchen allein oder Babys wie du.«

»Ich bin kein...«

»Gestern war es ein Mädchen in kurzen Shorts, unglaublich, nicht? Ich hab' ihr gesagt; ich sagte: ›Schätzchen, du bringst dich in Gefahr, wie du angezogen bist.‹ Am Tag davor war es ein zwölfjähriger Junge. Er hat gesagt, daß ihm das Busgeld geklaut wurde und er irgendwie nach Hause muß. Noch einen Tag früher...«

»Was, Sie fahren hier jeden Tag?«

»Fast jeden.«

Er schaute durchs Fenster auf die Laster und Tankwagen, die Überlandbusse, auf Autos mit überladenen Dachträgern. »Ich hatte eigentlich gedacht, dies ist eine Fernstraße.«

»Oh, nein, Himmel. Nein, ich wohne ganz in der Nähe.«

»Warum fahren Sie dann hier herum?«

Ihr Kinn schrumpelte zusammen. »Geht dich nichts an«, sagte sie.

»Ach.«

»Es ist so, schau, ich mach' das meist von zwei oder drei am Nachmittag bis zum Abendbrot. Manchmal fahre ich nach Annapolis, manchmal irgendwohin in Virginia. Manchmal einfach rundherum auf dem Ring. Es kommt drauf an«, sagte sie. Sie warf ihm einen Blick zu, als erwarte sie, daß er fragen würde, worauf es jeweils ankäme, aber er war beleidigt und sagte nichts. Sie seufzte. »Zwei oder drei Uhr am Nachmittag ist die Zeit, wenn meine Tochter aufwacht. Meine Tochter ist vierzehn. Ungefähr dein Alter, stimmt's? Wie alt bist du?«

Er trommelte mit den Fingern und sah zum Fenster hinaus.

»Im Sommer schläft und schläft sie. Mein Mann sagt: ›Jesus, Mag.‹ Er sagt: ›Warum läßt du sie so lang schlafen?‹ Ich sag' dir, warum. Weil sie unmöglich ist. Wirklich unmöglich. Ich meine, es ist kaum zu glauben, wie gräßlich sie ist. Sie kommt in ihrem Morgenrock die Treppe runter und gähnt. Findet mich in der Küche. Sagt: ›Na, Ma, du hast ja wieder dein Insektizid-Parfüm an dir. DDT Nummer fünf.‹ Dann entschwebt sie. Und ich schnüffle an meinen Handgelenken und wundere mich. Ich sage: ›Liddie, machst du heut dein Zimmer sauber?‹ Und sie sagt: ›Hör dir mal zu, wie du mekkerst und stänkerst; du klingst genau wie deine Mutter.‹ Ich mache einen kleinen Witz; sie sagt: ›Sehr komisch, Ma. Ha, ha. Der große Witzbold.‹ Ich entdecke, daß sie meinen besten Spitzen-BH geklaut hat, den ich nur an meinem Hochzeitstag trage, und sie schmeißt ihn hin, ganz fettig an den Rändern; ›Nimm ihn, niemand will ihn, er ist sowieso zu platt.‹ Sie nennt mich ein Miststück, mitten ins Gesicht, sagt, ich bin fett und spießig, sagt, sie haßt mich, und ich sage: ›Hör zu, junge Dame, wir müssen jetzt mal ein paar Sachen klarstellen‹, aber sie gähnt nur und fängt an, die Plastikbefestigung vom Preisschild an ihrer Bluse abzukauen. Ich sage zu meinem Mann: ›Sprich du mit ihr‹, und er sagt dann: ›Liddie, du weißt, wie deine Mutter sein kann. Warum regst du sie auf?‹ Ich sage: ›Sein kann? Was meinst du, wie ich sein kann?‹ Und eh du's weißt, geraten er und ich aneinander, was vielleicht von vornherein ihre Absicht war. Trennung. Bruch, Chaos. Das genießt sie. Sie hat da so einen Freund, behandelt ihn abscheulich. Schließlich hat er Schluß mit ihr gemacht, und sie hat die ganze Nacht geweint und hundertmal gefragt: ›Warum hab' ich mich so aufgeführt? Was kann ich tun, um ihn umzustimmen?‹ Ich rate ihr also, ehrlich zu sein und ihn einfach anzurufen und zu sagen, daß sie nicht weiß, was in sie gefahren ist; also telephonierte sie am nächsten Morgen, und sie vertrugen sich wieder, und alles war wundervoll, und sie kam und dankte mir für den guten Rat. Ihr Leben war wieder in Ordnung, dem Anschein nach. Sie saß eine Weile am Tisch, so ruhig, wie ich sie gar nicht kenne. Dann fing sie an, mit dem Fuß zu schlenkern. Dann fing sie an, an ihren Fingernägeln zu zupfen. Dann ging sie und rief ihren Freund noch mal an. Sagte: ›Roger, ich wollte dir das nicht sagen, aber ich denke, es ist Zeit, daß du es weißt. Der Arzt sagt, daß ich an Leukämie sterben werde.‹«

Luke lachte. Sie schaute ihn unschuldig an, aber er bemerkte den verzerrten, stolzen Ausdruck ihrer Mundwinkel. »Gegen zwei oder drei Uhr«, sprach sie weiter, »setz' ich mich in meinen Wagen und fahre los. Zuerst rede ich laut vor mich hin. Du solltest mich sehn. ›Ich komme nie mehr zurück‹, sage ich. Ich fluche durch die Zähne; ich hupe alte, gehbehinderte Damen an. ›Dieser kleine Fratz, diese Pest, diese verwöhnte Göre‹, sage ich. ›Es wird ihr noch leid tun!‹ Ich fahre schneller – du solltest mein Strafregister sehn! Noch einen Punkt auf meinem Führerschein, und ich muß in diesen Sonntagskurs über die Sünde der Rücksichtslosigkeit am Steuer; den Film anschaun, wo die Frau zum Schluß enthauptet wird. Ich schleudere den Wagen herum und lasse andere nicht vorbei und stelle mir vor, wie mein Mann nach Hause kommt und sagt: ›Liddie? Wo ist deine Mutter? Was hast du mit ihr gemacht, Liddie?‹ Und Liddie wird es ganz elend sein . . . aber dann denke ich an meinen Mann. Ihn will ich ja nicht verlassen. Und ich überlege, ob ich nicht nachts ins Haus zurückschleichen könnte und zu ihm sagen: ›Psst! Laß uns beide weggehn. Laß uns durchbrennen‹, werde ich sagen. Aber ich weiß, daß er es nicht täte. Er ist nicht so betroffen. Sie ärgert ihn, aber er ist nicht genug zu Hause, um irgendwelche schweren Fehler mit ihr zu machen. Das bringt mich um: Fehler machen. Überreagieren, sie an mich heranlassen ... ach, ich kenne so viele! Man könnte sagen, was ich zurücklasse, ist meine eigene, geringe Meinung von mir, stimmt's? Also fange ich an, langsamer zu fahren. Ich fange an, mich an Sachen zu erinnern. Ich denke an Liddie, als sie klein war: Sie stand immer so gerade. Man konnte sie unter all den andern an ihrem kleinen, geraden Rücken erkennen. Und ein ganzes Jahr aß sie nur mit Eßstäbchen. ›Klick, klick‹ auf ihrem Teller ... du hättest das Geklecker sehen sollen! Aber das machte mir nichts aus. Damals mochte sie mich sehr. Ich war eine richtig gute Mutter, und sie mochte mich.«

»Vielleicht mag sie Sie immer noch?«

»Nein«, sagte die Frau. »Tut sie nicht.«

Sie fuhren an einem Schild, *Baltimore,* vorbei. Die Landschaft schien endlos unverändert – hohe Wiesen, dann die Rückseiten von Siedlungen mit Wäscheleinen und Motorrädern und runden, aufstellbaren Schwimmbecken, dann wieder Wiesengrundstücke, als kehre die Szenerie auf einem gigantischen Förderband regelmäßig wieder.

»Es ist so«, sagte die Frau, »anscheinend fahre ich so lange, bis ich ihr früheres Wesen wiedergefunden habe. Weißt du? Und mein früheres Wesen. Dann beruhige ich mich, Meile für Meile. Ich nehm' den Fuß noch ein bißchen mehr vom Gas. Auf die Art bin ich um die Abendbrotzeit bereit, wieder nach Hause zu kommen.«

Luke sah auf die Uhr am Armaturenbrett. Es war vier Uhr fünfunddreißig.

»Heute abend mache ich Thunfischsalat.«

»Also, ich bin Ihnen wirklich dankbar.«

»Keine Ursache«, sagte sie und wischte sich das letztemal die Nase.

Um fünf Uhr etwa hatten sie den Rand von Baltimore erreicht. Man fuhr wie in ein Stück Maschinerie hinein, dachte Luke – alles rußig und wirr und getrieben. Die Frau schien daran gewöhnt: sie fuhr und sagte nichts dazu. »Sag mir jetzt, was ich nach der Russell Street machen muß.«

»Ma'am?«

»Wie finde ich euer Haus?«

»Ach«, antwortete er, »lassen Sie mich einfach im Stadtzentrum aussteigen.«

»Wo im Zentrum?«

»Das ist mir gleich.«

Sie schaute zu ihm hinüber.

Er sagte: »Ich meine, ich wohne so nah...«

»Nah bei was?«

»Na, nah bei allem.«

»Hör mal zu, Luke. Ich kriege da ein ganz komisches Gefühl. Ich will genau wissen, wo deine Eltern sind.«

Er fragte sich, was sie machen würde, wenn er sagte, er müßte sie im Telephonbuch nachschlagen. Er wäre so lange weg gewesen, im Ferienlager oder sonstwo, die Adresse war ihm einfach... nein. Aber Tatsache war, daß er Ezras Straße und Hausnummer nie gekannt hatte. Es war bloß ein Gebäude, wo sie hinkamen, Cody fuhr, Luke saß hinten drin.

»Die Sache ist die«, sagte er, »sie sind beide bei der Arbeit. Sie haben ein Restaurant, das Heimweh-Restaurant. Vielleicht könnten Sie mich am Restaurant absetzen.«

»Und wo ist das?«

»Also...«

»Es gibt gar kein solches Lokal, nicht«, sagte sie. »Ich hab's gewußt! Heimweh-Restaurant, na so was.«

»Es gibt es! Glauben Sie mir«, beteuerte er. »Aber es ist neu. Sie haben es gerade gekauft, und ich war noch nicht dort.«

»Schau's nach«, forderte sie ihn auf.

Sie hielt so plötzlich, daß er froh war, den Gurt angelegt zu haben. Gleich daneben stand eine Telephonzelle. »Los! Schau's nach«, sagte sie zu ihm. Offensichtlich glaubte sie, ihn endgültig bei seinem Bluff ertappt zu haben.

»Okay, sofort.«

In der Telephonzelle dann – von dieser alten Art, ganz geschlossen, wie eine Glas- und Aluminiumdose voll Hitze – fuhr er mit dem Finger über *Heimsucher Immobilien, Heim-und-Garten-Club* und war von *Heimweh-Restaurant* so überrascht, daß er fast selbst an einen Bluff glaubte. »Es ist in der St. Paul Street«, sagte er, als er wieder beim Wagen war. »Sie können mich überall absetzen; ich finde die Nummer schon.«

Aber nein, sie mußte ihn bis zur Türschwelle bringen, obwohl das eine Menge Vor und Zurück bedeutete, weil St. Paul sich als Einbahnstraße erwies und sie mit den Seitenstraßen nicht zurechtkam. Als sie vor dem Restaurant parkte, sagte sie: »Nicht zu glauben! Es existiert.«

»Danke fürs Mitnehmen.«

Sie sah ihn genau an. »Alles in Ordnung, Luke?«

»Natürlich. Alles.«

»Und du bist sicher, deine Eltern sind da.«

»Natürlich.«

Aber sie wartete, für alle Fälle. (Es erinnerte ihn an frühe Partys, die seine Mitschüler gaben – seine Mutter hatte sich stets vergewissert, daß man ihm aufmachte, ehe sie wegfuhr). Er versuchte die Tür des Restaurants und fand sie verschlossen. Er mußte also auf die Rückseite gehn. Die Frau beugte sich aus dem Fenster und rief: »Was ist los, Luke?«

»Ich habe vergessen, daß ich den Kücheneingang benutzen muß.«

»Und wenn der auch zugesperrt ist, was dann?«

»Ist er nicht.«

»Hör zu, Luke«, rief sie ihm zu. »Alles ändert sich; nichts ist mehr so sicher wie früher. Jede Gasse hier ist voller Diebe und Räuber, hörst du, was ich sage? Jeder Torweg, jedes leerstehende Gebäude, Luke, alle Straßen von Baltimore.«

Er winkte und verschwand. Einen Moment später hörte er, wie ihr Wagen losfuhr – aber zögernd, nicht mit dem üblichen Schwung, als sei sie noch in ihren Katalog von Gefahren vertieft.

Er kannte das Restaurant so gut, daß er das Bild wohl ständig in sich getragen hatte: das Rasseln der Pfannen und Klappern des Geschirrs, den Geruch von Selleriescheiben, die in Butter dünsten, besenförmige Kräuterbündel, die von der Decke hängen, Vierlitergläser mit schrumpligen, griechischen Oliven, Scheffelkörbe mit Petersilie, dampfende, schwarze Kessel, die ein Junge, nicht älter als Luke, gerade hingebungsvoll beaufsichtigte. Jenseits der Küche, kaum von ihr getrennt, erstreckte sich der Speisesaal mit seinen weiß gedeckten Tischen und staubigen Sonnenstrahlen. Im Speisesaal war so viel Dekoration – Geschenke und Erinnerungsstücke, über die Jahre angesammelt –, daß Luke immer an irgendein Zuhause dachte, eins dieser wimmelnden Familienhäuser, wo Zeichnungen aus dem Kindergarten über dem Kaminsims angebracht werden und dann vergessen. Er erkannte die Zwei-Meter-Collage von Ezras Palmenherzensalat wieder, Geschenk eines Künstlers, der oft hier aß, und sah die bunte Papiergirlande, die er und seine kleinen Verwandten für ein längst vergangenes Weihnachtsdinner um einen Beleuchtungskörper gewunden hatten. (Ezra hatte sie nie abgenommen, obwohl das Essen im Streit geendet hatte und die Girlande jetzt brüchig und ausgebleicht war). Luke wußte, daß in einer Ecke, außerhalb seines Gesichtsfelds, ein schweres, altes Fahrrad stand, das Ezra auf einem Flohmarkt gekauft hatte. *Mercurios kulinarische Delikatessen* stand pompös auf seinem Holzkorb, der voller matt schimmernder Birnen und Bananen aus Glas war, von einem Gast gestiftet. Auf dem Fahrrad ritt eine Marilyn Monroe aus Pappe mit hochgewehtem Rock – ein Streich von Unbekannten, aber niemand hatte sie wieder weggenommen, und Marilyn radelte und radelte, den Hals fast bis zum Brechen verrenkt – ihr Lächeln blasser Jahr um Jahr, der Plisseerock am Saum ausgefranst.

Erhitzt und mit rotem Gesicht schoß Personal in der Küche herum, jeder auf seine Aufgabe konzentriert, zwischen den andern kreuzend wie jene Modell-T-Autos in Stummfilmkomödien – wupp! knapp vorbei, nicht eine Kollision, auf Zickzackkurs, aber auf wunderbare Weise an der Katastrophe vorbei. Luke stand in der Tür, unbemerkt. Sein Trip war schon an sich so ein Unternehmen gewesen; er hatte sein Ziel fast aus den Augen verloren. Was machte er eigentlich hier? Aber dann sah er Ezra. Ezra schichtete Brötchen in einen groben Binsenkorb. Er trug nicht das blaue Karohemd, an das Luke sich erinnerte – schließlich war es warmer Flanell, ungeeignet für den Sommer –, sondern ein leichtes buntes Baumwollhemd mit aufgekrempelten Ärmeln. Er legte nachdenklich jedes Brötchen an seinen Platz, gezielt mit seinen großen, groben Händen. Luke drängte sich durch die Küche, überrascht von einem Aufflammen von Scheu. Sein Herz klopfte zu schnell. Er stand vor Ezra und grüßte: »Hallo.« Ezra sah auf, immer noch in Gedanken. »Hallo«, sagte er. Er wußte nicht, wer das war.

Luke war betroffen, zuerst. Dann bekam er ein angenehmes Gefühl. Er mußte sich also maßlos verändert haben! Er war einen Kopf in die Höhe geschossen; seine Stimme krächzte schon; praktisch war er ein Mann. Und es lag etwas wie Sicherheit, eine Art Schutz und Schild in Ezras direktem Blick. Luke änderte seinen Plan. Er reckte die Schultern. »Ich suche einen Job«, sagte er entschlossen.

Ezra wurde regungslos. »Luke?« fragte er.

»Wenn der Junge da drüben die Kessel bedienen kann...«, meinte Luke gerade. Er hielt ein. »Pardon?«

»Codys Luke. Ja, doch.«

»Wie kommst du drauf?«

»Ich wußte es, als du so mit den Schultern gemacht hast, genau wie dein Vater, ganz genau wie dein Vater. Wie komisch! Und etwas in deiner Stimme, bereit, in die Schlacht zu ziehn... ach, Luke!« Er schüttelte Lukes Hand ganz fest. Seine Finger fühlten sich von den Brötchen sandig an. »Wo sind deine Eltern? Bei uns zu Hause?«

»Ich bin allein hier.«

»Allein?« sagte Ezra. Er lächelte freundlich, unsicher wie

jemand, der versucht, einen Witz zu verstehen. »Du meinst,
ohne jemand dabei?«

»Ich wollte fragen, ob ich bei dir bleiben kann.«

Ezra lächelte nicht mehr. »Also Cody«, sagte er.

»Verzeihung?«

»Etwas ist passiert mit ihm.«

»Nichts ist passiert.«

»Ich hätte hinfahren sollen; ich weiß es. Ich hätte mich von
ihm nicht abhalten lassen sollen. Der Unfall war schlimmer,
als sie verraten haben.«

»Nein. Es geht ihm gut.«

Ezra betrachtete ihn schweigend und ausdauernd.

»Er hat schon seinen Gehgips«, erzählte Luke.

»Ja, aber seine anderen Verletzungen, sein Kopf?«

»Alles okay.«

»Schwörst du's?«

»Ja! Bei Gott.«

»Schau, ich habe sonst keine Brüder«, sagte Ezra.

»Ich schwöre. Hand aufs Herz«, beteuerte Luke.

»Wo ist er denn?«

»Er ist in Virginia«, antwortete Luke. »Dort bin ich von ihm
weg. Ich bin weggelaufen.«

Ezra dachte darüber nach. Eine Kellnerin schob sich seitwärts mit einem Tablett voller zart klimpernder, zitternder
Gläser an ihm vorbei.

»Ich wollte es nicht«, sagte Luke zu ihm. »Aber er sagte zu
mir ... also, er sagte ...«

Ach, es hatte keinen Sinn, Ezra zu erzählen, was Cody gesagt
hatte. Es war Unsinn, eine von den Bemerkungen, die aus
dem Nichts auftauchen. Und hier war Luke, viel zu weit von
zu Hause weg, stammelnd unter den freundlichen Blicken
seines Onkels. »Ich kann es nicht erklären«, meinte er.

Aber ganz so, als hätte er es erklärt, sagte Ezra sanft: »Nimm
es dir nicht so zu Herzen. Er hat es nicht so gemeint. Er würde dich um keinen Preis verletzen wollen.«

»Das weiß ich.«

Am Telephon mit Ruth war Ezra scherzhaft und brüderlich, ausgesprochen locker, spielte herunter, was passiert war. »Also, Ruth, ich sitze hier und schau ihn an, und er ist völlig in Ordnung... Polizei? Für was? Komm, ruf sie wieder an, und sage ihnen, er ist wohl und munter. Eine Menge Wirbel um nichts, sag ihnen das.«

Luke hörte zu, er lächelte ängstlich, als könnte seine Mutter ihn sehn. Er zog die Spiralen der Telephonschnur durch seine Finger. Sie waren beide in Ezras kleinem Büro hinter der Küche. Ezra saß an einem Schreibtisch, vollgehäuft mit Kochbüchern, Rechnungen, Zeitschriften, einem Schnittlauchtopf, einer Kupferpfanne mit einem Sprung in der Emaillebeschichtung und einem gerahmten Zeitungsphoto, auf dem zwei Männer in Schürzen einen kompletten langen Fisch auf einer Platte hielten.

Dann übernahm Cody offenbar den Hörer. Ezra klang jetzt ernsthafter. »Vielleicht könnten wir ihn eine Weile dabehalten«, sagte er. »Wir hätten ihn gern als Gast. Ich hoffe, du erlaubst es.« Aus der Direktheit und Nüchternheit seines Tons, sogar aus der Kürze seiner Sätze, las Luke eine Art Vorsicht heraus. Er hatte Angst, Cody könnte am anderen Ende der Leitung brüllen; er ließ die Strippe los und wanderte weg, tat, als sei er an den Büchern in Ezras Regal interessiert. Er schämte sich für seinen Vater. Aber dann schien es kein Gebrüll gegeben zu haben; denn Ezra sprach heiter: »In Ordnung, Cody. Ja, das kann ich verstehn.«

Als er aufgehängt hatte, sagte er zu Luke: »Sie werden hiersein, so bald wie möglich. Er möchte dich lieber gleich abholen, hat er gesagt.«

Luke spürte, wie sich ein kleiner Knoten von Angst in seinem Magen bildete. Er fragte sich, wie wütend sein Vater war. Er wunderte sich, wie er darauf gekommen war, so etwas zu tun – von so weit hierherzukommen! Ganz allein! Es schien wie etwas, durch das er im Traum geschwommen war.

Das Haus seiner Großmutter hatte immer noch diesen

Geruch von angebranntem Toast, seine dämmerigen Ecken, seine Atmosphäre von Verschwiegenheit. Wenn man hier einziehn würde, dachte Luke, würde man danach nicht wochen- oder sogar monatelang unerwartete Kabuffs und Kämmerchen finden? (Ja, hier einziehen, das wäre was. Das gemütliche Wohnzimmer teilen, Großmamas friedliche Küche). Seine Großmutter flatterte um ihn herum, brachte kleine Portionen auf den Tisch, zusätzlich zu dem, was dort bereits an Essen stand. Ezra sagte immer wieder zu ihr: »Mutter, immer mit der Ruhe. Mach nicht solche Umstände.« Aber Luke genoß die »Umstände«. Er mochte es, wie sie mitten in der Zubereitung von irgendwas zu ihm gelaufen kam und sein Gesicht in die Hände schloß. »Laß dich anschaun! Bloß anschaun!« Sie war kleiner als er, inzwischen. Und sie war sehr gealtert, vielleicht war es ihm auch bisher nicht aufgefallen, weil er noch zu jung gewesen war. Ihre kleine, festgezurrte Hochfrisur, einst blond und jetzt farblos, hatte etwas Kratziges und Wehendes, ihr Gesicht war tief durch faltige Taschen unterteilt, und ihre Hände waren runzlig und fleckig. Er sah, wie sehr sie ihn liebte, schon allein an ihrer hungrigen Berührung seiner Wangen, und fragte sich, wie sein Vater sie so verkennen konnte.

»Es ist nicht recht, wenn deine Eltern einfach kommen und dich abholen«, sagte sie zu ihm. »Wir machen, daß sie bleiben. Wir machen es einfach. Ich werde das Bett in Jennys altem Zimmer frisch beziehn. Du kannst das Gästezimmer haben. O Luke! Ich hätte dich nicht erkannt. Ich hätte nicht geträumt, daß du es sein könntest, hätte ich dich auf der Straße gesehn; es ist so lang her. Obwohl ich gesagt hätte... ja, ich hätte mir im Vorbeigehn gedacht: ›Ach, das Kind erinnert mich an meinen Cody vor vielen Jahren; nicht? Nur blondhaariger, das ist alles.‹ Ich hätte so einen kleinen Stich gefühlt und dann vergessen, und dann später vielleicht, zu Hause, beim Teekochen, hätte ich gedacht: ›Warte mal, etwas hat mich doch vorhin beunruhigt...‹«

Sie versuchte, eine Schüssel mit einem Rest Bohnen in eine

Sauciere umzufüllen, aber es ging daneben; sie kleckerte fast alle Flüssigkeit auf die Theke und wischte sie mit Bäuschen von Papierhandtüchern auf und lachte dabei über sich selbst. »Was für eine alte Dame! Was für eine dumme alte Dame, wirst du denken. Mein Augenlicht ist nicht mehr, was es mal war. Nein, nein, Ezra, es geht schon, mein Lieber.«

»Mutter, warum läßt du mich nicht weitermachen?«

»Ich komme in meiner eigenen Küche bestimmt zurecht, Ezra«, sagte sie. »Willst du nicht ins Restaurant zurück? Wer weiß, was deine Leute da anstellen.«

»Du möchtest Luke nur für dich haben«, neckte sie Ezra.

»Gut, ich geb's zu! Ich geb's ja zu!«

Sie machte die Flamme unter dem Kochtopf an. »Alles kommt zusammen«, sagte sie zu Luke. »Ich war so besorgt, einfach krank vor Sorge, hab' mir Cody mit seinen Schmerzen vorgestellt und mich danach gesehnt, zu ihm zu fahren, und natürlich hat er mich nicht gelassen; er war immer so, schon als Baby, so... stachlig, so borstig, immer hatte er einen Katzenbuckel. Und jetzt ein bißchen Probleme oder so – nein, schau nicht so bedrückt! Ich stell' dir keine Fragen, ich versprech's dir; Ezra hat's mir gesagt; es geht uns nichts an, aber... irgendein kleines Problem führt dich her zu uns, ich weiß nicht, ein Streit vielleicht? Eine von Codys Launen?«

»Aber Mutter«, sagte Ezra.

»Und so«, fuhr sie hastig fort, »kriegen wir ihn schließlich zu sehn. Er wird sich wirklich zeigen. Aber, Luke! Sei ehrlich. Er hat nicht, keine... Narben oder so was, nicht? Sein Gesicht, meine ich. Er hat keine entstellenden Narben.«

»Nur Blutergüsse«, sagte Luke. »Nichts, was bleibt. Eigentlich«, setzte er hinzu, »sind sie inzwischen fast verschwunden.«

Er staunte, als er merkte, daß er die ganze Zeit am Bild eines gebrochenen Cody festgehalten hatte, während die Blutergüsse in Wirklichkeit verblaßt waren, wenn er es sich überlegte, die Schwellungen verschwunden und das Haar fast völlig über seiner Kopfwunde nachgewachsen war.

»Er hat immer so gut ausgesehn«, sagte Pearl. »Es war Teil seiner Persönlichkeit.«

Ezra ging um den Tisch, deckte Teller und Besteck auf. Der Topf zischte auf dem Herd. Luke setzte sich auf einen Küchenstuhl und kippte ihn gegen einen Heizkörper zurück. Die scharf geformten Rippen und hohen Röhren erinnerten ihn an altmodische, tröstliche Orte – eine Kirche, in die er mit einem Kindergartenfreund gegangen war, zum Beispiel, oder sein Schulzimmer in der zweiten Klasse, wo er sich einmal während der Lunchpause bei einem beginnenden Schneesturm ausgemalt hatte, es werde ein echter Blizzard daraus, der all die Kinder tagelang behaglich von der Außenwelt abschneiden würde, bei heißer Suppe aus der Cafeteria unten.

Nach dem Abendbrot sahen er und Pearl fern, während Ezra zurückfuhr, um nach dem Restaurant zu sehen. Pearl ließ das Wohnzimmer vollkommen dunkel, mit dem blau flimmernden Bildschirm als einziger Lichtquelle. Beide Vorderfenster waren offen, und sie konnten die Geräusche von der Straße hören – ein Barlaufspiel, die Glocke von einem Eiscremekarren, eine Frau, die ihre Kinder rief. Gegen neun Uhr, als die Dämmerung endgültig der Nacht gewichen war und die stickige Luft sich etwas abgekühlt hatte, drang Luke das deutliche, dicht gewirkte Brummen eines Mercedes ins Ohr, der an den Randstein fuhr. Er verkrampfte sich. Pearl, die das Geräusch nicht erkennen konnte, sah weiter friedlich fern. »Wer ist das, mein Lieber?« fragte sie ihn, was sich aber auf irgendeinen Schauspieler bezog; sie starrte auf den Apparat. Auf der Veranda erklangen Schritte. »Na?« sagte sie. »Schon?« Sie stand auf, wobei sie zuerst zwei- oder dreimal neben die Armlehnen ihres Sessels faßte. Sie öffnete die Haustür und fragte: »Cody?«

Cody stand drohend da, größer, als Luke erwartet hatte: der Gips an Arm und Bein leuchtete weißlich im Dunkeln.

»Hallo, Mutter«, grüßte er.

»Ja, Cody, laß dich anschaun! Und Ruth: Hallo, Liebes. Cody, bist du in Ordnung? Ich kann dein Gesicht nicht erkennen. Geht es dir wirklich besser?«

»Mir geht's gut«, antwortete Cody. Er küßte sie auf die Wange und hinkte dann herein.

»Grüß dich, Dad«, sagte Luke und erhob sich linkisch.

Cody sagte: »Darf ich fragen, was du dir eigentlich dabei gedacht hast?«

»Also, ich weiß nicht...«

»Weiß nicht! Sonst hast du nichts zu sagen? Du hast uns zu Tode erschreckt! Deine Mutter war außer sich.«

»Ach, Schatz, wir haben uns solche Sorgen gemacht!« rief Ruth. Sie zog ihn an sich und küßte ihn. Ihr Kleid – das eine aus fuchsrotem Polyester für besondere Anlässe – knitterte mit seinen scharfen Falten gegen Lukes Brust. Er roch ihren vertrauten Heugeruch, den er vorher nie richtig bemerkt hatte.

»Wir haben so ziemlich fast den Verstand verloren«, erklärte Ruth Pearl. »Ich glaube, ich bin ein Vierteljahrhundert älter geworden. Ich hatte das Gefühl, wenn ich aus diesem Fenster vorn noch ein einziges Mal rausschaue, werde ich verrückt, vollkommen rasend und verrückt – immer dieselbe Kurve der Straße, dasselbe Trottoir, leer. Du weißt nicht, wie das ist.«

»Oh doch, ich weiß. Ich weiß«, sagte Pearl.

Sie tastete nach dem Schalter der Lampe, die auf einem Tisch stand. Der Seidenschirm raschelte und kippte um. Dann erschien Ezra in der Tür. »Cody?« fragte er. »Bist du das?« Er schritt schnell herein und traf als erstes auf Ruth – rannte sie fast um – und ergriff ihre Hand und schüttelte sie heftig. »Gut, dich zu sehn, Ruth«, sagte er. Inzwischen fand Cody den Schalter für seine Mutter und machte die Lampe an. Es war Zufall; er wollte nur helfen, aber Luke hatte das Gefühl, er habe die Lampe angemacht, um sie zu prüfen; Ruth und Ezra, von Angesicht zu Angesicht. Ezra blinzelte in der plötzlichen Helligkeit und umarmte Cody dann. Cody stand

widerstandslos da. »Wie geht's deinem Arm? Wie geht's deinem Bein?« fragte Ezra. »Was, keine Krücken?«
Cody beobachtete weiter Ruth und Ezra. »Er sagt, er kann sie nicht benützen«, erklärte Ruth. »Er sagt, mit dem Arm auf der andern Seite im Gips...« Sie reichte zu Luke rüber und strich ihm das T-Shirt glatt, das schon glatt saß. Sie strich ihm das Haar aus der Stirn. »Und jetzt, wo er den Gehgips hat...«, sagte sie zerstreut. »Ach, Luke, Schätzchen, hast du nicht daran gedacht, daß du vermißt wirst?«
Cody wandte sich ab und sank in einen Sessel. »Möchtet ihr beiden etwas Eistee?« fragte Pearl.
»Nein, danke«, antwortete Cody.
»Oder Kaffee? Eine schöne Tasse Kaffee?«
»Nein! Herrgott. Nichts«, sagte Cody.
Luke erwartete, Pearl werde gekränkt aussehn, aber sie schenkte Cody nur ein seltsam befriedigtes Lächeln. »Du warst immer grantig, wenn es dir nicht gutging«, sprach sie zu ihm.

Eigentlich war dieser ganze Besuch äußerst erstaunlich! Gedämpft und ereignislos, direkt langweilig. Luke gab sich erst Mühe, aufrecht zu sitzen, aber allmählich entspannte er sich und ließ seine Aufmerksamkeit zu einer Unterhaltungsshow auf dem Bildschirm abwandern. Die Erwachsenen um ihn herum murmelten ganz gelassen, sprachen von Geld. Cody wollte, daß Pearl sich einen neuen Herd anschaffe; er würde ihn bezahlen, sagte er. Pearl erwiderte, sie hätte ein paar Ersparnisse, aber Cody blieb hartnäckig, als sei etwas Befriedigendes, etwas Triumphales daran, jemand einen Herd zu kaufen. Oh, Geld, Geld, Geld. Man sollte meinen, sie könnten auf ein interessanteres Thema kommen.
Luke drückte einen Hebel an seinem Sessel, wurde zurückgeschleudert und fand seine Füße plötzlich hoch auf einer Art Fußstütze. Pearl fragte gerade, wo sie nach Petersburg hingehn würden, und Cody sagte, er wüßte es nicht; Sloan und er hofften, eine Kosmetikfirma zu übernehmen, dort

in ... Der vernünftige Ton seiner Stimme gab Luke ein Gefühl, reingelegt, betrogen worden zu sein. Da hatte er die ganze Zeit so schreckliche Geschichten hören müssen! Was hatte man ihm alles von Bosheit und Bitterkeit erzählt! Dabei plauderten Cody und Pearl friedlich, wie alle zivilisierten Erwachsenen. Sie besprachen, ob man im Norden oder im Süden besser leben könne. Sie hatten eine sanfte, träge, gleichgültige Diskussion darüber, bis sich herausstellte, daß Pearl annahm, Baltimore sei Norden, und Cody, es sei Süden. Sie fragte, ob diese neue Fabrik so gefährlich sei wie die vorher. »Jeder Laden ist gefährlich«, antwortete Cody, »wenn er von Idioten geleitet wird.«

»Cody, ich mach' mir immer solche Sorgen«, sagte sie zu ihm. »Wenn du wüßtest, wie verzweifelt ich war! Höre, daß mein erstgeborener Sohn in bedenklichem Zustand ist, und darf ihn nicht besuchen kommen.«

»Bedenklichem Zustand? Ich laufe herum, oder?«

»Der wandelnde Veteran«, sagte sie und hob die Hände hoch. »Ist es nicht ironisch? Ich hatte immer gedacht, Katastrophen wären ... Sache der unteren Schichten. Wenn ich diese Unglücksgeschichten in der Zeitung lese: Frau aus ihrem Heim vertrieben, während sie versucht, die sieben Kinder ihrer Tochter großzuziehn, die in einer Bar erschossen wurde, und eins der Kinder ist behindert, und ein anderes muß soundso oft in der Woche mit dem Bus zur Dialyse gebracht werden, mit zweimal Umsteigen ... na, natürlich tun mir solche Leute leid, aber ich werde auch, ich weiß nicht, ungeduldig, als hätten sie sich alles irgendwie selbst zugezogen. Es gibt eine Grenze, möchte ich ihnen sagen; nur so viel vom Leben ist Glück. Aber nun schau: Mein Augenlicht läßt nach, und mein ältester Sohn hat einen schweren Unfall gehabt, und sein Sohn wiederum ist von zu Hause weggelaufen aus Gründen, die man uns nicht sagt, und ich habe meine Tochter seit Wochen nicht gesehn, weil sie sich ganz ihrem kleinen Mädchen widmen muß, das diese Krankheit hat, wie heißt sie noch, Anor Exia – nervöse Anorexie, oder so ähnlich ...«

»Wie geht's Becky überhaupt?« fragte Cody, und Luke sah ihn im Geist, wie er in ein wildes Knäuel von Fäden griff und an dem einen, kurzen Stück zog, das nicht gänzlich mit den andern verwickelt war.

»Niemand weiß es«, sagte Pearl, schaukelnd.

Ruth massierte sich die Stirn, die angespannt und aufgerauht aussah, wie immer nach einem schwierigen Tag. Ezra lachte über etwas im Fernsehn. Cody, der die beiden beobachtete, seufzte und wandte sich wieder seiner Mutter zu.

»Wir sollten jetzt besser gehn«, sagte er zu ihr.

Sie richtete sich auf. »Was?« fragte sie. »Ihr fahrt ab?«

»Wir haben einen weiten Weg.«

»Aber genau deshalb bleibt ihr!« entgegnete sie ihm. »Ruht euch heute nacht aus. Fahrt am Morgen frisch los.«

»Wir können nicht.«

»Warum könnt ihr nicht?«

»Wir müssen ... äh, den Hund füttern.«

»Ich wußte nicht, daß ihr einen Hund habt.«

»Einen Dobermann.«

»Aber Dobermänner sind bösartig.«

»Genau deshalb fahren wir lieber schleunigst zurück und füttern ihn. Wir wollen nicht, daß er die Nachbarn auffrißt.«

Cody streckte die Hand nach Luke aus, und Luke kletterte aus dem verstellbaren Lehnstuhl, um ihm auf die Beine zu helfen. Als Codys Finger sich um seine schlossen, glaubte Luke, einen besonderen Nachdruck zu spüren – einen heimlichen Handschlag, einen Wink zu dem Streich, den sie Pearl gespielt hatten. Er behielt absichtlich ein ausdruckloses Gesicht.

»Hört mal alle her«, verkündete Ezra. »Es ist nicht mehr lang bis zum Erntedankfest, wißt ihr.«

Alle starrten ihn an.

»Kommt ihr dann wieder? Wir könnten zu einem Familiendinner im Restaurant zusammenkommen.«

»Ach, Ezra, keine Ahnung, wo wir dann sind«, meinte Cody.

»Was«, sagte Pearl. »Noch nie von Flugzeugen gehört? Amtrak? Moderne Verkehrsmittel?«

»Wir reden darüber, wenn es dann an der Zeit ist«, erwiderte Cody und tätschelte ihr die Schulter. »Ruth, hast du alles? Bis bald, Ezra, laß mich wissen, wie es weitergeht.«

Umarmungen, Händeschütteln hin und her. Später war Luke sich nicht sicher, ob er sich bei Ezra bedankt hatte – obwohl: Wofür genau wollte er ihm danken? Für was wohl ... Sie gingen das Trottoir entlang und stiegen in Codys Wagen, wo die Luft noch abgestanden und geruchlos von der Klimaanlage zuvor war. Jeder rief Bruchstücke von Sätzen, als versuchten sie, den Eindruck zu erwecken, sie hätten noch so viel zueinander zu sagen, daß kein Platz mehr dafür blieb. »Also, paß gut ...« – »Es war wirklich gut, euch ...« – »Sag Jenny, wir wünschen ...« – »Und fahr vorsichtig, hörst du?«

Sie fuhren vom Randstein weg, winkten durchs Fenster. Pearl und Ezra blieben zurück. Luke auf dem Rücksitz drehte sich nach vorn und sah, daß sein Vater am Steuer saß, Ruth auf dem Beifahrersitz. »Mom?« fragte Luke. »Meinst du nicht, daß du fahren solltest?«

»Er hat drauf bestanden«, antwortete Ruth. »Er ist auch die ganze Strecke hierher gefahren.« Sie drehte sich um und warf Luke über die Lehne einen bedeutungsvollen Blick zu. »Er sagte, er wollte, daß er es ist, der dich abholen fährt.«

»Oh«, sagte Luke.

Worauf wartete sie? Sie schaute ihn noch eine Weile an, gab dann aber auf und wandte sich wieder ab. Luke versuchte sein Bestes und lehnte sich vor, um zu sehen, wie Cody zurechtkam.

»Also, ich denke, es ist wahrscheinlich gar nicht so schwer«, sagte er, »bis auf das Schalten der Gänge.«

»Schalten ist leicht«, erklärte Cody ihm.

»Oh.«

»Und zum Glück gibt es keine Kupplung.«

»Nein.«

Sie fuhren an Reihen und Reihen von Häusern vorbei, wo häufig vorn auf der Veranda lauter Menschen im Dunkeln in ihren Schaukelstühlen wippten. Sie bogen um einen Block, wo es keine Veranden gab, sondern Stufen, weiße Stufen bis dicht an die Straße. Auf einer solchen Treppe hockte eine ganze Familie, mit einem Bierkühler und einem elektrischen Ventilator und einem Baby in einem Netz-Kinderbett auf dem Trottoir. Ein Fernseher stand auf einer Autohaube am Bordstein, und wer zu Fuß vorbeiging, mußte zwischen Fernseher und Zuschauern durch mit einem »Verzeihung, bitte«, als ginge es durch ein fremdes Wohnzimmer. Luke schaute noch nach der Familie zurück, solange sie in Sicht war. Dann traten Reihen von Bars und Cafés an ihre Stelle, und später eine unbeleuchtete Seitengasse.

»Komisch eigentlich«, sagte Luke zu seinem Vater, »niemand hat dich je gebeten, in Baltimore etwas zu reorganisieren.«

»Sehr komisch«, betonte Cody.

»Wir könnten doch dann bei Großmama wohnen.«

Cody sagte nichts.

Sie fuhren aus der Stadt und auf die Schnellstraße, in eine Welt hoher, kalter Lichter hinein, unter einem blauschwarzen Himmel. Ruth rutschte langsam ans Fenster. Ihr kleiner Kopf hüpfte mit jeder Vertiefung in der Straße.

»Mom ist eingeschlafen«, sagte Luke.

»Sie ist müde«.

Vielleicht meinte er es als Vorwurf. Fing jetzt die Strafpredigt an? Luke verhielt sich eine Zeitlang ganz still. Aber als nächstes sagte Cody: »Es strengt sie zu sehr an, das Haus da. Deine Großmama ist so schwierig im Umgang.«

»Großmama ist nicht schwierig.«

»Nicht für dich, vielleicht. Für andere Leute schon. Für deine Mutter. Großmama findet deine Mutter ›streitsüchtig‹. Sie hat mir das mal gesagt. Nannte sie ›streitsüchtig und wild‹.« Er lachte, erinnerte sich an etwas, und Luke fing erwartungsvoll zu lächeln an. »Einmal«, sagte Cody, »ich wette, das weißt du nicht mehr, hatten deine Mutter und ich so einen lächerlichen, kleinen Krach, und sie hat dich und dein Zeug genommen und ist davongelaufen zu Ezra. Und dann, sobald sie am Bahnhof war, fiel ihr ein, was es heißen würde, mit deiner Großmutter zu leben, und sie rief an und bat mich, zu kommen und sie nach Hause zu fahren.«

Lukes Lächeln verschwand. »*Wohin* davongelaufen?« fragte er. »Zu Ezra. Aber egal, es war bloß eine dieser...«

»Sie wollte nicht zu Ezra. Sie wollte zu ihren Leuten«, sagte Luke.

»Was für Leute?« fragte ihn Cody.

Luke wußte es nicht.

»Sie ist eine Waise«, sagte Cody. »Was für Leute?«

»Na? vielleicht...«

»Sie hatte vor, zu Ezra zu gehn«, sagte Cody. »Ich seh' das jetzt! Ich kann mir vorstellen, wie sie ihre Ehe begonnen hätten, genau da, wo unsere zu Ende war. Ach, ich glaube, ich hatte sowieso immer das Gefühl, daß es nicht meine Ehe war. Es war die von jemand anders. Es war ihre. Manchmal schien mir, ich hätte mehr davon, wenn ich so tat, als sähe ich sie mit den Augen von jemand anders.«

»Und warum *sagst* du mir das?« fragte ihn Luke.

»Alles, was ich meinte, ist...«

»Bist du eigentlich *verrückt* oder was? Wie kommt es, daß du an diesen Sachen hängenbleibst, selbst noch nach Jahren und Jahren?«

»Jetzt, Moment mal...«

»Mom?« Luke rüttelte sie an der Schulter. »Mom! Wach auf!« Ruths Kopf sackte auf die andere Seite.

»Laß sie sich ausruhn«, sagte Cody. »Verdammt noch mal, Luke...«

»Wach auf, Mom!«

»Hmm«, machte Ruth, ohne wach zu werden.

»Mom! Ich will dich was fragen. Mom? Weißt du noch, wie du mich genommen hast und von Daddy weg bist?«

»Hm.«

»Weißt du, was ich meine?«

»Ja«, murmelte sie und rollte sich enger zusammen.

»Wo wollten wir damals hin, Mom?«

Sie hob den Kopf, das Haar ganz zerzaust, und gab ihm einen verschleierten, verstörten Blick. »Was?« sagte sie. »Garrett County, wo mein Onkel lebt. Wer will das wissen?«

»Niemand. Schlaf wieder ein«, sagte Cody zu ihr.

Sie schlief wieder ein. Cody rieb sich nachdenklich das Kinn.

Sie rasten durch einen Korridor von Licht, der zu beiden Seiten von tiefster Dunkelheit begrenzt war. Sie begegneten einsamen Autos, die sekundenschnell wieder verschwanden. Lukes Augenlider wurden schwer.

»Was ich sagen will«, meinte Cody. »Wofür ich den ganzen Weg gefahren bin, um zu sagen...«

Aber dann verlor sich der Satz. Und als er wieder zu sprechen anfing, ging es um ein ganz anderes Thema: Zeit. Wie Zeit unterschätzt wurde. Wie wichtig Zeit sei, und all das. Luke fühlte sich erleichtert. Er hörte behaglich zu, von den Worten seines Vaters eingelullt. »Alles«, sagte sein Vater, »hat am Ende mit Zeit zu tun – dem Vergehen von Zeit, der Veränderung. Je daran gedacht? Alles, was dich glücklich oder traurig macht, beruht es nicht alles auf Minuten, die vergehn? Heißt Glücklichsein nicht etwas erwarten, was die Zeit bringen wird? Heißt Traurigkeit nicht, Zeit zurückzuwünschen? Selbst große Dinge – selbst Trauer um einen Toten: Wünscht man sich nicht eigentlich die Zeit zurück, als diese Person noch lebte? Oder Photos – hast du je auf alte Photographien geachtet? Wie wehmütig sie dich stimmen? Leute von vor langer Zeit lächeln, ein Kind, das heute eine alte Dame sein muß, eine Katze, die tot ist, eine blühende Pflanze, die längst verdorrt ist, und der Blumentopf zerbrochen oder verräumt... Genügt es nicht schon, daß die Zeit einmal stillsteht, um dich wehmütig zu machen? Wenn ich sie nur zurückdrehn könnte, denkst du. Wenn ich nur dies oder jenes ändern könnte, ungeschehen machen, was ich getan habe, wenn ich die Minuten entgegengesetzt rollen lassen könnte, nur ein einziges Mal.«

Er schien keine Antwort zu erwarten, und das war gut so. Luke war zu schläfrig, um eine zustande zu bringen. Er fühlte sich schwer, beladen mit den Geschichten anderer Leute. Es kam ihm vor, als rutsche oder falle er. Ihm schien es, als gleite er davon, triebe einen großen, breiten, lichterfüllten Strom von Zeit hinunter, zusammen mit allen Menschen, denen er heute begegnet war. Er ließ seinen Kopf nach vorn nicken, und er schloß die Augen und schlief.

9

Apfel Apfel

Eines Morgens stand Ezra Tull auf und rasierte sich, putzte sich die Zähne, stieg in seine Hosen und traf in der Beuge zwischen seinem rechten Oberschenkel und seinem Bauch auf eine Schwellung. Seine Finger streiften zufällig darüber und zögerten und kehrten zurück. Im Schlafzimmerspiegel sah sein breites, hellhäutiges Gesicht wie gefroren aus. Das Wort »Krebs« kam ganz von selbst, als hätte es ihm jemand ins Ohr geflüstert, aber den Ausdruck von Schock rief der Gedanke hervor, der gleich danach auftauchte: Also gut, soll es so sein. Ich werde also sterben.

Er schüttelte das ab, natürlich. Er war sechsundvierzig Jahre alt, ein ruhiger und vernünftiger Mann, und später würde er einen Termin bei Dr. Vincent verabreden. Inzwischen zog er ein Hemd an und knöpfte es zu und faltete ein paar Socken auseinander. Zweimal, ohne Absicht, befühlte er noch die Schwellung mit den Fingerspitzen. Sie hatte fast die Größe einer Eichel, empfindlich, aber nicht schmerzhaft. Sie rollte unter seiner Haut so glatt wie ein Augapfel.

Es war nicht so, daß er wirklich sterben wollte. Natürlich nicht. Er hatte nur einer vorübergehenden Stimmung nachgegeben, befand er, als er nach unten ging; dieser Sommer war nicht gut gelaufen. Seine Mutter, deren Sehkraft seit 1975 nachgelassen hatte, war jetzt (im Jahre 1979) fast völlig erblindet, gab es aber immer noch nicht ganz zu, was es um so schwieriger machte, für sie zu sorgen: und sein Bruder war zu weit weg und seine Schwester zu beschäftigt, um ihm wesentlich zu helfen. Bei seinem Restaurant ging es noch mehr als sonst drunter und drüber; seine beste Köchin war gegangen, weil das ihr Horoskop empfahl; und eine Hitzewelle schien die ganze Stadt Baltimore zu betäuben. Es stand so schlecht um alles, daß selbst die unbedeutendsten Eindrücke seine Verzweiflung bestätigten – der Nachbarshund, hechelnd auf dem Trottoir, oder der einzige kümmerliche Hortensienstrauch seiner Mutter, der jeden Nachmittag gegen zwei Uhr welkte und die Blätter hängenließ. Selbst der Briefträger erinnerte an Unglück; seine Frau war bei einem Einbruch letztes Frühjahr ermordet worden, und seither schleppte er seine Ledertasche durch die Nachbarschaft, als sei sie unerträglich schwer, als würde sie ihn gleich zwingen stehenzubleiben. Seine Füße bewegten sich langsamer und langsamer; seine Schultern beugten sich dem Boden entgegen. Jeden Tag kam die Post später.

Ezra stand mit seinem Kaffee am Fenster und beobachtete, wie der Briefträger trübselig vorbeischlich, und fragte sich, ob das Leben irgendeinen Sinn habe.

Dann kam seine Mutter mit tastenden Schritten die Treppe herunter. »Sieh mal«, sagte sie, »so ein sonniger Morgen!« Sie konnte es fühlen, nahm er an – erwärmte Flächen auf ihrer Haut, als sie neben ihm am Fenster stand. Oder vielleicht konnte sie es sogar sehen, da sie offenbar noch hell und dunkel unterscheiden konnte. Aber ihr Kleid war falsch zugeknöpft. Sie hatte ihr strähniges, graublondes Haar zu seinem üblichen Knoten gedreht und geschickt eine einzelne Spur Rot in die Mitte ihrer trockenen, runzeligen Lippen plaziert, aber eine Seite ihres Kragens stand im Bogen ab, und das Blumenmuster blähte sich über einer Lücke zwischen zwei Knöpfen, durch die man ihren Unterrock sah.

»Das wird wieder mal ein glühendheißer Tag«, sagte Ezra zu ihr.

»Ach, armer Ezra, ich seh' dich da gar nicht gern zur Arbeit gehn.«

Alles, was sie sagte, bezog sich aufs Sehen. Er wußte nicht recht, ob das Absicht war.

Sie ließ sich von ihm eine Tasse Kaffee bringen, lehnte es aber ab zu frühstücken und saß statt dessen neben ihm im Wohnzimmer, während er die Zeitung las. Das war ihre einzige

Zeit zusammen – morgens und mittags, denn danach fuhr er in sein Restaurant und kam erst sehr spät in der Nacht heim, lang nach ihrer Schlafenszeit. Er konnte sich schwer vorstellen, was sie in seiner Abwesenheit machte. Manchmal rief er sie während der Arbeit an, und sie klang immer so munter – »Mach' mir gerade etwas Eistee«, sagte sie dann. Oder: »Räume meine Strümpfe auf.« Aber im Hintergrund waren die ominösen, zuckersüßen Orgelklänge irgendeiner Fernsehschnulze zu hören, und er hatte den Verdacht, daß sie einen Großteil des Tages einfach vor dem Fernseher saß, mit einer Strickjacke elegant um die Schultern gelegt, sogar bei dieser Hitze, und die kalten Hände im Schoß gefaltet. Bestimmt traf sie sich nicht mit Freunden; sie hatte keine. Soweit er sich erinnern konnte, hatte sie nie Freunde gehabt. Sie hatte durch ihre Kinder gelebt; der Klatsch, den sie heimbrachten, war alles, was sie von der Außenwelt wußte, und die Unternehmungen der Kinder allein gaben ihr ein Gefühl von Vorwärtsbewegung. Selbst damals, als sie im Lebensmittelgeschäft arbeitete, ließ sie sich nicht weiter mit den Kunden oder den anderen Kassiererinnen ein. Und jetzt, da sie im Ruhestand war, kam keine ihrer Kolleginnen sie besuchen.

Nein, dies war der Höhepunkt ihres Tages, kein Zweifel; diese trägen Vormittagsstunden, das Rascheln von Ezras Zeitung, seine sporadischen Mitteilungen über die Nachrichten. »Wieder ein Taxifahrer ausgeraubt, steht hier.«

»Ach, du meine Güte.«

»Noch eine Schießerei im ›Block‹.«

»Wo führt das alles hin?« fragte seine Mutter.

»Terroristen verüben Bombenanschlag in Madrid.«

Zeitungen, Briefe, Photos, Zeitschriften – dabei konnte er ihr helfen. Dann erlaubte sie sich, geradeaus zu starren, mit leerem Blick, während er als Dolmetscher fungierte. Aber in allen anderen Situationen war sie von fanatischer Selbständigkeit. Worauf, genau, hatten sie sich eigentlich geeinigt? Sie gab lediglich zu, daß ihre Sehkraft nicht mehr so wie früher war – daß sie so weit beeinträchtigt war, daß das Lesen lästig wurde. »Sie ist blind«, sagte ihr Arzt, und sie berichtete: »Er denkt, ich bin blind«, bestritt es nicht, ließ aber geschickt durchblicken, irgendwie, dies sei Ansichtssache – oder Willenssache: wie weit man bereit war, etwas zuzulassen oder nicht. Ezra hatte gelernt, Hinweise in einer lockeren, indirekten Art zu geben, die sie akzeptierte. Hätte er zum Beispiel gesagt: »Es regnet, Mutter«, wenn sie ausgehen wollten, hätte sie aufbegehrt und ihm geantwortet: »Das weiß ich doch.« Er lernte zu formulieren: »Die Wetterfrösche sagen, es bleibt so. Nimm lieber deinen Schirm.« Dann veränderte und glättete sich ihr Gesicht, der Information entsprechend. »Ehrlich, ich glaube ihnen nicht«, meinte sie dann, obwohl es jene Art diesiger Regen war, der ohne einen Ton fällt, und Ezra wußte, daß sie ihn nicht wahrgenommen hatte. Sie verbarg ihr Erstaunen so gut, daß nur ihre Kinder, gewöhnt an ihr stures Leugnen von allem, was sie womöglich schwächte, hätten erkennen können, was hinter diesem herausfordernden, starren, grauen Blick lag.

Vergangenen Monat, hatte Ezras Schwester erzählt, habe die Mutter angerufen, um eine seltsame Frage zu stellen. »Sie wollte wissen, ob es stimmt«, sagte sie, »daß sie von langem Liegen auf dem Rücken Lungenentzündung bekommen könnte. ›Warum?‹ habe ich sie gefragt. ›Wieso beschäftigt dich das?‹ ›Ich wollte es bloß wissen‹, hat sie geantwortet.«

Ezra ließ die Zeitung sinken und legte vorsichtig zwei Fingerspitzen auf die Schwellung an seinem Oberschenkel.

Nachdem sie ihren Kaffee getrunken hatten, wusch er die Tassen ab und räumte die Küche auf, die neuerdings einen unsauberen Eindruck machte, ganz gleich, was er auch tat. Es gab da Probleme, mit denen er sich nicht auskannte – die Vorhänge neben dem Herd waren grau geworden, und das Spitzendeckchen unter dem Gewürzständer auf dem Tisch starrte allmählich vor Staub. Wusch man solche Sachen eigentlich? Warf man sie einfach in die Maschine? Er hätte seine Mutter fragen können, tat es aber nicht. Es hätte sie nur aufgeregt. Sie würde darüber nachdenken, was ihr denn sonst noch entgangen war.

Sie kam zu ihm heraus, prüfte ihren Weg so sorgfältig, daß ihre kleinen, schwarzen Pumps wie zitternde, zarte, hyperempfindliche Organe wirkten. »Ezra«, sagte sie, »was hast du heute vormittag vor?«

»Gar nichts, Mutter.«

»Bist du da auch sicher.«

»Was möchtest du denn tun?«

»Ich habe gedacht, wir könnten durch meine Schubladen gehn, aber wenn du beschäftigt bist...«

»Ich bin nicht beschäftigt.«

»Du mußt es nur sagen, wenn du zu tun hast.«

»Ich helf' dir gern.«

»Als du klein warst«, sagte sie, »wurdest du böse, wenn du gemerkt hast, daß ich krank war oder Hilfe brauchte.«

»Na ja, das war, als ich klein war.«

»Ist es nicht komisch? Ausgerechnet du, das freundlichste, warmherzigste, das goldigste Kind; die andern führten immer was im Sinn, waren hinter ihren eigenen Sachen her. Aber wenn ich krank wurde, konntest du so gefühllos werden! ›Heißt das, daß wir nicht ins Kino gehn können?‹ hast du gefragt. Es war dein Bruder, der dann einsprang – der, von dem ich es am wenigsten erwartete. Ich sagte zum Beispiel: ›Ezra, könntest du mir vielleicht eine Wolljacke bringen, bitte?‹ Und du wurdest zu Stein und tatest, als hörtest du nicht. Du schienst zu denken, ich hätte dir was angetan – Kopfweh bekommen aus Bosheit.«

»Ich war noch sehr klein, damals«, sagte Ezra.

Dabei war merkwürdig, wie angespannt er sich fühlte, selbst jetzt – weniger böse als schutzlos: und schutzlos hatte er sich auch als Kind gefühlt, glaubte er. Als sie sich mit einem Schälmesser in den Finger schnitt, war er niedergeschlagen ob ihrer Unzulänglichkeit. Wie konnte er sich auf so eine Person verlassen? Warum hatte sie ihn so enttäuscht?

Er nahm sie am Oberarm und führte sie ins Wohnzimmer zurück. (Plötzlich wurden ihm seine Größe und sein solides, angenehmes Gewicht bewußt.) Er setzte sie auf die Couch und ging zum Schreibtisch hinüber, um die unterste Schublade herauszunehmen.

Dies war etwas, was er schon viele Male zuvor getan hatte. Es ging bestimmt nicht darum, daß die Schublade säuberungsbedürftig war, auch wenn sie auf einen Außenstehenden unordentlich gewirkt hätte. Kaskaden von losen Photos schlitterten herum, wenn er einen Packen nahm, andere schauten aus den angeschimmelten, auseinanderfallenden Alben heraus, die auf einer Seite aufgestapelt waren. Da war ein Schuhkarton, voll mit den Jungmädchen-Tagebüchern seiner Mutter; ein nicht zu Ende geführtes Babybuch für Cody; und eine Schrafft-Pralinenschachtel mit alten Briefen, sämtliche Marken von den Umschlägen abgeschnitten. Da war ein verblaßter lavendelfarbener Blumenstrauß zum Anstecken, steif und hart gedrückt, wie eine vertrocknete Mäuseleiche; ein einzelner Glacéhandschuh, vom Alter hart geworden; und ein morsch riechendes Schulzeugnis für *Pearl E. Cody, Vierte Klasse, 1903,* mit den hervorragenden Noten in einer so eleganten Schrift eingetragen, als hätte jemand neben jedes Fach ein *A* aus feinen, braunen Haaren gelegt. Ezra liebte diese Besitztümer. Er ging sie bereitwillig immer und immer wieder durch, beschrieb sie seiner Mutter. »Da ist das Bild von deiner Tante Melinda an ihrem Hochzeitstag.«

»Hm?«

»Du stehst neben ihr, mit einem Fächer aus Federn.«

»Das heben wir auf«, sagte seine Mutter. Sie tat immer noch so, als ginge es nur ums Sortieren.

Aber sehr bald dachte sie nicht mehr daran und lehnte sich zurück, in Gedanken vertieft, während er aufzählte, was er gefunden hatte. »Hier ist ein Bild von der Veranda von jemand.«

»Veranda? Wessen Veranda?«

»Kann ich nicht sagen.«

»Wie sieht sie aus?«

»Zwei Säulen und ein dunkler Boden, Tontopf voll Geranien...«

»Bin ich drauf?«

»Nein.«

»Na ja«, sagte sie mit einer Handbewegung, »vielleicht war das Lunas Veranda.«

Er hatte nie von einer Luna gehört.

Um die Wahrheit zu sagen, er glaubte nicht, daß es die Verwandten waren, auf die es seiner Mutter ankam. Damen und Herren tauchten verworren auf und verschwanden wieder; er tat sein Bestes, ihre Namen zu behalten, aber seine Mutter schob sie unbekümmert weg. Sie war auf der Suche nach sich selbst, ahnte er. »Siehst du mich denn überhaupt? Ist das das Dinner, bei dem ich das Hellblaue anhatte?« Manchmal amüsierte ihn ihre Zielstrebigkeit, manchmal ärgerte sie ihn auch. Es lag Gier darin, wie sie ihr Kinn vorreckte und erwartete, von ihrem Verbleib zu erfahren. »Bin *ich* in der Gruppe? War *ich* auf diesem Picknick?«

Er schlug ein braunes Samtalbum auf, dessen bröckeligen, grauen Seiten an den Rändern sämtlich hellgelb wie Urin geworden waren. Keins der Photos im Innern war richtig festgeklebt. Ein Sepia-Porträt eines bärtigen Mannes steckte im Einband, zusammen mit dem Farbphoto von einem rosigen Baby in einem grellfarbigen Plastik-Planschbecken, *Sept. 63* auf den Rand gestempelt. Seine Mutter reckte ihr Gesicht vor, erwartungsvoll. »Hier ist ein Mann mit Bart. Ich denke, es ist dein Vater.«

»Möglich«, sagte sie, ohne Interesse.

Er blätterte um. »Hier ist eine Gruppe von Damen unter einem Baum.«

»Damen?«

»Keine von ihnen kommt mir bekannt vor.«

»Was haben sie an?«

»Lange, sackartige Kleider«, antwortete er. »Alles scheint um die Taille zu hängen.«

»Das könnte neunzehnhundertzehn sein oder so. Vielleicht Iolas Verlobungsparty.«

»Wer ist Iola?«

»Schau nach mir im Matrosenstreifen«, sagte sie zu ihm.

»Keine Streifen hier.«

»Dann weiter.«

Sie war nie der Typ gewesen, der zurückschaut, hatte nie seine Kindheit gefüllt mit »Als ich so alt war wie du«, wie es so viele Mütter taten. Und selbst jetzt benutzte sie diese Photos nicht als Vorwand, um in Erinnerungen zu schwelgen. Sie sagte eigentlich kaum etwas dazu – selbst zu den Bildern, auf denen sie zu sehen war. Statt dessen lauschte sie aufmerksam auf alle Einzelheiten, die er ihr über ihr damaliges Ich bieten konnte. Wollte sie vielleicht wissen, wie ein Außenstehender sie sah? Oder hoffte sie, irgendein Rätsel zu lösen? »Lächle ich, oder runzle ich die Stirn? Würdest du sagen, daß ich glücklich aussehe?«

Wenn Ezra versuchte, ihr seinerseits Fragen zu stellen, reagierte sie gelangweilt. »Wie war deine Mutter?« fragte er zum Beispiel.

»Ach, das war vor ewig langer Zeit«, antwortete sie.

Ihr Leben war nicht besonders gewesen, schien ihm. Er fragte sich, zu welchem Zeitpunkt – in ihrer gesamten Geschichte – sie wohl gern zurückkehren würde. Ihre Brautzeit, obwohl sie wußte, was daraus wurde? Die Zeit als junge Mutter? Sie sprach oft und wehmütig von den Jahren, als ihre Kinder klein waren. Aber die meisten Photos in dieser Schublade waren sehr viel früher entstanden, zu Anfang des Jahrhunderts, und die erforschte sie am gründlichsten. »Familientreffen der Bakers könnte das sein. Neunzehn-null-acht. Beulahs Jungmädchenparty. Lucy und Harolds Silberhochzeit.« Die Anlässe, die sie aufzählte, galten anderen Leuten; sie hing nur so am Rand herum, sah zu. »Katherine Rose, in dem Sommer, als sie so schön war und ihren Zukünftigen traf.«

Er betrachtete Katherine Rose. »Mir kommt sie gar nicht so schön vor«, sagte er.

»Ist auch ziemlich bald verwelkt.«

Katherine Rose, wer immer das war, trug ein strenges und kompliziertes Kleid, von der Art, wie es schon seit gut sechzig Jahren nicht mehr üblich war. Er betrachtete prüfend ihr kleines Kaninchengesicht, als sei sie eine Zeitgenossin, ein Mädchen, das ihm in einer Bar aufgefallen war, aber wahrscheinlich war sie seit Jahrzehnten tot. Er hatte das Gefühl, als zöge man ihn durch Schichten von Generationen zurück.

Er schlug winzige Tagebücher auf – einige davon nicht größer als eine Puderdose – und las die verkrampften Eintragungen seiner Mutter laut vor. »*Achter Dezember, neunzehn-zwölf. Edwina Barrett besucht. Vergoß Viertelliter saure Sahne in den Kinderwagen und hatte eine schöne Mühe, die Kissen sauberzukriegen, glaub's mir* ... «– »*Vierter April, neunzehn-null-acht. Ging in die Stadt mit Alice und wogen uns auf der neuen Wiegemaschine in Mr. Salters Laden. Alice hat hundertzwei Pfund. Ich knapp hundert.*« Seine Mutter hörte zu, angespannt und still, als erwarte sie etwas von großer Tragweite, aber er fand nur Dinge wie *kaufte zehn Meter Alpaka, heliotrop* und *machte Schokoladen-Mandel-Speise für den Kulturkreis der Mädchen* und *wieder in Mr. Salters Laden gewogen.* Im Sommer 1908 (ihr vierzehnter Sommer, soweit er wußte) hatte sie sich etwa jeden zweiten Tag gewogen – hatte ihr Pony Prinz gesattelt und war nur zu diesem Zweck in die Stadt geritten. »*Siebter August*«, las er. »*Ließ bei der Schneiderin Maß nehmen, und sie gab mir eine Abschrift zum Behalten. Ich habe mich in jedem möglichen Sinn entwickelt.*« Er lachte, aber seine Mutter machte eine kleine, ungeduldige Bewegung mit einer Hand. »*Neunter September*«, las er und hatte ganz plötzlich das Gefühl, ihm würde der Boden unter den Füßen weggezogen. Mein Gott, dieses flotte, junge Mädchen war diese alte Frau! Diese blinde, alte Frau, die neben ihm saß! Sie war einmal eine ganz andere Person gewesen, hatte ein ganz anderes Leben gehabt, getrennt von seinem, hatte ihre Zeit ganz anders verbracht, etwa *Schläger mit den Jungen Amazonen geschwungen, mit den Neal-Jungen schrecklichen Unsinn gemacht* und *den ersten Preis beim Herbstwettbewerb im Vorsingen gewonnen.* (*Ich hoffte, daß die arme Nadine gewinnen würde,* schrieb sie in einer rundlichen, unschuldigen Schrift, *aber natürlich war es schön, daß ich ihn selbst bekommen habe.*) Seine Mutter saß schweigend da, streichelte geistesabwesend das tote Blumengebinde. »Schon gut«, sagte sie zu ihm.

»Soll ich aufhören?«

»Es war doch nicht das, was ich wollte.«

Auf seinem Weg ins Restaurant verschwand Ezra in einer Buchhandlung und fand ein Gesundheitshandbuch in der Abteilung Medizin. Er suchte im Inhaltsverzeichnis nach *Schwellung,* fand aber nur *Schwellung bei Strahlenpilzkrankheit (Aktinomykose).* Offenbar mußte man den Namen seiner Krankheit zuerst kennen, aber warum sie dann noch nachschlagen? Er überlegte, was er noch aus dem Biologiekurs auf der High-School wußte, und beschloß, unter *Lymphdrüsen* nachzusehn. Schon der Ausdruck war beruhigend; Lymphdrüsen schwollen häufig an. Er hatte ein paar am Hals, die jedesmal nußgroß wurden, wenn er einen Schnupfen bekam. Aber im Verzeichnis standen keine Lymphdrüsen, und er erstarrte, als er *lymphatische Leukämie* und *lymphohämatogene Tuberkulose* las. Er klappte das Buch rasch zu und stellte es ins Regal zurück.

Josiah hatte das Restaurant bereits geöffnet, und zwei Helfer waren in der Küche mit dem Kleinschneiden von Gemüse beschäftigt. Ein Vertreter im karierten Anzug versuchte, Josiah für irgendein neues Produkt zu interessieren. »Aber«, sagte Josiah immer wieder, »aber ich glaube nicht...« Josiah sah so einfältig und verwirrt aus – ein ausgezehrter Riese in Weiß, dessen schwarzgraues Haar abstand, in wilden Büscheln, als hätte er es sich in der Verzweiflung wiederholt gerauft –, daß Ezra plötzlich von Liebe zu ihm überkommen wurde. Er sagte: »Josiah, um was geht's?« Und Josiah wandte sich ihm dankbar zu. »Ja, schau, dieser Herr hier ...«

»Murphy ist mein Name. J. R. Murphy«, sagte der Reisevertreter. »Ich verkaufe Sojasauce, eigene Herstellung. Ich verkaufe sie kistenweise.«

»Mit einer Kiste würden wir nie fertig«, sagte Ezra. »Wir verwenden sie kaum.«

»Das werden Sie aber«, erklärte ihm der Vertreter. »Sojasauce ist das Ding der Zukunft; kaufen Sie sie lieber, solange es geht. Das hier ist das Gegenmittel gegen Strahlungsschäden.«

»Gegen was?«

»Nukleare Unfälle! Atomdilemmas! Schaun Sie sich mal die Tatsachen an: Diese Leute in Hiroshima hatten nicht annähernd so viele Nebenwirkungen wie erwartet. Wollen Sie wissen, warum? Wegen all dem japanischen Essen mit Sojasauce. Gute, alte Sojasauce. Halten Sie sich eine Kiste davon, und Sie brauchen sich wegen Three Mile Island keine Sorgen zu machen.«

»Aber ich mag Sojasauce nicht mal.«

»Wer sagt, daß Sie sie mögen müssen?«

»Also, vielleicht nur ein paar Flaschen ...«, sagte Ezra. Er fragte sich, ob an seiner Türe ein kryptisches, kultisches Zeichen sei, das allen Verrückten verriet, wie schwer es ihm fiel, nein zu sagen.

Er ging, um den Speisesaal zu überprüfen. Zwei Kellnerinnen schüttelten Tischtücher aus und glätteten sie mit einem frischen, reißenden Geräusch auf den Tischen. Josiah schleppte Stöße frisch gewaschener Servietten herein. Es gab immer einen Moment, früh am Tag wie jetzt, wenn Ezra sein Restaurant entmutigend fand. Er fröstelte angesichts der leeren Tische, der hohen, vorhanglosen Fenster und bei dem scharfen Geruch der Zigaretten vom Vorabend. Was war das für ein Beruf? Leute schlangen sein Essen hinunter, gedankenlos, viel zu beschäftigt mit Flirten oder Streiten oder Geschäftemachen, um zu merken, was sie aßen; dann gingen sie heim und vergaßen es. Nichts führte zu irgend etwas. Und Ezra war ein Mann im mittleren Alter, sein Haar am Hinterkopf wurde dünn; aber hier war er, wo er mit zwanzig gewesen war, lebte mit seiner Mutter in einem Reihenhaus in der Calvert Street und las sich mit Kochbüchern in den Schlaf. Er hatte nie geheiratet, war nie Vater von Kindern geworden und hatte das einzige Mädchen, das er geliebt hatte, verloren, aus schierem Fatalismus, aus Kraftlosigkeit und williger Hinnahme der Niederlage. *(Let it be,* Nimm's, wie es ist, war das Leitmotiv seines Lebens. Er war von einer verträumten Stimmung von Bejahung beherrscht, die teils Quelle seines ganzen Glücks und teils sein Verderben war.)

Josiah kam und blieb vor ihm stehen. »Meine Stiefel schon gesehn?« fragte er.

Ezra tauchte aus seinen Gedanken auf und schaute auf Josiahs Stiefel hinunter. Sie standen unter der weißen Arbeitskleidung heraus – riesige, gummiüberzogene Leinenstiefel, die eine Überschwemmung, einen Schneesturm, eine Lawine aushalten konnten.

»L. L. Bean«, sagte Josiah.

»Ah.«

Von L. L. Bean bekam Josiah seine mysteriösen Geschenke. Sie kamen ein- oder zweimal im Jahr: ein Einmannzelt; ein Schlafsack, daunengefüllt; Jägerschuhe in seiner ungeschlachten, schwer aufzutreibenden Größe; ein schmutzigolivfarbener Umhang, in dem er einem Monsun standhalten konnte; eine Überlebensausrüstung im Taschenformat, mit Kompaß, Feuerstein, Signalspiegel und Metallhülle. All das für einen Mann, der in der Stadt geboren und aufgewachsen war und allem Anschein nach dort gerne blieb. Nie lag eine Karte oder eine erklärende Mitteilung bei. Josiah hatte an die Firma geschrieben, aber L. L. Bean antwortete, der Spender ziehe es vor, anonym zu bleiben. Ezra hatte Stunden damit verbracht, Josiah beim Prüfen von Möglichkeiten zu helfen. »Erinnerst du dich an die alte Dame, bei der du den Schnee vom Weg geschaufelt hast? Vielleicht ist sie es.«

»Sie müßte inzwischen tot sein, Ezra.«

»Oder Molly Kane, die mit dem Rollstuhl? Du hast sie immer zum Algebraunterricht geschoben.«

»Die hat doch gesagt: ›Laß meinen Rollstuhl los, du Riesenidiot!‹«

»Vielleicht tut es ihr jetzt leid.«

»Oh, nein. Der nicht. Nicht Molly Kane.«

»Vielleicht einfach jemand, dem du einen Reifen gewechselt hast, und du weißt es nur nicht mehr. Jemand, dem du die Tür aufgehalten hast. Vielleicht ... Ich weiß nicht ...«

Gewöhnlich machten ihm diese Spekulationen Spaß, aber jetzt, während er auf Josiahs Mammutstiefel hinuntersah, ging ihm plötzlich die Tatsache auf, daß sogar Josiah – der magere, stotternde Josiah mit dem Pferdegebiß – ein menschliches Wesen ganz für sich hatte, mit dem er verbunden war, ob er nun den Namen der Person kannte oder nicht, und in einem Nest von Geschenken und Geheimnis und besonderer Fürsorge lebte, von dem Ezra ausgeschlossen war.

»*Neujahrstag, neunzehn-vierzehn*«, las Ezra vor. »*Ich hoffe, dieses kleine Tagebuch geht nicht verloren, wie das vom letzten Jahr. Ich hoffe, ich werde nicht irgendwas Dummes hineinschreiben, wie es mir bekanntlich früher passiert ist.*«

Seine Mutter versuchte erfolglos, ein Lächeln zu verbergen. Was für Dummheiten konnte sie vorgehabt haben, vor so langer Zeit? Ezras Blick glitt die Seite hinunter bis zu einer Zeile, die durchgestrichen war. »Da steht etwas, was ich nicht lesen kann«, sagte er.

»Ich war nie für meine Schreibkunst berühmt.«

»Nein, ich meine, du hast drübergekritzelt mit so vielen Schlingen und Sachen ...«

»Apfel Apfel«, erklärte seine Mutter.

»Wie bitte?«

»Das haben wir über Wörter geschrieben, die geheim bleiben sollten. Apfelapfelapfel aneinandergekoppelt, damit niemand raten konnte, was darunterstand.«

»Das hat aber auch funktioniert«, sagte Ezra.

»Mach weiter«, forderte seine Mutter ihn auf.

»Oh, Hm ... *habe einen Leinsamenumschlag um meinen Finger gemacht... ein paar Strumpfhalter aus blaßrosa Band angefangen... Popcorn gemacht und zur Hälfte gebuttert, aus dem Rest Konfekt gemacht...«*

Seine Mutter seufzte. Ezra überflog einige Seiten schweigend.

Wie planlos das wirkliche Leben war! In Romanen führten Ereignisse zu etwas. In den Tagebüchern seiner Mutter flitzten sie vorbei, ohne erkennbare Richtung. Frank brachte ihr parfümierte Löschblätter und eine Schachtel »Kakao-Nuß«-Pralinen; Roy war ausgiebig zu Besuch da und schien sich nicht losreißen zu können; Burt Tansy lud sie in die komische Oper ein und schenkte ihr danach einen Band mit den Songs; aber keiner dieser Leute wurde je wieder erwähnt. Jemand namens Arthur schrieb ihr einen Brief, *so was Empfindsames,* schrieb sie. *Ich wußte nicht, daß er so albern sein kann. Es war aber in aller Form, und ich bin nicht sehr böse.* Ein gewisser Clark Allensby versprach, sie aufzusuchen, und tat es nicht; *ich nehme an, es ist besser so,* schrieb sie, *aber ich verstehe sein Benehmen nicht, denn morgen reist er ab.* Und gerade während sie *die Vorhänge spannte,* schrieb sie, *meldete die Schwarze einen jungen Mann an. Ich sah aus wie ein Monstrum, ging aber trotzdem hinein, und da saß Hugh McKinley. Er war auf dem Weg ins Samengeschäft und kam nur ZUFÄLLIG vorbei und blieb eine Weile ...*

Ezra begann zu erkennen, daß es für seine Mutter (oder für das junge Mädchen, das sie gewesen war) doch einen Plan gab. Sie hatte sich sogar einen ganz wunderbaren Plan ausgemalt – Bedeutung in jede zufällige Begegnung gelegt, die Verheißung turbulenter Flirts, großer, weißer Hochzeiten, ungetrübter Seligkeit bis ans Ende. *James Wrayson kam ganz unerhört spät*, schrieb sie. *Stahl mein Bild vom Klavier und steckte es in die Tasche. Benahm sich unbeschreiblich komisch. Ich habe überhaupt keine Ahnung, was daraus werden soll.*

Nun, es war nichts draus geworden. Nichts wurde aus irgend etwas. Sie heiratete einen Vertreter der Tanner Corporation, und er verließ sie und kam nie wieder. »Ezra? Warum liest du mir nicht vor?« fragte seine Mutter.

»Ich bin müde«, sagte er.

Er nahm sie zu einem Baseballspiel am Nachmittag mit. In ihrem hohen Alter war sie ein großer Fan der Orioles, des Baseballteams von Baltimore. Sie hörte Radio, wenn sie nicht selbst dabeisein konnte, sie blieb sogar über ihre Schlafenszeit hinaus auf, wenn das Spiel verlängert wurde. Baseball sei der einzig vernünftige Sport, sagte sie; klar wie das Brettspiel Parcheesi, intelligent wie Schach. Sie sah selbstzufrieden aus, daß ihr das eingefallen war, aber Ezra hatte den Verdacht, es habe etwas mit den kitschigen Tagesserien im Fernsehen zu tun; die sie mochte. Gewiß betrachtete sie jedes Spiel wie ein Drama und regte sich über den Klatsch auf, den Ezra für sie aus den Sportseiten heraussuchte – Verletzungen der Spieler, Rivalitäten, Schwächeperioden, traurige Geschichten von jungen Anfängern, so nervös, daß sie ihre einzige Chance verpatzten. Sie stellte sich die Orioles gern als verarmt und tugendhaft vor, außerstande, ihre Talente einfach zu kaufen, wie das reichere Teams taten. Das Aussehen der Spieler war für sie so wichtig, als wären sie Filmstars: Ken Singletons hohe, glänzende Backenknochen, von einer ihrer Enkelinnen beschrieben, versetzten sie in eine kleine Trance der Bewunderung. Sie hörte gern, wie Al Bumbry seinen Schläger vor dem Schlag so elegant schwänzeln ließ, wie Stanhouse die Leute verrückt machte, indem er an der Abwurfstelle zögerte. Sie wünschte, Doug deCinces würde seinen Schnurrbart abrasieren und Kiko Garcia sich die

Haare schneiden lassen. Sie fand, Earl Weaver sei nicht väterlich genug für einen richtigen Manager, und wenn er einen armen, traurigen Werfer austauschte, der kaum eine Chance gehabt hatte, redete sie ernst ins Radio, nannte ihn »Merle Beaver« aus Hohn, spuckte die Worte nur so aus. »Bloß, weil einer seine eigenen Tomaten züchtet«, sagte sie, »bedeutet noch lange nicht, daß er auch ein Herz hat.«

Manchmal zitierte Ezra sie seinen Freunden im Restaurant gegenüber, und mitten in einem Satz fiel ihm ein: O je, ich mache ja... eine kauzige Figur aus ihr; und alles, was er gesagt hatte, wirkte gelogen, obwohl es natürlich passiert war. Sie war eben eine sehr starke Frau (sogar eine furchterregende, in seiner Kindheit), und sie mochte geschrumpft und gealtert sein, aber ihr wahres, inneres Ich war noch enorm, überlebensgroß, mächtig. Ja, überwältigend.

Sie kamen früh ins Stadion, damit seine Mutter ihr eigenes Tempo beim Gehen beibehalten konnte, das so langsam und zögerlich war, daß die Aufstellung bereits bekanntgegeben wurde, als sie Platz genommen hatten. Ihre Plätze waren gut, in der Nähe der »Home plate«, der wichtigsten Schlagplatte. Seine Mutter ließ sich dankbar sinken, mußte dann aber, fast sofort, für die Nationalhymne wieder stehen. Für zwei Nationalhymnen; das andere Team war Toronto. Bei der Hälfte des zweiten Liedes bemerkte Ezra, daß seiner Mutter die Knie zitterten. »Möchtest du dich hinsetzen?« fragte er sie. Sie schüttelte den Kopf. Er nahm sie am Arm. Es war ein sehr heißer Tag, aber ihr Arm fühlte sich kühl und fast unnatürlich trocken an, wie mit Puder überstäubt.

Was für ein klares Grün das Gras hatte! Er wußte, was seine Mutter meinte: Präzise und eben und bunt, hatte das Spielfeld etwas von einem Brettspiel. Spieler standen herum, schwangen müßig ihre Arme. Der Schlagmann von Toronto schlug einen hohen Flugball, und der mittlere Feldspieler pflückte ihn vom Himmel, mit Leichtigkeit, fast geistesabwesend. »Na!« sagte Ezra. »Das war schnell. Gleich das erste Aus.«

Sein Kommentar hatte einen Trick. Er informierte sie so, daß man es nicht merkte, in Form eines belangloses Geplauders. »Herrjeh. Schau dir den Wechsel an.« Und: »Ist das vielleicht ein Ball? Genau an seinen Knien vorbei. Mensch, so ein Ball!« Seine Mutter hörte zu, das Gesicht erhoben und empfänglich, wie jemand in einem Konzert.

Was hatte sie davon? Sie hätte genauer folgen können, dachte er, wenn sie zu Hause am Radio geblieben wäre. (Und sie wollte nie Radio mit Kopfhörern mitnehmen; sie befürchtete, die Leute könnten es für eine Art Hörgerät halten.) Er nahm an, daß sie die Atmosphäre mochte, den Beifall und die Aufregung und den Geruch von Popcorn. Sie ließ sich sogar einen Pappbecher mit Bier von ihm holen, das dann nach einem kleinen Schluck warm wurde; und wenn das Horn ertönte, rief sie: »Angriff«, ganz sanft, mit einem verlegen halben Lächeln um die Lippen. Drei Männer hinter ihr betranken sich – buhten und pfiffen und riefen vorbeikommenden Mädchen Unanständiges nach –, aber Ezras Mutter blieb unberührt, blickte geradeaus. »Wenn man selber dabei ist«, sagte sie zu Ezra, »bestimmt man sein eigenes Blickfeld, weißt du? Die Männer im Fernsehn oder Radio achten vielleicht gerade auf den Werfer, wenn du wissen willst, was an der Platte passiert; und du hast keine Wahl und mußt es hinnehmen.«

Ein Schlagmann zielte auf einen niedrigen Ball und traf, und Ezra (mit den Augen in jeder Richtung) sah, wie das Feld augenblicklich lebendig wurde, jeder Spieler dem ihm zugewiesenen Kurs folgte. Der Zwischenspieler – zwischen der zweiten und dritten Platte – sprang ohne eine Sekunde Vorbereitung in die Höhe und fing den Ball; der Außenfeldspieler arbeitete sich heran wie ein Kaleidoskop; der Läufer der zweiten Platte machte einen Sternschritt, und der Zwischenspieler erwischte ihn mit dem Ball, bevor er wieder die Platte berührte, und damit war er aus. »Juhu, Garcia!« brüllte ein Betrunkener hinter ihnen, mit der grießigen, heiseren Stimme, die manche Männer auf Baseballplätzen entwickeln;

und er schüttete kaltes Bier über Ezras Nacken. »Also ...«, sagte Ezra zu seiner Mutter. Aber er wußte nicht, wie er all das zusammenfassen sollte, was passiert war, und meinte schließlich: »Wir liegen vorn, scheint mir.«

Sie antwortete nicht. Er wandte sich zu ihr und sah, wie sie in sich zusammensank, ihr Kopf nach vorn fiel, der Pappbecher ihren Fingern entglitt. »Mutter? Mutter!« Alle rundum standen auf und drängten sich aufgeregt um ihn. »Sie braucht Luft«, meinten sie, und dann bekamen sie sie irgendwie auf dem Rücken zu liegen, dort, wo vorher ihrer aller Füße gewesen waren. Ihr Gesicht war weiß, wie Papier, starr wie zerklüftetes Gestein. Einer der Betrunkenen trat vor, um ihr den Rock schicklich über die Knie zu glätten, und ein anderer strich ihr das Haar aus der Stirn. »Es wird schon wieder«, sagte er zu Ezra. »Keine Sorge. Es ist nur die Hitze. Leute, macht Platz! Laßt sie atmen!«

Sie schlug die Augen auf. Die Luft schimmerte wie Messerblätter, mit einem harten Messing-Licht, aber Ezras Mutter blinzelte nicht einmal; und zum erstenmal begriff Ezra völlig, daß sie blind war. Es schien schon vorher so, er hatte es sich nur nicht klargemacht. Er stolperte rückwärts, hockte zu Füßen von Fremden und bekam das Gefühl, sie müßten für immer hierbleiben. Sie beide, hilflos, flach gedrückt unter dem glühenden Sommerhimmel.

Jene Nacht träumte er, daß er zwischen den Tischen in seinem Restaurant umherging. Ein langjähriger Gast, Mr. Rosen, saß unschlüssig über der Speisekarte. »Was empfehlen Sie?« fragte er Ezra. »Ich sehe, Sie haben Ihr Stroganoff, aber ich weiß nicht, das ist ein bißchen schwer. Ich meine, ich bin nicht besonders hungrig, will nur was probieren, hab' ein bißchen Druck auf meinem Magen, gleich hier unter dem Brustkorb, wissen Sie, was ich meine? Was, glauben Sie, wäre gut dafür? Was soll ich denn wohl essen?«

Genauso benahm sich Mr. Rosen auch in Wirklichkeit, und Ezra erwartete es und reagierte immer freundlich und tröstlich. Aber in dem Traum überfiel ihn eine ganz untypische Panik. »Ich habe nichts! Nichts!« schrie er. »Ich weiß nicht, was Sie wollen! Ich habe nichts! Schluß mit der Fragerei!« Und er rang seine Hände beim Gedanken an seinen leeren, glänzenden Eisschrank und seinen müßigen Herd.

Er wachte schwitzend auf, verheddert in feuchte Leintücher. Die Dunkelheit hatte etwas Weißes an sich, was ihn glauben ließ, die Dämmerung sei nahe. Er stieg aus dem Bett, hielt seine Schlafanzughosen fest, ging hinunter und goß sich ein Glas Milch ein. Dann wanderte er ins Wohnzimmer auf der Suche nach einer Zeitschrift, fand aber nur Hefte, die schon Monate alt waren. Schließlich ließ er sich auf dem Teppich neben dem Schreibtisch seiner Mutter nieder und zog die unterste Schublade auf.

Ein Rezept für Marmeladekuchen: *Aus der Küche von…* ohne den Namen dazu. Irgendein Zeugnis, zusammengerollt und mit einem verschmutzten blauen Band zusammengebunden. Ein Zeitungsausschnitt: *Borstenzapfenkiefern, unter Belastung, horten all ihre Lebenskraft in einer einzigen Ader und lassen den Rest absterben.* Ein Photo seiner Schwester im Abendkleid mit einem Gardenienkränzchen ums Handgelenk. Ein Tagebuch von 1909, mit einem gepreßten Veilchen zwischen den Seiten. *Mein gelbes Kleid gewaschen, salzgetriebenes Brot gemacht, Basketball gespielt,* las er. *Kaufte einen Hutstumpen bei Warner und dekorierte ihn mit grünem Seidenrips. Tomaten eingemacht. Zum Drill für den Sportaufmarsch gegangen. Fortschritte beim Mikado.*

Ihre Vitalität summte im Zimmer um ihn herum. Sie machte dauernd etwas mit ihren »Miedern«, von denen Ezra annahm, es handele sich um Blusen. Mieder besticken oder Mieder ausbessern oder Material für ein Mieder kaufen oder neues Band an ein Mieder nähen, Einsatz in ein Mieder nähen, Einsatz aus einem Mieder *trennen,* ihr rotkariertes Mieder in Biesen legen, bis der Faltenleger kaputtging, neue Ärmel an ein Mieder machen – sie hatte sogar, eine ganze

Woche lang, einen Kurs besucht, »Zuschneiden einer Hemdbluse«. Sie bügelte ein Mieder, nähte eine Korsetthülle, stopfte ihre Strümpfe, änderte einen Hüftgürtel, stickte eine Steppdecke, ein Monogramm in ein Handtuch, schnitt Flanell für Röcke zu. (Und doch hatte Ezra in all der Zeit, die er sie kannte, nie beobachtet, daß sie auch nur ein Geschirrtuch säumte.) Sie ging, um einen Vortrag, »Donnerschläge von der Guillotine«, zu hören. Sie belästigte den Tierarzt mit einem Leiden von Prinz – einem verletzten Kniegelenk, was immer das war. Sie verkaufte Eintrittskarten für verschiedene Zusammenkünfte, für Amateuraufführungen und Picknicks der Missionsgesellschaft. Sie machte einen Besuch bei ihrem Onkel, fand aber seine Tür doppelt verschlossen und nur ein Dielenfenster offen.

In Ezras schlummerndem, regungslosen Haushalt kam das einzig laute Geräusch von der fünfzehnjährigen Pearl, wie sie ihre Unterröcke raffte, um durch das Fenster von damals zu klettern.

Täglich, in verschiedenen Buchläden, ging Ezra vom Merck-Handbuch zu anderen Büchern über, einfacher zu gebrauchen, für Laien bestimmt. Bei mehreren war der Index nach Symptomen angeordnet, auch *Schwellung* war darunter. Er fand, daß seine Schwellung tatsächlich ein Lymphknoten sein könnte – eine vorübergehende Verdickung als Reaktion auf eine kleine Infektion. Oder es könnte auch ein Bruch sein. Oder etwas Schlimmeres. *Fragen Sie Ihren Arzt,* las er. Aber er tat es nicht. Jeden Morgen, noch im Schlafanzug, prüfte er die Schwellung mit den Fingern und beschloß, Dr. Vincent anzurufen, änderte aber später seine Meinung. Angenommen, es stellte sich heraus, daß es Krebs war: Warum sollte er sich diesen Behandlungen unterziehen – der Bestrahlung und den toxischen Medikamenten? Besser einfach sterben.

Er bemerkte, daß er vom Sterben wie von einer Art Abenteuer dachte, etwas Neuem, das er noch nicht erlebt hatte. Wie eine ungewöhnliche Urlaubsreise.

Seine Schwester Jenny kam mit ihren Kindern vorbei. Es war ein Mittwoch, ihr freier Vormittag. Sie übernahm das Haus ohne alle Mühe. »Wo ist euer Bügelzeug? Gib mir euer Bügelzeug«, sagte sie – und: »Quinn, geh da runter.« Sie hatte so viel Energie; sie verausgabte sich mit solcher Rücksichtslosigkeit. In ihren abgetragen wirkenden Kleidern, schiefgetretenen Schuhen, mit ihrem schwarzen Haar, das hinter ihr wippte, flog sie durchs Wohnzimmer. »Ich finde, du solltest eine Klimaanlage kaufen, Mutter. Hast du von der letzten Messung der Luftverschmutzung gehört? Für jemand in deinem Gesundheitszustand ...«

Ihre Mutter, vor Mattigkeit sprachlos, überstand diesen Sturm von Worten und hob dann eine weiße Hand. »Komm näher, damit ich deine Haare sehen kann«, sagte sie.

Jenny kam näher und ließ sich anfassen. Ihre Mutter strich ihr mit einem unzufriedenen Ausdruck im Gesicht übers Haar. »Ich weiß nicht, warum du nicht mehr auf dein Aussehen achten kannst«, sagte sie. »Wie lang bist du nicht mehr beim Friseur gewesen?«

»Ich bin eine beschäftigte Frau, Mutter.«

»Wieviel Zeit brauchst du für einen Haarschnitt? Und Make-up trägst du auch keins, oder? Oder? Bei dieser Beleuchtung kann man es schwer feststellen. O Jenny. Was denkt sich bloß dein Mann. Er wird denken, du gibst dir keine Mühe. Du hast dich gehenlassen. Es könnte wahrscheinlich passieren, daß ich dir auf der Straße begegne und dich gar nicht erkenne.«

Ihr Lieblingsausdruck, erschien es Ezra: Ich würde dich auf der Straße nicht erkennen. Sie gebrauchte ihn, wenn sie von Jennys nachlässiger Pflege ihres Aussehens sprach, von Codys spärlichen Besuchen, von Ezras Neigung, Gewicht anzusetzen. Ezra sah plötzlich ein breites, leeres Trottoir vor sich, das seine verschiedenen Angehörigen entlanggingen, ihre Gesichter voneinander abgewandt.

Jennys Kinder bummelten durchs Haus, sahen gelangweilt und angewidert aus. Das Baby kaute an einer Vorhang-

schnur. Jane, die Neunjährige, hockte so beiläufig auf Ezras
Knie, als sei er ein Möbelstück. Sie roch nach Buntstiften
und Erdnußbutter – vertraute Gerüche, die sein Herz
erwärmten. »Was machst du heute abend in deinem Restaurant?« erkundigte sie sich.

»Kalte Sachen. Salate. Suppen.«

»Suppen sind heiß«, sagte sie.

»Nicht unbedingt.«

»Oh.«

Sie hielt ein, vielleicht um diese Information in einem geordneten Aktenschrank in ihrem Kopf aufzubewahren. Ezra
war gerührt von ihrer Bereitschaft, sich anzupassen – von
ihrer liebenswürdigen Anpassungsfähigkeit. War es möglich, fragte er sich manchmal, daß Kinder Erwachsene mit
Geduld ertrugen? Wenn Erwachsene auf Sauberkeit bestanden, auf »bitte« und »danke« – na ja, schön, wenn es ihnen
soviel zu bedeuten schien. Es war nicht wichtig genug, um
deshalb zu streiten. Dies ist ein transitives Verb, sagte
irgendein Erwachsener, und die Kinder machten es mit; auch
wenn es für sie belanglos war, ehrlich. Transitiv, intransitiv,
wem machte das was aus? Was war das für ein Unterschied?
Es war alles eine Fremdsprache, sowieso.

»Vielleicht könntest du mich in dein Restaurant zum Abendessen einladen«, sagte Jane zu Ezra.

»Ich würde dich liebend gern zum Abendbrot einladen.«

»Vielleicht könnte ich eine Freundin mitbringen.«

»Gewiß.«

»Ich komme mit Barbie.«

»Das wäre wunderbar«, sagte Ezra.

»Und du bringst auch jemand mit.«

»Alle meine Freunde arbeiten im Restaurant.«

»Triffst du dich denn nie mit jemand?«

»Aber natürlich.«

»Ich meine nicht bloß so eine von den Köchinnen, die deine
Kumpel sind.«

»Oh, zu meiner Zeit hatte ich auch Verabredungen.«

Auch das ordnete sie ein.

Jenny kritisierte den Arzt ihrer Mutter. Sie meinte, er sei zu alt, zu altmodisch – zu allgemein, sagte sie. »Du brauchst einen guten Internisten. Zufällig kenne ich einen Mann in der ...«

»Ich bin zu Doktor Vincent gegangen, seit ich in Baltimore lebe«, entgegnete ihre Mutter.

»Was hat das damit zu tun?«

»Wir wechseln nicht alle nur um des Wechsels willen.«

Jenny rollte ihre Augen in Richtung Ezra.

Ezra schlug vor: »Vielleicht könntest du ihr Arzt sein.«

»Ich bin mit ihr verwandt, Ezra.«

»Um so besser«, meinte Ezra.

»Außerdem ist Kinderheilkunde mein Gebiet.«

»Jenny«, sagte Ezra. »Was würdest du sagen ...«

Er sprach nicht weiter. Jenny hob ihre Augenbrauen.

»Was, würdest du sagen, ist die häufigste Krankheit deiner Patienten?«

»Muteritis«, sagte sie zu ihm.

»Oh.«

»Warum fragst du?«

»Nicht etwa, hm, Krebs oder so was.«

»Warum fragst du?«

Er zuckte bloß die Achseln.

Nachdem sie das Bügelzeug weggeräumt hatte, eine Einkaufsliste aufgestellt und die Kinder eingesammelt, sagte sie, sie müsse jetzt gehn. Sie legte ihre Wange an die der Mutter und tätschelte Ezras Arm. »Ich begleite dich zum Auto«, meinte er.

»Nicht nötig.«

Er tat es trotzdem, nahm ihr den Wäschesack ab, während sie das Baby rittlings auf der Hüfte trug. Sie begegneten dem Briefträger. Er war so tief zu Boden gebeugt, daß er sie nicht einmal bemerkte.

Draußen beim Wagen sagte Ezra: »Ich habe so einen Knoten.«

713

»Oh?« fragte Jenny. »Wo?«

Er berührte seine Leistengegend. »Am Morgen ist er noch klein«, sagte er, »aber gegen Abend ist er so groß, er ist wie ein Stein oder so etwas in meiner Hosentasche. Ich frage mich, ob es – du weißt schon. Ob es Krebs ist.«

»Es ist nicht Krebs. Schon eher ein Bruch, wie es sich anhört«, sagte sie. »Geh zum Arzt.« Sie stieg ins Auto und schnallte das Baby in seinem Babysitz fest. Dann beugte sie sich aus dem offenen Fenster. »Habe ich auch alle Kinder?« fragte sie.

»Ja.«

Sie winkte und fuhr los.

Wieder im Haus sah er seine Mutter am Fenster stehn, genauso als könnte sie sehen. »Das Mädchen da hat eine zu große Familie«, bemerkte sie. »Wie kommt dir Jenny vor?«

»Ach, genauso wie immer.«

»Ich meine, findest du nicht, daß sie sich hat gehenlassen? Was hat sie denn angehabt, zum Beispiel?«

Er versuchte, sich zu erinnern. Es war etwas Blasses, aber völlig annehmbar, dachte er. War es etwas Blaues? Oder Graues? Er versuchte, sich ihre Frisur vorzustellen, den Typ ihrer Schuhe, aber das einzige, was ihm einfiel, waren die ziselierten Linien, die schon immer, schon in ihrer Mädchenzeit, um ihren Hals gelaufen waren – Ringe von Linien, die ihr ein üppiges Aussehen gaben. Aus irgendeinem Grund stimmten diese Fältchen ihn jetzt traurig, ebenso wie Jennys fast olivfarbene Hände mit den schartigen, ovalen Fingernägeln und die Fältchen in den Augenwinkeln und die Neuigkeit, daß sein Leben also doch weitergehen würde und weiter und weiter.

»*Sechster Februar, neunzehn-zehn*«, las Ezra vor. »*Ich habe ein paar Extrafeine Schottische gebacken, aber sie wurden nicht gut genug, um sie zum Tee mitzubringen.*«

Seine Mutter, die aufmerksam zuhörte, dachte eine Weile

darüber nach. Dann machte sie ihre Geste des Abtuns und begann wieder, in ihrem Schaukelstuhl zu schaukeln.

»Ich sattelte Prinz und ritt in die Stadt wegen brauner Seidenhandschuhe und einem Eisbeutel. Dann holte ich meine Hutformen heraus und wusch meinen Strohhut. Machte zum Abendessen ein paar...«

»Geh weiter«, sagte seine Mutter.

Er fingerte durch die Seiten, überflog *Knopflochstich* und *Wassermelonenparty* und *schöner Pelzbesatz für 22.50 Dollar*. »Früh am Morgen«, las er seiner Mutter vor, *»ging ich heute hinter das Haus, um zu jäten. Kniete im Dreck beim Stall mit schmutziger Schürze und Schweiß den Rücken hinunter, wischte mein Gesicht mit dem Ärmel ab, griff nach der Pflanzgabel und dachte ganz plötzlich: Wirklich, ich glaube, daß ich genau in diesem Augenblick vollkommen glücklich bin.«*

Seine Mutter hörte auf zu schaukeln und hielt ganz still.

»Die Tonleitern der kleinen Bedloe schwebten aus ihrem Fenster«, las er, *»und eine Fleischfliege summte im Gras, und ich sah, auf was für einem schönen, grünen, kleinen Planeten ich kniete. Es kümmert mich nicht, was noch kommt, ich habe diesen Augenblick gehabt. Er gehört mir.«*

Das war das Ende des Eintrags. Er schwieg.

»Danke, Ezra«, sagte seine Mutter. »Du brauchst nicht weiterzulesen.«

Dann erhob sie sich unsicher aus ihrem Stuhl und ließ sich von ihm zum Mittagessen in die Küche führen. Er lenkte sie sanft, Schritt für Schritt. Ihm schien, er müsse sehr vorsichtig mit ihr sein. Sie überquerten die Rundung der Erde, klein und standhaft, von Gefährten umgeben: Jenny mit ihren Kindern flog vorbei, die Trunkenbolde im Stadion, die augenblicklich nüchtern wurden, als ihre Hilfe gebraucht wurde, die Baseballspieler sprangen gehorsam im Sonnenlicht in die Höhe, und Josiah, mit seinem unbekannten Spender so tief und so geheimnisvoll verbunden wie Ezra selbst mit der Frau neben ihm.

10

Dinner im Heimweh-Restaurant

Als Pearl Tull starb, befand sich Cody auf einer Wildgans-
jagd und war zwei Tage nicht erreichbar. Er hauste mit Luke
in einer Hütte, die seinem Geschäftspartner gehörte. Es gab
dort kein Telephon, und die Straßen waren nicht viel mehr
als Schneisen für den Transport von Holzstämmen.

Am späten Sonntagabend, als sie zurückkehrten, kam Ruth
auf die Einfahrt hinaus. Die Nacht war kühl, und sie trug
keinen Pullover, sondern schlang die Arme um sich, während sie auf das Auto zuging, ihr weißes, sommersprossiges
Gesicht war seltsam gefaßt, und ihr blaßrotes Haar sträubte
sich im Wind. Cody dachte sich schon, daß etwas Schlimmes
passiert war. Ruth haßte Kälte, normalerweise hätte sie im
Haus gewartet.

»Schlechte Nachrichten«, sagte sie. »Tut mir leid.«

»Was ist passiert?«

»Deine Mutter ist nicht mehr.«

»Großmama ist *gestorben*?« fragte Luke, wie um sie zu ver-
bessern.

Ruth küßte Luke auf die Wange, behielt aber Cody im Auge,
vielleicht um das Ausmaß des Schadens zu schätzen. Cody,
der müde die Autotür hinter sich zuwarf, war selbst nicht
sicher über das Ausmaß des Verlusts. Seine Mutter war eine
schwierige Frau gewesen, natürlich. Aber trotzdem...

»Sie starb im Schlaf, gestern früh«, sagte Ruth. Sie nahm
Codys Hand in ihre beiden Hände und preßte sie, ganz fest –
der Schmerz, den er fühlte, war rein körperlich. Er stand eine
Weile da, ließ sie gewähren; dann machte er sich sanft los
und ging, um den Kofferraum aufzumachen.

Sie hatten keine Gänse erbeutet – die Jagd war in Wirklichkeit ein lahmer Vorwand gewesen, um ein bißchen Zeit mit

Luke zu verbringen, der jetzt in die letzte Klasse der High-School ging und nicht mehr lange bei ihnen sein würde. Cody hatte nur die Gewehre in ihren Segeltuchfutteralen und einen Kleidersack auszuladen. Luke brachte die Kühltasche. Sie gingen schweigend aufs Haus zu. Cody hatte immer noch nicht reagiert.

»Die Bestattung ist morgen um elf«, sagte Ruth. »Ich habe Ezra gesagt, daß wir morgen früh da sind.«

»Wie nimmt er es?« fragte Cody.

»Er klang ganz in Ordnung.«

Hinter der Haustür setzte Cody den Kleidersack ab und lehnte die Gewehre gegen die Wand. Er stellte fest, daß er nicht so sehr Trauer als eine Schwere empfand. Obwohl er schlank war, noch gut in Form, hatte er das Gefühl, als sei er plötzlich in sich zusammengesunken und kompakter geworden. Seine Augen waren schwer und trocken, und sein Schritt schien zu fest für die schmalen, gebohnerten Dielenbretter im Eingang.

»Also, Luke«, sagte er.

Luke schien betäubt oder vielleicht einfach schläfrig. Er blinzelte blaß unter dem hellen Licht.

»Möchtest du zur Beerdigung gehn?« fragte ihn Cody.

»Sicher, glaube ich«, sagte Luke.

»Du mußt nicht.«

»Mir egal.«

»Natürlich geht er«, sagte Ruth. »Er ist ihr Enkel.«

»Das verpflichtet ihn zu nichts«, erklärte ihr Cody.

»Natürlich verpflichtet es ihn.«

Da genau unterschieden sie sich. Sie hätten die ganze Nacht darüber streiten können, wenn Cody nicht so erschöpft gewesen ware.

Auf ihrer Fahrt nach Süden fuhr Cody Ruths Wagen, weil sein eigener immer noch von der Gänsejagd dreckbespritzt war. Er nahm an, sie würden in einer glänzenden, offiziellen Begräbnisprozession mitfahren müssen. Aber als er das

Ruth gegenüber zufällig erwähnte, auf der Hälfte der Schnellstraßenstrecke, erklärte sie, Ezra habe gesagt, ihre Mutter habe Feuerbestattung bestimmt. (»Du liebe Güte«, seufzte Luke.) Es würde daher nur den Gottesdienst geben – keine Fahrt zum Friedhof und kein Begräbnis. »Sehr vernünftig«, sagte Cody. Er dachte an das ordentliche Knochengerüst seiner Mutter, an den krausen Knoten an ihrem Hinterkopf. Gab es diese stolze, kleine Gestalt überhaupt noch? War sie bereits zu Asche geworden? »Ach, Gott, es ist barbarisch, wie immer man es betrachtet«, sagte er zu Ruth.

»Was, Feuerbestattung?« fragte sie.

»Tod.«

Sie eilten dahin – Cody in seinem feinsten grauen Anzug, Ruth in steifem Schwarz neben ihm. Luke saß hinten und blickte aus dem Seitenfenster. Sie fuhren jetzt am Ring entlang, auf Baltimore zu. Es ging an Bäumen vorbei, lodernd von rotem und gelbem Laub, an Einkaufsstraßen, vollgestopft mit gewöhnlichem Montagmorgenverkehr. »Als ich ein Junge war, war das noch alles freies Land«, sagte Cody zu Luke.

»Hast du mir erzählt.«

»Baltimore war nur eine kleine Hafenstadt.«

Keine Antwort. Cody sah im Rückspiegel nach Luke. »Du«, sagte er. »Möchtest du den Rest des Weges fahren?«

»Nein, schon in Ordnung.«

»Wirklich. Willst du?«

»Laß ihn doch«, flüsterte Ruth.

»Was?«

»Er ist durcheinander.«

»Weswegen?«

»Deine Mutter, Cody. Du weißt, wie er immer an ihr gehangen hat.«

Cody konnte sich nicht vorstellen, wie irgend jemand an seiner Mutter gehangen haben könnte – von Ezra abgesehen, den manche für einen Heiligen hielten. Er prüfte Lukes

Gesicht wieder im Spiegel, aber was sagte so ein teilnahmsloser Blick schon? »Zum Teufel«, fluchte er, »ich habe doch nur gefragt, ob er fahren will.«

Die Stadt schien noch verkommener als sonst, wie sie so hinschlitterte unter einem fahlblauen Himmel. »Schau, da drüben«, sagte Cody. »Linseys Süßwaren und Tabak. Die haben Zigaretten an Minderjährige verkauft. Bobbie Joes Barbecue. Und da ist meine alte Schule.«

An der Calvert Streeet standen die Reihenhäuser in zwei endlosen Zeilen. »Ich verstehe nicht, wie du gewußt hast, wo du zu Hause warst«, hatte Luke einmal erklärt, und Cody hatte gestaunt. Oh, wenn man hier lebte, wußte man das. Sie waren überhaupt nicht gleich, in Wirklichkeit. Eines hatte Dutzende von Rosenstöcken in seinem winzigen Vorgarten aufgereiht, ein anderes eine beleuchtete Madonna, die Tag und Nacht im Wohnzimmerfenster glühte. Manche hatten ihre Verzierungen in erstaunlichen Farben angemalt, selbstbewußt, wie Leute, die das Kinn vorstrecken. Der Umstand, daß sie aneinandergebaut waren, bedeutete nichts.

Er parkte vor dem Haus seiner Mutter. Er glitt aus dem Wagen und streckte sich, während er auf Ruth und Luke wartete.

Inzwischen wäre Pearl schon aus der Tür gekommen und halb die Stufen herunter, ihre eifrigen, juckenden Finger nach den dreien ausgestreckt.

»Ist das der Wagen deiner Schwester?« fragte ihn Ruth.

»Keine Ahnung, was für ein Auto sie fährt.«

Sie stiegen die Stufen hinauf. Ruth hatte sich mit der Hand von hinten in Lukes Gürtel eingehakt. Er war zu groß, als daß sie ihm noch den Arm um den Nacken hätte legen können, wie früher.

Als Cody das erstemal von zu Hause weggegangen war, pflegte er anzuklopfen, wenn er zu Besuch kam. Es war ein Akt, absichtlich und geplant; es war eine Kränkung für seine Mutter. Sie hatte das gewußt und protestiert. »Kannst du nicht einfach reinkommen? Mußt du dich wie Besuch benehmen?« »Aber Besuch bin ich doch«, hatte er gesagt. Sie hatte angefangen, ihn auszutricksen; hatte auf der Lauer gelegen, war losgerannt beim allerersten Geräusch seiner Schuhe auf dem Trottoir. (Also war es, vielleicht, nicht Liebe allein, was sie die Treppen hinunterstürzen ließ.) Jetzt, quer durch die Veranda, wußte Cody nicht, ob er klopfen oder einfach die Tür aufmachen sollte. Nun, vermutlich gehörte dieses Haus jetzt Ezra. Er klopfte.

Ezra sah traurig und erschöpft aus, er füllte kaum den Khakianzug, den niemand außer ihm passend gefunden hätte. Wie immer wirkte er schnurrbartlos, jungengesichtig. Zwischen seinem Kragen und seinem Krawattenknoten war ein Abstand. Ein Taschentuch bauschte sich unordentlich aus seiner Brusttasche. »Cody. Komm rein«, sagte er. Er berührte Codys Arm auf diese vorsichtige Art, die ihm eigen war – es war mehr als ein Händedruck, aber weniger als eine Umarmung. »Ruth? Luke? Wir haben uns schon Sorgen um euch gemacht.«

Aus den düsteren Tiefen des Hauses trat Jenny vor und gab jedem einen Kuß. Sie roch nach irgendeinem komplizierten Parfum, schien aber wie immer hastig gekleidet – ihr maßgeschneiderter Mantel stand offen, ihr dunkles Haar wirkte struppig und verwirrt. Ihr Ehemann kam hinter ihr angewandert, fett und bärtig, wohlwollend. Er schlug Cody auf die Schulter. »Nett, dich zu sehn. Zu schade, das mit deiner Mutter.«

»Danke, Joe.«

»Wir müssen jetzt sofort zur Kirche aufbrechen«, sagte Jenny. »Wir müssen früh losfahren, weil wir unterwegs ein paar von den Kindern aufsammeln müssen.«

»*Ich* bin fertig«, sagte Cody.

Ezra fragte: »Aber wollt ihr vorher nicht noch Kaffee?«

»Nein, nein, wir wollen los.«

»Schaut mal«, sagte Ezra, »ich hatte Kaffee und Gebäck geplant, ehe wir aufbrechen. Ich hatte angenommen, ihr kämt früher.«

»Wir haben schon Frühstück gehabt«, erklärte ihm Cody.

»Aber es steht alles auf dem Tisch.«

Cody fühlte, wie die alte, vertraute Gereiztheit in ihm aufstieg. »Ezra ...«, sagte er.

»Das war aufmerksam von dir«, meinte Ruth zu Ezra, »aber wirklich, es geht uns gut, und wir möchten die Leute nicht warten lassen.«

Ezra sah auf die Uhr. Er schaute hinter sich, in Richtung Eßzimmer. »Es ist erst zehn Uhr fünfzehn«, sagte er. Er ging zu einem Fenster, das auf die Straße blickte, und hob den Vorhang hoch.

Jetzt wurde klar, daß er etwas im Sinn hatte, und die andern standen wartend herum. (Er konnte einen rasend machen mit seiner Langsamkeit, und er wurde um so langsamer, je mehr man ihn drängte.)

»Es ist so«, sagte er endlich.

Er hustete.

»Ich habe eigentlich Dad erwartet.«

Eine leere, platte Pause trat ein.

»Wen?« fragte Cody.

»Unseren Vater.«

»Aber wie soll er das wissen?«

»Also, hm, ich habe ihn eingeladen.«

»Ezra, du lieber Gott«, sagte Cody.

»Es war nicht meine Idee«, erklärte Ezra, »es war die von Mutter. Sie sprach davon, als sie so krank wurde. Sie sagte: ›Schau in mein Adreßbuch. Bitte alle, die drinstehn, zu meiner Bestattung.‹ Zuerst habe ich mich gewundert, wen sie meint. Ihr wißt, sie hat nie jemand geschrieben, und die meisten ihrer Verwandten sind tot. Aber sobald ich das Adreßbuch aufmachte, hatte ich's vor Augen: Beck Tull. Mir war nicht mal klar, daß sie wußte, wohin er weggelaufen war.«

»Er hat ihr geschrieben; dadurch hat sie's gewußt«, sagte Cody. »Wirklich?«

»Von Zeit zu Zeit kamen solche Briefe, in denen er angegeben hat, geprahlt. *Geht mir gut ... erwarte Gehaltserhö-*

hung... Ich hab' reingespitzt, wenn Mutter nicht hin-sah.«

»Davon hatte ich überhaupt keine Ahnung«, sagte Ezra.

»Was hätte das geändert?«

»Ach, ich weiß nicht ...«

»Er hat uns im Stich gelassen, als wir klein waren. Wieso bist du jetzt an ihm interessiert?«

»Ach, bin ich nicht«, antwortete Ezra. Und Cody, der sich so oft über Ezras weiches Herz aufgeregt hatte, sah, daß es stimmte, in diesem Fall: Es war ihm wirklich gleichgültig. Er sah Cody mit seinen so besonders klaren, lichterfüllten Augen direkt an und fuhr fort: »Mutter wollte es; nicht ich. Ich habe ihn nur angerufen und gesagt: ›Hier ist Ezra. Mutter ist gestorben, und wir bestatten sie Montag um elf.‹«

»Ja, und dann habe ich ihm gesagt, er könnte vorher hier zu Hause vorbeikommen, wenn er früh genug dran ist.«

»Aber du hast nicht gefragt: ›Wie geht's dir?‹ oder ›Wo warst du?‹ oder ›Warum bist du weg?‹«

»Ich habe nur gesagt: ›Hier ist Ezra. Mutter ist gestorben, und...‹«

Cody lachte.

»Jedenfalls«, meinte Jenny, »sieht es nicht so aus, als ob er kommt.«

»Nein«, stimmte Cody zu, »aber überlegt mal. Ich meine, kapiert ihr nicht? Zuerst läuft er weg, und Mutter tut so, als wäre es nicht so. Aus Stolz oder Trotz oder was immer – nie verliert sie ein Wort darüber, macht uns allen vor, daß er nur auf einer Geschäftsreise ist. Einer Geschäftsreise von fünf-unddreißig Jahren. Dann ruft Ezra ihn an und macht genau dasselbe. ›Hier ist Ezra‹, sagt er, als hätte er Dad gestern gerade gesehn –«

Jenny fragte: »Können wir jetzt losfahren? Meine Kinder werden sich zu Tode frieren.«

»Aber sicher«, antwortete Ruth. »Cody, Schatz, ihre Kinder warten auf uns.«

»Mutter hätte das gemacht, ganz genau«, sagte Cody.

»Wenn Dad hereingekommen wäre, hätte sie gesagt: ›Ach, da bist du ja. Sag mir doch, ob mein Unterrock vorschaut.‹«

Joe lachte kurz und bellend. Ezra lächelte, aber seine Augen verschleierten sich mit Tränen. »Das stimmt«, bestätigte er. »Das hätte sie gemacht. Wißt ihr? Ja, wirklich, genau so.«

»Also, schön, ganz genau«, meinte Jenny. »Gehn wir jetzt?«

Sie war schließlich noch sehr klein gewesen, als ihr Vater weglief. Sie behauptete, ihn ganz vergessen zu haben.

Bei der Feier trug der Geistliche, der ihrer Mutter nie begegnet war, eine Lobrede vor, so vage, so allgemein, so generell anwendbar, daß Cody an das Gesellschaftsspiel dachte, wo Leute wahllos Wörter ausfüllen und dann über die Geschichte, die sich ergibt, hysterisch kichern. Pearl Tull, sagte der Pfarrer, war eine aufopfernde Gattin und liebende Mutter und eine Säule der Gemeinde. Sie hat ein langes, erfülltes Leben gelebt und war am Busen ihrer Familie gestorben, die um sie trauerte, aber Trost fand in dem Wissen, sie sei nun an einem viel schöneren Ort.

Es war dem Geistlichen entfallen, oder vielleicht hatte er es nie erfahren, daß sie über ein Dritteljahrhundert von niemand die Gattin gewesen war; daß sie eine verzweifelte, zornige, manchmal furchteinflößende Mutter gewesen war; und daß sie nie das blasseste Interesse an ihrer Gemeinde gezeigt hatte, sondern sich vielmehr in ihr aufgehalten hatte wie ein Besucher aus einer vornehmeren Nachbarschaft, auf der Straße immer nur mit Hut, und die Türen fest verschlossen, wenn sie zu Hause war. Daß ihr Leben zwar tatsächlich sehr lang gewesen war, aber nie erfüllt; *verkümmert* wäre schon richtiger. Oder kleingemacht. Oder ... wie hieß der Ausdruck, den Cody suchte? Am Spalier gezogen. Verdreht und an die Wand gedrückt – und das um so mehr, je mehr sie gealtert und geschrumpelt war, das Augenlicht verloren und sich immer schwerer auf Ezra gestützt hatte. Daß sie überhaupt nicht fromm war, ihren Fuß seit Jahrzehnten nicht in diese Kirche gesetzt hatte; und wenn sie auch in gewissen, launigen Stimmungen vielleicht die Möglichkeit eines Paradieses erwähnt hatte, so war doch die Vorstellung, sie könnte dort weilen und zapplig und vorwurfsvoll Verdruß verbreiten, für Cody nicht gerade tröstlich.

Cody saß rechts in der vordersten Bank, der Inbegriff eines verwaisten und braven Sohnes. Aber skeptische Gedanken ergossen sich so laut durch seinen Kopf, daß er fast glaubte, die Gemeinde müsse sie hören. Er war in seine Kindheit zurückversetzt, schien es, und voller Angst, seine Mutter könne seine Gedanken so fließend lesen, wie sie die Temperatur im Innern eines Brathuhns feststellte, indem sie seinen Schenkel ein einziges Mal verächtlich zwickte. Er sah Ruth von der Seite an, aber sie hörte dem Geistlichen zu.

Der Pfarrer gab das Schlußlied an, das Pearl für diesen Anlaß vorgesehen hatte: »Nach und nach werden wir es alle verstehen.« Reverend Thurman wirkte verwirrt, als er sein langes, knochenloses Gesicht hob, um den Gesang anzuführen – vielleicht weniger durch die geheimnisvollen Wege des Herrn als durch die verschlossene Art dieser Trauergesellschaft. Die meisten starrten nur in aufgeschlagene Gesangbücher, folgten stumm jedem Vers. Und sie waren nur so wenige: ein paar von Ezras Mitarbeitern, einige verdrossene Enkelkinder – Teenager, die schmollend über etliche Bänke verstreut saßen – und fünf oder sechs unbekannte, alte Leute, die wahrscheinlich als Gemeindemitglieder hier waren, aber den Eindruck machten, als seien sie schutzsuchend von der Straße hereingewandert, Einkaufstüten mit Griffen aus Bindfaden neben sich.

Als der Gottesdienst zu Ende war, stieg der Geistliche von der Kanzel herab und blieb vor Cody stehn, um ihm als dem Erstgeborenen Händedruck und Beileid zu entbieten. »Mein ganzes Mitgefühl ... weiß, was für ein Verlust ...«

»Danke«, sagte Cody, und er und Ruth und der Pfarrer gingen den Mittelgang hinunter. Jenny und Joe folgten, als letz-

ter kam Ezra und schnaubte sich die Nase. Von Rechts
wegen hätten die Enkelkinder auch aufstehen müssen, aber
dann wären kaum noch Trauergäste vorhanden gewesen.
Die Kälte draußen war eine Erlösung, und Cody war dankbar über den polternden Verkehrslärm auf der Straße. Er
stand zwischen Jenny und Ruth und nahm das Gemurmel
von Fremden entgegen. »Schöner Gottesdienst«, sagten sie
zu ihm.
»Vielen Dank«, antwortete er.
Er hörte, wie eine Frau, drüben beim Kircheneingang, zu Ezra
sprach: »Tut mir so leid, Ihr Kummer«, und Ezra sagte, ganz
freundlich: »Oh, schon in Ordnung« – obwohl für Ezra allein,
als einzigem der drei, dieser Tod eindeutig *nicht* in Ordnung
war. Womit würde er jetzt sein Leben ausfüllen? Er war die
Augen seiner Mutter gewesen. Zuletzt auch ihre Hände und
Füße. Jetzt, nachdem sie nicht mehr da war, würde er jede
Nacht nach Hause kommen und… ja, was? Was würde er
tun? Einfach allein auf dem Sofa sitzen, stellte Cody sich vor;
oder auf dem Bett liegen, komplett angezogen, und in die flir-
rende, bräunliche Luft über seinem Bett starren.
Jenny fragte: »Hat Ezra dir gesagt, daß wir uns danach in
seinem Restaurant treffen?«
Cody stöhnte. Er schüttelte einem alten Mann die Hand und
antwortete Jenny: »Ich hab's gewußt. Ich hab's einfach
gewußt.« Hatte er es nicht bereits zu Ruth gesagt? Im Auto,
auf dem Herweg, hatte er erklärt: »O Gott, ich nehme an, da
wird es wieder so ein Dinner geben. Wir werden eins von diesen ewigen Familienessen in Ezras Restaurant absitzen müssen.«
»Wahrscheinlich ist er zu durcheinander«, sagte Ruth. »Ich
zweifle, ob er jetzt ein Dinner veranstaltet.«
Das zeigte, daß sie Ezra nicht so gut kannte, wie sie es sich
immer eingebildet hatte. Natürlich würde er ein Dinner
machen. Jeder Vorwand war ihm recht – Hochzeit oder Verlobung oder Name des Neffen auf der Ehrenliste. »Dinner
im Heimweh-Restaurant! Die ganze Familie! Einfach eine

gemütliche Familienzusammenkunft...«, und er würde sich die Hände reiben, in seiner irritierenden Art. Ohne Zweifel war sein Personal genau in diesem Augenblick bei der Arbeit, bereitete die... wie hieß es noch?... die Trauerbraten vor. Cody seufzte. Aber er befürchtete, daß sie alle teilnehmen mußten.

Der alte Mann mußte etwas gesagt haben; er wartete auf eine Antwort von Cody. Er legte sein gerötetes, hageres Gesicht schief, unter einem gepflegten, silbrigen Haarbusch, der die Sonne durchscheinen ließ. »Danke«, antwortete Cody. Doch das war offenbar die falsche Reaktion. Der alte Mann arrangierte seinen Mund irgendwie enttäuscht. »Hm...«, sagte Cody.

»Ich sagte«, erklärte ihm der alte Mann, »ich sagte: ›Cody? Kennst du mich?‹«

Cody kannte ihn.

Er hätte nicht so lange brauchen dürfen. Da waren Hinweise, die ihm gleich hätten auffallen müssen: diese fächerförmige Tolle, noch stark und scharf gewellt; das leuchtende Blau der Augen; das Gangsterhafte seines schlecht sitzenden blauen Nadelstreifenanzugs.

»Ja«, sagte der alte Mann, mit einem triumphierenden Nikken. »Dein Vater spricht zu dir, Cody.«

Cody sagte zu Jenny: »Ich bin nicht sicher, ob Ezra dran gedacht hat, ein Gedeck für Vater aufzulegen.«

»Was?« fragte sie und sah Beck Tull an. »Oh«, meinte sie dann.

»Im Restaurant. Hat er dran gedacht?«

»Aber ja doch, wahrscheinlich«, antwortete sie.

»Keine große Angelegenheit«, sagte Cody zu Beck.

Beck starrte ihn an.

»Nur ein leichter Imbiß im Heimweh.«

»Wovon redest du?« fragte Beck.

»Dinner hinterher natürlich, im Heimweh-Restaurant.«

Beck strich sich mit der Hand über die Stirn. Er sagte: »Ist das hier Jenny?«

»Ja«, erklärte Jenny.

»Jenny, das letzte Mal, als ich dich vor Augen hatte, warst du gerade an die acht Jahre alt«, sagte Beck. »Warst du acht? Oder neun. Dein Lieblingsschlager war ›Mairzy Doats‹. Du hast das Ding Tag und Nacht vor dich hingebabbelt.«

»Ach ja«, meinte Jenny vage. »Und kleine Lämmer fressen Efeu.«

Beck, der Luft geholt hatte, um weiterzusprechen, hielt ein und machte den Mund zu.

»Du erinnerst dich doch an Ruth«, sagte Cody.

»Ruth?«

»Meine Frau.«

»Wie sollte ich mich an sie erinnern? Ich war weg! Ich war nicht hier!«

Ruth trat vor, um ihn zu begrüßen. »Also Cody ist verheiratet«, sagte Beck. »Man stelle sich das vor. Und Kinder?«

»Na, Luke, natürlich«, sagte Cody.

»Ich bin Großvater!« Er wandte sich an Jenny. »Und du? Bist du verheiratet?«

»Ja, aber er ist weggefahren, um die Kleinen abzuholen.« Jenny winkte irgend jemand nach.

»Und Ezra?« fragte Beck. »Wo ist Ezra?«

»Da drüben bei der Treppe«, sagte Cody.

»Ah.«

Beck marschierte flott los und fuhr sich mit einer Hand durch seinen Haarbusch. Jenny und Cody sahen ihm nach.

»Hätte ich ihn unvermutet auf der Straße gesehn«, meinte Jenny, »wäre ich bestimmt vorbeigegangen.«

»Wir sehen ihn ja unvermutet auf der Straße«, sagte Cody.

»Wie? Ach so.«

Sie beobachteten, wie Beck mit einem Satz vor Ezra landete, wie ein Kind, das vorführt, was es Neues kann. Ezra neigte höflich den Kopf, um Becks Worte zu verstehen, dann schenkte er ihm ein mildes Lächeln und schüttelte ihm die Hand.

»Also so was!« hörten sie Beck sagen. »Schau mal einer an!
Meine Söhne sind beide größer als ich.«

»Dinner gibt's in meinem Restaurant«, erklärte ihm Ezra
ruhig.

Becks Gesichtsausdruck versagte wieder, erholte sich aber.
»Wunderbar!« sagte er. Er ging auf die Teenager zu, die von
dem Ereignis Wind bekommen hatten und in einem Klumpen daneben standen – schweigend, mit starrem Blick, feindselig wie gewöhnlich. Beck schien es nicht zu bemerken. »Ich
bin euer Großvater«, verkündete er ihnen. »Euer Grandpa
Tull. Je von mir gehört?« Wahrscheinlich nicht, falls sie
nicht von sich aus nachgefragt hatten. Er ging die Reihe entlang, strahlend. »Ich bin euer lang verlorener Großpapa.
Und ihr seid . . .? Was für ein hübscher, junger Bursche!«
Er pumpte die Hand des größten Teenagers, der leider keineswegs ein Enkel war, sondern einer von Ezras Salat-
Boys.

Cody, Ruth und Jenny gingen zu Fuß zum Restaurant voraus. Die andern trödelten unordentlich hinterdrein. Die
erste Gruppe schwenkte in die St. Paul Street ein und kam an
mehreren geschäftigen, kleinen Gebäuden vorbei – einer
Reinigung und einem Drugstore und einem Blumenladen.
Alle anderen Passanten waren Schwarze; die meisten hielten
sich kreischende Radios ans Ohr, und so kamen und
schwanden in einem fort Fetzen von Songs über Liebe und
Eifersucht und hartherzige Frauen. Dann hing Ezras Holzschild über ihnen, und die drei stiegen die Stufen hinauf und
gingen hinein.

Im frostigen Tageslicht war das Restaurant von einer grellen
Leere. Ein langer Tisch war mit weißem Leinen, mit Kristall
und Porzellan gedeckt. Dreizehn Plätze – zählte Cody; denn
Jennys Joe würde noch mehr Kinder bringen: die Kleinsten,
noch zu jung, um in einem Gottesdienst auszuharren. Eine
rundliche Kellnerin mit liebem Gesicht rückte gerade einen
Hochstuhl für das Baby heran. Als sie sie hereinkommen
sah, blieb sie stehen und umarmte Jenny. »Tut mir so leid, Ihr

Kummer«, sagte sie. »Für Sie und Ihre ganze Familie, hören Sie?«

»Danke, Mrs. Potter«, antwortete Jenny. »Kennen Sie meinen Bruder Cody? Und das ist Ruth, seine Frau.«

Mrs. Potter schnalzte mit der Zunge. »Ein schrecklicher Tag für Sie.«

Cody wandte sich rechtzeitig zur Tür, um Beck und Ezra eintreten zu sehn, gefolgt von Teenagern. Ezra hatte sich offenbar entspannt und war gesprächig geworden; er konnte nie allzu lang gegenüber irgend jemand kühl bleiben. »Ich habe also die Wand hier herausgenommen...«, erklärte er gerade.

»Richtig hübsch. Richtig Klasse«, sagte Beck.

»Diese Fußböden abgezogen...«

»Ich hoffe, bei dir gibt es nicht die Art Essen, die kein Mensch identifizieren kann.«

»Oh nein.«

»So einen Mischmasch von Essen, alle Sachen durcheinander.« »Nein, nie«, sagte Ezra.

Cody beobachtete die beiden voller Interesse. (Ezra servierte solches Essen sehr oft.) Ezra führte Beck durch den Raum, schwenkte seinen Arm hierhin und dorthin. »Schau, diese Tische kann man zusammenrücken, falls jemand... und das ist die Küche... und das sind zwei meiner Köche, Sam und Myron. Sie sind extra für unser Dinner gekommen. Abends habe ich noch drei: Josiah, Chenille und Mohammad.«

»Ein richtiges Unternehmen«, sagte Beck.

Die andern hingen inzwischen um ihren Tisch herum. Niemand nahm Platz. Codys Sohn Luke und Jennys Sohn Peter – beide unnatürlich offiziell in weißen Hemden mit Krawatte – rauften miteinander in einer ziellosen, befangenen Art, warfen heimliche Blicke auf Beck. Wahrscheinlich sahen diese Kinder in ihm eine brandneue Chance – einen Neubeginn, endlich jemand, der sich etwas aus ihnen machen würde. Und doch nahm dann, als sie sich schließlich hinsetzten, keiner von ihnen neben Beck Platz. Es war Schüchternheit, vielleicht. Selbst Ezra setzte sich weiter weg. Da Joe und die Kleineren noch nicht da waren, hieß das, daß Beck von etlichen leeren Stühlen flankiert blieb. Er schien es nicht zu bemerken. Königlich saß er alleine da, die Hände vor seinem Teller gefaltet, und strahlte in die Runde. Ein Geflecht von roten Adern, deutlich wie Flüsse und Seitenarme auf einer Karte, war auf seinen Wangen zu sehen. »So«, sagte er. »Mein Sohn besitzt ein Spezialitätenrestaurant.«

Ezra wirkte erfreut und verlegen.

»Und meine Tochter ist Ärztin«, sagte Beck. »Aber Cody? Was ist mit dir?«

Cody antwortete: »*Du* mußt das doch wissen; ich bin ein Rationalisierungsberater.«

»Ein was?«

Cody antwortete nicht. Ezra erklärte: »Er überprüft Fabriken. Er sagt ihnen, wie man die Leistung steigert.«

»Ah! Ein Zeitstudien-Mann.«

»Er gehört zu den Allerbesten«, sagte Ezra. »Er wird immer in Artikeln herausgestrichen.«

»Tatsächlich. Also, ich bin wirklich stolz auf dich, Sohn.«

Cody hatte plötzlich eine Vorahnung, daß es am nächsten Tag seine Kräfte übersteigen werde, sich zur Arbeit zu schleppen. Sein Erfolg hatte endlich seinen Zweck erfüllt. War das alles, worum er gekämpft hatte – dieser kurze Moment von Respekt, der über das Gesicht seines Vater huschte?

»Ich habe oft über dich nachgedacht, Cody«, sagte Beck und beugte sich zu ihm. »Ich habe oft an dich gedacht, nachdem ich weggegangen war.«

»Oh?« meinte Cody höflich. »Warst du weg?«

Sein Vater lehnte sich zurück.

»Wie auch immer«, sagte Ezra. »Also. Dad. Arbeitest du noch für die Tanner Corporation?«

»Nein, nein, ich bin im Ruhestand. Ausgeschieden fünfundsechzig. Sie gaben mir ein wunderbares Bankett und Schreibzeug aus schwerem Silber. Zweiundvierzig Jahre Dienst habe ich geleistet.«

Ruth murmelte etwas – ein bewundernder, fraulicher Laut. Er wendete sich ihr zu und sagte: »Um die Wahrheit zu sagen, es fehlt mir ziemlich. Ich vermisse die Kontakte, das Leben ... Im Leben eines Vertreters ist immer was los, weißt du, was ich meine? Man ist ständig aktiv. Heute scheint mir manchmal, es gibt nicht genug, um mich zu beschäftigen. Aber ich bin nicht ungesellig, spiele Karten. Hab' ein paar Kumpel in meinem Hotel. Hab' eine Freundin, mit der ich mich treffe.« Er spähte unter seinen buschigen Augenbrauen in die Runde. »Ich wette, ihr denkt, ich bin zu alt für solche Sachen«, sagte er. »Ich weiß, was ihr denkt! Aber dies ist wirklich eine feine Dame; sie hält viel auf mich. Und ihr versteht – nichts gegen eure Mutter, aber jetzt, wo sie nicht mehr da ist und ich frei bin, um wieder zu heiraten ...«

Irgendwie war Cody entfallen, daß seine Eltern immer noch verheiratet gewesen waren. Auch Jenny und Ezra schauten verdutzt drein und zogen sich etwas zurück.

»Einziges Problem ist die Tochter dieser Dame«, erzählte Beck. »Sie hat diese Tochter, diesen Nichtsnutz von einer Tochter, fünfunddreißig Jahre alt, mindestens, und wohnt immer noch zu Hause. Eustacia Lee. Taugt überhaupt nichts. Hat vor Jahren zwei Finger an der Bohrmaschine verloren und nie wieder gearbeitet, ihren Schadenersatz für einen Motorschlitten ausgegeben. Ich bin mir nicht sicher, ob ich mit ihr leben möchte.«

Niemand schien dazu ein Kommentar einzufallen.

Dann kam Joe. Er platzte durch die Tür, wie von einem Ballon frisch riechender Luft umgeben, das Baby auf dem Arm, einen ganzen Haufen Kinder im Schlepptau. In Wirklichkeit waren es nur drei, aber es sah nach mehr aus, weil sie mit soviel Geschnatter durcheinanderwirbelten. »Mrs. Nesbitt hat mich fast nicht aus der Schule gelassen« und »Wenn du wüßtest, was das Baby gegessen hat« und »Phoebe mußte nachsitzen, weil sie eigensinnig in Mathe war!«

»Wer ist das?« fragte ein Kind und schaute Beck an.

»Euer Großvater Tull.«

»Oh«, meinte das kleine Mädchen und setzte sich. »Kriegen wir Kinder Wein?«

»Joe, ich möchte dich meinem Vater vorstellen«, sagte Jenny.

»Wirklich?« sagte Joe. »Na, so was.« Aber dann mußte er ergründen, wie der Gurt des Hochstuhls funktionierte.

Die beiden letzten Kinder schlüpften in die leeren Stühle rechts und links von Beck. Sie wanden ihre Füße durch die Sprossen, stützten spitze Ellbogen auf den Tisch. Eingerahmt sah Beck erst nach links und dann nach rechts.

»Schaut euch das an!« sagte er.

»Bitte?« fragte Jenny.

»Diese Gruppe. Versammlung. Diese ... Ansammlung!«

»Ach so«, meinte Jenny und zog ein Lätzchen aus der Handtasche. »Ja, ein ganzer Verein.«

»Elf, zwölf ... dreizehn ... das Baby mitgerechnet, vierzehn Personen!«

»Es wären eigentlich fünfzehn, aber Slevin ist auf dem College.« Beck schüttelte den Kopf. Jenny band dem Baby das Lätzchen um den Hals.

»Was wir da haben«, sagte Beck, »ist eine ... na, eine Mannschaft. Eine ganze Mannschaft.«

Phoebe, die was für Religion übrig hatte, begann laut einen Segen zu sprechen. Mrs. Potter stellte eine dampfende Suppenschüssel vor Beck. Er schnupperte daran, wirkte aber nicht überzeugt.

»Es ist Auberginensuppe«, erklärte ihm Ezra.

»Na ja, ich glaube nicht ...«

»Auberginensuppe Ursula. Ein Rezept, das eine meiner besten Köchinnen dagelassen hat.«

»An diesem Todestag«, sagte Phoebe, »könnten einen manche Leute doch wenigstens in Stille beten lassen.«

»Sie kochte nach Astrologie«, fuhr Ezra fort. »Ich sage zum Beispiel: ›Laß uns heute abend den Endiviensalat machen‹, und sie sagt: ›Nichts mit Essig, die Sterne stehen falsch‹, und dann erschien ein Gericht, das mir nie in den Sinn gekommen wäre, etwas, was ich für einen absoluten Fehler gehalten hätte, aber es funktionierte; es hat immer funktioniert. Vielleicht ist doch etwas dran an dieser Horoskop-Geschichte, weißt du? Aber letzten Sommer rieten ihr die Sterne, wegzugehn, und sie ging, und dieses Lokal war nie mehr dasselbe.«

»Sag uns die geheime Zutat«, neckte ihn Jenny.

»Wer sagt denn, daß es eine geheime Zutat gibt?«

»Gibt es nicht immer eine? Einen besonderen, überraschenden Trick, den du nur Blutsverwandten verrätst?«

»Also – es sind Bananen.«

»Aha.«

»Ohne Bananen ist diese Suppe nichts wert.«

»An diesem Todestag«, sagte Phoebe, »müssen wir da vom Essen reden?«

»Es ist kein Todestag«, ließ Jenny sie wissen. »Nimm deine Serviette.«

»Die Sache ist die«, begann Beck. Er hielt ein. »Was ich sagen wollte, ist – ja, dies hier sieht aus wie eine von den ganz großen, vergnügten, lauten, geschwätzigen ... nun, *Familien!*«

Die Erwachsenen blickten um den Tisch herum. Die Kinder schlürften ihre Suppe weiter. Beck, der bisher nicht einmal seinen Löffel eingetaucht hatte, lehnte sich ernst vor. »Ein Clan, will ich sagen«, ergänzte er. »Wie im Fernsehn. Mengen von Cousins und Onkeln, Witze, Wiedersehensfeiern ...«

»In Wirklichkeit ist es überhaupt nicht so«, sagte Cody zu ihm.

»Wieso nicht?«

»Laß dich mal nicht irreführen. Es ist nicht so, wie es aussieht. Nein – höchstens zwei oder drei von diesen Kindern sind überhaupt mit dir verwandt. Die anderen gehören Joe, von einer früheren Frau. Was mich betrifft, nun, ich war mit diesen Leuten jahrelang nicht zusammen – könnte dir nicht mal sagen, wie dieses Baby heißt. Junge oder Mädchen, übrigens? Hat man mir überhaupt seine Geburt mitgeteilt? Also, *mich* rechne nicht zu deinem Clan. Und Becky da unten, am Ende vom Tisch . . .«

»Becky?« fragte Beck. »Ist sie vielleicht nach mir so genannt, zufällig?«

Cody verstummte, mit offenem Mund. Er wandte sich an Jenny.

»Nein«, entgegnete Jenny und wischte das Kinn des Babys ab. »Ihr Name ist Rebecca.«

»Du denkst, wir sind eine Familie«, sagte Cody und wandte sich wieder Beck zu. »Du denkst, wir sind so eine lustige Situationskomik-Familie, dabei sind wir nur lauter Teile, auseinandergerissen, überallhin verstreut, und unsere Mutter war eine Hexe.«

»Oh, Cody«, sagte Ezra.

»Eine rasende, kreischende, unberechenbare Hexe«, sagte Cody zu Beck. »Sie hat uns gegen die Wand geschleudert, uns Abschaum und Vipern genannt, hat uns den Tod gewünscht, uns so geschüttelt, daß die Zähne geklappert haben, und uns ins Gesicht geschrien. Nie wußten wir von einem Tag auf den andern: Ist sie in Ordnung? Oder nicht? Die winzigste Sache konnte sie in Gang bringen. ›Ich schmeiß' dich durch dieses Fenster‹, sagte sie dann zu mir. ›Dann schau' ich aus dem Fenster raus und lache darüber, wie dein Hirn über das ganze Pflaster verspritzt ist.‹«

Das Hauptgericht wurde aufgetragen, auf Zehenspitzen, von Mrs. Potter und einer zweiten Frau, die standhaft lächelte, als sei sie entschlossen, nichts zu hören. Aber niemand nahm die Gabel zur Hand. Das Baby lutschte sanft an einem Pilzknopf. Die anderen Kinder beobachteten Cody mit entsetzten, erblaßten Gesichtern, während die Erwachsenen an etwas anderes zu denken schienen. Sie hielten ihre Blicke gesenkt. Sogar Beck.

»So war es nicht«, sagte Ezra schließlich.

»Willst du es vielleicht leugnen?« fragte ihn Cody.

»Nein, aber sie war nicht immer zornig. In Wirklichkeit war

sie sehr selten böse, nur ein paar Male, in weitem Abstand, und die sind zufällig in deiner Erinnerung haftengeblieben.«

Cody fühlte sich ausgelaugt. Er schaute auf sein Essen und fand Lamm vor, innen rosafarben, und buntes Gemüse – ein perfektes Arrangement von Farben und Strukturen, eines von Ezras Meisterwerken, aber er konnte keinen Bissen anrühren.

»Denk an die Kehrseite«, sagte Ezra zu ihm. »Denk daran, wie oft sie Monopoly mit uns gespielt hat. Mit uns Fred Allen gehört hat. Dieses kleine Lied mit dir gesungen – wie hieß noch mal das Lied, das ihr beide gesungen habt, vom Efeu oder so, ›Ivy, sweet, sweet Ivy‹... und einen kleinen Schieber habt ihr getanzt. Habt euch untergehakt und seid in die Küche geschoben.«

»Ist das wahr?« fragte Beck. »Ich wußte nicht mehr, daß Pearl Schieber konnte.«

Mrs. Potter goß Wein in Codys Glas. Er nahm den Stiel zwischen die Finger, konnte es aber nicht heben. Er spürte, wie Ruth zu seiner Rechten ihn mit Besorgnis beobachtete.

Dann sagte Ezra: »Also! Was hältst du von diesem Wein, Dad?«

»Oh, ich fürchte, ich bin nicht sehr für Wein, Sohn.«

»Das ist ein wirklich guter.«

»Kleiner Schuß Bourbon ist eher mein Geschmack«, sagte Beck.

»Und der Beste von allen ist der Dessertwein. Sie machen ihn aus diesen Trauben, die einer bestimmten Art von Moder ausgesetzt waren, weißt du...«

»Also, warte mal«, meinte Beck. »Moder?«

»Du wirst begeistert sein.«

»Und was ist das weißliche Zeug hier?«

»Das ist Kascha.«

»Ich glaube, davon habe ich noch nie gehört.«

»Es schmeckt dir bestimmt«, sagte Ezra.

Beck schüttelte den Kopf, sah aber befriedigt aus, als gefiele ihm der Gedanke, wie weit Ezra ihn überholt hatte.

Dann stieß Cody seinen Teller zurück. »Ich habe einen Partner, Sloan«, sagte er. »Junggeselle sein Leben lang. Hat nie geheiratet.«

Jedermann befleißigte sich übertriebener Aufmerksamkeit – sogar die Kinder.

»Letztes Jahr«, erzählte Cody, »traf Sloan zufällig irgendeine alte Freundin, eine Frau, die er vor Jahren gekannt hatte, und sie hatte ihre kleine Tochter bei sich. Sie feierten den Geburtstag der Tochter. Sloan fragte nach ihrem Alter, bloß so nebenbei, und als die Frau es ihm sagte, ging ihm ein Licht auf. Er berechnete die Daten und sagte: ›Aber! Mein Gott! Sie muß von mir sein!‹ Die Frau sah zu ihm hinüber, irgendwie geistesabwesend, sammelte sich dann und erklärte: ›Oh, ja, natürlich, das stimmt.‹«

Sie warteten. Cody lächelte und gab ihnen einen kleinen Salut, zum Zeichen, daß sie nun wieder essen konnten.

»Na. Was für eine seltsame Dame«, sagte Beck schließlich.

»Überhaupt nicht«, erklärte Cody.

»Man sollte denken, sie hätte zumindest . . .«

»Was sie damit ausdrückte, war, daß der Mann nichts mit ihnen zu tun hatte. Er war niemals da, weißt du, und so zählte er nicht. Er gehörte nicht zur Familie.«

Beck wich scharf zurück. Seine Augen schienen nicht mehr so blau; das Blau war dunkler geworden.

Dann sagte Joe: »Das Baby!«

Das Baby kämpfte lautlos, schüttelte sich in Krämpfen – der Mund stand offen, und das Gesicht lief blau an. »Sie erstickt«, rief Jenny. Mehrere Leute sprangen auf, und ein Weinglas fiel um. Joe versuchte, das Baby aus dem Hochstuhl zu ziehen, aber Jenny hielt ihn zurück. »Laß das! Laß mich zu ihr!« Offensichtlich war das Tablett festgeschnallt, und sie konnten das Baby nicht darunter hervorziehn. Ein älteres Kind fing zu weinen an. Etwas krachte zu Boden. Jenny boxte das Baby in die Magengrube, und ein Pilzknopf schoß auf den Tisch. Das Baby heulte und färbte sich rosa.

Es mußte aufstoßen, wurde aus dem Hochstuhl gezogen und auf den Schoß seiner Mutter gesetzt, wo es zufrieden sitzen blieb und begann, Jagd auf eine Erbse rund um den Rand von Jennys Teller zu machen.

»Ob ich das noch erlebe, daß sie alle erwachsen werden?« fragte Jenny die Tischrunde.

»Er ist weg«, sagte Ezra.

Sie wußten sofort, wen er meinte. Jeder blickte auf Becks Stuhl. Er war leer. Becks Serviette lag hingeworfen da, mit einer Ecke im Teller, wo sie das Fett aufsaugte.

»Wartet hier«, sagte Ezra.

Sie warteten nicht nur – sie unterbrachen die Unterhaltung, bremsten jede Bewegung, während Ezra durch den Speisesaal rannte und zur Vordertür hinaus. Es gab eine Pause, während der sogar das Baby still war. Dann kam Ezra zurück, fuhr sich zerstreut mit den Fingern durchs Haar. »Er ist nirgends zu sehn«, sagte er. »Aber es ist nur eine Minute her. Wir können ihn einholen! Los, ihr alle.«

Noch rührte sich niemand.

»Bitte!« sagte Ezra. »Bitte. Wenigstens *einmal* möchte ich, daß diese Familie ein Essen gemeinsam beendet. Bei jedem einzelnen Dinner schließlich, zu dem wir je zusammenkamen, lief irgend etwas schief. Jemand ist beleidigt abgehaun oder hat geheult, und alles ist auseinandergefallen ... Los! Alle gehn raus, decken die Umgebung ab und suchen ihn, bis wir ihn haben! Wir können uns dann hier treffen und weitermachen, wo wir aufgehört haben.«

»Oder«, erklärte Cody, »wir könnten das Essen ohne ihn beenden. Auch eine Möglichkeit.«

Aber es war keine; sogar er sah das ein. Ein leerer Platz am Tisch ruinierte alles. Sogar der Stuhl, mit seinem harfenförmigen Holzrücken, wirkte verlassen, vorwurfsvoll. Langsam standen die Leute auf. Die Kinder sammelten sich um Ezra, der wie ein Militärstratege Direktiven ausgab. »Du und die Kleinen probieren Bushnell Street ... mit Joe auf der Prima treffen ...« Dann stand Ruth auch auf, um das Baby zu halten, während Jenny den Mantel anzog. Sie gingen zur Tür. »Weidmannsheil!« rief Cody, ließ seinen Stuhl weit nach hinten kippen und bat Mrs. Potter um ein weiteres Glas Wein.

Innerlich fühlte er sich jedoch ernüchtert. Er dachte an die Zeiten in der Grundschule, als er irgendeinen Mitschüler bis zu Tränen aufgezogen hatte und dann um sich sah und bemerkte, daß alle seine Freunde mit Lachen aufgehört hatten. Herrschte hier in diesem Speiseraum, zwischen den gedeckten Tischen, nicht dasselbe hohle Schweigen? Mrs. Potter stellte eine neue Flasche Wein auf einen Untersatz mit Silberrand. Sie trat zurück und faltete die Hände über dem Bauch.

»Ich glaube, ich schau' mal nach, wie sie vorankommen«, sagte Cody zu ihr.

Draußen hatte der Himmel ein so tiefes Blau angenommen, daß es fast kitschig wirkte. Eine schwache Sonne beleuchtete die Spitzen der Gebäude, und es schien nicht besonders kalt. Cody stand breitbeinig und mit den Händen auf den Hüften da – unerschüttert, allem Anschein nach – und blickte die Straße hinauf und hinunter. Eine Abteilung der Suchtrupps verschwand gerade um eine Ecke: Joe und die Teenager. Eine stattliche Schwarze, Tücher um den Kopf gewunden, war stehengeblieben, um den Inhalt zweier Einkaufstaschen besser zu verteilen.

Cody wählte die Seitenstraße rechts vom Torweg, einen schmalen Streifen Beton, gesäumt von alten Versandkisten und bis zur Unkenntlichkeit zerbeulten Mülltonnen. Er ging am Küchenfenster des Restaurants vorbei, wo ihm ein Ventilator eine Erinnerung an Ezras Lamm entgegenblies. Er wich einer spindeldürren, verhungerten Katze aus, mit einem Schwanz, so verfilzt wie eine verbrauchte Flaschenbürste. Codys Nacken nahm die gewisse Wachsamkeit an, die auf den Straßen Baltimores erforderlich war, doch er schlenderte locker mit den Händen in den Hosentaschen dahin.

»Immer ein Ziel haben«, pflegte sein Vater zu ihm zu sagen.

»Tu, als ob du zielbewußt wohin gehst, und es wird sich auch kein Gesindel mit dir anlegen.« Er hatte auch gesagt: »Traue nie einem Mann, der seine Sätze mit ›Offen gesagt‹ anfängt« und »Neun Zehntel eines guten Wurfs aus der Seite heraus stecken im Ruck des Handgelenks« und »Wenn du einer Person etwas verkaufen willst, schau woandershin, während du sprichst, nicht direkt in die Augen!«

»Wir miteinander ist alles, was wir haben«, pflegte Ezra zu sagen, um eines seiner ewigen Essen zu rechtfertigen. »Wir müssen zusammenhalten; niemand sonst hat dieselbe Vergangenheit gemeinsam wie wir.« Aber die magere Handvoll an Ratschlägen, die Beck Tull anbot – bestimmt die einzigen, die Cody von ihm in Erinnerung hatte –, schien nicht viel an Vergangenheit zu enthalten, um darauf aufzubauen. Wie es klang, hätte man annehmen müssen, die drei hätten nur ein zielstrebiges Auftreten gemeinsam, Mißtrauen gegen Offenheit, ein flinkes Handgelenk und einen ausweichenden Blick.

Cody sehnte sich plötzlich nach seinem Sohn – nach Lukes Blondkopf und gebeugten Schultern. (Er würde eher sterben, als ein eigenes Kind im Stich zu lassen. Als Junge hatte er sich geschworen: alles, nur nicht das.) Er dachte an ihre Gänsejagd zurück, wobei sie einander nicht viel zu sagen gehabt hatten; sie waren scheu und distanziert miteinander umgegangen. Er fragte sich, ob Sloan ihm die Hütte nächstes Wochenende wieder leihen würde, damit sie einen neuen Versuch machen konnten.

Er kam auf der Bushnell Street heraus – sonniger als die Seitenstraße und fast leer. Er schützte die Augen mit der Hand und sah um sich und – na so was! Da war Luke, wie herbeigezaubert, saß da aus irgendeinem Grund auf dem Vorplatz eines holzverschalten Gebäudes. Cody ging rasch auf ihn zu. Luke hörte seine Schritte und hob den Kopf, als Cody näher kam. Aber es war nicht Luke. Es war Beck. Sein Silberhaar erschien gelblich im Sonnenlicht, und er hatte seinen Überzieher ausgezogen, so daß man sein weißes Hemd und seine spitzen, schiefen Schultern sah, die so merkwürdig an Luke erinnerten. Cody blieb stehen.

»Ich habe gerade nach der Trailways-Station gesucht«, sagte Beck zu ihm. »Ich dachte, ich könnte es zu Fuß schaffen, aber jetzt bin ich mir nicht so sicher.«

Cody zog sein Taschentuch heraus und wischte sich die Stirn.

»Weißt du, Claudette wird mich erwarten«, sagte Beck. »Das ist die befreundete Dame, die ich erwähnt habe. Ich dachte, ich gehe lieber und suche einen Bus. Tat mir leid, so vom Essen aufzuspringen, aber du weißt, wie das mit Frauen ist. Ich hab' ihr gesagt, daß ich vor dem Abendessen zurück bin. Sie verläßt sich auf mich.«

Cody steckte das Taschentuch wieder ein.

»Ich nehme an, sie wird heiraten wollen, nach dem hier«, sagte Beck. »Sie weiß von Pearls Hinscheiden. Ganz bestimmt macht sie Pläne.«

Er hielt sein Jackett hoch, als prüfe er es auf Flecken hin. Er faltete es sorgfältig, die Innenseite nach außen, und legte es sich über den Arm. Das Futter war etwas Seidiges, leicht regenbogenfarben, wie der Schimmer auf alterndem Fleisch.

»Um die Wahrheit zu sagen«, sagte Beck, »ich möchte sie eigentlich nicht gern heiraten. Es liegt nicht bloß an dieser Tochter; es liegt an mir. Wirklich an mir. Du denkst, ich habe vorher keine Freundinnen gehabt? Oh, sicher, und hätte fast jede davon heiraten können. Viele haben mich angebettelt: ›Schreib deiner Frau. Laß dich scheiden. Laß uns die Sache festmachen.‹ ›Na ja, vielleicht später‹, hab' ich dann gesagt, hab's aber nie getan. Ich weiß nicht, hab's einfach nie getan.«

»Du hast uns in ihren Klauen zurückgelassen«, sagte Cody.

Beck sah auf: »Hm?«

»Wie konntest du das nur tun?« fragte ihn Cody. »Wie konntest du uns der Gnade oder Ungnade unserer Mutter ausliefern?« Er beugte sich näher, nahe genug, um den Kampfergeruch von Becks Anzug riechen zu können. »Wir waren Kinder, wir waren erst Kinder, wir hatten keine Möglichkeit, uns zu schützen. Wir haben Hilfe von dir erwartet. Wir haben auf deinen Schritt an der Tür gelauscht, um wieder in Sicherheit zu sein, aber du hast uns einfach den Rükken gekehrt. Du hast keinen Finger gerührt, um uns zu verteidigen.«

Beck starrte an Cody vorbei auf den Verkehr.

»Sie hat mich verschlissen«, sagte er endlich zu Cody.

»Verschlissen?«

»Meine guten Seiten aufgebraucht. Alle meine guten Seiten aufgebraucht.«

Cody richtete sich auf.

»Ach, am Anfang«, sagte Beck, »fand sie mich wunderbar. Du hättest ihr Gesicht sehen sollen, wenn ich ins Zimmer kam. Als ich sie traf, war sie schon eine alte Jungfer. Sie hatte aufgegeben. Niemand hatte seit Jahren um sie geworben; ihre Freundinnen baten sie als Babysitter zu sich; die Kinder dort nannten sie Tante Pearl. Dann kam ich daher. Ich hab' sie so glücklich gemacht! Und das ist mein Untergang, Sohn. Ich meine, bei jeder, jeder dieser Freundinnen – ich kann einer Person, die ich glücklich mache, einfach nicht widerstehn. Ach, die konnte Zahnlücken haben oder spießig sein, oder dick – um so besser! Ich nehme an, wenn ich die Scheidung von deiner Mutter bekommen hätte, hätte ich sechsmal nacheinander geheiratet, wäre einfach weitergewandert zu jeder neuen Frau, die sich ein bißchen freute, wenn sie mich sah, und wieder weitergewandert, wenn sie mir dann nahekam und gar nicht mehr so erfreut war. Ach, Nähe ist das, was einen fertigmacht. Komm den Menschen nie zu nahe, Sohn – hab' ich dir das gesagt, als du jung warst? Im Anfang der Ehe zwischen deiner Mutter und mir war alles vollkommen. Es schien, als könnte ich überhaupt nichts falsch machen. Dann, Stück für Stück, erkannte sie meine Fehler, glaube ich. Ich hatte sie nie verborgen, aber jetzt schienen sie doch eine Rolle zu spielen. Ich machte Fehler, und sie hat sie bemerkt. Sie sah, daß ich zuviel von zu Hause weg war und sie nicht genügend unterstützt habe, daß ich in meiner Arbeit nicht vorwärtskam, Gewicht zulegte, zuviel trank, falsch redete, falsch aß, mich falsch anzog, falsch Auto fuhr. Ich gab mir die größte Mühe, aber anscheinend war alles verpfuscht, was ich tat. Verdorben. Wurde zur Katastrophe. Ich bringe ein einfaches Spielzeug mit, sagen wir mal, um euch allen eine Freude zu machen, wenn ich heimkomme, und irgendwie löste es einen Streit aus – eure Mutter sagte dann, es sei zu teuer oder zu gefährlich oder zu schwierig, und ihr drei Kinder habt darum gezankt, wer als erster damit spielen darf. Erinnerst du dich an den Pfeil und Bogen? Ich hatte gedacht, es würde solchen Spaß machen, ein Ziel an einem Baumstamm zu befestigen und mit unseren Bögen und Pfeilen danach zu schießen. Aber es wurde nicht so, wie ich es geplant hatte. Zuerst behauptet Pearl, sie ist unsportlich, dann sagt Jenny, es ist zu kalt, und dann geraten du und Ezra in eine Art, ich weiß nicht, Auseinandersetzung oder Streit, balgt euch schließlich, schießt einen Pfeil ab und trefft eure Mutter.«

»Das weiß ich noch«, sagte Cody.

»Habt ihn ihr durch die Schulter geschossen. Eine Katastrophe, eine typische Katastrophe. Dann, die Woche drauf, während ich weg bin, passiert etwas mit der Wunde. Ich komme heim von einer Vertreterreise, und sie erzählt mir, sie sei fast gestorben. Irgendwas, ich weiß nicht, irgendeine Infektion oder so was. Für mich war es der letzte Strohhalm. Ich saß mit einem Bier in der Küche an dem Sonntagabend damals, und ganz plötzlich, ohne daß ich es selber vorher wußte, hab’ ich gesagt: ›Pearl, ich gehe.‹«

Cody sagte: »Du meinst, *das* war es, als du weg bist?«

»Ich packte eine Tasche und ging davon«, antwortete Beck.

Cody setzte sich neben ihn.

»Schau«, erklärte Beck, »was es wahrscheinlich war: Es war

dieses Grau – daß alles so grau war: dieses halb Richtige, halb Falsche der Dinge. Alles verworren, vermischt, nicht mehr vollkommen. Ich konnte das nicht aushalten. Eure Mutter schon, aber ich nicht. Yes, Sir, das muß ich eurer Mutter lassen.«

Er seufzte und strich über das Futter seines Jacketts.

»Ich will ehrlich sein«, sagte er, »als ich wegging, dachte ich, daß ich euch Leute bestimmt nie wiedersehen wollte. Aber später kamen mir dann Gedanken: ›Was wohl Cody inzwischen macht? Was hat Ezra vor, und Jenny?‹ ›Mit meiner Familie war nicht viel los, aber sie ist alles, was bleibt, zu guter Letzt.‹ Das war vielleicht zwei, drei Jahre, nachdem ich weggegangen war. Eines Nachts kam ich durch Baltimore und parkte einen Block weiter und stieg aus und ging zum Haus. Hab' mich fast zu Tode gefroren, als ich da auf der anderen Straßenseite stand und wartete. Ich nehme an, ich hätte mich vorgestellt oder so, wenn jemand herausgekommen wäre. Wer kam, warst du. Zuerst habe ich dich nicht einmal erkannt, mich gefragt, ob vielleicht jemand anders eingezogen ist. Dann wurde mir klar, daß es daran lag, daß du so gewachsen warst. Du warst schon fast ein Mann. Du bist den Weg dahergekommen und hast dich nach der Abendzeitung gebückt, und wie du dich wieder aufgerichtet hast, da hast du sie so irgendwie in die Luft geworfen und wieder aufgefangen, und da sah ich, daß du ohne mich leben konntest. Du konntest so was Sorgloses tun, weißt du – eine Zeitung hochwerfen und auffangen. Aus dir würde etwas werden. Und ich hatte recht, oder nicht? Schau! Ist denn nicht aus euch allen etwas geworden – lebt ihr nicht gut, ihr drei? Sie hat es geschafft; Pearl hat es geschafft. Ich wußte, daß sie zurechtkommen würde. Also hab' ich mich umgedreht und bin zu meinem Wagen zurück.

Danach hielt ich mich einfach an meine eigene Routine. Hatte ein paar Kumpel, eine Freundin von Zeit zu Zeit. Jemand fing an, große Stücke auf mich zu halten, und ich sagte mir dann: ›Ich wünschte, Pearl könnte das sehn.‹ Ich schrieb ihr sogar kurz, von Zeit zu Zeit. Ich schrieb und gab ihr meine neueste Adresse, immer wenn ich umzog, aber eigentlich habe ich nur geschrieben, um ihr zu sagen: ›Es gibt einen wichtigen, neuen Boß, der mich sehr hoch schätzt.‹ Oder: ›Hier gibt es eine Dame, die ganz aus dem Häuschen ist, wenn ich vorbeikomme.‹ Verrückt, nicht? Ich glaube wirklich, daß ich all diese Jahre, jedesmal wenn ich den geringsten Erfolg hatte, ihn in meiner Phantasie vor eurer Mutter hochhob, damit sie ihn bewundert, irgendwie. Schau dir das bloß an, Pearl, dachte ich dann. Ach, was soll ich nur tun, jetzt, wo sie nicht mehr da ist?«

Er schüttelte den Kopf.

Cody suchte gerade nach einer Antwort, als er zufällig in Richtung Prima Street blickte und seine Familie um die Ecke kommen sah, nacheinander, als ob sich ein Fächer öffnete. Die Kinder kamen zuerst angerannt, die Teenager trotteten hinterher; und um Schritt zu halten, rannten die Erwachsenen beinahe selbst, so daß alle unerwartet fröhlich wirkten. Die trüben Farben ihrer Trauerkleidung ließen ihre Gesichter besonders hell erscheinen. Die Arme und Beine der Kinder ruderten durch die Gegend, und das Baby hüpfte auf Joes Schultern. Cody fühlte sich überrascht und gerührt. Er hatte das Gefühl, als zögen sie ihn zu sich – daß nicht sie unterwegs waren, sondern er selbst in Bewegung war.

»Sie haben uns gefunden«, sagte er zu Beck. »Gehn wir fertig essen.«

»Na ja, ich bin nicht so sicher«, meinte Beck. Aber er ließ sich auf die Beine helfen. »Sagen wir mal, vielleicht noch diesen einen Gang; aber ich warne dich, ich habe vor, zu gehn, ehe dieser Dessertwein serviert wird.«

Cody hielt ihn am Ellenbogen und führte ihn den andern entgegen. Hoch oben schwebten Möwen durch einen Himmel, so klar und blau, daß er alle Ausflüge seiner Kindheit zurückbrachte – die Autofahrten, die Picknicks, die Herbstwanderungen, die Suche nach wilden Blumen im Frühling. Er dachte an das Bogenschießen, und ihm schien, als sähe er jetzt noch den Pfeil, wie er bebend und graziös seinen Lauf nahm. Er erinnerte sich an die aufrechte Gestalt seiner Mutter neben den Gräsern: ihr golden leuchtendes Haar, ihre schmalen Hände, wie sie den Strauß glätten, während der Pfeil seine Reise fortsetzt. Und hoch oben, so schien ihm jetzt, war ein kleines braunes Flugzeug gewesen, fast reglos, das durch das Sonnenlicht brummte wie eine Hummel.

Wally Lamb
Die Musik der Wale
576 Seiten
TB 27512-7
Deutsche Erstausgabe

Dolores Price ist dreizehn, als ihre kleine Welt aus den Fugen gerät. Von einem Tag auf den anderen verläßt ihr Vater die Familie und stürzt ihre lebenslustige Mutter in eine tiefe Krise. Wie ein plötzlich gestrandeter Wal kommt Dolores sich vor. Aber große Mädchen weinen nicht, und deshalb beginnt Dolores ganz allein ihre Suche nach Liebe und Wahrheit.

»Ein bemerkenswerter Roman ... wie John Irving hat Wally Lamb in seinem Buch höchst eigenwillige und bunte Figuren versammelt.« *Bookpage*

»Wally Lambs Buch ... wurde in Amerika als bester Debütroman des Jahres prämiert. Seine wunderbar vitale Heldin begleitet man gern über fast 600 Seiten: Dolores verfügt über eine beachtliche Mischung aus genialer Beobachtungsgabe, großer Klappe und Verletzbarkeit.« *Brigitte*

Econ & List

Peter Ustinov
Der Verlierer
Roman
320 Seiten
TB 27374-4

Florenz im Sommer 1944: Der deutsche Offizier Hans Winterschild verliebt sich in eine sechzehnjährige italienische Prostituierte. Diese Entdeckung wirft den jungen Hans, dessen Herz bisher nur für Vaterland und Evangelium schlug, in eine tiefe Krise: Zum erste Mal in seinem Leben wird er von dem Verlangen nach Liebe und Nähe überwältigt. Doch es ist Krieg, die deutschen Truppen befinden sich auf dem Rückzug, und auch Hans muß mit seiner Truppe die Stadt räumen. Dabei verliert er das Mädchen aus den Augen, und eine hoffnungslose Suche nach dem verlorenen Glück beginnt.

Eine ergreifende Geschichte, ein bewegendes Menschenleben, ein kühner erster Roman des jungen Peter Ustinov.

Brigitte Blobel
Der Ruf des Falken
Roman
512 Seiten
TB 27529-1

Jenny Hobbs
Tief im Süden
Roman
568 Seiten
TB 27531-3

Als die junge Journalistin Nadine Malten erfährt, daß der gefürchtete und geheimnisumwitterte Scheich Zayed an einem Ort in der Wüste Urlaub macht, verfolgt sie nur ein Ziel: Sie will ein Interview. Gegen alle Widerstände setzt sie ihren Willen durch – und ein Abenteuer beginnt, das sie fast das Leben kostet. Eine unkonventionelle Love-Story – der große Bestseller von Brigitte Blobel.

Eine Liebe in Südafrika: Rose ist weiß, ihr Mann Jake ist schwarz. Gemeinsam versuchen sie, die Apartheid in ihrem Land zu überwinden. Doch dann wird Jake von der Universität suspendiert und geht in den Untergrund. Eine bittersüße Liebesgeschichte, die von Jenny Hobbs nach einer wahren Begebenheit geschrieben wurde.

Elizabeth Peters
Kreuzfahrt ins Ungewisse
Roman
408 Seiten
TB 27226-8
Deutsche Erstausgabe

Vicky Bliss, stellvertretende Direktorin am Bayerischen Nationalmuseum, wird mit einem ungewöhnlichen Auftrag betraut. Ein alter Bekannter der Münchner Polizei bittet sie um Hilfe bei der Überführung eines Kunstdiebes. Der Mann, dessen Identität unbekannt ist, soll an einer Kreuzfahrt auf dem Nil teilnehmen. Ohne zu zögern, macht sich Vicky Bliss zu der Traumreise nach Ägypten auf. Doch schon bald ahnt sie, daß sie sich auf ein höchst gefährliches Abenteuer eingelassen hat. Ein Mitglied der Schiffscrew wird brutal ermordet, und der Mann, den die Polizei verdächtigt, scheint ein berühmt-berüchtigter Meisterdieb zu sein – mit dem Vicky vor langer Zeit einmal eine Affäre hatte.

Christa-Maria Zimmermann
Die gekaufte Braut
Roman
528 Seiten
TB 27527-5

Die zwanzigjährige Susanna
versucht, ihrem Schicksal auf
ungewöhnliche Weise zu entgehen. Weil sie nach dem Tod
ihrer Eltern bei ihrem überaus
strengen Onkel leben soll, flieht
sie nach London. Doch statt in
einer ordentlichen Pension, landet sie in einem Bordell. Zum
Glück trifft sie dort Lord Sin-
clair, der eine falsche Braut
benötigt, um einen mysteriösen
Mord aufzuklären … Ein span-
nender Roman über die Liebe
und andere Mysterien im England des 19. Jahrhunderts.

Audrey Slaughter
Wie eine Rose im Wind
Roman
376 Seiten
TB 27533-X

Die lebenslustige Jill Mortimer
scheint plötzlich vor dem Nichts
zu stehen. Ihr Mann ist unerwartet gestorben. Ihm zuliebe
hatte sie alles aufgegeben und
war ins ländliche Dorset gezogen. Doch nun ist sie allein, und
die Idylle droht sich in einen
Alptraum zu verwandeln. Bis
plötzlich eine seltsame Schau-
spieltruppe auftaucht und für Jill
ein anderes, turbulentes Leben
beginnt. Die empfindsame Reise
einer Frau voller Irrungen und
Wirrungen.